Ranqi Hangye
Zhengce Fagui Shiyongzhinan

燃气行业
政策法规适用指南

中燃投资有限公司　编

中国法制出版社
CHINA LEGAL PUBLISHING HOUSE

前　言

新中国成立前，我国燃气事业的发展速度十分缓慢，直到1949年，我国仅有上海、大连、抚顺、鞍山、沈阳、丹东、长春、锦州、哈尔滨九个城市有煤气设施，都是以焦炉煤气为主，使用煤气的人口只有27万。新中国成立后，随着冶金、石油工业的不断发展，我国的燃气事业也得到了迅速的发展。

经过40年改革开放，我国已发展成为年消费量超过2000亿立方米的天然气大国。其中城市燃气消费量达到1226.27亿立方米，较1978年的6.9亿立方米增长了近200倍。城市燃气消费格局由过去的煤制气与液化石油气为主，逐步进入到如今的天然气时代。

在燃气事业发展的进程中，相关政策法规厥功至伟。比如，2002年出台的《关于加快市政公用行业市场化进程的意见》，推动了市政公用行业由原来的政府或国有企业投资向社会资本、外资放开，民营、外资等经济成分开始进入燃气行业。2004年出台的《市政公用事业特许经营管理办法》，进一步对市政公用事业特许经营活动进行了规范。上述政策法规大大推动了社会资本进入燃气行业，从而带动了燃气基础设施的建设，推动了燃气事业的发展。2011年出台的《城镇燃气管理条例》，标志着我国城镇燃气行业步入法制化、规范化管理的新阶段，对规范燃气市场主体行为、强化政府监管、增强全社会燃气安全意识、提高燃气安全供应保障能力和安全管理工作水平具有十分重要的意义。

在燃气行业法规政策的整理方面，国内尚未见有完整系统的书籍。本书从综合、价格、经营管理、特许经营四个方面对现行燃气法规、规章、规范性文件等进行了整理汇编，以供燃气行业从业者、政府监管人员、高等院校相关专业学生、相关法律人士学习、研究或处理相关事务时参考使用。

由于全国各地在燃气经营管理、特许经营方面都出台了不少法规、规章、其他规范性文件，特别是《中华人民共和国立法法》修改之后，地方的有权立法主体数量大增，我们在收集整理中难免挂一漏万，不足之处在所难免，希望读者不吝指正！此外，《城镇燃气管理条例》实施后，不少地方启动了地方法规、规章的修订工作，但有的至今仍在征求意见之中，尚未发布实施。本书所列部分地方法规、规章等仍是现行文本，未将其修订草案一并纳入，将来新法发布后仍需不断更新，编者将视情况启动修订工作。

编　者

2019年9月

目　录

一、综合篇

二、价格篇

三、经营管理篇

四、特许经营篇

一、综合篇

◎导　读

就燃气行业的立法现状而言，仍存在立法层次不高、法规之间矛盾冲突等问题。在燃气行业管理方面，尚缺乏一部统筹规制行业上、中、下游的天然气基本法。因篇幅所限，本书并未将《中华人民共和国反垄断法》《危险化学品安全管理条例》《中华人民共和国特种设备安全法》《气瓶安全监察规定》等其他与燃气行业密切相关的法律、法规、规章收入。

燃气行业，尤其是管道燃气企业，基于网络垄断的特性以及特许经营制度的实施，滥用市场支配地位的垄断行为时有发生，市场监管部门近年来重点针对包括燃气企业在内的市政公用行业开展反垄断专项执法，《中华人民共和国反垄断法》《禁止滥用市场支配地位暂行规定》等相关法律法规、规章对燃气从业者而言尤为重要。

根据《危险化学品名录》，天然气和液化石油气均属于危险化学品。但是，并非所有与燃气有关的事项都由《危险化学品安全管理条例》进行调整，结合《危险化学品经营许可管理办法》的规定，“城镇燃气的经营活动”不适用该条例，而由《城镇燃气管理条例》规制，但是涉及燃气的长输管道输送、道路运输等活动仍是由该条例调整。

燃气行业属于重资产行业，其中的压力管道、气瓶均属于特种设备，需要根据《中华人民共和国特种设备安全法》《气瓶安全监察规定》办理安装监检、使用登记、充装许可等，对于设备的设计、使用、充装、维修等均有严格要求。

本综合篇主要收录了涉及天然气输送管道保护，以及燃气具安装、燃气设施监管、促进储气设施建设、推动天然气产业发展方面的相关法律、法规、政策文件。

中华人民共和国石油天然气管道保护法

（2010年6月25日第十一届全国人民代表大会常务委员会第十五次会议通过　2010年6月25日中华人民共和国主席令第30号公布　自2010年10月1日起施行）

第一章　总　　则

第一条　为了保护石油、天然气管道，保障石油、天然气输送安全，维护国家能源安全和公共安全，制定本法。

第二条　中华人民共和国境内输送石油、天然气的管道的保护，适用本法。

城镇燃气管道和炼油、化工等企业厂区内管道的保护，不适用本法。

第三条　本法所称石油包括原油和成品油，所称天然气包括天然气、煤层气和煤制气。

本法所称管道包括管道及管道附属设施。

第四条　国务院能源主管部门依照本法规定主管全国管道保护工作，负责组织编制并实施全国管道发展规划，统筹协调全国管道发展规划与其他专项规划的衔接，协调跨省、自治区、直辖市管道保护的重大问题。国务院其他有关部门依照有关法律、行政法规的规定，在各自职责范围内负责管道保护的相关工作。

第五条　省、自治区、直辖市人民政府能源主管部门和设区的市级、县级人民政府指定的部门，依照本法规定主管本行政区域的管道保护工作，协调处理本行政区域管道保护的重大问题，指导、监督有关单位履行管道保护义务，依法查处危害管道安全的违法行为。县级以上地方人民政府其他有关部门依照有关法律、行政法规的规定，在各自职责范围内负责管道保护的相关工作。

省、自治区、直辖市人民政府能源主管部门和设区的市级、县级人民政府指定的部门，统称县级以上地方人民政府主管管道保护工作的部门。

第六条　县级以上地方人民政府应当加强对本行政区域管道保护工作的领导，督促、检查有关部门依法履行管道保护职责，组织排除管道的重大外部安全隐患。

第七条　管道企业应当遵守本法和有关规划、建设、安全生产、质量监督、环境保护等法律、行政法规，执行国家技术规范的强制性要求，建立、健全本企业有关管道保护的规章制度和操作规程并组织实施，宣传管道安全与保护知识，履行管道保护义务，接受人民政府及其有关部门依法实施的监督，保障管道安全运行。

第八条　任何单位和个人不得实施危害管道安全的行为。

对危害管道安全的行为，任何单位和个人有权向县级以上地方人民政府主管管道保护工作的部门或者其他有关部门举报。接到举报的部门应当在职责范围内及时处理。

第九条　国家鼓励和促进管道保护新技术的研究开发和推广应用。

第二章　管道规划与建设

第十条　管道的规划、建设应当符合管道保护的要求，遵循安全、环保、节约用地和经济合理的原则。

第十一条　国务院能源主管部门根据国民经济和社会发展的需要组织编制全国管道发展规划。组织编制全国管道发展规划应当征求国务院有关部门以及有关省、自治区、直辖市人民政府的意见。

全国管道发展规划应当符合国家能源规划，并与土地利用总体规划、城乡规划以及矿产资源、环境保护、水利、铁路、公路、航道、港口、电信等规划相协调。

第十二条 管道企业应当根据全国管道发展规划编制管道建设规划，并将管道建设规划确定的管道建设选线方案报送拟建管道所在地县级以上地方人民政府城乡规划主管部门审核；经审核符合城乡规划的，应当依法纳入当地城乡规划。

纳入城乡规划的管道建设用地，不得擅自改变用途。

第十三条 管道建设的选线应当避开地震活动断层和容易发生洪灾、地质灾害的区域，与建筑物、构筑物、铁路、公路、航道、港口、市政设施、军事设施、电缆、光缆等保持本法和有关法律、行政法规以及国家技术规范的强制性要求规定的保护距离。

新建管道通过的区域受地理条件限制，不能满足前款规定的管道保护要求的，管道企业应当提出防护方案，经管道保护方面的专家评审论证，并经管道所在地县级以上地方人民政府主管管道保护工作的部门批准后，方可建设。

管道建设项目应当依法进行环境影响评价。

第十四条 管道建设使用土地，依照《中华人民共和国土地管理法》等法律、行政法规的规定执行。

依法建设的管道通过集体所有的土地或者他人取得使用权的国有土地，影响土地使用的，管道企业应当按照管道建设时土地的用途给予补偿。

第十五条 依照法律和国务院的规定，取得行政许可或者已报送备案并符合开工条件的管道项目的建设，任何单位和个人不得阻碍。

第十六条 管道建设应当遵守法律、行政法规有关建设工程质量管理的规定。

管道企业应当依照有关法律、行政法规的规定，选择具备相应资质的勘察、设计、施工、工程监理单位进行管道建设。

管道的安全保护设施应当与管道主体工程同时设计、同时施工、同时投入使用。

管道建设使用的管道产品及其附件的质量，应当符合国家技术规范的强制性要求。

第十七条 穿跨越水利工程、防洪设施、河道、航道、铁路、公路、港口、电力设施、通信设施、市政设施的管道的建设，应当遵守本法和有关法律、行政法规，执行国家技术规范的强制性要求。

第十八条 管道企业应当按照国家技术规范的强制性要求在管道沿线设置管道标志。管道标志毁损或者安全警示不清的，管道企业应当及时修复或者更新。

第十九条 管道建成后应当按照国家有关规定进行竣工验收。竣工验收应当审查管道是否符合本法规定的管道保护要求，经验收合格方可正式交付使用。

第二十条 管道企业应当自管道竣工验收合格之日起六十日内，将竣工测量图报管道所在地县级以上地方人民政府主管管道保护工作的部门备案；县级以上地方人民政府主管管道保护工作的部门应当将管道企业报送的管道竣工测量图分送本级人民政府规划、建设、国土资源、铁路、交通、水利、公安、安全生产监督管理等部门和有关军事机关。

第二十一条 地方各级人民政府编制、调整土地利用总体规划和城乡规划，需要管道改建、搬迁或者增加防护设施的，应当与管道企业协商确定补偿方案。

第三章　管道运行中的保护

第二十二条　管道企业应当建立、健全管道巡护制度，配备专门人员对管道线路进行日常巡护。管道巡护人员发现危害管道安全的情形或者隐患，应当按照规定及时处理和报告。

第二十三条　管道企业应当定期对管道进行检测、维修，确保其处于良好状态；对管道安全风险较大的区段和场所应当进行重点监测，采取有效措施防止管道事故的发生。

对不符合安全使用条件的管道，管道企业应当及时更新、改造或者停止使用。

第二十四条　管道企业应当配备管道保护所必需的人员和技术装备，研究开发和使用先进适用的管道保护技术，保证管道保护所必需的经费投入，并对在管道保护中做出突出贡献的单位和个人给予奖励。

第二十五条　管道企业发现管道存在安全隐患，应当及时排除。对管道存在的外部安全隐患，管道企业自身排除确有困难的，应当向县级以上地方人民政府主管管道保护工作的部门报告。接到报告的主管管道保护工作的部门应当及时协调排除或者报请人民政府及时组织排除安全隐患。

第二十六条　管道企业依法取得使用权的土地，任何单位和个人不得侵占。

为合理利用土地，在保障管道安全的条件下，管道企业可以与有关单位、个人约定，同意有关单位、个人种植浅根农作物。但是，因管道巡护、检测、维修造成的农作物损失，除另有约定外，管道企业不予赔偿。

第二十七条　管道企业对管道进行巡护、检测、维修等作业，管道沿线的有关单位、个人应当给予必要的便利。

因管道巡护、检测、维修等作业给土地使用权人或者其他单位、个人造成损失的，管道企业应当依法给予赔偿。

第二十八条　禁止下列危害管道安全的行为：

（一）擅自开启、关闭管道阀门；

（二）采用移动、切割、打孔、砸撬、拆卸等手段损坏管道；

（三）移动、毁损、涂改管道标志；

（四）在埋地管道上方巡查便道上行驶重型车辆；

（五）在地面管道线路、架空管道线路和管桥上行走或者放置重物。

第二十九条　禁止在本法第五十八条第一项所列管道附属设施的上方架设电力线路、通信线路或者在储气库构造区域范围内进行工程挖掘、工程钻探、采矿。

第三十条　在管道线路中心线两侧各五米地域范围内，禁止下列危害管道安全的行为：

（一）种植乔木、灌木、藤类、芦苇、竹子或者其他根系深达管道埋设部位可能损坏管道防腐层的深根植物；

（二）取土、采石、用火、堆放重物、排放腐蚀性物质、使用机械工具进行挖掘施工；

（三）挖塘、修渠、修晒场、修建水产养殖场、建温室、建家畜棚圈、建房以及修建其他建筑物、构筑物。

第三十一条　在管道线路中心线两侧和本法第五十八条第一项所列管道附属设施周边修建下列建筑物、构筑物的，建筑物、构筑物与管道线路和管道附属设施的距离应当符合国家技术规范的强制性要求：

（一）居民小区、学校、医院、娱乐场所、车站、商场等人口密集的建筑物；

（二）变电站、加油站、加气站、储油罐、储气罐等易燃易爆物品的生产、经营、存储场所。

前款规定的国家技术规范的强制性要求，应当按照保障管道及建筑物、构筑物安全和节约用地的原则确定。

第三十二条 在穿越河流的管道线路中心线两侧各五百米地域范围内，禁止抛锚、拖锚、挖砂、挖泥、采石、水下爆破。但是，在保障管道安全的条件下，为防洪和航道通畅而进行的养护疏浚作业除外。

第三十三条 在管道专用隧道中心线两侧各一千米地域范围内，除本条第二款规定的情形外，禁止采石、采矿、爆破。

在前款规定的地域范围内，因修建铁路、公路、水利工程等公共工程，确需实施采石、爆破作业的，应当经管道所在地县级人民政府主管管道保护工作的部门批准，并采取必要的安全防护措施，方可实施。

第三十四条 未经管道企业同意，其他单位不得使用管道专用伴行道路、管道水工防护设施、管道专用隧道等管道附属设施。

第三十五条 进行下列施工作业，施工单位应当向管道所在地县级人民政府主管管道保护工作的部门提出申请：

（一）穿跨越管道的施工作业；

（二）在管道线路中心线两侧各五米至五十米和本法第五十八条第一项所列管道附属设施周边一百米地域范围内，新建、改建、扩建铁路、公路、河渠，架设电力线路，埋设地下电缆、光缆，设置安全接地体、避雷接地体；

（三）在管道线路中心线两侧各二百米和本法第五十八条第一项所列管道附属设施周边五百米地域范围内，进行爆破、地震法勘探或者工程挖掘、工程钻探、采矿。

县级人民政府主管管道保护工作的部门接到申请后，应当组织施工单位与管道企业协商确定施工作业方案，并签订安全防护协议；协商不成的，主管管道保护工作的部门应当组织进行安全评审，作出是否批准作业的决定。

第三十六条 申请进行本法第三十三条第二款、第三十五条规定的施工作业，应当符合下列条件：

（一）具有符合管道安全和公共安全要求的施工作业方案；

（二）已制定事故应急预案；

（三）施工作业人员具备管道保护知识；

（四）具有保障安全施工作业的设备、设施。

第三十七条 进行本法第三十三条第二款、第三十五条规定的施工作业，应当在开工七日前书面通知管道企业。管道企业应当指派专门人员到现场进行管道保护安全指导。

第三十八条 管道企业在紧急情况下进行管道抢修作业，可以先行使用他人土地或者设施，但应当及时告知土地或者设施的所有权人或者使用权人。给土地或者设施的所有权人或者使用权人造成损失的，管道企业应当依法给予赔偿。

第三十九条 管道企业应当制定本企业管道事故应急预案，并报管道所在地县级人民政府主管管道保护工作的部门备案；配备抢险救援人员和设备，并定期进行管道事故应急救援演练。

发生管道事故，管道企业应当立即启动本企业管道事故应急预案，按照规定及时通报可能受到事故危害的单位和居民，采取有效措施消除或者减轻事故危害，并依照有关事故调查处理的法律、行政法规的规定，向事故发生地县级人民政府主管管道保护工作的部门、安全生产监督管理部门和其他有关部门报告。

接到报告的主管管道保护工作的部门应当按照规定及时上报事故情况，并根据管道事故的实际情况组织采取事故处置措施或者报请人民政府及时启动本行政区域管道事故应急预案，组织进行事故应急处置与救援。

第四十条 管道泄漏的石油和因管道抢修排放的石油造成环境污染的，管道企业应当及时治理。因第三人的行为致使管道泄漏造成环境污染的，管道企业有权向第三人追偿治理费用。

环境污染损害的赔偿责任，适用《中华人民共和国侵权责任法》和防治环境污染的法律的有关规定。

第四十一条 管道泄漏的石油和因管道抢修排放的石油，由管道企业回收、处理，任何单位和个人不得侵占、盗窃、哄抢。

第四十二条 管道停止运行、封存、报废的，管道企业应当采取必要的安全防护措施，并报县级以上地方人民政府主管管道保护工作的部门备案。

第四十三条 管道重点保护部位，需要由中国人民武装警察部队负责守卫的，依照《中华人民共和国人民武装警察法》和国务院、中央军事委员会的有关规定执行。

第四章 管道建设工程与其他建设工程相遇关系的处理

第四十四条 管道建设工程与其他建设工程的相遇关系，依照法律的规定处理；法律没有规定的，由建设工程双方按照下列原则协商处理，并为对方提供必要的便利：

（一）后开工的建设工程服从先开工或者已建成的建设工程；

（二）同时开工的建设工程，后批准的建设工程服从先批准的建设工程。

依照前款规定，后开工或者后批准的建设工程，应当符合先开工、已建成或者先批准的建设工程的安全防护要求；需要先开工、已建成或者先批准的建设工程改建、搬迁或者增加防护设施的，后开工或者后批准的建设工程一方应当承担由此增加的费用。

管道建设工程与其他建设工程相遇的，建设工程双方应当协商确定施工作业方案并签订安全防护协议，指派专门人员现场监督、指导对方施工。

第四十五条 经依法批准的管道建设工程，需要通过正在建设的其他建设工程的，其他工程建设单位应当按照管道建设工程的需要，预留管道通道或者预建管道通过设施，管道企业应当承担由此增加的费用。

经依法批准的其他建设工程，需要通过正在建设的管道建设工程的，管道建设单位应当按照其他建设工程的需要，预留通道或者预建相关设施，其他工程建设单位应当承担由此增加的费用。

第四十六条 管道建设工程通过矿产资源开采区域的，管道企业应当与矿产资源开采企业协商确定管道的安全防护方案，需要矿产资源开采企业按照管道安全防护要求预建防护设施或者采取其他防护措施的，管道企业应当承担由此增加的费用。

矿产资源开采企业未按照约定预建防护设施或者采取其他防护措施，造成地面塌陷、裂缝、沉降等地质灾害，致使管道需要改建、搬迁或者采取其他防护措施的，矿产资源开采企业应当承担由此增加的费用。

第四十七条 铁路、公路等建设工程修建防洪、分流等水工防护设施，可能影响管道保护的，应当事先通知管道企业并注意保护下游已建成的管道水工防护设施。

建设工程修建防洪、分流等水工防护设

施，使下游已建成的管道水工防护设施的功能受到影响，需要新建、改建、扩建管道水工防护设施的，工程建设单位应当承担由此增加的费用。

第四十八条 县级以上地方人民政府水行政主管部门制定防洪、泄洪方案应当兼顾管道的保护。

需要在管道通过的区域泄洪的，县级以上地方人民政府水行政主管部门应当在泄洪方案确定后，及时将泄洪量和泄洪时间通知本级人民政府主管管道保护工作的部门和管道企业或者向社会公告。主管管道保护工作的部门和管道企业应当对管道采取防洪保护措施。

第四十九条 管道与航道相遇，确需在航道中修建管道防护设施的，应当进行通航标准技术论证，并经航道主管部门批准。管道防护设施完工后，应经航道主管部门验收。

进行前款规定的施工作业，应当在批准的施工区域内设置航标，航标的设置和维护费用由管道企业承担。

第五章 法律责任

第五十条 管道企业有下列行为之一的，由县级以上地方人民政府主管管道保护工作的部门责令限期改正；逾期不改正的，处二万元以上十万元以下的罚款；对直接负责的主管人员和其他直接责任人员给予处分：

（一）未依照本法规定对管道进行巡护、检测和维修的；

（二）对不符合安全使用条件的管道未及时更新、改造或者停止使用的；

（三）未依照本法规定设置、修复或者更新有关管道标志的；

（四）未依照本法规定将管道竣工测量图报人民政府主管管道保护工作的部门备案的；

（五）未制定本企业管道事故应急预案，或者未将本企业管道事故应急预案报人民政府主管管道保护工作的部门备案的；

（六）发生管道事故，未采取有效措施消除或者减轻事故危害的；

（七）未对停止运行、封存、报废的管道采取必要的安全防护措施的。

管道企业违反本法规定的行为同时违反建设工程质量管理、安全生产、消防等其他法律的，依照其他法律的规定处罚。

管道企业给他人合法权益造成损害的，依法承担民事责任。

第五十一条 采用移动、切割、打孔、砸撬、拆卸等手段损坏管道或者盗窃、哄抢管道输送、泄漏、排放的石油、天然气，尚不构成犯罪的，依法给予治安管理处罚。

第五十二条 违反本法第二十九条、第三十条、第三十二条或者第三十三条第一款的规定，实施危害管道安全行为的，由县级以上地方人民政府主管管道保护工作的部门责令停止违法行为；情节较重的，对单位处一万元以上十万元以下的罚款，对个人处二百元以上二千元以下的罚款；对违法修建的建筑物、构筑物或者其他设施限期拆除；逾期未拆除的，由县级以上地方人民政府主管管道保护工作的部门组织拆除，所需费用由违法行为人承担。

第五十三条 未经依法批准，进行本法第三十三条第二款或者第三十五条规定的施工作业的，由县级以上地方人民政府主管管道保护工作的部门责令停止违法行为；情节较重的，处一万元以上五万元以下的罚款；对违法修建的危害管道安全的建筑物、构筑物或者其他设施限期拆除；逾期未拆除的，由县级以上地方人民政府主管管道保护工作的部门组织拆除，所需费用由违法行为人承担。

第五十四条 违反本法规定，有下列行为之一的，由县级以上地方人民政府主管管道保护工作的部门责令改正；情节严重的，处二百元以上一千元以下的罚款：

（一）擅自开启、关闭管道阀门的；

（二）移动、毁损、涂改管道标志的；

（三）在埋地管道上方巡查便道上行驶重型车辆的；

（四）在地面管道线路、架空管道线路和管桥上行走或者放置重物的；

（五）阻碍依法进行的管道建设的。

第五十五条 违反本法规定，实施危害管道安全的行为，给管道企业造成损害的，依法承担民事责任。

第五十六条 县级以上地方人民政府及其主管管道保护工作的部门或者其他有关部门，违反本法规定，对应当组织排除的管道外部安全隐患不及时组织排除，发现危害管道安全的行为或者接到对危害管道安全行为的举报后不依法予以查处，或者有其他不依照本法规定履行职责的行为的，由其上级机关责令改正，对直接负责的主管人员和其他直接责任人员依法给予处分。

第五十七条 违反本法规定，构成犯罪的，依法追究刑事责任。

第六章 附 则

第五十八条 本法所称管道附属设施包括：

（一）管道的加压站、加热站、计量站、集油站、集气站、输油站、输气站、配气站、处理场、清管站、阀室、阀井、放空设施、油库、储气库、装卸栈桥、装卸场；

（二）管道的水工防护设施、防风设施、防雷设施、抗震设施、通信设施、安全监控设施、电力设施、管堤、管桥以及管道专用涵洞、隧道等穿跨越设施；

（三）管道的阴极保护站、阴极保护测试桩、阳极地床、杂散电流排流站等防腐设施；

（四）管道穿越铁路、公路的检漏装置；

（五）管道的其他附属设施。

第五十九条 本法施行前在管道保护距离内已建成的人口密集场所和易燃易爆物品的生产、经营、存储场所，应当由所在地人民政府根据当地的实际情况，有计划、分步骤地进行搬迁、清理或者采取必要的防护措施。需要已建成的管道改建、搬迁或者采取必要的防护措施的，应当与管道企业协商确定补偿方案。

第六十条 国务院可以根据海上石油、天然气管道的具体情况，制定海上石油、天然气管道保护的特别规定。

第六十一条 本法自2010年10月1日起施行。

天然气基础设施建设与运营管理办法

（2014年2月28日国家发展和改革委员会令第8号公布 自2014年4月1日起施行）

第一章 总 则

第一条 为加强天然气基础设施建设与运营管理，建立和完善全国天然气管网，提高天然气基础设施利用效率，保障天然气安全稳定供应，维护天然气基础设施运营企业和用户的合法权益，明确相关责任和义务，促进天然气行业持续有序健康发展，制定本办法。

第二条 中华人民共和国领域和管辖的其他海域天然气基础设施规划和建设、天然气基础设施运营和服务、天然气运行调节和应急保障及相关管理活动，适用本办法。

本办法所称天然气基础设施包括天然气输送管道、储气设施、液化天然气接收站、天然气液化设施、天然气压缩设施及相关附属设施等。

城镇燃气设施执行相关法律法规规定。

第三条 本办法所称天然气包括天然气、煤层气、页岩气和煤制气等。

第四条 天然气基础设施建设和运营管理工作应当坚持统筹规划、分级管理、明确责任、确保供应、规范服务、加强监管的原则，培育和形成平等参与、公平竞争、有序发展的天然气市场。

第五条 国家发展改革委、国家能源局负责全国的天然气基础设施建设和运营的管理工作。

县级以上地方人民政府天然气主管部门负责本行政区域的天然气基础设施建设和运营的行业管理工作。

第六条 国家鼓励、支持各类资本参与投资建设纳入统一规划的天然气基础设施。

国家能源局和县级以上地方人民政府天然气主管部门应当加强对天然气销售企业、天然气基础设施运营企业和天然气用户履行本办法规定义务情况的监督管理。

第七条 国家鼓励、支持天然气基础设施先进技术和装备的研发，经验证符合要求的优先推广应用。

第二章 天然气基础设施规划和建设

第八条 国家对天然气基础设施建设实行统筹规划。天然气基础设施发展规划应当遵循因地制宜、安全、环保、节约用地和经济合理的原则。

第九条 国家发展改革委、国家能源局根据国民经济和社会发展总体规划、全国主体功能区规划要求，结合全国天然气资源供应和市场需求情况，组织编制全国天然气基础设施发展规划。

省、自治区、直辖市人民政府天然气主管部门依据全国天然气基础设施发展规划并结合本行政区域实际情况，组织编制本行政区域天然气基础设施发展规划，并抄报国家发展改革委和国家能源局。

天然气基础设施发展规划实施过程中，规划编制部门要加强跟踪监测，开展中期评估，确有必要调整的，应当履行原规划编制审批程序。

第十条 天然气基础设施发展规划应当包括天然气气源、供应方式及其规模，天然气消费现状、需求预测，天然气输送管道、储气设施等基础设施建设现状、发展目标、项目布局、用地、用海和用岛需求、码头布局与港口岸线利用、建设投资和保障措施等内容。

第十一条 天然气基础设施项目建设应当按照有关规定履行审批、核准或者备案手续。申请审批、核准或者备案的天然气基础设施项目应当符合本办法第九条所述规划。对未列入规划但又急需建设的项目，应当严格规范审查程序，经由规划编制部门委托评估论证确有必要的，方可履行审批、核准或者备案手续。未履行审批、核准或者备案手续的天然气基础设施项目不得开工建设。

由省、自治区、直辖市人民政府审批或者核准的天然气基础设施项目的批复文件，应当抄报国家发展改革委。

第十二条 天然气基础设施建设应当遵

守有关工程建设管理的法律法规的规定，符合国家有关工程建设标准。

经审批、核准或者备案的天然气基础设施项目建设期间，原审批、核准或者备案部门可以自行组织或者以委托方式对审批、核准或者备案事项进行核查。

第十三条 经审批的天然气基础设施项目建成后，原审批部门应当按照国家有关规定进行竣工验收。

经核准、备案的天然气基础设施项目建成后，原核准、备案部门可以自行组织或者以委托方式对核准、备案事项进行核查，对不符合要求的书面通知整改。项目单位应当按照国家有关规定组织竣工验收，并自竣工验收合格之日起三十日内，将竣工验收情况报原核准、备案部门备案。

第十四条 国家鼓励、支持天然气基础设施相互连接。

相互连接应当坚持符合天然气基础设施发展规划、保证天然气基础设施运营安全、保障现有用户权益、提高天然气管道网络化水平和企业协商确定为主的原则。必要时，国家发展改革委、国家能源局和省、自治区、直辖市人民政府天然气主管部门给予协调。

第十五条 天然气基础设施发展规划在编制过程中应当考虑天然气基础设施之间的相互连接。

互连管道可以作为单独项目进行投资建设，或者纳入相互连接的天然气基础设施项目。互连管道的投资分担、输供气和维护等事宜由相关企业协商确定，并应当互为对方提供必要的便利。

天然气基础设施项目审批、核准的批复文件中应对连接方案提出明确要求。

第三章 天然气基础设施运营和服务

第十六条 天然气基础设施运营企业同时经营其他天然气业务的，应当建立健全财务制度，对天然气基础设施的运营业务实行独立核算，确保管道运输、储气、气化、液化、压缩等成本和收入的真实准确。

第十七条 国家能源局及其派出机构负责天然气基础设施公平开放监管工作。天然气基础设施运营企业应当按照规定公布提供服务的条件、获得服务的程序和剩余服务能力等信息，公平、公正地为所有用户提供管道运输、储气、气化、液化和压缩等服务。

天然气基础设施运营企业不得利用对基础设施的控制排挤其他天然气经营企业；在服务能力具备的情况下，不得拒绝为符合条件的用户提供服务或者提出不合理的要求。现有用户优先获得天然气基础设施服务。

国家建立天然气基础设施服务交易平台。

第十八条 天然气基础设施运营企业应当遵守价格主管部门有关管道运输、储气、气化等基础设施服务价格的规定，并与用户签订天然气基础设施服务合同。

第十九条 通过天然气基础设施销售的天然气应当符合国家规定的天然气质量标准，并符合天然气基础设施运营企业的安全和技术要求。

天然气基础设施运营企业应当建立健全天然气质量检测制度。不符合前款规定的，天然气基础设施运营企业可以拒绝提供运输、储存、气化、液化和压缩等服务。

全国主干管网的国家天然气热值标准另行制定。

第二十条 天然气基础设施需要永久性停止运营的，运营企业应当提前一年告知原审批、核准或者备案部门、供气区域县级以上地方人民政府天然气主管部门，并通知天然气销售企业和天然气用户，不得擅自停止运营。

天然气基础设施停止运营、封存、报废的，运营企业应当按照国家有关规定处理，组织拆除或者采取必要的安全防护措施。

第二十一条 天然气销售企业、天然气基础设施运营企业和天然气用户应当按照规定报告真实准确的统计信息。

有关部门应当对企业报送的涉及商业秘密的统计信息采取保密措施。

第四章 天然气运行调节和应急保障

第二十二条 县级以上地方人民政府天然气运行调节部门应当会同同级天然气主管部门、燃气管理部门等，实施天然气运行调节和应急保障。

天然气销售企业、天然气基础设施运营企业和城镇天然气经营企业应当共同负责做好安全供气保障工作，减少事故性供应中断对用户造成的影响。

第二十三条 县级以上地方人民政府天然气运行调节部门应当会同同级天然气主管部门、燃气管理部门等，加强天然气需求侧管理。

国家鼓励具有燃料或者原料替代能力的天然气用户签订可中断购气合同。

第二十四条 通过天然气基础设施进行天然气交易的双方，应当遵守价格主管部门有关天然气价格管理规定。

天然气可实行居民用气阶梯价格、季节性差价、可中断气价等差别性价格政策。

第二十五条 天然气销售企业应当建立天然气储备，到2020年拥有不低于其年合同销售量10%的工作气量，以满足所供应市场的季节（月）调峰以及发生天然气供应中断等应急状况时的用气要求。城镇天然气经营企业应当承担所供应市场的小时调峰供气责任。由天然气销售企业和城镇天然气经营企业具体协商确定所承担的供应市场日调峰供气责任，并在天然气购销合同中予以约定。

天然气销售企业之间因天然气贸易产生的天然气储备义务转移承担问题，由当事双方协商确定并在天然气购销合同中予以约定。

天然气销售企业和天然气用户之间对各自所承担的调峰、应急供用气等具体责任，应当依据本条规定，由当事双方协商确定并在天然气购销合同中予以约定。

县级以上地方人民政府应当建立健全燃气应急储备制度，组织编制燃气应急预案，采取综合措施提高燃气应急保障能力，至少形成不低于保障本行政区域平均3天需求量的应急储气能力，在发生天然气输送管道事故等应急状况时必须保证与居民生活密切相关的民生用气供应安全可靠。

第二十六条 可中断用户的用气量不计入计算天然气储备规模的基数。

承担天然气储备义务的企业可以单独或者共同建设储气设施储备天然气，也可以委托代为储备。

国家采取措施鼓励、支持企业建立天然气储备，并对天然气储备能力达到一定规模的企业，在政府服务等方面给予重点优先支持。

第二十七条 天然气基础设施运营企业应当依据天然气运输、储存、气化、液化和压缩等服务合同的约定和调峰、应急的要求，在保证安全的前提下确保天然气基础设施的正常运行。

第二十八条 县级以上地方人民政府天

然气运行调节部门、天然气主管部门、燃气管理部门应当会同有关部门和企业制定本行政区域天然气供应应急预案。

天然气销售企业应当会同天然气基础设施运营企业、天然气用户编制天然气供应应急预案，并报送所供气区域县级以上地方人民政府天然气运行调节部门、天然气主管部门和燃气管理部门备案。

第二十九条 天然气销售企业需要大幅增加或者减少供气（包括临时中断供气）的，应当提前72小时通知天然气基础设施运营企业、天然气用户，并向供气区域县级以上地方人民政府天然气运行调节部门、天然气主管部门和燃气管理部门报告，同时报送针对大幅减少供气（包括临时中断供气）情形的措施方案，及时做出合理安排，保障天然气稳定供应。

天然气用户暂时停止或者大幅减少提货的，应当提前48小时通知天然气销售企业、天然气基础设施运营企业，并向供气区域县级以上地方人民政府天然气运行调节部门、天然气主管部门和燃气管理部门报告。

天然气基础设施运营企业需要临时停止或者大幅减少服务的，应当提前半个月通知天然气销售企业、天然气用户，并向供气区域县级以上地方人民政府天然气运行调节部门、天然气主管部门和燃气管理部门报送措施方案，及时做出合理安排，保障天然气稳定供应。

因突发事件影响天然气基础设施提供服务的，天然气基础设施运营企业应当及时向供气区域县级以上地方人民政府天然气运行调节部门、天然气主管部门和燃气管理部门报告，采取紧急措施并及时通知天然气销售企业、天然气用户。

第三十条 县级以上地方人民政府天然气运行调节部门、天然气主管部门和燃气管理部门应当会同有关部门和企业对天然气供求状况实施监测、预测和预警。天然气供应应急状况即将发生或者发生的可能性增大时，应当提请同级人民政府及时发布应急预警。

天然气基础设施运营企业、天然气销售企业及天然气用户应当向天然气运行调节部门、天然气主管部门报送生产运营信息及第二十九条规定的突发情形。有关部门应对企业报送的涉及商业秘密的信息采取保密措施。

第三十一条 发生天然气资源锐减或者中断、基础设施事故及自然灾害等造成天然气供应紧张状况时，天然气运行调节部门可以会同同级天然气主管部门采取统筹资源调配、协调天然气基础设施利用、施行有序用气等紧急处置措施，保障天然气稳定供应。省、自治区、直辖市天然气应急处理工作应当服从国家发展改革委的统一安排。

天然气销售企业、天然气基础设施运营企业和天然气用户应当服从应急调度，承担相关义务。

第五章 法律责任

第三十二条 对不符合本办法第九条所述规划开工建设的天然气基础设施项目，由项目核准、审批部门通知有关部门和机构，在职责范围内依法采取措施，予以制止。

第三十三条 违反本办法第十六条规定，未对天然气基础设施运营业务实行独立核算的，由国家能源局及其派出机构给予警告，责令限期改正。

第三十四条 违反本办法第十七条规定，拒绝为符合条件的用户提供服务或者提出不合理要求的，由国家能源局及其派出机构责令改正。违反《反垄断法》的，由反垄断执法机构依据《反垄断法》追究法律责任。

第三十五条 违反本办法第十八条规定的，由价格主管部门依据《价格法》、《价格违法行为行政处罚规定》等法律法规予以处罚。

第三十六条 违反本办法第二十条规定，擅自停止天然气基础设施运营的，由天然气主管部门给予警告，责令其尽快恢复运营；造成损失的，依法承担赔偿责任。

第三十七条 违反本办法第二十五条规定，未履行天然气储备义务的，由天然气主管部门给予警告，责令改正；造成损失的，依法承担赔偿责任。

第三十八条 违反本办法第二十九条规定的，由天然气运行调节部门给予警告，责令改正；造成损失的，依法承担赔偿责任。

第三十九条 相关主管部门未按照本办法规定履行职责的，对直接负责的主管人员和其他直接责任人员依法进行问责和责任追究。

第六章 附 则

第四十条 本办法中下列用语的含义是：

（一）天然气输送管道：是指提供公共运输服务的输气管道及附属设施，不包括油气田、液化天然气接收站、储气设施、天然气液化设施、天然气压缩设施、天然气电厂等生产作业区内和城镇燃气设施内的管道。

（二）液化天然气接收站：是指接收进口或者国产液化天然气（LNG），经气化后通过天然气输送管道或者未经气化进行销售或者转运的设施，包括液化天然气装卸、存储、气化及附属设施。

（三）储气设施：是指利用废弃的矿井、枯竭的油气藏、地下盐穴、含水构造等地质条件建设的地下储气空间和建造的储气容器及附属设施，通过与天然气输送管道相连接实现储气功能。

（四）天然气液化设施：是指通过低温工艺或者压差将气态天然气转化为液态天然气的设施，包括液化、储存及附属设施。

（五）天然气压缩设施：是指通过增压设施提高天然气储存压力的设施，包括压缩机组、储存设备及附属设施。

（六）天然气销售企业：是指拥有稳定且可供的天然气资源，通过天然气基础设施销售天然气的企业。

（七）天然气基础设施运营企业：是指利用天然气基础设施提供天然气运输、储存、气化、液化和压缩等服务的企业。

（八）城镇天然气经营企业：是指依法取得燃气经营许可，通过城镇天然气供气设施向终端用户输送、销售天然气的企业。

（九）天然气用户：是指通过天然气基础设施向天然气销售企业购买天然气的单位，包括城镇天然气经营企业和以天然气为工业生产原料使用的用户等，但不包括城镇天然气经营企业供应的终端用户。

（十）调峰：是指为解决天然气基础设施均匀供气与天然气用户不均匀用气的矛盾，采取的既保证用户的用气需求，又保证天然气基础设施安全平稳经济运行的供用气调度管理措施。

（十一）应急：是指应对处置突然发生的天然气中断或者严重失衡等事态的经济行动及措施。如发生进口天然气供应中断或者大幅度减少，国内天然气产量锐减，天然气基础设施事故，异常低温天气，以及其他自然灾害、事故灾难等造成天然气供应异常时采取的紧急处置行动。

（十二）可中断用户：是指根据供气合

同的约定，在用气高峰时段或者发生应急状况时，经过必要的通知程序，可以对其减少供气或者暂时停止供气的天然气用户。

第四十一条 本办法由国家发展改革委负责解释。各省、自治区、直辖市可在本办法规定范围内结合本地实际制定相关实施细则。

第四十二条 本办法自2014年4月1日起实施。

油气管网设施公平开放监管办法

（2019年5月24日）

第一章 总 则

第一条 为提高油气管网设施利用效率，促进油气安全稳定供应，规范油气管网设施开放行为，维护油气管网设施运营企业和用户的合法权益，建立公平、公正、竞争、有序的市场秩序，制定本办法。

本办法所称油气管网设施是指符合相应技术条件和规范，并按照国家及地方有关规定履行审批、核准或者备案手续且已取得合法运营资质的原油、成品油、天然气管道，液化天然气接收站，地下储气库等及其附属基础设施，不包括陆域及海域油气田生产专用集输管道、炼化企业生产作业区内的专用管道、输送非商品质量标准的油气管网设施、军工或涉密油气管网设施和城镇燃气设施。

第二条 本办法适用于中华人民共和国境内及其所管辖其他海域油气管网设施公平开放监管。城镇燃气设施公平开放执行相关法律法规规定。

第三条 油气管网设施公平开放应当坚持保障安全、运行平稳、统筹规划、公平服务、有效监管的工作原则，按照油气体制改革和天然气产供储销体系建设要求有序推进。

第四条 国家能源局负责除城镇燃气设施以外的全国油气管网设施公平开放监管工作，建立健全油气管网设施公平开放监管规章和工作机制，协调解决油气管网设施公平开放相关问题，负责海域和跨区域油气管网设施公平开放监管工作，组织并指导各派出机构开展油气管网设施公平开放相关监管工作。

国家能源局派出机构负责辖区内除城镇燃气设施以外的油气管网设施公平开放监管工作。

省级人民政府发展改革、能源、市场监管等有关部门依照职责负责本行政区域内油气管网设施公平开放相关工作。

国务院建设主管部门负责全国城镇燃气设施公平开放监管工作。

第五条 油气管网设施运营企业是油气管网设施公平开放的责任主体，应当按照本办法要求建立相应的规章制度，公开开放服务的条件、程序和剩余能力等信息，公平、公正地为所有用户提供油气管网设施服务。

第六条 相关油气行业组织应当发挥行业协调作用，参与油气行业信用体系建设，促进油气管网设施公平开放。

第二章 公平开放基础条件

第七条 国家鼓励和支持各类资本参与投资建设纳入统一规划的油气管网设施，提升油气供应保障能力。

第八条 国家和地方油气发展相关规划应当充分考虑油气管网设施互联互通、资源供应及市场需求中长期变化等因素，对油气管网设施公平开放提出总体要求，为公平开放创造有利条件。

第九条 国家鼓励和支持油气管网设施互联互通和公平接入，逐步实现油气资源在不同管网设施间的灵活调配。油气管网设施运营企业不得阻碍符合规划的其他管网设施接入，并应当为接入提供相关便利。油气管网设施互联互通的相关企业应当加强信息共享和调度协同，保障油气管网设施安全平稳运行。

第十条 油气管网设施运营企业应当对输送、储存、气化、装卸、转运等运营业务实行独立核算，并按照国家有关规定推进油气管网设施独立运营，实现和其他油气业务的分离。

第十一条 各地应当按照国家要求减少油气供应中间环节和层级，有效降低油气运输费用。

油气管网设施运营企业不得以统购统销等名义拒绝开放油气管网设施。

第三章 公平开放服务基本要求

第十二条 油气管网设施运营企业应当无歧视地向符合开放条件的用户提供油气输送、储存、气化、装卸、转运等服务，无正当理由不得拖延、拒绝与符合开放条件的用户签订服务合同，不得提出不合理要求。

油气管网运营机制改革到位前，油气管网设施运营企业在保障现有用户现有服务并具备剩余能力的前提下，应当按照本办法要求向符合开放条件的用户开放管网设施。

第十三条 原油、成品油管网设施运营企业在商品交接及计算运输费、储存费时，按照有关规定和标准进行计量。

天然气管网设施运营企业接收和代天然气生产、销售企业向用户交付天然气时，应当对发热量、体积、质量等进行科学计量，并接受政府计量行政主管部门的计量监督检查。

国家推行天然气能量计量计价，于本办法施行之日起 24 个月内建立天然气能量计量计价体系。

第十四条 油气管网设施服务价格实行政府定价或政府指导价的，油气管网设施运营企业应当按照规定的价格政策向用户收取服务费用；实行市场化定价的，收费标准由供需双方协商确定。

第十五条 国家鼓励油气管网设施运营企业根据市场需求和设施运行特点提供年度、季度、月度及可中断、不可中断等多样化服务。

第十六条 油气管网设施运营企业与用户应当加强应急保障体系建设，依照各自职责确保油气管网设施运行安全，保障油气资源可靠供应。

第四章 信息公开

第十七条 油气管网设施运营企业应当通过国家能源局或其派出机构指定的信息平台和本企业门户网站等途径，公开油气管网设施基础信息、剩余能力、服务条件、技术标准、价格标准、申请和受理流程、用户需提交的书面材料目录、保密要求等。相关信息发生变化时，油气管网设施运营企业应当及时更新。用户合理要求的其他相关信息，油气管网设施运营企业应当向提出申请的用户披露。

国家能源局另行制定油气管网设施开放信息公开相关规定。

第十八条 油气管网设施运营企业应当在国家能源局或其派出机构指定的信息平台和本企业门户网站，于每年 12 月 5 日前公布下一自然年度各月油气管网设施剩余能力；每月 10 日前更新本年度剩余各月度的油气管网设施剩余能力。

具备条件的，油气管网设施运营企业应当实时公开油气管网设施剩余能力。

第十九条 油气管网设施运营企业应当每季度在国家能源局或其派出机构指定的信息平台和本企业门户网站公布上一季度服务对象、服务设施、服务时段、服务总量等不涉及商业秘密的油气管网设施服务信息。

上款规定的信息公开内容包括对所有用户的服务信息。

第五章 公平开放服务申请与受理

第二十条 油气管网设施运营企业应当按照监管要求制定并公开申请材料目录等相关内容。

用户根据油气管网设施运营企业公开的申请材料目录等内容，提交必要的书面材料。

第二十一条 国家鼓励油气管网设施运营企业通过网络平台接受用户申请。

第二十二条 油气管网设施运营企业可采用集中或分散方式受理用户申请。

采用集中方式受理时，油气管网设施运营企业应当公开发布开放服务公告，受理结果应当向所有申请用户公开，并报送国家能源局或其派出机构。

采用分散方式受理时，油气管网设施运营企业应当于收到用户申请之日起 15 个工作日内回复是否提供开放服务。

对不符合开放条件和要求，或存在信息造假、重大违约等行为的用户申请不予受理；已经受理的，可以终止。

第二十三条 对由政府部门明确需承担国家或区域重大应急保供责任的油气资源、经国家确定的列入煤炭深加工产业规划的煤制天然气和煤制油等油气资源，油气管网设施运营企业可以简化申请、受理流程，优先提供开放服务。

第六章 公平开放服务合同签订及履行

第二十四条 油气管网设施运营企业与用户就油气管网设施开放事宜达成一致的，在正式实施前应当及时签订服务合同，对服务时段、服务油气量、服务能力、交接点与交接方式、服务价格、油气质量、交付压力、管输路径、检修安排、计量方式、平衡义务、安全责任、违约责任及免责条款等内容进行约定。油气管网设施运营企业和用户应当按照国家有关规定将签订的服务合同在“信用中国”网站备案（登记）。

第二十五条 油气管网设施运营企业应当严格遵守合同约定，无正当理由不得拖延或取消合同执行，不得为提高管输收入而增加管输距离。

第二十六条 用户应当遵守油气管网设施运营企业发布的油气管网设施准入相关技术管理准则和操作程序，按合同约定严格履行油气资源交付和提取义务，遵守合同约定的滞留时限等要求。

用户未按照合同约定充分使用油气管网设施服务能力的，应当按照国家有关规定和合同约定支付服务费用；情节严重的，油气管网设施运营企业应当及时报告国家能源局或其派出机构，按照规定将违约用户情况报送有关部门列入油气领域失信名单。

第二十七条 用户应当按照合同约定履行油气管网系统平衡运行的相关义务。用户未能履行相关义务的，油气管网设施运营企业可根据合同约定以及国家标准采取强制平衡措施。

第二十八条 油气管网设施运营企业与用户应当对开放服务中知悉的商业秘密履行保密责任和义务，并对因泄密产生的后果承担相应的经济赔偿和法律责任。

第七章 监管措施及法律责任

第二十九条 油气管网设施运营企业应当及时将不予受理的用户名单及相应情况报送国家能源局或其派出机构。油气管网设施运营企业应当按照监管要求定期向国家能源局或其派出机构报送油气管网设施相关情况，包括管网设施基本情况、运营情况、限（停）产检修计划及执行情况、输送（及储存、气化、装卸、转运）能力及开放情况、对申请用户出具答复意见情况、价格情况、存在严重违法违规或违约的用户情况等。

国家能源局及其派出机构根据履行监管职责的需要，可要求油气管网设施运营企业报送与监管事项相关的其他信息和资料。

第三十条 国家能源局及其派出机构可采取下列工作措施实施监管，有关企业及其工作人员应当予以配合：

（一）进入油气管网设施运营企业实施监管；

（二）询问油气管网设施运营企业的工作人员，要求其对有关事项作出说明；

（三）查阅、复制与监管事项有关的文件、资料；

（四）通过企业数据信息系统对相关信息进行调取、分析。

对于发现的违法违规行为，可依法依规当场予以纠正或者要求限期改正。不属于国家能源局及其派出机构监管职责范围的，可移交有关部门处理。

国家能源局及其派出机构可以委托专业机构协助开展工作。

第三十一条 国家能源局及其派出机构根据工作需要，可不定期抽查油气管网设施运营企业信息公开、开放服务合同签订及履约等情况，并适时将抽查情况向社会公布。

第三十二条 对存在争议的开放事项，用户可在收到答复意见之日起30个工作日内提请国家能源局或其派出机构进行协调，国家能源局或其派出机构可根据实际情况出具协调意见。

油气管网设施运营企业和用户在履行开放服务合同过程中发生争议的，可提请国家能源局或其派出机构进行协调和调解，也可直接向人民法院提起民事诉讼或申请仲裁机构进行仲裁。

第三十三条 国家能源局及其派出机构可根据监管工作需要编制并发布监管报告，公布油气管网设施公平开放相关情况。

第三十四条 任何企业和个人对违反本办法的行为可向国家能源局或其派出机构投诉举报。

第三十五条 油气管网设施运营企业违反本办法信息公开、信息报送、受理时限、公平服务等相关规定的，由国家能源局或其派出机构责令限期改正；拒不改正的，可对主管人员和其他直接责任人员提出处理意见和建议。有关处理情况可向社会公布。

第三十六条 用户存在下列行为之一的，由油气管网设施运营企业向国家能源局或其派出机构报告，国家能源局或其派出机构可向其他油气管网设施运营企业进行通报：

（一）提供虚假文件、资料或隐瞒重要事实的；

（二）违反保密要求，泄露相关数据信息的；

（三）不履行合同义务，造成重大损失

或严重影响的；

（四）恶意囤积油气管网设施服务能力的；

（五）存在其他严重扰乱市场秩序行为的。

第三十七条 油气管网设施运营企业违反本办法第十三条规定，不按照要求进行商品计量的，或者计量监督检查结果不合格的，由政府计量行政主管部门依照相关法律法规予以处罚。

第三十八条 油气管网设施运营企业违反本办法，情节严重的，可按照能源行业信用体系建设有关规定进行惩戒。

第三十九条 相关主管部门未按照本办法规定履行职责的，对直接负责的主管人员和其他直接责任人员依法进行问责和责任追究。

第八章 附 则

第四十条 本办法中下列用语的含义是：

（一）跨区域油气管网设施是指跨越国家能源局两个及以上区域监管局辖区范围的油气管网设施。

（二）用户是指在中华人民共和国境内注册、符合国家法律法规及相关产业政策的油气生产企业、贸易商、油气销售企业及大型终端用户，包括原油、成品油（含煤制油、生物质油等）、天然气（含煤制天然气、煤层气、页岩气、致密砂岩气、生物质气等）生产企业、城镇燃气企业、油气零售企业及炼化企业、燃油（燃气）发电企业、油气工业用户、其他大型油气直供用户等。

第四十一条 本办法由国家发展改革委会同国家能源局、住房城乡建设部、市场监管总局负责解释。

第四十二条 本办法自发布之日起施行，有效期为5年。国家能源局《油气管网设施公平开放监管办法（试行）》（国能监管〔2014〕84号）同时废止。

关于燃气燃烧器具安装、维修企业资质管理有关事项的通知

（2007年10月31日 建城〔2007〕250号）

各省、自治区建设厅，直辖市建委（市政管委），新疆生产建设兵团建设局：

根据《建筑业企业资质管理规定》（建设部令第159号）的有关规定，现将燃气燃烧器具安装、维修企业资质管理有关事项通知如下：

一、燃气燃烧器具安装、维修企业资质纳入建筑业企业资质管理。

二、省、自治区人民政府建设主管部门和直辖市人民政府燃气主管部门，负责本行政区域内燃气燃烧器具安装、维修企业资质的监督管理工作。

设区的市人民政府燃气主管部门具体实施燃气燃烧器具安装、维修企业资质许可，并负责本行政区域内燃气燃烧器具安装、维修企业资质的监督管理工作。

三、对符合下列资质标准的燃气燃烧器具安装、维修企业，由设区的市人民政府燃气主管部门核发相应的《建筑业企业资质证书》，资质证书管理纳入《建筑业企业资质证书》管理体系：

（一）企业的注册资本不少于30万元。

（二）有固定的经营场所，配置与经营规模相适应的抢修、维修服务通讯工具、专用车辆。

（三）有公开的安装、报修、维修、抢修等工作流程及服务电话，且有 24 小时值班人员。

（四）有必备的燃气燃烧器具安装、维修设备、工具和仪器：

1. 与安装管道相匹配的钻孔设备、机械绞丝设备；

2. 常用的工具和维修用的零配件；

3. 能直接检测燃气压力、流量，水压、水量、温度等主要检修、调试指标的专用仪器；

4. 燃气检漏仪及泄漏浓度报警器；

5. 其他必备的燃气燃烧器具安装、维修设备、工具和仪器。

（五）配备 4 名以上具有工程、经济、会计等初级以上（含初级）专业技术职称的人员，其中燃气或相关专业的人员不少于 1 名并具有助理工程师（含助理工程师）以上的专业技术职称。

（六）有 4 名以上持有燃气行业《职业技能岗位证书》的安装、维修作业人员。

（七）有按照国家或地方的相关法律、法规、技术标准（规范、规程）及其他相关规定要求制定的作业标准。

（八）有完善的安全管理、质量管理、文书档案管理制度，对所承接的业务依照有关标准，建立了严格的检验制度和质量保修制度。

（九）有完善的客户服务制度和服务标准。

（十）有与燃气燃烧器具生产厂家签定的《安装、维修委托书》。

四、申请燃气燃烧器具安装、维修企业资质应当提交的材料由省、自治区、直辖市人民政府建设（燃气）主管部门根据《建筑业企业资质管理规定》（建设部令第 159 号）和本通知的规定确定。

五、燃气燃烧器具安装、维修企业应当遵守《建筑业企业资质管理规定》的有关规定。

天然气利用政策

（2012 年 10 月 14 日中华人民共和国国家发展和改革委员会令第 15 号公布　自 2012 年 12 月 1 日施行）

为了鼓励、引导和规范天然气下游利用领域，特制定本政策。在我国境内所有从事天然气利用的活动均应遵循本政策。本政策中天然气是指国产天然气、页岩气、煤层气（煤矿瓦斯）、煤制气、进口管道天然气和液化天然气（LNG）等。

国家发展改革委、国家能源局负责全国天然气利用管理工作。各省（区、市）发展改革委、能源局负责本行政区域内天然气利用管理工作。

一、基本原则和政策目标

（一）基本原则。坚持统筹兼顾，整体考虑全国天然气利用的方向和领域，优化配置国内外资源；坚持区别对待，明确天然气利用顺序，保民生、保重点、保发展，并考虑不同地区的差异化政策；坚持量入为出，根据资源落实情况，有序发展天然气市场。

（二）政策目标。按照科学发展观和构建社会主义和谐社会的要求，优化能源结构、发展低碳经济、促进节能减排、提高人民生活质量，统筹国内外两种资源、两个市场，提高天然气在一次能源消费结构中的比重，优化天然气消费结构，提高利用效率，促进节约使用。

二、天然气利用领域和顺序

（一）天然气利用领域

根据不同用气特点，天然气用户分为城

市燃气、工业燃料、天然气发电、天然气化工和其他用户。

（二）天然气利用顺序

综合考虑天然气利用的社会效益、环境效益和经济效益以及不同用户的用气特点等各方面因素，天然气用户分为优先类、允许类、限制类和禁止类。

第一类：优先类

城市燃气：

1. 城镇（尤其是大中城市）居民炊事、生活热水等用气；

2. 公共服务设施（机场、政府机关、职工食堂、幼儿园、学校、医院、宾馆、酒店、餐饮业、商场、写字楼、火车站、福利院、养老院、港口、码头客运站、汽车客运站等）用气；

3. 天然气汽车（尤其是双燃料及液化天然气汽车），包括城市公交车、出租车、物流配送车、载客汽车、环卫车和载货汽车等以天然气为燃料的运输车辆；

4. 集中式采暖用户（指中心城区、新区的中心地带）；

5. 燃气空调；

工业燃料：

6. 建材、机电、轻纺、石化、冶金等工业领域中可中断的用户；

7. 作为可中断用户的天然气制氢项目；

其他用户：

8. 天然气分布式能源项目（综合能源利用效率70%以上，包括与可再生能源的综合利用）；

9. 在内河、湖泊和沿海航运的以天然气（尤其是液化天然气）为燃料的运输船舶（含双燃料和单一天然气燃料运输船舶）；

10. 城镇中具有应急和调峰功能的天然气储存设施；

11. 煤层气（煤矿瓦斯）发电项目；

12. 天然气热电联产项目。

第二类：允许类

城市燃气：

1. 分户式采暖用户；

工业燃料：

2. 建材、机电、轻纺、石化、冶金等工业领域中以天然气代油、液化石油气项目；

3. 建材、机电、轻纺、石化、冶金等工业领域中以天然气为燃料的新建项目；

4. 建材、机电、轻纺、石化、冶金等工业领域中环境效益和经济效益较好的以天然气代煤项目；

5. 城镇（尤其是特大、大型城市）中心城区的工业锅炉燃料天然气置换项目；

天然气发电：

6. 除第一类第12项、第四类第1项以外的天然气发电项目；

天然气化工：

7. 除第一类第7项以外的天然气制氢项目；

其他用户：

8. 用于调峰和储备的小型天然气液化设施。

第三类：限制类

天然气化工：

1. 已建的合成氨厂以天然气为原料的扩建项目、合成氨厂煤改气项目；

2. 以甲烷为原料，一次产品包括乙炔、氯甲烷等小宗碳一化工项目；

3. 新建以天然气为原料的氮肥项目。

第四类：禁止类

天然气发电：

1. 陕、蒙、晋、皖等13个大型煤炭基地所在地区建设基荷燃气发电项目〔煤层气（煤矿瓦斯）发电项目除外〕；

天然气化工；

2. 新建或扩建以天然气为原料生产甲醇及甲醇生产下游产品装置；

3. 以天然气代煤制甲醇项目。

三、保障措施

（一）做好供需平衡。国家发展改革委、国家能源局统筹协调各企业加快推进天然气资源勘探开发，促进天然气高效利用，调控供需总量基本平衡，推动资源、运输、市场有序协调发展。

（二）制定利用规划。各省（区、市）发展改革委、能源局要根据天然气资源落实和地区管网规划建设情况，结合节能减排目标，认真做好天然气利用规划，确保供需平衡。同时，要按照天然气利用优先顺序加强需求侧管理，鼓励优先类、支持允许类天然气利用项目发展，对限制类项目的核准和审批要从严把握，列入禁止类的利用项目不予安排气量。优化用气结构，合理安排增量，做好年度用气计划安排。

（三）高效节约使用。在严格遵循天然气利用顺序基础上，鼓励应用先进工艺、技术和设备，加快淘汰天然气利用落后产能，发展高效利用项目。鼓励用天然气生产化肥等企业实施由气改煤技术。高含 CO_2 的天然气可根据其特点实施综合开发利用。鼓励页岩气、煤层气（煤矿瓦斯）就近利用（用于民用、发电）和在符合国家商品天然气质量标准条件下就近接入管网或者加工成LNG、CNG外输。提高天然气商品率，增加外供商品气量，严禁排空浪费。

（四）安全稳定保供。国家通过政策引导和市场机制，鼓励建设调峰储气设施。天然气销售企业、天然气基础设施运营企业和城镇燃气经营企业应当共同保障安全供气，减少事故性供应中断对用户造成的影响。

（五）合理调控价格。完善价格机制。继续深化天然气价格改革，完善价格形成机制，加快理顺天然气价格与可替代能源比价关系；建立并完善天然气上下游价格联动机制；鼓励天然气用气量季节差异较大的地区，研究推行天然气季节差价和可中断气价等差别性气价政策，引导天然气合理消费，提高天然气利用效率；支持天然气贸易机制创新。

（六）配套相关政策。对优先类用气项目，地方各级政府可在规划、用地、融资、收费等方面出台扶持政策。鼓励天然气利用项目有关技术和装备自主化，鼓励和支持汽车、船舶天然气加注设施和设备的建设。鼓励地方政府出台如财政、收费、热价等具体支持政策，鼓励发展天然气分布式能源项目。

四、政策适用有关规定

（一）坚持以产定需，所有新建天然气利用项目（包括优先类）申报核准时必须落实气源，并签订购气合同；已用气项目供用气双方也要有合同保障。

（二）已建成且已用上天然气的用气项目，尤其是国家批准建设的化肥项目，供气商应确保按合同稳定供气。

（三）已建成但供气不足的用气项目，供气商应首先确保按合同量供应，有富余能力情况下逐步增加供应量。

（四）目前在建或已核准的用气项目，若供需双方已签署长期供用气合同，按合同执行；未签署合同的尽快签署合同并逐步落实气源。

（五）除新疆可适度发展限制类中的天然气化工项目外，其他天然气产地利用天然气亦应遵循产业政策。

五、其他

（一）本政策自发布之日起30日后实施。从本政策实施之日起，天然气利用项目管理均适用本政策，除国家法律法规另有规定外，均以此为准。

（二）本政策根据天然气供需形势变化适时进行调整，以确保天然气市场健康有序发展。

（三）本政策由国家发展改革委负责解释。各省（区、市）可在本政策规定范围内结合本地实际制定相关实施办法，并报国家发展改革委备案。

加快推进天然气利用的意见

（2017年6月23日　发改能源〔2017〕1217号）

为加快推进天然气利用，提高天然气在我国一次能源消费结构中的比重，稳步推进能源消费革命和农村生活方式革命，有效治理大气污染，积极应对气候变化，现形成以下意见。

一、总体要求

（一）指导思想

全面贯彻党的十八大和十八届三中、四中、五中、六中全会精神，深入落实习近平总书记系列重要讲话精神，牢固树立创新、协调、绿色、开放、共享的发展理念，遵循“四个革命、一个合作”能源发展战略思想，发挥市场在资源配置中的决定性作用，以燃料清洁替代和新兴市场开拓为主要抓手，加快推进天然气在城镇燃气、工业燃料、燃气发电、交通运输等领域的大规模高效科学利用，产业上中下游协调发展，天然气在一次能源消费中的占比显著提升。

（二）基本原则

规划引领、政策驱动。充分发挥规划引领作用，明确天然气利用目标、部署及保障措施。切实落实大气污染防治行动计划，限制使用高污染燃料。推进北方地区清洁取暖，加快提高清洁供暖比重。充分发挥环保、产业、金融、财政、价格政策对扩大天然气利用的驱动作用。

改革创新、市场运作。深入推进天然气体制改革，着力破解影响天然气产业健康发展的体制机制障碍，发挥市场在天然气资源配置中的决定性作用。有序放开竞争性环节，鼓励各类资本进入天然气基础设施建设和利用领域，加快推进天然气价格市场化。

全面推进、突出重点。将北方地区冬季清洁取暖、工业和民用“煤改气”、天然气调峰发电、天然气分布式、天然气车船作为重点。因地制宜、以点带面，积极推进试点示范，积累经验后逐步推广。

产业协调、健康发展。重视天然气产业链上中下游协调，构建从气田开发、国际贸易、接收站接转、管道输配、储气调峰、现期货交易到终端利用各环节协调发展产业链，以市场化手段为主，做好供需平衡和调峰应急。各环节均要努力降低成本，确保终端用户获得实惠，增强天然气竞争力。

（三）总体目标

逐步将天然气培育成为我国现代清洁能源体系的主体能源之一，到2020年，天然气在一次能源消费结构中的占比力争达到10%左右，地下储气库形成有效工作气量148亿立方米。到2030年，力争将天然气在一次能源消费中的占比提高到15%左右，地下储气库形成有效工作气量350亿立方米以上。

二、重点任务

（一）实施城镇燃气工程

推进北方地区冬季清洁取暖。按照企业为主、政府推动、居民可承受的方针，宜气则气、宜电则电，尽可能利用清洁能源，加快提高清洁供暖比重。以京津冀及周边大气污染传输通道内的重点城市（2+26）为抓手，力争5年内有条件地区基本实现天然气、电力、余热、浅层地能等取暖替代散烧煤。在落实气源的情况下，积极鼓励燃气空调、分户式采暖和天然气分布式能源发展。

快速提高城镇居民燃气供应水平。结合新型城镇化建设，完善城镇燃气公共服务体系，支持城市建成区、新区、新建住宅小区及公共服务机构配套建设燃气设施，加强城中村、城乡结合部、棚户区燃气设施改造及以气代煤。加快燃气老旧管网改造。支持南方有条件地区因地制宜开展天然气分户式采暖试点。

打通天然气利用"最后一公里"。开展天然气下乡试点，鼓励多种主体参与，宜管则管、宜罐则罐，采用管道气、压缩天然气（CNG）、液化天然气（LNG）、液化石油气（LPG）储配站等多种形式，提高偏远及农村地区天然气通达能力。结合新农村建设，引导农村居民因地制宜使用天然气，在有条件的地方大力发展生物天然气（沼气）。

（二）实施天然气发电工程

大力发展天然气分布式能源。在大中城市具有冷热电需求的能源负荷中心、产业和物流园区、旅游服务区、商业中心、交通枢纽、医院、学校等推广天然气分布式能源示范项目，探索互联网+、能源智能微网等新模式，实现多能协同供应和能源综合梯级利用。在管网未覆盖区域开展以LNG为气源的分布式能源应用试点。

鼓励发展天然气调峰电站。鼓励在用电负荷中心新建以及利用现有燃煤电厂已有土地、已有厂房、输电线路等设施建设天然气调峰电站，提升负荷中心电力安全保障水平。鼓励风电、光伏等发电端配套建设燃气调峰电站，开展可再生能源与天然气结合的多能互补项目示范，提升电源输出稳定性，降低弃风弃光率。

有序发展天然气热电联产。在京津冀及周边、长三角、珠三角、东北等大气污染防治重点地区具有稳定热、电负荷的大型开发区、工业聚集区、产业园区等适度发展热电联产燃气电站。

（三）实施工业燃料升级工程

工业企业要按照各级大气污染防治行动计划中规定的淘汰标准与时限，在"高污染燃料禁燃区"重点开展20蒸吨及以下燃煤燃油工业锅炉、窑炉的天然气替代，新建、改扩建的工业锅炉、窑炉严格控制使用煤炭、重油、石油焦、人工煤气作为燃料。鼓励玻璃、陶瓷、建材、机电、轻纺等重点工业领域天然气替代和利用。在工业热负荷相对集中的开发区、工业聚集区、产业园区等，鼓励新建和改建天然气集中供热设施。支持用户对管道气、CNG、LNG气源做市场化选择，相关设施的规划、建设和运营应符合法律法规和技术规范要求。

（四）实施交通燃料升级工程

加快天然气车船发展。提高天然气在公共交通、货运物流、船舶燃料中的比重。天然气汽车重点发展公交出租、长途重卡，以及环卫、场区、港区、景点等作业和摆渡车辆等。在京津冀等大气污染防治重点地区加快推广重型天然气（LNG）汽车代替重型柴油车。船舶领域重点发展内河、沿海以天然气为燃料的运输和作业船舶，并配备相应的后处理系统。

加快加气（注）站建设。在高速公路、国道省道沿线、矿区、物流集中区、旅游区、公路客运中心等，鼓励发展CNG加气站、LNG加气站、CNG/LNG两用站、油气合建站、油气电合建站等。

充分利用现有公交站场内或周边符合规

划的用地建设加气站，支持具备场地等条件的加油站增加加气功能。鼓励有条件的交通运输企业建设企业自备加气站。推进船用LNG加注站建设，加快完善船用LNG加注站（码头）布局规划。加气（注）站的设置应符合相关法律法规和工程、技术规范标准。

三、政策保障

（一）实行更加严格的环保政策

划定并逐步扩大高污染燃料禁燃区范围。地方人民政府要加快高污染燃料禁燃区划定工作，已划定高污染燃料禁燃区的地区应根据大气环境质量改善要求和天然气等清洁能源供应情况，逐步扩大实施范围，由城区扩展到近郊。高污染燃料禁燃区内禁止销售、燃用高污染燃料，禁止新建、扩建燃用高污染燃料的设施，已建成的，在城市人民政府规定的期限内改用天然气、电力或其他清洁能源。针对大气污染防治重点地区，制定更为严格的排放标准，实施特别排放限值，全面推进排污许可管理。各地能源监管、质量监督、工商行政管理、环境保护等部门按照各自职责对高污染燃料禁燃区内的煤炭生产、流通、使用实施严格监管，同步加强对工业、发电企业用煤监管。

严控交通领域污染排放。强化陆上交通移动源污染防治、船舶排放控制，制定严格的运输工具污染物排放标准和单位运输周转量CO_2排放降低要求。在长三角、珠三角等沿海重点海域严格落实船舶污染物排放控制有关要求，加强内河船舶排放污染防治工作。大气污染防治重点地区全面安装车辆排污监控设备，加强协同管控，重点筛查柴油货车和高排放汽油车，严格限制超标排放车辆上路行驶。

将煤改清洁能源纳入环保考核。建立对各省（区、市）环保措施落实的考核问责机制，切实落实党委政府环保“党政同责”、“一岗双责”，将民用和工业燃料“煤改气”等纳入考核内容，确保实施效果。

（二）完善天然气价格机制

深化天然气价格改革。推进非居民用气价格市场化改革，进一步完善居民用气定价机制。上游经营主体多元化和基础设施第三方公平接入实现后，适时放开气源和销售价格。各地要加强省内天然气管道运输和配气价格监管，抓紧制定监管规则，建立健全成本监审制度，推行成本信息公开，强化社会监督。

完善天然气发电价格机制。完善气电价格联动机制，有条件的地方可积极采取财政补贴等措施疏导天然气发电价格矛盾。随着电力体制改革进程推进以及电力辅助服务市场的进一步推广，

推进天然气发电价格市场化。细化完善天然气分布式能源项目并网上网办法。

（三）健全天然气市场体系

减少供气中间环节。要积极推进体制机制改革，尽量压缩省内天然气供应中间环节，减少供气层级，有效降低各环节输配费用。天然气主干管网可以实现供气的区域和用户，不得以统购统销等名义，增设供气输配环节，提高供气成本。对没有实质性管网投入或不需要提供输配服务的加价，要立即取消。各地在项目核准时，对省内天然气管道项目建设要认真论证，对增设不必要中间环节的管道项目要严格把关，坚决杜绝新建管道“拦截收费”现象。

建立用户自主选择资源和供气路径的机制。用户可自主选择资源方和供气路径，减少供气层级，降低用气成本。用户自主选择资源方和供气路径的，应当符合当地城乡发展规划、天然气和燃气发展等专项规划，地方人民政府应加强统筹协调给予支持。企业

应按照《城镇燃气管理条例》的规定，申请取得燃气经营许可证后方可经营供气。支持天然气交易中心有序建设和运营，鼓励天然气市场化交易。

（四）完善产业政策

加快法规标准“立改废释”。加快清理和修改不适合新形势和改革要求的法律法规和规范性文件。简化优化天然气利用行政审批事项，消除行业性、地区性、经营性壁垒，促进公平竞争。

加快天然气计量、天然气车船制造、LNG陆路内河储配、加气（注）站安全防护和安全距离等标准规范的制修订工作。研究内河LNG动力船舶过闸、LNG动力船舶过三峡大坝等政策。

启动船舶用油质量升级。结合南方地区天然气分户采暖试点工作，研究制定地方标准，稳步提高居住建筑节能标准。

强化天然气设施用地保障。各省（区、市）应将天然气储气调峰设施、加气（注）站项目布局纳入能源及相关行业规划，并做好与土地利用、城乡建设等规划的衔接。支持企业依法利用存

量用地建设以上项目。对符合划拨用地目录的天然气设施用地优先划拨，鼓励以出让、租赁方式供应天然气设施用地。优先保证储气调峰设施建设用地需求。

落实碳排放权交易制度。推动建设并不断完善全国统一的碳排放权交易市场，在发电、石化、化工、建材、钢铁、有色金属、造纸等行业，对以天然气为燃料、原料的设施和企业分配碳排放配额时予以重点倾斜。

（五）强化财政和投融资支持

完善财政支持。鼓励地方政府因地制宜配套财政支持，推进天然气管道、城镇燃气管网、储气调峰设施、“煤改气”、天然气车船、船用LNG加注站、天然气调峰电站、天然气热电联产、天然气分布式等项目发展。2017年12月31日前对新建LNG动力船或以动力系统整体更新方式改建为LNG动力船舶按规定享受有关专项补贴政策。

拓宽融资渠道。支持地方政府、金融机构、企业等在防范风险基础上创新合作机制和投融资模式，创新和灵活运用贷款、基金、债券、租赁、证券等多种金融工具，加大天然气利用及基础设施建设运营领域融资支持。加强对民间投资的金融服务，积极推广政府和社会资本合作（PPP）等方式，吸引社会资本投资、建设、运营天然气基础设施。在清洁能源利用和大气污染治理领域，支持京津冀晋鲁豫等重点地区金融支持政策先行先试。

（六）加大科技创新

加快科技攻关和装备产业化。政、产、学、研、用相结合，加大天然气利用基础研究和应用研究投入，促进成果转化。紧密跟踪世界前沿技术发展，加强交流合作。

推动天然气利用领域的材料（包括高锰奥氏体钢、因瓦合金等）和装备（包括燃气轮机、小型燃机、车用第五代高压直喷发动机、大型LNG船用单燃料发动机等）科技攻关及国产化，鼓励和推动天然气利用装备产业化。

研发LNG运输和车用气技术。加快提升水运、铁路、公路LNG运输效率，推进多式联运，探索研发集装箱方式运输LNG的技术和装备，增强LNG运输的灵活性。鼓励并引导LNG整车企业加大对电控、发动机、气瓶和蒸发气体回收等方面技术的研发力度，提高天然气车辆运营效率。

（七）推进试点示范

积极探索、试点先行，着力加强重点领域、关键环节改革创新试点，探索一批可持续、可推广的试点经验。一是在油气体制改

革总体方案框架内，有序支持四川、重庆、新疆、贵州、江苏、上海、河北等省市开展天然气体制改革综合试点或专项试点。二是健全天然气管道第三方公平准入机制，推进LNG接收站第三方开放试点，强化天然气管网设施公平开放监管。三是推进天然气价格市场化改革试点等。

四、加强资源供应保障

（一）提高资源保障能力

立足国内加大常规、深海深层以及非常规天然气勘探开发投入，积极引进国外天然气资源，加强油气替代技术研发，推进煤制气产业示范，促进生物质能开发利用，构筑经济、可靠的多元化供应格局。鼓励社会资本和企业参与海外天然气资源勘探开发、LNG采购以及LNG接收站、管道等基础设施建设。优先保障城镇居民和公共服务用气。

（二）加强基础设施建设和管道互联互通

油气企业要加快天然气干支线、联络线等国家重大项目推进力度。建立项目单位定期向项目主管部门报告建设情况的制度，项目主管部门建立与重大项目稽查部门沟通机制，共享有关项目建设信息。重大项目稽查部门可根据项目建设情况，加强事中事后监管，开展不定期检查，督促项目建设。

支持煤层气、页岩气、煤制天然气配套外输管道建设和气源就近接入。集中推进管道互联互通，打破企业间、区域间及行政性垄断，提高资源协同调配能力。加快推进城市周边、城乡结合部和农村地区天然气利用"最后一公里"基础设施建设。开展天然气基础设施建设项目通过招投标等方式选择投资主体试点工作。

（三）建立综合储气调峰和应急保障体系

天然气销售企业承担所供应市场的季节（月）调峰供气责任，城镇燃气企业承担所供应市场的小时调峰供气责任，日调峰供气责任由销售企业和城镇燃气企业共同承担，并在天然气购销合同中予以约定。天然气销售企业、基础设施运营企业、城镇燃气企业等要建立天然气应急保障预案。天然气销售企业应当建立企业天然气储备，到2020年拥有不低于其年合同销售量10%的工作气量。县级以上地方人民政府要推进LNG、CNG等储气调峰设施建设，组织编制燃气应急预案，采取综合措施至少形成不低于保障本行政区域平均3天需求量的应急储气能力。

支持承担储气调峰责任的企业自建、合建、租赁储气设施，鼓励承担储气调峰责任的企业从第三方购买储气调峰服务和调峰气量等辅助服务创新。支持用户通过购买可中断供气服务等方式参与天然气调峰。放开储气地质构造的使用权，鼓励各方资本参与，创新投融资和建设运营模式。鼓励现有LNG接收站新增储罐泊位，扩建增压气化设施，提高接收站储转能力。

国务院关于促进天然气协调稳定发展的若干意见

（2018年8月30日　国发〔2018〕31号）

各省、自治区、直辖市人民政府，国务院各部委、各直属机构：

天然气是优质高效、绿色清洁的低碳能源。加快天然气开发利用，促进协调稳定发展，是我国推进能源生产和消费革命，构建清洁低碳、安全高效的现代能源体系的重要路径。当前我国天然气产供储销体系还不完备，产业发展不平衡不充分问题较为突出，主要是国内产量增速低于消费增速，进口多元化有待加强，消费结构不尽合理，基础设施存在短板，储气能力严重不足，互联互通程度不够，市场化价格机制未充分形成，应急保障机制不完善，设施建设运营存在安全风险等。为有效解决上述问题，加快天然气产供储销体系建设，促进天然气协调稳定发展，现提出以下意见。

一、总体要求

（一）指导思想。

以习近平新时代中国特色社会主义思想为指导，全面贯彻党的十九大和十九届二中、三中全会精神，统筹推进“五位一体”总体布局和协调推进“四个全面”战略布局，按照党中央、国务院关于深化石油天然气体制改革的决策部署和加快天然气产供储销体系建设的任务要求，落实能源安全战略，着力破解天然气产业发展的深层次矛盾，有效解决天然气发展不平衡不充分问题，确保国内快速增储上产，供需基本平衡，设施运行安全高效，民生用气保障有力，市场机制进一步理顺，实现天然气产业健康有序安全可持续发展。

（二）基本原则。

产供储销，协调发展。促进天然气产业上中下游协调发展，构建供应立足国内、进口来源多元、管网布局完善、储气调峰配套、用气结构合理、运行安全可靠的天然气产供储销体系。立足资源供应实际，统筹谋划推进天然气有序利用。

规划统筹，市场主导。落实天然气发展规划，加快天然气产能和基础设施重大项目建设，加大国内勘探开发力度。深化油气体制机制改革，规范用气行为和市场秩序，坚持以市场化手段为主做好供需平衡。

有序施策，保障民生。充分利用天然气等各种清洁能源，多渠道、多途径推进煤炭替代。“煤改气”要坚持“以气定改”、循序渐进，保障重点区域、领域用气需求。落实各方责任，强化监管问责，确保民生用气稳定供应。

二、加强产供储销体系建设，促进天然气供需动态平衡

（三）加大国内勘探开发力度。深化油气勘查开采管理体制改革，尽快出台相关细则。（自然资源部、国家发展改革委、国家能源局按职责分工负责）各油气企业全面增加国内勘探开发资金和工作量投入，确保完成国家规划部署的各项目标任务，力争到2020年底前国内天然气产量达到2000亿立方米以上。（各油气企业负责，国家发展改革委、国务院国资委、自然资源部、国家能源局加强督导检查）严格执行油气勘查区块退出机制，全面实行区块竞争性出让，鼓励以市场化方式转让矿业权，完善矿业权转让、储量及价值评估等规则。建立完善油气地质资料公开和共享机制。（自然资源部、国家发展改革委、国务院国资委、国家能源局按职责分工负责）建立已探明未动用储量加快动用机制，综合利用区块企业内部流转、参照产品分成等模式与各类主体合资合作开发、矿业权企业间流转和竞争性出让等手段，多措并举盘活储量存量。（国家发展改革委、自然资源部、国务院国资委、国家能源局按职责分工负责）统筹国家战略和经济效益，强化国有油气企业能源安全保障考核，引导企业加大勘探开发投入，确保增储上产见实效。（国务院国资委、国家发展改革委、国家能源局按职责分工负责）统筹平衡天然气勘探开发与生态环境保护，积极有序推进油气资源合理开发利用，服务国家能源战略、保障天然气供应安全。（生态环境部、自然资源部、国家发展改革委、国家能源局按职责分工负责）

（四）健全天然气多元化海外供应体

系。加快推进进口国别（地区）、运输方式、进口通道、合同模式以及参与主体多元化。天然气进口贸易坚持长约、现货两手抓，在保障长期供应稳定的同时，充分发挥现货资源的市场调节作用。加强与重点天然气出口国多双边合作，加快推进国际合作重点项目。在坚持市场化原则的前提下，在应急保供等特殊时段加强对天然气进口的统筹协调，规范市场主体竞争行为。（各油气企业落实，国家发展改革委、外交部、商务部、国家能源局指导协调）

（五）构建多层次储备体系。建立以地下储气库和沿海液化天然气（LNG）接收站为主、重点地区内陆集约规模化LNG储罐为辅、管网互联互通为支撑的多层次储气系统。供气企业到2020年形成不低于其年合同销售量10%的储气能力。（各供气企业负责，国家发展改革委、国家能源局指导并督促落实）城镇燃气企业到2020年形成不低于其年用气量5%的储气能力，各地区到2020年形成不低于保障本行政区域3天日均消费量的储气能力。统筹推进地方政府和城镇燃气企业储气能力建设，实现储气设施集约化规模化运营，避免“遍地开花”，鼓励各类投资主体合资合作建设储气设施。（各省级人民政府负责，国家发展改革委、住房城乡建设部、国家能源局指导）作为临时性过渡措施，储气能力暂时不达标的企业和地区，要通过签订可中断供气合同等方式弥补调峰能力。（国家发展改革委、住房城乡建设部、国家能源局、各省级人民政府按职责分工负责）加快放开储气地质构造的使用权，鼓励符合条件的市场主体利用枯竭油气藏、盐穴等建设地下储气库。配套完善油气、盐业等矿业权转让、废弃核销机制以及已开发油气田、盐矿作价评估机制。（国家发展改革委、自然资源部、国家能源局按职责分工负责）按照新的储气能力要求，修订《城镇燃气设计规范》。加强储气能力建设情况跟踪，对推进不力、违法失信的地方政府和企业等实施约谈问责或联合惩戒。（国家发展改革委、住房城乡建设部、国家能源局、各省级人民政府按职责分工负责）

（六）强化天然气基础设施建设与互联互通。加快天然气管道、LNG接收站等项目建设，集中开展管道互联互通重大工程，加快推动纳入环渤海地区LNG储运体系实施方案的各项目落地实施。（相关企业负责，国家发展改革委、国家能源局等有关部门与地方各级人民政府加强协调支持）注重与国土空间规划相衔接，合理安排各类基础设施建设规模、结构、布局和时序，加强项目用地用海保障。（自然资源部负责）抓紧出台油气管网体制改革方案，推动天然气管网等基础设施向第三方市场主体公平开放。深化“放管服”改革，简化优化前置要件审批，积极推行并联审批等方式，缩短项目建设手续办理和审批周期。（国家发展改革委、国家能源局等有关部门与地方各级人民政府按职责分工负责）根据市场发展需求，积极发展沿海、内河小型LNG船舶运输，出台LNG罐箱多式联运相关法规政策和标准规范。（交通运输部、国家铁路局负责）

三、深化天然气领域改革，建立健全协调稳定发展体制机制

（七）建立天然气供需预测预警机制。加强政府和企业层面对国际天然气市场的监测和预判。统筹考虑经济发展、城镇化进程、能源结构调整、价格变化等多种因素，精准预测天然气需求，尤其要做好冬季取暖期民用和非民用天然气需求预测。根据预测结果，组织开展天然气生产和供应能力科学评估，努力实现供需动态平衡。建立天然气供需预警机制，及时对可能出现的国内供需问题及进口风险作出预测预警，健全信息通报和反馈机制，确保供需信息有效对接。（国家发展改革委、外交部、生态环境部、住房城乡建设部、国家能源局、中国气象局指导地方各级人民政府和相关企业落实）

（八）建立天然气发展综合协调机制。全面实行天然气购销合同制度，鼓励签订中长期合同，积极推动跨年度合同签订。按照宜电则电、宜气则气、宜煤则煤、宜油则油的原则，充分利用各种清洁能源推进大气污染防治和北方地区冬季清洁取暖。“煤改气”要坚持“以气定改”、循序渐进，突出对京津冀及周边地区和汾渭平原等重点区域用气需求的保障。（各省级人民政府和供气企业负责，国家发展改革委、生态环境部、住房城乡建设部、国家能源局指导并督促落实）建立完善天然气领域信用体系，对合同违约及保供不力的地方政府和企业，按相关规定纳入失信名单，对严重违法失信行为实施联合惩戒。（国家发展改革委、国家能源局负责）研究将中央财政对非常规天然气补贴政策延续到“十四五”时期，将致密气纳入补贴范围。对重点地区应急储气设施建设给予中央预算内投资补助支持，研究中央财政对超过储备目标的气量给予补贴等支持政策，在准确计量认定的基础上研究对垫底气的支持政策。研究根据 LNG 接收站实际接收量实行增值税按比例返还的政策。（财政部、国家发展改革委、国家能源局按职责分工负责）将天然气产供储销体系重大工程建设纳入相关专项督查。（国家发展改革委、国家能源局负责）

（九）建立健全天然气需求侧管理和调峰机制。新增天然气量优先用于城镇居民生活用气和大气污染严重地区冬季取暖散煤替代。研究出台调峰用户管理办法，建立健全分级调峰用户制度，按照确保安全、提前告知、充分沟通、稳妥推进的原则启动实施分级调峰。鼓励用户自主选择资源方、供气路径及形式，大力发展区域及用户双气源、多气源供应。鼓励发展可中断大工业用户和可替代能源用户，通过季节性差价等市场化手段，积极引导用户主动参与调峰，充分发挥终端用户调峰能力。（各省级人民政府负责，国家发展改革委、生态环境部、住房城乡建设部、国家能源局加强指导支持）

（十）建立完善天然气供应保障应急体系。充分发挥煤电油气运保障工作部际协调机制作用，构建上下联动、部门协调的天然气供应保障应急体系。（煤电油气运保障工作部际协调机制成员单位负责）落实地方各级人民政府的民生用气保供主体责任，严格按照“压非保民”原则做好分级保供预案和用户调峰方案。（地方各级人民政府负责）建立天然气保供成本合理分摊机制，相应应急支出由保供不力的相关责任方全额承担，参与保供的第三方企业可获得合理收益。（国家发展改革委、地方各级人民政府按职责分工负责）

（十一）理顺天然气价格机制。落实好理顺居民用气门站价格方案，合理安排居民用气销售价格，各地区要采取措施对城乡低收入群体给予适当补贴。（各省级人民政府负责，国家发展改革委指导并督促落实）中央财政利用现有资金渠道加大支持力度，保障气价改革平稳实施。（财政部负责）加快建立上下游天然气价格联动机制，完善监管规则、调价公示和信息公开制度，建立气源采购成本约束和激励机制。推行季节性差价、可中断气价等差别化价格政策，促进削峰填谷，引导企业增加储气和淡旺季调节能力。加强天然气输配环节价格监管，切实降低过高的省级区域内输配价格。加强天然气价格监督检查，严格查处价格违法违规行为。（各省级人民政府负责，国家发展改革委、市场监管总局指导并督促落实）推动城镇燃气企业整合重组，鼓励有资质的市场主体开展城镇燃气施工等业务，降低供用气领域服务性收费水平。（住房城乡建设部、国家发展改革委负责）

（十二）强化天然气全产业链安全运行机制。各类供气企业、管道运营企业、城镇燃气企业等要切实落实安全生产主体责任，建立健全安全生产工作机制和管理制度，严把工程质量关，加强设施维护和巡查，严格管控各类风险，及时排查消除安全隐患。地方各级人民政府要切实落实属地管理责任，严格日常监督检查和管理，加强重大风险安全管控，指导督促企业落实安全生产主体责任。地方各级人民政府和相关企业要建立健全应急处置工作机制，完善应急预案。制定完善天然气产业链各环节质量管理和安全相关法律法规、标准规范及技术要求。针对农村“煤改气”等重点领域、冬季采暖期等特殊时段，国务院各有关部门要视情组织专项督查，指导督促地方和相关企业做好安全生产工作。（相关企业承担主体责任，地方各级人民政府承担属地管理责任，国家发展改革委、自然资源部、生态环境部、住房城乡建设部、应急部、市场监管总局、国家能源局按职责分工加强指导和监督）

国家发展改革委关于加快推进储气设施建设的指导意见

（2014 年 4 月 5 日　发改运行〔2014〕603 号）

各省、自治区、直辖市及计划单列市、新疆生产建设兵团发展改革委、经信委、能源局、物价局，中国城市燃气协会，中国石油天然气集团公司、中国石油化工集团公司、中国海洋石油总公司：

为切实推进储气设施建设，进一步做好天然气供应保障工作，维护经济社会平稳运行，特提出以下意见：

一、增强推进储气设施建设的紧迫感。随着国内天然气产量增加、进口天然气规模扩大以及管网设施建设力度加大，我国天然气产业保持快速增长态势。天然气利用领域不断拓展，深入到城市燃气、工业燃料、发电、化工等各方面。稳定供气已成为关乎国计民生的重大问题。但是，由于城市燃气用气不均衡及北方地区冬季采暖用气大幅攀升，部分城市用气季节性峰谷差巨大，加之目前储气设施建设相对滞后，调峰能力不足，冬季供气紧张局面时有发生。为确保天然气安全稳定供应，必须高度重视储气设施建设，加强统筹协调，加大资金投入，集中力量加快推进相关工作。

二、加快在建项目施工进度。各级有关部门、项目建设单位要加强沟通联系和统筹协调，形成工作合力，全力推进储气设施建设发展。各级有关部门要强化要素保障，积极落实用地、银行贷款等，加快征迁交地，确保无障碍施工。各储气设施建设单位要加强管理，推进标准化施工，优化施工组织，在确保安全、质量前提下，加快在建储气设施项目建设进度，确保按期建成投用。

三、鼓励各种所有制经济参与储气设施投资建设和运营。承担天然气调峰和应急储备义务的天然气销售企业和城镇天然气经营企业等，可以单独或者共同建设储气设施储备天然气，也可以委托代为储备。各级政府要优先支持天然气销售企业和所在区域用气峰谷差超过 3：1、民生用气（包括居民生活、学校教学和学生生活、养老福利机构用气等）占比超过40%的城镇燃气经营企业建设储气设施。

四、加大对储气设施投资企业融资支持力度。积极支持符合条件的天然气销售企业和城镇天然气经营企业发行企业债券融资，拓宽融资渠道，增加直接融资规模。创新债券融资品种，支持储气设施建设项目发行项目收益债券。支持地方政府投融资平台公司通过发行企业债券筹集资金建设储气设施，且不受年度发债规模指标限制。

五、出台价格调节手段引导储气设施建设。各级价格主管部门要进一步理顺天然气与可替代能源价格关系。推行非居民用户季节性差价、可中断气价等政策，鼓励用气峰谷差大的地方率先实施，引导用户削峰填谷。2015年底前所有已通气城市均应按照我委印发的《关于建立健全居民生活用气阶梯价格制度的指导意见》的精神，建立起居民生活用气阶梯价格制度。对独立经营的储气设施，按补偿成本、合理收益的原则确定储气价格；对城镇天然气经营企业建设的储气设施，投资和运营成本纳入配气成本统筹考虑，并给予适当收益。

六、加大储气设施建设用地支持力度。储气设施建设的项目用地可通过行政划拨、有偿出让或租赁等方式取得。对储气设施建设用地，有关方面要优先予以支持。

七、优化项目核准程序，提高核准效率。地方投资部门要研究制定简化核准工作手续、优化核准工作程序、提高核准工作效率的具体办法，配合住建、国土、环保等部门，优化规划选址、用地、环评、初设等环节的审批程序，缩短办理时限。

八、在落实《国务院办公厅关于促进进出口稳增长、调结构的若干意见》（国办发〔2013〕83号）有关政策过程中，采取措施进一步加快推动储气设施建设。

九、继续执行现有支持大型储气库建设的有关政策，进一步加大支持力度，适时扩大适用范围。有条件的地区可出台鼓励政策，对储气设施建设给予一定的资金补助。

十、天然气销售企业在同等条件下要优先增加配建有储气设施地区的资源安排，增供气量要与当地储气设施规模挂钩。

关于加快储气设施建设和完善储气调峰辅助服务市场机制的意见

（2018年4月26日　发改能源规〔2018〕637号）

为认真践行习近平新时代中国特色社会主义思想，加快推进天然气产供储销体系建设，落实《中共中央国务院关于深化石油天然气体制改革的若干意见》（中发〔2017〕15号）要求，补足储气调峰短板，制定本意见。

一、充分认识加快储气设施建设和完善储气调峰市场机制的必要性和紧迫性。截至目前，我国地下储气库工作气量仅为全国天然气消费量的3%，国际平均水平为12－15%；液化天然气（以下简称LNG）接收站罐容占全国消费量的2.2%（占全国LNG周转量的约9%），日韩为15%左右；各地方基本不具备日均3天用气量的储气能力。去冬今春全国较大范围内出现的天然气供应紧张局面，充分暴露了储气能力不足的短板。这已成为制约我国天然气产业可持续发展的重要瓶颈之一。

此外，储气和调峰机制上也存在诸多问题，制约天然气稳定安全供应。已有规定中储气责任界定不清，储气能力和调峰能力混淆，储气能力核定范围不明确，储气责任落实的约束力不够。辅助服务市场未建立，企业除在属地自建储气设施外，储气责任落实缺乏其他途径；支持政策不完善，峰谷差价等价格政策未完全落实，市场化、合同化的调峰机制远未形成，各类企业和用户缺乏参与储气调峰的积极性。

加强储气和调峰能力建设，是推进天然气产供储销体系建设的重要组成部分。天然气作为优质高效、绿色清洁的低碳能源，未来较长时间消费仍将保持较快增长。尽快形成与我国消费需求相适应的储气能力，并形成完善的调峰和应急机制，是保障天然气稳定供应，提高天然气在一次能源消费中的比重，推进我国能源生产和消费革命，构建清洁低碳、安全高效能源体系的必然要求。

二、总体要求

以习近平新时代中国特色社会主义思想为指导，全面贯彻党的十九大和十九届二中、三中全会精神，统筹推进“五位一体”总体布局、协调推进“四个全面”战略布局，落实党中央、国务院关于深化石油天然气体制改革的决策部署和加快天然气产供储销体系建设的任务要求，遵循能源革命战略思想，着力解决天然气发展不平衡不充分问题，加快补足储气能力短板，明确政府、供气企业、管道企业、城镇燃气企业和大用户的储气调峰责任与义务，建立和完善辅助服务市场机制，形成责任明确、各方参与、成本共担、机制顺畅、灵活高效的储气调峰体系，为将天然气发展成为我国现代能源体系中的主体能源之一提供重要支撑。

三、基本原则

明确责任划分。供气企业和管道企业承担季节（月）调峰责任和应急责任。其中，管道企业在履行管输服务合同之外，重在承担应急责任。城镇燃气企业承担所供应市场的小时调峰供气责任。地方政府负责协调落实日调峰责任主体，供气企业、管道企业、城镇燃气企业和大用户在天然气购销合同中协商约定日调峰供气责任。

坚持市场主导。推进天然气价格市场化，全面实行天然气购销合同。储气服务（储气设施注采、存储服务等）价格和储气设施天然气购销价格由市场竞争形成。构建储气调峰辅助服务市场机制，支持企业通过自建合建、租赁购买储气设施，或者购买储气服务等手段履行储气责任。

加强规划统筹。建立以地下储气库和沿海 LNG 接收站储气为主，重点地区内陆集约、规模化 LNG 储罐应急为辅，气田调峰、可中断供应、可替代能源和其他调节手段为补充，管网互联互通为支撑的多层次储气调峰系统。

严格行业监管。加强对违法违规、履责不力行为的约谈问责、惩戒查处和通报曝光。将各地和有关企业建设储气设施、保障民生用气、履行合同等行为分别纳入政府及油气行业信用体系建设和监管范畴。

四、主要目标

（一）储气能力指标。

供气企业应当建立天然气储备，到 2020 年拥有不低于其年合同销售量 10% 的储气能力，满足所供应市场的季节（月）调峰以及发生天然气供应中断等应急状况时的用气要求。县级以上地方人民政府指定的部门会同相关部门建立健全燃气应急储备制度，到 2020 年至少形成不低于保障本行政区域日均 3 天需求量的储气能力，在发生应急情况时必须最大限度保证与居民生活密切相关的民生用气供应安全可靠。北方采暖的省（区、市）尤其是京津冀大气污染传输通道城市等，宜进一步提高储气标准。

城镇燃气企业要建立天然气储备，到

2020年形成不低于其年用气量5%的储气能力。不可中断大用户要结合购销合同签订和自身实际需求统筹供气安全，鼓励大用户自建自备储气能力和配套其他应急措施。

以上各方的储气指标不得重复计算。2020年以后各方储气能力配套情况，按以上指标要求，以当年实际合同量或用气量为基数进行考核。作为临时性过渡措施，目前储气能力不达标的部分，要通过签订可中断供气合同，向可中断用户购买调峰能力来履行稳定供气的社会责任。同时，各方要根据2020年储气考核指标和现有能力匹配情况，落实差额部分的储气设施建设规划及项目，原则上以上项目2018年要全部开工。

（二）指标核定范围。

储气指标的核定范围包括：一是地下储气库（含枯竭油气藏、含水层、盐穴等）工作气量；二是沿海LNG接收站（或调峰站、储配站等，以下统称LNG接收站）储罐罐容（不重复计算周转量）；三是陆上（含内河等）具备一定规模，可为下游输配管网、终端气化站等调峰的LNG、CNG储罐罐容（不重复计算周转量，不含液化厂、终端气化站及瓶组站、车船加气站及加注站）等。合资建设的储气设施，其储气能力可按投资比例分解计入相应出资方的考核指标，指标认定的具体方案应在相关合同或合作协议中明确约定。可中断合同供气、高压管存、上游产量调节等不计入储气能力。

五、重点任务

（一）加强规划统筹，构建多层次储气系统。

1. 加大地下储气库扩容改造和新建力度。各企业要切实落实国家天然气发展专项规划等对地下储气库工作气量的约束性指标要求。加快全国地下储气库的库址筛选和评估论证，创新工作机制，鼓励各类投资主体参与地下储气库建设运营。

2. 加快LNG接收站储气能力建设。鼓励多元主体参与，在沿海地区优先扩大已建LNG接收站储转能力，适度超前新建LNG接收站。以优化落实环渤海地区LNG储运体系实施方案为重点，尽快完善全国的LNG储运体系。推动LNG接收站与主干管道间、LNG接收站间管道互联，消除“LNG孤站”和“气源孤岛”。LNG接收站要形成与气化能力相配套的外输管道。鼓励接收站增加LNG槽车装车撬等，提高液态分销能力。

3. 统筹推进地方和城镇燃气企业储气能力建设。针对地方日均3天需求量、城镇燃气企业年用气量5%的储气能力落实，各省级人民政府指定的部门要统筹谋划，积极引导各类投资主体通过参与LNG接收站、地下储气库等大型储气设施建设来履行储气责任（含异地投资、建设）；在此基础上，结合本地实际情况适度、集约化的建设陆上LNG、CNG储配中心，确保储气能力达标。县级以上地方人民政府或其指定的部门要在省级规划统筹的基础上，将储气设施建设纳入本级规划体系，明确储气设施发展目标、项目布局和建设时序，制定年度计划。

4. 全面加强基础设施建设和互联互通。基础设施建设和管网互联互通两手抓，加快完善和优化全国干线管网布局，消除管输能力不足和区域调运瓶颈的制约。加快管网改造升级，协调系统间压力等级，实现管道双向输送，最大限度发挥应急和调峰能力。县级以上人民政府指定的部门要加强规划统筹和组织协调，会同相关部门保障互联互通工程实施以及储气设施就近接入输配管网，并推动省级管网与国家干线管道互联互通。

（二）构建规范的市场化调峰机制。

1. 以购销合同为基础规范天然气调峰。全面实行天然气购销合同管理，供用气双方签订的购销合同原则上应明确年度供气量、分月度供气量或月度不均衡系数、最大及最小日供气量等参数，并约定双方的违约惩罚机制。鼓励企业采购 LNG 现货、签订分时购销合同（调峰合同），加强用气高峰期天然气供应保障。超出合同的需求原则上由用气方通过市场化采购等方式解决，但应急保供情况下供气方和管道企业在能力范围内须予以支持并可获得合理收益，额外产生的费用由用气方承担。供气方不能履行合同供应，用气方外采气量超额支出原则上由供气企业承担。

2. 积极推行天然气运输、储存、气化、液化和压缩服务的合同化管理。基础设施使用方应与运营方签订服务合同，合理预定不同时段、不同类型的管输服务等。设施使用及运营方应共同加强用气曲线的科学预测，提高基础设施运营效率。设施运营方不能履行服务合同的，保供支出（含气价和服务收费）超出正常市场运行的部分原则上由设施运营方承担。基础设施尚有剩余能力，且存在第三方需求时，基础设施运营企业应以可中断、不可中断等多样化服务合同形式，无歧视公平开放基础设施并可获得合理收益。

（三）构建储气调峰辅助服务市场。

1. 自建、合建、租赁、购买等多种方式相结合履行储气责任。鼓励供气企业、管输企业、城镇燃气企业、大用户及独立第三方等各类主体和资本参与储气设施建设运营。支持企业通过自建合建储气设施、租赁购买储气设施或者购买储气服务等方式，履行储气责任。支持企业异地建设或参股地下储气库、LNG 接收站及调峰储罐项目。

2. 坚持储气服务和调峰气量市场化定价。储气设施实行财务独立核算，鼓励成立专业化、独立的储气服务公司。储气设施天然气购进价格和对外销售价格由市场竞争形成。储气设施经营企业可统筹考虑天然气购进成本和储气服务成本，根据市场供求情况自主确定对外销售价格。鼓励储气服务、储气设施购销气量进入上海、重庆等天然气交易中心挂牌交易。峰谷差大的地方，要在终端销售环节积极推行季节性差价政策，利用价格杠杆“削峰填谷”。

3. 坚持储气调峰成本合理疏导。城镇区域内燃气企业自建自用的储气设施，投资和运行成本纳入城镇燃气配气成本统筹考虑，并给予合理收益。城镇燃气企业向第三方租赁购买的储气服务和气量，在同业对标、价格公允的前提下，其成本支出可合理疏导。鼓励储气设施运营企业通过提供储气服务获得合理收益，或利用天然气季节价差获取销售收益。管道企业运营的地下储气库等储气设施，实行第三方公平开放，通过储气服务市场化定价，获得合理的投资收益。支持大工业用户等通过购买可中断气量等方式参与调峰，鼓励供气企业根据其调峰作用给予价格优惠。

（四）加强市场监管，构建规范有序的市场环境。

各地在授予或变更特许经营权时，应将履行储气责任、民生用气保障等作为重要的考核条件，对存在不按规定配套储气能力、连年气荒（或供气紧张）且拒不签订购销合同等行为的城镇燃气企业，应要求其加强整改直至按照《城镇燃气管理条例》等法律法规吊销其经营许可，收回特许经营权，淘汰一批实力差、信誉低、保供能力不足的城镇燃气企业。供气企业储气能力不达标且项目规划不落地、不开工、进度严重滞后的，视情研究核减该企业的天然气终端销售比例，核减的气量须井口、接收站转卖给无关联第三方企业，不得一体化运营进入中下游或终端销售。对供气企业利用产业链优势，强行转嫁储气调峰责任的，各类企业在用气高峰期存在实施价格垄断协议、滥用市场支配地位等垄断行为的，各类企业不制定不落实应急预案的，以及管道企业、基础设施运营企业不提供公开公平的接入标准和服务的要加大查处和通报力度。

（五）加强储气调峰能力建设情况的跟踪调度，对推进不力、违法失信等行为实行约谈问责和联合惩戒。国家发展改革委、能源局会同相关部门对储气调峰能力建设情况等进行跟踪检查，视情对工作推进不力的政府部门、企业及相关责任人约谈曝光。加强对各地和有关企业建设储气设施、保障民生用气、履行合同等情况的信用监管。对未能按照规定履行储备调峰责任的企业、出现较大范围恶意停供居民用气的企业，根据情形纳入石油天然气行业失信名单，对严重违法失信行为依法实施联合惩戒。有关信用信息归集至全国信用信息共享平台，经主管部门认定后，相应纳入城市信用监测和石油天然气行业失信联合惩戒范畴，通过“信用中国”网站向社会公布。

六、保障措施

（一）强化财税和投融资支持。研究对地下储气库建设的垫底气采购支出给予中央财政补贴，对重点地区应急储气设施建设给予中央预算内投资补助支持。在第三方机构评估论证基础上，研究液化天然气接收站项目进口环节增值税返还政策按实际接卸量执行。支持地方政府、金融机构、企业等在防范风险基础上创新合作机制和投融资模式，创新和灵活运用贷款、基金、租赁、证券等多种金融工具，积极推广政府和社会资本合作（PPP）等方式，吸引社会资本参与储气设施建设运营。

（二）强化用地保障，加快项目推进。各企业要切实加快国家规划的地下储气库、LNG 接收站及配套管道建设，各省（区、市）相关部门要给予大力支持。各省（区、市）相关部门要做好本地区应急储气设施建设规划与土地利用、城乡建设等规划的衔接，优化、简化审批手续，优先保障储气设施建设用地需求。各级管道企业要优先满足储气设施对管网的接入需求。鼓励储气设施集约运营、合建共用，支持区域级、省级应急储气中心建设，减少设施用地，降低运行成本。

（三）深化体制机制改革，强化政策配套。加快放开储气地质构造的使用权，配套完善油气、盐业等矿业权的租赁、转让、废弃核销机制以及已开发油气田、盐矿的作价评估机制。鼓励油气、盐业企业利用枯竭油气藏、盐腔（含老腔及新建）与其他主体合作建设地下储气库。严格执行管道第三方公平准入，加快 LNG 接收站第三方开放。加强天然气管道输配价格管理和成本监审，输配价格偏高的要尽快降低。鼓励有条件的地区先行放开大型用户终端销售价格。探索储气服务两部制定价，适时推进天然气热值计价。鼓励用户自主选择资源方和供气路径、形式，大力发展区域及用户双气源、多气源供应。加强储气领域技术和装备创新，推动出台小型 LNG 船舶在沿海、内河运输，以及 LNG 罐箱多式联运等方面的相关法

规政策。天然气、燃气相关标准规范中关于储气调峰的相关规定，有冲突的以本意见为准。

（四）加强应急保障，确保运营安全。县级以上人民政府指定的部门应建立完善重大突发情况下的天然气保障应急预案，建立联动应急机制。在重大突发情况下，由地方政府指定的部门启动应急预案，相关方应给予配合。建立应急保供的责任划分和成本分担机制，应急调度过程中发生的气量采购、

基础设施服务等成本，原则上由高出合同量的用气方、低于合同量的供气方、基础设施服务的违约方等按责任分比例或全额承担，保供方可获得合理收益。天然气领域从业企业要严格履行安全生产主体责任，严格执行相关技术、工程、安全标准规范，加强检查巡查，及时排查处置安全隐患，确保设施安全运行。

（五）加强宣传引导。各方要利用多种媒介，主动宣传天然气季节性供需现状，积极回应社会关切，加强政策解读。加强经验总结和典型示范，推广复制成功经验，积极营造良好有利的社会环境和氛围。

七、附则

本《意见》中供气企业是指从事天然气销售业务，直接与城镇燃气企业、其他终端用户（不含城镇燃气企业终端用户）签订购销合同的企业。其中，自主拥有国产或进口气源且气源销售未实行财务独立核算的各类企业视为供气企业，其全部的自产、进口气量纳入该企业当年销售合同量核定。供气企业是子公司、分公司的，可纳入母公司、总公司等整体考核。

关于统筹规划做好储气设施建设运行的通知

（2018年5月16日　发改办运行〔2018〕563号）

各省、自治区、直辖市发展改革委、经信委（工信委、工信厅）、能源局，中国石油天然气集团有限公司、中国石油化工集团公司、中国海洋石油集团有限公司：

今年以来，各地区、有关部门和企业深入贯彻落实习近平总书记重要指示批示精神和李克强总理等中央领导同志一系列批示要求，加快推进天然气产供储销体系建设，迅速展开储气设施规划编制实施。但一些地区对储气设施建设的实现方式在理解上还不全面，出现储气设施规划布局小而散、投资运营效率明显偏低等问题，为指导各地和有关企业加强统筹规划、合理布局，优化投资运行管理方式，科学地补上储气能力不足的短板，切实防范地方债务风险，结合我委印发的《关于加快储气设施建设和完善储气调峰辅助服务市场机制的意见》，现就有关事项通知如下：

一、加强储气设施建设统筹规划、合理布局。各地要以省级为单位在2018年上半年制定储气设施建设专项规划，根据本区域储气设施建设需要、管网建设联通等实际情况，因地制宜，合理布局，科学选址，集中建设为主，加快推进地下储气库、沿海LNG接收站和重点地区集约、规模化LNG储罐建设，避免分散建设、“遍地开花”。对没有气源保障条件的地区，要科学地论证建设或合作、购买储气设施的方式。鼓励建设供储结合的储气设施，提高设施利用率。鼓励根据天然气需求规模持续提升的情况，一次规划、集中布局，预留足够建设用地，分期分批扩建，不断满足储气能力增长的需要。

二、鼓励通过多种方式满足储气能力要求。鼓励地方通过自建、合资、参股等方式集中建设储气设施。合资建设的储气设施，储气能力可按投资比例分解计入相应出资方的考核指标，指标认定的具体方案应在相关合同或合作协议中明确约定。支持通过购买、租赁储气设施或者购买储气服务等方式，履行储气责任。鼓励天然气管网互联互通的地区在异地投资或参股建设储气设施，具备管网联通条件的内陆地区通过合资、参股等方式参与沿海大型LNG接收站建设。

三、切实防范地方政府债务风险。对储气能力项目建设，要按照尽力而为、量力而行的原则，充分论证、科学决策，对建设规划的制定实施、建设项目的审批、投资计划的编制执行从严把关，提高项目建设运行效率，降低综合成本，提升储气设施项目经济性。

四、加快办理项目核准和建设手续。各地对于已规划建设的储气设施，要在确保项目安全和质量的前提下，依法依规简化项目核准和建设程序。对于审批涉及部门多的项目，必要时可通过联审联批形式缩短项目核准和建设周期，加快办理各项审批手续。

五、促进储气设施与天然气管网统筹协调运行。中石油、中石化、中海油要签订协议落实天然气互联互通商务模式，在保供期间确保跨省长输管道在具有剩余能力的情况下相互开放、LNG 接收站实现对各方 LNG 资源的全国调度与联保联供，并建立天然气资源采购协调机制，定期沟通资源缺口与采购安排，促进储气设施与天然气管网在保供期间统筹协调运行。

六、加强建设运行监管。各地天然气、城市燃气主管部门要对储气设施开工建设、按计划建成投运开展全面监管，按时达到储气能力要求。各地运行部门要做好储气设施运行监测，保持在役储气设施处于正常运行状态。已建成储气设施的相关信息要及时上报，国家发展改革委、国家能源局将委托第三方信用机构加强储气设施建设运营情况信用监管，不定期抽查核查，对发现没有达到实际要求的严肃问责。

各地区、各有关企业要认真贯彻落实党中央、国务院决策部署，以高度负责的态度，统筹规划、合理布局，优化投资建设运行管理方式，科学高效推进储气设施建设。

二、价格篇

◎导　读

燃气是一种特殊商品，燃气行业更是关系民生的市政公用行业，因而无论其销售价格还是运输价格，均受到政府的严格规制。根据《价格法》，价格种类包括政府定价、政府指导价、市场调节价，管道燃气销售价格、运输价格均为政府定价或政府指导价，而液化天然气、车用燃气的销售价格基于其竞争充分的特点，经历了从政府定价到政府指导价、市场调节价逐步放开的过程。在燃气工程安装费方面，存在政府定价与市场调节价并存的局面，因地而异。

本篇收录的主要是国家部委层面涉及管道燃气企业销售价格、运输价格、工程安装费用方面的规范性文件，全国各地物价主管部门在成本监审、配气价格监管、销售价格等方面制定了大量的政策文件，因数量众多未予收录。实践当中，燃气企业需要严格执行当地价格政策文件的相关规定。

天然气管道运输价格管理办法（试行）

（2016 年 10 月 9 日　发改价格规〔2016〕2142 号）

第一章　总　　则

第一条　为加强天然气管道运输价格管理，规范定价行为，提高定价科学性、合理性和透明度，促进天然气行业健康发展，根据《中华人民共和国价格法》等法律法规规定，制定本办法。

第二条　本办法适用于中华人民共和国境内制定和调整天然气管道运输价格的行为。

第三条　本办法所称天然气管道（以下简称管道），是指跨省（自治区、直辖市）输气管道，不包括省（自治区、直辖市）内短途输气管道、油气田内部的矿场集输管道、海底管道和城镇燃气配气管网。

第四条　管道运输价格实行政府定价，由国务院价格主管部门制定和调整。

第五条　管道运输价格管理遵循准许成本、合理收益、公开透明、操作简便的原则。

第六条　经营管道运输业务的企业（以下简称管道运输企业）原则上应将管道运输业务与其他业务分离。目前生产、运输、销售一体化经营的企业暂不能实现业务分离的，应当实现管道运输业务财务核算独立。

第二章　价格制定和调整

第七条　管道运输价格管理原则上以管道运输企业法人单位为管理对象。油气田周边管网可视同为独立法人单位，实行单独管理。

第八条　管道运输价格按照“准许成本加合理收益”原则制定，即通过核定管道运输企业的准许成本，监管准许收益，考虑税收等因素确定年度准许总收入，核定管道运输价格。

对新成立企业投资建设的管道，制定管道运输试行价格，运用建设项目财务评价的原理，使被监管企业在整个经营期内取得合理回报。可行性研究报告设计的达产期后，调整为按“准许成本加合理收益”原则核定管道运输价格。

第九条　管道运输企业的管道运输业务年度准许总收入由准许成本、准许收益以及税费组成。其中：

（一）准许成本即定价成本，包括折旧及摊销费、运行维护费，由国务院价格主管部门通过成本监审核定。

（二）准许收益按有效资产乘以准许收益率计算确定。有效资产指管道运输企业投入、与输气业务相关的可计提收益的资产，包括固定资产净值、无形资产净值和营运资本，不含政府无偿投入、政府补助、社会无偿投入形成的固定资产和无形资产，储气库、液化天然气接收站资产，以及从管道运输企业分离出去的辅业、多种经营等资产。固定资产净值和无形资产净值通过成本监审确定，营运资本按运行维护费的 20% 确定。准许收益率按管道负荷率（实际输气量除以设计输气能力）不低于 75% 取得税后全投资收益率 8% 的原则确定。

（三）税费包括企业所得税、城市维护建设税、教育费附加等。

第十条　管道运价率按管道运输企业年度准许总收入除以年度总周转量计算确定。总周转量为管道运输企业拥有的所有天然气管道周转量之和。单条管道周转量 = 管道实际运输气量 × 平均运输距离管道实际运输气量为出口气量或委托运输气量。管道负荷率低于 75% 的，按 75% 负荷率对应的气量计算确定管道运价率。

第十一条 管道运输企业根据国务院价格主管部门制定的本公司管道运价率，以及天然气入口与出口（以城市为单位）的运输距离，测算确定本公司不同管道的具体运输价格，并形成本公司管道运输具体价格表。管道运输企业从同一入口通过两条及以上管道向同一出口供气的，根据运输气量加权平均确定统一的价格。呈环状结构、难以确定入口与出口距离的输气管道，国务院价格主管部门核定企业年度准许总收入后，可根据实际情况具体确定管道运输价格形式，实行同网同价，也可按距离或区域确定价格。

第十二条 对新成立企业制定管道运输试行价格，原则上按照可行性研究报告的成本参数，以及税后全投资收益率 8%、经营期 30 年确定。可行性研究报告的成本等相关参数与成本监审有关规定不符的，按成本监审有关规定进行调整。

第十三条 管道运输价格原则上每 3 年校核调整一次。如管道投资、运输气量、成本等发生重大变化，可以提前校核。对新成立企业制定管道运输试行价格，设计达产期后，国务院价格主管部门应主动进行价格校核，并及时调整管道运输价格。

第十四条 管道运输价格校核调整过程中，按上述办法测算的管道运输价格调整幅度过大时，国务院价格主管部门可根据管道运输企业实际运行情况和用户承受能力等，适当降低调整幅度，避免价格大幅波动。对应调未调产生的收入差额，分摊到未来年度进行补偿或扣减。

第三章　定调价程序

第十五条 管道运输价格的制定和调整，由国务院价格主管部门主动实施，也可由管道运输企业向国务院价格主管部门提出建议。新成立管道运输企业投产运行前，应主动向国务院价格主管部门提出定价建议。

第十六条 管道运输企业可直接向国务院价格主管部门报送定调价建议，或通过控股母公司、注册地所在省级价格主管部门向国务院价格主管部门报送定调价建议。

第十七条 管道运输企业应在每年 6 月 1 日前，按照国务院价格主管部门制定的管道运输成本价格信息编制和报送规范的要求，向国务院价格主管部门报送投资、收入、成本等相关信息和材料。

第十八条 管道运输企业应保证所报送信息和材料真实、准确。故意瞒报、虚报相关信息的，国务院价格主管部门可以根据情况降低准许收益率。因故意瞒报、虚报相关信息并已获得不当收益的，在后续调整价格时进行追溯。

第十九条 国务院价格主管部门制定和调整管道运输价格前，应当开展成本监审。成本监审核定的定价成本，作为制定和调整管道运输价格的基本依据。对新成立企业制定管道运输试行价格，相关成本按照本办法第十二条规定执行。

第四章　信息公开

第二十条 国务院价格主管部门制定和调整管道运输价格，应通过国务院价格主管部门门户网站向社会公开价格水平和相关依据。

第二十一条 管道运输企业应在每年 6

月 1 日前，通过企业门户网站或指定平台公开收入、成本等相关信息；管道运输企业测算确定本公司管道运输具体价格表后，应连同国务院价格主管部门制定的管道运价率，以及所有入口与出口的名称、距离等相关信息，通过企业门户网站或指定平台向社会公开，同时抄报国务院价格主管部门。

第五章　附　　则

第二十二条　对外合作的管道项目，已经签订管道运输价格条款的，暂按已签订的商务合同执行；合同期满或协商一致后，由国务院价格主管部门按照本办法的规定及时校核调整管道运输价格。

第二十三条　县级以上价格主管部门依法对管道运输企业的价格活动进行监督检查，并依照法律法规规定对价格违法行为进行处理。

第二十四条　省级价格主管部门可以参照本办法对本省（自治区、直辖市）内短途管道运输价格进行管理，或参照本办法，结合本省（自治区、直辖市）实际情况，制定本省（自治区、直辖市）短途管道运输价格管理办法。

省级价格主管部门制定和调整辖区内短途管道运输价格，应同时抄报国务院价格主管部门。

第二十五条　本办法由国家发展和改革委员会负责解释。

第二十六条　本办法自 2017 年 1 月 1 日起施行，有效期 5 年。

天然气管道运输定价成本监审办法（试行）

（2016 年 10 月 9 日　发改价格规〔2016〕2142 号）

第一章　总　　则

第一条　为加强天然气管道运输成本监管，规范定价成本监审行为，提高政府价格决策的科学性，根据《中华人民共和国价格法》、《政府制定价格成本监审办法》、《天然气管道运输价格管理办法（试行）》等有关规定，制定本办法。

第二条　本办法适用于中华人民共和国境内实施天然气管道运输定价成本监审的行为。

第三条　本办法所称天然气管道（以下简称管道），是指跨省（自治区、直辖市）输气管道，不包括省（自治区、直辖市）内短途输气管道、油气田内部的矿场集输管道、海底管道和城镇燃气配气管网。

第四条　管道运输定价成本监审工作由国务院价格主管部门负责组织实施。

第五条　管道运输定价成本监审应当遵循合法性、相关性和合理性原则。

第六条　核定管道运输定价成本，应当以经会计师事务所或审计部门审计的年度财务会计报告、手续齐备的会计凭证、账簿，以及管道运输企业提供的真实、完整、有效的其他成本相关资料为基础。

第七条　管道运输企业应当建立健全独立的输气业务成本核算制度，完整准确记录输气业务的生产经营成本和收入。

第二章　定价成本构成与归集

第八条　管道运输定价成本由折旧及摊销费、运行维护费构成。

第九条　折旧及摊销费指与管道运输服务相关的固定资产原值、无形资产原值按照规定的折旧和摊销年限计提的费用，包括管理费用和销售费用中的折旧及摊销费。

第十条　运行维护费指维持管道正常运行所发生的费用，包括直接输气成本、管理费用、销售费用。

（一）直接输气成本，包括材料费、燃料动力费、修理费、职工薪酬、输气损耗，以及其他相关费用。

1. 材料费，指维持管道正常运行所耗用的原材料、辅助材料、备品备件以及其他直接材料的费用。

2. 燃料动力费，指维持管道正常运行所耗用的水、电、油、气、煤等费用。

3. 修理费，指维持管道正常运行所进行的修理和维护活动发生的费用。

4. 职工薪酬，指为获得生产人员提供的服务而给予各种形式的报酬以及其他相关费用。具体包括：职工工资（奖金、津贴和补贴）；职工福利费；基本医疗保险费、基本养老保险费、失业保险费、工伤保险费和生育保险费等社会保险费，以及按照法律法规规定为职工缴纳的补充医疗保险费和补充养老保险费；住房公积金；工会经费和职工教育经费等。

5. 输气损耗，指在管道运输过程中因天然气损耗折算的费用。

6. 其他相关费用，指除以上成本因素外管道运输企业提供正常输气服务发生的其他有关费用，以及按照法律法规必须缴纳或提取的合理费用，包括安全生产费用、青苗补偿费、水土保持费等。

（二）管理费用，指管道运输企业管理部门为组织和管理输气服务所发生的各项费用。包括管理人员职工薪酬、差旅费、会议费、办公费、业务招待费、出国经费、物料消耗、低值易耗品摊销等，不含折旧及摊销费。

（三）销售费用，指管道运输企业在销售或提供服务过程中发生的各项费用。包括销售人员职工薪酬、资料费、包装费、保险费、广告费、租赁费、物料消耗、低值易耗品摊销等，不含折旧及摊销费。

第十一条　下列费用不得计入定价成本：

（一）不符合《中华人民共和国会计法》等有关法律、行政法规和国家财务会计制度规定的费用；

（二）与管道运输企业输气业务无关的费用或虽与输气业务有关但按照国家有关规定由政府补助、政策优惠、社会无偿捐赠等冲减的费用；

（三）滞纳金、违约金、罚款；

（四）捐赠、公益广告、公益宣传费用；

（五）除不可抗力外的固定资产盘亏、毁损、闲置和出售的净损失；

（六）特许经营权费用；

（七）向上级公司或管理部门上交的利润性质的管理费用、代上级公司或管理部门缴纳的各项费用、向出资人支付的利润分成以及对附属单位的补助支出等；

（八）其他不合理支出。

第十二条　管道与储气库、液化天然气接收站以及其他基础设施共用设备设施的，应根据气量、固定资产原值等合理分摊共用成本。

第三章　定价成本核定

第十三条　计入定价成本的折旧费按照

国务院价格主管部门核定的上一年度末固定资产原值、规定的折旧年限，采用年限平均法核定。

（一）固定资产根据经有权限的行业投资主管部门认定的符合规划的线路、输气设备以及其他与输气业务相关的资产核定。以下固定资产不纳入核定范围：未经有权限的行业投资主管部门审批建设的管道资产；政府无偿投入、政府补助和社会无偿投入形成的固定资产；储气库、液化天然气接收站资产；从管道运输企业分离出去的辅业、多种经营等资产。

（二）固定资产原值原则上按照历史成本核定，按规定进行过清产核资的，按财政或国有资产部门认定的各类固定资产价值确认。以下情况不计入固定资产原值：未投入实际使用的；不能提供固定资产价值有效证明的；无偿接收的；评估增值的部分。

（三）折旧年限根据固定资产的性质、实际使用情况等因素确定，各类固定资产折旧年限具体见附表。管道固定资产残值率按0%核定，其他固定资产残值率一般按5%核定。已计提完折旧仍在使用的固定资产不再计提折旧费用。

第十四条 计入定价成本的摊销费按照国务院价格主管部门核定的上一年度末无形资产原值、规定的摊销年限，采用直线摊销法核定。评估增值部分不计入无形资产原值。无形资产的摊销年限，有法律法规规定或合同约定的，从其规定或约定；没有规定或约定的，计算机软件按5年摊销，其他按30年摊销。

第十五条 运行维护费各构成项目核定方法如下：

（一）材料费、燃料动力费按照管道运输企业上一年度实际水平，剔除不合理因素并适当参考近3年变化核定。

（二）修理费按照管道运输企业上一年度实际水平，剔除不合理因素并适当参考近3年变化核定，最高不超过管道固定资产原值的2.5%。

（三）输气损耗按照管道运输企业上一年度实际损耗气量乘以气源价格核定。实际损耗气量最高不超过输气量的0.2%。

（四）职工薪酬的核定。中央国有管道运输企业的工资总额参照上一年度国务院国有资产监督管理部门有关国有企业工资管理办法核定；地方国有管道运输企业的工资总额参照上一年度地方国有资产监督管理部门有关国有企业工资管理办法核定。未达到国有资产监督管理部门确定的工资总额的，据实核定。其他管道运输企业的工资水平参考国有管道运输企业水平合理核定。职工基本养老保险、基本医疗保险、失业保险、工伤保险、生育保险等分别按计入定价成本的工资总额和管道运输企业所在地省级人民政府规定的比例为依据核定。职工补充养老保险、补充医疗保险等按照规定的标准核定。职工福利费、职工教育经费最高不得超过计入定价成本的工资总额的14%、2.5%，住房公积金、工会经费按照规定的基数和计提比例确定。国家有新规定的，从其规定。

第十六条 管理费用和销售费用按照管道运输企业上一年度实际水平，剔除不合理因素并适当参考近3年变化核定。其中，核定的各年度差旅费、会议费、业务招待费、办公费、出国经费等非生产性支出原则上不超过前一年度。

第十七条 其他相关费用按照管道运输企业上一年度实际水平，剔除不合理因素并适当参考近3年变化核定，应符合行业公允水平。

第十八条 管道运输企业输气业务和其

他业务的共用成本，应当按照固定资产原值、收入等进行合理分摊。

第十九条 管道运输企业的单位定价成本按核定的上一年度成本总额除以总周转量计算确定。其中总周转量为企业拥有的所有天然气管道周转量之和，单条管道周转量按该管道实际运输气量乘以平均运输距离计算确定。

第四章 附 则

第二十条 省级价格主管部门可以参照本办法开展省（自治区、直辖市）内短途管道运输定价成本监审工作，或参照本办法，结合本省（自治区、直辖市）实际情况，制定本省（自治区、直辖市）短途管道运输定价成本监审办法。

第二十一条 本办法由国家发展和改革委员会负责解释。

第二十二条 本办法自 2017 年 1 月 1 日起施行，有效期 5 年。

附表：天然气管道运输企业固定资产定价折旧年限表（略）

关于加强配气价格监管的指导意见

（2017 年 6 月 20 日 发改价格〔2017〕1171 号）

为深入贯彻落实《中共中央国务院关于推进价格机制改革的若干意见》（中发〔2015〕28 号）等文件精神，按照“管住中间、放开两头”的总体思路，加强城镇燃气配送环节价格监管，促进天然气行业健康发展，提出以下指导意见。

一、核定独立的配气价格。城镇燃气是重要的公用事业，燃气管网属于网络型自然垄断环节。配气价格是指城镇燃气管网配送环节的价格，应由政府严格监管。燃气企业向用户提供燃气配送服务，通过配气价格弥补成本并获得合理收益。地方价格主管部门要厘清供气环节，核定独立的配气价格，并可在合理分摊成本的基础上，制定区分用户类别的配气价格。

二、配气价格的制定方法。配气价格按照“准许成本加合理收益”的原则制定，即通过核定城镇燃气企业的准许成本，监管准许收益，考虑税收等因素确定年度准许总收入，制定配气价格。年度准许总收入由准许成本、准许收益以及税费之和扣减其他业务收支净额确定。其他业务收支净额为企业使用与配气业务相关的资产和人力从事工程安装施工、燃气销售等其他业务活动的收支净额。

三、准许成本的核定。准许成本的归集应当遵循合法性、相关性和合理性原则，凡与配气业务无关的成本均应予以剔除。配气业务和其他业务的共用成本，应当按照固定资产原值、收入、人员等进行合理分摊。鼓励各地建立激励机制，科学确定标杆成本，低于标杆成本的，可由燃气企业与用户利益共享，激励企业提高经营效率、降低配气成本。

准许成本的核定原则上根据政府制定价格成本监审办法等有关规定执行。其中，供销差率（含损耗）原则上不超过 5%，三年内降低至不超过 4%；管网折旧年限不低于 30 年；建筑区划内按法律法规规定由企业承担运行维护责任的运行维护成本可计入准许成本。

四、准许收益的确定。准许收益按有效资产乘以准许收益率计算确定。其中，准许收益率为税后全投资收益率，按不超过7%确定；有效资产为城镇燃气企业投入、与配气业务相关的可计提收益的资产，由固定资产净值、无形资产净值和营运资本组成，包括市政管网、市政管网到建筑区划红线外的管网资产，城镇区域内自建自用的储气设施资产，以及其他设备设施等相关资产，不包括建筑区划内业主共有和专有资产，政府无偿投入、政府补助和社会无偿投入的资产，无偿接收的资产，未投入实际使用的资产，不能提供资产价值有效证明的资产，资产评估增值部分，以及向用户收取费用形成的资产。

五、配气价格的制定和校核。配气价格按企业年度准许总收入除以年度配送气量计算确定。配送气量较大幅度低于可行性研究报告或供气规划的，应对最低配送气量作出限制性规定，避免因过度超前建设等原因造成配气价格过高。

配气价格应定期校核，校核周期原则上不超过3年。价格制定和调整过程中，如测算的价格水平过高或调整幅度过大，可综合考虑当地经济发展水平和用户承受能力等因素，适当控制价格水平或降低调整幅度，避免价格过高和大幅波动。对应调未调产生的收入差额，可分摊到未来年度进行补偿或扣减。

六、新通气城镇初始配气价格的制定。新建城镇燃气配气管网，可运用建设项目财务评价的原理，使被监管企业在整个经营期内取得合理回报的方法核定初始配气价格。核定价格时，全投资税后内部收益率不超过7%，经营期不低于30年。定价成本参数原则上按可行性研究报告确定，可行性研究报告成本参数与成本监审规定不符的，按成本监审的规定进行调整。随着经营气量的增加，可适时调整为“准许成本加合理收益”的原则核定。

七、加强配气延伸服务收费监管。各级价格主管部门要对配气延伸服务收费进行清理规范，凡没有提供实质性服务的，以及成本已纳入配气价格的收费项目，一律取消；收费偏高的要及时降低。居民燃气工程安装性质的收费涵盖范围严格限于建筑区划红线内产权属于用户的资产，不得向红线外延伸。城镇居民新建住宅，燃气工程安装费等纳入房价，不再另外向燃气用户收取。

八、抓紧制定出台配气价格监管规则。省级价格主管部门要按照指导意见的要求，积极开拓创新，结合当地实际，抓紧建立健全监管长效机制，制定配气价格管理和定价成本监审规则，2018年6月底前出台。

九、及时开展成本监审和核定配气价格。各地要抓紧开展成本监审，核定独立的配气价格，切实把过高的配气价格降下来。降低空间主要用于减轻工商企业用气负担，促进实体经济发展。调整居民配气价格，要依法履行听证等程序。

十、推动信息公开强化社会监督。价格主管部门制定和调整配气价格，要通过门户网站等指定平台向社会公开价格水平和相关依据。城镇燃气经营企业要定期通过公司门户网站等指定平台公布收入、成本等相关信息，推进价格信息公开透明，强化社会监督；要按照价格主管部门要求，按时报送定调价所需的投资、收入、成本等信息。对故意瞒报、虚报信息的行为，价格主管部门要依法查处并公开曝光，纳入企业不良信用记录，并可视情采取降低准许收益率等措施。

关于北方地区清洁供暖价格政策的意见

（2017年9月19日　发改价格〔2017〕1684号）

为贯彻落实党中央国务院关于推进北方地区清洁供暖的决策部署，经研究，现就有关价格政策提出以下意见。

一、总体要求

北方广大农村地区、一些城镇以及部分大中城市的周边区域，还在大量采用分散燃煤和散烧煤取暖，既影响了居民基本生活的改善，也加重了北方地区冬季雾霾天气。推进北方地区冬季清洁取暖，是重大民生工程、民心工程，关系北方地区广大群众温暖过冬，关系雾霾天能不能减少，是能源生产和消费革命、农村生活方式革命的重要内容。

要按照“企业为主、政府推动、居民可承受”的方针，遵循因地制宜、突出重点、统筹协调的原则，宜气则气，宜电则电，建立有利于清洁供暖价格机制，综合运用完善峰谷价格、阶梯价格，扩大市场化交易等价格支持政策，促进北方地区加快实现清洁供暖。

二、完善“煤改电”电价政策

具备资源条件，适宜“煤改电”的地区，要通过完善峰谷分时制度和阶梯价格政策，创新电力交易模式，健全输配电价体系等方式，降低清洁供暖用电成本。

（一）完善峰谷分时价格制度

鼓励利用谷段低价电供暖，提高电力系统利用效率，降低“煤改电”用电成本。一是推行上网侧峰谷分时电价政策。鼓励北方地区省级价格主管部门按照当地大容量主力燃煤机组的边际发电成本确定谷段上网电价，在上网电价平均水平不变的前提下确定峰段上网电价，报国家发展改革委同意后实施。二是完善销售侧峰谷分时时段划分。对采暖用电部分，适当延长谷段时间（原则上不超过2小时），优化峰、平、谷价格时段划分。三是适当扩大销售侧峰谷电价差。在销售侧平均水平不变的情况下，进一步扩大采暖季谷段用电电价下浮比例。

（二）优化居民用电阶梯价格政策

合理确定采暖用电量，鼓励叠加峰谷电价，明确村级“煤改电”电价政策，降低居民“煤改电”用电成本。一是合理确定居民采暖用电量。相关省份根据当地实际，合理确定居民取暖电量。该部分电量按居民第一档电价执行；超出部分计入居民生活用电，执行居民阶梯电价。二是鼓励叠加峰谷电价。鼓励省级价格主管部门在现行居民阶梯价格政策基础上，叠加峰谷分时电价政策，并在采暖季适当延长谷段时间。三是明确村级“煤改电”电价政策。农村地区以村或自然村为单位通过“煤改电”改造使用电采暖或热泵等电辅助加热取暖，与居民家庭“煤改电”取暖执行同样的价格政策。

（三）大力推进市场化交易机制

鼓励清洁供暖用电电量积极参与电力市场交易，在缓解弃风弃光扩大用电的同时，降低电采暖用电成本。一是推动可再生能源就近直接消纳。鼓励北方风电、光伏发电富集地区，在按有关规定完成保障性收购的前提下，鼓励电蓄热、储能企业与风电、光伏发电企业开展直接交易，建立长期稳定且价格较低的供用电关系。二是促进跨省跨区电力交易。北京、天津等行政区域内电力资源不足的，要在确保电网安全的前提下，打破省间壁垒，通过跨省跨区电力交易的方式扩展低成本电力资源。三是探索市场化竞价采购机制。支持具备条件的地区建立采暖用电的市场化竞价采购机制，由电网企业或独立售电公司代理用户采购市场最低价电量，予以优先购电保障。具体方案由省级价格主管部门、电力运行主管部门商能源部门、电网企业制定。四是合理制定电采暖输配电价。参加电力市场交易的采暖用电，峰段、平段执行相应电压等级的输配电价，谷段输配电价按平段输配电价的50%执行。

三、完善“煤改气”气价政策

天然气资源有保障，适宜“煤改气”的地区，要通过完善阶梯价格制度，推行季节性差价政策，运用市场化交易机制等方式，综合降低清洁供暖用气成本，重点支持农村“煤改气”。

（一）明确“煤改气”门站价格政策。实行政府指导价的陆上管道天然气供农村“煤改气”采暖用气门站价格，按居民用气价格执行；供城镇“煤改气”采暖用气门站价格，按现行价格政策执行。

（二）完善销售价格政策。居民“煤改气”采暖用气销售价格，按居民用气价格执行。同时，进一步完善居民阶梯气价制度，可对采暖用气单独制定阶梯价格制度。

（三）灵活运用市场化交易机制。鼓励供热企业与上游供气企业直接签订购销合同，通过交易平台确定或协商确定购气价格。

四、因地制宜健全供热价格机制

科学合理制定供热价格，协调好不同供暖方式的比价关系，既让企业有积极性开发清洁供暖项目，也让居民可承受，保障清洁取暖顺利推进。

（一）完善集中供热价格政策。适宜采取集中供暖的地区，通过热电联产、大型燃煤锅炉、燃气锅炉、生物质锅炉、地热供暖等方式集中供暖的，必须按照超低排放要求进行环保改造并达到规定的排放（回灌）标准后供热。地方价格主管部门要统筹考虑改造运行成本、居民承受能力，合理制定居民供热价格。采用背压式热电联产机组供热的，在认真核定成本的基础上，科学合理确定热力或供热价格。加快推进供热计量收费，推行两部制热价。大型燃煤锅炉环保改造、燃煤锅炉改为燃气锅炉，导致热力生产成本增加较多的，可以通过适当调整供热价格的方式疏导，不足部分通过地方财政予以补偿。

（二）试点推进市场化原则确定区域清洁供暖价格。区域性集中清洁供暖，原则上由政府按照供暖实际成本，在考虑合理收益的基础上，科学合理确定供热价格。在具备条件的地区，试点推进市场化原则确定区域清洁供暖价格，由供暖企业按照合理成本加收益的原则，在居民可承受能力范围内自行确定价格。

（三）加强供热企业成本监审和价格监管。有权限的价格主管部门，根据成本监审办法的要求，加强对属于网络型自然垄断环节的热力管道输送环节成本监审，剔除不合理成本，逐步推行成本公开，强化社会监督，合理制定热力输送价格。

五、统筹协调相关支持政策

清洁供暖是一项系统工程，在实行价格支持政策的同时，其他相关政策要协同推进，形成合力。

（一）加大财政支持力度。以“2+26”城市为重点，开展北方地区冬季清洁取暖试点。中央财政通过现有资金渠道，支持试点城市推进清洁方式取暖替代散煤燃烧取暖，鼓励地方政府创新机制，完善政策，引导企业和社会加大投入，实现试点地区散煤供暖“销号”，并形成示范带动作用。各地应结合本地实际，研究出台支持清洁取暖的政策措施，统筹使用相关政府资金，加大对清洁取暖工作的支持力度，并向重点城市倾斜。落实供暖企业向居民供暖相关增值税、房产税、城镇土地使用税优惠政策。

（二）探索多元化融资方式。大力发展绿色金融，在风险可控的前提下，加大对清洁供暖企业和项目的支持力度。支持通过企业债、低息贷款等方式解决清洁供暖项目融资问题。鼓励社会资本通过政府和社会资本合作（PPP）模式参与清洁供暖项目投资建设运营，多渠道解决项目融资问题，降低融资成本。

（三）扩大市场准入。进一步放开供暖市场准入，大力支持有实力、有信誉的民营企业进入清洁供暖领域，不断挖掘具有发展前景、经济性良好的新型清洁供暖技术。

（四）做好供应保障。电网企业要合理调整投资结构，加大与清洁供暖相关的配电网改造力度，保障清洁供暖用电稳定。上游供气企业要及早谋划部署，确保气源充足供应，同时根据居民用气实际情况重新核定居民用气比例，确保居民气量充足稳定供应。各级供气企业要切实承担分级储气责任，加快储气设施建设进度，保障冬季用气高峰天然气安全稳定供应。

北方地区各级价格主管部门要切实增强对推进“煤改电”“煤改气”重要性的认识，加强组织领导，科学制定本地区具体政策方案，周密部署，精心实施，为加快推动北方地区清洁取暖，保障和改善民生，营造良好的价格政策环境。

国家发展改革委关于理顺居民用气门站价格的通知

（2018年5月25日　发改价格规〔2018〕794号）

各省、自治区、直辖市发展改革委、物价局，中国石油天然气集团有限公司、中国石油化工集团公司：

根据《中共中央国务院关于推进价格机制改革的若干意见》和《中共中央国务院关于深化石油天然气体制改革的若干意见》精神，为进一步深化资源性产品价格改革，充分发挥市场在资源配置中的决定性作用，促进天然气产供储销体系建设和行业持续健康发展，决定理顺居民用气门站价格、完善价格机制。现就有关事项通知如下。

一、理顺居民用气门站价格，建立反映供求变化的弹性价格机制

将居民用气由最高门站价格管理改为基准门站价格管理，价格水平按非居民用气基准门站价格水平（增值税税率10%）安排，各省（区、市）基准门站价格见附件。供需双方可以基准门站价格为基础，在上浮20%、下浮不限的范围内协商确定具体门站价格，实现与非居民用气价格机制衔接。方案实施时门站价格暂不上浮，实施一年后允许上浮。

目前居民与非居民用气门站价差较大的，此次最大调整幅度原则上不超过每千立方米350元，剩余价差一年后适时理顺。

上述方案自2018年6月10日起实施。

二、推行季节性差价政策，鼓励市场化交易

供需双方要充分利用弹性价格机制，在全国特别是北方地区形成灵敏反映供求变化的季节性差价体系，消费旺季可在基准门站价格基础上适当上浮，消费淡季适当下浮，利用价格杠杆促进削峰填谷，鼓励引导供气企业增加储气和淡旺季调节能力。

鼓励供需双方通过上海、重庆石油天然气交易中心等平台进行公开透明交易，充分发挥市场机制作用，形成市场交易价格。

三、合理疏导终端销售价格，从紧安排调价幅度

居民用气门站价格理顺后，终端销售价格由地方政府综合考虑居民承受能力、燃气企业经营状况和当地财政状况等因素，自主决策具体调整幅度、调整时间等，调价前须按规定履行相关程序。2018 年如调整居民用气销售价格，原则上应在 8 月底前完成。

各地要按照《国家发展改革委关于加强地方天然气输配价格监管降低企业用气成本的通知》（发改价格〔2016〕1859 号）和《国家发展改革委印发〈关于加强配气价格监管的指导意见〉的通知》（发改价格〔2017〕1171 号）等文件要求，加强省内管道运输和配气价格监管，减少供气中间环节，降低过高的输配价格，并结合居民阶梯气价制度的完善，降低一档气销售价格调整幅度，更好地保障居民基本生活。

四、对低收入群体等给予适当补贴，保障基本民生

居民用气价格理顺后，对城乡低收入群体和北方地区农村“煤改气”家庭等给予适当补贴。补贴由地方政府承担主体责任，中央财政利用大气污染防治等现有资金渠道加大支持力度。

五、工作要求

居民用气价格事关百姓切身利益，各地区、各有关部门和天然气生产经营企业要高度重视、通力合作，共同做好相关工作。

（一）精心组织方案实施。各地区、各有关部门要加强组织领导，做细方案，精心部署，加强市场监测分析和预警，制定应急预案，及时排查可能出现的问题，完善应急措施，确保方案平稳实施。天然气生产经营企业要主动加强与地方价格主管部门沟通协商，认真配合做好相关工作。

（二）保障天然气市场平稳运行。有关部门和天然气生产经营企业要加强生产组织和供需衔接，保障市场平稳运行。门站价格允许浮动后，供气企业要与下游燃气企业充分沟通，协商确定具体门站价格。居民用气终端销售价格调整前，燃气企业不得擅自停气或临时增加限购措施。各地要加大价格检查和巡查力度，依法查处通过改变计价方式、增设环节、强制服务等方式提高或变相提高价格以及串通价格等违法违规行为，切实维护天然气市场正常秩序。

（三）做好低收入群体等补贴工作。各地要切实承担主体责任，进一步摸清底数，结合本地实际制定具体方案，可采取发放补助、提高最低生活保障标准等措施，确保低收入群体、北方地区农村“煤改气”家庭等生活水平不因理顺居民用气价格而降低。

（四）加强宣传解释。各地出台居民用气终端销售价格调整方案时，要加大宣传工作力度，准确解读政策意图，及时回应社会关切，营造良好舆论氛围，确保方案平稳实施。

此外，天然气增值税税率由 11% 降低至 10%，现行非居民基准门站价格也作了相应调整，统一执行附件中价格水平。各地要综合考虑门站价格调整及增值税税率下调对省内运销环节的影响等因素，统筹安排好终端销售价格，将税率下调的好处全部让利于终端用户。

附件：各省（区、市）天然气基准门站价格表（略）

国家发展改革委关于调整天然气基准门站价格的通知

（2019 年 3 月 27 日　发改价格〔2019〕562 号）

各省、自治区、直辖市发展改革委、物价局，中国石油天然气集团有限公司、中国石油化工集团有限公司：

根据天然气增值税率调整情况，决定相应调整天然气基准门站价格。现就有关事项通知如下。

一、根据增值税税率调整情况，决定自2019年4月1日起，调整各省（区、市）天然气基准门站价格，具体见附件。

二、天然气生产供应企业在与用户协商确定具体价格时，要充分考虑增值税率降低因素，将增值税率降低的好处让利于用户。

三、请各地价格主管部门在安排天然气销售价格时，统筹考虑增值税率降低因素，切实将增值税改革的红利全部让利于用户。

附件：各省（区、市）天然气基准门站价格表（略）

关于规范城镇燃气工程安装收费的指导意见

（2019年6月27日　发改价格〔2019〕1131号）

各省、自治区、直辖市发展改革委、物价局，住房和城乡建设厅（局）、城市管理委、市场监管局：

随着我国天然气市场发展，管道燃气日益普及，居民生活便利程度大大提高。但在燃气工程安装过程中，存在部分企业利用市场优势地位强制服务并收费、收费标准偏高，指定施工单位、限制竞争等问题，影响了市场秩序，加重了用户负担。为规范城镇燃气工程安装行为，加强工程安装收费管理，根据《国务院关于促进天然气稳定协调发展的若干意见》（国发〔2018〕31号），现提出指导意见如下。

一、明确城镇燃气工程安装费定义及内涵。城镇燃气工程安装费是指为保障用户通气，相关企业提供建筑区划红线内燃气工程勘察、设计、施工、监理、验收等服务而收取的与工程建设相关的服务费和材料费等费用。燃气工程安装收费范围仅限于建筑区划红线内产权属于用户的资产，不得向红线外延伸。

二、加快构建燃气工程安装竞争性市场体系。各地要加快建立完善公平开放的燃气工程安装市场，鼓励具备燃气工程安装施工能力的企业依法取得相应市政公用工程施工资质后参与市场竞争，鼓励具备安装资质的企业跨区域开展工程安装和改造业务，促进市场竞争。燃气企业不得滥用市场支配地位垄断经营范围内工程安装业务，或指定利益相关方从事燃气工程安装，妨碍市场公平竞争。

三、合理确定城镇燃气工程安装收费标准。燃气工程安装竞争性市场体系尚未建立、收费标准纳入政府定价目录进行管理的地方，当地价格主管部门要建立健全监管机制，加强成本调查监审，对标行业先进水平，兼顾周边地区水平，合理确定收费标准，原则上成本利润率不得超过10%，现行收费标准偏高的要及时降低。同时，要创造条件加快建立完善燃气工程安装竞争性市场体系，充分发挥市场决定价格的作用。

城镇燃气工程安装收费标准由市场形成的地方，工程安装企业应当遵循公平合法、诚实信用的原则，合理确定收费标准，不得有价格欺诈、价格串通、牟取暴利等不正当价格行为。

四、取消城镇燃气工程安装不合理收费。凡与建筑区划红线内燃气工程安装工程设计、施工等服务和材料不相关的收费，包括开口费、接口费、接入费、入网费、清管费、通气费、点火费等类似费用，涉及建筑区划红线外市政管网资产的增压费、增容费等，涉及市政管网到建筑区划红线连接的初装费、接驳费、开通费等费用，以及其他成本已纳入配气价格的表具更换等收费项目，一律不得收取，并不得变换名目另行收取费用。

五、简化城镇居民新建住宅燃气工程安装等收费方式。与新建商品房配套建设规划红线范围内的燃气工程安装费用统一纳入商品房开发建设成本，房地产开发企业、燃气企业等不得另外向商品房买受人单独收取。燃气企业为排除用气安全隐患而开展的燃气表后至燃具前设施修理、材料更换等服务所需费用，纳入配气成本统筹考虑，不再另行收费。非居民用户燃气工程由城镇燃气企业或利益相关企业施工的，鼓励燃气企业结合用气量和用户协商收费优惠事宜，减轻用户负担。

六、规范城镇燃气安装工程施工管理。燃气工程安装参建各方要认真做好工程施工、监理、验收等相关工作，确保燃气工程安装质量。鼓励各地住房城乡建设部门制定当地燃气工程施工技术规范和标准，并明确工程建设管理、安全监督、事故赔偿等责任，落实参建各方质量安全主体责任，保障权责公平对等。施工企业要严格按照相关技术规范和标准施工，保障工程安装质量和供气安全。对施工质量不符合供气要求影响供气安全的，须按照地方住房城乡建设部门要求进行整改，经整改仍不符合要求或多次出现施工质量问题的，可依法依规采取纳入企业失信记录、市场禁入等措施。

七、推动信息公开强化社会监督。燃气工程安装收费标准由政府管理的，价格主管部门制定和调整收费标准，要通过门户网站等指定平台向社会公开价格水平和相关依据。燃气工程安装收费标准放开由市场竞争形成的，燃气工程安装企业要在显著位置标明收费标准和价格构成等依据，推进价格信息公开透明，接受用户咨询，强化社会监督。燃气工程安装企业不得收取未予标明的费用。

八、加强市场监管规范市场秩序。市场监督管理部门要持续开展城镇燃气工程安装领域反垄断执法，严厉打击垄断协议和凭借市场支配地位垄断燃气工程安装市场或指定利益相关方进行施工等行为。各地市场监督管理部门要加强价格监管，对以供气安全等为由对非利益相关方施工并已验收合格的燃气工程另行加价的，以及对已经取消的收费项目变换名目另行收费的，依法进行查处。典型案件要通过新闻媒体公开曝光，并纳入企业失信记录。

上述指导意见，请按照执行。对农村地区燃气工程安装收费管理，可参照本指导意见并结合当地实际情况制定具体政策。

三、经营管理篇

◎导　读

在《城镇燃气管理条例》出台之前，燃气行业管理方面并无行政法规，只有部门规章层级的《城市燃气安全管理规定》《城市燃气管理办法》以及各地的地方法规、规章。《城镇燃气管理条例》确立了城镇燃气规划建设、经营使用和安全管理等基本管理制度，对燃气发展规划与应急保障、燃气经营与服务、燃气设施保护、燃气安全事故预防与处理等做出了明确规定。

《城镇燃气管理条例》出台后，不少地方的法规、规章至今尚未根据新法规修订相应内容，有的正在修订当中。《城镇燃气管理条例》已经摈弃了计划经济思维，删除了二十世纪九十年代《城市燃气管理办法》有关滞纳金等规定，把欠费行为交由供用气合同双方约定处理。

城镇燃气管理条例

（2010年11月19日中华人民共和国国务院令第583号公布　根据2016年2月6日《国务院关于修改部分行政法规的决定》修订）

第一章　总　　则

第一条　为了加强城镇燃气管理，保障燃气供应，防止和减少燃气安全事故，保障公民生命、财产安全和公共安全，维护燃气经营者和燃气用户的合法权益，促进燃气事业健康发展，制定本条例。

第二条　城镇燃气发展规划与应急保障、燃气经营与服务、燃气使用、燃气设施保护、燃气安全事故预防与处理及相关管理活动，适用本条例。

天然气、液化石油气的生产和进口，城市门站以外的天然气管道输送，燃气作为工业生产原料的使用，沼气、秸秆气的生产和使用，不适用本条例。

本条例所称燃气，是指作为燃料使用并符合一定要求的气体燃料，包括天然气（含煤层气）、液化石油气和人工煤气等。

第三条　燃气工作应当坚持统筹规划、保障安全、确保供应、规范服务、节能高效的原则。

第四条　县级以上人民政府应当加强对燃气工作的领导，并将燃气工作纳入国民经济和社会发展规划。

第五条　国务院建设主管部门负责全国的燃气管理工作。

县级以上地方人民政府燃气管理部门负责本行政区域内的燃气管理工作。

县级以上人民政府其他有关部门依照本条例和其他有关法律、法规的规定，在各自职责范围内负责有关燃气管理工作。

第六条　国家鼓励、支持燃气科学技术研究，推广使用安全、节能、高效、环保的燃气新技术、新工艺和新产品。

第七条　县级以上人民政府有关部门应当建立健全燃气安全监督管理制度，宣传普及燃气法律、法规和安全知识，提高全民的燃气安全意识。

第二章　燃气发展规划与应急保障

第八条　国务院建设主管部门应当会同国务院有关部门，依据国民经济和社会发展规划、土地利用总体规划、城乡规划以及能源规划，结合全国燃气资源总量平衡情况，组织编制全国燃气发展规划并组织实施。

县级以上地方人民政府燃气管理部门应当会同有关部门，依据国民经济和社会发展规划、土地利用总体规划、城乡规划、能源规划以及上一级燃气发展规划，组织编制本行政区域的燃气发展规划，报本级人民政府批准后组织实施，并报上一级人民政府燃气管理部门备案。

第九条　燃气发展规划的内容应当包括：燃气气源、燃气种类、燃气供应方式和规模、燃气设施布局和建设时序、燃气设施建设用地、燃气设施保护范围、燃气供应保障措施和安全保障措施等。

第十条　县级以上地方人民政府应当根据燃气发展规划的要求，加大对燃气设施建设的投入，并鼓励社会资金投资建设燃气设施。

第十一条　进行新区建设、旧区改造，应当按照城乡规划和燃气发展规划配套建设燃气设施或者预留燃气设施建设用地。

对燃气发展规划范围内的燃气设施建设工程，城乡规划主管部门在依法核发选址意见书时，应当就燃气设施建设是否符合燃气发展规划征求燃气管理部门的意见；不需要核发选址意见书的，城乡规划主管部门在依法核发建设用地规划许可证或者乡村建设规划许可证时，应当就燃气设施建设是否符合燃气发展规划征求燃气管理部门的意见。

燃气设施建设工程竣工后，建设单位应当依法组织竣工验收，并自竣工验收合格之日起15日内，将竣工验收情况报燃气管理部门备案。

第十二条 县级以上地方人民政府应当建立健全燃气应急储备制度，组织编制燃气应急预案，采取综合措施提高燃气应急保障能力。

燃气应急预案应当明确燃气应急气源和种类、应急供应方式、应急处置程序和应急救援措施等内容。

县级以上地方人民政府燃气管理部门应当会同有关部门对燃气供求状况实施监测、预测和预警。

第十三条 燃气供应严重短缺、供应中断等突发事件发生后，县级以上地方人民政府应当及时采取动用储备、紧急调度等应急措施，燃气经营者以及其他有关单位和个人应当予以配合，承担相关应急任务。

第三章 燃气经营与服务

第十四条 政府投资建设的燃气设施，应当通过招标投标方式选择燃气经营者。

社会资金投资建设的燃气设施，投资方可以自行经营，也可以另行选择燃气经营者。

第十五条 国家对燃气经营实行许可证制度。从事燃气经营活动的企业，应当具备下列条件：

（一）符合燃气发展规划要求；

（二）有符合国家标准的燃气气源和燃气设施；

（三）有固定的经营场所、完善的安全管理制度和健全的经营方案；

（四）企业的主要负责人、安全生产管理人员以及运行、维护和抢修人员经专业培训并考核合格；

（五）法律、法规规定的其他条件。

符合前款规定条件的，由县级以上地方人民政府燃气管理部门核发燃气经营许可证。

第十六条 禁止个人从事管道燃气经营活动。

个人从事瓶装燃气经营活动的，应当遵守省、自治区、直辖市的有关规定。

第十七条 燃气经营者应当向燃气用户持续、稳定、安全供应符合国家质量标准的燃气，指导燃气用户安全用气、节约用气，并对燃气设施定期进行安全检查。

燃气经营者应当公示业务流程、服务承诺、收费标准和服务热线等信息，并按照国家燃气服务标准提供服务。

第十八条 燃气经营者不得有下列行为：

（一）拒绝向市政燃气管网覆盖范围内符合用气条件的单位或者个人供气；

（二）倒卖、抵押、出租、出借、转让、涂改燃气经营许可证；

（三）未履行必要告知义务擅自停止供气、调整供气量，或者未经审批擅自停业或者歇业；

（四）向未取得燃气经营许可证的单位或者个人提供用于经营的燃气；

（五）在不具备安全条件的场所储存燃气；

（六）要求燃气用户购买其指定的产品或者接受其提供的服务；

（七）擅自为非自有气瓶充装燃气；

（八）销售未经许可的充装单位充装的瓶装燃气或者销售充装单位擅自为非自有气瓶充装的瓶装燃气；

（九）冒用其他企业名称或者标识从事燃气经营、服务活动。

第十九条 管道燃气经营者对其供气范围内的市政燃气设施、建筑区划内业主专有部分以外的燃气设施，承担运行、维护、抢修和更新改造的责任。

管道燃气经营者应当按照供气、用气合同的约定，对单位燃气用户的燃气设施承担相应的管理责任。

第二十条 管道燃气经营者因施工、检修等原因需要临时调整供气量或者暂停供气的，应当将作业时间和影响区域提前 48 小时予以公告或者书面通知燃气用户，并按照有关规定及时恢复正常供气；因突发事件影响供气的，应当采取紧急措施并及时通知燃气用户。

燃气经营者停业、歇业的，应当事先对其供气范围内的燃气用户的正常用气作出妥善安排，并在 90 个工作日前向所在地燃气管理部门报告，经批准方可停业、歇业。

第二十一条 有下列情况之一的，燃气管理部门应当采取措施，保障燃气用户的正常用气：

（一）管道燃气经营者临时调整供气量或者暂停供气未及时恢复正常供气的；

（二）管道燃气经营者因突发事件影响供气未采取紧急措施的；

（三）燃气经营者擅自停业、歇业的；

（四）燃气管理部门依法撤回、撤销、注销、吊销燃气经营许可的。

第二十二条 燃气经营者应当建立健全燃气质量检测制度，确保所供应的燃气质量符合国家标准。

县级以上地方人民政府质量监督、工商行政管理、燃气管理等部门应当按照职责分工，依法加强对燃气质量的监督检查。

第二十三条 燃气销售价格，应当根据购气成本、经营成本和当地经济社会发展水平合理确定并适时调整。县级以上地方人民政府价格主管部门确定和调整管道燃气销售价格，应当征求管道燃气用户、管道燃气经营者和有关方面的意见。

第二十四条 通过道路、水路、铁路运输燃气的，应当遵守法律、行政法规有关危险货物运输安全的规定以及国务院交通运输部门、国务院铁路部门的有关规定；通过道路或者水路运输燃气的，还应当分别依照有关道路运输、水路运输的法律、行政法规的规定，取得危险货物道路运输许可或者危险货物水路运输许可。

第二十五条 燃气经营者应当对其从事瓶装燃气送气服务的人员和车辆加强管理，并承担相应的责任。

从事瓶装燃气充装活动，应当遵守法律、行政法规和国家标准有关气瓶充装的规定。

第二十六条 燃气经营者应当依法经营，诚实守信，接受社会公众的监督。

燃气行业协会应当加强行业自律管理，促进燃气经营者提高服务质量和技术水平。

第四章 燃气使用

第二十七条 燃气用户应当遵守安全用气规则，使用合格的燃气燃烧器具和气瓶，及时更换国家明令淘汰或者使用年限已届满的燃气燃烧器具、连接管等，并按照约定期限支付燃气费用。

单位燃气用户还应当建立健全安全管理制度，加强对操作维护人员燃气安全知识和操作技能的培训。

第二十八条 燃气用户及相关单位和个人不得有下列行为：

（一）擅自操作公用燃气阀门；

（二）将燃气管道作为负重支架或者接地引线；

（三）安装、使用不符合气源要求的燃气燃烧器具；

（四）擅自安装、改装、拆除户内燃气设施和燃气计量装置；

（五）在不具备安全条件的场所使用、储存燃气；

（六）盗用燃气；

（七）改变燃气用途或者转供燃气。

第二十九条 燃气用户有权就燃气收费、服务等事项向燃气经营者进行查询，燃气经营者应当自收到查询申请之日起5个工作日内予以答复。

燃气用户有权就燃气收费、服务等事项向县级以上地方人民政府价格主管部门、燃气管理部门以及其他有关部门进行投诉，有关部门应当自收到投诉之日起15个工作日内予以处理。

第三十条 安装、改装、拆除户内燃气设施的，应当按照国家有关工程建设标准实施作业。

第三十一条 燃气管理部门应当向社会公布本行政区域内的燃气种类和气质成分等信息。

燃气燃烧器具生产单位应当在燃气燃烧器具上明确标识所适应的燃气种类。

第三十二条 燃气燃烧器具生产单位、销售单位应当设立或者委托设立售后服务站点，配备经考核合格的燃气燃烧器具安装、维修人员，负责售后的安装、维修服务。

燃气燃烧器具的安装、维修，应当符合国家有关标准。

第五章 燃气设施保护

第三十三条 县级以上地方人民政府燃气管理部门应当会同城乡规划等有关部门按照国家有关标准和规定划定燃气设施保护范围，并向社会公布。

在燃气设施保护范围内，禁止从事下列危及燃气设施安全的活动：

（一）建设占压地下燃气管线的建筑物、构筑物或者其他设施；

（二）进行爆破、取土等作业或者动用明火；

（三）倾倒、排放腐蚀性物质；

（四）放置易燃易爆危险物品或者种植深根植物；

（五）其他危及燃气设施安全的活动。

第三十四条 在燃气设施保护范围内，有关单位从事敷设管道、打桩、顶进、挖掘、钻探等可能影响燃气设施安全活动的，应当与燃气经营者共同制定燃气设施保护方案，并采取相应的安全保护措施。

第三十五条 燃气经营者应当按照国家有关工程建设标准和安全生产管理的规定，设置燃气设施防腐、绝缘、防雷、降压、隔离等保护装置和安全警示标志，定期进行巡查、检测、维修和维护，确保燃气设施的安全运行。

第三十六条 任何单位和个人不得侵占、毁损、擅自拆除或者移动燃气设施，不得毁损、覆盖、涂改、擅自拆除或者移动燃气设施安全警示标志。

任何单位和个人发现有可能危及燃气设施和安全警示标志的行为，有权予以劝阻、制止；经劝阻、制止无效的，应当立即告知燃气经营者或者向燃气管理部门、安全生产监督管理部门和公安机关报告。

第三十七条 新建、扩建、改建建设工程，不得影响燃气设施安全。

建设单位在开工前，应当查明建设工程施工范围内地下燃气管线的相关情况；燃气管理部门以及其他有关部门和单位应当及时提供相关资料。

建设工程施工范围内有地下燃气管线等重要燃气设施的，建设单位应当会同施工单位与管道燃气经营者共同制定燃气设施保护方案。建设单位、施工单位应当采取相应的安全保护措施，确保燃气设施运行安全；管道燃气经营者应当派专业人员进行现场指导。法律、法规另有规定的，依照有关法律、法规的规定执行。

第三十八条 燃气经营者改动市政燃气设施，应当制定改动方案，报县级以上地方人民政府燃气管理部门批准。

改动方案应当符合燃气发展规划，明确安全施工要求，有安全防护和保障正常用气的措施。

第六章 燃气安全事故预防与处理

第三十九条 燃气管理部门应当会同有关部门制定燃气安全事故应急预案，建立燃气事故统计分析制度，定期通报事故处理结果。

燃气经营者应当制定本单位燃气安全事故应急预案，配备应急人员和必要的应急装备、器材，并定期组织演练。

第四十条 任何单位和个人发现燃气安全事故或者燃气安全事故隐患等情况，应当立即告知燃气经营者，或者向燃气管理部门、公安机关消防机构等有关部门和单位报告。

第四十一条 燃气经营者应当建立健全燃气安全评估和风险管理体系，发现燃气安全事故隐患的，应当及时采取措施消除隐患。

燃气管理部门以及其他有关部门和单位应当根据各自职责，对燃气经营、燃气使用的安全状况等进行监督检查，发现燃气安全事故隐患的，应当通知燃气经营者、燃气用户及时采取措施消除隐患；不及时消除隐患可能严重威胁公共安全的，燃气管理部门以及其他有关部门和单位应当依法采取措施，及时组织消除隐患，有关单位和个人应当予以配合。

第四十二条 燃气安全事故发生后，燃气经营者应当立即启动本单位燃气安全事故应急预案，组织抢险、抢修。

燃气安全事故发生后，燃气管理部门、安全生产监督管理部门和公安机关消防机构等有关部门和单位，应当根据各自职责，立即采取措施防止事故扩大，根据有关情况启动燃气安全事故应急预案。

第四十三条 燃气安全事故经调查确定为责任事故的，应当查明原因、明确责任，并依法予以追究。

对燃气生产安全事故，依照有关生产安全事故报告和调查处理的法律、行政法规的规定报告和调查处理。

第七章 法律责任

第四十四条 违反本条例规定，县级以上地方人民政府及其燃气管理部门和其他有关部门，不依法作出行政许可决定或者办理批准文件的，发现违法行为或者接到对违法行为的举报不予查处的，或者有其他未依照本条例规定履行职责的行为的，对直接负责的主管人员和其他直接责任人员，依法给予处分；直接负责的主管人员和其他直接责任人员的行为构成犯罪的，依法追究刑事责任。

第四十五条 违反本条例规定，未取得燃气经营许可证从事燃气经营活动的，由燃气管理部门责令停止违法行为，处 5 万元以上 50 万元以下罚款；有违法所得的，没收违法所得；构成犯罪的，依法追究刑事责任。

违反本条例规定，燃气经营者不按照燃气经营许可证的规定从事燃气经营活动的，由燃气管理部门责令限期改正，处 3 万元以上 20 万元以下罚款；有违法所得的，没收违法所得；情节严重的，吊销燃气经营许可证；构成犯罪的，依法追究刑事责任。

第四十六条 违反本条例规定，燃气经营者有下列行为之一的，由燃气管理部门责令限期改正，处 1 万元以上 10 万元以下罚款；有违法所得的，没收违法所得；情节严重的，吊销燃气经营许可证；造成损失的，依法承担赔偿责任；构成犯罪的，依法追究刑事责任：

（一）拒绝向市政燃气管网覆盖范围内符合用气条件的单位或者个人供气的；

（二）倒卖、抵押、出租、出借、转让、涂改燃气经营许可证的；

（三）未履行必要告知义务擅自停止供气、调整供气量，或者未经审批擅自停业或者歇业的；

（四）向未取得燃气经营许可证的单位或者个人提供用于经营的燃气的；

（五）在不具备安全条件的场所储存燃气的；

（六）要求燃气用户购买其指定的产品或者接受其提供的服务；

（七）燃气经营者未向燃气用户持续、稳定、安全供应符合国家质量标准的燃气，或者未对燃气用户的燃气设施定期进行安全检查。

第四十七条 违反本条例规定，擅自为非自有气瓶充装燃气或者销售未经许可的充装单位充装的瓶装燃气的，依照国家有关气瓶安全监察的规定进行处罚。

违反本条例规定，销售充装单位擅自为非自有气瓶充装的瓶装燃气的，由燃气管理部门责令改正，可以处 1 万元以下罚款。

违反本条例规定，冒用其他企业名称或者标识从事燃气经营、服务活动，依照有关反不正当竞争的法律规定进行处罚。

第四十八条 违反本条例规定，燃气经营者未按照国家有关工程建设标准和安全生产管理的规定，设置燃气设施防腐、绝缘、防雷、降压、隔离等保护装置和安全警示标志的，或者未定期进行巡查、检测、维修和维护的，或者未采取措施及时消除燃气安全事故隐患的，由燃气管理部门责令限期改正，处 1 万元以上 10 万元以下罚款。

第四十九条 违反本条例规定，燃气用户及相关单位和个人有下列行为之一的，由燃气管理部门责令限期改正；逾期不改正的，对单位可以处 10 万元以下罚款，对个人可以处 1000 元以下罚款；造成损失的，依法承担赔偿责任；构成犯罪的，依法追究刑事责任：

（一）擅自操作公用燃气阀门的；

（二）将燃气管道作为负重支架或者接地引线的；

（三）安装、使用不符合气源要求的燃气燃烧器具的；

（四）擅自安装、改装、拆除户内燃气设施和燃气计量装置的；

（五）在不具备安全条件的场所使用、储存燃气的；

（六）改变燃气用途或者转供燃气的；

（七）未设立售后服务站点或者未配备

经考核合格的燃气燃烧器具安装、维修人员的；

（八）燃气燃烧器具的安装、维修不符合国家有关标准的。

盗用燃气的，依照有关治安管理处罚的法律规定进行处罚。

第五十条 违反本条例规定，在燃气设施保护范围内从事下列活动之一的，由燃气管理部门责令停止违法行为，限期恢复原状或者采取其他补救措施，对单位处5万元以上10万元以下罚款，对个人处5000元以上5万元以下罚款；造成损失的，依法承担赔偿责任；构成犯罪的，依法追究刑事责任：

（一）进行爆破、取土等作业或者动用明火的；

（二）倾倒、排放腐蚀性物质的；

（三）放置易燃易爆物品或者种植深根植物的；

（四）未与燃气经营者共同制定燃气设施保护方案，采取相应的安全保护措施，从事敷设管道、打桩、顶进、挖掘、钻探等可能影响燃气设施安全活动的。

违反本条例规定，在燃气设施保护范围内建设占压地下燃气管线的建筑物、构筑物或者其他设施的，依照有关城乡规划的法律、行政法规的规定进行处罚。

第五十一条 违反本条例规定，侵占、毁损、擅自拆除、移动燃气设施或者擅自改动市政燃气设施的，由燃气管理部门责令限期改正，恢复原状或者采取其他补救措施，对单位处5万元以上10万元以下罚款，对个人处5000元以上5万元以下罚款；造成损失的，依法承担赔偿责任；构成犯罪的，依法追究刑事责任。

违反本条例规定，毁损、覆盖、涂改、擅自拆除或者移动燃气设施安全警示标志的，由燃气管理部门责令限期改正，恢复原状，可以处5000元以下罚款。

第五十二条 违反本条例规定，建设工程施工范围内有地下燃气管线等重要燃气设施，建设单位未会同施工单位与管道燃气经营者共同制定燃气设施保护方案，或者建设单位、施工单位未采取相应的安全保护措施的，由燃气管理部门责令改正，处1万元以上10万元以下罚款；造成损失的，依法承担赔偿责任；构成犯罪的，依法追究刑事责任。

第八章　附　　则

第五十三条 本条例下列用语的含义：

（一）燃气设施，是指人工煤气生产厂、燃气储配站、门站、气化站、混气站、加气站、灌装站、供应站、调压站、市政燃气管网等的总称，包括市政燃气设施、建筑区划内业主专有部分以外的燃气设施以及户内燃气设施等。

（二）燃气燃烧器具，是指以燃气为燃料的燃烧器具，包括居民家庭和商业用户所使用的燃气灶、热水器、沸水器、采暖器、空调器等器具。

第五十四条 农村的燃气管理参照本条例的规定执行。

第五十五条 本条例自2011年3月1日起施行。

燃气经营许可管理办法

（2014年11月19日发布　根据2019年3月11日《住房城乡建设部关于修改燃气经营许可管理办法的通知》修正）

第一条 为规范燃气经营许可行为，加强燃气经营许可管理，根据《城镇燃气管理条例》，制定本办法。

第二条 从事燃气经营活动的，应当依法取得燃气经营许可，并在许可事项规定的范围内经营。

城镇燃气经营许可的申请、受理、审查批准、证件核发以及相关的监督管理等行为，适用本办法。

第三条 住房和城乡建设部指导全国燃气经营许可管理工作。县级以上地方人民政府燃气管理部门负责本行政区域内的燃气经营许可管理工作。

第四条 燃气经营许可证由县级以上地方人民政府燃气管理部门核发，具体发证部门根据省级地方性法规、省级人民政府规章或决定确定。

发证部门应当公示审批程序、受理条件和办理标准，公开办理进度，并推广网上业务办理。

第五条 申请燃气经营许可的，应当具备下列条件：

（一）符合燃气发展规划要求。

燃气经营区域、燃气种类、供应方式和规模、燃气设施布局和建设时序等符合依法批准的燃气发展规划。

（二）有符合国家标准的燃气气源。

1. 应与气源生产供应企业签订供用气合同。

2. 燃气气源应符合国家城镇燃气气质有关标准。

（三）有符合国家标准的燃气设施。

1. 有符合国家标准的燃气生产、储气、输配、供应、计量、安全等设施设备。

2. 燃气设施工程建设符合法定程序，竣工验收合格并依法备案。

（四）有固定的经营场所。

有固定办公场所、经营和服务站点等。

（五）有完善的安全管理制度和健全的经营方案。

安全管理制度主要包括：安全生产责任制度，设施设备（含用户设施）安全巡检、检测制度，燃气质量检测制度，岗位操作规程，燃气突发事件应急预案，燃气安全宣传制度等。

经营方案主要包括：企业章程、发展规划、工程建设计划，用户发展业务流程、故障报修、投诉处置、质量保障和安全用气服务制度等。

（六）企业的主要负责人、安全生产管理人员以及运行、维护和抢修人员经专业培训并经燃气管理部门考核合格。专业培训考核具体办法另行制定。

经专业培训并考核合格的人员及数量，应与企业经营规模相适应，最低人数应符合以下要求：

1. 主要负责人。是指企业法定代表人和未担任法定代表人的董事长（执行董事）、经理。以上人员均应经专业培训并考核合格。

2. 安全生产管理人员。是指企业分管安全生产的负责人，企业生产、安全管理部门负责人，企业生产和销售分支机构的负责人以及企业专职安全员等相关管理人员。以上人员均应经专业培训并考核合格。

3. 运行、维护和抢修人员。是指负责燃气设施设备运行、维护和事故抢险抢修的操作人员，包括但不仅限于燃气输配场站工、液化石油气库站工、压缩天然气场站工、液化天然气储运工、汽车加气站操作工、燃气管网工、燃气用户检修工、瓶装燃气送气工。最低人数应满足：

管道燃气经营企业，燃气用户 10 万户以下的，每 2500 户不少于 1 人；10 万户以上的，每增加 2500 户增加 1 人；

瓶装燃气经营企业，燃气用户 1000 户及以下的不少于3人；1000户以上不到1万户的，每800户1人；1－5万户，每增加1万户增加10人；5－10万户，每增加1万户增加8人；10万户以上每增加1万户增加5人；

燃气汽车加气站等其他类型燃气经营企业人员及数量配备以及其他运行、维护和抢修类人员，由省级人民政府燃气管理部门根据具体情况确定。

（七）法律、法规规定的其他条件。

第六条 申请燃气经营许可的，应当向发证部门提交下列申请材料，并对其真实性、合法性、有效性负责：

（一）燃气经营许可申请书；

（二）燃气气质检测报告；与气源供应企业签订的供用气合同书；

（三）申请人对燃气设施建设工程竣工验收合格情况，主要负责人、安全生产管理人员以及运行、维护和抢修等人员的专业培训考核合格情况，固定的经营场所（包括办公场所、经营和服务站点等）的产权或租赁情况，企业工商登记和资本结构情况的说明；

（四）本办法第五条第（五）项要求的完善的安全管理制度和健全的经营方案材料；

（五）法律、法规规定的其他材料。

第七条 发证部门通过材料审查和现场核查的方式对申请人的申请材料进行审查。

第八条 发证部门应当自受理申请之日起十二个工作日内作出是否准予许可的决定。十二个工作日内不能作出许可决定的，经发证部门负责人批准，可以延长十个工作日，并应当将延长期限的理由告知申请人。发证部门作出准予许可决定的，应向申请人出具《准予许可通知书》，告知申请人领取燃气经营许可证。

发证部门作出不予许可决定的，应当出具《不予许可决定书》，说明不予许可的理由，并告知申请人依法享有申请行政复议或者提起行政诉讼的权利。

第九条 发证部门作出的准予许可决定的，应当予以公开，公众有权查询。

公开的内容包括：准予许可的燃气经营企业名称、燃气经营许可证编号、企业注册登记地址、企业法定代表人、经营类别、经营区域、发证部门名称、发证日期和许可证有效期限等。

第十条 燃气经营许可证的格式、内容、有效期限、编号方式等按照住房和城乡建设部《关于印发〈燃气经营许可证〉格式的通知》（建城〔2011〕174号）执行。

第十一条 已取得燃气经营许可证的燃气经营企业需要变更企业名称、登记注册地址、法定代表人的，应向原发证部门申请变更燃气经营许可，其中变更法定代表人的，新法定代表人应具有燃气从业人员专业培训考核合格证书。未经许可，不得擅自改变许可事项。

第十二条 已取得燃气经营许可证的燃气经营企业，有下列情形的，应重新申请经营许可。

（一）燃气经营企业的经营类别、经营区域、供应方式等发生变化的；

（二）燃气经营企业发生分立、合并的。

第十三条 有下列情形之一的，出具《准予许可通知书》的发证部门或者其上级行政机关，可以撤销已作出的燃气经营许可：

（一）许可机关工作人员滥用职权，玩忽职守，给不符合条件的申请人发放燃气经营许可证的；

（二）许可机关工作人员超越法定权限发放燃气经营许可证的；

（三）许可机关工作人员违反法定程序发放燃气经营许可证的；

（四）对不具备申请资格或者不符合法定条件的申请人出具《准予许可通知书》；

（五）依法可以撤销燃气经营许可证的其他情形。

燃气经营企业以欺骗、贿赂等不正当手段取得燃气经营许可，应当予以撤销。

第十四条 有下列情形之一的，发证部门应当依法办理燃气经营许可的注销手续：

（一）燃气经营许可证有效期届满且燃气经营企业未申请延续的；

（二）燃气经营企业主体资格依法终止的；

（三）燃气经营许可依法被撤销、撤回，或者燃气经营许可证被依法吊销的；

（四）因不可抗力导致燃气经营许可事项无法实施的；

（五）依法应当注销燃气经营许可的其他情形。

第十五条 燃气经营企业申请注销燃气经营许可的，应当向原许可机关提交下列申请材料：

（一）燃气经营许可注销申请书；

（二）燃气经营企业对原有用户安置和设施处置等相关方案；

（三）燃气经营许可证正、副本；

（四）法律、法规、规章规定的与注销燃气经营许可证相关的材料。

发证部门受理注销申请后，经审核依法注销燃气经营许可证。

第十六条 燃气经营企业遗失燃气经营许可证的，应向发证部门申请补办，由发证部门在其官方网站上免费发布遗失公告，并在五个工作日内核实补办燃气经营许可证。

燃气经营许可证表面发生脏污、破损或其他原因造成燃气经营许可证内容无法辨识的，燃气经营企业应向发证部门申请补办，发证部门应收回原经营许可证正、副本，并在五个工作日内核实补办燃气经营许可证。

第十七条 已取得燃气经营许可证的燃气经营企业，应当于每年1月1日至3月31日，向发证部门报送上一年度企业年度报告。当年设立登记的企业，自下一年起报送企业年度报告。

燃气经营企业的出资比例、股权结构等重大事项发生变化的，应当在事项变化结束后十五个工作日内，向发证部门报告并提供相关材料，由发证部门记载在燃气经营许可证副本中。

第十八条 企业年度报告内容主要包括：

（一）企业章程和企业资本结构及其变化情况；

（二）企业的主要负责人、安全生产管理人员以及运行、维护和抢修等人员变更和培训情况；

（三）企业建设改造燃气设施具体情况；

（四）企业运行情况（包括供应规模、用户发展、安全运行等）；

（五）其他需要报告的内容。

具体报告内容和要求由省级人民政府燃气管理部门确定。

第十九条 发证部门要协同有关部门实施“双随机、一公开”监管机制，通过信息公示、抽查、抽检等方式，综合运用提醒、约谈、告诫等手段，强化对燃气经营的事中监管。针对违法违规燃气经营行为强化事后监管，依法及时认定违法违规行为种类和性质并予以处置。建立健全联合惩戒机制，对于违法燃气经营企业和有关人员依法实施吊销、注销、撤销燃气经营许可证，列入经营异常名录和黑名单等惩戒措施。

第二十条 发证部门应当按照国家统一要求建立本行政区域燃气经营许可管理信息系统，内容包括燃气许可证发证、变更、撤回、撤销、注销、吊销等，燃气经营企业从业人员信息、燃气经营出资比例和股权结构、燃气事故统计、处罚情况、诚信记录、年度报告等事项。推进部门间信息共享应用，按照要求将形成的燃气经营许可管理有关文件交由城建档案部门统一保管。

省级人民政府燃气管理部门应当建立本行政区域燃气经营许可管理信息系统，对本行政区域内发证部门的燃气经营许可管理信息系统监督指导。

第二十一条 农村燃气经营许可管理，参照本办法执行。

省级人民政府燃气管理部门可以根据本地实际情况，制定具体实施办法，报住房和城乡建设部备案。

燃气经营企业从业人员专业培训考核管理办法

（2014年11月19日 建城〔2014〕67号）

第一条 为规范燃气经营许可行为，做好燃气经营企业从业人员（以下简称“燃气从业人员”）的专业培训考核工作，根据《城镇燃气管理条例》的有关规定，制定本办法。

第二条 本办法所指燃气从业人员是指：

（一）企业主要负责人。是指企业法人代表（董事长）、企业总经理（总裁）；

（二）安全生产管理人员。是指企业负责安全运行的副总经理（副总裁），企业生产、安全管理部门负责人，企业生产和销售分支机构的负责人以及企业专职安全员；

（三）运行、维护和抢修人员。是指负责燃气设施设备运行、维护和事故抢险抢修的操作人员，包括但不仅限于燃气输配场站工、液化石油气库站工、压缩天然气场站工、液化天然气储运工、汽车加气站操作工、燃气管网工、燃气用户检修工，其他人员由各省级人民政府燃气管理部门根据具体情况确定。

第三条 住房城乡建设部指导全国燃气从业人员专业培训考核工作。负责组织编制全国燃气经营企业主要负责人，安全生产管理人员以及燃气输配场站工、液化石油气库站工、压缩天然气场站工、液化天然气储运工、汽车加气站操作工、燃气管网工、燃气用户检修工等运行、维护和抢修人员的职业标准、专业培训大纲和教材；建立全国统一的专业考核题库。

省级人民政府燃气管理部门负责本行政区域燃气从业人员专业培训考核工作。负责编制本行政区域燃气从业人员继续教育教材，编制本行政区域其他运行、维护和抢修人员专业培训大纲和教材，建立本行政区域其他运行、维护和抢修人员专业考核题库，并报住房城乡建设部备案。

县级以上地方人民政府燃气管理部门负责监督管理本行政区域燃气从业人员继续教育工作。

城市燃气行业协会协助同级燃气管理部门，做好燃气从业人员专业培训考核和继续教育工作，加强行业燃气从业人员自律管理。

第四条 从事燃气经营活动的企业，应组织本企业燃气从业人员参加有关燃气知识的专业培训考核和继续教育。

燃气从业人员由所从业的燃气经营企业组织参加燃气知识的专业培训，并经专业考核合格；在从业期间，应参加相应岗位的燃气知识继续教育，以提高从业能力和水平。

企业主要负责人、安全生产管理人员和运行、维护和抢修人员在专业培训考核合格证书复检日期前，应参加不少于三十学时的继续教育。

第五条 燃气从业人员专业培训和继续教育由具备必要的燃气专业培训能力的燃气经营企业或社会培训机构（单位）承担，从事燃气从业人员专业培训和继续教育的企业或社会培训机构（单位）应主动报省级人民政府燃气管理部门备案，接受省级人民政府燃气管理部门指导监督。

从事燃气从业人员专业培训和继续教育的企业或社会培训机构（单位），要保证培训质量，应采用统一的燃气从业人员专业培训大纲开展专业培训工作。

第六条 从事燃气从业人员专业培训的企业或社会培训机构（单位），在专业培训结束后，应向省级人民政府燃气管理部门提出专业考核申请。

省级人民政府燃气管理部门在接到专业考核申请后，应从燃气从业人员专业考核题库内抽取相应类别的专业考核题目，对不同类别燃气从业人员，分别进行专业考核。

经专业考核合格的人员，由省级人民政府燃气管理部门发放相应类别的燃气从业人员专业培训考核合格证书。

第七条 燃气从业人员专业培训考核合格证书样式由住房城乡建设部制订。燃气从业人员专业培训考核合格证书不得转让、涂改、伪造、冒用。

燃气从业人员专业培训考核合格证书（除各省级人民政府燃气管理部门确定的其他运行、维护和抢修人员以外），全国通用，统一编号；各省级人民政府燃气管理部门确定的运行、维护和抢修人员专业培训考核合格证书，在本省级行政区域内通用、统一编号。

省级人民政府燃气管理部门应按照国家统一要求建立本行政区域燃气从业人员专业培训考核合格人员信息库，统一管理专业培训考核合格人员信息。专业培训考核合格人员信息应向社会公告。

专业培训考核合格证书每五年由省级人民政府燃气管理部门开展一次复检，未经复检或复检不通过的，专业培训考核合格证书自动失效。

第八条 燃气从业人员应在专业培训考核合格证书复检日期前六十个工作日内，由燃气经营企业向所在地省级人民政府燃气管理部门提出复检申请，省级人民政府燃气管理部门应在收到复检申请三十个工作日内作出复检意见。

燃气从业人员专业培训考核合格证书复检，应包括持证人从业期间在岗履职情况、安全事故记录和继续教育等内容。具体复检标准由各省级人民政府燃气管理部门确定。

第九条 专业培训考核合格人员跨企业流动从业的，应由流入燃气经营企业向流入地省级人民政府燃气管理部门申请办理燃气从业人员专业培训考核合格证书变更。

专业培训考核合格人员流出企业应主动向本行政区省级人民政府燃气管理部门报告人员变更事项。

第十条 燃气从业人员专业培训考核和继续教育工作接受上级燃气管理部门和社会监督，燃气管理部门设立对外监督投诉电话，接受社会监督。

黑龙江省城镇燃气管理条例

（2016年10月21日黑龙江省第十二届人民代表大会常务委员会第二十九次会议通过　根据2018年6月28日黑龙江省第十三届人民代表大会常务委员会第四次会议《黑龙江省人民代表大会常务委员会关于废止和修改〈黑龙江省农作物种子管理条例〉等63部地方性法规的决定》修正）

第一章　总　　则

第一条　为了加强城镇燃气管理，规范燃气经营和使用，保障公民生命、财产安全和公共安全，维护燃气用户和燃气经营企业的合法权益，根据国务院《城镇燃气管理条例》和有关法律、行政法规，结合本省实际，制定本条例。

第二条　本省行政区域内城镇燃气发展规划与设施建设、燃气经营与服务、燃气使用以及安全监督管理等活动，适用本条例。

第三条　燃气工作应当遵循统筹规划、保障安全、确保供应、规范服务和节能高效的原则。

第四条　县级以上人民政府应当加强对燃气工作的领导，将燃气工作纳入国民经济和社会发展规划，并建立相关部门参与的燃气管理工作机制。

第五条　省住房和城乡建设行政主管部门是全省燃气行政主管部门，市（地，下同）、县（市、区，下同）燃气管理部门负责本行政区域内的燃气管理工作（以上部门统称燃气管理部门）。

县级以上其他有关行政主管部门按照各自职责，负责有关燃气管理工作。

第二章　燃气发展规划与设施建设

第六条　县级以上燃气管理部门应当会同有关部门，依据国民经济和社会发展规划、土地利用总体规划、城乡规划、能源规划、上一级燃气发展规划以及国家有关技术规范，组织编制本行政区域的燃气发展规划，经本级城乡规划委员会专家评审论证后，报本级人民政府批准并组织实施。

燃气发展规划经依法批准后，组织编制的燃气管理部门应当及时向社会公布，并报上一级燃气管理部门备案。

修改燃气发展规划应当按照本条第一款、第二款规定办理。

第七条　省燃气发展规划应当将燃气发展预测、气源方案、重大燃气基础设施布局和相关政策措施等作为重点内容。市、县燃气发展规划应当将燃气设施工程建设、规模、管网铺设范围等具体事项作为重点内容，并分别纳入城市总体规划和镇总体规划。

第八条　省、市燃气管理部门应当加强对下级燃气发展规划编制、审批、实施、修改的监督检查，对发现的问题，应当依法纠正。

第九条　县级以上人民政府应当根据燃气发展规划，加大对燃气设施建设的投入，并鼓励社会资本投资建设燃气设施。

第十条　新区建设和旧区改造，应当按照城乡规划和燃气发展规划配套建设燃气设施或者预留燃气设施建设用地；预留的燃气设施建设用地，未经法定程序不得改变用途。

具备条件的，应当将燃气管道纳入城市地下综合管廊统一建设。

第十一条　城乡规划主管部门依法对燃

气设施建设工程进行规划许可审查时，应当征求同级燃气管理部门的意见，燃气管理部门应当自收到征求意见材料之日起五个工作日内反馈。

燃气管理部门发现燃气设施建设工程规划许可违反燃气发展规划的，应当通知城乡规划主管部门依法处理；城乡规划主管部门不依法处理的，燃气管理部门应当提请本级人民政府或者上一级城乡规划主管部门依法处理。

第十二条 燃气发展规划范围内燃气设施建设工程的勘察、设计、施工和工程监理，应当遵守相关法律、法规，执行相关技术标准和规范，并按照国家有关规定进行安全评价。

燃气设施建设工程竣工后，建设单位应当依法组织竣工验收和安全设施验收；验收合格后，方可投入使用。

建设单位应当自验收合格之日起十五日内，将验收报告向所在地燃气管理部门备案，并按照规定将燃气设施建设工程档案移交城乡建设档案管理机构。

第十三条 燃气发展规划范围内新建、改建、扩建建设工程配套建设的燃气设施，应当与主体工程同步设计、同步施工、同步验收。

第十四条 燃气发展规划范围内需要用气的新建房屋，应当配套建设管道燃气设施并预留接口。

新建民用建筑配套建设的管道燃气设施应当包括燃气泄漏报警和自动切断装置。管道燃气设施的建设费用应当纳入房屋开发建设总成本，不得向燃气用户另行收取。

燃气发展规划范围内已建成房屋，需要用气但未配套建设管道燃气设施的，市、县人民政府应当组织配套建设。管道燃气设施已经建成，但未使用燃气泄漏报警或者自动切断装置的，非居民用户应当使用。居民用户使用的，由居民用户购置，由燃气经营企业免费安装。

第三章 燃气经营与服务

第十五条 政府投资建设的燃气设施，应当依法通过招标投标方式选择燃气经营企业。

引入社会资本投资建设的燃气设施，投资方可以自行经营，也可以选择具有相应资质的燃气经营企业经营。政府选择投资方应当依法通过公平竞争方式确定。

管道燃气设施的特许经营活动，按照国家有关规定执行。

第十六条 从事管道燃气、瓶装燃气、燃气汽车加气等燃气经营活动的企业，应当依法取得县以上燃气管理部门核发的燃气经营许可证。

燃气管理部门应当公布受理对燃气经营企业举报和投诉的监督电话。

第十七条 瓶装燃气分销站点应当由燃气经营企业设置，经所在地公安机关消防机构消防设计审核和消防验收合格后，十日内向所在地燃气管理部门备案。

第十八条 燃气经营企业应当遵守下列规定：

（一）按照国家燃气服务标准提供服务，并为燃气用户交纳、查询燃气费和其他服务需求提供便利；

（二）向燃气用户持续、稳定、安全供应符合国家质量标准的燃气；

（三）不得向不具备用气条件的燃气用户供气；

（四）不得要求燃气用户购买其指定的产品或者接受其提供的服务；

（五）不得要求燃气用户接受其指定的

安装单位安装燃气燃烧器具；

（六）向社会公布客户服务和投诉电话；

（七）法律、法规的其他有关规定。

第十九条 管道燃气经营企业除应当遵守本条例第十八条的规定外，还应当遵守下列规定：

（一）管道燃气经营企业应当制定服务标准，公示营业网点和营业时间，采取网络、手机等多种方式方便用户交纳燃气费，并向用户提供合法收费凭证。对有特殊困难的用户，应当提供上门服务。

（二）管道燃气经营企业接到用户管道燃气设施故障报修后，应当在二十四小时内入户维修；管道燃气经营企业接到用户室内燃气泄漏报告的同时，应当提示用户采取常规应对措施，并立即赶到现场处置。

（三）管道燃气经营企业接到用户改装、拆除、迁移燃气设施的书面申请后，应当在三个工作日内予以答复。对受理的，应当与用户约定时间提供服务；对不予受理的，应当书面向用户说明理由。迁移、改装燃气设施的质量保证期应当符合国家有关规定。

（四）建立健全燃气用户档案。

（五）因施工、检修等非突发原因确需临时调整供气量或者暂停供气的，应当提前四十八小时将作业时间、影响区域、调整供气量或者暂停供气的时间，以及恢复供气的时间予以公告或者书面通知燃气用户；因突发原因影响供气的，应当立即采取紧急措施，及时通知燃气用户，并尽快恢复供气；恢复供气的时间应当安排在六时至二十二时之间。

（六）燃气用户室内燃气设施的设计应当符合有关技术标准和规范，并兼顾合理布局和合理使用的需要。

（七）居民住宅楼集中开栓后，符合条件的未开栓用户单独申请开栓，管道燃气经营企业应当在收到申请后十日内予以开栓。

第二十条 瓶装燃气经营企业除应当遵守本条例第十八条的规定外，还应当遵守下列规定：

（一）建立气瓶管理台账制度，对自有气瓶喷涂权属单位标志，对进出站气瓶进行登记管理；

（二）气瓶充装量、残液量误差不得超过国家规定范围；

（三）气瓶充装前按照规定免费抽取燃气残液；

（四）不得使用燃气槽车直接充装，或者用气瓶相互转充；

（五）不得充装未经检验、超过检验期限或者经检验不符合安全技术规范的气瓶。

第二十一条 燃气汽车加气经营企业除应当遵守本条例第十八条的规定外，还应当遵守下列规定：

（一）加气前主动提示驾驶员将加气车辆熄火并在车旁监护，告知乘客离车到安全区域等候；

（二）不得向无车用气瓶使用登记证或者与使用登记信息不一致的车用气瓶加气；

（三）不得向车用气瓶以外的其他气瓶或者装置加气；

（四）不得在有燃气泄漏、燃气压力异常、附近发生火灾、雷击天气等危险情况下加气或者卸气。

第二十二条 对居民用户室内燃气设施，管道燃气经营企业负责燃气燃烧器具前的阀门，以及阀门之前包括燃气泄漏报警和自动切断装置在内的燃气设施的运行、维护、抢修和更新改造；用户负责该阀门之后的输气软管、燃气燃烧器具的维护和更新，并按照使用期限及时更换。

对非居民用户专有部分燃气设施，按照供用气合同的约定确定管理责任；未约定的，管道燃气经营企业负责燃气计量装置前燃气设施的运行、维护、抢修和更新改造；用户负责燃气计量装置后燃气设施的维护和更新。

第二十三条 管道燃气经营企业负责燃气计量装置的安装、管理和维修，并按照规定期限检定；检定不合格的，应当及时维修或者更换。

燃气计量装置达到国家规定使用期限的，应当及时更换；居民用户的更换费用由管道燃气经营企业承担，非居民用户的更换费用由用户承担。

第二十四条 市、县人民政府应当建立健全城市管道燃气上下游价格联动机制，并逐步建立居民生活用气阶梯价格制度。

实行政府定价的燃气销售价格，应当根据购气成本、经营成本和当地经济社会发展水平等合理确定，并依法适时调整。

居民用户室内由管道燃气经营企业负责的管道燃气设施的维护和更新改造费用可以计入燃气销售价格成本。

第四章 管道燃气使用

第二十五条 具备用气条件的燃气用户需要使用管道燃气的，应当向所在区域管道燃气经营企业提出用气申请。

管道燃气经营企业应当自办理入户手续之日起三个月内供气；逾期未供气的，对已入住用户，应当免费提供气瓶和相匹配燃气灶的借用服务。

管道燃气经营企业应当与燃气用户签订供用气合同，明确双方权利和义务。供用气合同的示范文本，由省住房和城乡建设行政主管部门与省工商行政主管部门联合制定，并向社会公布。

第二十六条 管道燃气用户应当按照供用气合同的约定交纳燃气费；逾期不交纳的，管道燃气经营企业可以催告燃气用户交纳，燃气用户自收到催交通知书之日起十日内仍不交纳的，管道燃气经营企业在不损害其他燃气用户用气权益的情况下，可以对其中止供气。

因欠费被中止供气的，管道燃气经营企业应当自燃气费结清后二十四小时内恢复供气。恢复供气前，应当通知用户。

第二十七条 管道燃气的用气量，应当以经检定合格的燃气计量装置的记录为准。

燃气用户或者管道燃气经营企业对燃气计量装置的准确度有异议的，可以向所在地质量技术监督部门申请仲裁检定；对仲裁检定结果有异议的，可以向上一级质量技术监督部门申请二次仲裁检定；费用由申请方垫付。

经仲裁检定的燃气计量装置，误差在法定范围内的，拆装和仲裁检定费用由申请方承担；误差超过法定范围的，拆装和仲裁检定费用由管道燃气经营企业承担，由其免费更换合格的燃气计量装置，并按照自申请仲裁检定之日至上次检定合格日期期间的用气量重新核算燃气费，由管道燃气经营企业返还多收取的燃气费，或者由燃气用户补交少交的燃气费。

第二十八条 管道燃气用户需要安装、改装、拆除、迁移室内燃气设施的，应当到所在区域管道燃气经营企业办理手续，按照国家有关工程建设标准实施作业，燃气用户不得擅自实施作业。作业所需费用，由燃气用户承担。

管道燃气经营企业不得拒绝经营区域内燃气用户提出的符合规定的安装、改装、拆除、迁移室内燃气设施申请；管道燃气经营企业不予办理的，燃气用户可以向所在地燃气管理部门投诉，燃气管理部门应当自接到投诉之日起五日内作出处理决定。

第二十九条 管道燃气用户需要更名、注销或者暂停用气的，应当到所在区域管道燃气经营企业办理手续，并结清燃气费。燃气费有剩余，用户要求退费的，管道燃气经营企业应当在五个工作日内退还。

第五章 燃气安全监督管理

第三十条 市、县人民政府应当建立健全燃气数字化信息监督管理和燃气安全事故应急救援体系。

第三十一条 燃气管理部门负责燃气安全生产工作的行业监督管理，应当履行下列职责：

（一）会同有关部门制定燃气安全事故应急预案；

（二）建立燃气安全事故统计分析制度；

（三）制定燃气安全生产年度监督检查计划；

（四）定期对燃气经营、使用和服务的安全状况进行监督检查，及时处理发现的燃气安全事故隐患，并通报处理结果。

第三十二条 县级以上其他有关行政主管部门，应当履行下列燃气安全监督管理职责：

（一）安全生产监督管理部门负责燃气安全生产工作的综合监督管理，根据本级人民政府的授权或者委托组织调查处理燃气生产安全事故；

（二）公安机关消防机构和公安派出所按照职责分工负责管辖范围内燃气经营企业和非居民燃气用户的消防安全检查，督促落实消防安全制度；

（三）质量技术监督部门负责燃气压力容器、压力管道安全的监督管理；

（四）工商行政主管部门负责查处无照经营、销售假冒伪劣燃气燃烧器具等行为；

（五）交通运输部门负责燃气运输企业资质认定，驾驶人员、装卸管理人员、押运人员的资格认定和考核，以及运输车辆的安全监督管理；

（六）教育主管部门负责对学校开展燃气安全教育情况进行监督；

（七）新闻出版广电部门负责组织媒体无偿开展安全、节约用气和燃气设施保护等方面的公益宣传；

（八）气象部门负责燃气经营企业防雷安全的监督管理；

（九）按照县级以上人民政府职责分工，负有燃气管理职能的其他部门承担各自责任。

第三十三条 燃气经营企业对本单位燃气安全生产工作负主体责任，主要负责人对安全生产工作全面负责。

燃气经营企业应当遵守下列安全规定：

（一）制定本单位燃气安全事故应急预案，以及燃气设施和安全设施的维护、保养和检测等安全管理制度。

（二）对本单位从业人员加强安全生产教育和培训，配备应急抢修人员和必要的装备、器材，并定期组织演练。

（三）按照规定配备视频监管设施，并接入所在地燃气安全数字化信息监督管理平台。

（四）向社会公布燃气设施抢修电话，实行二十四小时燃气安全值班制度，接到报修后及时处理。

（五）每年至少对非居民管道燃气用户的室内燃气设施进行一次免费安全检查，对居民用户至少每二年免费检查一次，并及时排除发现的燃气安全事故隐患。安全检查的内容应当符合国家标准和有关安全技术规程的规定，检查记录应当经燃气用户确认。

（六）对燃气用户进行安全、节约用气指导。

（七）法律、法规的其他有关规定。

第三十四条 燃气用户应当遵守安全用气规则，不得危害公共安全。单位燃气用户应当建立健全安全管理制度，加强对操作维护人员安全知识和操作技能的培训。燃气用户以及相关单位和个人应当遵守下列安全规定：

（一）不得妨碍按照规定开启或者关闭公用燃气阀门；

（二）装饰装修活动不得影响燃气设施安全；

（三）不得安装不符合管道燃气气源要求的燃气燃烧器具；

（四）不得使用自行组装以管道燃气为燃料的燃气燃烧器具；

（五）法律、法规的其他有关规定。

第三十五条 任何单位和个人发现燃气安全事故或者事故隐患的，应当立即告知燃气经营企业或者燃气管理部门、安全生产监督管理部门、公安机关消防机构等有关单位，接到告知的单位应当立即调查处理。

任何单位和个人有权劝阻和举报违反燃气安全管理的行为。

燃气管理部门、安全生产监督管理部门和公安机关消防机构等有关部门和机构，应当公布举报方式，及时调查处理违反燃气安全管理的行为，并将处理结果告知实名举报人。

第三十六条 管道燃气经营企业需要入户安装燃气设施、开展安全检查，或者查验用气量的，应当提前预约，并在约定时间入户工作。工作人员应当出示工作证件，燃气用户应当配合。

管道燃气经营企业发现燃气用户室内存在燃气安全事故隐患的，应当及时书面告知燃气用户，并指导进行整改，燃气用户应当及时整改。因违反安全用气规定、拒绝整改引发燃气安全事故的，由燃气用户承担责任。

燃气用户室内燃气安全事故隐患可能危及公共安全的，管道燃气经营企业应当入户抢修，燃气用户和社区居民委员会、物业服务企业等相关单位应当配合；燃气用户拒不配合的，管道燃气经营企业可以中止供气。燃气安全事故隐患消除后，管道燃气经营企业应当在二十四小时内恢复供气。

由于燃气经营企业的责任，造成燃气用户人身伤亡或者财产损失的，燃气经营企业应当负责赔偿。

第三十七条 市、县燃气管理部门应当会同城乡规划等有关部门，按照国家有关标准和规定划定燃气设施保护范围，向社会公布，并在燃气设施保护范围周边显著位置设置保护范围标志。

任何单位和个人不得在燃气设施保护范围内从事法律、法规禁止的危及燃气设施安全的活动，不得损坏、覆盖、涂改、擅自拆除或者移动保护范围标志。

第三十八条 新建、改建、扩建建设工程，不得影响燃气设施安全。

建设单位在开工前，应当查明建设工程施工范围内地下燃气管线的相关情况；燃气管理部门以及其他有关部门和单位应当及时提供相关资料。

建设工程施工范围内有地下燃气管线等重要燃气设施的，建设单位应当会同施工单位与管道燃气经营企业共同制定燃气设施保护方案。建设单位、施工单位应当采取相应的安全保护措施，确保燃气设施运行安全，费用由建设单位承担。管道燃气经营企业应当派专业人员进行现场指导。

建设活动造成燃气设施损坏的，施工单位应当立即告知管道燃气经营企业，协助抢修，并依法予以赔偿。

第三十九条 燃气安全事故发生后，燃气经营企业应当立即启动本单位燃气安全事故应急预案，开展抢险、抢修，防止事故扩大，减少人员伤亡和财产损失，并按照国家有关规定立即如实报告有关部门和单位。

燃气管理部门、安全生产监督管理部门和公安机关消防机构等有关部门和机构接到事故报告后，应当按照各自职责立即组织采取有效措施，根据有关情况启动燃气安全事故应急预案，并依照有关法律、行政法规的规定报告和调查处理。

第四十条 管道燃气经营企业根据燃气安全事故应急预案暂停向事故涉及区域供气的，在查明事故原因、消除事故隐患，并达到安全供气条件后，方可恢复供气。

第四十一条 燃气用户可以自愿投保燃气事故责任保险，任何单位和个人不得强制燃气用户购买。

第六章 法律责任

第四十二条 违反本条例规定应当承担法律责任，有关法律、法规已有规定的，从其规定。

第四十三条 县级以上人民政府、燃气管理部门和其他有关行政主管部门及其工作人员有下列情形之一的，对直接负责的主管人员和其他直接责任人员依照有关法律、行政法规和相关规定追究行政责任：

（一）未按照规定的条件、程序和期限实施行政许可的；

（二）发现违法行为或者接到对违法行为的举报后未依法查处的；

（三）接到重大燃气事故报告后，未按照应急预案采取措施的；

（四）未依法履行安全监督管理职责，导致发生重大安全事故的；

（五）拒不执行上级行政主管部门整改意见的；

（六）其他玩忽职守、滥用职权、徇私舞弊的行为。

第四十四条 违反本条例第十三条规定，燃气设施未与主体工程同步设计、同步施工、同步验收的，由燃气管理部门责令建设单位限期改正，处燃气设施定额造价百分之五以上百分之十以下的罚款；拒不改正的，不得投入使用。

第四十五条 违反本条例第十七条规定，非燃气经营企业违法设置瓶装燃气分销站点的，由燃气管理部门责令停止违法行为，处五万元以上十万元以下的罚款；有违法所得的，没收违法所得。

第四十六条 违反本条例第十八条第三项至第五项规定之一的，由燃气管理部门责令限期改正，处二万元以上五万元以下的罚款；有违法所得的，没收违法所得；情节严重的，吊销燃气经营许可证；造成损失的，依法承担赔偿责任。

第四十七条 违反本条例第十九条第一项、第二项、第三项、第五项和第七项规定之一的，由燃气管理部门责令限期改正；逾期未改正的，处一万元以上三万元以下的罚款。

第四十八条 违反本条例第二十条第一项至第四项规定之一的，由燃气管理部门责令限期改正，处五千元以上一万元以下的罚款；情节严重的，吊销燃气经营许可证；造成损失的，依法承担赔偿责任。

第四十九条 违反本条例第二十一条第

一项至第四项规定之一的，由燃气管理部门责令限期改正，处二万元以上五万元以下的罚款；有违法所得的，没收违法所得；情节严重的，吊销燃气经营许可证；造成损失的，依法承担赔偿责任。

第五十条 违反本条例第二十五条第二款规定，管道燃气经营企业拒不向已入住用户免费提供气瓶和相匹配燃气灶借用服务的，由燃气管理部门责令限期改正；拒不改正的，按户处五百元的罚款。

第五十一条 违反本条例第三十三条第二款第三项至第五项规定之一的，由燃气管理部门责令限期改正，处一万元以上五万元以下的罚款；情节严重的，吊销燃气经营许可证；造成损失的，依法承担赔偿责任。

第五十二条 违反本条例第三十四条第一项至第四项规定之一的，由燃气管理部门责令限期改正，逾期未改正的，对个人处五百元以上一千元以下的罚款；对单位处五千元以上一万元以下的罚款；造成损失的，依法承担赔偿责任。

第五十三条 违反本条例第三十七条第二款规定，损坏、覆盖、涂改、擅自拆除或者移动保护范围标志的，由燃气管理部门责令限期改正，恢复原状，可以处五百元以上一千元以下的罚款。

第七章 附　　则

第五十四条 本条例下列用语的含义：

（一）燃气，是指作为燃料使用并符合一定要求的气体燃料，包括天然气（含煤层气）、液化石油气和人工煤气等；

（二）燃气设施，是指人工煤气生产厂、燃气储配站、门站、气化站、混气站、加气站、灌装站、供应站、调压站、市政燃气管网等的总称，包括市政燃气设施、建筑区划内业主专有部分以外的燃气设施以及室内燃气设施等；

（三）自动切断装置，是指安装在管道燃气用户室内的燃气管道上，在燃气管道内压力、流量异常或者室内燃气浓度过高时能够自动中断燃气输入、防止燃气泄漏的设备，包括管道燃气自闭阀和紧急切断阀等；

（四）燃气燃烧器具，是指以燃气为燃料的燃烧器具，包括居民家庭和商业用户所使用的燃气灶、热水器、沸水器、采暖器、空调器等。

第五十五条 沼气、秸秆气用于城镇燃气经营，以及农村的燃气管理，参照本条例执行。

第五十六条 本条例自 2017 年 1 月 1 日起施行。1998 年 12 月 12 日黑龙江省第九届人民代表大会常务委员会第六次会议通过的《黑龙江省燃气管理条例》同时废止。

吉林省燃气管理条例

（2004 年 1 月 13 日吉林省第十届人民代表大会常务委员会第七次会议通过　根据 2018 年 11 月 30 日吉林省第十三届人民代表大会常务委员会第八次会议《吉林省人民代表大会常务委员会关于废止和修改〈吉林省农业环境保护管理条例〉等 12 部地方性法规的决定》修改）

第一章 总　　则

第一条 为加强燃气管理，维护燃气供应企业和用户的合法权益，促进燃气事业发展，保障社会公共安全，结合本省实际，制定本条例。

第二条 本条例适用于本省行政区域内

燃气的规划、建设、经营、燃气器具的安装、维修、销售和燃气的使用及安全管理。

第三条 本条例所称燃气是指供给生活、生产使用的煤制气、液化石油气、天然气和新型民用燃气等用作燃烧燃料的气体。

第四条 县级以上人民政府燃气管理部门负责本行政区域内的燃气管理工作。

县级以上人民政府其他有关部门应当在各自职责范围内，做好燃气管理工作。

第五条 发展燃气事业，应当合理利用能源、统一规划、配套建设，优先发展管道燃气。

燃气的经营和使用，必须贯彻“安全第一、预防为主”的原则。

第六条 鼓励国内外经济组织或者个人投资兴建燃气设施，经营燃气企业；鼓励推广燃气先进技术和管理方法，提高燃气生产和管理水平。

第二章 规划与建设

第七条 县级以上人民政府应当组织燃气管理等有关部门编制本地区燃气发展规划，并纳入城市总体规划。

新建、改建、扩建燃气项目以及燃气经营网点的布局要符合燃气发展规划，并经燃气管理部门批准，方可实施。

第八条 城市新区开发、旧城改造、道路建设不得占用燃气发展规划预留的燃气设施建设用地。

第九条 城市新区开发、旧城改造，应当按照燃气发展规划，配套建设燃气设施。

燃气发展规划范围内有新建、改建、扩建工程的，其配套的燃气设施建设应当与主体工程同时设计、同时施工、同时验收。

第十条 新建、扩建、改建燃气工程，应当符合国家和行业技术标准要求，并经燃气管理部门审查同意。

第十一条 承担燃气工程勘察设计、施工安装和工程监理的单位，必须具有相应的资质条件。

第十二条 燃气工程竣工后，建设单位应当依法组织竣工验收。未经验收或者验收不合格的，不得投入使用。

建设单位应当在燃气工程竣工验收合格之日起十五日内，向燃气管理部门以及其他有关部门备案。

第三章 燃气经营

第十三条 设立燃气经营企业应当具备下列条件：

（一）有符合国家标准的燃气气源；

（二）有符合国家标准的经营燃气设备；

（三）有与燃气经营规模相适应的资金；

（四）有符合城市规划要求的经营场所；

（五）有掌握相关技术的管理人员和具备专业资格的从业人员；

（六）有防泄漏、防火、防爆的安全管理措施和制度；

（七）有与供气规模相适应的抢险、抢修队伍及装备；

（八）法律、法规和技术标准规定的其他条件。

第十四条 设立燃气经营企业，由所在地市、县级人民政府燃气管理部门核发《燃气经营许可证》。

第十五条 在城市燃气管网辐射范围内，应当利用管网燃气。不得开发建设瓶组液化石油气供气工程。

第十六条 使用管道供应燃气的经营企业在经营中应当遵守下列规定：

（一）保证正常、稳定、持续供气，因

维修燃气设施确需停止供气时，应当提前二十四小时公告停止供气和恢复供气的区域与时间；

（二）燃气热值、嗅味、压力等指标符合国家规定的标准；

（三）按法定计量单位计量，并公开价格；

（四）制定和公示服务标准；

（五）不得拒绝向符合供气和用气条件的用户提供气源；

（六）依照有关规定对燃气设施进行安全检查，并建立健全用户档案；

（七）设置咨询、抢修、抢险公开电话，并设专人二十四小时值班。

第十七条 使用液化石油气钢瓶供应燃气的经营企业，应当遵守下列规定：

（一）不得用不合格的液化石油气钢瓶充装液化石油气；

（二）不得用液化石油气槽车直接向液化石油气钢瓶充装液化石油气；

（三）不得用液化石油气钢瓶相互转充液化石油气；

（四）不得购销无出厂合格证的液化石油气；

（五）不得在公共建筑和居民住宅建筑内集中存放装有液化石油气的钢瓶；

（六）按法定计量单位计量，保证足量，并公开价格；

（七）应当抽出残液后充装液化石油气；

（八）制定和公示服务标准。

第十八条 燃气经营企业不得强令操作人员和安装维修人员违章操作。

燃气经营企业应当按照有关规定对安全管理、技术操作和安装维修人员进行岗位培训。

第十九条 运输燃气必须使用符合国家和省规定的专用运输车辆，并按有关安全管理的规定进行运输服务。

第四章 燃气设施与燃气器具

第二十条 燃气经营企业应当在燃气设施安全保护范围内，设置醒目的安全警示标志。

第二十一条 禁止在燃气设施安全保护范围内，从事下列行为：

（一）修建建筑物、构筑物；

（二）堆放物料，倾倒、排放腐蚀性液体；

（三）擅自挖沟渠、挖沙取土、打桩或者顶进作业；

（四）在燃气设施上牵挂电线、绳索；

（五）擅自开启或者关闭燃气管道公共阀门；

（六）从事爆破作业；

（七）擅自移动、覆盖、涂改、拆除或者损坏燃气设施的安全警示标志；

（八）其他危及燃气设施安全的行为。

第二十二条 建设工程施工影响燃气设施安全运行的，建设单位或者施工单位须经燃气经营企业同意，并采取可靠的安全保护措施。

由于施工不当造成燃气设施损坏的，建设单位或者施工单位应当协助燃气经营企业进行抢修，造成经济损失的，应当依法赔偿。

第二十三条 燃气经营企业对燃气设施进行抢修时，有关单位和个人应当配合，不得以任何理由干扰抢修工作。

第二十四条 设计、安装用户室内燃气设施，应当保证安全使用与方便维修，并兼顾用户房屋的使用功能和美观要求。

用户室内装饰、装修不得覆盖燃气设施；凡覆盖燃气设施的，抢修时应当无条件拆除。

第二十五条　燃气经营企业应当按照有关规定对燃气设施（含用户室内燃气管道、阀门以及计量器具）进行维修，对达到使用年限的燃气设施进行更换，维修、更换的费用由燃气经营企业承担。

第二十六条　任何单位或者个人都有保护燃气安全设施的义务。如发现燃气泄漏或者由于燃气引起的中毒、火灾、爆炸、环境污染等事故，应当立即告知燃气经营企业或者政府有关部门。燃气经营企业接到告知后应当立即采取措施进行抢修。政府有关部门接到告知后应当立即赶到现场，组织抢修，调查事故。造成损失的，燃气经营企业应当依法承担赔偿责任。

第二十七条　燃气管理部门应当定期向社会公布符合国家标准，适合当地气源的燃气器具产品目录。用户可选用目录中的产品，任何单位和个人不得干涉。

第二十八条　非燃气经营企业不得销售充有燃气的燃气钢瓶。

任何企业和个人不得销售专门加热燃气钢瓶的装置。

第五章　燃气使用

第二十九条　使用管道燃气的用户应当到燃气经营企业办理用气手续，燃气经营企业应当在规定的时限内办结，不得借故拖延、拒绝。

第三十条　用户对管道燃气计量装置准确度有异议的，可以申请燃气经营企业委托法定计量检测机构检定，也可以直接委托法定计量检测机构检定。经检定，燃气计量装置符合标准的，检定费用由申请人承担；不符合标准的，检定费用由燃气经营企业承担，并退还或补交燃气费用。

第三十一条　燃气用户不得实施下列行为：

（一）损坏公用燃气设施；

（二）在不具备安全用气条件的公共场所使用燃气；

（三）自行拆卸、安装、改装燃气设施；

（四）将燃气设施作为负重支架或电器设施的接地导体；

（五）自行倾倒液化石油气钢瓶残液或者自行倒换液化石油气钢瓶之间的燃气；

（六）自行改换液化石油气钢瓶检验标志；

（七）盗用、转供燃气；

（八）其他影响燃气使用安全的行为。

第六章　法律责任

第三十二条　违反本条例规定，有下列行为之一的，由县级以上人民政府燃气管理部门责令限期改正；逾期拒不改正的，处五百元以上一千元以下的罚款：

（一）在燃气设施上牵挂电线、绳索的；

（二）擅自开启或者关闭燃气管道公共阀门的；

（三）移动、覆盖、涂改、拆除或者损坏燃气设施的安全警示标志的；

（四）未取得岗位证书，从事燃气安装、维修活动的。

第三十三条　违反本条例规定，有下列行为之一的，由县级以上人民政府燃气管理部门责令限期改正，没收违法所得，并处二千元以上五千元以下的罚款：

（一）非燃气经营企业销售充有液化石油气钢瓶的；

（二）销售专门加热液化石油气钢瓶装置的；

（三）损坏公用燃气设施的；

（四）转供燃气的。

第三十四条 违反本条例规定的，有下列行为之一的，由县级以上人民政府燃气管理部门责令改正；拒不改正的，处三千元以上一万元以下的罚款：

（一）燃气经营企业用不合格的液化石油气钢瓶充装液化石油气的；

（二）燃气经营企业用液化石油气钢瓶相互转充液化石油气的；

（三）在燃气设施安全保护范围内，修建建筑物、构筑物的；

（四）在燃气设施安全保护范围内，堆放物料，倾倒、排放腐蚀性液体的；

（五）在燃气设施安全保护范围内，擅自挖沟渠、挖沙取土、打桩或者顶进作业的；

（六）在燃气设施安全保护范围内，从事爆破作业的。

第三十五条 违反本条例规定，有下列行为之一的，由县级以上人民政府燃气管理部门责令限期改正；逾期拒不改正的，没收违法所得，并处一万元以上五万元以下的罚款：

（一）燃气工程项目未经燃气管理部门审查同意的；

（二）未取得燃气经营许可证擅自经营燃气的；

（三）用液化石油气槽车直接向液化石油气钢瓶充装液化石油气的。

第三十六条 燃气管理部门负责燃气管理的工作人员滥用职权、玩忽职守、徇私舞弊的，由所在单位或者监察部门给予处分；构成犯罪的，依法追究刑事责任。

第七章　附　　则

第三十七条 本条例自2004年3月1日起施行。

长春市燃气管理条例

（2011年6月23日长春市第十三届人民代表大会常务委员会第二十七次会议通过　2011年7月28日吉林省第十一届人民代表大会常务委员会第二十七次会议批准　根据2015年4月22日长春市第十四届人民代表大会常务委员会第十七次会议通过　2015年7月30日吉林省第十二届人民代表大会常务委员会第十八次会议批准的《长春市人民代表大会常务委员会关于废止和修改部分地方性法规的决定》修正　2017年12月22日长春市第十五届人民代表大会常务委员会第六次会议修订　2018年3月30日吉林省第十三届人民代表大会常务委员会第二次会议批准）

第一章　总　　则

第一条 为了加强燃气管理，保障燃气供应，防止和减少燃气安全事故，保障公民生命、财产安全和公共安全，维护燃气经营企业和燃气用户的合法权益，促进燃气事业的健康发展，根据有关法律、法规，结合本市实际，制定本条例。

第二条 本条例本市市区范围内燃气规划与应急保障、燃气经营与服务、燃气设施保护、燃气使用、燃气安全及相关管理活动。

第三条 燃气工作应当遵循统筹规划、分级负责、属地管理、保障安全、确保供应、规范服务、节能高效的原则。

第四条 市、区人民政府应当加强对燃气工作的领导，建立工作协调机制，及时处理燃气管理工作中的重大事项。

第五条 市燃气主管部门负责本市燃气管理工作。

区燃气主管部门按照职责分工负责本辖区内的燃气管理工作，其所属的燃气管理机构负责燃气日常管理工作。

有关部门应当按照各自职责，依法做好燃气管理的相关工作。

乡（镇）人民政府、街道办事处按照职责配合燃气主管部门和有关部门做好本辖区内的燃气管理工作。

第六条 鼓励、支持燃气科学技术研究，推广使用安全、节能、高效、环保的燃气新技术、新工艺和新产品。

第七条 燃气主管部门应当建立健全燃气安全监督管理制度，加强对燃气法律、法规和燃气安全使用知识的宣传与普及，增强社会公众燃气安全意识，提高燃气安全使用技能。

广播、电视、报刊、互联网等媒体应当开展燃气安全使用的公益性宣传。

第二章 燃气规划与应急保障

第八条 市燃气主管部门应当会同市城乡规划主管部门，按照城市总体规划组织编制燃气专项规划，报市人民政府批准后组织实施。

第九条 市和双阳区、九台区燃气主管部门、发展和改革部门按照各自职责负责协调燃气气源供应，平衡用气需求，制定中长期及年度用气计划，并组织实施。

第十条 市和双阳区、九台区人民政府应当建立健全燃气应急储备制度，发展和改革部门应当会同有关部门制定燃气应急储备方案，确定燃气储备的布局、总量、启动要求等，并采取综合措施提高燃气应急保障能力。

燃气经营企业应当按照应急储备方案的要求建设燃气应急储备设施，确保燃气应急储备所需的数量和储存安全。

第十一条 市和双阳区、九台区人民政府应当组织编制燃气应急保障预案。燃气应急保障预案应当明确燃气应急气源和种类、应急供应方式、应急处置程序和应急措施等内容。

燃气经营企业因不可抗力或者发生突发性事故等紧急情况不能正常供应燃气的，应当按照燃气供应应急预案采取相应措施，并及时报告燃气主管部门。

市和双阳区、九台区燃气主管部门应当对燃气供求状况实施监测、预测和预警。

第十二条 燃气供应严重短缺、供应中断等突发事件发生后，市和双阳区、九台区人民政府应当及时采取动用储备、紧急调度等应急措施，燃气经营企业以及其他有关单位和个人应当予以配合，承担相关应急任务。

第十三条 进行新区建设、旧区改造，应当按照城乡规划和燃气专项规划配套建设燃气设施或者预留燃气设施建设用地；预留的燃气设施建设用地，未经法定程序不得改变用途。

第十四条 新建、扩建、改建燃气设施建设工程，应当符合国家规范和行业技术标准要求。管道燃气设施建设工程应当经市或者双阳区、九台区燃气主管部门审查同意；其他燃气设施建设工程应当经所在地的区燃气主管部门审查同意。法律、法规规定需经其他部门审批的，还应当到有关部门办理相关手续。

第十五条 燃气设施建设工程竣工后，建设单位应当依法组织竣工验收，并自竣工验收合格之日起十五日内，将竣工验收情况和燃气设施安全运行保障方案报审查部门备案。

第十六条 燃气专项规划范围内有新建、改建、扩建工程的，其配套的燃气设施建设应当与主体工程同时设计、同时施工、同时验收。

第三章 燃气经营与服务

第十七条 本市对燃气经营实行许可证制度。

从事燃气经营活动的企业，应当具备下列条件：

（一）符合燃气发展规划要求；

（二）有符合国家标准的燃气气源和燃气设施；

（三）有固定的经营场所、完善的安全管理制度和健全的经营方案；

（四）企业的主要负责人、安全生产管理人员以及运行、维护和抢修人员经专业培训并考核合格；

（五）法律、法规规定的其他条件。

第十八条 本市管道燃气经营实行特许经营制度。市和双阳区、九台区人民政府或者其授权的燃气主管部门应当按照有关法律、法规规定，通过市场竞争机制，以招标投标方式选择管道燃气投资企业或者经营企业，并签订特许经营协议。特许经营协议应当明确特许经营内容、区域、范围、有效期限及服务标准等。

管道燃气特许经营应当遵循公开、公平、公正和公共利益优先的原则。

第十九条 申请管道燃气经营许可的企业，应当向市或者双阳区、九台区燃气主管部门提出申请；申请其他燃气经营许可的企业，应当向所在地的区燃气主管部门提出申请。燃气主管部门应当自收到申请材料之日起十五日内审核完毕。对符合条件的，依法核发燃气经营许可证；不符合条件的，书面告知申请人并说明理由。

第二十条 燃气经营企业应当建立健全用户服务制度，规范服务行为，并遵守下列规定：

（一）向燃气用户持续、稳定、安全供应符合国家质量标准的燃气；

（二）向燃气用户发放安全用气手册，提供安全、节约用气指导和咨询；

（三）建立燃气用户档案，并对燃气设施定期进行安全检查；

（四）公示业务流程、服务承诺、收费标准和服务电话等信息；

（五）按照国家燃气服务标准及合同约定，对燃气用户提供服务；

（六）法律、法规规定的其他义务。

第二十一条 燃气经营企业不得有下列行为：

（一）拒绝向市政燃气管网覆盖范围内符合用气条件的单位或者个人供气；

（二）倒卖、抵押、出租、出借、转让、涂改燃气经营许可证；

（三）未履行必要告知义务擅自停止供气、调整供气量，或者未经审批擅自停业或者歇业；

（四）向未取得燃气经营许可证的单位或者个人提供用于经营的燃气；

（五）在不具备安全条件的场所储存燃气；

（六）要求燃气用户购买其指定的产品或者接受其提供的服务；

（七）冒用其他企业名称或者标志从事燃气经营、服务活动。

第二十二条 燃气经营企业停业、歇业的，应当事先对供应范围内的燃气用户的正常用气作出妥善安排，并在九十个工作日前向原审批部门报告，经批准后方可停业、歇业。

第二十三条 燃气经营企业分立、合并或者撤销的，应当事先妥善处理用户转供等有关事宜，并向原审批部门上缴原企业的燃气经营许可证。分立或者合并后的企业应当重新申请燃气经营许可，并办理有关登记注册手续。

燃气经营企业变更法定代表人或者经营场所的，应当依法办理变更登记手续。

第二十四条 燃气销售价格，应当根据购气成本、经营成本和经济社会发展水平合理确定并适时调整。价格主管部门确定和调整管道燃气销售价格，应当征求管道燃气用户、管道燃气经营企业和有关方面的意见；确定和调整居民管道燃气销售价格，应当依法召开听证会。

第二十五条 管道燃气经营企业因施工、检修等原因需要临时调整供气量或者暂停供气的，应当将作业时间和影响区域提前四十八小时予以公告，并按照有关规定及时恢复正常供气；因突发事件影响供气的，应当按照应急保障预案采取紧急措施并及时通知用户。

恢复供气前，管道燃气经营企业应当提前通知用户，在确保安全的前提下恢复供气。

第二十六条 管道燃气的用气量，应当以法定计量检定机构检定合格的燃气计量装置的记录为准。用户对燃气计量装置准确度有异议的，可以委托法定计量检定机构检定。经检定的燃气计量装置，其误差在法定范围内的，检定费用由用户支付；误差超过法定范围的，检定费用由管道燃气经营企业支付，并由管道燃气经营企业免费更换合格的燃气计量装置。

燃气计量装置超过法定误差范围的，燃气经营企业应当按照用户申请日与上次检定日期间的用气量重新核算燃气费用。

用户对检定结果有异议的，可以向质量技术监督部门投诉。

第二十七条 管道燃气经营企业应当与燃气用户签订供用气合同。

第二十八条 使用液化石油气气瓶供应燃气的经营企业，应当遵守下列规定：

（一）不得用不合格的液化石油气气瓶充装液化石油气；

（二）不得用液化石油气槽车直接向液化石油气气瓶充装液化石油气；

（三）不得用液化石油气气瓶相互转充液化石油气；

（四）不得购买或销售无出厂合格证的液化石油气；

（五）不得在公共建筑和居民住宅建筑内集中存放装有液化石油气的气瓶；

（六）不得擅自为非自有气瓶充装液化石油气；

（七）不得销售未经许可的充装单位充装的液化石油气；

（八）不得销售充装单位擅自为非自有气瓶充装的液化石油气；

（九）应当抽出残液后充装液化石油气；

（十）按法定计量单位计量，保证足量，并公开价格；

（十一）按照国家规定将液化石油气气瓶定期送检，及时更新。

第二十九条 运输燃气应当使用符合国家和省规定的专用运输车辆，并遵守国家和省有关安全管理的规定。

燃气经营企业应当对其从事瓶装燃气送气服务的人员和车辆加强培训管理，并承担相应的责任。

第三十条 有下列情况之一的，市或者双阳区、九台区燃气主管部门应当采取措施，保障燃气用户的正常用气：

（一）管道燃气经营企业临时调整供气

量或者暂停供气未及时恢复正常供气的；

（二）管道燃气经营企业因突发事件影响供气未采取紧急措施的；

（三）燃气经营企业擅自停业、歇业的；

（四）燃气经营许可证依法被撤回、撤销、注销、吊销的。

第三十一条　管道燃气经营企业应当为用户免费提供安全检查，每年至少一次，并遵守下列规定：

（一）安全检查人员持证上岗、规范服务；

（二）进行安全用气宣传，对用户安全用气给予技术指导；

（三）认真做好安全检查记录，发现用户有违反安全用气规定或者存在安全隐患的，书面告知用户整改，并为用户整改提供帮助；

（四）因用户原因无法进行安全检查的，应当做好记录，留有影像资料，并以书面形式告知用户另行约定安全检查时间。

社区、物业企业和燃气用户应当配合燃气经营企业进行安全检查工作，并协助燃气经营企业对燃气安全隐患实施紧急处置。

第三十二条　燃气经营企业应当设置并向社会公布服务电话和抢险抢修电话，设专人二十四小时值班。

燃气经营企业接到用户的服务请求后，应当按照其承诺的时限或者与用户约定的时间派人到现场服务；对燃气泄漏的报修，应当先行告知用户须采取的应急措施，并立即派人到现场抢修。

第四章　燃气设施保护

第三十三条　市和双阳区、九台区燃气主管部门应当会同城乡规划等有关部门按照国家有关规定划定燃气设施保护范围，并向社会公布。

燃气管道设施保护范围按照下列要求划定：

（一）低压管道的管壁外缘两侧不小于零点五米范围内的区域；

（二）中压管道的管壁外缘两侧不小于一米范围内的区域；

（三）次高压管道的管壁外缘两侧不小于二米范围内的区域；

（四）高压管道的管壁外缘两侧不小于五米范围内的区域；

（五）庭院架空管道的管壁外缘两侧不小于零点三米范围内的区域；

（六）阀门井（室）、凝水缸（井）、调压装置、计量装置等管道附属设施的外壁（栅栏围护）两侧不小于零点五米范围内的区域。

第三十四条　在燃气设施安全保护范围内，禁止从事下列危及燃气设施安全的活动：

（一）建设占压地下燃气管线的建筑物、构筑物或者其他设施；

（二）进行爆破、取土等作业或者动用明火；

（三）倾倒、排放腐蚀性物质；

（四）放置易燃易爆危险物品或者种植深根植物；

（五）其他危及燃气设施安全的活动。

第三十五条　在燃气设施安全保护范围内，有关单位从事敷设管道、打桩、顶进、挖掘、钻探等可能影响燃气设施安全活动的，应当与燃气经营企业共同制定燃气设施保护方案，并采取相应的安全保护措施。

第三十六条　燃气经营企业应当按照国家有关工程建设标准和安全生产管理的规定，设置燃气设施防腐、防冻、绝缘、防雷、降压、隔离等保护装置和安全警示标志，定期进行巡查、检测、维修和维护，确保燃气设施的安全运行。

第三十七条 任何单位和个人不得侵占、损毁、擅自拆除或者移动燃气设施，不得毁损、覆盖、涂改、擅自拆除或者移动燃气设施安全警示标志。

第三十八条 管道燃气经营企业负责居民用户燃气燃烧器具、连接燃气燃烧器具胶（软）管以外的燃气设施的维护、抢修和更新改造。居民用户负责燃气燃烧器具及与其连接胶（软）管的维护和更新。

管道燃气经营企业应当按照供用气合同的约定，对单位燃气用户的燃气设施承担相应的管理责任。

第三十九条 燃气用户不得擅自改装、迁移、拆除户内管道燃气设施。确需改装、迁移、拆除的，应当由管道燃气经营企业确认是否符合规范要求。符合规范要求的，由管道燃气经营企业依照服务承诺在规定时限内实施作业，所发生的费用由燃气用户承担；不符合规范要求的，管道燃气经营企业应当在规定时限内以书面形式告知理由，并提出合理建议。

第四十条 新建、扩建、改建建设工程，不得影响燃气设施安全。

建设单位在开工前，应当查明建设工程施工范围内地下燃气管线的相关情况；燃气主管部门以及其他有关部门和单位应当及时提供相关资料。

建设工程施工范围内有地下管线等重要燃气设施的，建设单位应当会同施工单位与管道燃气经营企业共同制定燃气设施保护方案。建设单位、施工单位应当采取相应的安全保护措施，确保燃气设施运行安全；管道燃气经营企业应当派专业人员进行现场指导。

第四十一条 需要在地下室、半地下室、设备层等区域或者人员密集的公共场所安装燃气设施的，产权单位或者管理单位应当委托具有相应资质的专业机构安装燃气气体浓度报警装置和紧急切断装置。

第四十二条 燃气燃烧器具生产、销售单位应当设立或者委托设立售后服务站点，配备经考核合格的燃气燃烧器具安装、维修人员，负责售后的安装、维修服务。

燃气燃烧器具安装、维修，应当符合国家有关标准。

第四十三条 从事燃气燃烧器具安装、维修的企业，应当具备国家规定的条件，并取得所在地的区燃气主管部门核发的《燃气燃烧器具安装维修企业资质证书》。

燃气燃烧器具安装、维修企业应当建立健全管理制度和规范化服务标准，加强对燃气燃烧器具安装、维修人员的管理，确保安全文明施工，并对安装、维修质量负责。

燃气燃烧器具安装、维修人员，在安装、维修燃气燃烧器具时，不得改动户内燃气设施。

第五章 燃气使用

第四十四条 燃气用户应当遵守下列规定：

（一）遵守安全用气规则，使用合格的燃气燃烧器具和气瓶；

（二）按照约定支付燃气费用；

（三）配合燃气经营企业依法进行安全检查、维修；

（四）管道燃气经营企业需要入户操作公用阀门时，予以配合；

（五）发现燃气设施存在异常情况，立即停止使用并告知燃气经营企业；

（六）及时更换国家明令淘汰或者已超过使用年限的燃气燃烧器具、连接胶（软）管等。

单位燃气用户还应当建立健全安全管理

制度，加强操作维护人员燃气安全知识和操作技能的培训。

第四十五条 餐饮场所的燃气用户除遵守第四十四条规定外，还应当遵守下列规定：

（一）不得在地下室、半地下室、人员密集场所的用餐区以及不具备安全条件的场所使用液化石油气；

（二）燃气设施设备的放置和使用符合国家有关标准和要求；

（三）使用液化石油气应当与燃气经营企业签订安全供气合同，使用取得燃气经营许可证的供应企业提供的合格的液化石油气气瓶，并留存记载液化石油气气瓶注册登记代码的购气凭证；

（四）用气场所安装燃气气体浓度报警装置，并配备干粉灭火器等消防器材；

（五）不得使用无警示标签、无充装标识、过期或者报废的气瓶；

（六）定期进行燃气安全检查，并制定燃气安全应急处置方案。

本条例所称餐饮场所，是指从事餐饮服务的企业、个体工商户，机关、企事业单位以及其他单位的食堂或者餐厅。

第四十六条 燃气用户使用液化石油气的，应当按照液化石油气使用安全技术要求操作、使用、监管，不得利用气瓶互相倒灌及自行倾倒气瓶内残液。

第四十七条 燃气用户应当对户内燃气设施及燃气燃烧器具等进行日常检查，发现燃气泄漏、意外停气等异常现象时，应当关闭阀门、开窗通风，及时向燃气经营企业报修，禁止在现场动用明火、开关电器、拨打电话等危险行为。

第四十八条 燃气用户及相关单位和个人不得有下列行为：

（一）擅自操作公用燃气阀门；

（二）将燃气管道作为负重支架或者接地引线；

（三）安装、使用不符合气源要求的燃气燃烧器具；

（四）擅自安装、改装、拆除户内燃气设施和燃气计量装置；

（五）将管道燃气设施砌入墙体或者采取可能影响管道燃气设施安全的其他方式遮盖、隐蔽管道燃气设施；

（六）在有管道燃气设施的房间内住宿或者存放易燃、易爆物品；

（七）在不具备安全使用条件的场所使用、储存燃气；

（八）盗用燃气；

（九）改变燃气用途或者转供燃气。

第四十九条 燃气用户有权就燃气收费、服务等事项向燃气经营企业进行查询，燃气经营企业应当自收到查询申请之日起五个工作日内予以答复。

燃气用户有权就燃气收费、服务等事项向价格部门、燃气主管部门以及其他有关部门进行投诉，有关部门应当自收到投诉之日起十五个工作日内予以处理。

第五十条 管道燃气经营企业发现燃气用户违反安全用气规定，应当予以劝阻、制止，提出整改意见。

发现用户存在下列重大安全隐患、严重威胁公共安全且不能按照要求时限及时整改的，管道燃气经营企业应当采取停气措施：

（一）燃气设施漏气的；

（二）燃气管道末端未设有效封堵装置的；

（三）使用国家明令淘汰的直排式燃气热水器、燃气热水器未装烟道或者烟道未出户的；

（四）在装有燃气管道、设备等设施场所居住的；

（五）其他存在重大安全隐患、严重威胁公共安全的行为。

管道燃气经营企业采取停气措施，有关单位或者个人不配合或者阻挠的，管道燃气经营企业可以请求公安机关协助，并报告所在地的区燃气主管部门。

用户整改到位后向管道燃气经营企业申请恢复用气的，管道燃气经营企业应当按照规定及时恢复供气。

第六章　燃气安全

第五十一条　市、区人民政府应当加强对燃气安全监管工作的领导。

市燃气主管部门统筹负责全市燃气安全监管工作，并对区燃气主管部门的安全监管工作进行指导和考核；区燃气主管部门负责辖区内燃气安全监管工作，具体对辖区内的燃气经营企业、燃气设施设备和燃气使用安全情况进行监督管理。

第五十二条　有关部门在各自的职责范围内，负责下列燃气安全监管工作：

（一）安全生产监督部门负责燃气安全生产工作的综合监管，按照法定职责调查处理相应的燃气生产安全事故；

（二）交通运输部门负责对燃气运输及运输车辆的监督检查，发现违法运输燃气的，依法予以查处；

（三）公安机关会同有关行政部门负责对危害公共安全的非法存储、销售燃气等行为依法予以查处；公安机关消防机构按照职责分工负责管辖范围内燃气经营企业和非居民燃气用户的消防安全检查，督促落实消防安全制度；

（四）质量技术监督部门负责对燃气压力容器（含气瓶）、压力管道和液化石油气充装环节的安全监察，以及对气瓶的充装、检验环节的监督管理；

（五）工商行政管理部门负责依法查处无照经营和流通领域燃气燃烧器具的质量违法行为。

第五十三条　燃气主管部门应当会同有关部门制定燃气安全事故应急预案，建立健全燃气安全事故应急救援体系。

燃气主管部门应当每年组织安全演练，督促燃气经营企业按照燃气安全事故应急预案的规定做好应急准备工作。

燃气经营企业应当制定本单位燃气安全事故应急预案，配备应急人员和必要的应急装备、器材，并定期组织演练。

第五十四条　建设、勘察、设计、施工和监理单位及其他与燃气设施建设工程安全生产有关的单位，应当遵守安全生产法律、法规的规定，保证燃气设施建设工程安全生产，并依法承担相应的安全生产责任。

第五十五条　燃气经营企业应当建立健全燃气安全评估和风险管理体系，发现燃气安全事故隐患的，应当及时采取措施消除隐患。

第五十六条　任何单位和个人发现燃气安全事故或者燃气安全事故隐患应当立即告知燃气经营企业，或者向燃气主管部门、公安机关消防机构等有关部门和单位报告。

第五十七条　燃气安全事故发生后，燃气经营企业应当立即启动本单位燃气安全事故应急预案组织抢险、抢修。有关单位和个人应当予以配合，不得以任何理由阻挠、妨碍抢险抢修作业。

燃气安全事故发生后，燃气主管部门、安全生产监督管理部门和公安机关消防机构等有关部门和单位，应当根据各自职责，立即采取措施防止事故扩大，根据有关情况启动燃气安全事故应急预案。

市、区人民政府负责做好事故救援和善

后处理工作。

第五十八条 发生燃气泄漏等紧急情况时，燃气经营企业需要实施入户抢险、抢修作业无法入户的，应当报请公安机关协助并通知物业企业予以配合。

第五十九条 发生燃气安全事故的，由市、区人民政府组织燃气主管部门和安全生产监督、公安等部门依法进行调查处理。

第七章 监督检查

第六十条 燃气主管部门应当建立健全燃气经营服务、质量、安全监督管理制度，并对燃气经营企业的经营活动进行监督检查，将监督检查结果向社会公布。

第六十一条 燃气主管部门应当制定燃气安全年度检查计划并按照规定组织实施。

有关行政部门应当根据其法定职责建立燃气安全巡查、抽查制度，向社会公布服务电话，受理有关燃气安全方面的举报和投诉，依法及时进行调查处理，并将处理情况告知举报人或者投诉人。

第六十二条 燃气主管部门及有关部门在履行燃气安全监督检查职责时，有权采取下列措施：

（一）进入生产经营单位进行检查，调阅有关文件和资料；

（二）询问相关人员，制作笔录；

（三）对检查中发现的违法违规行为，当场予以纠正或者要求限期改正；

（四）法律、法规规定的其他措施。

被检查单位应当配合监督检查并提供工作方便，不得拒绝、阻碍检查人员依法履行职责。

第六十三条 有关部门在监督检查时发现问题，应当及时处理；对不属于本部门职责范围的，应当及时移送有关部门并做好记录，接受移送的部门应当及时查处。

发现安全事故隐患的，应当责令立即排除。重大安全事故隐患消除前或者消除过程中无法保证安全的，应当组织从危险区域内撤出人员，责令暂时停产停业或者停止使用燃气设施；重大安全事故隐患消除后，经审查同意，方可恢复生产经营和使用。

对不符合保障安全生产的国家标准或者行业标准的燃气设施、设备以及违法生产、储存、使用、经营、运输的危险物品应当予以查封或者扣押。

第八章 法律责任

第六十四条 违反本条例规定，新建、扩建、改建燃气设施建设工程项目未经燃气主管部门审查同意的，由燃气主管部门责令限期改正；逾期拒不改正的，没收违法所得，并处一万元以上五万元以下罚款。

第六十五条 违反本条例规定，未取得燃气经营许可证从事燃气经营活动的，由燃气主管部门责令停止违法行为，处五万元以上五十万元以下罚款；有违法所得的，没收违法所得；构成犯罪的，依法追究刑事责任。

第六十六条 违反本条例规定，燃气经营企业不按照燃气经营许可证的规定从事燃气经营活动的，由燃气主管部门责令限期改正，处三万元以上二十万元以下罚款；有违法所得的，没收违法所得；情节严重的，吊销燃气经营许可证；构成犯罪的，依法追究刑事责任。

第六十七条 违反本条例规定，燃气经营企业有下列行为之一的，由燃气主管部门责令限期改正，处一万元以上十万元以下罚款；有违法所得的，没收违法所得；情节严重的，吊销燃气经营许可证；造成损失的，依法承担赔偿责任；构成犯罪的，依法追究刑事责任：

（一）拒绝向市政燃气管网覆盖范围内符合用气条件的单位或者个人供气；

（二）倒卖、抵押、出租、出借、转让、涂改燃气经营许可证的；

（三）未履行必要告知义务擅自停止供气、调整供气量，或者未经审批擅自停业或者歇业的；

（四）向未取得燃气经营许可证的单位或者个人提供用于经营的燃气的；

（五）在不具备安全条件的场所储存燃气的；

（六）要求燃气用户购买其指定的产品或者接受其提供服务的；

（七）未向燃气用户持续、稳定、安全供应符合国家质量标准的燃气，或者未对燃气用户的燃气设施定期进行安全检查的。

第六十八条 违反本条例规定，燃气经营企业用不合格的液化石油气气瓶充装液化石油气或者用液化石油气气瓶相互转充液化石油气的，由燃气主管部门责令改正；拒不改正的，处三千元以上一万元以下罚款。

第六十九条 违反本条例规定，用液化石油气槽车直接向液化石油气气瓶充装液化石油气的，由燃气主管部门责令改正，没收违法所得，并处一万元以上五万元以下罚款。

第七十条 违反本条例规定，销售充装单位擅自为非自有气瓶充装的液化石油气的，由燃气主管部门责令改正，可以处一万元以下罚款。

第七十一条 违反本条例规定，在燃气设施安全保护范围内从事下列活动之一的，由燃气主管部门责令停止违法行为，限期恢复原状或者采取其他补救措施，对单位处五万元以上十万元以下罚款，对个人处五千元以上五万元以下罚款；造成损失的，依法承担赔偿责任；构成犯罪的，依法追究刑事责任：

（一）进行爆破、取土等作业或者动用明火的；

（二）倾倒、排放腐蚀性物质的；

（三）放置易燃易爆危险物品或者种植深根植物的；

（四）未与燃气经营企业共同制定燃气设施保护方案，采取相应的安全保护措施，从事敷设管道、打桩、顶进、挖掘、钻探等可能影响燃气设施安全活动的。

违反本条例规定，在燃气设施安全保护范围内建设占压地下燃气管线的建筑物、构筑物或者其他设施的，依照有关城乡规划的法律、行政法规的规定进行处罚。

第七十二条 违反本条例规定，燃气经营企业未按照国家有关工程建设标准和安全生产管理的规定，设置燃气设施防腐、防冻、绝缘、防雷、降压、隔离等保护装置和安全警示标志的，或者未定期进行巡查、检测、维修和维护的，或者未采取措施及时消除燃气安全事故隐患的，由燃气主管部门责令限期改正，处一万元以上十万元以下罚款。

第七十三条 违反本条例规定，侵占、毁损、擅自拆除、移动燃气设施或者擅自改动市政燃气设施的，由燃气主管部门责令限期改正，恢复原状或者采取其他补救措施，对单位处五万元以上十万元以下罚款，对个人处五千元以上五万元以下罚款；造成损失的，依法承担赔偿责任；构成犯罪的，依法追究刑事责任。

违反本条例规定，毁损、覆盖、涂改、擅自拆除或者移动燃气设施安全警示标志的，由燃气主管部门责令限期改正，恢复原状，可以处五千元以下罚款。

第七十四条 违反本条例规定，建设工程施工范围内有地下燃气管线等重要燃气设施，建设单位未会同施工单位与管道燃气经营企业共同制定燃气设施保护方案，或者建设单位、施工单位未采取相应的安全保护措施的，由燃气主管部门责令改正，处一万元以上十万元以下罚款；造成损失的，依法承担赔偿责任；构成犯罪的，依法追究刑事责任。

第七十五条 违反本条例规定，燃气用户及相关单位和个人有下列行为之一的，由燃气主管部门责令限期改正；逾期不改正的，对单位可以处十万元以下罚款，对个人可以处一千元以下罚款；造成损失的，依法承担赔偿责任；构成犯罪的，依法追究刑事责任：

（一）擅自操作公用燃气阀门的；

（二）将燃气管道作为负重支架或者接地引线的；

（三）安装、使用不符合气源要求的燃气燃烧器具的；

（四）擅自安装、改装、拆除户内燃气设施和燃气计量装置的；

（五）在不具备安全条件的场所使用、储存燃气的；

（六）改变燃气用途或者转供燃气的；

（七）未设立售后服务站点或者未配备经考核合格的燃气燃烧器具安装、维修人员的；

（八）燃气燃烧器具的安装、维修不符合国家有关标准的。

盗用燃气的，依照有关治安管理处罚的法律规定进行处罚。

第七十六条 违反本条例规定，未取得《燃气燃烧器具安装维修企业资质证书》从事燃气燃烧器具安装、维修业务的，由燃气主管部门处一万元以上三万元以下罚款。

第七十七条 燃气主管部门及有关部门工作人员，在燃气管理工作中，不依法履行职责，有滥用职权、玩忽职守、徇私舞弊等违法行为的，依法给予处分；构成犯罪的，依法追究刑事责任。

第九章 附 则

第七十八条 本条例下列用语的含义：

（一）燃气，是指作为燃料使用并符合一定要求的气体燃料，包括人工煤气、天然气和液化石油气等。

（二）燃气设施，是指人工煤气生产厂、燃气储配站、门站、气化站、混气站、加气站、灌装站、供应站、调压站、市政燃气管网等的总称，包括市政燃气设施、建筑区划内业主专有部分以外的燃气设施以及户内燃气设施等。

（三）燃气燃烧器具，是指以燃气为燃料的燃烧器具，包括居民家庭和商业用户所使用燃气灶、热水器、沸水器、采暖器、空调器等器具。

第七十九条 榆树市、德惠市、农安县燃气管理可参照本条例执行。

第八十条 本条例自2018年5月1日施行。

沈阳市燃气管理办法

（2016年12月2日沈阳市人民政府令第63号发布 自2017年2月1日起施行）

第一章 总 则

第一条 为了加强本市燃气管理，规范燃气经营和使用行为，保障公民生命财产安全和公共安全，维护燃气经营者和燃气用户的合法权益，根据国务院《城镇燃气管理条例》等有关法律、法规，制定本办法。

第二条 本市行政区域内燃气的规划与建设、供气应急保障、经营与服务、燃气使用与器具管理、设施保护、安全管理与应急处置等相关管理活动，适用本办法。

天然气、液化石油气的生产和进口，城市门站以外的天然气管道输送，燃气作为工业生产原料的使用，沼气、秸秆气的生产和使用，不适用本办法。

第三条 市和区、县（市）人民政府应当加强对燃气工作的领导，建立燃气管理工作协调机制和燃气事故应急处置机制，及时协调处理燃气管理工作中的重大事项。

第四条 市建设行政主管部门对本市燃气管理工作实施统一监督管理。市燃气管理机构具体负责燃气管理工作。

区、县（市）燃气主管部门负责本辖区内的燃气管理工作。

街道办事处、乡镇人民政府接受燃气行政主管部门的指导，对辖区内的燃气安全进行监督、检查。

发展改革、规划、公安、工商、质监、安监、房产、城市执法等部门按照各自职责，做好燃气管理的相关工作。

第二章 规划建设与应急保障

第五条 市燃气行政主管部门应当会同发展改革、规划等部门，依据国民经济和社会发展规划、土地利用总体规划、城乡规划等组织编制市燃气发展规划，报市人民政府批准后组织实施。

县（市）燃气主管部门应当会同相关部门，根据市燃气发展规划，组织编制县（市）燃气发展规划，报同级人民政府批准后实施，并报市燃气行政主管部门备案。

第六条 新区建设、旧区改造和新建、扩建、改建道路等建设工程项目，应当按照城乡规划和燃气专项规划配套建设燃气设施或者预留燃气设施建设用地。

预留的燃气配套设施建设用地，未经法定程序调整规划，不得改变用途。

第七条 燃气设施建设应当依法定程序办理相关建设审批手续。经批准的燃气设施工程施工，任何单位和个人不得阻挠。工程涉及征地、绿化、道路恢复等补偿的，相关部门应当按照有关规定执行。

第八条 燃气设施建设工程勘察、设计、施工、监理活动应当由具有相应资质等级的单位承担，并在其资质等级范围内依法开展相应业务。

第九条 燃气设施建设工程项目竣工后，建设单位应当组织竣工验收，未经验收或者验收不合格的，不得交付使用。

建设单位应当按照有关规定，在燃气工程竣工验收合格之日起十五日内，将竣工验收情况报燃气行政主管部门备案，并在项目建设竣工验收后及时向城建档案管理机构移交项目建设档案。

第十条 市和县（市）人民政府应当建立健全燃气应急储备制度。发展改革行政部门应当会同燃气管理、安监、公安等相关部门制定燃气应急储备方案，确定燃气储备的布局、储备总量、启动要求等。燃气经营者应当按照燃气应急储备方案的要求建设燃气应急储备设施，确保燃气应急储备所需的数量、质量和储存安全。

第十一条 燃气行政主管部门应当组织编制燃气供应应急调度预案，明确燃气应急气源和种类、应急供应方式、应急调度程序等内容。

燃气经营者应当按照燃气供应应急调度

预案的要求，建立健全本单位的燃气供应应急预案；因不可抗力或者发生突发性事故等紧急情况不能正常生产或者供应燃气的，应当按照燃气供应应急预案采取相应措施，并及时报告燃气行政主管部门。

第三章　经营与服务

第十二条　燃气经营实行许可证制度。从事燃气经营活动的，应当依法取得燃气经营许可证，并按照许可规定的范围、期限和规模从事燃气经营活动。

禁止个人从事管道燃气经营活动。

从事瓶装燃气经营活动的，应当按照本条第一款规定取得燃气经营许可证。

第十三条　申请燃气经营许可应当具备下列条件：

（一）符合燃气专项规划；

（二）有稳定的符合国家标准的燃气气源；

（三）有健全的安全管理和事故抢修应急制度；

（四）有资质的安全评价机构出具的设施安全评价报告；

（五）有与经营规模相适应的具有相关从业资格的经营管理人员、安全管理人员、专业维护人员、抢险抢修队伍和设备；

（六）法律、法规规定的其他条件。

第十四条　燃气经营者应当依法经营，诚实守信，规范服务，接受社会公众监督，并遵守下列规定：

（一）向用户持续、稳定、安全供应符合国家质量标准的燃气；

（二）执行安全生产规章制度和安全操作规程，有完善的自检自查机制和完整的安全记录，建立健全设备、设施档案和用户档案；

（三）向社会公布业务流程、服务承诺、收费标准和全天二十四小时服务、抢修、投诉电话等信息，及时解决用户投诉，接受社会监督；

（四）每年对用户进行不少于一次的安全检查，记录检查情况，发现安全隐患的，及时告知用户并协助用户进行整改；

（五）法律、法规规定的其他要求。

第十五条　燃气经营者因施工、检修等原因需要临时调整供气量、降压或者暂停供气而影响用户用气的，应当将作业时间和影响区域提前四十八小时予以公告或者书面通知燃气用户，并按时恢复正常供气。

因燃气设施抢修等突发紧急事件影响供气的，燃气经营者应当及时通知用户。

第十六条　燃气经营者停业、歇业的，应当在九十个工作日前向燃气行政主管部门提交书面报告，经批准后方可停业、歇业。燃气行政主管部门应当组织有关燃气经营者提供供气服务。

第十七条　燃气经营者不得有下列行为：

（一）向未取得燃气经营许可的单位或者个人提供用于经营的燃气；

（二）在不具备安全条件的场所储存燃气；

（三）限定用户购买指定的燃气器具和相关产品，或者限定用户委托指定的安装单位安装燃气器具；

（四）擅自为非自有气瓶充装燃气；

（五）销售未经许可的充装单位充装的瓶装燃气；

（六）销售充装单位擅自为非自有气瓶充装的瓶装燃气。

第十八条　燃气经营者应当依法经营，建立健全用户服务制度，规范服务行为，提高服务质量。做到公开服务标准，公示业务流程；建立服务管理信息系统，向燃气用户发放安全用气手册，提供用户须知的资料，进行安全用气知识宣传和技术指导；设立服务、报修、投诉电话。

第四章　燃气使用与器具管理

第十九条　用户使用管道燃气，应当向管道燃气经营者申办用气手续，由管道燃气经营者与用户签订规范的书面供用气合同，明确供用气双方权利义务。双方应当按照合同及管道燃气经营者发放的《燃气使用手册》的规定供应和使用燃气。

第二十条　燃气用户应当遵守安全用气规则，使用合格的燃气燃烧器具，及时更换国家明令淘汰或者已超过使用年限的燃气燃烧器具、连接管等，并按照约定期限支付燃气费用。安全用气规则应当由燃气经营者依据国家法律法规标准来制定，向用户发放。提倡安装燃气报警器、自动切断保护装置和购买燃气保险。

燃气用户应当配合燃气经营者开展燃气设施安全检查及相关的维修、抢修工作。

单位燃气用户还应当建立健全安全管理制度，加强对操作维护人员燃气安全知识和操作技能的培训。

第二十一条　任何单位和个人不得有下列行为：

（一）在卧室等不具备安全用气条件的场所使用燃气；

（二）擅自拆卸、安装、改装、包裹燃气设施和燃气计量器具；

（三）将燃气器具和设施作为负重支架或者电器设施的接地导体；

（四）盗用燃气，损坏燃气设施；

（五）使用不符合技术标准的燃气器具和设施。

第二十二条　安装、改装、拆除室内燃气设施，应当符合国家和地方有关标准或者规范的要求，需要相应的技术设备和有资质的单位实施，通气前应当经过燃气经营者的验收；用户需要安装、迁移、拆除室内燃气设施的，应当委托燃气经营者或者有资质的单位实施作业，不得擅自作业。

第二十三条　燃气经营者应当向用户提供经过具有相应资质的计量检测机构检定合格的燃气计量器具。用户对用气量有异议的，燃气经营者应当依法进行核对，有误差的应当予以纠正。

第二十四条　燃气燃烧器具安装、维修企业应当根据建筑业企业资质管理规定，依法取得由市燃气行政主管部门核发的资质证书后方可从事燃气燃烧器具的安装、维修服务。

安装、维修企业应当按照国家有关标准实施安装、维修；并建立健全管理制度和规范化服务标准，建立用户档案，定期向燃气行政主管部门报送相关报表；对本企业所安装、维修的燃气燃烧器具负有指导用户安全使用的责任。

第二十五条　燃气燃烧器具安装、维修企业应当在燃气计量表后安装燃气燃烧器具，未经燃气经营者同意不得移动燃气计量表及表前的户内燃气设施。

对于用户提供不符合技术标准的燃气燃烧器具或者提出不具备安全用气条件的安装要求，燃气燃烧器具安装、维修企业应当拒绝安装。

第五章　设施保护

第二十六条　燃气行政主管部门会同规划、安监等部门，按照国家有关标准和规定，划定燃气设施保护范围。

在燃气设施保护范围内，禁止下列行为：

（一）建设占压地下燃气管线的建筑物、构筑物或者其他设施；

（二）开挖沟渠、爆破、取土打桩等作业或者动用明火；

（三）倾倒、排放腐蚀性物质；

（四）毁损、覆盖、涂改、擅自拆除或者移动燃气设施的安全警示标志；

（五）放置易燃易爆危险物品或者种植深根植物；

（六）其他损坏或者危及燃气设施安全的行为。

第二十七条 燃气经营者应当按照国家标准，规范设置明显的燃气设施安全警示标志。

燃气经营者应当按照国家有关工程建设标准和安全生产管理的规定，设置燃气设施防腐、绝缘、防雷、降压、隔离、高压、冷冻等保护装置和安全警示标志，定期进行巡查、检测、维修和维护，确保燃气设施的安全运行。

第二十八条 本市范围内建设工程开工前，建设单位或者施工单位应当查明建设工程施工范围内地下燃气设施的相关情况，管道燃气经营者应当在三日内给予书面答复。

建设工程施工可能影响燃气设施安全的，建设单位应当会同施工单位与燃气经营者共同制定燃气设施保护方案，采取相应的安全保护措施，确保燃气设施运行安全；燃气经营者应当派专业人员进行现场指导。

第二十九条 管道燃气经营者对其供气范围内的市政燃气设施、建筑区划内业主专有部分以外的燃气设施，承担运行、维护、抢修和更新改造的责任。

第六章　安全管理与应急处置

第三十条 燃气经营者应当建立健全燃气安全评估和风险管理体系。

第三十一条 燃气经营者在生产经营过程中发现严重危及安全生产的事故隐患时，应当立即停止生产，采取保障措施，排除事故隐患后方可重新生产。

燃气经营者应当建立安全检查、安全防护、维修保养、事故抢险、抢修等制度。燃气设施存在安全隐患或者发生故障的，应当及时排除，确保燃气设施安全运行和正常供气。

第三十二条 燃气经营者接到事故或者事故隐患报告后，应当立即组织抢险抢修，并同时报告燃气管理机构或者其他有关部门。

第三十三条 发现用户存在下列重大安全隐患、严重威胁公共安全且不能按照要求时限及时整改的，燃气经营者应当采取停气措施：

（一）燃气设施漏气的；

（二）燃气管道末端未设有效封堵的；

（三）使用国家明令淘汰的直排式燃气热水器、燃气热水器未装烟道或者烟道未出户的；

（四）其他重大安全隐患、严重威胁公共安全的情形。

燃气经营者采取停气措施，有关单位或者个人不配合或者阻挠的，燃气经营者可以请求公安机关协助，并报告燃气行政主管部门。

用户整改到位后向燃气经营者申请恢复用气的，燃气经营者应当按照规定及时恢复供气。

第七章　法律责任

第三十四条 违反本办法规定的，依照国务院《城镇燃气管理条例》等相关法律、法规的规定进行处罚。

第三十五条 燃气行政主管部门和相关部门的工作人员玩忽职守、滥用职权、徇私舞弊的，由其所在单位或者上级部门依法给予行政处分；构成犯罪的，依法追究刑事责任。

第八章 附 则

第三十六条 本办法下列用语的含义：

（一）燃气设施，是指人工煤气生产厂、燃气储配站、门站、气化站、混气站、加气站、灌装站、供应站、调压站、市政燃气管网等的总称，包括市政燃气设施、建筑区划内业主专有部分以外的燃气设施以及户内燃气设施等。

（二）燃气燃烧器具，是指以燃气为燃料的燃烧器具，包括居民家庭和商业用户所使用的燃气灶、热水器、沸水器、采暖器、空调器等器具。

第三十七条 本办法自 2017 年 2 月 1 日起施行，《沈阳市城市燃气管理规定》（沈阳市人民政府令第 39 号）同时废止。

大连市燃气管理条例

（2017 年 2 月 24 日大连市第十五届人民代表大会常务委员会第三十二次会议通过 2017 年 3 月 31 日辽宁省第十二届人民代表大会常务委员会第三十三次会议批准）

第一章 总 则

第一条 为了加强燃气管理，保障燃气供应，防止和减少燃气安全事故，促进燃气事业健康发展，根据国务院《城镇燃气管理条例》及有关法律、法规的规定，结合本市实际，制定本条例。

第二条 本条例所称燃气，是指作为燃料使用并符合一定要求的气体燃料，包括天然气（含煤层气）、液化石油气、人工煤气等。

第三条 本市行政区域内燃气的规划与工程建设、经营与使用、设施保护、应急处置及其相关管理活动，适用本条例。

天然气、液化石油气的生产和进口，本市天然气门站以外的天然气管道输送，燃气作为工业生产原料的使用，以及沼气、秸秆气的生产和使用，不适用本条例。

第四条 市及区（市）县燃气主管部门按照规定的权限负责本行政区域内燃气管理工作，具体工作由其所属的燃气管理机构实施。

市及区（市）县人民政府有关部门，按照各自职责，负责与燃气管理相关的工作。

乡、镇人民政府和街道办事处应当协助相关部门做好辖区内的燃气管理工作。

具有行政管理职能的市人民政府派出机构根据授权，负责管理区域内的燃气管理工作。

第五条 燃气工作应当坚持统筹规划、保障安全、确保供应、规范服务、节能高效的原则。

第六条 市及区（市）县燃气主管部门以及燃气经营者应当加强安全使用燃气的宣传，增强社会公众安全用气意识，提高防范和应对燃气事故能力。

教育部门应当将燃气安全知识纳入中小学学生安全教育培训内容。

新闻媒体应当开展安全使用燃气的公益性宣传。

第七条 鼓励和支持燃气科学技术研

究，推广使用安全、节能、高效、环保的燃气新技术、新工艺和新产品。

第二章　规划与建设

第八条　市及区（市）县燃气主管部门应当依据本级国民经济和社会发展规划、土地利用总体规划、城乡规划和能源规划，会同相关部门编制本行政区域内的燃气发展规划，经本级人民政府批准后组织实施，并报上一级人民政府燃气管理部门备案。

第九条　市发展和改革主管部门、燃气主管部门按照各自职责协调燃气气源供应、平衡全市用气需求，制定中长期及年度用气计划，并组织实施。

第十条　市及区（市）县人民政府应当建立健全燃气应急储备制度，编制包括储备能力、储备总量、启用要求等内容的应急储备方案，并组织实施。

第十一条　新建、改建、扩建住宅以及符合用气条件的公共建筑建设项目，建设单位应当会同燃气供应企业确定燃气供应方案。燃气供应方案应当包括燃气供应方式、配套设施建设、过渡性燃气供应措施等内容，并且符合燃气发展规划要求。

第十二条　新建、改建、扩建燃气设施工程应当符合燃气发展规划和安全生产有关要求。

第十三条　燃气设施建设工程施工，应当依法进行施工图设计文件审查，办理工程质量、安全监督手续，申领施工许可证，其中燃气场站、燃气管道、住宅区内的以及其他国家规定必须实行监理的燃气设施建设工程，应当实行监理。

第十四条　燃气设施建设工程竣工后，建设单位应当依法组织竣工验收，自竣工验收合格之日起十五日内将竣工验收情况报燃气主管部门备案，并按照国家有关规定向城市建设档案管理机构移交建设工程档案。

燃气设施建设工程未经竣工验收或者竣工验收不合格的，不得投入使用。

第三章　经营与使用

第十五条　燃气经营实行许可证制度。具体实施办法由市人民政府另行规定。

第十六条　燃气经营者应当建立、落实安全管理制度及燃气用户服务制度，保证供应的燃气符合国家质量标准，对需要停止供气、调整供气量的应当及时告知。

燃气经营者可以根据燃气种类提醒燃气用户使用相对应的燃气泄漏报警器。

第十七条　燃气经营者不得有下列行为：

（一）擅自停业或者歇业；

（二）倒卖、抵押、出租、出借、转让、涂改燃气经营许可证；

（三）向未取得燃气经营许可证的单位、个人提供用于经营的燃气，或者向不具备安全条件的燃气用户供气；

（四）超过价格主管部门批准或者备案的服务项目和收费标准收取额外费用；

（五）要求燃气用户购买其指定的燃气燃烧器具和相关产品，或者委托其指定的安装单位安装燃气燃烧器具；

（六）法律、法规禁止的其他行为。

第十八条　管道燃气经营者应当向社会公布管道燃气初装、改装条件，对要求初装、改装并符合条件的燃气用户，应当与其签订工程安装协议，并按照约定时限开通燃气。

第十九条　管道燃气经营者对其供气范围的市政燃气设施，建筑区划内居民用户业主专有部分以外的燃气设施，包括燃气引入管、立管、阀门（含公用阀门）、燃气计量器具和计量器具前支管及相关管道承担运行、维护、抢修和更新改造的责任。

燃气居民用户对燃气燃烧器具以及连接软管承担维修管理责任。

对非居民用户的燃气设施，管道燃气经营者按照供气、用气合同约定承担相应的维修管理责任。

第二十条 管道燃气经营者应当建立燃气用户档案，对燃气用户的燃气设施进行免费安全检查和安全用气指导，属于居民用户的，每二年不少于一次；属于非居民用户的，每年不少于一次。

从事上门服务、安全检查应当佩戴统一标识，出示有效工作证件，并提前四十八小时通知燃气用户。

第二十一条 管道燃气经营者应当将安全检查结果书面告知燃气用户，提醒其整改出现的安全隐患；燃气用户不按规定整改可能造成安全事故的，应当停止供气，并在消除隐患后，立即恢复供气。

第二十二条 管道燃气经营者应当设立二十四小时报修电话，接到报修信息后，应当按照承诺的时限或者与燃气用户约定的时间进行维修；对燃气泄漏等报修，管道燃气经营者应当先行告知燃气用户须采取的应急安全保护措施，立即派人抢修。

第二十三条 机动车加气经营者应当遵守下列规定：

（一）定期检验燃气泄漏报警系统并记录备检；

（二）贮罐、槽车（含移动加液车）等移动式压力容器的卸载作业应满足特种设备安全技术规范的要求；

（三）在规定的范围和场地内对车用气瓶加气，并在车旁监护；

（四）除应急救援情况外，禁止移动式压力容器之间相互装卸作业和移动式压力容器直接向车用气瓶充装；

（五）有燃气泄漏、燃气压力异常、附近发生火灾、雷雨天气等不安全情形时应当停止加气、卸气作业。

第二十四条 瓶装燃气经营者应当遵守下列规定：

（一）存放瓶装燃气、配备或者委托车辆运输瓶装燃气必须符合国家有关安全及安全运输规定；

（二）不得使用报废、改装、超期限未经检验或者检验不合格的气瓶，以及为非自有气瓶充装燃气；

（三）不得用贮罐、槽车（含移动加液车）直接向气瓶充装燃气或者用气瓶相互倒灌燃气；

（四）充装瓶装燃气，瓶内剩余气量应符合特种设备安全技术规范的规定。

第二十五条 燃气用户应当遵守安全用气规则，使用合格的燃气燃烧器具、气瓶。

管道燃气经营者对燃气用量抄表、安全检查、设施维修或者需要入户操作公用阀门的，燃气用户应当予以配合。

第二十六条 燃气用户应当按时支付燃气使用费；逾期不支付的，燃气经营者应当催缴。燃气用户自催缴规定的期限届满之日起六十日内仍不支付的，燃气经营者可以中止供气，但应当在中止供气的十五日前书面通知燃气用户。燃气用户支付所欠燃气使用费后，燃气经营者应当立即恢复供气。

第二十七条 禁止下列影响燃气安全的行为：

（一）使用明火检查燃气泄漏；

（二）在不具备安全条件的场所使用、储存燃气；

（三）自行倾倒气瓶内残液，涂改瓶体

标记，损坏瓶体及附件或者加热、摔、砸、倒卧气瓶；

（四）其他影响燃气安全的行为。

第四章　设施保护

第二十八条　在燃气设施安全保护范围内，从事敷设管道、打桩、顶进、挖掘、钻探等可能影响燃气设施安全活动的，建设单位应当委托具有相应施工资质的单位施工，并会同施工单位与燃气经营者制定燃气设施安全保护方案。建设单位、施工单位应当落实相应的安全保护措施。

施工单位在施工前应当书面通知燃气经营者，燃气经营者应当派专业人员到施工现场指导。

第二十九条　燃气经营者应当依法建立健全燃气安全评估和风险管理制度，每三年至少对生产场站内的燃气设施进行一次安全评价；按照规定设置燃气设施保护装置和安全警示标志，定期对燃气设施进行巡查和维护，及时更换不符合安全要求的燃气设施并对查出的其他安全隐患进行整改。

第三十条　燃气用户不得擅自安装、改装、拆除燃气管道、阀门等户内燃气设施和燃气计量装置，确需安装、改装、拆除的，应当委托燃气供应企业或者有相应资质的单位进行。

第五章　应急处置

第三十一条　市及区（市）县燃气主管部门应当会同有关部门制定燃气安全事故应急预案。

燃气经营者应当制定本单位燃气安全事故应急预案，配备应急人员和必要的装备、器材，并定期组织演练。

第三十二条　燃气安全事故发生后，燃气经营者应当立即启动本单位燃气安全事故应急预案，组织抢险、抢修；燃气主管部门等有关部门，应当根据情况启动燃气安全事故应急预案，组织开展救援工作。

有关单位和个人应当对抢险、抢修作业和救援工作予以配合。

第三十三条　燃气安全事故发生后，应当依法开展事故调查，做好相关的处理工作。

第六章　法律责任

第三十四条　违反本条例规定的行为，法律、法规已有处罚规定的，从其规定。

第三十五条　违反本条例规定，燃气主管部门、燃气管理机构有下列情形之一的，对直接负责的主管人员和其他直接责任人员，依法给予处分：

（一）未依照本条例规定实施行政许可或者办理有关手续的；

（二）发现违法行为不及时查处的；

（三）其他未依照本条例规定履行职责的行为的。

第七章　附　　则

第三十六条　本条例自 2017 年 7 月 1 日起施行。1995 年 12 月 26 日大连市第十一届人民代表大会常务委员会第二十三次会议通过的《大连市城市燃气管理条例》同时废止。

内蒙古自治区燃气管理条例

（2007年9月29日内蒙古自治区第十届人民代表大会常务委员会第三十次会议通过 2007年9月29日内蒙古自治区第十届人民代表大会常务委员会公告第51号公布 自2008年1月1日起施行）

第一章 总 则

第一条 为了加强燃气管理，保障社会公共安全和人民生命财产安全，维护燃气用户和燃气经营者的合法权益，促进燃气事业发展，根据国家有关法律、法规，结合自治区实际，制定本条例。

第二条 在自治区行政区域内从事燃气的规划设计、经营、使用，燃气设施的建设、管护，燃气器具的销售、安装、维修以及相关管理活动，适用本条例。

第三条 本条例所称燃气，是指供给生活、生产使用的天然气、液化石油气、人工煤气等气体燃料的总称，但不包括沼气、秸秆气。

第四条 旗县级以上人民政府建设行政主管部门负责本行政区域内的燃气管理工作。旗县级以上人民政府发展和改革、安全生产监督管理、公安消防、质量技术监督、环境保护、工商行政管理等部门按照各自职责，做好燃气管理的相关工作。

第五条 燃气事业的发展应当遵循统一规划、配套建设、合理利用能源、建设与管理并重的原则。燃气的经营和使用应当做到保障供应、安全规范、节能高效。

第六条 旗县级以上人民政府应当将燃气发展纳入国民经济和社会发展规划，多渠道保障燃气供应，建立燃气供需调控机制，鼓励和支持燃气科学技术研究，逐步普及燃气使用。

第二章 规划与建设

第七条 设区的市、旗县级人民政府建设行政主管部门应当会同规划等部门，根据城乡总体规划，编制本地区燃气专项规划。经上一级人民政府建设行政主管部门组织技术论证并提出意见后，报同级人民政府批准后组织实施。设区的市、旗县级人民政府建设行政主管部门应当根据城乡统筹、合理布局的原则，按照燃气专项规划的要求，对燃气供应站点进行统一规划，报本级人民政府批准后实施。

第八条 城市建设应当按照城市燃气专项规划，配套建设相应的燃气设施或者预留燃气设施配套建设的用地和空间。预留的用地和空间，未经法定程序批准，任何单位和个人不得占用或者改变用途。城市新区开发和旧城改造，新建、改建、扩建道路、桥梁等市政工程和居民住宅时，按照城市燃气专项规划需要配套建设管道燃气设施的，管道燃气设施应当与主体工程同时设计、同时施工、同时验收。

第九条 新建、改建、扩建燃气工程项目应当符合燃气专项规划，并按照国家有关规定由旗县级以上人民政府投资主管部门会同同级建设行政主管部门核准。燃气工程项目应当依法进行环境影响评价和安全评价，配套建设相应的安全设施。安全设施应当与主体工程同时设计、同时施工、同时投入生产和使用。规划部门在核发燃气工程规划许可证前，应当征求同级建设行政主管部门的意见。任何单位和个人无正当理由不得阻挠经依法批准的燃气工程项目的施工。

第十条 从事燃气工程勘察、设计、施工和监理活动的单位，应当具有相应的资质，并严格执行有关法律、法规和工程建设强制标准。

第十一条 具备管道燃气供气条件的高层民用建筑，应当采用管道燃气供气。无管道燃气的地区，新建的高层民用建筑，应当安装集中的管道供气装置。

第十二条 燃气工程项目竣工后，建设单位应当依法组织竣工验收。未经验收或者验收不合格的，不得交付使用。建设单位应当在燃气工程竣工验收合格后15日内，按照国家有关规定向当地建设行政主管部门以及有关部门备案。建设单位应当在燃气工程竣工验收合格后3个月内，按照国家有关规定向城建档案管理机构移交完整的工程项目档案。

第三章　经营管理

第十三条 从事管道燃气经营的企业，应当具备国家规定的条件，经所在地盟行政公署、设区的市人民政府建设行政主管部门通过招标投标等方式决定，取得管道燃气经营许可证。从事瓶装燃气经营和燃气供应经营的企业，应当具备国家规定的条件，经所在地旗县级以上人民政府建设行政主管部门批准，取得燃气经营许可证。

第十四条 燃气经营企业应当在燃气经营许可证确定的经营内容、区域、期限内从事燃气经营活动。管道燃气特许经营期限最长不得超过30年。

第十五条 燃气经营企业应当建立质量检验制度，保证销售的燃气的热值、组份、嗅味、压力等符合国家规定的标准。燃气气瓶的充装量应当与标称重量及国家规定的充差范围相符。燃气供应站点应当为用户提供复核充装量的称重器具。质量技术监督行政主管部门应当依法对燃气的质量进行检查，并向社会公布检查结果。

第十六条 燃气经营企业运输装有燃气的气瓶，应当使用符合安全运输要求的车辆。

第十七条 燃气经营企业应当保障燃气正常供应，不得擅自停止供气、更换气种。确需停止供气、更换气种的，应当报原发证机关批准，并对燃气用户燃气供应事宜作出妥善安排。管道燃气经营企业停业或者歇业的，应当提前90日向所在地建设行政主管部门提出书面申请，经批准后方可停业、歇业。燃气经营企业无法保障正常供应燃气，严重影响用户利益的，建设行政主管部门应当采取必要措施，保障燃气安全供应。

第十八条 管道燃气经营企业因施工、检修等原因停止供气或降压供气影响用户正常使用燃气的，应当提前3日予以公告。因不可抗力或者燃气设备抢修等紧急情况，确需停止供气或者降压的，应当及时告知燃气用户，并按规定向建设行政主管部门报告。引起停止供气的原因消除后，管道燃气经营企业应当尽快恢复供气。恢复供气之前应当及时通知用户，但不得在22时至次日6时之间向居民用户恢复供气。

第十九条 燃气价格及服务收费依据、收费项目和收费标准的制定，应当遵守价格法律、法规的有关规定。燃气经营企业应当在经营场所公示服务项目和收费标准，按照规定标准收取费用，并向燃气用户出具票据。燃气经营企业不得有未受用户委托自行提供服务的收费行为。制定和调整燃气价格及服务收费标准应当由政府价格主管部门主持进行听证。

第二十条 燃气经营企业应当加强对从业人员的管理。从事安全管理、燃气燃烧器具安装维修、瓶装燃气配送和抢险抢修的人员，应当具有相应的专业知识。国家对从事燃气行业特定岗位有职业资格要求的，有关从业人员应当取得相应的职业资格证书。

第四章 使用管理

第二十一条 管道燃气经营企业应当履行普遍服务的义务。对申请使用管道燃气并符合使用条件的用户，管道燃气经营企业应当与其签订供用气合同，明确双方的权利和义务，不得拒绝供气。

第二十二条 燃气经营企业不得限定或者变相限定用户购买本企业或者其指定的燃气器具和相关产品，不得限定或者变相限定用户委托本企业或者其指定的安装单位安装燃气器具。

第二十三条 管道燃气用户需增设、迁移、改装、拆除户内管道燃气设施的，应当经管道燃气经营企业同意，由具备相应资质的企业具体实施。因工程施工确需改动燃气设施的，应当符合国家规定的条件，经工程所在地旗县级以上人民政府建设行政主管部门审查批准，并会同燃气经营企业采取相应的安全措施。

第二十四条 管道燃气的用气量，应当以法定计量检定机构检定合格的燃气计量装置的记录为准。用户对燃气计量装置准确度有异议的，可以向供气的管道燃气经营企业申请测试，管道燃气经营企业在接到申请之日起3日或者与用户约定的时间内，申请法定计量检定机构测试。燃气计量装置的误差在法定范围内的，测试费用由用户支付；误差超过法定范围的，测试费用由管道燃气经营企业支付，并由管道燃气经营企业免费更换合格的燃气计量装置。用户对测试结果有异议的，可以向质量技术监督部门投诉。使用超过法定误差范围的燃气计量装置的用户，其在申请之日前2个月的燃气费按照测试误差调整后的标准收取。

第二十五条 燃气用户应当依据燃气计量装置的计量数据按规定期限缴纳燃气使用费，不得拖欠或者拒缴。

第二十六条 燃气用户有权就燃气经营的收费和服务向燃气经营企业查询，可以向有关部门或者组织投诉，有关部门或者组织应当自接到投诉之日起15日内予以答复。对不符合法律、法规规定的燃气服务费，燃气用户有权拒付。

第二十七条 管道燃气用户需要更名、过户、销户的，应当向燃气经营企业办理变更或者销户手续，结清燃气费。

第二十八条 燃气器具应当附有产品合格证和安全使用说明书，并经法定检验机构对其气源适配性进行检测，检测结果由建设行政主管部门定期向社会公布。

第二十九条 燃气器具安装、维修企业应当按照国家有关规定，对从事安装、维修活动的作业人员进行岗位培训。燃气用户应当委托具有资质的安装维修单位安装维修燃气器具。

第三十条 燃气器具安装、维修企业应当遵守下列规定：（一）按照国家有关标准安装、维修燃气器具，所使用的材料和配件符合国家有关标准；（二）不得擅自移动燃气计量表和公用燃气设施；（三）向用户提供安装、维修凭证；（四）设定不低于1年的安装保修期。

第五章 安全管理

第三十一条 建设行政主管部门应当会同有关部门，按照城镇燃气设计规范划定燃气设施的安全保护范围，并设置明显的安全警示标志。在燃气设施安全保护范围内，不得从事下列活动：（一）建造建筑物或者构筑物；（二）开挖沟渠、挖坑取土或者种植深根植物；（三）进行打桩或者顶进作业；（四）动用明火作业；（五）存放易燃易爆物品或者排放、倾倒腐蚀性物品；（六）从事爆破作业；（七）其他可能损坏燃气设施或者危害燃气设施安全的行为。确需在燃气设施安全保护范围内实施前款第二、三、四项作业的，建设单位或者施工单位应当与燃气经营企业协商采取相应的安全保护措施，并在专业技术人员的监督下施工。

第三十二条 城市规划部门在审核新建、改建、扩建工程项目申请时，应当告知建设单位项目施工涉及的燃气安全保护范围。

第三十三条 燃气经营企业应当在燃气的调压站、气化站、汽车加气站、液化石油气瓶库、充装站、换瓶站、储存站等重要燃气设施建筑物上设置醒目、统一的安全识别标志，并采取相应的安全保障措施。任何单位和个人不得擅自移动、覆盖、拆除或者损坏燃气设施的安全识别标志。

第三十四条 燃气经营企业从事气瓶充装活动的，应当依法取得气瓶充装许可证。燃气经营企业在气瓶充装过程中，应当遵守下列安全规定：（一）使用的气瓶应当按照国家标准和规定进行检验，不得给过期未检验的气瓶、不合格气瓶和报废气瓶充装燃气；（二）气瓶的灌装量和残液量应当符合国家规定，并按规定抽取残液；（三）对出站气瓶进行复检，合格后粘贴符合安全技术规范及国家标准规定的警示标签和充装标签。没有警示标签和充装标签的，不得出站；（四）禁止违反安全标准超量充装瓶装燃气；（五）禁止从液化石油气槽车直接向气瓶充装液化石油气或者用气瓶相互倒灌燃气。

第三十五条 燃气用户应当使用符合国家标准的气瓶及经检测适合当地燃气使用要求的燃气器具。燃气用户不得有下列行为：（一）加热、摔、砸燃气气瓶或者使用时倒卧燃气气瓶；（二）转灌瓶装燃气和倾倒残液；（三）自行涂改气瓶检验标记，拆修瓶阀、附件；（四）使用超期限未检验、检验不合格或者报废气瓶；（五）在不具备安全使用条件的场所使用燃气；（六）在设有燃气管道设施的房间内放置炉火或者存放易燃易爆物品；（七）在燃气输配管网上直接安装燃气器具或者采用其他方式盗用燃气，擅自变更燃气用途；（八）将燃气管道作为负重支架或者电器设备的接地导体；（九）法律、法规禁止的其他行为。

第三十六条 燃气经营企业选用的燃气贮罐、气瓶和调压器应当符合规定的标准，并按照压力容器管理的有关规定定期检修和更新。

第三十七条 旗县级以上人民政府应当组织建设、公安消防、质量技术监督、安全生产监督管理、交通、环境保护、卫生等有关部门建立燃气安全预警联动机制。旗县级以上人民政府建设行政主管部门应当制定本行政区域内的燃气事故应急预案，并负责应急预案的组织实施工作。燃气经营企业应当根据当地燃气事故应急预案的要求，制定本单位燃气事故应急救援预案。

第三十八条 燃气经营企业的法定代表人应当对企业生产安全全面负责。燃气经营企业应当建立燃气安全管理责任制，健全安全管理网络。燃气经营企业应当建立燃气设施巡查制度，对燃气设施进行日常巡查，对用户安全用气进行检查，并建立完整的检查档案，发现事故隐患，应当及时消除。

第三十九条 燃气经营企业应当成立事故抢险抢修队伍，配备专业技术人员、防护用品、消防器材、车辆、通讯设备等。燃气经营企业应当设置抢险抢修电话，向社会公布，并设专岗全天二十四小时值班。

第四十条 任何单位和个人发现燃气事故隐患时，应当立即向燃气经营企业或者建设行政主管部门、安全生产监督管理部门、公安消防机构报告。燃气经营企业或者有关部门接到事故隐患报告后，应当立即处理，不得推诿。

第四十一条 旗县级以上人民政府建设行政主管部门和其他有关行政管理部门应当依法加强对燃气经营企业的监督检查，发现安全隐患应当及时予以处置。发生燃气事故时，建设行政主管部门及其他有关行政管理部门、燃气经营企业应当根据燃气事故应急预案，采取相应安全应急措施，立即组织抢修。抢修燃气设施时，有关单位和个人应当积极配合，不得进行阻挠或者干扰。燃气事故造成人员伤亡、财产损失的，按照国家和自治区有关规定调查处理。

第六章 法律责任

第四十二条 违反本条例第八条规定，擅自改变预留的燃气设施建设用地用途的，由旗县级以上人民政府城市规划行政主管部门依照有关法律、法规的规定予以处罚。

第四十三条 违反本条例第十条规定，法律、法规已有处罚规定的，由旗县级以上人民政府建设行政主管部门依法给予行政处罚。因施工不当造成建筑物损坏的，由施工单位予以修复；给燃气用户造成损失的，依法予以赔偿。

第四十四条 违反本条例第十三条规定，未取得管道燃气经营许可证或者燃气经营许可证擅自从事燃气经营活动的，由旗县级以上人民政府建设行政主管部门责令停止违法行为，没收违法所得，对燃气经营企业并处10万元以上50万元以下的罚款，对燃气供应站点并处1万元以上5万元以下的罚款。

第四十五条 违反本条例第十五条第一款、第三十七条第三款、第三十八条规定的，由旗县级以上人民政府建设行政主管部门责令改正，给予警告。

第四十六条 违反本条例第十七条规定，燃气经营企业擅自停止供气、更换气种的，由旗县级以上人民政府建设行政主管部门责令限期改正，处2万元以上10万元以下的罚款；给燃气用户造成损失的，依法予以赔偿。

第四十七条 违反本条例第二十一条规定，管道燃气经营企业拒绝向符合条件的用户供气的，由旗县级以上人民政府建设行政主管部门责令改正；拒不改正的，处5000元以上2万元以下的罚款。

第四十八条 违反本条例第二十三条规定，擅自改动燃气设施的，由旗县级以上人民政府建设行政主管部门责令停止违法行为，限期恢复原状；情节严重的，处1万元以上3万元以下的罚款。

第四十九条 违反本条例第三十条规定，燃气器具安装、维修企业未按有关标准安装、维修燃气器具的，由旗县级以上人民政府建设行政主管部门责令改正，可以处1000元以上5000元以下的罚款。

第五十条 违反本条例第三十一条规定，在燃气设施安全保护范围内存放易燃易爆物品或者排放、倾倒腐蚀性物品，从事爆破作业的，由旗县级以上人民政府建设行政主管部门责令停止违法行为，限期改正；拒不改正的，处5000元以上1万元以下的罚款；构成犯罪的，依法追究刑事责任。擅自建造建筑物、构筑物的，由旗县级以上人民政府城市规划行政主管部门责令限期拆除；逾期不拆除的，依法申请人民法院执行。

第五十一条 燃气用户有本条例第三十五条第五、六、七、八项行为之一的，由旗县级以上人民政府建设行政主管部门责令改正，给予警告；情节严重的，对个人用户处200元以上1000元以下的罚款，对单位用户处2000元以上1万元以下的罚款；构成犯罪的，依法追究刑事责任。

第五十二条 建设行政主管部门和其他有关行政主管部门有下列行为之一的，对直接负责的主管人员和其他直接责任人员依法给予行政处分；构成犯罪的，依法追究刑事责任：（一）违反法定职权或者法定程序进行审批的；（二）对不符合规定条件的企业颁发燃气经营许可证的；（三）对违反燃气质量、安全、价格等规定的行为不依法查处的；（四）发生重大燃气事故后不及时组织抢修、不及时调查处理的；（五）利用职权谋取非法利益的；（六）不依法履行监督管理职责的其他行为。

第七章 附 则

第五十三条 本条例中下列用语的含义是：（一）燃气供应站点，是指为用户供气的瓶组气化站、瓶装供应站（瓶装燃气换气点）、燃气汽车加气站等；（二）燃气设施，是指专用于燃气生产、储存、输配、供应的各种设施及其附属设备，包括气源厂、门站、气化站、混气站、储配站、调压站、计量站、供应站、加气站、各种燃气管网及其附属设施的总称，以及用户户内燃气计量装置、金属管道和阀门等设施；（三）燃气器具，是指使用、充装燃气的炉具、取暖器、热水器、沸水器、冷暖机、烘烤器、燃气气瓶、调压器等产品。

第五十四条 自建燃气设施供本单位使用的，参照本条例的规定执行。石油、天然气勘探开发企业在城市规划区以外的集输管线、长输管线、直供工业用户的专用管线的建设、管理和使用不适用本条例。

第五十五条 本条例自2008年1月1日起施行。

呼和浩特市燃气管理条例

（2016年9月1日呼和浩特市第十四届人民代表大会常务委员会第三十一次会议通过 2016年12月1日内蒙古自治区第十二届人民代表大会常务委员会第二十八次会议批准）

第一章 总 则

第一条 为促进燃气事业的健康发展，保障人民生命财产和社会公共安全，维护用户和燃气经营企业的合法权益，依据国家有关法律、法规，结合本市实际，制定本条例。

第二条 本条例所称燃气，是指供给城镇生产、生活使用的天然气、液化石油气、人工煤气等气体燃料的总称，不包括沼气、秸秆气、甲醇油等醇基燃料。

用管道输送的统称管道燃气，用气瓶灌装的统称瓶装气。

第三条 本条例适用于本市燃气的规划与建设、经营与服务、器具管理与燃气使用、设施与运输安全、监督检查、应急处置与事故调查以及其他相关管理活动。

第四条 市人民政府应当加强对全市燃气管理工作的领导，将燃气事业的建设和发展纳入本市国民经济和社会发展规划、城市总体规划，建立燃气管理责任体系和部门监管协调机制、燃气事故防范和安全调度机制、燃气应急保障和应急处置机制，保障全市燃气供应使用安全。

旗、县、区人民政府（包括经济技术开发区、高新技术开发区管委会）按照市人民政府规定的职责做好本辖区内的燃气管理工作。

乡、镇人民政府和街道办事处应当配合相关部门做好辖区内的燃气管理工作。

第五条 市城乡建设行政主管部门是本市燃气行政主管部门，负责本市行政区域内的燃气管理工作。

旗、县、区城乡建设行政主管部门是本行政区域的燃气行政主管部门，负责本行政区域内燃气的管理工作，业务上接受市城乡建设行政主管部门的指导、协调和监督。

教育、公安、规划、交通运输、商务、城管执法、住房保障房屋管理、安全生产监督、工商、质量技术监督、气象等有关部门，应当按照各自职责做好燃气管理相关工作。

第六条 本市燃气管理实行安全第一、预防为主、规范经营、保障供应、诚信服务和节能高效的原则。

第七条 市和旗、县、区人民政府及其城乡建设行政主管部门应当建立健全燃气安全监督管理制度，加强安全使用燃气宣传，增强社会公众安全用气意识，提高防范和应对燃气事故能力。

教育部门应当将燃气安全知识纳入中小学学生安全教育内容。广播、电视、报刊、网络等新闻媒体应当开展安全使用燃气的公益性宣传。

第八条 燃气经营企业应当建立健全用户服务制度，按照国家燃气服务标准向用户提供服务，规范服务行为。

任何单位和个人都应当保护燃气设施，规范使用燃气，防止燃气安全事故发生，有权制止和举报妨害燃气安全的行为。

第二章 规划与建设

第九条 市燃气行政主管部门应当依据国民经济和社会发展规划、城市总体规划、土地利用总体规划、能源规划以及自治区燃气发展规划，会同有关部门编制本市燃气专项规划，按照法定程序批准后实施，并报自治区人民政府燃气行政主管部门备案。调整燃气专项规划应当按照原审批程序执行。

第十条 新建、改建、扩建燃气工程项目应当符合国家设计规范标准和燃气专项规划，依法履行燃气建设工程审批程序。城乡规划行政主管部门在依法核发选址意见书时，应当就燃气设施建设是否符合燃气专项规划征求燃气行政主管部门的意见；不需要核发选址意见书的，城乡规划行政主管部门在依法核发建设用地规划许可证或者乡村建设规划许可证时，应当就燃气设施建设是否符合燃气专项规划征求燃气行政主管部门的意见。

燃气地下管线等隐蔽工程应当在覆土前向城乡规划行政主管部门申请规划核实。未经核实或者核实不符合规划要求的，建设单位不得投入使用，属于政府投资的，财政部门不予拨付资金。地下管线工程经规划核实后，城乡规划行政主管部门应当将竣工测量成果及时更新到地下管线数据库和信息管理系统。

第十一条 城市新区开发、旧区改造和新建、改建大型建设项目，应当按照燃气专项规划，配套建设相应的燃气设施。暂不具备建设条件的，应当预留燃气设施配套建设用地。

燃气建设用地属城市基础设施建设专项

用地，未经法定程序，任何单位或者个人不得侵占或者改变其用途。确需改变的，应当报原审批机关批准。

第十二条 各类城市燃气工程项目的勘察、设计、施工、监理，应当由取得相应资质等级的单位承担。

各类燃气工程项目勘察、设计、施工以及燃气工程建设选用的设备、材料，应当严格执行国家和地方有关技术标准和规范。

燃气工程设计前应当对用气场所进行勘察，不得为不符合用气条件的场所设计供气设施。燃气工程的设计应当满足可持续发展和应急时不间断供气需求。

新建建筑配套燃气工程应当与主体工程同时设计、同时施工、同时验收。

第十三条 建设单位在燃气工程竣工时，应当依法组织验收。未经验收或者验收不合格的燃气工程不得投入使用。重大燃气工程的验收，建设单位可以邀请有关专家参加。

燃气工程验收合格后十五日内，建设单位应当将竣工验收报告和有关部门出具的验收合格文本报燃气行政主管部门备案。建设单位应当在燃气工程竣工验收合格后三个月内，按照国家有关规定向城建档案管理机构移交完整的工程项目档案。

第十四条 管道燃气覆盖范围内的住宅小区，不得建设液化、压缩瓶组气化站等供气设施。已经建设或者使用的由依法取得经营许可的管道燃气经营企业负责接管。

第三章 经营与服务

第十五条 从事燃气经营的企业，应当依法取得燃气经营许可证，并在许可的范围内从事燃气经营活动。

第十六条 符合国家规定条件的燃气经营企业，由市和旗、县燃气行政主管部门按照管理区域核发《燃气经营许可证》。

第十七条 《燃气经营许可证》有效期五年，并实行年检，年检由发证机关负责；需要延期的，燃气经营企业应当在许可证有效期届满前三十日到原发证机关申请办理延期手续。符合条件的，予以换发许可证；不符合条件的，书面告知不予换发的理由。

未在规定期限内办理年检的，视为无证经营。

第十八条 取得《燃气经营许可证》的燃气经营企业增设或者取消加气站、瓶装供应站、气化站等各类供应站（点），应当依法向发证机关申请变更许可范围，增设站（点）未申请变更许可范围的，按无证经营查处。

第十九条 燃气经营企业应当投保公众责任险。

第二十条 燃气经营企业应当按照平等互利、安全环保和协商一致的原则，确保燃气供需平衡及安全供应，年度、季度的生产、供应计划应当报市燃气行政主管部门备案。

第二十一条 燃气经营企业对市政燃气管网覆盖范围内符合用气条件的用户有供气义务，燃气经营企业不得对不符合用气条件的用户供气。

燃气经营企业受理用气申请时，不得限定用户购买本企业或者其指定单位生产、销售的燃气燃烧器具和相关产品；不得限定用户委托本企业或者指定的安装单位安装燃气燃烧器具；不得违规收取费用。

第二十二条 燃气经营企业应当确保供应的燃气质量符合国家标准。

燃气经营企业应当确保燃气压力、燃气气瓶充装重量以及残液符合国家标准。燃气行政主管部门应当对燃气成分、热值、压力和燃气气瓶的充装重量，残液重量定时进行检测。

第二十三条 燃气计量采用符合国家计量标准的燃气计量装置，用户的用气量以燃气计量装置显示的数据为依据。燃气计量装置由有资质的检测机构预先检测。

燃气经营企业或者用户对燃气计量数据发生异议时，双方可以委托专业检测机构进行检定，并依据检测结果退还或者补偿燃气使用费，检测费用由责任方承担。

第二十四条 燃气经营企业应当对燃气管网、重要燃气设施和燃气安全管理重点部位设置安全监控装置，逐步建立燃气设施安全监控数字指挥调度系统。

第二十五条 燃气经营企业应当按照燃气质量、压力和计量的国家标准，向用户不间断供气，另有约定则从其约定。

因燃气工程施工或者燃气设施维修等确需暂停供气或者降压时，燃气经营企业应当在四十八小时前予以公告或者书面通知用户，并按照有关规定及时恢复正常供气。需在较大范围内暂停供气或者降压的，燃气经营企业应当向燃气行政主管部门备案。

因不可抗力或者燃气设施抢修等突发事件情况紧急确需暂停供气或者降压的，燃气经营企业应当及时通知用户，同时向燃气行政主管部门报告，并采取不间断抢修措施，恢复正常供气。

第二十六条 燃气经营企业不得擅自关闭或者迁移燃气供气站点。因经营状况或者用户需求发生较大变化确需关闭或者迁移而停业、歇业的，应当事先对其供气范围内用户的燃气供应事宜作出妥善安排，并在九十个工作日前向燃气行政主管部门报告安全保障和供应措施，经批准方可办理站点停业、歇业手续。

第二十七条 管道燃气经营企业应当遵守下列规定：

（一）燃气经营企业在向用户供气前，应当根据国家法律、法规的规定与用户签订供用气合同，向用户提供供气使用凭证，明确双方的权利和义务；

（二）建立用户信息档案，登记用户业主、使用者基本情况，连接管、燃烧器具使用年限等信息并及时更新；

（三）建立用户入户安全检查操作规范和年度计划，并报燃气行政主管部门备案；对单位用户每六个月安全检查不少于一次，对居民用户每年安全检查不少于一次，将检查结果书面告知用户，并对用户进行安全用气指导，向用户发放安全用气手册；从事上门服务、安全检查时，工作人员应当佩戴统一标识并出示有效工作证件；

（四）对不配合燃气经营企业入户检查或者超过一年无法入户检查确定存在安全隐患的，可以履行告知义务后采取暂停供气措施；

（五）工作人员入户查表时，应当对用户使用燃气进行安全检查和指导；

（六）工作人员发现用户不遵守安全用气规范存在安全隐患的，应当告知用户整改；存在严重安全隐患且不按照要求整改可能危及自身或者公共安全的，应当采取暂停供气措施，直至隐患消除；对燃气燃烧器具、连接管使用年限已届满或者国家明令淘汰的，应当告知用户及时更换；对拒不更换的用户，可以采取暂停供气措施；对不具备安全使用燃气行为能力的用户，经与其监护人协商无法通过其他措施保证安全用气的，可以采取暂停供气措施；

（七）设立并公布二十四小时燃气抢修抢险电话，配备专业抢险人员和相应的设施设备。

第二十八条 瓶装气经营企业应当遵守下列规定：

（一）在经营服务场所明示燃气经营许可证；

（二）建立气瓶管理台账制度，对自有气瓶喷涂权属单位标记，保证气瓶在灌装、运输、配送、使用环节全程跟踪记录，并具备身份信息识别功能，对进出站气瓶实行登记管理；

（三）充装完毕后应当逐瓶检漏，对合格的粘贴合格标识；

（四）不得给不符合国家标准的、超期限未检验以及检验不合格的、报废的、改装的气瓶充装燃气，不得给未取得危险货物运输资质的车辆拉载的气瓶充装燃气；

（五）储存和使用瓶装气应当符合国家规定的核定数量，不得在不符合规定的场所储存、使用瓶装气；

（六）不得用槽车直接向气瓶充装燃气或者气瓶间相互倒灌燃气；

（七）不得向液化石油气气瓶中充装、掺混二甲醚或者其他物质；

（八）不得向无燃气经营许可证的单位和个人提供用于燃气经营的气源；

（九）统一购置标准危险品运输车辆，聘用专职运气工人进行液化气瓶装市场的运输和入户配送服务；

（十）建立液化气用户服务平台系统，建立用户安全用气档案，承担对用户的安全用气指导、用气环境安全检查、燃气燃烧器具安全检查等责任，并提供相关服务。

第二十九条 汽车加气经营企业应当遵守下列规定：

（一）对汽车加气前，主动提示驾驶员将加气车辆熄火并在车旁监护，乘客离车到安全区域等候；

（二）不得向无压力容器使用证或者与使用证登记信息不一致的汽车储气瓶加气；

（三）不得向汽车储气瓶以外的其他气瓶或者装置加气；

（四）不得在有燃气泄漏、燃气压力异常、附近发生火灾、雷电天气等不安全情况下进行加气或者卸气作业；

（五）储气瓶拖车或者槽车在划定的区域内停放，站内拖车或者槽车储气瓶（罐）总容量不得超过核定的容量；

（六）定期检验燃气泄漏报警系统。

第四章 器具管理与燃气使用

第三十条 在本市销售的燃气燃烧器具，应当符合国家标准，经法定的检测机构进行气源适配性检测合格方可销售、安装、使用。燃气经营企业对使用未检测合格的燃气燃烧器具的用户，不予供气。

第三十一条 本市推广使用符合国家规范标准带有熄火保护装置的燃气燃烧器具、不锈钢波纹软管、可燃气体浓度检测报警装置。

商业、采暖、餐饮娱乐等用户，应当使用符合国家标准的燃气燃烧器具、智能燃气计量表、安全自闭阀、不锈钢波纹软管和与燃气用量相适应的强制排风系统，按照国家技术规范要求安装使用可燃气体浓度检测报警装置。

第三十二条 燃气燃烧器具生产或者经营企业应当在本市设立或者委托设立售后服务站点，配备取得燃气燃烧器具安装维修岗位证书的人员，负责售后安装、维修，并向市燃气行政主管部门备案。市燃气行政主管部门应当向社会公布并及时更新备案信息。

备案时应当提交下列资料：

（一）燃气燃烧器具生产单位企业法人

营业执照和燃气燃烧器具产品生产许可证等证明文件；

（二）法定质量检测机构出具的产品检验合格报告；

（三）在本市依法设立或者委托设立售后服务站点相关资料；

（四）售后服务站点主要负责人，技术负责人的劳动合同和缴纳社会保险的证明材料。

第三十三条 燃气燃烧器具安装维修企业聘用的安装维修人员，应当按照国家规定取得燃气燃烧器具安装维修岗位证书。从事安装维修活动应当遵守安全和技术标准规定，符合燃气使用要求，并指导用户安全使用燃气器具。

安装燃气燃烧器具应当设定保修期，保修期不得低于一年。

第三十四条 管道燃气管网及附属燃气设施、设备和室内燃气管道、计量表、安全自闭阀、连接管的维修、养护、更新，由燃气经营企业统一负责。

用户应当使用合格的燃气燃烧器具，及时更换国家明令淘汰或者使用年限已届满的燃气燃烧器具、连接管，费用由用户承担。

第三十五条 用户及相关单位和个人不得有下列行为：

（一）购买和使用未取得燃气经营许可的单位提供的燃气；

（二）在不具备安全条件的场所使用、储存燃气；在同一房间内混合使用管道燃气和瓶装气；在使用燃气的同一房间同时使用炉火或者存放易燃易爆物品；在高层建筑和地下、半地下空间使用、储存瓶装气；

（三）加热、摔砸、倒卧、曝晒燃气气瓶，倾倒燃气气瓶残液，气瓶之间倒气；

（四）擅自安装、改装、拆卸燃气计量装置和燃气设施；

（五）将燃气管道或者其他燃气设施作为负重支架或者接地引线；

（六）改变燃气用途或者转供燃气，擅自扩大用气范围、擅自改变民用燃气用途，将民用燃气用作工业原料、替代乙炔等作为切割用气体等；

（七）私自通气，擅自启封、动用、调整燃气经营企业密闭的燃气设施；

（八）干涉、阻挠燃气经营企业开展燃气设施设备巡查、检测、维修、维护作业。

第三十六条 从事餐饮业的瓶装气用户，应当遵守下列规定：

（一）储存燃气总重量超过100千克时，应当设置专用气瓶储存间；大于100千克、小于420千克时，气瓶储存间可以设置在与用气建筑相邻的单层专用房间内；大于420千克时，气瓶储存间应当设置在与其他民用建筑间距不小于10米的独立建筑内；

（二）气瓶储存间高度应当不低于2.2米，室内应当加装可燃气体浓度报警装置，使用防爆型照明等电气设备，电器开关设置在室外，并在储存间外部设置明显的安全警示标志；

（三）气瓶储存间地下不得有暖气沟、地漏及其他构筑物，禁止堆放易燃易爆物品和使用明火；

（四）禁止使用气液两相瓶，备用燃气气瓶应当分开放置或者用防火墙隔开；

（五）燃气气瓶与单台液化石油气灶具连接，应当使用符合规范标准的连接管，在气瓶和灶具连接处应当用卡箍紧固，并按照标注的使用期限更换，发现连接管出现老化、腐蚀等应当立即更换，使用燃气气瓶供应多台液化石油气灶具的，应当将燃气燃烧器具固定后采用连接管连接；

（六）使用橡胶软管不得有接口，长度一般控制在1.2米到2.0米之间，不得穿越墙壁、门窗；

（七）经营者和从业人员应当定期参加安全教育培训，树立安全用气意识，掌握燃气安全使用常识，建立健全并落实燃气作业安全生产管理制度。从业人员经燃气安全培训合格后方可上岗，严格按照安全用气规则使用燃气。

第三十七条 新建住宅小区必须设计和安装智能燃气计量表、安全自闭阀，费用列入工程造价支出，建设单位不得向业主另行收取费用。

第三十八条 燃气经营企业应当按照规划对既有建筑居民用户实施改造，更换智能燃气计量表，安装安全自闭阀，费用列入企业经营成本支出。

第五章 设施与运输安全

第三十九条 燃气经营企业应当对燃气设施定期进行巡查和检测，及时维修保养，并建立巡查、检测和维修保养记录，定期对燃气设施进行安全评价。

燃气经营企业在日常维护管理中，发现燃气设施正常运行遭到危害时，应当立即制止。制止无效的，及时报告燃气行政主管部门和相关部门，并配合做好调查取证工作。燃气行政主管部门和相关部门接到报告后应立即派员调查处理。

第四十条 燃气经营企业应当按照《城镇燃气标志标准》要求，做好燃气设施标志设置工作。在燃气储配站、门站、调压站（室）、气化站、加气站、供应站等重要燃气设施上均应当统一设置醒目的防腐、绝缘、防雷、降压、隔离等保护装置和安全警示标志，在划定的安全保护范围周边设置统一的安全保护标志牌，并配备专职人员进行巡查、检测、维修和维护。任何单位或者个人不得擅自移动、覆盖、涂改、拆除、毁坏燃气设施安全警示标志。

第四十一条 在燃气设施安全保护范围内禁止下列行为：

（一）建设占压地下燃气管线的建筑物、构筑物；

（二）倾倒、排放腐蚀性物质；

（三）放置易燃易爆危险物品或者种植树木等深根植物；

（四）进行爆破、取土等作业或者动用明火；

（五）在管道燃气设施上牵挂电线、绳索；

（六）其他损坏燃气设施或者危害燃气设施安全的行为。

第四十二条 因工程建设需要，在燃气设施保护范围内确需从事敷设管道、打桩、顶进、挖掘、钻探等危及燃气设施安全的，建设单位或者施工单位应当与燃气经营企业协商采取燃气设施安全保护措施，并在专业技术人员的监督下施工，严格落实燃气设施安全保护措施。

（一）建设单位应当在工程开工前向城乡规划行政主管部门、管道燃气经营企业查询施工范围内地下燃气管网线位和高程等信息，城乡规划行政主管部门和管道燃气经营企业应当在五日内提供有关地下管线信息资料；

（二）建设单位应当按照城乡规划行政主管部门和管道燃气经营企业提供的地下管线信息资料，委托具有相应资质的机构现场探测核实燃气管网分布，与施工单位、管道燃气经营企业商定燃气设施安全保护方案，签订燃气管网设施安全保护协议，报燃气行政主管部门备案；

（三）建设单位应当在施工前通知管道燃气经营企业派专人现场指导施工，管道燃气经营企业应当安排专业技术人员及时到现场进行旁站式指导，监督落实安全施工要求和燃气设施安全保护措施，确保燃气设施运行安全，施工作业应当严格执行燃气设施安全保护方案，不得擅自使用机械设备挖掘，不得压挤、碰撞燃气设施。

由于施工不当造成燃气设施损坏的，建设单位或者施工单位应当协助燃气经营企业采取相应措施进行抢修，并赔偿由此造成的经济损失。

第四十三条 燃气运输应当依法落实行政许可制度，未经许可禁止运输燃气。

燃气运输车辆和车辆安装、携带的压力容器应当定期进行安全技术状况检验。不具备安全技术条件或者未经定期检验以及经检验不合格的燃气运输车辆不得上路行驶。

燃气运输车辆应当按照公安交通管理部门确定的行驶线路和通行时间运输燃气。

第四十四条 车辆运输燃气气瓶时，除法律、法规规定外，还应当遵守下列规定：

（一）车辆应当有明显的安全标志；

（二）运输燃气气瓶除有防护罩的气瓶外，应当配戴好瓶帽，除集装气瓶外还应当安装防震圈，妥善固定，防止出现气瓶串动、滚动，保证装载平衡，运输燃气气瓶应当轻装轻卸，禁止抛、滑、滚、碰气瓶，运输除集装气瓶外的车辆，应当配备与其相适应的防护装置和固定气瓶的相应装置；

（三）燃气运输企业应当制定完善的事故应急处理预案，开展燃气安全运输培训，使车辆驾驶员和押运人员能够熟练掌握应急处理措施，保证燃气气瓶运输安全。

第六章　监督检查

第四十五条 燃气行政主管部门应当加强对燃气经营企业的日常监管，规范燃气市场，并遵守下列规定：

（一）协助有关部门监督企业成本，提出价格调整意见；

（二）监督燃气经营企业履行定期入户检测以及其他法定义务；

（三）对企业的经营计划实施、产品质量、服务质量、安全生产、服务供应进行监督，定期评估安全生产、服务质量；

（四）定期向社会征询对燃气企业的意见或者建议，受理公众对企业的投诉；

（五）向政府提交年度监督检查报告；

（六）在危急或者可能危及公众利益、公共安全等紧急情况下，组织临时接管经营许可项目；

（七）依法查处违法经营行为；

（八）法律、法规的其他规定。

第四十六条 燃气行政主管部门应当依法履行职责，加强燃气法律、法规实施情况的监督检查，有权要求被检查单位和个人提供有关的文件和资料，有权进入现场检查，发现违法行为应当及时查处。

有关单位和个人应当配合燃气行政主管部门监督检查，不得拒绝和阻碍燃气行政执法人员依法执行公务。

第四十七条 燃气行政主管部门应当建立投诉举报制度，公开投诉举报信箱或者电子邮箱地址，设置并开通投诉举报电话12319，受理有关燃气服务质量的投诉举报，自收到投诉举报之日起三日内予以答复。

第七章　应急处置与事故调查

第四十八条 市燃气行政主管部门应当制定本市燃气安全事故应急预案，报市人民政府批准实施。旗、县、区燃气安全事故应急预案，应当报市燃气行政主管部门、安全生产监督管理部门备案。

第四十九条 燃气经营企业应当制定与

本地区燃气安全事故应急预案相衔接的燃气安全隐患和事故应急抢修预案，报燃气行政主管部门、安全生产监督管理部门和公安消防部门备案，并按照预案配备通讯器材、抢修设备、防护用品，定期组织开展应急演练，设专岗二十四小时值班。

第五十条 用户以及其他单位和个人发现燃气泄漏或者燃气设施存在安全隐患的，应当立即告知燃气经营企业，或者向燃气行政主管部门、公安机关消防机构等有关部门和单位报告。燃气经营企业应当在接到报告后五分钟内派出专业技术人员和抢险抢修人员及时到达现场实施抢险抢修作业或者排查鉴定安全隐患。经现场排查鉴定的安全隐患属于一般维修的，应当在二十四小时内派出维修人员维修。燃气经营企业未能及时到达现场处置事故或者排查鉴定安全隐患的，用户可以向燃气行政主管部门投诉举报。

燃气经营企业应当在接到燃气泄漏或者可能因燃气泄漏引发火灾、爆炸等事故的报告后，立即向公安机关消防机构通报，同时向燃气行政主管部门，安全生产监督、质量技术监督、环境保护等有关部门报告。有关部门应当立即组织事故处置救援，防止事故扩大或者发生次生事故，并向同级人民政府应急管理部门报告。

第五十一条 燃气经营企业因发生燃气安全事故，执行应急抢险抢修任务，可以依法拆除妨碍作业的其他设施、建筑物、构筑物和室内遮挡包裹燃气管线、设施的装饰装修物品。造成财产损失的，事故责任方负责赔偿。

燃气工程车辆执行抢险抢修任务，可以使用警报器、标志灯具，并在确保安全的前提下，不受行驶路线、行驶方向、行驶速度、通行时段和信号灯的限制，其他车辆和行人应当避让，应当予以协助。

公安机关交警、消防等有关机构和个人应当对燃气抢险抢修提供必要协助，对阻挠、妨碍抢险抢修的单位和个人，由公安机关依法进行查处。

第五十二条 各级人民政府按照应急处置预案统一指挥、分级处置燃气安全事故。

燃气经营企业应当配合燃气安全事故调查并给予技术支持。

有关当事人对事故原因有争议的，可以委托具有相应资质的技术鉴定机构进行技术鉴定。对责任的承担有争议的，可以向人民法院提起诉讼。

第八章 法律责任

第五十三条 单位和个人违反本条例规定有下列情形之一的，由燃气行政主管部门按照下列规定予以处罚：

（一）违反本条例第四十一条第一项规定的，依照有关城乡规划的法律、法规规定进行处罚；

（二）违反本条例第四十一条第二、三、四、五项规定的，责令停止违法行为，限期恢复原状或者采取其他补救措施，对单位处以5万元以上10万元以下罚款，对个人处以5000元以上5万元以下罚款，造成损失的，依法承担赔偿责任；

（三）违反本条例第四十二条规定，未与燃气经营企业共同制定燃气设施保护方案，采取相应的安全保护措施，从事敷设管道、打桩、顶进、挖掘、钻探等可能影响燃气设施安全活动的，责令停止违法行为，限期恢复原状或者采取其他补救措施，对单位处以5万元以上10万元以下罚款，对个人处以5000元以上5万元以下罚款，造成损失的，依法承担赔偿责任。

第五十四条 燃气经营企业违反本条例

规定有下列行为的，由燃气行政主管部门按照下列规定予以处罚：

（一）为未经气源适配性检测合格器具通气的，责令限期改正，逾期未改正的，处以1万元以上5万元以下罚款；

（二）擅自给不符合用气条件用户供气的，责令限期改正，逾期未改正的，处1万元以上10万元以下罚款；

（三）未履行必要告知义务造成区域性停气的，责令限期改正，并处2万元以上10万元以下罚款，给用户造成损失的，依法予以赔偿；

（四）未经审批停业、歇业或者迁移燃气供气站点的，责令限期恢复供气，处1万元以上10万元以下罚款；

（五）未对燃气设施定期进行巡查和检测，及时维修保养，造成安全隐患的，责令限期改正，处1万元以上10万元以下罚款；

（六）聘用未取得相应岗位证书的人员从事燃气安装、维修的，责令限期改正，对无证上岗的当事人处以200元以上500元以下罚款，对所属企业处以5000元以上1万元以下罚款；

（七）储存和使用瓶装气不符合国家规定的核定数量，在不符合规定的场所储存、使用瓶装气的，责令限期改正，并处1万元以上2万元以下罚款；

（八）汽车加气经营企业向汽车储气瓶以外的其他气瓶或者装置加气的，责令限期改正，并处1万元以上3万元以下罚款。

第五十五条 用户及相关单位和个人违反本条例第三十五条第三、五、六、七、八项规定的，由燃气行政主管部门责令限期改正，逾期不改正的，对单位用户处以2000元以上1万元以下的罚款，对个人处以200元以上1000元以下的罚款，造成损失的，依法承担赔偿责任。

第五十六条 燃气行政主管部门以及其他有关部门，有下列行为之一的，对直接负责的主管人员和其他直接责任人员，依法给予行政处分，构成犯罪的，依法追究刑事责任：

（一）对符合本条例规定条件的事项未按照规定程序和时限予以批准的，对不符合本条例规定条件的事项予以批准的；

（二）不依法查处违反燃气管理规定的行为，或者不依法处理举报、投诉的；

（三）有其他玩忽职守、滥用职权、徇私舞弊行为的。

第九章 附　　则

第五十七条 本条例中有关用语的含义：

（一）燃气工程，是指燃气设施和燃气供气站点的建设工程；

（二）燃气设施，是指人工煤气生产厂、燃气储配站、门站、气化站、混气站、加气站、灌装站、供应站、调压站、市政燃气管网等的总称，包括市政燃气设施、建筑区划内业主专有部分以外的燃气设施以及户内燃气设施等；

（三）燃气燃烧器具，是指以燃气为燃料的燃烧器具，包括居民家庭和商业用户所使用的燃气灶、热水器、沸水器、采暖器、空调器等器具。

第五十八条 本条例自2017年1月1日起施行。

包头市燃气管理条例

（1999年1月29日包头市第十一届人民代表大会常务委员会第五次会议通过　1999年5月27日内蒙古自治区第九届人民代表大会常务委员会第九次会议批准　2008年4月29日包头市第十三届人民代表大会常务委员会第二次会议修订　2008年7月25日内蒙古自治区第十一届人民代表大会常务委员会第三次会议批准修订　根据2012年3月31日内蒙古自治区第十一届人民代表大会常务委员会第二十八次会议《关于批准〈包头市人民代表大会常务委员会关于修改部分地方性法规的决定〉的决议》第一次修正　根据2014年7月31日内蒙古自治区第十二届人民代表大会常务委员会第十一次会议《关于批准〈包头市人民代表大会常务委员会关于修改部分地方性法规的决定〉的决议》第二次修正）

第一章　总　　则

第一条　为了加强燃气管理，保障社会公共安全和人民生命财产安全，维护燃气用户和燃气经营者的合法权益，根据国家有关法律法规和《内蒙古自治区燃气管理条例》的规定，结合本市实际，制定本条例。

第二条　本市行政区域内燃气的规划设计、工程建设、生产、经营、使用、设施管护以及相关管理活动适用本条例。

第三条　本条例所称燃气，是指供给生产、生活使用的天然气、液化石油气、人工煤气和经国家鉴定合格的新型燃气等气体燃料的总称，但不包括沼气和秸秆气。

本条例所称燃气企业，是指燃气生产、经营企业。

第四条　市人民政府建设行政主管部门（以下简称“市燃气主管部门”）负责本市行政区域内的燃气管理工作。

各旗县区人民政府燃气主管部门负责本行政区域内的燃气管理工作，业务上接受市燃气主管部门的指导、协调和监督。

发展和改革、规划、国土资源、公安消防、环境保护、安全生产监督、质量技术监督、工商行政管理等部门，按照各自的职责做好燃气管理的相关工作。

第五条　燃气事业的发展应当遵循统一规划、合理布局、多种气源协调平衡和结构优化的原则。

燃气的经营和管理应当做到安全规范、保障供应和节能高效。

第六条　鼓励开展燃气科学技术研究，推广安全、环保、节能的先进技术。

第二章　规划与建设

第七条　市燃气主管部门、市发展和改革行政主管部门根据国家有关规定，在职责范围内协调燃气气源供应，平衡全市用气需求，制定中长期及年度用气计划。

第八条　市燃气主管部门应当会同有关部门编制燃气专项规划；石拐区、白云鄂博矿区、土默特右旗、达尔罕茂明安联合旗、固阳县人民政府燃气主管部门应当会同有关部门组织编制本辖区燃气专项规划。

燃气专项规划应当根据本市城市总体规划、县域规划和经济社会发展需要编制，经专家论证后，报本级人民政府批准后组织实施。

第九条　经批准的燃气专项规划任何部门不得擅自变更；确需变更的，按规定程序办理审批手续。

第十条 城市建设和旧区改造时，规划、国土资源部门应当按照城市燃气专项规划的要求，预留燃气设施建设用地；需要配套建设相应燃气设施的，由燃气设施建设单位实施。

新建、改建、扩建项目需要配套建设相应的燃气保护设施的，燃气设施与燃气保护设施应当与主体工程同时设计、同时施工、同时验收。

第十一条 新建、改建、扩建燃气工程项目应当符合燃气专项规划，经燃气主管部门提出审查意见后，按照国家和自治区的有关规定办理相关手续。

任何单位和个人不得阻挠经依法批准的燃气工程项目的正常施工。

第十二条 燃气工程的勘察、设计、施工和监理，严格执行国家和自治区有关技术规范和标准，由具有相应资质等级的单位承担。

第十三条 燃气工程竣工后，建设单位应当依法组织竣工验收；未经验收或者验收不合格的，不得交付使用。

建设单位在燃气工程竣工验收合格之日起十五日内，按照国家有关规定向当地燃气主管部门备案，并在规定时限内向城建档案管理机构移交完整的工程项目档案。

第三章　经 营 管 理

第十四条 燃气企业应当具备国家规定的条件，按本条例第四条规定的权限，经所在地旗县区燃气主管部门批准，取得燃气经营许可证。

实行管道燃气特许经营的企业，特许经营权经市燃气主管部门通过招标投标等方式决定。特许经营权最长不得超过三十年。

第十五条 燃气企业应当在燃气经营许可证确定的经营内容、区域、期限内从事燃气经营活动，并具备下列条件：

（一）建设项目符合城市总体规划及燃气专项规划要求，并竣工验收合格；

（二）有稳定的符合国家标准的燃气气源；

（三）燃气生产、输配、储存、充装、供应等设施符合国家的相关标准和消防安全、建设质量的要求；

（四）从事液化石油气经营活动的企业，应当有运输、接卸、储存、灌装等完整的生产设施。凡液化石油气含有残液成份的，应当设有残液回收装置，并进行无害化处置；

（五）有完善的经营管理体系和安全管理制度；

（六）有经过燃气专业培训合格的操作人员；

（七）有包括基建、生产运行、技术设备、物资、安全生产等完整的资料和档案，并设专人管理；

（八）有健全的安全事故抢险预案以及与供气规模相适应的抢险组织、抢修人员、仪器设备和交通工具。

第十六条 燃气企业除具备本条例第十五条规定的条件外，还应当按照相关法律法规的规定办理消防、质量技术监督等审批手续。

第十七条 除管道燃气经营企业外，燃气主管部门对申请从事燃气经营的企业自受理申请之日起二十日内审查完毕，作出许可决定的，颁发燃气经营许可证；不予许可的，书面通知申请人并说明理由。

未取得燃气经营许可证的单位，不得从事燃气经营活动。

第十八条 燃气经营许可证的有效期为八年。需延续的，被许可人应当在有效期届满三十日前向燃气主管部门提出申请。燃气主管部门应当在有效期届满前作出是否准予延续的决定。

第十九条 管道燃气经营企业不得有下列行为：

（一）在气源有保障的情况下，拒绝向符合用气条件的单位和个人供气；

（二）强制用户购买指定的燃气器具；

（三）擅自转让、质押经营权和特许经营权；

（四）擅自停气、降压、停业或者歇业；

（五）法律、法规禁止的其他行为。

第二十条 从事瓶装燃气经营活动不得有下列行为：

（一）向无燃气经营许可证的单位供应用于销售的燃气；

（二）用贮罐、槽车直接向气瓶充装燃气或者用气瓶互相倒灌燃气；

（三）使用报废、非法制造、改装的气瓶或者超期限未检验、检验不合格的气瓶；

（四）在未经核准的场地存放已充装燃气的气瓶；

（五）燃气充装量超过国家规定的误差范围；

（六）使用未标明充装单位的燃气气瓶；

（七）法律、法规禁止的其他行为。

第二十一条 瓶装燃气经营企业的燃气气瓶残液量超过规定的，应当先抽出残液后再充装燃气。

第二十二条 燃气企业应当保障燃气正常供应，不得擅自停止供气、更换气种。确需停止供气、更换气种的，应当报燃气主管部门批准，并对燃气用户的燃气供应事宜作出妥善安排。

管道燃气经营企业停业或者歇业的，应当提前九十日向燃气主管部门提出书面申请，经批准后方可停业、歇业。

第二十三条 管道燃气经营企业因燃气工程施工、设施检修等情况，确需降压或者暂停供气的，应当报燃气主管部门同意，并提前四十八小时予以公告；因不可抗力或者燃气设施抢修等情况，确需降压或者停气的，应当及时告知燃气用户，并向燃气主管部门报告。

引起停止供气的原因消除后，管道燃气经营企业应当尽快恢复供气。恢复供气之前应当及时通知用户，但不得在二十二时至次日六时之间向居民用户恢复供气。

第二十四条 燃气企业应当建立健全燃气质量检测制度，保证供应的燃气气质、灶前压力、嗅味和气瓶的充装重量达到规定标准。

管道燃气经营企业与生产用户之间有特别约定的，从其约定。

第二十五条 燃气企业应当按照国家和自治区规定的燃气服务标准向用户提供服务，建立健全用户服务制度，规范服务行为，并遵守下列规定：

（一）在服务营业场所公示业务流程、服务项目、收费标准和服务受理、报修投诉电话等内容；

（二）对用户申请用气、增加用气量、变更燃气用途、暂停用气、终止用气等事项，应当按照规定的程序办理，并按公开承诺的时限完成；

（三）对用户进行安全用气、节约用气等基本知识的宣传；

（四）建立健全用户服务档案，以瓶装方式销售燃气的还应当检查用户存放和使用燃气场所的安全条件，并向用户提供供气使用凭证；

（五）按照规定标准收取费用，并向燃气用户出具票据。

燃气价格的确定和调整，由市燃气主管部门提出，按照管理权限报价格主管部门审核批准后实施。

第二十六条 销售的燃气器具应当附有产品合格证和使用说明书，并接受法定检验机构对其气源适配性进行抽检。

燃气器具应当在销售前持产品质量检测报告和售后服务承诺等相关文件向市燃气管理机构备案。

第二十七条 从事燃气器具安装、维修的企业和个人，应当按照国家有关标准安装维修燃气器具，所使用的材料和配件符合国家有关标准，并不得擅自移动燃气计量表和公用燃气设施。

第四章 使用管理

第二十八条 管道燃气经营企业应当履行普遍服务义务。对提出使用管道燃气并符合使用条件的用户，管道燃气企业应当与其签订供用气合同，明确双方的权利义务。符合条件的不得拒绝供气。

第二十九条 燃气计量表和燃气计量表出口前的管道及其附属设施，由管道燃气经营企业负责维护和管理，燃气用户应当给予配合；燃气计量表出口后的管道及其附属设施，由用户负责维护和管理。

第三十条 管道燃气用户需要改动、拆除固定燃气设施的，应当按照国家技术规范，经燃气企业同意后，由具有燃气施工资质的企业组织施工，所需费用由用户承担。

第三十一条 管道燃气用户的用气量，以法定计量检定机构检定合格的燃气计量表的记录为准。用户对燃气计量表准确度有异议的，可以委托法定计量检定机构测试。经测试的燃气计量表其误差在法定范围内的，测试费用由用户支付；其误差超过法定范围的，测试费用由管道燃气企业支付，并由管道燃气企业免费更换合格的燃气计量表，退还多收取的燃气费。

用户对测试结果有异议的，可以向质量技术监督部门投诉。

第三十二条 燃气用户不得有下列行为：

（一）盗用燃气；

（二）在设有燃气设施的房间内存放易燃易爆物品；

（三）违反规程使用存放燃气；

（四）擅自处理液化石油气残液；

（五）用燃气管道作为负重支架或者接地引线；

（六）擅自拆卸、安装、改装燃气计量表和表前燃气设施或者从事其他危害燃气设施安全的活动；

（七）擅自将生活用气改为生产经营用气；

（八）法律、法规禁止的其他行为。

第三十三条 管道燃气用户应当按月交纳燃气费。逾期不交的，从逾期之日起按日收取应交纳燃气费千分之三的违约金。管道燃气企业应当向用户发出支付燃气使用费的催缴通知，居民用户逾期一个月不交费的，非居民用户逾期五个工作日不交费的，可以暂停供气。

用户交纳所欠燃气费后，管道燃气经营企业应当在二十四小时内恢复供气。对非居民用户，恢复供气所需费用由用户承担。

第三十四条 燃气用户有权就燃气经营的收费和服务向燃气经营单位查询，认为不符合收费或者服务标准的，可以向有关行政主管部门投诉，有关部门应当及时处理。

第五章 安全管理

第三十五条 燃气主管部门应当会同公安消防、安全生产监督等有关部门制定重大燃气事故应急预案，报所在地人民政府批准后实施。

燃气企业根据本地区制定的重大燃气事故应急预案，编制本单位重大燃气事故应急预案，并报燃气主管部门批准后实施。

第三十六条 发生重大燃气安全事故后，相关燃气企业应当立即启动本单位重大燃气事故应急预案，采取相应措施先行处置，并按照规定向公安消防、燃气、安全生产监督等行政主管部门报告。

政府有关部门应当依照重大燃气事故应急预案，分工协作，密切配合，做好重大燃气突发事件的指挥、处置和善后等各项工作。

第三十七条 燃气企业应当建立安全检查、维修维护、事故抢修以及安全责任等制度，健全燃气安全保障体系及时处置安全隐患。应当每年对用户的燃气计量表、管道及其附属设施进行一次安全检查，二十四小时接受用户报修。对燃气泄漏的报修，应当先行告知用户须采取的应急措施，并立即派人到现场抢修。

燃气企业对燃气用户违反安全用气的行为应当予以劝阻；劝阻无效的，应当采取相应的安全应急措施，并及时报告燃气主管部门。

第三十八条 燃气供气站点、室内公共场所、地下建筑物内使用燃气的，应当安装使用燃气泄漏安全保护装置。

安装燃气泄漏保护装置的燃气站点和用户，应当委托具有燃气器具安装维修资质的单位安装，使用经法定机构检测合格的燃气泄漏保护装置，并定期进行检测。

提倡居民燃气用户安装使用燃气泄漏安全保护装置。

第三十九条 以燃气为动力能源的运输用户和燃气供气站点，必须执行有关的国家标准或者行业标准，建立专门的安全管理制度。应当对驾驶员、加气员进行相关安全知识培训，使其掌握燃气的使用特性和发生意外的应急措施。发现渗漏等情况，必须采取安全措施，否则，可以责令其停止使用或者拒绝供气。

运输燃气的车辆应当遵守国家和自治区有关危险品运输的有关规定。

第四十条 管道燃气经营企业应当在燃气管道及重要燃气设施上设置明显的安全警示标志。

任何单位和个人不得擅自损坏、覆盖、移动、涂改和拆除安全警示标志。

第四十一条 在燃气设施的安全保护范围内，不得从事下列活动：

（一）新建、扩建建筑物和构筑物；

（二）开挖沟渠、挖坑取土或者种植深根植物；

（三）进行打桩或者顶进作业；

（四）动用明火作业；

（五）从事爆破作业；

（六）置放、碾压易燃易爆物或者倾倒、排放腐蚀性物品；

（七）其他损坏燃气设施或者危害燃气设施安全的行为。

第四十二条 在燃气设施安全保护范围内进行工程建设，不得影响燃气设施安全。

建设单位在领取施工许可证前，应当向城建档案管理部门、管道燃气经营企业查明工程建设范围内地下燃气管线的有关情况。

施工单位在施工前，应当书面通知管道燃气经营企业。因施工可能影响燃气设施安全的，施工单位应当与管道燃气经营企业签订协议，并采取相应的安全保护措施，管道燃气经营企业应当派专业技术人员进行现场指导。

第四十三条 因施工造成燃气设施损坏的，施工单位应当协助燃气企业在规定时限内进行抢修，并依法承担相应的赔偿责任。

第四十四条 因工程施工需要确需改装、迁移或者拆除燃气设施的，建设单位应当与燃气设施产权单位签订书面协议，由产权单位按照《城镇燃气技术规范》实施，并采取相应的安全保障措施。

改装、迁移或者拆除燃气设施的费用及采取安全措施的费用，由建设单位承担。

第四十五条 任何单位和个人不得有下列行为：

（一）损坏、盗窃燃气设施；

（二）排放腐蚀性液体、气体损害燃气设施；

（三）在燃气设施上的安全保护距离内以及在通往调压箱（柜）、调压站、气化站、混气站、储配站的主要通道上，修建建筑物、构筑物，设置停车场、集贸市场或者堆放物品；

（四）移动、覆盖、涂改、拆除、损坏燃气设施标志。

第四十六条 任何单位和个人不得阻挠或者干扰燃气设施抢修作业；因燃气设施抢修，给相关单位和个人造成损失的，依法给予补偿。

第四十七条 燃气主管部门应当对燃气企业气源的气质、压力、嗅味、公共服务质量和安全生产责任制等建立监督检查制度；对不符合规定的应当及时予以纠正和查处。

第四十八条 燃气主管部门进行监督检查，有权采取下列措施：

（一）查阅复制有关文件和资料；

（二）现场查验；

（三）要求被检查的单位和个人就有关问题作出说明。

第四十九条 燃气事故处理，按照国家和自治区有关安全事故处理的法律、法规执行。

第五十条 燃气主管部门应当受理公民、法人和其他组织有关燃气安全、燃气质量、收费标准和服务质量的举报和投诉，并在五个工作日内答复当事人；需立案处理的，按照法律法规规定的程序和时限办理。

燃气主管部门应当公开举报和投诉电话、信箱或者电子邮件地址。

第六章　法律责任

第五十一条 违反本条例第十一条第一款规定，新建、改建、扩建燃气工程项目未经燃气主管部门提出审查意见的，由燃气主管部门责令停止建设，并处一万元以上三万元以下罚款。

违反本条例第十一条第二款规定，阻挠经依法批准的燃气工程项目正常施工的，由燃气主管部门责令改正；拒不改正的，对个人处以五百元以上二千元以下的罚款，对单位处以五千元以上二万元以下的罚款。

第五十二条 违反本条例第十三条规定的，由燃气主管部门责令停止违法行为，并处以一万元以上三万元以下罚款。

第五十三条 违反本条例第十四条、第十六条规定，未取得经营许可权和其他审批手续擅自从事燃气经营等活动的，由燃气主管部门责令停止经营，对燃气企业处以十万元以上五十万元以下罚款；对燃气供应站点处以一万元以上五万元以下的罚款。有违法所得的，予以没收。

第五十四条 管道燃气经营企业违反本条例第十九条第一项、第三项、第四项规定的，由燃气主管部门责令限期改正，并处一万元以上三万元以下的罚款。

违反第十九条第二项规定的，由燃气主管部门责令限期改正；拒不改正的，处五千元以上一万元以下的罚款。

第五十五条 瓶装燃气经营者违反本条例第二十条第一项至第四项规定的，由燃气主管部门责令改正，没收违法所得，并处五千元以上二万元以下的罚款。

违反本条例第二十条第五项、第六项规定的，由燃气主管部门责令改正；拒不改正的，处以一千元以上五千元以下的罚款。

第五十六条 违反本条例第二十一条规定，瓶装燃气经营单位未将超过规定的燃气残液量抽出后再充装的，由燃气主管部门处以五百元以上二千元以下罚款。

第五十七条 违反本条例第二十二条和第二十三条规定，燃气企业擅自停止供气、更换气种，停业、歇业、降压或者暂停供气未经批准的，由燃气主管部门予以警告，责令改正，并处一万元以上三万元以下的罚款。

第五十八条 违反本条例第二十四条规定，燃气企业供应的燃气气质、灶前压力、嗅味和气瓶的充装量达不到规定标准的，由燃气主管部门责令改正，并处二千元以上五千元以下的罚款。

第五十九条 违反本条例第二十六条规定，燃气器具销售单位不接受法定检验机构抽检，不到市燃气管理机构备案的，由燃气主管部门处以一千元以上五千元以下的罚款。

第六十条 违反本条例第二十七条规定，未按照国家有关标准安装维修燃气器具，所使用的材料和配件不符合国家标准，擅自移动燃气计量表和公用燃气设施的，由燃气主管部门责令改正，并处五百元以上一千元以下的罚款。

第六十一条 燃气用户有本条例第三十二条第一项行为的，由燃气主管部门责令停止违法行为，赔偿损失，并可处以应交燃气使用费一倍以上三倍以下的罚款；构成犯罪的，依法追究刑事责任。

燃气用户有本条例第三十二条第二项至第七项行为之一的，由燃气主管部门责令限期改正；逾期不改正的，对个人用户处以五百元以上一千以下的罚款，对单位用户处以一万元以上三万元以下的罚款。

第六十二条 违反本条例第三十八条第一款、第二款规定，燃气站点、室内公共场所、地下建筑物内使用燃气不安装燃气泄漏安全保护装置的，安装的燃气泄漏安全保护装置不经检测的，由燃气主管部门责令限期整改，逾期不改正的，可处以一千元以上五千元以下的罚款。

第六十三条 违反本条例第四十条第一款规定，管道燃气经营企业未在燃气管道及重要燃气设施上设置明显安全警示标志的，由燃气主管部门责令限期改正，并处五百元以上二千元以下的罚款。

违反本条例第四十条第二款规定，损坏、覆盖、移动、涂改和擅自拆除安全警示标志的，由燃气主管部门责令限期改正，恢复原状，并处一百元以上五百元以下的罚款。

第六十四条 违反本条例第四十一条第一项至第七项规定之一项的，由燃气主管部门责令改正，并处一万元以上五万元以下的罚款。

第六十五条 违反本条例第四十三条规定，施工单位未按规定协助燃气企业进行抢修的，由燃气主管部门责令其暂停建设，并处一万元以上五万元以下的罚款。

第六十六条 违反本条例第四十五条第一项、第二项规定的，处以一百元以上五百元以下罚款；违反第三项、第四项规定的，由燃气主管部门责令改正，并处以五百元以上一千元以下罚款。

第六十七条 燃气主管部门和其他有关

行政主管部门的工作人员在燃气管理工作中有下列行为之一的，由其所在单位或者上级机关依法给予行政处分；构成犯罪的，依法追究刑事责任：

（一）违反法定职权或者法定程序进行审批的；

（二）对不符合规定条件的企业颁发燃气经营许可证的；

（三）不依法履行监管职责或者监管不力造成严重后果的；

（四）发生重大燃气事故后不及时组织抢修、调查处理的；

（五）利用职权谋取非法利益的；

（六）其他玩忽职守、滥用职权、徇私舞弊的行为。

第七章 附则

第六十八条 本条例中下列用语的含义是：

（一）燃气供应站点，是指为用户供气的瓶组气化站、瓶装供应站（瓶装燃气换气站）、燃气汽车加气站等；

（二）燃气设施，是指专用于燃气生产、储存、输配、供应的各种设施及其附属设备，包括气源厂、门站、气化站、混气站、储配站、调压站、计量站、供应站、加气站、各种燃气管网及其附属设施的总称，以及用户户内燃气计量装置、金属管道和阀门等设施；

（三）燃气器具，是指使用、充装燃气的炉具、取暖器、热水器、沸水器、冷暖机、烘烤器、燃气气瓶、调压器等产品。

第六十九条 本条例自2008年9月1日起施行。1999年1月29日包头市第十一届人民代表大会常务委员会第五次会议通过、1999年5月27日内蒙古自治区第九届人民代表大会常务委员会第九次会议批准的《包头市燃气管理条例》同时废止。

北京市燃气管理条例

（2006年11月3日北京市第十二届人民代表大会常务委员会第三十二次会议通过　2006年11月3日北京市人民代表大会常务委员会公告第50号公布　自2007年5月1日起施行）

第一章 总　　则

第一条 为加强本市燃气管理，维护燃气市场秩序，保障社会公共安全和公共利益，促进燃气事业发展，制定本条例。

第二条 本条例适用于本市行政区域内燃气的规划、供应和使用，燃气设施的建设以及其他相关管理活动。

法律、行政法规另有规定的，从其规定。

第三条 市市政管理行政部门是本市燃气行政管理部门，主管本市燃气管理工作。

区、县燃气行政管理部门负责本行政区域内的燃气管理工作。

发展改革、规划、建设、质量技术监督、安全生产监督、公安消防、环境保护等行政管理部门按照各自的职责，做好相关工作。

第四条 本市燃气管理遵循安全第一、预防为主、统一规划、协调发展、保障供应、节能高效的原则。

第五条 本市鼓励燃气科学技术研究，推广安全、环保、节能的先进技术应用。

本市各级人民政府、燃气行政管理部门以及燃气供应单位应当加强燃气安全知识宣传和普及工作，增强社会公众的燃气安全意识，提高防范和应对燃气事故的能力。

第二章　规划与建设

第六条　市和区县人民政府应当将燃气事业的发展纳入国民经济和社会发展规划。

市燃气行政管理部门应当会同市发展改革、规划行政管理部门，根据本市城市总体规划和经济社会发展的需要，组织编制本市燃气专业规划，报市人民政府批准后实施。燃气专业规划涉及城市空间资源规划的内容，应当纳入城市规划。

第七条　本市应当制定政策，采取措施，多渠道保障气源供应，加强用气管理，建立燃气供应和需求的宏观调控机制。

市燃气行政管理部门和市发展改革行政管理部门按照各自职责负责协调天然气气源供应，平衡全市用气需求，制定中长期及年度用气计划，并按照年度用气计划分配天然气指标，保障天然气的安全、稳定供应。

第八条　列入城市规划的燃气设施建设用地，未经法定程序调整规划，不得改变用途。

第九条　新建、改建住宅建设项目，开发建设单位应当会同燃气供应企业确定燃气供应方案。燃气供应方案应当包括燃气供应方式、配套设施建设规划、过渡性燃气供应措施等内容。燃气供应方案应当符合规划要求。

开发建设单位应当公开燃气供应方案，并在新建、改建住宅建设项目的房屋销售合同中明确燃气供应方式。

第十条　新建、改建住宅项目的开发建设单位应当根据燃气供应方案，按照国家和本市的有关规定配套建设燃气设施。

配套燃气设施应当与主体工程同时设计、同时施工、同时验收。

第十一条　发展改革部门审批燃气工程建设项目时，应当征求燃气行政管理部门等相关行政管理部门的意见。

规划行政管理部门对燃气工程建设项目进行规划审查时，应当征求燃气、公安消防、质量技术监督等相关行政管理部门的意见。

第十二条　从事燃气工程勘察、设计、施工、监理活动的单位应当具有相应的资质，并在其资质等级范围内依法从事作业活动。

燃气工程的设计应当执行国家和本市有关标准，并符合景观环境和方便用户的要求。

燃气工程的建设单位应当按照国家和本市的规定，实施工程质量监督、组织竣工验收。

第十三条　燃气工程的建设单位应当严格按照国家和本市有关档案管理的规定，收集、整理项目建设过程中各环节的文件资料，建立健全项目建设档案，并在项目建设竣工验收后6个月内向城建档案管理部门移交齐全、准确的项目建设档案。

第三章　燃气供应与使用

第十四条　在本市行政区域内从事燃气供应经营活动的，应当取得燃气行政管理部门颁发的燃气经营许可证。

取得燃气经营许可证应当具备下列条件：

（一）建设项目符合燃气专业规划；

（二）有稳定和符合国家标准的燃气气源，并建立燃气气质检测制度；

（三）经营场所、燃气设施符合国家和本市的相关规定，并取得公安消防部门的消防安全检查意见；

（四）从事管理、技术和操作等工作的人员，其配置应当与经营规模相适应，符合国家和本市的有关专业培训、考核要求，其中企业主要负责人和安全管理人员，应当依法通过燃气安全生产知识和管理能力考核；

（五）具有与业务规模相适应的偿债和抗风险能力；

（六）有完善的经营管理体系和安全管理制度；

（七）有健全的燃气应急预案，具有与供气规模相适应的抢险能力；

（八）有安全评价机构出具的安全评价报告，并达到安全运行的要求；

（九）从事瓶装液化石油气供应经营活动的企业应当建立气瓶档案管理制度，其中从事充装作业的企业还应当建立气瓶充装质量保证体系，并具有残液回收处置措施。

燃气行政管理部门应当自受理燃气经营许可申请之日起20个工作日内，依照法定程序作出行政许可决定。

燃气供应企业应当按照燃气经营许可决定的范围从事经营活动。

第十五条 实施燃气特许经营的，特许经营者或者按照特许经营协议成立的项目公司应当取得燃气经营许可。燃气行政管理部门在办理燃气经营许可手续时，对于特许经营协议签订时已审定的内容，不再作重复审查，对其他内容的审查结果不应当导致特许经营协议内容的实质性变更。

第十六条 市市政管理行政部门应当会同有关部门制定本市燃气管理、服务的标准和规范。

第十七条 燃气行政管理部门应当建立健全监督管理制度，依据有关法律、法规、规章、规划、标准和规范，对燃气供应企业进行监督检查；向社会公布举报和投诉电话、信箱和电子邮件地址，并受理有关燃气安全、燃气质量、收费标准和服务质量的举报和投诉。

燃气行政管理部门应当建立许可评价制度，对燃气供应企业实施燃气经营许可的情况进行评价。

第十八条 燃气供应单位应当向用户提供安全、稳定、质量合格和价格合理的服务。

燃气供应企业未经燃气行政管理部门的批准，不得擅自停业、歇业。确需停业、歇业的，应当事先对供应范围内的用户作出妥善安排。

第十九条 燃气供应单位应当建立和完善各项安全保障制度，并遵守下列规定：

（一）执行国家和本市对燃气设施运行、维护和抢修的有关规定；

（二）与气源供应企业签订长期和年度供应合同，明确供气保障方案；

（三）对承担管理责任的燃气设施进行维护、检修和检验，并根据生产运行状况，对燃气设施进行安全评估；

（四）具备维持正常运营和保障安全生产条件所需的资金投入；

（五）建立员工岗位培训制度；

（六）因例行检修、更换设施等情况，需要临时调整供气量或者暂停供气时，应当提前48小时将作业时间和影响区域予以公告；

（七）燃气供应企业应当按照国家和本市的有关规定向燃气行政管理部门报告生产运营、安全生产等情况；

（八）因突发事件影响供气，应当按照燃气应急预案采取紧急措施并及时通知用户。

第二十条 燃气供应单位应当建立健全用户服务制度，规范服务行为，并遵守下列规定：

（一）与单位用户签订合同，明确双方的权利与义务；

（二）建立健全用户服务档案；

（三）燃气销售执行政府指导价、政府定价和法定的价格干预措施、紧急措施；

（四）在业务受理场所公示业务流程、服务项目、服务承诺、作业标准、收费标准和服务受理、投诉电话等内容；向社会公布服务受理及投诉电话；

（五）建立燃气设施安全巡检制度，按照国家和本市的有关规定，对用户的燃气设施定期进行免费安全检查，并作好安全检查记录；发现用户的燃气设施存在隐患的，应当书面告知用户及时消除；

（六）不得限定用户购买其指定的经营者的产品；

（七）燃气供应企业应当对供应范围内的燃气自管单位进行技术指导和技术服务。

第二十一条 管道燃气供应企业应当对供应范围内的市政燃气设施、居民用户的庭院燃气设施和共用燃气设施承担运行、维护、抢修和更新改造的责任。

对于单位用户的燃气设施，管道燃气供应企业应当按照合同的约定承担相应的管理和服务责任。

第二十二条 燃气供应单位应当在重要的燃气设施或者重要的部位设置统一、明显的识别标志。在对燃气设施维护和抢修时，必须设置安全警示标志。

燃气供应单位对安装在用户室内和建筑物公共部位的公用燃气阀门应当设立永久性警示标志，并告知用户不得擅自操作公用燃气阀门。

第二十三条 瓶装液化石油气供应企业应当遵守下列规定：

（一）向用户提供的气瓶、气质及气量应当符合国家和本市的规定；

（二）瓶装液化石油气供应站应当与瓶装液化石油气充装企业签订合同；

（三）液化石油气充装企业负责气瓶的维护和保养，并应当按照国家和本市的有关规定，定期将气瓶送检验机构进行检验；

（四）液化石油气充装企业只能充装自有产权和供气合同范围内的气瓶。

第二十四条 燃气自管单位应当与燃气供应企业签订合同，明确燃气设施安全维护、管理的范围和责任。

燃气自管单位应当接受燃气供应企业的业务指导，并对从事燃气设施运行、维护、抢修和安全管理的人员进行专业技术培训。

第二十五条 燃气供应单位发现危害燃气设施安全、违反规定使用燃气等行为时，应当立即予以劝阻、制止，记入用户档案，并向燃气行政管理部门、城市管理综合行政执法部门举报。

燃气行政管理部门和城市管理综合行政执法部门接到举报后，应当立即核查并依法处理。

第二十六条 燃气用户和物业管理单位应当配合燃气供应单位对燃气设施进行的维护、抢修作业以及查表、收费等工作。

燃气用户应当按时支付燃气费，不得拖欠和拒绝支付。

第二十七条 燃气用户应当在具备安全使用条件的场所正确使用燃气、燃气设施和用气设备。

燃气用户应当对室内燃气设施及用气设备进行日常检查，发现室内燃气设施或者用气设备异常、燃气泄漏、意外停气时，应当关闭阀门、开窗通风，禁止在现场动用明火、开关电器、拨打电话，并及时向燃气供应单位报修。

第二十八条 在燃气的供应与使用过程

中，禁止下列行为：

（一）倒灌瓶装液化石油气；

（二）摔、砸、滚动、倒置气瓶；

（三）加热气瓶、倾倒瓶内残液或者拆修瓶阀等附件；

（四）擅自拆除、改装、迁移、安装室内管道燃气设施；

（五）在安装燃气计量表、阀门、燃气蒸发器等燃气设施的房间内堆放易燃易爆物品、居住和办公，在燃气设施的专用房间内使用明火；

（六）使用明火检查燃气泄漏；

（七）将燃气管道作为负重支架或者电器设备的接地导线；

（八）其他危害公共安全和公共利益的供用气行为。

第二十九条 管道燃气单位用户变更户名、用气量、燃气使用性质的，应当到燃气供应单位办理相应手续。

管道燃气用户需安装、改装、迁移、拆除室内燃气设施的，应当委托燃气供应单位实施作业。用户的要求符合规范要求的，燃气供应单位应当依照服务承诺在规定时限内实施作业；用户的要求不符合规范要求的，燃气供应单位应当在规定时限内以书面形式告知理由，并提出合理建议。

第四章 燃气设施与用气设备管理

第三十条 燃气供应企业对燃气门站、储配站、区域性调压站、燃气供应站、市政燃气管道等燃气设施进行拆除、改造、迁移的，应当到燃气行政管理部门办理燃气设施改动行政许可手续。

燃气供应企业改动燃气设施，应当符合下列条件：

（一）有改动燃气设施的申请报告；

（二）改动后的燃气设施符合燃气专业规划、安全等相关规定；

（三）有安全施工的组织、设计和实施方案；

（四）有安全防护及不影响燃气用户安全正常用气的措施；

（五）法律、法规、规章规定的其他条件。

燃气行政管理部门应当自受理燃气设施改动申请之日起20个工作日内，依照法定程序作出行政许可决定。

燃气供应企业应当按照行政许可决定的要求实施作业。

第三十一条 建设单位应当在工程施工前，向施工单位提供施工现场及毗邻区域内地下燃气管线及其他燃气设施的相关资料，并保证资料的真实、准确、完整。

工程施工范围内有地下燃气管线及其他燃气设施的，建设单位应当组织施工单位、燃气供应单位共同制定保护方案，明确安全保护措施，并与燃气供应单位签订安全监护协议，由燃气供应单位进行监护。施工单位依照保护方案，实施安全保护措施。

工程施工作业损坏地下燃气管线及其他燃气设施的，施工单位应当立即通知燃气设施的管理单位，并按照规定采取应急保护措施，避免扩大损失。

第三十二条 在地下燃气管道安全间距范围内，禁止下列行为：

（一）建设建筑物、构筑物或者其他设施；

（二）进行爆破、钻探、打桩、顶进、挖掘、取土等作业；

（三）倾倒、排放腐蚀性物质；

（四）堆放物品或者种植深根植物；

（五）涂改、覆盖、移动、拆除、损坏安全警示标志；

（六）从事其他危害地下燃气管道安全的活动。

第三十三条 在本市生产、销售的用气设备，产品质量应当符合国家和本市的相关标准。

在本市销售的用气设备，其生产者或者销售者应当委托国家或者本市质量技术监督行政管理部门核准的检测机构进行气源适配性检测。

第三十四条 质量技术监督行政管理部门应当按照国家和本市的有关规定，对用气设备产品质量进行监督检查，并向社会公布监督检查结果。

第三十五条 用气设备的生产者、销售者应当在本市设立或者委托设立售后服务站点，负责售后的安装、维修。

售后服务站点应当建立健全管理制度和规范化服务标准。

售后服务站点不得改动室内燃气设施。

第五章 应急预案与事故处置

第三十六条 市燃气行政管理部门应当会同有关部门制定全市燃气应急预案，报市人民政府批准后组织实施。

区县人民政府应当组织有关部门编制本行政区域内的燃气应急预案，并报市人民政府备案。

燃气供应单位应当根据国家和本市有关应急预案的规定，制定本单位的燃气应急预案。

第三十七条 市、区县人民政府和有关行政管理部门以及燃气供应单位，应当有计划、有重点地进行燃气应急预案演练，并根据实际情况及时修订。

发生燃气安全突发事件时，燃气行政管理部门和政府有关部门以及燃气供应单位应当按照规定启动应急预案。

第三十八条 政府有关部门应当建立健全燃气应急指挥通信网络系统。

燃气供应单位应当设置抢险、抢修电话，并向社会公布。

第三十九条 任何单位和个人发现燃气事故、事故隐患以及危害燃气设施安全的情况，应当立即向燃气供应单位或者政府有关部门报告。

发生燃气安全突发事件，燃气供应单位应当根据燃气应急预案，立即采取相应措施先行处置，并根据事件等级，按照程序向燃气、安全生产监督、质量技术监督、公安消防等行政管理部门报告。

政府有关部门应当根据事件等级，依照燃气应急预案，按照各自职责和业务范围，密切配合，做好燃气安全突发事件的指挥、处置等工作。

发生燃气泄漏等紧急情况时，燃气供应单位必须采取紧急避险措施的，公安机关应当配合燃气供应单位实施入户抢险、抢修作业。

第四十条 燃气供应单位处置燃气安全突发事件时，相关单位和个人应当积极配合，不得阻挠、干扰。

第四十一条 燃气供应单位无法保障正常供应燃气，严重影响公共利益的，燃气行政管理部门应当采取必要措施，保障燃气安全供应。

第六章 法律责任

第四十二条 违反本条例第十四条的规定，未取得燃气经营许可或者不按照燃气经营许可的范围从事经营活动的，由城市管理综合执法部门责令停止违法行为，并处5000元以上5万元以下罚款。

第四十三条 取得燃气特许经营权的企

业有下列情形之一的，燃气行政管理部门或者区县人民政府应当责令限期改正；拒不改正的，可以收回特许经营权、终止特许经营协议，并采取措施保障燃气供应和服务：

（一）擅自转让、出租、质押、抵押或者以其他方式擅自处分特许经营权或者特许经营项目资产的；

（二）不按照规定运行、维护、抢修和更新改造燃气设施，严重影响燃气供应安全的；

（三）达不到燃气产品、服务的标准和要求，严重影响公共利益的；

（四）擅自停业、歇业的；

（五）法律、法规规定或者特许经营协议约定的其他情形。

第四十四条 依照本条例第十七条规定，燃气行政管理部门对燃气供应企业进行监督检查和许可评价时，发现燃气供应企业不符合燃气经营许可条件要求的，由城市管理综合执法部门责令限期改正，并可以处5000元以上5万元以下罚款；情节严重的，责令停产停业，并可以吊销燃气经营许可证，同时告知工商行政管理部门依法处理。

第四十五条 违反本条例第十八条第二款规定，擅自停业、歇业造成损害的，燃气供应企业应当依法承担相应的赔偿责任。

第四十六条 违反本条例第二十三条第（三）项规定，未按规定将气瓶送检验机构检验的，由质量技术监督部门责令改正，并可以处2000元以上2万元以下罚款。

违反本条例第二十三条第（四）项规定，充装非自有产权和供气合同范围外气瓶的，由质量技术监督部门责令改正，并处1万元以上3万元以下罚款。

第四十七条 违反本条例第二十八条规定，在燃气供应与使用过程中从事危害公共安全和公共利益活动的，由城市管理综合执法部门给予警告，责令改正，并可以处500元以上5000元以下罚款。

第四十八条 违反本条例第三十条规定，擅自改动燃气设施或者不按照燃气设施改动许可的要求实施作业的，由城市管理综合执法部门责令停止违法行为，并处1万元以上3万元以下罚款。

第四十九条 违反本条例第三十一条规定，建设单位未真实、准确、完整地提供燃气设施相关资料或者施工单位未按要求采取保护措施，由建设行政管理部门责令限期改正，逾期未改正的，责令停业整顿，并处5万元以上10万元以下罚款；造成燃气供应单位和用户经济损失的，建设单位和施工单位应当依法承担赔偿责任；构成违反治安管理行为的，由公安机关依照《中华人民共和国治安管理处罚法》给予处罚；构成犯罪的，依法追究刑事责任。

第五十条 违反本条例第三十二条第（一）项规定的，由城市管理综合执法部门责令改正，限期拆除，并可以按照违法建筑物的建筑面积每平方米处300元以上3000元以下罚款，违法构筑物和其他设施可处工程造价1倍的罚款。

违反本条例第三十二条第（二）、（三）、（四）、（五）、（六）项规定的，由城市管理综合执法部门责令改正，并可以处3000元以上3万元以下罚款。

第五十一条 有关行政管理部门的工作人员违反本条例规定，玩忽职守、滥用职权、徇私舞弊，构成犯罪的，依法追究刑事责任；尚不够刑事处罚的，依法给予行政处分。

第七章　附　　则

第五十二条 本条例中有关用语的含义：

（一）燃气是指用于生产、生活的天然气、人工煤气、液化石油气等气体燃料的总称。

（二）燃气供应单位包括燃气供应企业和燃气自管单位。燃气自管单位是指在其管理的用户范围内，自行负责相应的燃气设施管理、运行维护工作的单位。

（三）燃气设施是指用于燃气储备、输配和应用的场站、管网以及用户设施。

（四）用气设备是指使用燃气作为燃料进行加热、炊事等的设备，如燃气工业炉、燃气锅炉、燃气空调机、民用燃气用具等。

（五）居民用户的共用燃气设施是指引入管、立管、阀门（含公用阀门）、水平管、计量器具前支管、燃气计量器具等。

第五十三条 本条例自2007年5月1日起施行。1998年7月8日市人民政府第10号令公布、根据2002年2月11日市人民政府第92号令修改的《北京市城市燃气管理办法》同时废止。

天津市燃气管理条例

（1997年10月22日天津市第十二届人民代表大会常务委员会第三十六次会议通过　根据2005年5月24日天津市第十四届人民代表大会常务委员会第二十次会议通过的《天津市人民代表大会常务委员会关于修改〈天津市燃气管理条例〉的决定》第一次修正　根据2010年9月25日天津市第十五届人民代表大会常务委员会第十九次会议通过的《天津市人民代表大会常务委员会关于修改部分地方性法规的决定》第二次修正）

第一章　总　　则

第一条 为了加强本市燃气的管理，保障燃气的安全使用和正常供应，促进燃气事业的发展，根据本市实际情况，制定本条例。

第二条 本市行政区域内的单位和个人，都应当遵守本条例。

第三条 燃气事业的发展，应当根据本市城市总体规划及国民经济和社会发展计划的需求，制定远期规划和近期计划。

第四条 市建设行政管理部门主管全市燃气行政管理工作。

市燃气管理部门负责本市燃气的具体行政管理工作。

滨海新区、武清区、宝坻区、蓟县、静海县、宁河县人民政府和天津经济技术开发区、天津港保税区管理委员会确定的燃气管理部门，负责本辖区内的燃气管理工作。

公安、规划、劳动、工商、技术监督、市政、环保、市容等行政管理部门，应当根据各自的职责，做好与燃气管理相关的工作。

第五条 市建设行政管理部门应当会同有关部门，根据燃气气源情况，编制年度燃气供气计划和用气发展计划，经市发展和改革行政管理部门综合平衡后，负责组织实施。

第六条 燃气生产企业和经营企业，应当按照国家或者本市下达的气源计划和国家规定的供气压力与质量标准进行生产，保障供气。

第七条 燃气用户应当安全用气。

第八条 任何单位和个人都有保护燃气设施的义务。

市建设行政管理部门对保护燃气设施做出突出贡献的单位和个人，应当给予表彰和奖励。

第二章　建设管理

第九条 在本市进行城市建设开发和旧

区改建时，应当按照本市燃气发展规划同时建设燃气设施，并预留燃气器具的安装位置，所需费用纳入城市建设开发和旧区改建的总概算。

市燃气管理部门对符合本市燃气规划的新建、改建、扩建的燃气工程，应当在十个工作日内出具意见书。意见书作为规划行政管理部门办理建设工程规划审批的条件。

第十条 燃气工程的设计和施工，应当由具有资质的单位承担，并严格遵守国家和本市的有关规范、规定和标准。

第十一条 燃气工程竣工后，建设单位应当按照有关规定组织验收，验收合格方可交付使用。

第十二条 管道燃气单位用户新建、扩建或者改建项目需要增加用气量的，应当按照市人民政府的规定交纳气源和燃气设施建设增容费，用于燃气的建设和开发。

第三章 经营管理

第十三条 经营燃气的企业，应当向市燃气管理部门提出申请，取得燃气经营许可证方可营业。

市燃气管理部门接到申请后，对符合下列条件的，应当在法定期限内做出许可决定：

（一）建设项目符合城市总体规划和燃气规划要求，并竣工验收合格；

（二）有稳定和符合国家标准的燃气气源；

（三）燃气生产、输配、储存、充装、供应等设施符合国家的相关标准和消防安全、建设质量的要求；

（四）液化石油气经营企业，应当有运输、接卸、储存、罐装等完整生产设施，液化石油气含有残液组份的，应当设有残液回收装置；

（五）有与经营规模相适应的注册资本金、专业技术人员和抗风险能力；

（六）有完善的经营管理体系和安全管理制度；

（七）有经过燃气专业培训合格的操作人员；

（八）有事故抢险预案和与供气规模相适应的抢险抢修人员、仪器、设备和交通工具；

（九）有评价机构出具的燃气设施安全评价报告，并达到安全运行的要求。

第十四条 瓶装供气、小区管道供气、储配（充装）和燃气汽车加气等燃气供气站，应当取得市燃气管理部门颁发的燃气准销证，方可运营供气。

市燃气管理部门接到申请后，对符合下列条件的，应当在法定期限内做出准销决定：

（一）有符合标准的固定场所；

（二）有符合消防、压力容器管理要求的设施；

（三）有符合规定的经营管理和安全管理制度；

（四）有经过燃气专业培训合格的操作人员。

第十五条 液化石油气生产企业、经营企业不得向无燃气经营许可证和燃气准销证的燃气经营者提供液化石油气。

第十六条 燃气经营企业和燃气供气站需要变更、合并、歇业、停业、撤销的，应当对用户进行妥善安置并作出保证燃气供应的书面承诺后，向市燃气管理部门提出申请。市燃气管理部门应当在法定期限内予以批准。

第十七条 燃气经营企业应当按照物价行政管理部门批准的燃气价格收费。

第十八条 燃气经营企业应当制定并落实燃气安全使用管理制度，进行燃气安全使用的宣传，组织推广安全用气、节约用气的先进技术和经验。

第十九条 因燃气设施施工等原因，需要调整用气量、降低供气压力或者暂停供气时，燃气经营企业应当在三日前通知用户，但因突发事故需要调整用气的除外。

第二十条 燃气经营企业及其工作人员不得有下列行为：

（一）不按时检查、维修燃气设施；

（二）不及时处理燃气事故；

（三）发现燃气设施和燃气计量表损坏或者泄漏，不及时报告和处理；

（四）违反规定减量、降压、停气；

（五）出售不符合质量和重量标准的液化石油气；

（六）不按照规定清倒液化石油气气瓶残液或者不按照规定价格退还液化石油气残液费用；

（七）限定燃气用户购买其指定的燃气器具；

（八）违反规定收费；

（九）利用工作之便，谋取私利。

第四章 设施管理

第二十一条 管道燃气经营企业负责管理调压设备、燃气计量表、中压或者低压管道产权分界阀门及其以内的燃气设施；产权分界阀门以外的燃气设施和燃气器具（调压设备和燃气计量表除外）由管道燃气单位用户负责管理，也可以委托管道燃气经营企业代管。

管道燃气居民用户负责管理燃气计量表后的燃气器具及与其连接的软管和紧固件；管道燃气经营企业负责管理燃气计量表和其他燃气管道设施。

管道燃气经营企业应当与燃气用户签订燃气供用气合同，在合同中明确双方的管理责任。

按照燃气发展规划需要在单位用户管道上接通新燃气用户的，单位用户应当服从规划，新燃气用户应当适当补偿管道建设费用。

第二十二条 液化石油气用户负责管理其使用的液化石油气气瓶和燃气器具。

第二十三条 燃气经营企业应当对其管理的燃气设施、燃气计量表进行检测、维护。

燃气经营企业对居民用户使用的燃气设施、燃气计量表和燃气器具及与其连接的软管和紧固件，每年至少进行一次安全检查；发现安全隐患，应当书面告知用户，并应用户要求提供维修服务，合理收取费用。对单位用户的燃气设施和燃气器具的管理、使用，应当进行安全技术指导。燃气经营企业进行安全检查和安全技术指导不得收费。

第二十四条 燃气经营企业应当在燃气设施所在地段设置明显的统一标志。

第二十五条 城市规划行政管理部门在核发建设工程许可证时，应当按照国家和本市的有关规范要求，保障施工地界内原有燃气设施的安全。

燃气经营企业改动公共输配燃气设施的，应当向市燃气管理部门提出申请，经市燃气管理部门批准后，方可改动。

第二十六条 任何单位和个人在进行可能影响或者危害燃气设施安全的工程施工作业的，应当事先通知燃气经营企业。燃气经营企业应当派人到现场监护。

在工程施工作业中损坏燃气设施的，必须立即通知燃气经营企业，并负责赔偿。

第二十七条 在生产、输配和储存燃气的场所明火作业，必须遵守有关安全管理和安全操作的规定。在带气的燃气管道上施工作业，必须采取消防安全措施，并由专业人员操作。

第二十八条　液化石油气储罐、槽车、气瓶等压力容器设备，必须按照国家的有关规范、规定和标准进行使用和管理。

第二十九条　任何单位和个人不得有下列行为：

（一）损坏、盗窃燃气设施；

（二）在燃气管道及其附属设施上和安全保护距离内挖坑取土，修建建筑物、构筑物或者堆存物品；

（三）排放腐蚀性液体、气体损害燃气管道及其附属设施；

（四）在燃气管道穿越河流标志区域内抛锚或者进行其他有损燃气管道安全的作业；

（五）在调压箱（柜）、调压站、配气站、储配站、压送站的安全保护距离内和通往上述燃气设施的主要通道上，修建建筑物、构筑物，设置停车场、集贸市场或者堆存物品；

（六）移动、覆盖、涂改、拆除、损坏燃气设施的统一标志；

（七）用液化石油气槽车直接向气瓶充装液化石油气，或者用液化石油气气瓶相互倒灌。

第五章　器具管理

第三十条　在本市经营燃气器具的，应当向市燃气管理部门备案。

在本市销售的燃气器具，必须与本市燃气气源相适配，并粘贴气源适配标识；燃气器具的生产者或者其委托的经销商应当向市燃气管理部门备案。

生产、经营燃气器具的，必须建立产品售后服务制度。

第三十一条　从事燃气器具安装、维修的单位，应当具备下列条件：

（一）具有营业执照；

（二）有相应的技术人员；

（三）安装维修人员经过燃气器具安装、维修技能培训；

（四）有燃气器具生产企业的安装、维修委托协议书。

第三十二条　燃气用户应当了解安全用气常识，并按照燃气使用规定、产品说明书正确使用燃气器具，发现问题及时报修。

第六章　使用管理

第三十三条　管道燃气用户应当按照规定交纳气费，不得拖欠或者拒交。

第三十四条　燃气用户需要变更用户名称、使用地址、燃气用途或者停止使用燃气的，应当向燃气经营企业办理变更或者停用手续。

第三十五条　燃气用户不得有下列行为：

（一）开启旁通阀、使用抽气设备或者其他方法盗用燃气；

（二）擅自安装、拆除、拆修、改装、迁移管道燃气设施或者擅自开关公共阀门；

（三）擅自将居民用气改变为单位用气或者其他经营性用气；

（四）在设有燃气管道设施的房间内住人、放置炉火或者存放易燃、易爆物品；

（五）烧、砸或者倒卧液化石油气气瓶，倒灌液化石油气和排放液化石油气气瓶内的残液；

（六）将燃气管道作为负重支架或者电器设备、避雷设施的接地导体；

（七）使用明火检查泄漏。

第七章　抢修和事故处理

第三十六条　燃气经营企业在接到负责管理的燃气设施损坏、泄漏或者其他燃气事故的报告后，应当立即派人抢修和处理，公安部门应当予以配合。

燃气经营企业对影响抢修的树木、园林设施、市政设施和其他设施，可以采取应急措施，并同时通知有关部门。造成直接经济损失的，应当给予合理补偿。

第三十七条　燃气经营企业在接到燃气用户的燃气设施和燃气器具发生漏气的报告后，应当立即派人抢修；燃气经营企业接到其他故障的报修，应当按照约定的时间派人维修。

需要收取维修费用的，应当按照规定的标准收费。

因维修不及时造成燃气用户直接经济损失的，燃气经营企业应当给予赔偿。

第三十八条　因燃气事故造成重大经济损失或者人身伤亡的，由事故发生地的区、县人民政府会同市有关部门按照国家和本市的有关规定处理。

第八章　法律责任

第三十九条　燃气用户有下列行为之一的，由燃气经营企业通知限期改正；逾期不改正的，除按照规定收取应交费用外，在改正之前可以停止供气：

（一）擅自安装、拆除、拆修、改装、迁移管道燃气设施或者擅自开关公共阀门的；

（二）擅自将居民用气改变为单位用气或者其他经营性用气的；

（三）圈占、覆盖管道燃气设施妨碍安全检查的；

（四）不交纳气费的。

上述行为造成燃气设施损坏的，燃气用户应当负责赔偿。

第四十条　燃气经营企业无故减量、降压、停气，给燃气用户造成直接经济损失的，应当给予赔偿。

第四十一条　未经批准擅自开办、变更、合并、歇业、停业、撤销燃气经营企业及供气站的，由市燃气管理部门责令改正，没收违法物品和违法所得，并可处以二千元以上二万元以下罚款。

第四十二条　有下列行为之一的，由市燃气管理部门责令限期改正，没收违法物品和违法所得，并可处以一千元以上一万元以下罚款：

（一）在本市经营燃气器具的经营者或者销售的燃气器具未办理备案的；

（二）不具备燃气器具安装、维修条件从事安装、维修活动的；

（三）向未取得燃气经营许可证和燃气准销证的经营者提供液化石油气的；

（四）销售不符合质量或者重量标准液化石油气的；

（五）擅自停止供气的。

第四十三条　有下列行为之一的，由市燃气管理部门责令改正，并可处以五百元以上五千元以下罚款：

（一）损坏燃气设施的；

（二）用液化石油气槽车直接向气瓶充装液化石油气或者用气瓶相互倒灌液化石油气的。

第四十四条　有下列行为之一的，由市燃气管理部门按照下列规定予以处罚：

（一）擅自移动、覆盖、涂改、拆除、损坏燃气设施统一标志的，责令赔偿损失或者恢复原状，并可处以二百元以下罚款；

（二）排放腐蚀性液体、气体损害燃气管道及其附属设施的，责令停止排放，并可处以五百元以上一万元以下罚款；

（三）在燃气管道穿越河流标志区域内抛锚或者进行其他有损燃气管道安全作业的，责令停止违法行为，并可处以一千元以下罚款；

（四）未经审批，擅自建设燃气工程或者不具有燃气工程设计、施工资格的单位设计、承建燃气工程，以及将未经验收和验收不合格的燃气工程交付使用的，责令停建或者停止运行，并可处以二千元以上一万元以下罚款。

第四十五条 在燃气管道及其附属设施上和安全保护距离内，以及在通往调压箱（柜）、调压站、配气站、压送站的主要通道上，挖坑取土，修建建筑物、构筑物或者堆存物品，危及燃气设施安全的，由市燃气管理部门责令停止违法行为，限期改正，并可处以五百元以上一万元以下罚款。

第四十六条 对违法经营经处罚仍不改正的，由市燃气管理部门吊销燃气经营许可证、燃气准销证。

第四十七条 销售没有国家规定的生产许可证和出厂检验合格证的燃气器具的，由技术监督行政管理部门、工商行政管理部门按照有关规定予以处罚。

第四十八条 有下列行为之一的，由公安机关依法给予处罚；构成犯罪的，依法追究刑事责任：

（一）盗用燃气或者盗窃燃气设施的；

（二）故意损坏燃气设施的；

（三）阻碍燃气经营企业检修、抢修燃气设施的；

（四）阻碍燃气管理执法人员依法执行公务的。

第四十九条 燃气经营企业违反规定多收费或者不按规定价格退还液化石油气残液费用的，应当按多收或者少退款额的两倍返还燃气用户。

第五十条 燃气经营企业工作人员违反规定，造成燃气事故的，由其所在单位给予处分；构成犯罪的，依法追究刑事责任。

第五十一条 当事人对行政处罚决定不服的，可以依法申请复议或者向人民法院起诉。逾期不申请复议、不起诉、又不履行处罚决定的，由作出处罚决定的机关申请人民法院强制执行。

第五十二条 燃气管理部门工作人员滥用职权、玩忽职守、徇私舞弊的，由其所在单位或者上级主管部门给予行政处分；构成犯罪的，依法追究刑事责任。

第九章　附　　则

第五十三条 本条例中下列用语的含义是：

（一）“燃气”是指天然气、液化石油气、煤制气。

（二）“管道燃气”是指以管道输送方式向用户提供的燃气。

（三）“燃气设施”是指气源生产厂以外的压送站、配气站、储配站、计量站、各种燃气管道及其附属设施（包括凝水缸、阀室、阀门井、阴极保护站、通讯设施等）、调压站、调压箱（柜）以及液化石油气储配站、充装站、混气站、气化站、供应站及其站内外管网供气系统。

（四）“燃气器具”是指燃气灶具、热水器、采暖器等燃气用具。

（五）“燃气工程”是指燃气设施和工业燃烧设备的新建、扩建、改建工程。

第五十四条 本条例于 1998 年 1 月 1 日起施行。1991 年 3 月 12 日天津市人民代表大会常务委员会通过的《天津市城市燃气管理条例》同时废止。

河北省燃气管理条例

（2019年11月29日河北省第十三届人民代表大会常务委员会第十三次会议通过 2019年11月29日河北省第十三届人民代表大会常务委员会公告第42号公布 自2020年4月1日起施行）

第一章 总 则

第一条 为了加强燃气管理，保障燃气供应，防止燃气安全事故，保障公民生命、财产安全和公共安全，维护燃气用户和燃气经营者的合法权益，促进燃气事业高质量发展，根据《城镇燃气管理条例》等有关法律、行政法规，结合本省实际，制定本条例。

第二条 本条例适用于本省行政区域内燃气规划建设、供气保障、经营服务、使用和安全管理等活动。

本条例所称燃气，是指作为燃料使用并符合一定要求的气体燃料，包括天然气（含煤层气）、液化石油气和人工煤气。

天然气、液化石油气的生产和进口，门站以外的天然气管道输送，燃气作为工业生产原料的使用，沼气、秸秆气的生产和使用，不适用本条例。

第三条 燃气工作应当坚持统筹规划、配套建设，保障供应、规范服务，绿色节能、安全高效的原则。

第四条 县级以上人民政府应当加强对燃气工作的领导，将燃气工作纳入国民经济和社会发展规划，建立健全燃气管理工作机制，统筹协调本行政区域内的燃气工作。

第五条 住房和城乡建设主管部门或者县级以上人民政府确定的燃气主管部门（以下称燃气管理部门），负责本行政区域内的燃气管理工作。

发展改革、市场监督管理、应急管理、公安、交通运输、自然资源、行政审批等部门在各自职责范围内负责燃气管理有关工作。

乡镇人民政府、街道办事处和各类开发区、园区等管理机构应当做好燃气管理有关工作，村（居）民委员会协助做好相关工作。

第六条 各级人民政府及其有关部门应当组织开展多种形式的宣传活动，普及燃气法律、法规和安全知识，并将燃气安全知识纳入中小学安全教育内容，提高公民的燃气安全意识。

广播、电视、报刊、网络等媒体应当开展燃气安全知识的公益性宣传。

第七条 燃气经营者应当遵守有关安全生产法律、法规，加强安全生产管理，落实安全生产主体责任，严格执行相关标准、规范，在燃气经营服务活动中主动宣传普及燃气使用知识，指导燃气用户安全使用燃气。

燃气用户应当遵守安全用气规则，履行安全使用义务。

第八条 县级以上人民政府及其有关部门应当鼓励、支持燃气科学技术研究，推广使用安全、节能、高效、环保的燃气新技术、新工艺、新设备和新产品，运用信息化手段发展智慧燃气。

第九条 燃气行业协会应当建立行业自律机制，依法制定行业行为准则和服务规范，促进燃气经营者依法经营、诚实守信、严格自律，提高服务质量和技术水平。

第二章 规划建设

第十条 燃气管理部门应当会同有关部门，依据国民经济和社会发展规划、国土空间规划、能源规划以及上一级燃气发展规划，编制本行政区域的燃气发展规划，报本级人民政府批准后组织实施，并报上一级燃气管理部门备案。

燃气发展规划应当统筹城乡，覆盖符合燃气发展条件的乡镇、村。

经批准的燃气发展规划不得擅自变更或者调整，确需变更或者调整的，应当按照原程序报批、备案。

第十一条 城乡建设应当按照国土空间规划和燃气发展规划，配套建设燃气设施或者预留燃气设施建设用地。预留的燃气设施建设用地，未经法定程序批准，任何单位和个人不得占用或者改变用途。

第十二条 对燃气发展规划范围内的燃气设施建设工程，负责城乡规划许可的部门在依法核发选址意见书、建设用地规划许可证、乡村建设规划许可证时，应当就燃气设施建设是否符合燃气发展规划征求同级燃气管理部门的意见。

第十三条 在燃气发展规划确定的管道燃气供气范围内，与新建、改建、扩建工程配套建设的燃气设施，应当与主体工程同步设计、同步施工、同步竣工验收。

在燃气管网覆盖范围内，不得另外建设独立的管道供气设施。

第十四条 燃气设施建设工程竣工后，建设单位应当依法组织竣工验收。未经验收或者验收不合格的，不得投入使用。

建设单位应当自竣工验收合格之日起三个月内，将燃气设施建设工程档案移交当地城建档案管理机构。

第十五条 县级以上人民政府应当按照燃气发展规划和本省有关规定有序推进农村燃气工程建设。鼓励多种主体参与，采用管道气、液化石油气储备站等多种形式，提高农村地区燃气通达能力，并结合新农村建设，引导农村居民因地制宜使用燃气。

农村燃气工程建设应当按照市政基础设施工程有关建设程序组织实施，并执行国家和本省相关标准。

第三章 供气保障

第十六条 县级以上人民政府能源管理部门应当督促协调燃气供气企业与气源企业提前签订年度供气合同，鼓励签订中长期供气合同，保障气源供应。

第十七条 县级以上人民政府应当建立健全燃气应急储备制度，完善燃气供应保障应急体系，组织编制燃气应急预案，采取综合措施提高燃气供应保障能力。

燃气应急预案应当明确燃气应急气源和种类、应急供应方式、应急处置程序和保障措施等内容。燃气应急供应应当优先保障居民生活用气、集中供热用气和医院、学校、公交车、出租车等民生用气。

第十八条 燃气经营者应当通过自建、合建、租赁、购买储气设施或者购买储气服务等手段履行储气责任，确保具备不低于国家规定的储备气量，满足调峰和应急需求。

第十九条 有下列情形之一的，燃气管理部门应当采取措施，保障燃气用户的正常用气：

（一）管道燃气经营者临时调整供气量或者暂停供气未及时恢复正常供气的；

（二）管道燃气经营者因突发事件影响供气未采取紧急措施的；

（三）燃气经营者擅自停业、歇业的；

（四）燃气经营者被依法撤回、撤销、注销、吊销燃气经营许可的。

第四章　经营服务

第二十条　本省对燃气经营实行许可证制度。从事燃气经营活动的单位和个人，应当向设区的市负责燃气经营许可的部门申请核发燃气经营许可证，并依照许可的经营范围、类别、期限和规模等从事燃气经营活动。其中，从事高速公路服务区附属加气站经营的，应当向省燃气管理部门申请核发燃气经营许可证。

设区的市负责燃气经营许可的部门应当自核发许可证之日起五个工作日内，将核发情况告知同级燃气管理部门。设区的市燃气管理部门应当将核发情况报省燃气管理部门，并告知燃气经营者所在地的县级人民政府燃气管理部门。

已取得燃气经营许可证的燃气经营企业，应当每年向燃气管理部门报送上一年度企业年度报告。

第二十一条　管道燃气实行特许经营制度。设区的市、县（市）人民政府应当授权有关部门作为实施机构负责管道燃气特许经营有关实施工作，并明确具体授权范围。

实施机构应当按照公开、公平、公正的原则，通过招标、竞争性谈判等竞争方式，依法选择管道燃气经营者，并与其签订特许经营协议，协议应当包括经营方式、区域、范围、期限、服务质量和标准、燃气设施的维护和更新改造等内容。

第二十二条　管道燃气特许经营实施机构应当根据特许经营协议，定期对管道燃气经营者运营情况进行监测分析，保障管道燃气质量和服务效率。

管道燃气经营者有下列情形之一的，实施机构应当报经本级人民政府批准后，终止特许经营协议，并由本级人民政府收回特许经营权：

（一）转让、出租特许经营权的；

（二）存在重大安全隐患，且拒不整改或者整改不合格的；

（三）因管理不善发生重大燃气安全责任事故的；

（四）擅自停业、歇业，严重影响社会公共利益和安全的。

第二十三条　燃气价格以及相关服务收费项目和标准的制定、调整，应当遵守价格法律、法规的有关规定。

县级以上人民政府价格主管部门在确定和调整管道燃气销售价格时，应当征求管道燃气用户、管道燃气经营者和燃气管理部门等有关方面的意见。

第二十四条　燃气经营者应当与燃气用户签订供用气合同，明确双方权利和义务，并建立健全用户档案。

燃气经营者对供气区域内符合用气条件的单位和个人，无正当理由，不得拒绝供气。

第二十五条　燃气经营者应当向燃气用户持续、稳定、安全地供应燃气。供应燃气的成分、热值和压力等指标应当符合国家有关规定。

第二十六条　燃气经营者应当制作燃气宣传资料并免费向用户发放，指导燃气用户安全用气、节约用气。

燃气经营者应当公示业务流程、服务承诺、收费标准、服务热线和抢险抢修电话等信息，设专人每日二十四小时值班，设置综合服务网点，配备与经营规模相适应的服务人员，并按照规定标准提供服务。

第二十七条　管道燃气经营者对其供气范围内业主专有部分以外的燃气设施，承担运行、维护、抢修和更新改造的责任。物业服务企业和管道燃气用户对相关作业应当予以配合。

管道燃气经营者应当按照供气、用气合同的约定，对单位燃气用户的燃气设施承担相应的管理责任。

第二十八条 管道燃气经营者因施工、检修等原因需要临时调整供气量或者暂停供气的，应当将作业时间和影响区域提前四十八小时予以公告，或者书面通知燃气用户；因突发事件影响供气的，应当采取紧急措施并及时通知燃气用户。在施工、检修完工或者突发事件处置完成后，应当及时恢复正常供气，恢复供气时间应当事先通知燃气用户，确保用气安全。

燃气经营者停业、歇业的，应当事先对其供气范围内燃气用户的正常用气作出安排，并在九十日前向所在地燃气管理部门报告，经批准后方可停业、歇业。

第二十九条 燃气经营者应当按照国家和本省有关规定，对燃气用户免费提供定期入户安全检查并建立完整的检查档案。

对城镇居民燃气用户入户检查每年不少于一次；对农村居民燃气用户每年入户检查不少于两次，在首次通气和每个采暖期前应当进行入户检查；对单位燃气用户每年入户检查不少于一次。

第三十条 燃气经营者巡查人员入户检查时，应当提前通知燃气用户，并出示有效工作证件。燃气用户应当予以配合。

乡镇人民政府和街道办事处应当协调村（居）民委员会和物业服务企业等相关单位配合巡查人员进行入户检查。

第三十一条 燃气经营者应当将入户安全检查结果书面告知燃气用户，发现燃气安全隐患的，应当提醒燃气用户及时整改；燃气用户不按照规定进行整改可能造成安全事故的，燃气经营者应当停止供气，并在隐患消除后二十四小时内恢复供气。

第三十二条 燃气经营者在接到燃气用户燃气设施故障的报告后，应当按照约定的时间派人检修；在接到燃气泄漏的报告后，应当采取必要的应急措施，立即派人抢修。

因燃气经营者原因维修不及时造成燃气用户损失的，燃气经营者应当给予赔偿；因燃气用户原因维修不及时造成损失的，由燃气用户自行承担。

第三十三条 燃气经营者应当按照国家相关技术和安全标准储存、充装、装卸、运输燃气，不得从事《城镇燃气管理条例》所规定的禁止性行为。从事瓶装燃气经营的，应当加强对送气人员的管理，配备符合安全运输要求并设有明显警示标志的燃气运输车辆，不得使用超期未检验、检验不合格或者报废改装的气瓶充装燃气，不得用罐车等移动式压力容器直接对气瓶充装燃气。

第三十四条 燃气管理部门和其他有关部门应当建立健全监督管理制度，对燃气经营者的经营活动、服务情况和燃气质量等情况进行监督检查，并每年向社会公布监督检查结果。

第三十五条 县级以上人民政府及其有关部门应当建立燃气经营者信用档案，开展信用信息采集、发布、评价，实施失信联合惩戒。

第五章 燃气使用

第三十六条 管道燃气用户需扩大用气范围，改变燃气用途，或者过户、安装、改装、拆迁固定的燃气设施的，应当到管道燃气经营企业办理相关手续，并按照国家和本省有关工程建设标准实施。

第三十七条 管道燃气计量装置应当符合国家规定标准，并依法进行检定。

燃气用户对燃气计量装置准确度有异议的，可以向法定计量检定机构申请检定。经检定，误差在法定范围内的，检定费用由燃气用户承担；误差超过法定范围的，检定费用由管道燃气经营者承担，并退还多收取的燃气费用。

新装或者更换居民用户燃气计量装置时，优先使用物联网燃气表。燃气计量装置使用到规定年限后，由管道燃气经营者负责更换，所需费用计入企业成本。燃气计量装置出现故障，燃气经营者应当及时维修或者更换。因燃气用户责任造成燃气计量装置损坏的，维修或者更换费用由燃气用户承担。

第三十八条 新建住宅管道燃气工程，应当在户内安装管道燃气自闭阀等具有自动切断功能的安全装置。县级以上人民政府应当制定工作方案，组织既有住宅燃气用户加装管道燃气自闭阀等具有自动切断功能的安全装置。

燃气用户管道与燃气燃烧器具的连接管应当采用符合国家和本省燃气安全使用要求的管材、管件。燃气用户应当按照安全用气要求，使用带熄火保护装置的燃气燃烧器具，并及时更换国家和本省明令淘汰或者已达到使用年限的燃气燃烧器具、连接管。

单位燃气用户应当建立安全管理制度，加强对操作维护人员燃气安全知识和操作技能的培训。

第三十九条 燃气用户及相关单位和个人不得有下列行为：

（一）擅自操作公用燃气阀门；

（二）将燃气管道作为负重支架或者接地引线；

（三）安装、使用不符合气源要求的燃气燃烧器具；

（四）擅自安装、改装、拆除燃气设施和燃气计量装置；

（五）在不具备安全条件的场所使用、储存燃气；

（六）改变燃气用途或者转供燃气；

（七）擅自改变燃气气瓶检验标志、漆色以及自行处理燃气气瓶残液；

（八）加热、摔、砸燃气气瓶以及使用时倒卧燃气气瓶；

（九）进行危害燃气设施安全的装饰、装修活动；

（十）用气瓶相互倒灌燃气；

（十一）盗用燃气；

（十二）其他法律、法规规定的禁止的行为。

第四十条 燃气用户有权就燃气收费、服务等事项向燃气经营者进行查询，燃气经营者应当自收到查询申请之日起五个工作日内予以答复。

燃气用户有权就燃气收费、服务等事项向县级以上人民政府市场监督管理部门、燃气管理部门以及其他有关部门进行投诉举报。有关部门应当建立投诉举报制度，设置网络投诉平台，公开投诉举报电话、电子邮箱等，受理燃气用户有关投诉举报，并自收到投诉举报之日起十五个工作日内予以查处；涉及燃气安全的，应当立即处理。处理结果应当及时反馈投诉举报人。

第四十一条 提倡燃气经营者和燃气用户投保相关责任保险。任何单位和个人不得强制燃气经营者和燃气用户投保。

第六章 安全管理

第四十二条 燃气管理部门应当会同有关部门按照国家和本省有关规定划定燃气设施保护范围，并向社会公布。在燃气设施保护范围内，禁止从事下列危及燃气设施安全的活动：

（一）建设占压地下燃气管线的建筑物、构筑物或者其他设施；

（二）进行爆破、取土等作业或者动用明火；

（三）倾倒、排放腐蚀性物质；

（四）放置易燃易爆危险物品；

（五）种植深根植物；

（六）其他危及燃气设施安全的活动。

第四十三条 建设工程施工可能危及燃气设施安全的，建设单位或者个人应当提前五日书面告知燃气经营者，会同施工单位与燃气经营者共同制定燃气设施保护方案。建设单位或者个人、施工单位应当采取相应的安全保护措施。燃气经营者应当派专业人员进行现场指导。

第四十四条 燃气经营者改动市政燃气设施，应当制定改动方案，报负责燃气行政审批的部门批准。

改动方案应当符合燃气发展规划，明确安全施工要求，有安全防护和保障正常用气的措施。

第四十五条 县级以上燃气管理、市场监督管理、交通运输、公安等有关部门应当按照各自职责，加强对燃气经营、燃气使用和燃气设备设施安全状况等的监督检查，发现燃气安全事故隐患的，应当及时通知燃气经营者、燃气用户采取措施消除隐患；燃气经营者、燃气用户未及时消除隐患可能严重威胁公共安全的，有关部门应当依法采取措施，及时组织消除隐患，有关单位和个人应当予以配合。

燃气经营企业应当提高科学化、信息化管理水平，建立健全燃气安全工作机制和管理制度，定期对企业职工进行安全教育和技能培训，并加强燃气设施的巡查、检测、维修和维护，严格管控各类风险，及时排查消除安全隐患。

第四十六条 乡镇人民政府、街道办事处负责对燃气经营企业、燃气燃烧器具生产和销售企业在本行政区域内经营服务机构的监管，指导村（居）民委员会开展燃气安全知识宣传教育，督导燃气经营者排查整治燃气安全隐患，保障燃气设施安全运行。

第四十七条 建立燃气经营企业驻村安全员和村燃气安全协管员制度。

燃气经营企业设立驻村安全员，负责农村燃气设施的日常运营维护和安全巡查，宣传燃气安全知识。燃气经营企业负责对驻村安全员进行日常管理和培训。

乡镇人民政府确定的村燃气安全协管员，负责协助燃气经营企业驻村安全员对农村燃气设施进行日常维护和安全巡查，宣传燃气安全知识。乡镇人民政府负责对其进行日常管理，燃气经营企业负责对其培训。

第四十八条 燃气管理部门应当会同有关部门制定燃气安全事故应急预案，建立应急工作机制，明确相关单位职责、应急行动方案等内容，并建立燃气事故统计分析制度，定期通报事故处理结果。

县级以上人民政府应当组织相关部门、燃气经营者对燃气安全事故应急预案内容定期开展实地演练。

第四十九条 燃气经营者应当制定本单位的燃气安全事故应急预案，配备应急人员和必要的应急装备、器材，每年定期组织演练，提高燃气应急处置能力。

燃气经营者制定的燃气安全事故应急预案及应急装备、器材明细和应急人员名单应当向所在地燃气管理部门和应急管理部门进行备案。燃气管理部门、应急管理部门可以在发生重大燃气安全事故时统一调配使用。

第五十条 燃气安全事故发生后，燃气经营者应当立即启动本单位燃气安全事故应急预案，组织抢险、抢修。

燃气安全事故发生后，燃气管理、应急管理等有关部门以及消防救援机构，应当根据各自职责，立即采取措施防止事故扩大，根据有关情况启动燃气安全事故应急预案。

燃气安全事故的报告和调查处理，依照有关法律、法规的规定执行。

第五十一条 任何单位和个人发现燃气安全事故隐患时，应当立即告知燃气经营者，或者向燃气管理部门、消防救援机构等有关部门和单位报告。

燃气经营者接到事故隐患报告后，应当立即组织排除隐患，并同时报告当地燃气管理部门和消防救援机构。

燃气管理部门、公安机关和消防救援机构应当建立燃气安全预警联动机制，接到事故隐患报告后，立即处理。

第五十二条 发生燃气泄漏等紧急情况时，燃气经营者必须采取紧急避险措施的，公安机关应当支持燃气经营者实施入户抢险、抢修作业，燃气用户应当予以配合。

第五十三条 抢险抢修人员在处理燃气事故紧急情况时，对影响抢险抢修的有关设施在最大限度地减少损失的情况下可以拆除。

第七章 法律责任

第五十四条 违反本条例规定，各级人民政府和县级以上人民政府燃气管理部门以及其他有关部门，不依法作出行政许可决定或者办理批准文件的，发现违法行为或者接到对违法行为的投诉举报不予查处的，或者有其他未依照本条例规定履行职责的行为的，对直接负责的主管人员和其他直接责任人员，依法给予处分；直接负责的主管人员和其他直接责任人员的行为构成犯罪的，依法追究刑事责任。

第五十五条 违反本条例第二十条规定，未取得燃气经营许可证从事燃气经营活动的，由燃气管理部门责令停止违法行为，并处五万元以上五十万元以下罚款；有违法所得的，没收违法所得；构成犯罪的，依法追究刑事责任。

违反本条例第二十条规定，燃气经营者不按照燃气经营许可证的规定从事燃气经营活动的，由燃气管理部门责令限期改正，并处三万元以上二十万元以下罚款；有违法所得的，没收违法所得；情节严重的，吊销燃气经营许可证；构成犯罪的，依法追究刑事责任。

第五十六条 违反本条例第三十三条规定，使用超期未检验、检验不合格或者报废改装的气瓶充装燃气的，由县级以上人民政府市场监督管理部门责令改正，并处二万元以上二十万元以下罚款；情节严重的，吊销充装许可证。

违反本条例第三十三条规定，用罐车等移动式压力容器直接对气瓶充装燃气的，由县级以上人民政府市场监督管理部门责令改正，并处二万元以上十万元以下罚款；情节严重的，吊销充装许可证。

第五十七条 违反本条例第三十九条规定，燃气用户及相关单位和个人有下列行为之一的，由燃气管理部门责令限期改正；逾期不改正的，对单位可以处十万元以下罚款，对个人可以处一千元以下罚款；造成损失的，依法承担赔偿责任；构成犯罪的，依法追究刑事责任：

（一）擅自操作公用燃气阀门；

（二）将燃气管道作为负重支架或者接地引线；

（三）安装、使用不符合气源要求的燃气燃烧器具；

（四）擅自安装、改装、拆除燃气设施和燃气计量装置；

（五）在不具备安全条件的场所使用、储存燃气；

（六）改变燃气用途或者转供燃气；

（七）擅自改变燃气气瓶检验标志、漆色以及自行处理燃气气瓶残液；

（八）加热、摔、砸燃气气瓶以及使用时倒卧燃气气瓶；

（九）进行危害燃气设施安全的装饰、装修活动。

违反本条例第三十九条规定，燃气用户及相关单位和个人用气瓶相互倒灌燃气的，由燃气管理部门责令停止违法行为，限期改正；逾期不改正的，对单位处五万元以上十万元以下罚款，对个人处一千元以上三千元以下罚款。

违反本条例第三十九条规定，燃气用户及相关单位和个人盗用燃气的，依照治安管理处罚法的有关规定进行处罚；构成犯罪的，依法追究刑事责任。

第五十八条 违反本条例第四十三条规定，建设工程施工范围内有地下燃气管线等重要燃气设施，建设单位或者个人未会同施工单位与管道燃气经营者共同制定燃气设施保护方案，或者建设单位、个人、施工单位未采取相应的安全保护措施的，由燃气管理部门责令改正，并对单位处一万元以上十万元以下罚款，对个人处一千元以下罚款；造成损失的，依法承担赔偿责任；构成犯罪的，依法追究刑事责任。

第五十九条 违反本条例规定的行为，其他有关法律、法规已有处罚规定的，从其规定。

第八章 附 则

第六十条 业主专有部分的燃气设施是指：

（一）当燃气计量装置设在户内时，指燃气计量装置后的燃气设施，不含燃气计量装置；

（二）当燃气计量装置设在户外时，指燃气管道入户墙内侧的燃气设施，不含墙体内的燃气设施。

第六十一条 本条例自2020年4月1日起施行。

山西省燃气管理条例

（2000年9月27日山西省第九届人民代表大会常务委员会第十八次会议通过 根据2014年11月28日《山西省人民代表大会常务委员会关于修改部分地方性法规的决定》修正）

第一章 总 则

第一条 为加强燃气管理工作，规范燃气市场行为，维护燃气消费者、经营者的合法权益，保障社会公共安全，促进燃气事业的发展，制定本条例。

第二条 本条例适用于本省行政区域内燃气发展规划的制定和实施，燃气工程的建设，燃气的生产、销售、使用，燃气设施的保护，燃气器具的生产、销售、安装、维修，以及相关的管理活动。

第三条 县级以上人民政府建设行政主管部门负责本行政区域内燃气行业的监督管理工作。具体管理工作可以委托符合行政处罚法规定条件的燃气管理机构实施。

县级以上人民政府经贸、公安、工商、质量技术监督、交通、价格等有关行政主管部门按照各自的职责，依法负责燃气的安全、质量、价格等相关的监督管理工作。

第四条 燃气事业的发展坚持统筹规划、优化气源结构、实行市场准入、鼓励公平竞争和保障安全用气的原则。

第五条 县级以上人民政府应当鼓励和支持燃气科学技术研究，积极推广使用安全、节能、高效的燃气新技术、新工艺、新产品。

第六条 燃气管理坚持“安全第一，预防为主”的方针。燃气管理部门及燃气生产、销售企业应当对用户安全和节约用气进行指导和宣传，用户应当按照规定正确使用燃气。

第二章 规划和建设

第七条 县级以上人民政府应当将燃气事业的发展纳入国民经济和社会发展计划。

城市的燃气发展规划应当纳入城市总体规划。

乡级人民政府应当将村庄和集镇的燃气建设逐步纳入村庄和集镇总体规划。

编制燃气发展规划应当符合消防、防爆、抗震、防洪等安全要求。

第八条 县级以上人民政府应当将燃气汽车加气站的建设纳入燃气发展规划。

第九条 城市在新区开发和旧区改造时，应当按照燃气发展规划，配套建设燃气设施。

居民住宅和其他需要使用燃气的建筑物，在建设和改造时应配套建设室内燃气设施。

按照燃气发展规划预留的燃气设施建设用地，任何单位和个人不得占用或改变其用途。

第十条 新建、改建、扩建燃气工程项目应当符合燃气发展规划和环境保护要求，经建设行政主管部门审核同意，按照国家和本省规定的建设项目审批程序报关部门批准后实施。

第十一条 燃气工程的建设，应当依法实行工程项目招标投标、建设监理和质量监督制度。

建设单位应当委托有相应资质的单位进行燃气工程的设计、施工和监理。

禁止无资质证书，或者超越资质证书许可的范围从事燃气工程的设计、施工和监理。

第十二条 燃气工程竣工后，应当进行竣工验收。未经验收或者验收不合格的，不得交付使用。

第三章 燃 气 经 营

第十三条 对燃气经营实行许可证制度。从事燃气经营活动的企业，应当具备下列条件：

（一）符合燃气发展规划要求；

（二）有符合国家标准的燃气气源和燃气设施；

（三）有固定的经营场所、完善的安全管理制度和健全的经营方案；

（四）企业的主要负责人、安全生产管理人员以及运行、维护和抢修人员经专业培训并考核合格；

（五）法律、法规规定的其他条件。符合前款规定条件的，由设区的市人民政府燃气管理部门核发燃气经营许可证。

第十四条 燃气生产、销售企业合并、分立，应当办理燃气企业经营许可变更登记手续。

燃气生产、销售企业歇业的，应当在歇业的 90 日前，书面向当地建设行政主管部门申请办理燃气企业经营许可注销手续。当地建设行政主管部门应当在 90 日内解决好用户供气。

第十五条 燃气销售企业应当与燃气生产企业依法订立合同，保证正常供气。

燃气生产、销售企业应当建立健全质量保证体系和质量检验制度，保证生产和销售的燃气质量符合国家规定的标准。

第十六条 燃气的价格实行政府定价和政府指导价。

政府定价，由燃气经营企业或建设行政主管部门提出申请，报政府价格主管部门，按照定价权限和程序确定燃气价格。

政府指导价，由燃气经营企业或建设行政主管部门提出申请，报政府价格主管部门，按照定价权限和程序确定基准价和调整幅度，指导经营者制定燃气价格。

制定和调整燃气价格，应当举行听证会。

第十七条 燃气销售企业不得有下列收费行为：

（一）不按照规定的价格标准收取费用；

（二）未受用户委托，自行提供服务的收费。

第十八条 燃气销售企业应当按照燃气质量、压力和计量标准，向用户不间断供气；燃气销售企业与单位用户订立的供用气合同另有约定的，从其约定。

因燃气工程施工或者燃气设施维修，确需暂停供气或者降低燃气压力的，燃气销售企业应当于48小时前予以公告，并对用户做出安排；需在较大范围内暂停供气或者降低燃气压力的，燃气销售企业应当事先向建设行政主管部门报告。

因不可抗力、突发性事故等紧急情况，确需暂停供气或者降低燃气压力的，燃气销售企业应当立即通知用户，同时向建设行政主管部门报告，并采取不间断抢修措施，直至恢复正常供气。

第十九条 燃气销售企业应当设置用户联系电话和抢险抢修电话，并向社会公布。抢险抢修电话应当有专人每天24小时值班。

第二十条 燃气销售企业接到用户报修后，应当在规定的期限或者与用户约定的时间内派人到现场维修；对燃气泄漏的，应立即派人到现场抢修。

第二十一条 燃气供气站点必须由具有燃气销售企业经营许可证书的企业设立。

燃气供气站点的设立应当具备下列条件，并取得由建设行政主管部门核发的许可证，方可供气：

（一）有与经营规模相适应的营业场所；

（二）有符合国家燃气质量标准的稳定气源；

（三）有与经营规模相适应的，符合国家有关标准和规定的燃气设施、计量器具和消防器材；

（四）有相应数量的经过专业培训合格的管理人员和技术人员；

（五）有健全的规章制度和安全责任制度。

第二十二条 燃气生产、销售企业和燃气供气站点不得向无燃气企业经营许可证书、无供气许可证的单位和个人提供用于销售的燃气。

第二十三条 从事瓶装燃气生产和销售的企业，应当遵守下列规定：

（一）钢瓶的灌装量和残液量应当符合国家规定，并按规定抽取残液；

（二）燃气销售企业应当按照规定送检燃气钢瓶，禁止使用超过检验期限或者检验不合格的燃气钢瓶；

（三）禁止用槽车直接向燃气钢瓶灌装液化石油气；

（四）禁止擅自改换燃气钢瓶检验标记；

（五）禁止转灌瓶装燃气、倾倒残液和对燃气钢瓶加热。

第二十四条 新型燃气应当达到国家和省规定的产品质量标准和安全标准。

新型燃气应当经省建设行政主管部门和公安消防部门组织鉴定。经鉴定合格后方可经营。

第四章 燃气使用和燃气器具

第二十五条 用户需要使用燃气，应当向燃气销售企业提出。具备供气条件的，燃气销售企业应当及时组织供气。

燃气销售企业不得限定用户购买本企业或者其指定的燃气器具和相关产品，不得限定用户委托本企业或者其指定的安装单位安装燃气器具。

第二十六条 燃气的计量应当使用符合国家计量标准的燃气计量装置。燃气计量装置应当由法定检测机构定期进行检验。

第二十七条 燃气用户应当依据燃气流量表计量数据按规定期限缴纳燃气使用费，不得拖欠或拒缴。

第二十八条 燃气销售企业对燃气用户进行检修或查表收费时，燃气销售企业应当提前通知用户，检修和查表收费人员应当佩戴证件，为用户搞好服务。燃气用户应当予以配合。

第二十九条 用户应当按使用规划安全用气、节约用气。

任何单位和个人不得有下列行为：

（一）擅自改装、迁移或者拆除燃气设施；

（二）擅自变更燃气用途；

（三）在燃气输配管网上直接安装燃气器具或者采用其他方式盗用燃气；

（四）在设有燃气管道设施的房间内放置炉火或者存放易燃、易爆物品；

（五）将燃气管道作为负重支架或者电器设备的接地导体。

第三十条 用户有权就燃气经营的收费和服务向燃气经营企业查询，可以向有关部门或组织投诉；有关部门、组织应当自接到投诉之日起15日内予以答复。

第三十一条 在本省销售的燃气器具，符合下列条件后，方可列入销售目录：

（一）燃气器具生产企业依法取得了生产许可证；

（二）具有产品质量合格证；

（三）经省质量技术监督部门和省建设行政主管部门认定的检测机构进行气源适配性检测合格；

（四）在本省设立或者指定布局合理、方便用户的产品维修站点。

建设行政主管部门应当定期向社会公布燃气器具销售目录。

第三十二条 燃气器具的安装、维修单位应当取得建设行政主管部门核发的燃气器具安装维修资质证书后，方可从事安装、维修业务；从事燃气器具安装维修的人员，应当经培训合格后持证上岗。

用户应当委托具有资质的安装单位安装燃气器具。

燃气器具的安装单位对未列入销售目录的燃气器具应当拒绝安装。

第五章 燃气设施保护和燃气事故处理

第三十三条 燃气生产、销售企业应当在燃气的调压站、气化站、汽车加气站、液化石油气瓶库等重要燃气设施建筑物上设置醒目的、统一的安全识别标志，并采取相应的安全保障措施。

任何单位和个人都有维护燃气设施安全的义务，发现燃气设施损坏和燃气泄漏应当立即报告燃气销售企业和有关部门。

任何单位和个人不得擅自移动、覆盖、拆除或者损坏燃气设施的安全识别标志。

第三十四条 在《城镇燃气设计规范》和《建筑设计防火规范》规定的燃气设施安全保护范围内，不得从事下列活动：

（一）建造建筑物或者构筑物；

（二）堆放物品或者排放腐蚀性液体、气体；

（三）开挖沟渠、挖坑取土或者种植深根植物；

（四）进行打桩或者顶进作业；

（五）其他损坏燃气设施或者危害燃气设施安全的行为。

第三十五条 在燃气输配管道的安全保护范围内确需进行施工或其他作业的；建设单位或施工单位必须与燃气生产、销售企业协商采取相应的安全保护措施。

第三十六条 燃气生产、销售企业选用的燃气贮罐、气瓶和调压器应当符合规定的标准，并按照压力容器管理的有关规定定期检修和更新。

燃气运输应当执行危险品运输的规定。

第三十七条 燃气生产、销售企业应当建立燃气设施巡查制度，定期对燃气设施进行检修，并制定燃气事故的应急处理方案。

发生燃气事故，对燃气设施抢修时，有关单位和个人应当给予配合。不不得以任何理由阻挠或者干扰抢修工作的进行。

燃气设施的管理和维修由燃气生产和销售企业负责组织实施，所发生的费用由产权所有者负担。

第三十八条 燃气事故造成人员伤亡、财产损失的，由建设、经贸、公安、质量技术监督等行政主管部门按照各自职责，相互配合，进行事故现场勘查，调查取证，并确定事故原因和责任。

有关当事人对燃气事故原因和责任的认定有争议的，可以提请县级以上人民政府确定的事故鉴定机构鉴定。

第六章 法律责任

第三十九条 燃气事故的有关当事人按照下列规定依法承担责任：

（一）因燃气器具产品质量或者安装质量不符合国家标准和安全要求造成燃气事故的，燃气器具生产、销售企业或者安装单位应当依法承担赔偿责任；

（二）因燃气生产、销售作业造成人员伤亡、财产损失的，燃气生产、销售企业应当依法承担赔偿责任。工伤事故按照国家有关规定处理；

（三）因施工或者其他作业造成燃气设施及其他财物损坏、人身伤亡的，应当由责任单位依法承担赔偿责任；

（四）燃气用户因自身过错造成燃气事故的自行承担损害责任，造成他人伤亡、财产损失的。应当依法承担赔偿责任；

（五）因第三人的过错造成燃气事故的，第三人应当依法承担赔偿责任；

（六）除不可抗力外，燃气事故责任人一时无法查清的，燃气生产、销售企业应当依法承担赔偿责任。燃气生产、销售企业可以保留依法向燃气事故责任人追偿的权利。

前款规定的燃气事故的赔偿，由有关当事人协商处理或申请调解处理，有关当事人也可以直接向人民法院提起民事诉讼；燃气事故责任人构成犯罪的，依法追究刑事责任。

第四十条 违反本条例规定，有下列行为之一的，由县级以上人民政府建设行政主管部门责令停止违法行为，并可根据情节处以5000元以上30000元以下罚款：

（一）未取得燃气企业经营许可从事燃气生产和销售活动的；

（二）燃气生产、销售企业的合并、分立、歇业未办理燃气企业经营许可变更登记或注销登记的；

（三）燃气供气站点未取得供气许可证供气的；

（四）向无供气许可证的单位和个人提供用于销售的燃气的；

（五）未按规定期限对用户燃气设施进行检修的。

前款第（三）、（四）、（五）项行为，情节严重的，由县级以上人民政府建设行政主管部门吊销其经营许可证书。

第四十一条 燃气生产、销售企业违反本条例规定有下列行为之一的，由县级以上人民政府建设行政主管部门责令改正，并可根据情节处以1000元以上10000元以下罚款；情节严重的，吊销其经营许可证书：

（一）未建立燃气设施巡查制度和制定燃气事故的应急处理方案的；

（二）未在燃气调压站、气化站、汽车加气站、液化石油气瓶库等重要设施的建筑物上设置安全识别标志；

（三）限定用户购买本企业或者其指定的相关产品以及指定安装单位为用户安装燃气器具的。

第四十二条 违反本条例规定，擅自中断供气或降低燃气压力的，由县级以上人民政府建设行政主管部门责令改正，并处以10000元以上30000元以下罚款，给用户造成损失的，应当依法承担赔偿责任；供用气双方有合同约定的，依照合同法有关规定处理。

燃气质量不符合国家规定标准的，由县级以上人民政府质量技术监督行政主管部门依照产品质量法的有关规定予以处罚。

第四十三条 违反本条例第十一条、第十二条规定的，由县级以上人民政府建设行政主管部门依照有关法律法规的规定予以处罚。

第四十四条 有违反本条例第二十九条第二款规定行为之一的，由县级以上人民政府建设行政主管部门责令改正，并可根据情节处以100元以上500元以下罚款；涉及违反《中华人民共和国治安管理处罚法》的，依照该条例的有关规定予以处罚；构成犯罪的，依法追究刑事责任。

第四十五条 县级以上人民政府建设行政主管部门及其他有关行政主管部门的工作人员在燃气管理工作中玩忽职守、滥用职权、徇私舞弊尚不构成犯罪的，应当给予行政处分；构成犯罪的，依法追究刑事责任。

第七章　附　　则

第四十六条 本条例中下列用语的含义是：

（一）燃气是指人工煤气、天然气、液化石油气等气体燃料的总称。

（二）燃气设施是指燃气生产、储运、输配、供应的各种设备及其附属设施。

（三）燃气供应站点包括液化石油气瓶装供应气站点、汽车加气站和各类燃气气化站。

第四十七条 本条例具体应用中的问题，由省人民政府负责解释。

第四十八条 本条例自2001年1月1日起施行。

陕西省燃气管理条例

（2007年7月28日陕西省第十届人民代表大会常务委员会第三十二次会议通过　根据2015年5月28日《陕西省人民代表大会常务委员会关于修改〈陕西省社会治安综合治理条例〉等十五部地方性法规的决定》修正）

第一章　总　　则

第一条　为了加强燃气管理，保障公民生命财产安全和社会公共安全，维护燃气用户和燃气企业的合法权益，根据有关法律、行政法规，结合本省实际，制定本条例。

第二条　本条例所称燃气，是指作为燃料使用并符合一定要求的气体燃料，包括天然气（含煤层气）、液化石油气和人工煤气等。

第三条　本省行政区域内燃气专项规划编制，燃气工程建设，燃气生产、经营和使用，燃气设施保护和燃气器具销售、安装、维修、使用及其管理活动，适用本条例。

天然气开采、液化石油气炼制及其规划编制和工程建设不适用本条例。

法律、行政法规对燃气的安全生产、运输、消防和特种设备的管理另有规定的，依据其规定。

第四条　发展燃气事业应当遵循统一规划、合理利用、配套建设、保障安全、规范服务、节能高效、有序竞争、依法监管的原则。

第五条　省人民政府建设行政主管部门负责全省的燃气管理工作。

设区的市、县（市、区）人民政府燃气行政主管部门负责本行政区域内的燃气管理工作。

县级以上人民政府发展和改革、安全生产监督、公安消防、质量技术监督、工商行政管理、价格、环境保护、交通等部门按照各自职责，依法做好燃气管理的相关工作。

第六条　县级以上人民政府及其有关部门应当加强燃气安全知识的宣传普及工作，提高公民使用燃气的安全意识。

广播、电视、报刊等新闻媒体应当进行燃气安全知识的宣传，播放、刊登燃气安全使用的公益广告。

第二章　规划与建设

第七条　设区的市、县（市、区）燃气行政主管部门应当会同有关部门根据城市总体规划和当地经济社会发展规划编制燃气专项规划，征求上一级燃气行政主管部门的意见后，报本级人民政府批准后组织实施，并报上一级人民政府燃气行政主管部门备案。

燃气专项规划应当包括当地燃气发展方向，管道燃气的生产和输配系统，燃气储存基地、瓶装供应站点和燃气汽车加气站的规模、布局等内容。

第八条　城市建设应当按照城市详细规划和燃气专项规划，配套建设相应的燃气设施或者预留燃气设施配套建设规划用地。预留的燃气设施配套建设规划用地，未经法定程序批准不得改变用途。

第九条　在管道燃气供气规划区域内，新建、改建、扩建市政工程，配套建设的管道燃气设施，应当与主体工程同时设计、同时施工、同时竣工验收。

第十条　新建、改建、扩建燃气工程，应当符合燃气专项规划，经所在地燃气行政主管部门核准后，方可按照国家和省有关规定办理相关审批手续。

燃气工程应当具备相应的安全设施。安

全设施应当与主体工程同时设计、同时施工、同时竣工验收。

第十一条 从事燃气工程勘察、设计、施工和监理活动的单位，应当具备相应等级的资质，在其资质许可的范围内承揽燃气工程，并执行国家和省有关技术规范和标准。

第十二条 燃气工程竣工后，建设单位应当依法组织竣工验收，未经验收或者经验收不合格的，不得投入使用。

建设单位应当自燃气工程竣工验收合格之日起十五日内，向所在地燃气行政主管部门备案。

第十三条 燃气工程建设单位应当按照有关档案管理规定，向城建档案管理机构移交当年竣工项目档案。

第三章 经营管理

第十四条 燃气经营实行经营许可制度。从事燃气经营活动的企业，应当取得燃气经营许可证，并按照许可的经营范围、期限和规模从事燃气经营活动。

第十五条 申请燃气经营的企业，应当具备以下条件：

（一）有符合国家标准的燃气气源；

（二）有符合国家标准和燃气技术规范的储存、输配、充装、抽残等设施；

（三）有经过环境保护行政部门审批的建设项目环境影响评价文件；

（四）有固定的、符合安全条件的经营场所；

（五）有与经营规模相适应、具备相应资格的专业管理人员、技术人员和经过专业培训，取得相应岗位证书的操作人员；

（六）有健全的安全管理体系、经营管理制度和燃气事故处置应急预案；

（七）有与经营规模相适应的具备专业技能的抢险抢修人员和抢险抢修设备；

（八）法律、法规规定的其他条件。

销售瓶装燃气的站点，应当具备以下条件：

（一）符合瓶装燃气站点规划布局；

（二）从业人员经过专业培训，持证上岗；

（三）与居民住宅及周围其他建筑物安全距离符合国家规定；

（四）有健全的安全、经营管理制度和燃气事故应急处置预案；

（五）法律、法规规定的其他条件。

第十六条 从事燃气燃烧器具安装维修的企业，应当取得燃气燃烧器具安装维修许可证。申请燃气燃烧器具安装维修许可证的企业，应当具备以下条件：

（一）有固定的与安装维修规模相适应的营业场所；

（二）有专业安装维修设备、工具和检测设备；

（三）有与安装规模相适应的专业技术人员；

（四）有质量管理制度和安全操作规程；

（五）法律法规规定的其他条件。

第十七条 申请燃气经营许可和燃气燃烧器具安装维修许可的企业，应当向设区的市以上燃气行政主管部门提出书面申请。燃气行政主管部门应当自受理申请之日起二十日内作出决定。不予许可的，应当书面通知申请人并说明理由。

第十八条 燃气经营许可证和燃气燃烧器具安装维修许可证有效期为五年，期满需要延续的，应当在有效期届满三十日前到发证机关办理延续手续。

燃气企业的名称、住所和法定代表人等属于营业执照载明的事项发生变更的，应当在工商行政管理部门办理变更手续后三十日内，向原发证机关申请办理变更手续；涉及经营范围、经营场所和规模等许可内容变化的，应当按照本条例第十五条、第十六条和第十七条的规定，重新办理。

第十九条 燃气经营许可证和燃气燃烧器具安装维修许可证由省建设行政主管部门统一印制。任何单位和个人不得伪造、倒卖、出租、出借、涂改以及非法转让。

第二十条 燃气价格以及燃气服务收费项目、标准的制定，应当遵守价格法律、法规和价格行政主管部门的规定。对不符合法律、法规和价格行政主管部门规定的燃气价格或者燃气服务收费，燃气用户有权拒付。

第二十一条 燃气经营企业应当履行下列义务：

（一）向用户提供符合国家标准的燃气；

（二）向燃气用户发放安全用气手册，提供用户须知的资料，进行安全用气知识宣传和咨询；

（三）在营业场所公开用气的办理程序、收费项目和标准；

（四）管道燃气经营企业每两年免费对用户的燃气设施进行一次安全检查，检查人员进行检查时应当佩戴标志，发现安全隐患的应当协助用户予以消除；

（五）制定本企业燃气事故应急处置预案；

（六）健全和落实安全生产责任制度，并向社会公布抢险抢修电话，设专岗二十四小时值班。

第二十二条 从事瓶装燃气经营的企业，不得有下列行为：

（一）给未取得燃气经营许可证的站点提供燃气；

（二）钢瓶充装燃气超过国家规定的允许误差；

（三）用汽车罐车（槽车）直接向钢瓶充装燃气或者用钢瓶相互倒灌燃气；

（四）给报废、改装的钢瓶充装燃气；

（五）给超期限未检验或者检验不合格的钢瓶充装燃气；

（六）给残液量超标准的钢瓶充装燃气；

（七）给其他不符合国家标准的钢瓶充装燃气。

第二十三条 燃气燃烧器具安装维修企业，应当遵守下列规定：

（一）按照国家标准和规范安装、维修燃气燃烧器具，安装、维修材料和配件符合国家标准；

（二）不得擅自移动燃气计量表和表前燃气设施；

（三）燃气燃烧器具安装后，向用户提供安装检验合格证书；

（四）设定不低于一年的安装保修期。

对用户提供的不符合标准的燃气燃烧器具或者提出的不符合安全规范的要求，燃气燃烧器具安装维修人员有权拒绝安装维修。

第二十四条 管道燃气经营企业应当不间断地供气。因管道燃气设施施工、检修等原因确需降压或者停气的，管道燃气经营企业应当将作业时间和影响区域提前四十八小时予以公告或者书面通知燃气用户，并按照有关规定及时恢复正常供气；因突发事件影响供气的，应当采取紧急措施并及时通知燃气用户。

管道燃气经营者停业、歇业的，应当事先对其供气范围内的燃气用户的正常用气作出妥善安排，并在九十个工作日前向所在地燃气行政主管部门报告，经批准方可停业、歇业。

第二十五条 燃气行政主管部门应当建立举报和投诉制度，公开举报和投诉电话、信箱或者电子邮件地址，受理有关燃气安全、收费标准和服务质量的举报和投诉。

燃气行政主管部门应当自收到举报或者投诉之日起十五日内作出处理；涉及安全隐患的，应当立即作出处理。

第四章　安全管理

第二十六条　设区的市、县（市）人民政府燃气行政主管部门应当会同规划、公安消防等部门，按照《城镇燃气设计规范》划定燃气设施安全保护范围。

燃气经营企业应当在燃气设施安全保护范围内，设置醒目的安全警示标志，任何单位和个人不得擅自拆除、损坏、覆盖、移动和涂改。

第二十七条　在燃气设施的安全保护范围内，禁止下列行为：

（一）建造建筑物、构筑物；

（二）存放易燃易爆物品或者排放具有腐蚀性的液体和气体；

（三）开挖沟渠、挖坑取土或者种植深根作物；

（四）打桩或者顶进作业；

（五）进行明火、爆破作业；

（六）其他损坏燃气设施或者危害燃气设施安全的行为。

在燃气设施的安全保护范围内，确需实施前款所列（一）、（三）、（四）、（五）项行为的，应当报当地燃气行政主管部门批准，并告知燃气经营企业。

第二十八条　经批准在燃气设施安全保护范围内施工的，燃气企业应当予以配合。工程施工可能影响燃气设施安全的，建设单位应当采取相应的安全保护措施，必要时应当在燃气经营企业技术人员的指导下施工。

因工程施工需要迁移、改建燃气设施的，所需费用由建设单位承担；因工程施工造成燃气设施损坏的，应当依法赔偿。

第二十九条　燃气经营企业对运行满十年的燃气输配管网应当进行安全评估。安全评估报告报县级以上燃气行政主管部门。

燃气输配管网的安全评估，应当由具有安全评估相应资质的专业机构进行。

第三十条　本省行政区域内销售的燃气器具，应当经法定的检测机构进行气质适配性检测，符合本省燃气使用要求的，由省燃气行政主管部门统一向社会公告。未经检测或者经检测不符合燃气适配性的燃气器具，禁止销售。

燃气行政主管部门以及燃气经营企业，不得要求用户在其指定的销售网点购买燃气器具或者购买其指定品牌的燃气器具。

第三十一条　燃气经营企业应当与使用管道燃气的用户签订供用气合同，明确双方的权利义务。

第三十二条　单位燃气用户应当安装使用燃气泄漏报警器和安全自动切断装置。

居民燃气用户应当安装燃气安全自闭阀，提倡安装使用燃气泄漏报警器。

第三十三条　燃气用户应当遵守下列规定：

（一）遵守安全用气规则，正确使用燃气和燃气燃烧器具；

（二）按照核准的燃气价格和用气计量表具的记录，交纳燃气费；

（三）发现燃气设施有异常情况，应当立即向燃气企业或者有关部门报告；

（四）单位用户应当落实安全管理制度，设立专职或兼职的经培训的用气管理人员。

第三十四条　燃气用户不得有下列行为：

（一）用燃气管道作为负重支架或者接地引线；

（二）进行危害燃气设施安全的装饰、装修活动；

（三）安装、使用明令淘汰及不符合标

准的燃气器具；

（四）拆卸、安装、改装燃气计量器具；

（五）加热、摔、砸燃气钢瓶或者在使用时倒卧燃气钢瓶；

（六）自行处理燃气钢瓶残液；

（七）擅自改变燃气管道；

（八）擅自改变燃气钢瓶检验标志和漆色；

（九）拒绝对燃气设施进行安全检查；

（十）盗用燃气；

（十一）法律、法规禁止的其他行为。

第三十五条　县级以上燃气行政主管部门应当会同有关部门制定燃气事故应急预案。应急预案应当明确应急机构的组成、职责、应急行动方案等内容，并报本级人民政府批准。

第三十六条　县级以上燃气行政主管部门对燃气的工程建设、经营、使用、设施保护、燃气燃烧器具安装维修等活动进行监督检查时，可以行使下列职权：

（一）查阅复制有关文件和资料；

（二）询问相关人员，制作笔录；

（三）进入现场检查；

（四）责令排除安全隐患和改正违法行为；

（五）法律、法规规定的其他职权。

有关单位和个人应当配合监督检查，不得拒绝、妨碍监督检查人员依法履行职责。

第三十七条　燃气经营企业应当按照本企业燃气事故应急处置预案，配备应急抢险人员和应急救援器材、设备。

发生燃气事故，燃气经营企业应当按照燃气事故应急处置预案，立即组织救援，并按照规定立即报告燃气行政主管部门及相关部门。

第三十八条　燃气经营企业应当建立安全检查、安全保卫、维修养护和事故抢修等制度，对燃气设施进行检修和日常巡查，及时排除燃气设施故障和事故隐患。

第三十九条　任何单位和个人发现燃气事故或者事故隐患后，应当立即向燃气经营企业或者燃气行政主管部门、公安消防部门报告。

燃气经营企业接到事故或事故隐患报告后，应当立即赶赴现场，进行处置，并报告燃气行政主管部门及相关部门。

燃气行政主管部门或者公安消防部门接到事故隐患报告后，应当通知燃气经营企业；接到事故报告后，应当立即组织抢险抢修，必要时启动燃气事故应急预案。

第四十条　燃气事故的报告和调查处理，按照国家和省有关安全事故报告和调查处理的法律法规规定执行。

第四十一条　鼓励燃气经营企业和燃气用户参加燃气事故责任保险。

第五章　法律责任

第四十二条　违反本条例第十四条、第十六条规定，未取得燃气经营许可证或者燃气燃烧器具安装维修许可证擅自经营或者从事安装维修业务的，由县级以上燃气行政主管部门没收违法所得，并处以二万元以上十万元以下罚款；燃气经营企业超越许可范围经营的，由县级以上燃气行政主管部门责令限期改正，并处以五千元以上二万元以下罚款；拒不改正的，由发证机关吊销燃气经营许可证。

第四十三条　违反本条例第十九条规定，出租、出借、涂改燃气经营许可证和燃气燃烧器具安装维修许可证的，由县级以上燃气行政主管部门没收违法所得，并处以五千元以上二万元以下罚款；情节严重的，处以二万元以上十万元以下罚款，并可由发证机关吊销其燃气经营许可证或者燃气燃烧器具安装维修许可证；构成犯罪的，依法追究刑事责任。

第四十四条 违反本条例第二十一条、第三十八条规定的，由县级以上燃气行政主管部门责令改正，可处以五千元以上二万元以下罚款；发生重大责任事故构成犯罪的，依法追究刑事责任。

第四十五条 违反本条例第二十二条第（一）项规定，给未取得燃气经营许可证的站点提供燃气的，由县级以上燃气行政主管部门处以五千元以上二万元以下罚款；情节严重的，由发证机关吊销燃气经营许可证。

第四十六条 违反本条例第二十三条第一款第（二）、（三）、（四）项规定的，由县级以上燃气行政主管部门处以一千元以上五千元以下罚款；情节严重的，由发证机关吊销其燃气燃烧器具安装维修许可证。

第四十七条 违反本条例第二十四条规定的，由燃气行政主管部门责令限期改正，处一万元以上十万元以下罚款；有违法所得的，没收违法所得；情节严重的，吊销燃气经营许可证；造成损失的，依法承担赔偿责任；构成犯罪的，依法追究刑事责任。

第四十八条 违反本条例第二十七条第一款第（一）项、第（二）项、第（三）项、第（四）项、第（六）项规定的，由县级以上燃气行政主管部门责令限期改正，恢复原状，并处以五千元以上二万元以下罚款；造成损失的，依法予以赔偿。

第四十九条 违反本条例第二十九条第一款规定，燃气经营企业未对运行满十年的燃气输配管网进行安全评估的，由县级以上燃气行政主管部门给予警告，责令限期改正；拒不改正的，处五万元以上三十万元以下罚款，县级以上燃气行政主管部门可以组织对燃气输配管网进行安全评估，所需费用，由燃气经营企业承担。

第五十条 违反本条例第三十条第一款规定，销售未经检测或者经检测不符合本省燃气适配性的燃气器具的，由县级以上燃气行政主管部门责令停止销售，并处以二千元以上二万元以下罚款。

第五十一条 违反本条例第三十四条规定的，由县级以上燃气行政主管部门责令改正，对个人可处以一百元以上五百元以下罚款，对单位可处以一千元以上五千元以下罚款。

第五十二条 燃气行政主管部门和其他有关行政主管部门及其工作人员，未依法履行职责或者有滥用职权、玩忽职守、徇私舞弊的，由其上级机关或者监察机关对直接负责的主管人员和其他直接责任人员依法给予行政处分；构成犯罪的，依法追究刑事责任。

第五十三条 燃气行政主管部门作出的五万元以上罚款和吊销许可证的决定，应当告知当事人有要求听证的权利。

第五十四条 违反本条例的其他规定，法律、行政法规已有处罚规定的，从其规定。

第六章　附　　则

第五十五条 本条例下列用语的含义是：

（一）燃气设施是指燃气生产、储运、输配、供应的各种设备及其附属设施和计量装置；

（二）燃气工程是指燃气设施和燃气供应站点的新建、改建、扩建工程；

（三）燃气器具是指燃气灶具、公用燃气炊事器具、燃气烘烤器具、燃气热水和开水器具、燃气取暖器具、燃气交通运输工具、燃气冷暖机、燃气计量器具、钢瓶及调压器等；

（四）燃气燃烧器具是指民用的燃气热水器具、燃气开水器具、燃气灶具、燃气烘烤器具、燃气取暖器具、燃气制冷器具等。

第五十六条 本条例自2008年1月1日起施行。陕西省人民政府1995年6月8日颁布《陕西省城市燃气管理办法》同时废止。

西安市燃气管理条例

（2004年12月23日西安市第十三届人民代表大会常务委员会第十八次会议通过 2005年3月30日陕西省第十届人民代表大会常务委员会第十八次会议批准 根据2010年7月15日西安市第十四届人民代表大会常务委员会第二十三次会议通过 2010年9月29日陕西省第十一届人民代表大会常务委员会第十八次会议批准的《西安市人民代表大会常务委员会关于修改部分地方性法规的决定》第一次修正 2013年1月5日西安市第十五届人民代表大会常务委员会第六议修订通过 2013年3月27日陕西省第十二届人民代表大会常务委员会第二次会议批准 根据2016年12月22日西安市第十五届人民代表大会常务委员会第三十六次会议通过 2017年3月30日陕西省第十二届人民代表大会常务委员会第三十三次会议批准的《西安市人民代表大会常务委员会关于修改〈西安市保护消费者合法权益条例〉等49部地方性法规的决定》第二次修正）

第一章 总 则

第一条 为了规范燃气市场秩序，维护燃气用户和燃气经营者的合法权益，保障公民生命、财产安全和公共安全，促进燃气事业健康发展，根据有关法律、法规的规定，结合本市实际，制定本条例。

第二条 本市行政区域内燃气的发展规划、设施建设、经营、使用、安全管理等活动，适用本条例。

天然气、液化石油气的生产和进口，城市天然气门站以外的天然气管道输送，燃气作为工业生产原料的使用，沼气、秸杆气的生产和使用，不适用本条例。

第三条 本条例所称燃气，是指作为燃料使用并符合一定要求的气体燃料，包括天然气（含煤层气）、液化石油气、人工煤气等。

第四条 市市政公用行政管理部门是本市燃气管理的行政主管部门，负责全市燃气管理工作。

区、县人民政府燃气行政管理部门和开发区管委会负责辖区内的燃气管理工作。

街道办事处、乡镇人民政府接受燃气行政管理部门的指导，对辖区内的燃气安全进行监督、检查。

发展改革、规划、国土、建设、公安、工商、质监、安监、价格、房管、交通、气象、环保、教育等部门按照各自职责，做好燃气管理的相关工作。

第五条 燃气发展坚持安全第一、统筹规划、协调发展、节能高效、公平竞争、规范服务的原则。

第六条 市、区、县人民政府有关部门和开发区管委会应当建立健全燃气安全监督管理制度，宣传普及燃气法律、法规和安全知识，提高公民的燃气安全意识。

第二章 规划与建设

第七条 市燃气行政管理部门应当会同发展改革、规划等部门，依据国民经济和社会发展规划、土地利用总体规划、城乡规划等组织编制市燃气发展规划，报市人民政府批准后组织实施。

区、县燃气行政管理部门应当会同相关部门，根据市燃气发展规划，组织编制区、县燃气发展规划，报同级人民政府批准后实施，并报市燃气行政管理部门备案。

开发区管委会应当根据市燃气发展规划，组织编制开发区燃气发展规划，报市燃气行政管理部门备案。

第八条 市、区、县人民政府和开发区管委会应当根据燃气发展规划，加大对燃气设施建设的投入，并鼓励社会资金投资建设燃气设施。

第九条 城市建设应当按照城乡规划和燃气发展规划配套建设相应的燃气设施或预留燃气设施建设用地。

配套建设的燃气设施工程，应当与建设项目主体工程同步规划、同步设计、同步施工。

第十条 新建、扩建、改建燃气设施工程，应当符合燃气发展规划。

燃气设施工程申请行政许可时，受理许可的部门应当征求燃气行政管理部门的意见，燃气行政管理部门应当出具书面意见。未经燃气行政管理部门审查同意，受理许可的部门不得做出许可决定。

经批准的燃气设施工程在建设过程中，任何单位和个人不得阻挠。

第十一条 从事燃气设施工程勘察、设计、施工、监理活动的单位，应当具有相应的资质，并在其资质等级许可范围内依法承揽相关业务。

燃气设施工程的建设、勘察、设计、施工和监理单位，应当严格执行有关技术规范、标准和规定，确保燃气设施工程质量。

燃气设施工程建设单位应当按照国家有关规定到燃气设施工程质量监督机构办理燃气设施工程质量监督手续。

第十二条 燃气设施工程竣工后，建设单位应当在竣工验收合格后十五日内，将竣工验收报告和有关部门出具的验收合格文件，报所在地燃气行政管理部门备案。

燃气设施工程未经验收或者验收不合格的，不得交付使用。

第十三条 建设单位应当建立健全燃气设施工程档案管理制度，及时向市、区、县城建档案馆和有关部门移交燃气设施工程档案。

第三章　经营与服务

第十四条 政府投资建设的燃气设施，应当通过招投标方式选择燃气经营者。

社会资金投资建设的燃气设施，投资方可以自行经营，也可以另行选择燃气经营者。

第十五条 燃气经营实行许可证制度。燃气经营许可证有效期为五年。

从事燃气经营活动的企业，应当依法取得燃气经营许可证后，到工商行政管理部门办理登记手续，按照规定的经营范围、期限和规模从事燃气经营活动。

第十六条 燃气经营许可证由区、县燃气行政管理部门及开发区管委会核发。

新城、莲湖、碑林、雁塔、灞桥、未央区及开发区范围内管道燃气经营企业的燃气经营许可证由市燃气行政管理部门核发。

第十七条 从事燃气经营的企业应当具备下列条件：

（一）符合燃气发展规划；

（二）有固定的、符合安全规定的经营场所；

（三）有符合国家标准的燃气气源和燃气设施；

（四）有具备国家规定相应资格的专业管理人员和技术人员；

（五）有健全的管理制度、安全责任制度和事故应急救援预案；

（六）有与经营规模相适应的抢险抢修人员和设备；

（七）法律、法规规定的其他条件。

第十八条　申请燃气经营许可证的企业，应当向燃气行政管理部门提交以下资料：

（一）燃气设施工程的核准、备案文件、可行性研究报告或初步设计的专家审查意见；

（二）燃气设施的防雷电防静电测试报告；

（三）新建、扩建、改建的燃气设施工程消防设计审核、验收意见书；

（四）燃气设施的压力表、安全阀和燃气场所的消防器材的校验报告；

（五）燃气设施的压力容器使用证及充装许可证；

（六）燃气设施工程的质量监督备案材料；

（七）燃气设施工程和设施的安全评估报告；

（八）应急事故处置预案书；

（九）企业安全管理制度，岗位责任制、上岗人员资格证书；

（十）企业法定代表人身份证和主要经济、技术负责人职务、职称证件；

（十一）法律、法规规定的其他资料。

第十九条　燃气经营企业在设立瓶装液化气供应站点时，还应当符合下列条件：

（一）供应站点总储量不应大于十立方米；

（二）建筑耐火要求不低于二级，不得用可燃材料装修，电器、照明设施按防爆要求设置；

（三）瓶库面积不少于十五平方米，不得存放其他物品，保持通风，有足够的泄压面积；

（四）瓶库为相对独立的非住宅建筑，与居民住宅的距离不少于十米，与重要公共建筑的距离不少于二十米；

（五）配有相适应的消防器材；

（六）法律、法规规定的其他条件。

第二十条　燃气行政管理部门应当自受理申请之日起二十日内作出行政许可的决定。不予许可的，应当书面通知申请人并说明理由。

第二十一条　从事燃气经营的企业，不得有下列行为：

（一）向不具备安全条件的用户供气；

（二）向未取得燃气经营许可证的站点提供用于经营的燃气；

（三）在不具备安全条件的场所储存燃气；

（四）超过物价部门批准或者备案的服务项目和收费标准，收取额外费用；

（五）限定用户购买指定的燃气器具和相关产品，或者限定用户委托指定的安装单位安装燃气器具；

（六）向无压力容器使用证或者与使用证登记信息不一致的汽车储气瓶加气；

（七）擅自为非自有气瓶充装燃气；

（八）销售未经许可的充装单位充装的瓶装燃气；

（九）销售充装单位擅自为非自有气瓶充装的瓶装燃气；

（十）气瓶充装的燃气超过国家规定的允许误差；

（十一）用汽车罐车（槽车）直接向气瓶充装燃气或者用气瓶相互倒灌燃气；

（十二）给报废、改装的气瓶充装燃气；

（十三）给超期限未检验或者检验不合

格的气瓶充装燃气；

（十四）给残液量超标准的气瓶充装燃气；

（十五）给其他不符合国家标准的气瓶充装燃气。

第二十二条 燃气经营企业应当依法经营，建立健全用户服务制度，规范服务行为，提高服务质量。做到公开服务标准，公示业务流程；建立服务管理信息系统，向燃气用户发放安全用气手册，提供用户须知的资料，进行安全用气知识宣传和技术指导；设立服务、报修、投诉电话。

第二十三条 燃气经营企业应当向用户持续、稳定、安全供应符合国家质量标准的燃气。

未经市发展改革部门和市燃气主管部门同意，不得限制用户用气量。

第二十四条 管道燃气经营企业受理燃气管网覆盖范围内符合用气条件的燃气用户的供气申请后，应当按照服务承诺的时限进行验收，并及时供气。

第二十五条 因管道燃气设施施工、检修等原因需要降压或者停气的，管道燃气经营企业应当在三日前通知用户，并按通知规定的时间恢复供气；因突发事故降压或者停气的，应当及时通知用户。

第二十六条 管道燃气经营企业停业或者歇业的，应当在九十日前向燃气行政管理部门提出申请，经批准后方可停业、歇业。

第二十七条 燃气价格及服务收费项目和标准，应当按照价格法律、法规的有关规定执行。

第四章 设施保护与器具管理

第二十八条 市、区、县燃气行政管理部门和开发区管委会应当会同相关部门按照国家有关标准和规定划定燃气设施保护范围，并向社会公布。

燃气设施保护范围内，禁止从事下列危及燃气设施安全的活动：

（一）建设占压地下燃气管线的建筑物、构筑物或者其他设施；

（二）堆放易燃易爆物品或者排放腐蚀性液体、气体；

（三）擅自开挖沟渠、挖坑取土或者种植深根作物；

（四）擅自动用明火作业；

（五）擅自打桩或者进行其他作业；

（六）其他损坏燃气设施或者危害燃气设施安全的活动。

第二十九条 燃气经营企业应当按照国家有关工程建设标准和安全生产管理的规定，设置燃气设施防腐、绝缘、防雷、降压、隔离、高压、冷冻等保护装置和安全警示标志，定期进行巡查、检测、维修和维护，确保燃气设施的安全运行。

任何单位和个人不得侵占、损毁、擅自拆除或者移动燃气设施，不得损毁、覆盖、涂改、擅自拆除或者移动设施安全警示标志。

第三十条 燃气经营企业应当委托具有安全评估资质的专业机构，按照技术规范确定的时限，对燃气输配管网进行安全评估，并将安全评估报告报燃气行政管理部门。

安全评估报告认为燃气输配管网存在安全隐患的，燃气经营企业应当按照要求进行整改。

第三十一条 本市范围内建设工程开工前，建设单位或者施工单位应当到管道燃气经营企业查明地下燃气设施的相关情况，管道燃气经营企业应当在三日内给予书面答复。

建设工程施工可能影响燃气设施安全

的，建设单位应当会同施工单位与燃气经营企业共同制定燃气设施保护方案，采取相应的安全保护措施，确保燃气设施运行安全；燃气经营企业应当派专业人员进行现场指导。

因建设工程施工需要改装、迁移或者拆除燃气设施的，建设单位应当会同燃气经营企业制定施工方案，由具备燃气设施工程施工资质的企业进行施工。

第三十二条 管道燃气经营企业负责用户建筑红线内管道设施至燃气用器具之间的输配气设施的维修；按照燃气运行技术规程，对燃气调压器、管网定期维护维修，确保运行安全。

用户应当按照政府定价缴纳服务、维修费用。

第三十三条 管道燃气经营企业应当建立健全燃气用户安全档案，每两年免费对户内燃气设施进行一次安全检查，对检查出的安全隐患应当及时排除，并书面通知用户。

第三十四条 在本市销售的燃气燃烧器具，应当经法定的检测机构进行气源适配性检测。

在本市经营燃气燃烧器具的，应当设立安装维修售后服务企业或委托有资质的安装维修企业承担安装维修工作。

第三十五条 燃气用户应当依照安全用气规定使用用气设备及其附属设施，使用合格的燃气燃烧器具和气瓶，及时更换国家明令淘汰或者使用年限已届满的燃气燃烧器具、气瓶、连接管等。

第五章 安全管理

第三十六条 燃气、建设、质监、工商、公安消防、安监、气象等行政管理部门应当对燃气的工程建设、工程质量、经营使用、设施保护、消防安全等情况进行安全监督检查，发现安全隐患的，应当及时通知有关单位或者个人限期消除。

第三十七条 燃气经营企业应当建立安全检查、安全防护、维修保养、事故抢险、抢修等制度。燃气设施存在安全隐患或者发生故障的，应当及时排除，确保燃气设施安全运行和正常供气。

第三十八条 燃气经营企业应当制定燃气突发事件应急处置预案，报燃气行政管理部门、开发区管委会备案。

第三十九条 燃气经营企业应当在生产、储存、输配、充装、销售等场所安装燃气泄漏报警和自动切断装置。

单位燃气用户应当安装燃气泄漏报警和自动切断装置。燃气经营企业应当在确认安装的燃气泄漏报警和自动切断装置工作正常后，方可供气。

燃气经营企业、单位燃气用户应当对所属的燃气泄漏报警和自动切断装置委托专业检测机构定期检测，经检测不合格的，应当及时维修或者更换。

居民用户推广使用燃气泄露报警和自动切断装置。

第四十条 单位燃气用户应当建立健全燃气安全管理制度，配备燃气安全管理人员，定期对操作维护人员进行培训。

第四十一条 燃气用户应当遵守安全用气规定，并禁止下列行为：

（一）擅自操作公用燃气阀门；

（二）将燃气管道作为负重支架或者接地引线；

（三）安装、使用不符合气源适配要求的燃气燃烧器具；

（四）擅自安装、改装、拆除户内燃气设施和燃气计量装置；

（五）在不具备安全条件的场所使用、储存燃气；

（六）擅自对气瓶瓶体进行焊接和更改气瓶的钢印或者颜色标记；

（七）使用超期未检或已报废的气瓶；

（八）将气瓶内的气体向其他气瓶倒装或直接由罐车对气瓶进行充装；

（九）自行处理气瓶内的残液；

（十）其他法律、法规禁止的行为。

第四十二条 燃气经营企业发现用户违反安全用气规定的，应当予以劝阻、制止，提出整改要求。对危及公共安全的用气行为或者存在严重安全隐患未按要求改正的，可以采取暂停供气的安全保护措施，并同时向燃气行政管理部门报告。

第六章 监督管理

第四十三条 市、区、县人民政府应当建立由政府相关部门参加的燃气管理协调机制，研究解决燃气发展、燃气安全以及燃气监督管理等重大问题。

第四十四条 市、区、县燃气行政管理部门和开发区管委会应当按照职责分工，对燃气安全、燃气工程建设、燃气供应、燃气设施保护等进行监督管理，规范燃气企业经营服务行为，对违法行为依法进行查处。

第四十五条 市、区、县燃气行政管理部门和开发区管委会应当组织编制燃气应急处置预案，建立健全燃气应急储备制度，提高燃气安全运行和保障能力。

第四十六条 有关部门应当按照下列规定，行使燃气监督管理的职责：

（一）安全生产监督管理部门负责燃气安全生产工作的综合监管，调查处理燃气生产安全事故；

（二）公安机关消防机构负责燃气经营企业、单位燃气用户的消防安全检查，督促落实消防安全制度；

（三）质量技术监督部门负责燃气压力容器、压力管道的充装与使用、供气质量与计量、燃气器具产品质量的监督检查；定期抽查瓶装气的质量，并将结果向社会公布；查处向不合格和报废气瓶充装燃气及经营中掺杂掺假、短斤少两的行为；

（四）工商行政管理部门负责燃气市场经营秩序的监督检查，及时查处无照经营、销售假冒伪劣燃气燃烧器具的行为；

（五）交通运输管理部门负责燃气运输企业、驾驶人员、装卸管理人员、押运人员的资质认定和运输工具的安全监督管理。

第四十七条 教育行政管理部门应当将燃气安全知识纳入中小学安全教育内容，并对学校开展安全教育情况进行监督。

文化广电新闻出版行政管理部门应当组织广播、电视、报刊、互联网等媒体开展安全用气、燃气设施保护、节约用气等方面的公益宣传。

第四十八条 燃气行政管理部门和开发区管委会对燃气的工程建设、经营、使用、设施保护等活动进行监督检查时，可以行使下列职权：

（一）查阅复制有关文件和资料；

（二）询问相关人员，制作笔录；

（三）进入现场检查；

（四）责令排除安全隐患和改正违法行为；

（五）法律、法规规定的其他职权。

有关单位和个人应当配合监督检查，不得拒绝、妨碍监督检查人员依法履行职责。

第四十九条 燃气行政管理部门、开发区管委会应当建立举报和投诉制度，公开举报电话、信箱或者电子邮箱，受理有关燃气安全、收费标准和服务质量的举报和投诉，并及时予以处理。

第五十条 任何单位和个人发现燃气事

故或者事故隐患时，应当立即向燃气经营企业、燃气行政管理部门、开发区管委会或公安消防、质监等部门报告。

燃气经营企业接到事故或者事故隐患报告后，应当立即组织抢险抢修，并同时报告燃气行政管理部门、开发区管委会或者其他有关部门。

燃气行政管理部门、开发区管委会及公安消防部门应当建立燃气安全预警联动机制，接到事故或者事故隐患报告后，立即处理。

第七章　法律责任

第五十一条　燃气经营企业违反本条例第十五条规定，未取得燃气经营许可证擅自从事燃气经营活动的，责令停止违法行为，处五万元以上五十万元以下罚款；有违法所得的，没收违法所得。

燃气经营企业未按照燃气经营许可证的规定从事经营活动的，责令限期改正，处三万元以上二十万元以下罚款；有违法所得的，没收违法所得，情节严重的，吊销燃气经营许可证。

第五十二条　燃气经营企业有下列行为之一的，责令限期改正，处一万元以上十万元以下罚款；有违法所得的，没收违法所得；造成损失的，依法承担赔偿责任；构成犯罪的，依法追究刑事责任：

（一）违反本条例第二十一条（一）、（二）、（三）项规定，向不具备安全条件的用户供气、向未取得燃气经营许可证的站点提供用于经营的燃气或者在不具备安全条件的场所储存燃气的；

（二）违反本条例第二十三条、第二十五条、第二十六条规定，未向用户持续、稳定、安全供应符合国家质量标准的燃气、未履行告知义务擅自降压、停气或者未经批准擅自停业、歇业的；

（三）违反本条例第二十九条第一款规定，未按工程建设标准和安全生产管理规定设置燃气设施保护装置和安全警示标志或者未定期进行巡查、检测、维修和维护的；

（四）违反本条例第三十三条规定，未按规定对户内燃气设施进行安全检查的；

（五）违反本条例第三十七条规定，未建立安全管理相关制度或者未及时排除安全隐患的。

本条第（二）项规定的违法行为情节严重的，吊销燃气经营许可证。

第五十三条　燃气经营企业违反本条例第二十一条（四）、（五）、（六）、（九）、（十）、（十一）、（十二）、（十三）、（十四）、（十五）项规定的，责令限期改正，处一万元以下罚款。

第五十四条　燃气经营企业违反本条例第二十二条规定，未向燃气用户发放安全用气手册，进行安全用气知识宣传和技术指导的，责令改正，可处五千元以上二万元以下罚款。

第五十五条　违反本条例第二十八条第二款第（一）项规定，在燃气设施保护范围内建设占压地下燃气管线的建筑物、构筑物或者其他设施的，依照有关城乡规划的法律、行政法规的规定进行处罚。

违反本条例第二十八条第二款第（二）项至第（六）项规定，在燃气设施保护范围内从事危及燃气设施安全活动的，责令停止违法行为，限期恢复原状或者采取其他补救措施，对单位处五万元以上十万元以下罚款，对个人处五千元以上五万元以下罚款；造成损失的，责任人依法承担赔偿责任。

第五十六条　违反本条例第二十九条第二款规定，侵占、毁损、擅自拆除、移动燃气设施或者擅自改动燃气设施的，责令限期改正，恢复原状或者采取其他补救措施，对单位处五万元以上十万元以下罚款，对个人处五千元以上五万元以下罚款；造成损失的，依法承担赔偿责任。

毁损、覆盖、涂改、擅自拆除或者移动燃气设施安全警示标志的，责令限期改正，恢复原状，可以处五千元以下罚款。

第五十七条 燃气经营企业违反本条例第三十条规定，未按照技术规范确定的时限对燃气输配管网进行安全评估的，给予警告，责令限期改正；拒不改正的，处五万元以上三十万元以下罚款。

第五十八条 燃气燃烧器具经营者违反本条例第三十四条规定，销售未经检测或者经检测不符合燃气适配性要求的燃气器具的，责令停止销售，没收违法所得及物品，并处二千元以上二万元以下罚款。

第五十九条 燃气经营企业、单位燃气用户违反本条例第三十九条规定，未安装燃气泄漏报警和自动切断装置或者安装后不能正常运行的，责令限期改正；逾期不改正的，处五千元以上五万元以下罚款。

第六十条 燃气用户违反本条例第四十一条第（一）项至第（五）项规定的，责令限期改正；逾期不改正的，对单位可以处十万元以下罚款，对个人可以处一千元以下罚款；造成损失的，依法承担赔偿责任。

违反第（六）项至第（九）项规定的，责令改正，处五百元以上二千元以下罚款。

第六十一条 本条例所规定的行政处罚，由市、区、县燃气行政管理部门和开发区管委会依照本条例规定执行；属于违反规划、建设、公安、工商、质监、安监、交通、气象、国土、环保等方面法律、法规规定的，由主管行政管理部门依法予以处罚；构成犯罪的，依法追究刑事责任。

第六十二条 燃气行政主管部门作出的五万元以上罚款和吊销燃气经营许可证的决定，应当告知当事人有要求听证的权利。

当事人对行政处罚决定不服的，可以依法申请行政复议或者提起行政诉讼。

第六十三条 燃气行政管理部门、相关部门、开发区管委会及其工作人员玩忽职守、徇私舞弊、滥用职权的，由其所在单位或者上级主管部门依法给予行政处分；构成犯罪的，依法追究刑事责任；给用户造成损失的，依法承担赔偿责任。

第八章 附 则

第六十四条 本条例下列用语的含义：

（一）燃气设施，是指人工煤气生产厂、燃气储配站、门站、气化站、混气站、加气站、灌装站、供应站、调压站、市政燃气管网等的总称，包括市政燃气设施、建筑区划内业主专有部分以外的燃气设施以及户内燃气设施等；

（二）燃气燃烧器具，是指以燃气为燃料的燃烧器具，包括居民家庭和商业用户所使用的燃气灶、热水器、沸水器、采暖器、空调器等器具。

第六十五条 本条例自2013年6月1日起施行。2004年12月23日西安市第十三届人民代表大会常务委员会第十八次会议通过，2005年3月30日陕西省第十届人民代表大会常务委员会第十八次会议批准，根据2010年7月15日西安市第十四届人民代表大会常务委员会第二十三次会议通过，2010年9月29日陕西省第十一届人民代表大会常务委员会第十八次会议批准的《西安市人民代表大会常务委员会关于修改部分地方性法规的决定》修正的《西安市燃气管理条例》同时废止。

山东省燃气管理条例

（2003年9月26日山东省第十届人民代表大会常务委员会第四次会议通过　根据2015年7月24日山东省第十二届人民代表大会常务委员会第十五次会议关于修改《山东省农村可再生资源条例》等十二件地方性法规的决定第一次修正　根据2016年3月30日山东省第十二届人民代表大会常务委员会第二十次会议关于修改《山东省海洋环境保护条例》等九件地方性法规的决定第二次修正）

第一章　总　　则

第一条　为加强燃气管理，保障人民生命财产安全和社会公共安全，维护燃气经营企业和用户的合法权益，根据有关法律、法规，结合本省实际，制定本条例。

第二条　本省行政区域内燃气的规划、工程建设、经营、使用、设施保护和燃气器具的销售、安装与维修，以及相关的管理活动，适用本条例。

第三条　省、市、县（市）人民政府建设行政主管部门或者县级以上人民政府确定的部门（以下称燃气行政主管部门）负责本行政区域内的燃气管理工作。

第四条　县级以上人民政府应当采取措施，逐步普及燃气使用，推广清洁能源，促进燃气科技进步，提高燃气管理水平。

第五条　燃气行政主管部门应当加强燃气安全知识的宣传、普及工作，提高全民燃气安全意识，积极防范各种燃气事故的发生。

教育、新闻媒体等有关部门应当协助开展燃气安全知识的宣传、普及工作。

第六条　燃气经营企业必须遵守有关安全生产的法律、法规，加强安全生产管理，并对用户安全使用燃气进行指导。

燃气用户应当遵守燃气安全用气规则，确保使用安全。

第二章　规划与工程建设

第七条　县级以上人民政府应当组织燃气行政主管部门和城市规划等部门编制燃气专项规划，按法定程序批准后实施。

需要变更燃气专项规划的，应当按照原审批程序重新报批。

第八条　进行新区开发、旧区改建和新建、改建、扩建大型建设项目的，应当按照燃气专项规划和城市详细规划，配套建设相应的燃气设施；暂不具备条件的，应当按照规划要求预留燃气设施配套建设用地。

第九条　新建、改建、扩建燃气工程项目，应当符合燃气专项规划，并经燃气行政主管部门和公安消防机构审查同意后，按照国家和省的规定报有关部门审批。

第十条　从事燃气工程勘察、设计、施工、监理活动的，应当依法取得相应等级的资质证书，并在其资质等级许可的范围内承揽燃气工程。

第十一条　燃气工程建设、勘察、设计、施工和监理单位，应当严格执行国家和省有关技术规范、标准和规定，确保燃气工程质量。

第十二条　燃气工程竣工后，建设单位应当依法组织竣工验收。未经验收或者验收不合格的，不得交付使用。

建设单位应当在燃气工程竣工验收合格之日起十五日内，按照国家有关规定向燃气行政主管部门及其他有关部门备案。

第十三条 燃气工程竣工验收后，建设单位应当严格按照国家有关档案管理的规定，收集、整理燃气工程项目的文件资料，建立健全项目档案，及时向城建档案管理机构和其他有关部门移交项目档案。

第十四条 在城市燃气管网规划范围内不得建设瓶组气化站；已经建成的，在城市燃气管网覆盖瓶组气化站供气区域时，其供气管网应当并入城市燃气管网。

第三章 经营管理

第十五条 经营燃气的企业必须按照国家和省有关规定取得燃气经营许可后，方可从事燃气经营活动。

第十六条 经营燃气的企业应当具备下列条件：

（一）有稳定的、符合国家标准的燃气气源；

（二）有符合国家标准的储存、输配、充装设施；

（三）有与经营规模相适应的资金；

（四）有固定的、符合安全条件的经营场所；

（五）有具备相应资格的专业管理人员和技术人员；

（六）有健全的安全管理制度和企业内部管理制度；

（七）有与经营规模相适应的抢险抢修人员和设备；

（八）法律、法规规定的其他条件。

第十七条 燃气经营企业在规定的经营场所范围外设立燃气供应站点的，应当向燃气供应站点所在地县、市燃气行政主管部门申领燃气供应许可证；其中，属于瓶组气化站的，应当向设区的市燃气行政主管部门申领燃气供应许可证。

依照前款规定设立的燃气供应站点应当具备本条例第十六条第（二）、（四）、（五）、（六）、（七）、（八）项规定的条件。

未取得燃气供应许可证的，不得从事相关的燃气经营活动。

第十八条 燃气经营许可证和燃气供应许可证实行年检制度。未经检验或者经检验不合格的，不得继续从事燃气经营活动。

任何单位和个人不得出租、出借、转让、涂改、伪造燃气经营许可证或者燃气供应许可证。

第十九条 燃气经营企业所供燃气必须达到国家和省规定的质量指标。

第二十条 燃气经营企业应当建立燃气安全管理责任制，健全安全管理网络。

燃气经营企业应当对燃气设施进行日常巡查，对用户安全用气进行定期检查，发现事故隐患的，应当及时消除。

燃气经营企业巡查人员入户检查时，应当主动出示有效证件。

第二十一条 燃气经营企业应当设置专门的燃气事故抢险抢修队伍，配备专业技术人员、防护用品、消防器材、车辆、通讯设备等，制定各类突发事故的抢险抢修预案，并报燃气行政主管部门和公安消防机构备案。

燃气经营企业应当设置抢险抢修电话，向社会公布，并设专岗每天二十四小时值班。

第二十二条 燃气经营企业从事安全管理、作业和抢险抢修的人员，应当按照国家和省有关规定接受培训，经考核合格，取得相应资格后，方可从事相应的安全管理或者作业活动。

第二十三条 燃气经营企业应当向用户公布并履行服务承诺，提高服务水平。

燃气经营企业应当制定用户安全用气规

则，向用户发放安全用气手册，并安排专职人员对用户进行燃气安全使用教育、解答用户咨询。

第二十四条 管道燃气经营企业应当按照规定的燃气质量、压力和计量标准不间断地供气。因管道燃气设施施工、检修等原因确需降压或者停气的，管道燃气经营企业应当在三日前予以公告，并按规定时间恢复供气；因突发事故降压或者停气的，应当及时通知用户。

管道燃气经营企业停业或者歇业的，应当提前六十日向燃气行政主管部门提出书面申请。

第二十五条 从事瓶装燃气充装活动的，不得实施下列行为：

（一）给超期限未检验或者检验不合格的钢瓶充装燃气；

（二）给报废、改装的钢瓶充装燃气；

（三）给超残液量标准的钢瓶充装燃气；

（四）超过国家规定的允许误差给钢瓶充装燃气；

（五）用槽车直接向钢瓶充装燃气或者用钢瓶相互倒灌燃气；

（六）给不符合国家标准的钢瓶充装燃气。

第四章 使用管理

第二十六条 管道燃气用户需扩大用气范围、改变燃气用途或者安装、改装、拆除固定的燃气设施和燃气器具的，应当到燃气经营企业办理相关手续。

第二十七条 单位燃气用户应当落实安全管理制度，其操作维护人员应当具备必要的燃气安全知识，掌握本岗位的安全操作技能。

第二十八条 燃气用户应当配合燃气经营企业入户进行燃气安全检查，遵守安全用气规则，并不得实施下列行为：

（一）盗用燃气、损坏燃气设施；

（二）用燃气管道作为负重支架或者接地引线；

（三）从事危害室内燃气设施安全的装饰、装修活动；

（四）安装、使用明令淘汰的燃气器具；

（五）使用超期限未检验、检验不合格或者报废的钢瓶；

（六）擅自拆卸、安装、改装燃气计量装置和燃气设施；

（七）加热、摔、砸燃气钢瓶或者在使用时倒卧燃气钢瓶；

（八）倾倒燃气钢瓶残液；

（九）擅自改换燃气钢瓶检验标志和漆色；

（十）在不具备安全使用条件的场所使用瓶装燃气；

（十一）法律、法规禁止的其他行为。

第二十九条 县级以上人民政府有关部门应当采取措施，推广使用燃气泄露安全保护装置和具有燃气泄露安全保护装置的燃气器具，确保燃气使用安全。

第五章 设施与器具管理

第三十条 燃气经营企业应当按照国家和省有关规定，在燃气设施的所在地、敷设有燃气管道的道路交叉口及重要燃气设施上设置明显的安全警示标志，并在生产经营场所设置燃气泄漏报警装置。

任何单位和个人不得擅自拆除、损坏、覆盖、移动、涂改安全警示标志。

第三十一条 燃气行政主管部门应当会同有关部门，按照国家和省有关规定划定燃气设施的安全保护范围。

在燃气设施的安全保护范围内，不得实施下列行为：

（一）建造建筑物、构筑物；

（二）排放腐蚀性液体、气体；

（三）未经批准开挖沟渠、挖坑取土；

（四）未经批准打桩或者顶进作业；

（五）未经批准动用明火作业；

（六）其他损坏燃气设施或者危害燃气设施安全的行为。

第三十二条 建设工程开工前，建设单位或者施工单位应当向燃气经营企业或者城建档案管理机构查明地下燃气设施的相关情况，燃气经营企业或者城建档案管理机构应当在接到查询后三个工作日内给予书面答复。

建设工程施工可能影响燃气设施安全的，建设单位或者施工单位应当与燃气经营企业协商采取相应的安全保护措施，并在专业技术人员的监督下施工。

第三十三条 因建设工程施工确需改装、迁移或者拆除燃气设施的，建设单位应当与燃气经营企业协商，并报燃气行政主管部门批准。

第三十四条 总重十吨以上的车辆或者大型施工机械需通过地下敷设有燃气管道的城市非机动车道时，应当事先征得燃气经营企业的同意，并在通行地段修建承重过桥或者采取其他安全保护措施，经检验合格后方可通行。

第三十五条 燃气器具应当由具备法定资格的检测机构抽样进行气源适配性检测，检测结果由省燃气行政主管部门向社会公布。

燃气器具生产、经营单位应当在燃气器具的明显位置标注气源适配性检测标志。

第三十六条 燃气经营企业和用户应当按照规定对燃气设施和燃气器具进行定期检验、检修和更新。

报废的燃气钢瓶应当进行破坏性处理，并不得翻新使用。

第三十七条 燃气器具的安装维修单位应当依法取得相应的资质证书后，方可从事燃气器具安装维修业务。

燃气器具的安装维修应当符合国家和省颁布的技术规范和标准。

第六章 监督检查与事故处理

第三十八条 燃气行政主管部门应当对燃气的工程建设、经营、使用、设施保护、器具安装维修等活动进行监督检查；发现安全隐患的，应当及时通知有关单位和个人限期消除。

第三十九条 燃气行政主管部门在实施批准或者核准时，应当严格按照本条例规定的条件对有关事项进行审查。符合条件的，应当自受理申请之日起三十日内，作出批准或者核准的决定；不予批准或者核准的，应当书面向申请人说明理由；发现已经取得批准或者核准的单位不再具备本条例规定的条件，应当依法撤销原批准或者核准。

燃气行政主管部门在实施批准或者核准时，程序必须公开，并依法接受监督。

第四十条 燃气行政主管部门应当建立举报和投诉制度，公开举报和投诉电话、信箱或者电子邮件地址，受理有关燃气安全、收费标准和服务质量的举报和投诉，并自收到举报或者投诉之日起十五日内予以处理。

第四十一条 任何单位和个人发现燃气事故隐患时，应当立即向燃气经营企业、燃气行政主管部门或者公安消防等部门报告。

燃气经营企业接到事故隐患报告后应当立即组织抢险抢修，并同时报告当地燃气行政主管部门或者其他有关部门。

燃气行政主管部门和公安消防等部门应当建立燃气安全预警联动机制，接到事故隐患报告后，立即处理。

第四十二条 抢险抢修人员在处理燃气事故紧急情况时，对影响抢险抢修的其他设施，可以采取必要的应急措施，并妥善处理善后事宜。

第七章 法律责任

第四十三条 违反本条例规定，未经燃气行政主管部门审查同意，新建、改建、扩建燃气工程项目的，由燃气行政主管部门责令限期改正，给予警告；逾期不改正的，可处以三千元以上三万元以下罚款。

第四十四条 违反本条例规定，燃气工程未经验收或者验收不合格交付使用的，或者燃气工程竣工验收合格后，建设单位未按照国家有关规定向燃气行政主管部门备案的，按照国务院《建设工程质量管理条例》的有关规定处罚。

第四十五条 违反本条例规定，未取得燃气经营许可从事燃气经营活动的，由燃气行政主管部门责令停止经营，没收违法所得，并可处以一万元以上十万元以下罚款。

第四十六条 违反本条例规定，未取得燃气供应许可证从事燃气经营活动的，由燃气行政主管部门责令停止经营，没收违法所得和非法供气设备，并可处以三千元以上三万元以下罚款。

第四十七条 违反本条例规定，燃气经营企业未对燃气设施进行日常巡查、未对用户安全用气进行定期检查或者发现事故隐患未及时消除的，由燃气行政主管部门给予警告，责令限期改正；造成严重后果的，依法承担法律责任。

第四十八条 违反本条例规定，管道燃气经营企业在降压或者停气时未提前公告或者及时通知用户的，由燃气行政主管部门给予警告，并可处以一万元以下罚款；给用户造成损失的，依法承担民事责任。

第四十九条 违反本条例规定，有第二十五条规定行为之一的，由燃气行政主管部门责令限期改正，给予警告；逾期不改正的，可处以一万元以下罚款。

第五十条 违反本条例规定，有第二十八条规定行为之一的，由燃气行政主管部门责令改正，给予警告；逾期不改正的，对个人用户可处以五百元以下罚款，对单位用户可处以五千元以下罚款。

第五十一条 违反本条例规定，有第三十一条第二款规定行为之一的，由燃气行政主管部门责令停止违法行为，限期恢复原状，并可处以一千元以上三万元以下罚款。

第五十二条 违反本条例规定，擅自建造建筑物、构筑物占压燃气输配管道的，由燃气行政主管部门责令限期拆除；逾期不拆除的，由县级以上人民政府责成有关部门强制拆除，或者由燃气行政主管部门依法申请人民法院执行，所需费用由建设单位或者个人承担。

第五十三条 违反本条例规定，销售未通过气源适配性检测的燃气器具的，由燃气行政主管部门责令限期改正；逾期不改正的，可处以一万元以下罚款。

第五十四条 违反本条例规定，未取得相应的资质证书，从事燃气器具安装维修活动的，由燃气行政主管部门责令限期改正，没收违法所得；逾期不改正的，可处以一万元以下罚款。

第五十五条 燃气行政主管部门的工作人员，有下列行为之一的，依法给予行政处分；构成犯罪的，依法追究刑事责任：

（一）对符合本条例规定条件的事项未按照规定的程序和时限予以批准或者核准的；

（二）对不符合本条例规定条件的事项予以批准或者核准的；

（三）发现未依法取得批准、核准的单位擅自从事有关活动或者接到举报后不依法予以处理的；

（四）对已经依法取得批准、核准的单位，发现其不再具备本条例规定的条件而不撤销原批准、核准或者发现燃气违法行为不予查处的；

（五）其他滥用职权、玩忽职守、徇私舞弊的行为。

第八章　附　　则

第五十六条　本条例下列用语的含义是：

（一）燃气，是指人工煤气、天然气、液化石油气等气体燃料的总称。

（二）燃气工程，是指燃气设施和燃气供应站点的新建、改建、扩建工程。

（三）燃气设施，是指气源生产厂家以外的储气厂、门站、气化站、混气站、储配站、调压站、各种燃气管网及其附属设施的总称。

（四）燃气器具，是指使用燃气的炉灶、热水器、沸水器、取暖器、空调器和燃气计量器等器具。

（五）燃气供应站点，是指为用户供气的瓶组气化站、瓶装供应站、燃气车辆加气站等。

第五十七条　本条例自2003年11月1日起施行。

济南市燃气管理条例

（2013年11月29日济南市第十五届人民代表大会常务委员会第十一次会议通过　2014年1月15日山东省第十二届人民代表大会常务委员会第六次会议批准）

第一章　总　　则

第一条　为了加强燃气管理，促进燃气事业健康发展，根据《城镇燃气管理条例》和《山东省燃气管理条例》，结合本市实际，制定本条例。

第二条　本市行政区域内燃气的规划建设、经营使用、设施保护和安全管理适用本条例。

第三条　市、县（市）人民政府应当加强对燃气工作的领导，建立工作协调机制，研究解决燃气事业发展、燃气安全监督管理等方面的重大问题，并将燃气工作纳入国民经济和社会发展规划。

区人民政府应当按照市人民政府规定的职责，负责本行政区域内的燃气安全管理工作。

第四条　市市政公用事业局是本市燃气管理工作的主管部门。

县（市）人民政府确定的管理部门是本行政区域内燃气管理工作的主管部门。

市、县（市）人民政府有关部门应当按照各自职责做好燃气管理工作。

第五条　市、县（市、区）人民政府有关部门应当建立健全安全监督管理制度，宣传普及燃气法律、法规和安全知识，提高公民的燃气安全意识。

第六条　鼓励、支持燃气科学技术研究，推广使用安全、节能、高效、环保的燃气新技术、新工艺和新产品，扩大燃气在生产、生活中的应用领域。

第二章　规 划 建 设

第七条　燃气主管部门应当会同规划等有关部门，依法组织编制本行政区域的燃气发展规划。

第八条　按照城乡规划和燃气发展规划要求需要建设燃气设施但是暂不具备条件的，应当预留燃气设施建设用地。

第九条　规划建设城市道路时，应当按照国家有关技术规范同步设计市政燃气管网管位。

第十条　新建、改建、扩建燃气工程项目，应当符合燃气发展规划，并经燃气主管部门和公安机关消防机构审查同意后，按照国家和省规定报有关部门审批。

第十一条　在市政燃气管网覆盖范围内，配套建设的燃气工程项目应当与主体工程同时设计、同时施工、同时投入使用。

第十二条　使用燃气的大型商贸建筑、公共建筑及十六层以上的民用（公寓）住宅项目，建设单位应当按照国家规范设计、建设燃气安全集中监控装置。

第十三条　在市政燃气管网规划范围内不得建设瓶组气化站；已经建成的，在市政燃气管网覆盖瓶组气化站供气区域时，其供气管网应当并入市政燃气管网，具体实施办法由市人民政府规定。

第十四条　市、县（市）人民政府应当根据燃气发展规划，加大对燃气设施建设的投入，并鼓励社会资金投资建设燃气设施。

第三章　经 营 管 理

第十五条　从事燃气经营活动的企业应当依法取得燃气经营许可证。

第十六条　燃气经营企业应当依法经营，诚实守信，规范服务，为用户持续、稳定、安全供应符合国家质量标准的燃气，并优先保证居民用气。

第十七条　管道燃气经营企业应当向社会公布管道燃气初装、改装条件；对符合条件的用户，应当及时受理其申请，签订工程安装协议，并按照约定时限开通燃气。逾期未开通的，应当承担违约责任。

第十八条　管道燃气经营企业应当每两年至少为居民用户户内燃气设施免费进行一次安全检查，每年至少为单位用户燃气设施进行一次安全检查；对燃气燃烧器具影响燃气设施安全运行的，应当一并书面告知用户消除安全隐患。用户应当予以配合。

第十九条　因燃气管道设施抢修等紧急情况影响供气的，燃气经营企业应当及时告知用户，必要时可请用户所在地的乡（镇）人民政府、街道办事处、居（村）委会或者物业服务企业予以协助；同时向所在地燃气主管部门报告，并及时抢修恢复供气。

第二十条　瓶装燃气经营企业不得有下列行为：

（一）在销售的液化石油气中掺混其他物质；

（二）在核定的经营场所外储存、销售瓶装燃气；

（三）违规处置液化石油气残液；

（四）擅自拆修或者改换瓶阀、检验标识和瓶体漆色；

（五）提供未标明其权属单位标记的气瓶；

（六）法规规定的其他禁止性行为。

第二十一条　汽车加气站经营企业不得有下列行为：

（一）储气瓶（罐）拖车或者槽车在划

定的区域外停放或者总容量超过核定容量；

（二）向无压力容器使用证或者与使用证登记信息不一致的汽车储气瓶（罐）加气；

（三）向超过检验期限或者使用年限的储气瓶（罐）加气；

（四）违反安全操作规程进行加气或者卸气作业。

第二十二条 燃气主管部门应当规范燃气经营企业服务行为，建立考核评价制度，并向社会公布考核结果。

第二十三条 燃气经营企业应当根据其运营的燃气管网设施、设备的使用情况和设计使用年限，及时进行维护、更新，确保燃气管网设施、设备的安全运行。

第四章 使用管理

第二十四条 燃气用户应当遵守安全用气规则，使用合格的燃气燃烧器具和气瓶。提倡燃气用户安装使用带熄火保护装置的燃气燃烧器具和燃气泄露报警器。

单位用户还应当建立健全安全管理制度，并接受燃气经营企业的安全技术指导。

第二十五条 燃气经营企业应当为用户安装合格的燃气计量装置，并粘贴合格标识；对超过使用年限的，应当及时更换。

用户对无合格标识的燃气计量装置有权拒绝安装使用。

因用气量对燃气计量装置准确性有异议的，应当按照国家计量规定进行处理。

第二十六条 燃气用户及相关单位和个人不得擅自扩大用气范围、改变燃气用途；管道燃气首次通气时，不得自行启封，自行点火。

第二十七条 燃气用户应当按照合同约定的期限交付燃气费用；逾期不交且经催告仍不交付的，燃气经营企业可以中止供气。

用户支付所欠费用后，燃气经营企业应当及时恢复供气。

第二十八条 用户变更户名、燃气使用性质的，应当到燃气经营企业办理相关手续。燃气经营企业应当在接到申请之日起三个工作日内办理。

第二十九条 管道燃气用户安装、改装、迁移、拆除室内燃气设施的，应当向供气的燃气经营企业提出申请。对符合规范要求的，燃气经营企业应当与用户签订实施作业协议；对不符合的，应当及时告知理由。

第三十条 燃气用户有权就收费、服务事项向燃气经营企业进行查询，燃气经营企业应当自收到查询申请之日起五个工作日内予以答复。

燃气用户有权就燃气收费、服务事项向价格主管部门、燃气主管部门进行投诉，有关部门应当自收到投诉之日起十五个工作日内予以处理。

第五章 设施保护

第三十一条 市、县（市）燃气主管部门应当会同规划、公安消防等有关部门，划定燃气设施安全保护范围并向社会公布。

第三十二条 燃气经营企业应当按照国家有关规定设置燃气设施保护装置和安全警示标志，并在敷设地下燃气管道的同时敷设安全警示带。

第三十三条 燃气经营企业应当按照国家安全生产管理的规定，定期对燃气设施进行巡查、检测和维护，确保燃气设施的安全运行。

第三十四条 任何单位和个人，不得侵占、损坏或者擅自拆除、迁移燃气设施。

第三十五条 在市政燃气管网覆盖范围

内的建设项目开工前，建设单位应当到燃气经营企业查询地下燃气设施情况，燃气经营企业应当及时提供相关资料。施工影响燃气设施安全的，建设单位应当与燃气经营企业制定燃气设施保护方案并落实相应保护措施。

第六章　安全管理

第三十六条　燃气主管部门以及有关部门和单位应当对燃气经营、燃气使用的安全状况等进行监督检查，发现安全隐患的，应当通知燃气经营企业、燃气用户及时采取措施消除隐患；不及时消除安全隐患可能严重威胁公共安全的，燃气主管部门以及其他有关部门和单位应当依法采取措施消除隐患，有关单位和个人应当予以配合。

第三十七条　燃气经营企业应当建立健全燃气安全评估和风险管理体系，发现安全隐患的，应当及时采取措施消除隐患。

第三十八条　任何单位和个人发现燃气安全事故或者燃气安全隐患等情况，应当立即告知燃气经营企业，或者向燃气主管部门、公安机关消防机构等有关部门和单位报告。

第三十九条　燃气安全事故发生后，燃气经营企业应当立即组织抢险、抢修；燃气主管部门、安全生产监督管理部门和公安机关消防机构等有关部门和单位，应当根据各自职责采取处置措施。

第四十条　燃气主管部门应当建立燃气事故统计分析制度，定期通报事故处理结果。

第七章　法律责任

第四十一条　燃气主管部门、城管执法部门发现违反燃气管理的行为时，应当责令限期改正，并相互告知违法行为及查处结果。

城管执法部门依法查处违法行为时，燃气主管部门应当为其提供技术支持。

第四十二条　违反本条例第十五条规定，未取得燃气经营许可证从事燃气经营活动的，由城管执法部门处五万元以上五十万元以下罚款；有违法所得的，没收违法所得。

第四十三条　违反本条例规定，燃气经营企业有第十六条、第十八条、第十九条、第二十条、第二十一条规定行为之一的，由城管执法部门处一万元以上十万元以下罚款；有违法所得的，没收违法所得；情节严重的，由发证机关吊销燃气经营许可证。

第四十四条　违反本条例第二十六条规定的，由城管执法部门或者燃气主管部门责令限期改正；逾期不改正的，由城管执法部门对单位可以处十万元以下罚款；对个人可以处一千元以下罚款。

第四十五条　违反本条例规定第三十二条、第三十三条、第三十七条规定的，由城管执法部门处一万元以上十万元以下罚款。

第四十六条　违反本条例第三十四条规定的，由城管执法部门对单位处五万元以上十万元以下罚款，对个人处五千元以上五万元以下罚款。

第四十七条　违反本条例第三十五条规定，建设单位未与燃气经营企业制定燃气设施保护方案或者未落实相应的保护措施的，由城管执法部门处一万元以上十万元以下罚款。

第四十八条　燃气主管部门和城管执法等有关部门的工作人员滥用职权、玩忽职守、徇私舞弊的，由有关部门给予处分。

第四十九条　违反本条例规定，造成损失的，依法承担赔偿责任；构成犯罪的，依法追究刑事责任。

第八章 附 则

第五十条 本条例自2014年5月1日起施行。2006年7月1日起施行的《济南市燃气安全管理条例》同时废止。

青岛市燃气管理条例

（1995年5月26日青岛市第十一届人民代表大会常务委员会第十七次会议通过 1995年6月14日山东省第八届人民代表大会常务委员会第十五次会议批准 1995年6月14日青岛市人民代表大会常务委员会公告公布施行 根据1997年8月16日山东省第八届人民代表大会常务委员会第二十九次会议批准的青岛市第十一届人民代表大会常务委员会第三十一次会议《关于修改〈青岛市城市私有房屋管理办法〉等十一件地方性法规行政处罚条款的决定》修正 2003年10月24日青岛市第十三届人民代表大会常务委员会第六次会议第一次修订 2003年11月28日山东省第十届人民代表大会常务委员会第五次会议批准 2019年5月23日青岛市第十六届人民代表大会常务委员会第十六次会议第二次修订 2019年7月26日山东省第十三届人民代表大会常务委员会第十三次会议批准）

第一章 总 则

第一条 为了加强燃气管理，保障燃气供应，预防和减少燃气安全事故，保障公众生命、财产安全和公共安全，维护燃气经营者和燃气用户的合法权益，促进燃气事业健康发展，根据有关法律、法规的规定，结合本市实际，制定本条例。

第二条 本市行政区域内燃气规划、建设、经营与服务、使用、设施保护、安全管理以及应急处置等相关活动，适用本条例。

天然气、液化石油气的生产和进口，城市天然气门站以外的天然气管道输送，燃气的船舶运输和码头装卸，燃气作为发电、工业生产原料、切割气的使用，沼气、秸秆气的生产和使用，不适用本条例。

第三条 市、区（市）人民政府应当将燃气事业发展纳入国民经济和社会发展规划，建立工作协调机制，解决燃气管理工作中的重大问题。

第四条 市城市管理部门负责本行政区域内的燃气行业管理以及燃气设施维护维修管理工作。市住房和城乡建设主管部门负责本行政区域内的燃气设施规划、建设管理工作。

区（市）人民政府确定的部门承担本条例规定的城市管理部门、住房和城乡建设主管部门的职责。

市、区（市）人民政府有关部门应当按照各自的职责，做好有关燃气管理工作。

镇人民政府、街道办事处应当加强对辖区内生产经营单位燃气安全生产状况的监督检查，并协助有关部门开展燃气安全监督管理工作。

第五条 城市管理部门以及其他有关部门、燃气经营者应当加强燃气法律、法规和安全知识宣传，提高公众燃气安全意识。

广播、电视、报刊等新闻媒体应当定期刊播公益广告，宣传燃气安全知识。

第二章 规划与建设

第六条 市住房和城乡建设主管部门应当会同城市管理、自然资源和规划等部门，组织编制全市燃气设施专项规划，报市人民政府批准后组织实施。

崂山区、城阳区、黄岛区、即墨区和各县级市住房和城乡建设主管部门应当根据全市燃气设施专项规划，组织编制当地燃气设施专项规划，报区（市）人民政府批准后组织实施。

第七条 进行新区建设、旧区改造时，应当按照城乡规划和燃气设施专项规划配套建设燃气设施或者预留燃气设施建设用地。

市、区（市）人民政府应当统筹城乡燃气发展，分步骤、有计划地推进城乡燃气管网建设。

管道燃气经营者应当对具备供气条件的农村地区实施管道供气。

第八条 住房和城乡建设主管部门应当根据燃气设施专项规划，统筹考虑管道燃气经营者提出的燃气设施建设项目，编制燃气设施年度建设计划，并征求城市管理部门的意见。

第九条 在燃气设施专项规划确定的管道燃气覆盖范围内，新建住宅、工业园区以及其他需要使用燃气的建设项目，应当配套建设相应的管道燃气设施。

住宅配套建设的管道燃气设施应当包括燃气泄漏报警装置和自动切断装置。

依附于道路（含公路，下同）敷设的燃气管道，应当与新建、改建、扩建道路同步建设。

第十条 新建、改建、扩建燃气工程项目，应当符合燃气设施专项规划。

燃气工程项目的勘察、设计、施工、监理，应当由具有相应资质等级的单位承担，并遵守相关规定和技术标准、规范。

任何单位和个人不得阻挠依法进行的燃气工程项目施工。

第十一条 新建、改建、扩建燃气储存工程项目，应当按照国家有关规定，进行安全评价和安全设施设计审查。

第十二条 燃气工程项目竣工后，建设单位应当依法组织竣工验收，并按照规定向城建档案管理机构移交竣工图、燃气工程竣工测量成果等项目档案。燃气工程项目未经验收或者验收不合格的，不得交付使用。

第十三条 市、区（市）人民政府应当建立燃气应急储备制度，确定应急储备气源的布局、总量、启用要求等，并组织建设应急气源储备设施，保障燃气供应。

燃气经营者应当具备符合国家规定的应急储气能力，承担燃气应急储备责任和调峰供气责任。

燃气应急储备的具体办法，由市人民政府规定。

第十四条 城市管理部门应当会同有关部门对燃气供求状况实施监测、预测和预警，发现供求状况严重失衡时，及时向本级人民政府报告。

燃气供应严重短缺、供应中断的，市、区（市）人民政府应当及时采取动用储备、紧急调度等应急措施，燃气经营者以及其他有关单位和个人应当予以配合。

第三章 经营与服务

第十五条 从事燃气经营活动的单位应当按照国家和省有关规定取得燃气经营许可，按照许可的经营类别、区域、规模和期限从事燃气经营活动。

管道燃气经营者供气能力与经营区域内的用气需求不相适应时，城市管理部门可以调整其经营区域。

燃气经营者变更名称、地址、法定代表人或者主要负责人的，应当按照规定变更燃气经营许可。

第十六条 燃气经营者应当与用户（包括居民用户、非居民用户，下同）签订供用气合同，建立用户档案和台账，指导用户安全使用燃气。

燃气经营者应当建立燃气质量检测制度，保证供应的燃气质量符合国家标准。

第十七条 燃气经营者应当依照价格管理的有关规定，将燃气价格、服务项目、收费标准、服务规范等向燃气用户明示并向社会公开。

管道燃气价格、管道燃气经营者提供的燃气经营相关服务价格，应当执行价格主管部门的规定。价格主管部门确定和调整管道燃气价格、服务价格，应当进行价格（成本）调查，征求管道燃气用户、管道燃气经营者和有关方面的意见；调整居民生活用管道燃气价格，应当组织听证。

管道燃气经营者依法承担的燃气设施维护、更新费用，按照规定计入燃气定价成本。

第十八条 燃气经营者应当向燃气用户持续、稳定地供应燃气。燃气经营者停业、歇业或者关闭燃气供应站的，应当事先对其供气范围内的燃气用户的正常用气作出妥善安排，并在九十日前向所在地城市管理部门报告，经批准方可停业、歇业。

因施工、检修等原因需要临时调整管道燃气供气量或者暂停供气的，燃气经营者应当将影响区域和时间提前四十八小时予以公告或者书面通知燃气用户。因突发事件影响供气的，应当采取紧急措施并及时通知燃气用户。因气源短缺需限制用户用气量的，应当优先保障居民生活用气，并将限制供气措施提前书面通知燃气用户。

第十九条 燃气经营者不得实施下列行为：

（一）拒绝向市政燃气管网覆盖范围内符合用气条件的单位或者个人供气；

（二）倒卖、抵押、出租、出借、转让、涂改燃气经营许可证；

（三）未履行必要告知义务擅自停止供气、调整供气量，或者未经审批停业、歇业；

（四）向未取得燃气经营许可证的单位或者个人提供用于经营的燃气；

（五）在不具备安全条件的场所储存燃气；

（六）要求燃气用户购买其指定的产品或者服务；

（七）擅自为非自有气瓶充装燃气；

（八）销售未经许可的充装单位充装的瓶装燃气或者销售充装单位擅自为非自有气瓶充装的瓶装燃气；

（九）冒用其他企业名称或者标识从事燃气经营、服务活动；

（十）向地下室、半地下室、高层建筑等场所供应瓶装燃气；

（十一）为无危险货物运输资质的车辆装载瓶装燃气。

第二十条 瓶装燃气经营者应当使用符合技术规范要求的气瓶，建立充装前后的检查、记录制度，并按照特种设备相关管理规定办理气瓶使用登记、定期检验。

瓶装液化石油气供应实行配送制度，由燃气经营者直接向用户配送并负责气瓶的安装。安装人员应当检查燃气系统连接气密性，并记录存档。用户要求自行安装的，用户应当签字确认。

推广运用电子化信息手段，实现气瓶充装、配送、检验智能管理。

第二十一条 机动车加气经营者应当按照规定存放槽车或者储气瓶组等储气设施，在规定场地内对车用气瓶加气，并在加气前对气瓶状况和装置进行检查。

遇有雷暴天气、火灾、燃气泄漏或者燃气压力异常等情形，应当停止燃气车辆加气作业。

第二十二条 燃气运输应当符合危险货物运输有关规定，使用符合国家规定的专用车辆和操作人员。

第二十三条 城市管理部门应当加强对燃气经营者经营、服务活动的监督检查，督促燃气经营者对存在的问题进行限期整改。

城市管理部门应当及时发布燃气管理信息以及监督检查情况，并建立燃气经营者诚信记录和不良行为公示制度。

燃气行业协会应当加强行业自律管理，促进燃气经营者提高经营与服务水平。

第四章 燃气使用

第二十四条 燃气用户应当遵守安全用气规则，使用合格的燃气燃烧器具、设备、气瓶和连接管，及时更换国家明令淘汰或者使用年限已届满的燃气燃烧器具、设备和连接管等。

燃气用户需要改变管道燃气用途或者扩大用气范围的，应当向管道燃气经营者办理手续。

第二十五条 燃气用户初次使用燃气的，燃气经营者应当协助用户确认燃气使用场所的安全条件，对不具备安全使用燃气条件且不按照要求改正的用户，应当拒绝为其提供服务。

第二十六条 燃气用户有权就燃气收费、服务等事项向燃气经营者进行查询，燃气经营者应当自收到查询之日起五个工作日内予以答复。

第二十七条 燃气用户应当按时支付燃气费；逾期三十日未支付，经燃气经营者书面催交且在催交期限内仍未支付的，燃气经营者可以暂停供气。燃气用户支付所欠费用后，燃气经营者应当及时恢复供气。

第二十八条 燃气经营者应当按照居民用户每年不少于一次、非居民用户每半年不少于一次的频次，免费进行用户燃气设施安全检查，并将检查结果告知用户。

燃气经营者进行定期检查应当提前三日告知用户入户安全检查时间、人员以及联系方式。安全检查人员进行检查时应当主动出示工作证。

对未能入户安全检查的，燃气经营者应当通知用户；用户应当与燃气经营者联系约定入户安全检查时间。

燃气经营者应当对检查情况进行记录，记录的保存时间不少于二年。

第二十九条 燃气经营者发现用户违反安全用气规则或者存在安全隐患的，应当书面提出整改要求。用户不按照要求整改的，燃气经营者可以采取暂停供气措施；造成损失的，用户应当依法承担赔偿责任。

对燃气设施损坏、燃气泄漏等危及公共安全的隐患或者事故，燃气经营者应当采取暂停供气措施，并报告城市管理部门、应急管理部门。

用户整改到位后向燃气经营者申请恢复用气的，燃气经营者应当及时恢复供气。

第三十条 燃气用户应当配合燃气经营者进行燃气设施安全检查和抢修、维修等工作。居（村）民委员会、物业服务企业以及相关单位应当予以协助。

第三十一条 燃气用户以及相关单位和个人不得实施下列行为：

（一）擅自操作公用燃气设施，盗用燃气；

（二）将燃气管道作为负重支架或者接地引线；

（三）从事危及户内燃气设施安全的装饰、装修活动；

（四）安装、使用不符合气源要求的燃气燃烧器具；

（五）擅自拆卸、安装、改装燃气计量装置和燃气设施；

（六）加热、摔、砸气瓶或者倒卧使用气瓶；

（七）擅自处置气瓶残液；

（八）在不具备安全条件的场所使用、储存燃气；

（九）转供燃气或者擅自改变管道燃气用途；

（十）法律、法规禁止的其他行为。

第五章　设施保护

第三十二条　燃气经营者应当按照国家有关工程建设标准和安全生产管理的规定，设置燃气设施防腐、绝缘、防雷、降压、隔离等保护装置和安全警示标志，定期进行巡查、检测、维修和运行维护，及时更换老化、损坏、国家明令淘汰的燃气设施。

第三十三条　管道燃气居民用户以燃气管道连接燃气燃烧器具软管的阀门为界，阀门和阀门之前的燃气设施由燃气经营者负责维护、更新；燃气泄漏报警装置、自动切断装置和阀门之后的燃气设施、燃气燃烧器具，由用户负责维护、更新。

管道燃气非居民用户的计量装置前（含计量装置、调压设施）的燃气设施，由燃气经营者负责维护、更新；计量装置后的燃气设施，由用户负责维护、更新。用户与燃气经营者另有约定的，从其约定。

管道燃气经营者维护、更新责任范围内的燃气设施，燃气用户或者相关责任单位需要改装、迁移或者拆除的，应当向燃气经营者提出申请，由燃气经营者按照相关技术标准、规范组织实施，费用由燃气用户承担。

第三十四条　任何单位和个人不得侵占、毁损、擅自拆除或者移动燃气设施，不得毁损、覆盖、涂改、擅自拆除或者移动燃气设施安全警示标志。

第三十五条　城市管理部门应当会同自然资源和规划、住房和城乡建设等有关部门，按照以下规定划定燃气设施安全保护范围、安全控制范围，并向社会公布：

（一）低压、中压燃气管道以及地下附属设施，其外壁两侧一点五米范围内的区域为安全保护范围，一点五米至五米范围内的区域为安全控制范围；

（二）次高压燃气管道以及地下附属设施，其外壁两侧三米范围内的区域为安全保护范围，三米至三十米范围内的区域为安全控制范围；

（三）高压燃气管道以及地下附属设施，其外壁两侧五米范围内的区域为安全保护范围，五米至五十米范围内的区域为安全控制范围；

（四）调压设施、计量装置等地上附属设施围墙或者围护栅栏外一米范围内的区域为安全保护范围；

（五）燃气场站围墙外五十米范围内的区域为安全控制范围。

沿河（海）、跨河（海）、穿河（海）、穿堤的管道燃气设施安全保护范围根据国家有关规定确定。

第三十六条　在燃气设施的安全保护范围内，禁止从事下列活动：

（一）建设占压地下燃气管线的建筑物、构筑物或者其他设施；

（二）进行爆破、取土等作业或者动用明火；

（三）倾倒、排放腐蚀性物质；

（四）放置易燃易爆危险物品或者种植深根植物；

（五）其他危及燃气设施安全的活动。

第三十七条 建设单位或者施工单位从事下列活动，应当与燃气经营者共同制定燃气设施保护方案，采取相应的安全保护措施，并在建设工程开工三日前通知燃气经营者，燃气经营者应当指派技术人员到现场提供安全保护指导：

（一）在燃气设施安全保护范围内敷设管道、打桩、顶进、挖掘、钻探；

（二）在燃气设施安全控制范围内爆破、动用明火、开挖深基坑作业；

（三）其他影响燃气设施安全的活动。

第三十八条 涉及燃气设施的建设工程施工前，建设单位或者施工单位应当查明施工范围内燃气设施相关情况。因施工损坏有关燃气设施的，建设单位或者施工单位应当立即停止施工，采取应急保护措施，及时通知有关单位抢修，并承担有关损失和抢修费用。

第三十九条 燃气经营者改动市政燃气设施，应当制定改动方案，报城市管理部门批准。因建设工程施工确需改动的，费用由建设单位承担。

第六章 安全管理与应急处置

第四十条 燃气经营者应当加强安全生产管理，承担安全生产主体责任，建立安全管理制度，按照规定设置安全管理机构或者配备安全管理人员，保证安全生产投入，配备必要的应急装备、器材，定期对职工进行安全教育和培训。

燃气经营者应当制定突发事故抢险抢修预案，并报城市管理部门和应急管理部门备案。

第四十一条 任何单位和个人发现燃气安全事故或者安全事故隐患，应当立即向燃气经营者或者城市管理、应急管理等部门报告。

第四十二条 燃气经营者应当向社会公布抢险抢修电话，实行二十四小时值班制度。接到事故隐患报告后应当立即组织抢险抢修，并同时报告当地城市管理部门或者其他有关部门。

第四十三条 燃气经营者应当按照规定在作业场所设置燃气泄漏报警装置，并保证处于适用状态。燃气非居民用户安装使用的燃气报警控制系统应当符合有关技术标准、规范。

支持燃气经营者投保燃气安全生产责任保险。支持燃气用户投保燃气意外保险。

第四十四条 城市管理部门负责对燃气经营、使用的安全状况进行监督检查，监督燃气经营者落实安全生产主体责任、履行用户安全检查责任，受理燃气经营、使用投诉举报，查处相关燃气违法行为。

应急管理部门负责燃气安全生产的综合监督管理，组织指导协调燃气安全生产突发事件应对工作。

公安机关依法查处盗用燃气或者盗窃燃气设施、故意损毁燃气设施等违反治安管理或者涉嫌犯罪的行为。

交通运输主管部门负责对燃气道路运输、水路运输许可以及运输工具的安全管理实施监督。

市场监督管理部门按照特种设备安全法的规定，对燃气压力管道、压力容器（含气瓶）安全实施监督管理。

第四十五条 城市管理、住房和城乡建设、应急管理、公安、交通运输、市场监督管理、城管执法（综合执法）以及相关行业（系统）主管部门，应当在各自职责范围内做好燃气监督管理工作，对监督检查中发现的燃气安全隐患依法进行处理；发现违法行为的，依法予以查处或者移送有关执法部门。

第四十六条 城市管理部门应当会同有关部门制定燃气安全事故应急预案，建立燃气事故统计分析制度。

城市管理、应急管理等部门应当建立燃气安全预警联动机制，整合信息资源，及时处置、报告燃气安全隐患和突发事故。

第四十七条 燃气安全事故由市、区（市）人民政府组织相关部门进行调查处理。

燃气生产安全事故依照有关法律、行政法规的规定进行报告和调查处理。

第七章 法律责任

第四十八条 对违反本条例规定的行为，法律、法规已规定法律责任的，适用其规定。

第四十九条 违反第十五条第三款规定，燃气经营者未按照规定变更燃气经营许可的，由城市管理部门责令限期改正；逾期不改正的，处一万元以上五万元以下罚款。

第五十条 燃气经营者违反第十九条第十项、第十一项规定的，由城市管理部门责令限期改正，处二万元以上十万元以下罚款。

第五十一条 违反第二十一条规定，机动车加气经营者未在规定场地内对车用气瓶加气的，由城市管理部门责令限期改正，处一万元以上十万元以下罚款。

第五十二条 违反第三十七条规定，在燃气设施安全控制范围内从事爆破、动用明火、开挖深基坑作业以及其他影响燃气设施安全活动，未与燃气经营者共同制定燃气设施保护方案、采取相应的安全保护措施的，由城市管理部门责令改正，对单位处五万元以上十万元以下罚款，对个人处五千元以上五万元以下罚款；造成损失的，依法承担赔偿责任。

第五十三条 违反第四十二条规定，燃气经营者未实行二十四小时值班制度的，由城市管理部门责令限期改正；逾期不改正的，处一千元以上一万元以下罚款。

第五十四条 本章规定的行政处罚，按照相对集中行政处罚权的有关规定由其他行政部门实施的，依照其规定执行。

第八章 附 则

第五十五条 本条例中下列用语的含义：

（一）燃气，是指作为燃料使用并符合一定要求的气体燃料，包括天然气（含煤层气）、液化石油气和人工煤气等；

（二）燃气设施，是指人工煤气生产设施、燃气储配站、门站、气化站、混气站、加气站、灌装站、供应站、调压站、市政燃气管网等的总称，包括市政燃气设施、建筑区划内业主专有部分以外的燃气设施以及户内燃气设施等；

（三）燃气燃烧器具，是指以燃气为燃料的燃烧器具，包括居民用户和非居民用户所使用的燃气灶、热水器、沸水器、采暖器、空调器等器具。

第五十六条 本条例自 2019 年 9 月 1 日起施行。

河南省城镇燃气管理办法

（2013 年 11 月 6 日省政府第 15 次常务会议通过　根据 2017 年 4 月 14 日《河南省人民政府关于废止和修改部分省政府规章的决定》修正）

第一章　总　　则

第一条　为加强城镇燃气管理，保障燃气供应，规范燃气经营和使用行为，防止和减少燃气安全事故，保障公民生命、财产安全和社会公共安全，维护燃气经营企业和燃气用户的合法权益，促进燃气事业健康发展，根据《城镇燃气管理条例》和有关法律、法规规定，结合本省实际，制定本办法。

第二条　本办法所称燃气，是指作为燃料使用并符合一定要求的气体燃料，包括天然气（含煤层气）、液化石油气和人工煤气等。

第三条　本省行政区域内城镇燃气规划建设与应急保障、经营与服务、燃气使用、安全管理及相关管理活动，适用本办法。

天然气、液化石油气的生产和进口，城市门站以外的天然气管道输送，燃气作为工业生产原料的使用，沼气、秸秆气的生产和使用，不适用本办法。

第四条　县级以上人民政府及其有关部门应当建立健全燃气安全监督管理制度，提高燃气管理水平，鼓励支持燃气科学技术研究，做好燃气管理法律、法规、规章和安全节约用气宣传普及工作，提高全民的燃气安全意识。

第五条　省人民政府住房城乡建设主管部门负责全省的燃气管理工作。

县级以上人民政府住房城乡建设（城市管理、市政公用）主管部门负责本行政区域的燃气管理工作。

县级以上人民政府发展改革、公安、环保、交通运输、工商、质监、安全监管、规划等有关部门，应当根据各自职责，做好燃气管理的有关工作。

第二章　规划建设与应急保障

第六条　县级以上人民政府燃气主管部门应当会同有关部门，依据国民经济和社会发展规划、土地利用总体规划、城乡规划、能源规划以及上一级燃气发展规划，组织编制本行政区域的燃气发展规划，报本级人民政府批准后组织实施，并报上一级人民政府燃气主管部门备案。

燃气发展规划因经济社会发展确需修编的，应当按照原程序报送批准并备案。

第七条　城镇新区建设、旧区改造，应当按照城乡规划和燃气发展规划配套建设燃气设施或者预留燃气设施建设用地。

预留的燃气设施建设用地，未经法定程序批准，不得改变用途。

第八条　燃气设施建设工程的勘察、设计、施工、监理等活动必须由具有相应资质等级的单位承担，并应当依法接受工程质量监督机构的监督，其中依法应当进行消防设计审核的，还应当经公安机关消防机构审核。

第九条　燃气设施建设工程竣工后，建设单位应当依法组织竣工验收，并自竣工验收合格之日起 15 日内将竣工验收情况报燃气主管部门备案。未经验收或者验收不合格的，不得交付使用。

第十条　县级以上人民政府应当建立健

全燃气应急储备制度，组织编制燃气应急预案，采取综合措施提高燃气应急保障能力。

燃气供应严重短缺、供应中断等突发事件发生后，县级以上人民政府应当及时采取动用储备、紧急调度等应急措施优先保障居民生活燃气供应，燃气经营企业以及其他有关单位和个人应当予以配合，承担相关应急任务。

第三章　经营与服务

第十一条　燃气经营实行许可证制度。

从事管道燃气、瓶装燃气、燃气汽车加气等城镇燃气经营的企业及其设立的瓶装燃气供应站（点）必须依法取得燃气经营许可证后，方可从事燃气经营活动。

禁止个人从事燃气经营活动。

第十二条　省辖市、县（市）人民政府或者其授权的燃气主管部门应当按照有关法律、法规规定，通过市场竞争机制，以招标投标方式选择管道燃气投资企业或者经营企业，并签订特许经营协议。特许经营协议应当明确特许经营内容、区域、范围、有效期限及服务标准等。

管道燃气特许经营应当遵循公开、公平、公正和公共利益优先的原则。

第十三条　申请燃气经营许可证，应当向燃气主管部门提交下列材料：

（一）燃气经营许可证申请表；

（二）公司营业执照；

（三）企业主要负责人、安全生产管理人员的职务、职称、安全技能考核合格证书以及运行、维护和抢修人员经专业培训考核合格的证书；

（四）经营场所和办公场所证明；

（五）燃气工程项目规划、施工许可等批准文件和工程竣工验收文件等资料；

（六）相关部门核发的建设工程消防验收法律文件、《压力容器使用证》、《压力管道使用登记证》、《气瓶充装许可证》、《防雷装置检测报告》、残液处置方案及措施（瓶装燃气经营企业）；

（七）供气协议书或者供气意向书；

（八）燃气质量检测报告；

（九）企业安全生产管理制度，安全技术岗位操作规程，事故应急抢险预案和抢险车辆及设备名录，企业服务规范等；

（十）法律、法规要求提供的其他材料。

管道燃气经营企业除具备前款规定的条件外，还应当提供特许经营协议。

燃气主管部门应当自受理申请之日起20个工作日内作出决定。不予许可的，应当书面向申请人说明理由。

第十四条　燃气经营许可证有效期为5年。需要延期的，燃气经营企业应当在许可证有效期届满30日前向原发证机关提出申请，经审查合格后换领新证。

燃气经营企业分立、合并、中止经营，或者变更经营许可证载明内容的，应当在30日前向原核发部门提出申请并提交相关资料。经审查符合条件的，原核发部门应当依法予以办理。

第十五条　管道燃气经营企业应当设置用户服务电话和抢险抢修电话，并向社会公布。抢险抢修电话应当有专人每日24小时值班。

第十六条　管道燃气经营企业因管道施工、检修等非突发性原因确需降压或者暂停供气的，应当提前48小时将降压或者暂停供气及恢复供气的时间予以公告或者书面通知燃气用户。居民燃气用户恢复供气的时间不得安排在晚10时至次日早晨6时之间。

因突发性原因造成降压或者暂停供气的，燃气经营企业应当在组织抢修的同时及时通知燃气用户，并尽快恢复供气。

第十七条 管道燃气经营企业应当每年至少对燃气用户免费进行一次入户安全检查，建立完整的检查档案。

管道燃气经营企业对燃气用户实施安全检查前，应当事先书面告知燃气用户安全检查的日期，并在约定的时间上门检查。燃气经营企业因燃气用户的原因不能按通知或者约定时间入户安全检查的，燃气经营企业应当与燃气用户再次约定入户检查时间。

管道燃气经营企业检查人员上门检查时应当主动出示有关证件，燃气用户可以拨打燃气经营企业的服务电话确认其身份。燃气用户应当对燃气经营企业入户检查予以配合，无正当理由不得拒绝。

管道燃气经营企业应当将检查结果书面告知燃气用户，对燃气用户不遵守安全用气规定出现安全隐患的，应当提醒燃气用户整改，燃气用户应当及时进行整改；燃气用户不按规定落实整改可能造成安全事故的，燃气经营企业可以停止供气，并在隐患消除后24小时内恢复供气。

第十八条 燃气经营企业应当对其从事瓶装燃气送气服务的人员和车辆加强管理，并承担相应的责任。

从事瓶装燃气充装活动，应当遵守法律、法规和国家标准有关气瓶充装的规定。

第十九条 瓶装燃气经营企业不得有下列行为：

（一）擅自为非自有气瓶充装燃气；

（二）销售未经许可的充装单位充装的瓶装燃气或者销售充装单位擅自为非自有气瓶充装的瓶装燃气；

（三）对超过检验期限、检验不合格或者报废、改装的气瓶进行灌装；

（四）用贮罐、槽车直接向气瓶充装燃气或者用气瓶相互倒灌燃气；

（五）在不符合安全条件的场地存放已充装气瓶；

（六）向未取得燃气经营许可证的单位或者个人提供用于经营的燃气；

（七）法律、法规禁止的其他行为。

第二十条 燃气汽车加气站不得向未经使用登记或者与使用登记证不一致的车用气瓶加气，不得向车用气瓶以外的其他气瓶或者装置加气。

第二十一条 燃气经营企业应当建立健全燃气质量检测制度，确保供应的燃气质量符合国家标准。

县级以上人民政府质监、工商行政管理、燃气主管等部门应当按照职责分工，依法加强对燃气质量的监督管理。

第二十二条 燃气销售价格应当根据购气成本、经营成本和当地经济社会发展水平合理确定并适时调整。县级以上人民政府价格主管部门确定和调整管道燃气销售价格，应当征求管道燃气用户、管道燃气经营企业和有关方面的意见。

第二十三条 县级以上人民政府燃气主管部门应当建立健全监督管理制度，对燃气经营企业的经营活动、服务情况、安全管理状况等进行监督检查，并定期组织实施企业安全服务质量考核评价，督促不符合要求的企业对存在问题进行限期整改。

第四章 燃气使用

第二十四条 管道燃气经营企业应当在批准的供气区域内向具备用气条件的单位和个人提供供气服务，并与燃气用户依法签订供用气合同，明确双方的权利和义务，保证安全稳定供气。对供气区域内符合用气条件的单位和个人，无正当理由，不得拒绝供气。

燃气用户需要过户，变更名称、地址、燃气用途或者扩大用气范围以及停止使用燃气的，应当到燃气经营企业办理变更或者停用手续。

第二十五条 燃气经营企业应当按照核准的燃气价格、燃气计量装置的记录向燃气用户收取燃气使用费，并与燃气用户约定支付期限。

燃气用户应当按照约定期限支付燃气费用。

第二十六条 为用户安装的用于贸易结算的燃气计量装置应当经过有资质的计量检定机构检定合格，并粘贴检定合格标识。民用燃气计量装置使用到规定年限后，由燃气经营企业负责更换，所需费用计入企业成本。

用户对燃气计量装置准确度有异议的，可以向供气的管道燃气经营企业申请测试。经有资质的计量检测机构检定，燃气计量装置合格的，检定费用由申请方承担；不合格的，检定费用由被申请方承担，其多收取的费用应当及时返还。

第二十七条 燃气用户有权就燃气收费、服务等事项向燃气经营企业查询，燃气经营企业应当自收到申请之日起5个工作日内予以答复。

燃气用户有权就燃气安全、供气质量、收费价格、服务质量等事项向县级以上人民政府价格主管部门、燃气主管部门以及其他有关部门进行投诉，有关部门应当自收到投诉之日起15个工作日内予以处理。

第二十八条 销售的燃气燃烧器具应当符合当地燃气使用要求，并经具备相应资质的检测机构对气源适配性进行检测。

燃气主管部门应当定期向社会公布本行政区域内的燃气种类、气质成分以及与气源相适配燃气燃烧器具的产品目录等信息。

第二十九条 燃气燃烧器具的安装、维修应当符合国家有关标准。

燃气燃烧器具安装维修企业不得安装不符合国家标准或者与气源不适配的燃气燃烧器具，不得维修达到报废年限的燃气燃烧器具。

第三十条 燃气用户及相关单位和个人不得盗用燃气。下列行为属于盗用燃气行为：

（一）在供气企业或者其他单位、个人的供用气设施上擅自安装管线和设施用气的；

（二）绕越用气计量装置用气的；

（三）私自移动、改装、损坏、拆除法定燃气计量装置，使其少计量或者不计量的；

（四）采用其他方式盗用燃气的。

第五章 安全管理

第三十一条 燃气主管部门、安全监管部门、质监部门、公安机关消防机构等部门和单位应当根据各自职责，对燃气经营活动进行安全监督检查，发现燃气安全事故隐患的，应当立即组织人员查明情况，及时通知有关单位和个人排除燃气安全事故隐患。有关单位和个人应当予以配合。

第三十二条 燃气经营企业应当建立安全责任制，健全燃气安全保障体系，并对本单位的燃气设施定期进行安全评估，发现燃气安全事故隐患的，应当及时采取措施消除隐患。

第三十三条 燃气经营企业应当告知燃气用户安全用气规则，指导燃气用户安全使用燃气，向燃气用户发放安全用气手册，检查燃气用户燃气使用场所的安全条件。

第三十四条 燃气用户应当遵守《城镇

燃气管理条例》有关安全用气管理的规定，并遵守下列规定：

（一）使用合格的燃气燃烧器具和气瓶；

（二）按照国家有关标准和安全用气规则使用燃气，并按照使用说明书的要求正确使用燃气燃烧器具；

（三）配合燃气经营企业进行安全检查、维修；

（四）发现户内燃气设施安全隐患的，及时采取相应措施。

单位燃气用户应当落实安全管理制度，加强对燃气燃烧器具操作维护人员安全知识和技能的培训。管道燃气用户需要安装、改装、迁移、拆除户内燃气设施的，应当按照国家有关标准实施作业。

第三十五条 任何单位和个人不得侵占、毁坏和擅自拆除、移动燃气设施，不得毁损、覆盖、涂改、擅自拆除或者移动燃气设施安全警示标志。

确因工程建设需要拆除、移动市政燃气设施的，应当由燃气经营企业制定改动方案，报县级以上人民政府燃气主管部门批准，并由燃气经营企业组织施工，所需费用由建设单位承担。

第三十六条 县级以上人民政府燃气主管部门应当会同有关部门制定燃气安全事故应急预案，明确应急指挥机构的组成、职责、应急处置程序、应急保障措施等内容，建立燃气事故统计分析制度，定期通报事故处理结果。

燃气经营企业应当制定本单位燃气安全事故应急预案，配备应急人员和必要的应急装备、器材，并定期组织演练。

第三十七条 燃气安全事故发生后，燃气经营企业应当立即启动本单位燃气安全事故应急预案，组织抢险、抢修并立即向燃气主管部门报告。

燃气安全事故发生后，燃气主管部门、安全监管部门和公安机关消防机构等有关部门和单位应当根据各自职责，立即采取措施防止事故扩大，根据有关情况启动燃气安全事故应急预案。

第三十八条 燃气安全事故经调查确定为责任事故的，应当查明原因、明确责任，并依法予以追究。

对燃气生产安全事故，依照国家和省有关生产安全事故报告和调查处理的规定进行报告和调查处理。

第三十九条 发生燃气泄漏等紧急情况，燃气经营企业必须采取紧急避险措施的，公安机关应当支持燃气经营企业实施入户抢险、抢修作业，燃气用户必须予以配合。

第四十条 燃气事故抢修车辆应当有明显标志，并到当地公安交通管理部门办理交通通行手续。

第六章　法律责任

第四十一条 违反本办法规定，法律、法规已有处罚规定的，适用其规定；构成犯罪的，依法追究刑事责任。

第四十二条 违反本办法规定，燃气经营企业分立、合并、中止经营，或者燃气经营许可证载明的内容发生变更，燃气经营企业未在规定期限内报原审批机关申请办理相关手续的，由燃气主管部门责令限期改正；逾期不改正的，处1000元以上1万元以下罚款。

第四十三条 违反本办法规定，瓶装燃气经营企业有下列行为之一的，由燃气主管部门责令改正，并处1万元以下罚款；情节严重的，处1万元以上3万元以下罚款：

（一）对超过检验期限、检验不合格或者报废、改装的气瓶进行灌装；

（二）用贮罐、槽车直接向气瓶充装燃气或者用气瓶相互倒灌燃气；

（三）在不符合安全条件的场地存放已充装气瓶；

（四）法律、法规禁止的其他行为。

第四十四条 违反本办法规定，向未经使用登记、与使用登记证不一致的车用气瓶加气或者向车用气瓶以外的其他气瓶或者装置加气的，由燃气主管部门责令改正，并处5000元以上1万元以下罚款；情节严重的，处1万元以上3万元以下罚款。

第四十五条 违反本办法规定，燃气燃烧器具安装维修企业安装不符合国家标准或者与气源不适配的燃气燃烧器具，或者维修达到报废年限的燃气燃烧器具的，由燃气主管部门责令其限期改正；逾期不改正的，处每台1000元，但最高不超过3万元的罚款。

第四十六条 违反本办法规定，县级以上人民政府及其燃气主管部门和其他有关部门工作人员在燃气管理工作中玩忽职守、滥用职权、徇私舞弊的，对直接负责的主管人员和其他直接责任人员，依法给予处分；构成犯罪的，依法追究刑事责任。

第七章 附 则

第四十七条 农村的燃气管理参照本办法的规定执行。

第四十八条 本办法自2013年12月27日起施行。1999年3月20日省政府令第57号公布施行的《河南省燃气管理办法》同时废止。

郑州市燃气管理条例

（2000年4月28日郑州市第十一届人民代表大会常务委员会第十一次会议通过　2000年7月29日河南省第九届人民代表大会常务委员会第十七次会议批准　根据2002年4月25日郑州市第十一届人民代表大会常务委员会第二十八次会议通过　2002年7月27日河南省第九届人民代表大会常务委员会第二十九次会议批准的《郑州市人民代表大会常务委员会关于修改〈郑州市燃气管理条例〉的决定》第一次修正　根据2006年12月28日郑州市第十二届人民代表大会常务委员会第二十五次会议通过　2007年5月31日河南省第十届人民代表大会常务委员会第三十一次会议批准的《郑州市人民代表大会常务委员会关于修改〈郑州市燃气管理条例〉的决定》第二次修正　2012年9月28日河南省第十一届人民代表大会常务委员会第二十九次会议批准的《郑州市人大常委会关于修改部分地方性法规的决定》第三次修正　2014年6月24日河南省第十二届人民代表大会常务委员会第八次会议批准的《郑州市人民代表大会常务委员会关于修改部分地方性法规的决定》第四次修正）

第一章 总 则

第一条 为加强燃气管理，维护燃气用户、燃气及燃气器具经营者的合法权益，保障公共安全，促进燃气事业发展，根据有关法律、法规规定，结合本市实际，制定本条例。

第二条 本条例所称燃气是指天然气、液化石油气、人工煤气等气体燃料。

第三条 本条例适用于本市行政区域内燃气发展规划，燃气工程建设，燃气的生产、供应和使用，燃气设施保护，燃气器具的销售、安装、维修，燃气安全管理等活动。

第四条 市燃气行政主管部门负责本市燃气的监督管理工作。

县（市）、上街区燃气行政主管部门负责本行政区域内的燃气的监督管理工作。

城市规划、建设、公安、交通、环境保护、质量技术监督、工商行政、安全生产监督、物价等部门应当做好各自职责范围内的燃气管理工作。

第五条 燃气事业的发展应当实行统筹规划、合理利用能源和安全供用、保障供应、规范服务的原则。

燃气企业应当树立服务观念，提高服务质量，依法管理、文明管理，接受社会监督。

第二章 规划与建设

第六条 燃气发展规划由市、县（市）、上街区燃气行政主管部门、城市规划行政主管部门会同有关部门依据城市总体规划编制，报同级人民政府批准后实施。

第七条 新建、改建、扩建燃气工程项目，应当符合燃气发展规划，按照建设项目审批程序，报有关部门批准。

燃气发展规划区域新建、改建、扩建道路，应当规划燃气管网设施位置。燃气设施与道路同步建设的，应与道路工程同时设计、同时施工、同时竣工验收。

第八条 因城市建设需要改动燃气设施的，建设单位应报经市、县（市）、上街区燃气行政主管部门批准。改动燃气设施所发生的费用由建设单位承担。

第九条 管道供气区域内的高层民用建筑，应当安装使用管道燃气，并与主体工程同时设计、同时施工、同时交付使用。

新建住宅设计使用管道燃气的，设计单位应将燃气计量装置的安装位置预留在室外公用部位。现有使用管道燃气的住宅，具备条件的，可以逐步将燃气计量装置改装在室外公用部位。

积极推广先进的燃气计量装置。

第十条 燃气工程的设计、施工，必须由具有相应资质的单位承担，并接受市政公用工程质量监督机构的监督。

燃气工程竣工后，建设单位应当按照国家有关规定组织验收，并报市、县（市）、上街区燃气行政主管部门备案；未经验收或验收不合格的，不得交付使用。

第十一条 燃气工程及燃气设施建设资金的筹措，按照国家和省有关规定执行。

第十二条 任何单位和个人不得擅自增设、改装、拆除燃气设施。确需增设、改装、拆除燃气管道及设施的，由具有相应的资质的燃气安装、维修企业负责施工。燃气安装、维修企业确需移动燃气计量装置及计量装置前的设施，应经燃气企业同意。

第三章 燃气经营

第十三条 管道燃气实行区域性统一经营。在管道天然气、管道人工煤气建成区内，不得新建、扩建管道液化气。

瓶装燃气允许多家经营，实行规范管理。

第十四条 设立燃气企业应当符合国家规定的条件，经市、县（市）、上街区燃气行政主管部门批准，取得燃气经营许可证。

第十五条 设立燃气供应站（点），符合燃气企业条件的，按照燃气企业办理许可手续，不符合燃气企业条件的，应当符合下列条件，并报市、县（市）、上街区燃气行政主管部门备案：

（一）有符合标准的固定设施；

（二）有符合标准并经公安消防部门审核合格的燃气消防、安全保护设施；

（三）有防泄漏、防火、防爆安全管理制度及措施；

（四）有符合规定的营业制度；

（五）有相应数量的经过专业培训合格的管理人员和技术人员。

设立燃气机动车加气站除具备前款规定条件外，还应当具有符合标准的燃气储存、充装、计量等设备。

第十六条 市、县（市）、上街区燃气行政主管部门应当对燃气供应站（点）是否符合本条例第十五条规定的条件进行检查；经检查不合格的，责令限期整改，整改合格前不得继续从事燃气经营活动。

第十七条 燃气企业供应的燃气气质和压力应当符合国家规定标准，保证正常安全供气。

燃气企业中止经营活动的，应当提前三十日向市或县（市）、上街区燃气行政主管部门备案。

第十八条 燃气企业应当设置并向社会公布抢险、抢修电话，实行二十四小时值班制度。

第十九条 管道燃气企业在燃气经营中应当遵守下列规定：

（一）无正当理由不得拒绝供气；

（二）建立健全用户档案；

（三）按照规定及时为用户安装、改装管道燃气设施，保证质量；

（四）检修燃气设施或者器具以及进行燃气设施安全检查，应事先通知用户；

（五）工作人员入户检修、检查、抄表，应佩戴统一的标志，文明作业，用语规范。

第二十条 管道燃气企业因施工、检修等原因降压供气或者停止供气，应当提前二十四小时通知用户；施工、检修应在二十时至次日七时之间进行；停止供气二十四小时以上的，应当向市、县（市）、上街区人民政府报告。

对居民恢复供气时，管道燃气企业应当在恢复供气之日六时至二十时之间择定恢复供气时间。

第二十一条 新型气体燃料必须经国家或省建设行政主管部门组织有关部门、专家鉴定合格后，方可作为民用气体燃料投入使用。

第二十二条 管道燃气价格应在供气成本加税费和合理利润的基础上，按生活用气保本微利、生产经营用气合理计价的原则，由物价部门按价格管理权限依法审定。

第二十三条 瓶装燃气企业应当遵守下列规定：

（一）初次使用或者重新检验后的燃气钢瓶应当抽取真空后再充装燃气；

（二）在用燃气钢瓶灌装前必须按规定抽取残液和进行瓶体检查，不符合规定的，不得灌装；

（三）燃气钢瓶灌装量应当与该瓶标识灌装量相符，其误差不得超过国家规定标准，充气后应当有记录，并粘贴检验合格标志；

（四）燃气企业应当将燃气钢瓶中的空、重瓶分别存放；发现漏气瓶、超重瓶等不符合规定的燃气钢瓶，应当妥善处置，不得放入瓶库；

（五）严禁从槽车或贮灌上直接灌装燃气钢瓶；

（六）禁止灌装超过检验期限或检验不合格的燃气钢瓶。

第四章 燃气使用

第二十四条 管道燃气企业与管道燃气用户应当依照《合同法》的规定签订供用气合同，明确双方的权利和义务。

第二十五条 管道燃气用户需要变更用户名称、扩大用气范围、改变燃气用途和安装、改装、拆迁固定的燃气设施，应当向管道燃气企业申请办理有关手续，并承担所需费用。

第二十六条 禁止盗用、转供管道燃气。

第二十七条 使用管道燃气计量装置依法执行首次强制检定制度。计量检定机构应当对检定合格的燃气计量装置建立档案，出具检定合格证书，并对检定结果负责。

公称流量大于或等于 10 立方米/h 的燃气计量装置每三年应委托质量技术监督部门指定的计量检定机构进行周期检定。

禁止擅自开启计量检定机构加封的燃气计量装置封印。

第二十八条 管道燃气的用气量以燃气计量装置的记录为准。用户和燃气企业对燃气计量装置的准确度有异议的，可以提出校验，双方应当在约定的时间内交由法定的计量检定机构检定。对检定结果有异议的，可申请质量技术监督部门指定计量检定机构重新检定。

经检定的燃气计量装置其误差在规定的范围的，检定费用由提出检验一方承担；其误差超过规定范围的，检定费用由燃气企业承担，并由燃气企业免费为用户更换合格的计量装置。

使用超过法定误差范围的燃气计量装置的用户，其在申请检定之日前二个月的燃气费，按照检定误差调整合格后的用气量计算，多计或少计的用气量，在下次抄表时折抵。

第二十九条 燃气计量装置发生故障，燃气企业应及时进行处理。燃气计量装置发生故障造成无法计量的，按该用户前四个月的月平均用气量计收气费。

第三十条 燃气计量装置安装在室内的，燃气企业应与用户约定抄表时间，用户应当配合抄表。抄表后应当告知用户用气量。

半年以上不使用燃气的用户，可以到燃气企业办理暂停用气手续。需重新使用的，应到燃气企业办理启用手续。燃气企业应在二个工作日内恢复供气。

第三十一条 用户有权就燃气经营的收费和服务向燃气行政主管部门及其他有关部门投诉；燃气行政主管部门及其他有关部门应当自接到投诉之日起十五日内予以答复。

第五章 燃气设施管理

第三十二条 燃气企业必须建立安全检查、维修养护、事故抢修制度，加强对燃气设施的维修和管理，并定期对燃气设施进行检修，及时排除、处理燃气设施故障和事故，确保燃气设施安全运行和正常供气。

第三十三条 管道燃气居民用户以燃气管道连接燃气器具软管的阀门为界，阀门之后的管道及附属设施由用户负责维护管理，燃气企业应当加强指导服务，费用由用户承担；阀门和阀门之前的管道及设施由燃气企业负责维护管理，费用由燃气企业承担，居民用户应当予以配合。

第三十四条 燃气设施由市或县（市）、上街区燃气行政主管部门会同有关部门按照国家《城镇燃气设计规范》划定保护范围，并进行公告。对重要的燃气设施保护范围，应当设置界线标志。

在燃气设施保护范围内，禁止下列行为：

（一）修建建筑物；

（二）堆放物料和倾倒、排放腐蚀性液体；

（三）种植乔木；

（四）擅自开挖沟渠、挖坑取土、打桩或者顶进作业；

（五）在管道燃气设施上牵挂电线、绳索；

（六）擅自开启或者关闭燃气管道公共阀门；

（七）擅自从事爆破作业；

（八）其他危及燃气设施安全的行为。

第三十五条 因工程建设需要，在燃气设施保护范围内，确需进行开挖沟渠、挖坑取土、打桩或者顶进作业、爆破等危及燃气设施安全的施工作业的，建设单位应当在建设工程开工前提请燃气企业查明地下燃气设施的相关情况，燃气企业应当在两日内给予书面答复。

建设工程施工可能影响燃气设施安全的，建设单位或者施工单位应当与燃气企业协商采取相应的安全保护措施。由此发生的燃气设施安全保护和监护费用由建设单位承担。

由于施工不当造成燃气设施损坏的，建设单位应当协助燃气企业采取相应措施进行抢修，并赔偿由此造成的经济损失。

第六章 燃气器具

第三十六条 在本市销售使用的燃气器具，必须是取得国家燃气器具产品生产许可证、安全质量认证的企业生产的产品，并附有产品合格证和使用说明书。

第三十七条 任何单位和个人不得限定燃气用户购买指定地点或者指定品牌的燃气器具。

第三十八条 燃气器具的生产企业，销售企业在销售地应当设立或指定维修站（点），为用户提供维修服务。

第三十九条 安装以管道燃气为燃料的燃气器具（不含家庭用燃气灶具）应由具有资质证书的单位安装，并给用户出具安装合格证书。

第七章 燃气安全

第四十条 燃气企业应当宣传安全使用燃气常识，指导用户安全使用燃气。

燃气企业应当按照有关规定，在重要的燃气设施所在地设置明显的安全警示标识，并配备专职人员进行巡回检查。

管道燃气企业应当按照有关规定在管道燃气中加嗅。

第四十一条 燃气企业选用的燃气贮罐、燃气钢瓶和调压器具应当符合规定的标准，并按照压力容器管理的有关规定注册登记、定期检验。

第四十二条 燃气用户应当遵守安全用气管理规定，不得有下列行为：

（一）损坏燃气设施，影响用气安全；

（二）用明火对燃气设施、器具进行试漏；

（三）在不具备安全用气的场所使用燃气；

（四）自行拆卸、安装、改装燃气设施和器具（不包括家庭用燃气灶具）；

（五）加热、砸、摔燃气钢瓶或者在使用时倒卧燃气钢瓶；

（六）自行倾倒燃气钢瓶残液或自行进行燃气钢瓶之间倒罐；

（七）自行改换燃气钢瓶检验标志和漆色；

（八）其他影响用气安全的行为。

第四十三条 任何单位和个人发现燃气设施、器具泄漏或损坏等故障，应当立即通知燃气企业；发生由燃气引起的中毒、火灾、爆炸等事故，应当立即通知燃气企业、消防、安全生产监督、卫生等部门。

第四十四条 因抢修管道燃气设施，确需损坏市政设施或者其他设施以及中断电力、通讯的，燃气企业可以采取必要的应急措施，并及时通知有关部门或者单位共同研究解决方案。抢修后应立即恢复原状，并补办有关手续。

燃气企业对燃气设施进行抢修时，有关单位和个人应给予配合，不得以任何理由阻挠或者干扰抢修工作的进行。

抢修室内燃气设施时，用户应当无条件拆除影响抢修的装饰装修设施；用户不拆除的，由燃气企业拆除，造成的损失，由事故责任人承担。

第四十五条 发生重大燃气事故，燃气企业应当在事故发生之时起，停止事故涉及范围内的供气。事故隐患消除后，经当地燃气行政主管部门会同有关部门验收合格，方可恢复供气。

发生燃气事故，由燃气行政主管部门会同公安等部门查清事故原因。

第八章 法律责任

第四十六条 有下列行为之一的，由市、县（市）、上街区燃气行政主管部门责令改正，并按下列规定处理：

（一）未依法取得燃气经营许可证的企业，从事燃气经营的，责令停止违法行为，查封、扣押违法经营物品，处五万元以上五十万元以下的罚款；有违法所得的，没收违法所得；构成犯罪的，依法追究刑事责任；

（二）燃气供应站（点）经检查不合格而继续从事燃气经营活动，责令停业，可并处五千元罚款；

（三）未经鉴定合格将新型气体燃料作为民用气体燃料投入经营的，没收违法所得，并处以五千元罚款；

（四）瓶装燃气企业违反本条例第二十三条规定之一的，处以一千元以上五千元以下罚款；

（五）在燃气设施保护范围内，修建建筑物，堆放物料和倾倒、排放腐蚀性液体，擅自开挖沟渠、挖坑取土、打桩或者顶进作业，擅自从事爆破作业的，责令停止施工，对个人处以五百元以上一千元以下罚款；对单位处以五千元以上一万元以下罚款；

（六）未经燃气企业同意，擅自移动燃气计量装置及计量装置前的燃气设施的，处以三千元以上五千元以下罚款；

（七）转供管道燃气的，处以一千元以上二千元以下罚款；

（八）损坏燃气设施，影响用气安全的，责令赔偿损失，处以一千元以上二千元以下罚款；

（九）擅自开启或者关闭燃气公共管道阀门的，处以五百元罚款；

（十）自行倾倒燃气钢瓶残液或自行进行钢瓶之间倒罐的，处以五百元罚款。

第四十七条 燃气企业违反本条例规定，有下列行为之一的，由市、县（市）、上街区燃气行政主管部门责令限期改正，给予警告，并处以五千元以上二万元以下罚款；给他人造成损害的，依法承担赔偿责任：

（一）擅自停气或未履行停气通知义务的；

（二）燃气设施检修或施工，未按规定设置标志和采取安全措施的；

（三）供应管道燃气没有按规定加嗅的；

（四）燃气设施发生故障，未按规定及时抢修的；

（五）燃气设施故障修复后，未按规定恢复供气的。

第四十八条 违反本条例规定的行为，触犯其他法律、法规规定的，由有关部门依照有关法律、法规的规定处罚。

第四十九条 当事人对行政处罚决定不服的，可依法申请复议或提起诉讼。

第五十条 燃气管理工作人员滥用职权、玩忽职守、徇私舞弊、索贿受贿的，由其所在单位或有管理权的部门给予行政处分；构成犯罪的，依法追究刑事责任。

第九章 附 则

第五十一条 本条例下列用语的含义是：

（一）燃气工程是指管道燃气的长输管线及门站、管网干线、储配站、调压站、液化石油气贮配（存）站、气化站、混气站、燃气汽车充装站、新型气体燃料站、燃气钢瓶检测站和人工煤气气源厂的新建、扩建、改建工程；

（二）燃气设施是指燃气生产、储运、输配、供应的各种设备及其附属设施和计量装置；

（三）燃气器具是指燃气灶具、公用燃气炊事器具、燃气烘烤器具、燃气热水（开水）器具、燃气取暖器具、燃气交通运输工具、燃气冷暖机、燃气钢瓶等；

（四）燃气企业是指生产、储存、输配、供应燃气的企业；

（五）用户是指使用燃气的单位和个人。

第五十二条 市人民政府可以根据本条例制定具体实施办法。

第五十三条 本条例自2000年10月1日起施行。

宁夏回族自治区燃气管理条例

（2005年9月16日宁夏回族自治区第九届人民代表大会常务委员会第十八次会议通过 2015年9月30日宁夏回族自治区第十一届人民代表大会常务委员会第十九次会议修订）

第一章 总 则

第一条 为了加强燃气管理，保障人民群众生命财产安全和社会公共安全，维护燃气用户、经营企业和个人的合法权益，根据国务院《城镇燃气管理条例》和有关法律、行政法规的规定，结合自治区实际，制定本条例。

第二条 自治区行政区域内燃气规划建设、经营服务、用气管理、应急保障、安全管理及燃气燃烧器具的销售、安装、维修等活动，适用本条例。

天然气、液化石油气的生产和进口，城市门站以外的天然气管道输送，燃气作为工业生产原料的使用，沼气、秸秆气的生产和使用，不适用本条例。

第三条 住房和城乡建设主管部门或者县级以上人民政府确定的部门（以下称燃气管理部门），负责燃气管理工作。

规划、发展改革、安全生产监督管理、质量技术监督、工商行政管理、公安消防、交通运输、价格、新闻出版广电、教育等部门，按照各自职责做好燃气管理的有关工作。

第二章　规划建设与应急保障

第四条　燃气管理部门应当会同发展改革等部门，依据宁夏空间发展战略规划、国民经济和社会发展规划、土地利用总体规划、城乡规划、能源规划和上一级燃气发展规划，编制本行政区域燃气发展规划，报本级人民政府批准后组织实施，并报上一级燃气管理部门备案。

燃气发展规划应当覆盖乡（镇）村。

编制燃气发展规划，应当征求相关方面的意见建议。燃气发展规划经批准后，应当向社会公布，并按照自治区空间发展战略规划信息化平台统一要求，纳入规划信息数据库。

经批准的燃气发展规划，不得随意变更；确需修改的，应当报原审批机关批准。

第五条　新建、改建、扩建燃气设施工程项目，应当符合燃气发展规划。燃气管理、发展改革、规划等相关部门应当按照燃气发展规划的要求，依法审查、审批燃气设施建设工程。

按照燃气发展规划预留的燃气设施配套建设用地，未经法定程序批准不得改变用途。

第六条　燃气设施工程项目的设计、施工、监理和验收，应当遵守有关法律、法规规定，执行国家和自治区有关标准及技术规范。燃气工程建设选用的设备、材料，应当符合国家和自治区有关标准。

燃气设施工程项目应当按照国家有关规定进行安全评价，其安全设施设计应当报经有关部门审查，建设项目竣工投入生产或者使用前，建设单位应当组织有关部门对安全设施进行验收；未经验收或者验收不合格的，建设项目不得投入生产和使用。

第七条　新区建设、旧区改造工程及道路、桥梁等市政工程，按照燃气发展规划需要配套建设管道燃气设施的，管道燃气设施应当与主体工程同时设计、同时施工、同时竣工验收；有条件的地方应当将燃气管线纳入城市地下综合管廊统一建设。

新建、改建、扩建管道燃气设施应当在管线覆土前向规划部门申请竣工规划核实，竣工规划核实资料应当纳入燃气工程设施工程档案。

第八条　县级以上人民政府应当建立健全燃气应急储备制度，组织编制燃气应急预案，采取综合措施提高燃气应急保障能力。

燃气管理部门应当会同发展改革等部门对燃气供求状况实施监测、预测和预警。

燃气供应企业应当根据供气规模设立相应的应急气源储备。

第九条　自治区燃气管理部门应当会同发展改革部门，根据燃气发展规划，制定燃气资源中长期供应计划和年度燃气分配计划，组织协调燃气供应企业落实燃气年度供应计划。

第十条　发生燃气供应严重紧缺、供应中断等情况时，县级以上人民政府应当采取动用储备、紧急调度等应急措施恢复供应，燃气经营者、有关单位和个人应当配合做好应急工作。

燃气供应应当优先保障居民用气、集中供热用气以及医院、学校、公交车、出租车等民生用气。

第三章　经营与服务

第十一条　从事燃气经营活动的企业和个人（以下简称燃气经营者），应当依法取得燃气经营许可证，并在许可范围内经营。

燃气经营许可证由设区的市、县（市）燃气管理部门核发。

第十二条 企业从事燃气经营活动的，应当具备国务院《城镇燃气管理条例》规定的条件。

鼓励符合条件的企业投资经营管道燃气。

禁止个人从事管道燃气经营活动。

第十三条 个人从事瓶装燃气经营活动的，应当具备下列条件：

（一）有符合国家标准的燃气气源；

（二）有固定的经营场所，完善的安全管理制度和经营方案；

（三）有符合国家标准的贮存、充装、配送设施、设备；

（四）有与经营规模相适应的专业技术人员；

从事瓶装燃气充装的，应当依法取得气瓶充装许可证。

第十四条 燃气经营者应当遵守下列规定：

（一）建立并落实安全应急预案和安全管理制度，向用户宣传燃气安全使用、燃气设施保护和事故紧急处置等常识；

（二）建立并落实用户服务制度、值班制度，设立并公布用户服务电话，为用户缴纳、查询燃气费用和其他服务提供便利；

（三）供应的燃气的热值、组份、嗅味、压力等质量要求符合国家和自治区规定的标准，并向社会公布；

（四）不得拒绝向符合安全条件的燃气用户供气，不得向不具备安全条件的用户供气；不得拒绝燃气管网覆盖范围内符合安全用气条件的用户报装、改装申请；

（五）建立燃气用户档案，对管道燃气用户的室内燃气设施每年至少进行一次免费安全检查，及时通知用户更换存在安全隐患的燃气燃烧器具和连接管，并对用户进行安全用气指导；

（六）不得限定用户购买其指定的燃气燃烧器具和相关产品，或者限定用户委托其指定的安装单位安装燃气燃烧器具。

第十五条 瓶装燃气经营者除应当遵守本条例第十四条第一项至三项和第六项的规定外，还应当遵守下列规定：

（一）在经营服务场所明示燃气经营许可证、燃气销售价格和举报投诉电话；

（二）建立气瓶管理台账制度，对自有气瓶喷涂权属单位标记，对进出站气瓶实行登记管理；

（三）及时淘汰、销毁超过使用年限的气瓶，不得使用未经检验或者经检验不符合安全技术标准的气瓶；

（四）销售的瓶装气充装量与气瓶所标示的充装量相符合，误差不得超过国家规定范围；

（五）按照技术标准充装燃气，经检查合格的，粘贴合格标识。未粘贴合格标识的瓶装燃气，不得销售；

（六）不得用罐车直接向气瓶充装燃气或者用气瓶相互倒灌燃气；

（七）不得向无燃气经营许可证的单位或者个人提供经营性气源。

第十六条 管道燃气的用气量，应当以具有计量检测资质的机构检定合格的燃气计量装置的记录为准。

燃气用户对管道燃气计量装置的准确度有异议的，可以委托具有计量检测资质的机构检定，经检定误差在法定范围的，检定费用由燃气用户承担；检定误差超过法定范围的，由燃气经营者承担，并由燃气经营者负责更换燃气计量装置，退还多收取的燃气费。

第十七条 管道燃气经营者应当遵守国家和自治区燃气价格规定；瓶装燃气经营者应当根据购销成本合理确定燃气销售价格，不得串通涨价、变相涨价、哄抬价格或者实施其他价格违法行为；不得超过价格主管部门批准或者备案的服务项目和收费标准收取费用。

第十八条 燃气管理部门应当向社会公布本行政区域内的燃气种类和气质成分等信息。

质量技术监督部门应当定期对燃气的热值、组份、压力和计量器具进行检测，并公布检测结果。

第十九条 销售的燃气燃烧器具，应当是取得产品生产许可证或者获得强制性产品认证的产品，并附有产品合格证。

禁止销售国家明令淘汰和不符合质量标准的燃气燃烧器具。

第二十条 燃气燃烧器具安装、维修企业应当依法取得燃气燃烧器具安装、维修资质；燃气燃烧器具安装、维修工作人员应当按照国家规定取得燃气燃烧器具安装、维修岗位证书。

第四章 用气管理

第二十一条 管道燃气经营者和燃气用户应当签订供用气合同，明确双方的权利和义务。

第二十二条 燃气用户及相关单位和个人应当遵守安全用气规定，不得有下列行为：

（一）擅自操作公用燃气阀门；

（二）盗用燃气、改变燃气用途、转供燃气；

（三）将燃气管道作为负重支架或者接地引线；

（四）擅自安装、改装、拆除户内燃气设施和燃气计量装置；

（五）实施危害室内燃气设施安全的装饰、装修活动；

（六）使用存在安全隐患的燃气燃烧器具，使用未经检验、检验不合格或者报废的气瓶，或者擅自涂改燃气气瓶检验标志；

（七）在不具备安全使用条件的场所使用、储存燃气；

（八）加热、撞击气瓶，或者擅自处理燃气气瓶残液；

（九）拒绝配合燃气经营者对燃气设施进行抢修、维护更新、入户检修；

（十）利用燃气实施危害公共安全的行为。

第二十三条 燃气经营者和燃气用户应当按照国家燃气设施和燃气燃烧器具使用期限的规定对燃气设施和燃气燃烧器具进行定期检验、检修和更新。

管道燃气用户连接燃气燃烧器具之前的燃气设施，包括燃气引入管、立管、阀门（含公用阀门）、水平管、计量器具前支管、燃气计量器具等，由燃气经营者负责建设、维护、更新；燃气燃烧器具和连接管，由燃气用户负责维护、更新。

管道燃气经营者与单位用户对燃气设施、燃气燃烧器具的维护、更新、管理另有约定的，从其约定。

第二十四条 管道燃气用户需要扩大用气范围、改变燃气用途或者改装、拆除固定燃气设施的，应当经管道燃气经营者同意后，由专业技术人员进行操作。

管道燃气单位用户需要安装、改装、拆除燃气燃烧器具的，应当按照合同约定，由取得燃气燃烧器具安装、维修资质的企业负责实施，并经管道燃气经营者检验合格后，方可通气使用。

第二十五条 燃气用户的燃气设施或者

燃气燃烧器具、减压阀、连接管存在严重安全隐患，可能造成安全事故的，燃气经营者可以暂停供气，同时向燃气管理部门报告；用户消除安全隐患后，应当恢复供气。

第五章　安全监督管理

第二十六条　县级以上人民政府应当建立燃气安全管理协调机制，研究解决燃气安全和燃气监督管理等重大问题。

第二十七条　燃气管理部门负责燃气安全的行业监管，对重要燃气设施所在地和重大燃气危险源进行重点监管。

燃气管理部门应当制定燃气安全年度监督检查计划，定期对燃气经营、燃气使用的安全状况进行监督检查，发现事故隐患，应当及时处理，并向社会公布检查结果。

第二十八条　县级以上人民政府有关部门，应当履行下列燃气安全监督管理职责：

（一）安全生产监督管理部门负责燃气安全生产工作的综合监管，依据人民政府的授权或者委托组织调查处理燃气安全生产事故；

（二）公安消防机构负责燃气经营企业、单位燃气用户的消防安全检查，督促落实消防安全制度；

（三）质量技术监督部门负责燃气压力容器、压力管道的充装与使用、供气质量与计量、燃气燃烧器具产品质量的监督检查；

（四）工商行政管理部门负责燃气市场经营秩序的监督检查，及时查处无照经营、销售假冒伪劣燃气燃烧器具等行为；

（五）交通运输部门负责燃气运输企业、驾驶人员、押运人员的资质、资格认定、培训考核和运输车辆的安全监督管理；

（六）教育主管部门负责对学校开展燃气安全教育情况进行监督；

（七）新闻出版广电部门负责组织媒体开展安全用气、燃气设施保护、节约用气等方面的公益宣传。

第二十九条　燃气经营者和单位燃气用户对燃气安全工作负主体责任。

燃气经营者和单位燃气用户的主要负责人对本单位的燃气安全工作全面负责。

燃气经营者和单位燃气用户应当加强安全生产管理，建立、健全安全生产责任制和安全生产规章制度，确保经营和用气安全。

第三十条　燃气设施安全保护范围内，禁止下列行为：

（一）建设占压地下燃气管线的建筑物、构筑物或者其他设施；

（二）进行爆破、打桩、顶进作业或者动用明火；

（三）倾倒、排放腐蚀性物质；

（四）放置易燃易爆危险物品或者栽植树木等根深植物；

（五）毁损或者擅自移动、拆除燃气设施；

（六）毁损或者擅自移动、覆盖、涂改、拆除燃气设施安全警示标志；

（七）其他危害燃气设施安全的行为。

第三十一条　新建、扩建、改建建设工程，不得影响燃气设施安全。

建设工程施工可能影响燃气设施安全的，建设单位或者施工单位应当与燃气经营者共同制定燃气设施保护方案，并采取相应的安全保护措施。安全保护措施所需费用由建设单位或者施工单位承担。

建设工程施工造成燃气设施损坏的，施工单位应当协助燃气经营者进行抢修，并依法承担赔偿责任。

第三十二条　建设单位在开工前，应当查明建设工程施工范围内地下燃气管线的相关情况。建设工程项目涉及燃气设施保护范围的，规划主管部门应当在提供规划设计条件时，将燃气设施保护范围书面告知建设单位。

建设单位应当建立健全燃气设施工程档案管理制度。燃气设施建设工程项目竣工后应当及时向所在地设区的市、县（市）城建档案管理机构移交燃气设施建设工程档案。

第三十三条 管道燃气经营者应当建立健全燃气管网排查、燃气设施检查、维修维护、事故抢险抢修等制度，配备必要的报警检漏设备和抢修设备，并对重要燃气设施所在地和重大危险源配备专职人员进行巡回检查或者采取其他监控措施。

第三十四条 燃气安全事故发生后，燃气经营者应当立即启动本单位燃气安全事故应急预案，组织抢险、抢修。

燃气安全事故发生后，燃气管理部门、安全生产监督管理部门、公安消防机构等有关部门和单位，应当根据各自职责，立即采取措施防止事故扩大，根据情况启动燃气安全事故应急预案。

第三十五条 任何单位和个人发现燃气安全事故或者燃气安全事故隐患等情况，应当立即告知燃气经营者，或者向燃气管理部门、公安消防机构等部门和单位报告。燃气经营者、有关部门和单位接到报告后应当立即调查处理。

任何单位和个人对违反燃气安全管理的行为或者燃气经营违法行为，有权劝阻、制止，或者举报、投诉。

燃气管理、质量技术监督、工商行政管理、安全生产监督管理、公安消防和价格等部门，应当建立投诉举报处理制度，及时受理举报、投诉，依法查处燃气违法行为。

第三十六条 提倡燃气用户参加燃气事故保险。

第六章　法律责任

第三十七条 违反本条例规定的行为，法律、法规已有处罚规定的，从其规定。

第三十八条 县级以上人民政府及其燃气管理部门和其他有关部门，不依法作出行政许可决定或者办理批准文件的，发现违法行为或者接到对违法行为的举报不予查处的，或者有其他未依照本条例规定履行职责的行为的，对直接负责的主管人员和其他直接责任人员，依法给予处分；构成犯罪的，依法追究刑事责任。

第三十九条 燃气经营者违反本条例第十四条、第十五条规定的，由燃气管理部门责令限期改正，处一万元以上十万元以下罚款；有违法所得的，没收违法所得；造成损失的，依法承担赔偿责任；构成犯罪的，依法追究刑事责任。

第四十条 单位或者个人有本条例第二十二条规定行为的，由燃气管理部门责令限期改正；逾期不改正的，对单位可以处十万元以下罚款，对个人可以处一千元以下罚款；造成损失的，依法承担赔偿责任；构成犯罪的，依法追究刑事责任。

第四十一条 燃气经营者未按规定检验、检修、更新燃气设施的，由燃气管理部门责令限期改正；造成损失的，依法承担赔偿责任。

第四十二条 未征得管道燃气经营者同意，管道燃气用户擅自安装、改装、拆除固定燃气设施，造成安全隐患的，由燃气管理部门责令限期改正；逾期不改正的，对单位用户处一万元以上五万以下罚款，对个人用户处一千元以上五千元以下罚款。

第四十三条 单位或者个人有本条例第三十条第二项至五项规定行为的，由燃气管理部门责令停止违法行为，限期恢复原状或者采取其他补救措施，对单位处五万元以上十万元以下罚款，对个人处五千元以上五万元以下罚款；造成损失的，依法承担赔偿责任；构成犯罪的，依法追究刑事责任。

单位或者个人有本条例第三十条第六项规定行为的，由燃气管理部门责令停止违法行为，限期恢复原状，可以处五千元以下罚款。

第七章 附 则

第四十四条 本条例下列用语的含义：

（一）燃气，是指作为燃料使用并符合一定要求的气体燃料，包括天然气（含煤层气）、液化石油气、人工煤气等。

（二）燃气设施，是指人工煤气生产厂、燃气储配站、门站、气化站、混气站、加气站、灌装站、供应站、调压站、市政燃气管网等的总称，包括市政燃气设施、建筑区划内业主专有部分以外的燃气设施以及户内燃气设施等。

（三）燃气燃烧器具，是指以燃气为燃料的燃烧器具，包括居民家庭和商业用户所使用的燃气灶、热水器、沸水器、采暖器、空调器等器具。

第四十五条 本条例自2015年11月1日起施行。

银川市燃气管理条例

（根据2012年8月15日银川市第十三届人民代表大会常务委员会第34次会议通过 2012年9月25日宁夏回族自治区第十届人民代表大会常务委员会第32次会议批准的《银川市人民代表大会常务委员会关于修改〈银川市燃气管理条例〉的决定》修正）

第一章 总 则

第一条 为了加强对燃气的管理，规范燃气经营和使用行为，维护燃气经营企业和用户的合法权益，保障公民生命、财产安全和公共安全，根据国家有关法律、法规的规定，结合本市实际，制定本条例。

第二条 本条例适用于本市行政区域内燃气发展规划、应急保障、燃气工程建设、燃气储存、运输、输配、充装、经营、使用，燃气器具销售、安装、维修，以及燃气安全、监督管理等活动。

第三条 燃气事业的发展应当纳入全市国民经济和社会发展计划，坚持统一规划、配套建设、统一管理的原则。

鼓励社会力量投资燃气事业，推广使用安全、节能、高效、环保的燃气新技术、新工艺和新产品，促进燃气科技发展，提高燃气管理水平。

第四条 银川市建设主管部门负责本市燃气的管理工作，其所属的银川市燃气管理办公室负责兴庆区、金凤区、西夏区、滨河新区燃气管理的日常工作。

永宁县、贺兰县、灵武市人民政府建设主管部门负责本行政区域内的燃气管理工作，业务上接受市建设主管部门的指导和监督。

发展和改革、规划、质量技术监督、安监、公安消防、交通运输、环保、工商等部门，按照各自职责，协同做好燃气管理工作。

燃气行业协会应当加强行业自律管理，促进燃气经营者提高服务质量和技术水平。

第二章 规划建设与应急保障

第五条 市建设主管部门应当会同规划、发展和改革部门编制本市燃气发展规划和近期建设计划，报经市人民政府批准后实施。

永宁县、贺兰县、灵武市建设主管部门应当会同规划、发展和改革部门编制本行政区域燃气发展规划和近期建设计划，报本级人民政府批准后实施，并报市建设主管部门备案。

第六条 旧城改造和新区开发应按照燃气发展规划配套建设燃气设施，并应当与主体工程同时设计、同时施工、同时验收。

不具备条件的，应当预留燃气配套建设用地。

第七条 新建、扩建、改建燃气工程项目和燃气经营网点的布局，应当符合燃气发展规划和燃气安全规定。

新建、扩建、改建燃气工程项目，应当按照规定由发展和改革部门会同建设主管部门核准。

对燃气发展规划范围内的燃气设施建设工程，规划主管部门依法核发选址意见书时，应当就燃气设施建设是否符合燃气发展规划征求建设主管部门的意见；不需要核发选址意见书的，规划主管部门在依法核发规划许可证或者建设规划许可证时，应当就燃气设施建设是否符合燃气发展规划征求建设主管部门的意见。

燃气工程项目的安全设施应当与主体工程同时设计、同时施工、同时验收。

第八条 燃气工程勘察、设计、施工、监理，应当由具有相应资质的单位承担。

第九条 燃气工程的设备和材料，应当符合国家规定的标准。

第十条 燃气工程竣工后，建设单位应当依法组织竣工验收，未经验收或验收不合格的，不得投入使用。

燃气工程自竣工验收合格之日起，建设单位十五日内将竣工验收情况报建设主管部门备案。

第十一条 任何单位和个人无正当理由不得阻挠经批准的公共管道燃气工程项目的施工安装。

第十二条 市人民政府应当建立健全燃气应急储备制度。市、县（市）建设主管部门应当建立燃气输配应急预案，对燃气供求现状实施监测、预测和预警，采取综合措施提高燃气应急保障能力。

燃气供应严重短缺、供应中断等突发事件发生后，市、县（市）人民政府应当及时采取动用储备、紧急调度等应急措施，燃气经营企业以及其他有关单位和个人应当予以配合，并承担相关应急任务。

第十三条 燃气经营企业遇燃气供应短缺、供应中断等突发事件，应当及时向当地建设主管部门报告，经建设主管部门批准后，可以采取限制用气的措施。

限制用气不得影响居民生活用气。

第三章 经营与管理

第十四条 管道供应燃气实行区域性统一经营，瓶装燃气可以多家经营。

燃气经营实行特许经营制度，未经批准，任何单位和个人不得经营燃气。

第十五条 设立燃气经营企业应当具备下列条件：

（一）有稳定的、符合标准的燃气气源；

（二）有符合国家规范要求的储存、运输、输配、充装设施；

（三）有与燃气经营规模相应的自有资金；

（四）有固定的、符合消防安全条件的经营场所；

（五）有相应资格的专业管理人员和技术人员；

（六）有健全的安全管理制度和企业内部管理制度；

（七）有防泄漏、防火、防爆设备和抢险抢修队伍及装备；

（八）法律、法规规定的其他条件。

第十六条 兴庆区、金凤区、西夏区、滨河新区范围内设立燃气经营企业的，应当向市建设主管部门申请并提交相关材料，市建设主管部门自受理之日起二十日内，对符合许可条件的，应当做出行政许可的决定，核发《燃气经营许可证》，并向社会公示；对不符合许可条件的，应当予以书面答复。

县（市）范围内设立燃气经营企业的，应当向所在县（市）建设主管部门申请并提交相关材料，县（市）建设主管部门应当自受理之日起二十日内提出初审意见，并连同相关材料一并报市建设主管部门审批，市建设主管部门自受理之日起二十日内，对符合许可条件的，应当作出行政许可的决定，核发《燃气经营许可证》，并向社会公示；对不符合许可条件的，应当予以书面答复。

设立燃气经营企业，应当依法办理工商营业执照后，方可从事燃气经营活动。

第十七条 燃气汽车加气站点、瓶装燃气供应站点，应当由具有燃气经营许可证的企业设立。并应当具备第十五条（一）、（二）、（四）、（五）、（六）、（七）项规定的条件。

兴庆区、金凤区、西夏区、滨河新区范围内设立燃气汽车加气站点、瓶装燃气供应站点的，由市建设主管部门审批，市建设主管部门自受理申请之日起二十日内，对符合许可条件的，应当做出行政许可的决定，核发《燃气供应许可证》；对不符合许可条件的，应当予以书面答复。

县（市）范围内设立燃气汽车加气站点、瓶装燃气供应站点的，由县（市）建设主管部门审批，县（市）建设主管部门自受理申请之日起二十日内，对符合许可条件的，应当做出行政许可的决定，核发《燃气供应许可证》，并应当自批准之日起二十日内将审批情况报市建设主管部门备案；对不符合许可条件的，应当予以书面答复。

燃气汽车加气站点、瓶装燃气供应站点，在取得《燃气供应许可证》和依法办理工商营业执照后，方可从事燃气经营活动。

第十八条 通过道路、水路、铁路运输燃气的，应当遵守法律、行政法规有关危险货物运输安全的规定以及国务院交通运输部门、国务院铁路部门的有关规定；通过道路或者水路运输燃气的，还应当分别依照有关道路运输、水路运输的法律、行政法规的规定，取得危险货物道路运输许可或者危险货物水路运输许可。

第十九条 建设主管部门应当公示燃气许可事项办理的依据、条件、程序、期限以及需要提交的资料目录、申请文本等。

建设主管部门应当依照本条例规定的条件，对申请事项进行审查和实地勘察。

第二十条 燃气经营企业停业、歇业、合并、分立或经营场所和其他重大事项变更的，应当提前六十日向建设主管部门提出书面申请，建设主管部门应当以确保燃气用户正常用气为前提，作出是否批准的决定。

第二十一条 管道燃气的用气量，应当以具有计量监测资质的机构检定合格的燃气计量表计数器的记录为准，瓶装燃气应当以交付用户的实际重量为准。

第二十二条 市建设主管部门应当向社会公布本行政区域内燃气的种类、气质成份等信息。

第四章 服务与使用

第二十三条 燃气经营企业应当遵守下列规定：

（一）罐装、瓶装、管道燃气的压力、质量、数量、加臭剂量以及液化石油气钢瓶内残液存量应当符合规定标准；

（二）定期申报检验、维修燃气设施和计量器具；

（三）设置二十四小时抢修、报警、服务电话；

（四）制定用气规则，对用户进行安全知识宣传；

（五）对燃气用户的燃气设施每年至少进行一次安全检查；

（六）不得在不具备安全条件的场所储存燃气；

（七）不得拒绝向符合用气条件的单位和个人供气；

（八）不得用槽车、储罐直接向燃气钢瓶充装燃气；

（九）不得涂改、出租、转让企业燃气经营许可证、燃气供应许可证；

（十）不得向无燃气经营许可证的企业和个人提供经营性燃气；

（十一）不得使用未检验或检验不合格的燃气钢瓶；

（十二）不得无故停止供气；

（十三）不得强行为用户指定燃气器具销售单位和品牌。

第二十四条 在本市销售使用的燃气器具，必须是取得国家燃气器具产品生产许可证，安全质量认证的企业生产的产品，并附产品合格证和使用说明书。

第二十五条 建设主管部门应当对拟进入本市销售的燃气器具组织具备法定资格的检测机构进行气源适配性检测，检测结果由建设主管部门向社会公布。对已经通过气源适配性检测的燃气器具，应当每三年进行一次复检。

禁止销售、安装国家明令淘汰的燃气器具，禁止销售和使用超过检验期限和检验不合格的燃气钢瓶。

第二十六条 从事燃气器具安装、维修的企业应当依法取得资质，工作人员应当接受相关法律、法规、规章和安全知识、专业技术的培训，并经考核合格，方可上岗作业。

燃气器具的安装维修应当符合国家技术规范和标准。

第二十七条 管道燃气单位用户和燃气计量表设置在住宅内的居民用户，其燃气计量表前燃气设施，由燃气经营企业负责建设、维护、更新，费用由燃气经营企业承担；燃气计量表和表后燃气设施及其燃气器具，由用户负责维护、更新，费用由用户承担。

燃气计量表设置在居民住宅公共部位的，燃气管道进户墙外侧的燃气设施由燃气经营企业负责建设、维护、更新，费用由燃气经营企业承担；燃气管道进户墙内侧的燃气设施及其燃气器具由用户负责维护、更新，费用由用户承担。

第二十八条 燃气经营企业应当建立燃气用户档案，并与用户签订供用气合同，明确双方的权利和义务。

管道燃气用户需要扩大用气范围、改变燃气用途或者安装、改装、拆除固定的燃气设施和燃气器具的，应当与燃气经营企业协商，并由燃气经营企业专业技术人员进行操作，所产生的费用由用户承担。

燃气用户需要更名、过户、销户时，应当到燃气经营企业办理变更或者销户手续。

第二十九条 管道燃气停气时，燃气经营企业应当提前四十八小时通知用户。因突发事件影响正常供气时，应当及时通知用户。恢复供气的时间不得安排在二十二时至次日六时之间。

第三十条 燃气用户应当遵守下列规定：

（一）按照规则正确使用燃气；

（二）定期维护、检修和更新燃气器具，不得使用超过规定使用年限的燃气器具；

（三）不得盗用燃气、改变燃气用途或者转供燃气；

（四）不得对燃气钢瓶加热、改变燃气钢瓶检验标记或者拆修燃气钢瓶阀件；

（五）不得自行处理燃气钢瓶残液；

（六）不得自行拆卸、安装、改装管道燃气计量器具和燃气设施及燃气器具；

（七）不得自行安装以管道燃气为燃料的热水器、空调等设备；

（八）不得增容安装不符合管道流量的燃气器具；

（九）不得使用国家明令淘汰的燃气器具；

（十）燃气设施抢修、维护更新、检验时应当予以配合；

（十一）不得涂改或擅自转让燃气使用证；

（十二）进行室内装饰、装修活动不得危害燃气设施安全；

（十三）不得用燃气管道作为负重支架或者接引电器地线；

（十四）不得在不具备安全条件的场所使用、储存燃气；

（十五）不得有其他危及公共安全的用气行为。

第三十一条 燃气用户有权对燃气质量、计量、价格、服务等事项向燃气经营企业质询，也可向建设、质量技术监督、物价、工商等行政管理部门投诉，有关部门在接到投诉之日起十五日内应当将处理情况告知投诉人。

第五章 安全管理

第三十二条 建设主管部门应当制定燃气安全事故应急预案，建立燃气事故统计分析制度，健全燃气安全保障体系，宣传普及燃气安全知识，提高全民燃气安全意识，防范燃气事故发生。

燃气经营企业应当制定本单位燃气安全事故应急预案，配备应急人员和必要的应急装备、器材，并定期组织演练。

第三十三条 燃气经营企业应当建立健全检查、维修维护、事故抢修等制度，配备必要的报警检漏设备和安全设施。

燃气经营企业应当按照有关规定，在重要燃气设施所在地设置统一、明显的安全警示标志，并配备专职人员进行巡回检查。对重大危险源应当采取二十四小时监控措施。

燃气经营企业的技术人员和安全人员，应当经考核合格，方可上岗。

第三十四条 燃气经营企业在对燃气用户的燃气设施、燃气器具进行安全检查时，发现有安全隐患的，应当书面告知用户安全隐患及整改措施；遇紧急情况，可立即采取限制用气措施。

燃气用户未在规定的期限内整改的，燃气经营企业可以持安全隐患告知书，向建设主管部门申请采取限制用气措施。

第三十五条 任何单位和个人不得在《城镇燃气设计规范》规定的燃气管道安全距离范围内动用明火、挖沟取土、修建建筑物、堆放物品、栽植树木、排放腐蚀性物质，或者从事其他危及燃气设施安全的活动。

第三十六条 任何单位和个人不得侵占、毁坏、擅自拆除或者迁移固定燃气设施，不得损坏、覆盖、涂改、擅自拆除或者移动燃气设施安全警示标志。建筑物、构筑物占压燃气管道的，应当在限期内拆除。

因建设工程施工确需拆除、迁移燃气设施的，按照建设工程报批程序，经相关部门同意后，报建设主管部门批准，所需费用由建设单位承担。

第三十七条 经批准在燃气设施安全距离范围内进行施工的单位，应当在施工前与燃气经营企业确定保护措施，在专业技术人员的监督下施工。

第三十八条 除紧急情况下，任何单位和个人不得开启或者关闭燃气管道上的公共阀门。

第三十九条 任何单位和个人发现燃气安全隐患、环境污染等情况，应及时向燃气经营企业、消防、环保或建设主管部门报告。

发生燃气事故，应当及时报告有关部门，燃气经营企业应当及时组织抢修，任何单位和个人不得阻挠。

第六章 法律责任

第四十条 违反本条例第七条第一款、第四款，第八条、第十条第一款规定的，由建设主管部门责令停止违法行为，限期改正；逾期不改正的，处二千元以上二万元以下罚款。

第四十一条 违反本条例第十一条规定的，由建设主管部门责令改正，给予警告，对个人处以二百元以上二千元以下的罚款；对单位处以二千元以上二万元以下罚款。

第四十二条 违反本条例第十四条第二款规定的，由建设主管部门责令停止违法行为，处五万元以上五十万元以下罚款；有违法所得的，没收违法所得；构成犯罪的，依法追究刑事责任。

第四十三条 违反本条例第二十条、第二十三条第（一）、（三）、（九）、（十二）项之一和第二十九条规定的，由建设主管部门责令限期改正，并处二千元以上二万元以下罚款。

第四十四条 违反本条例第二十三条第（六）、（七）、（八）、（十）、（十一）、（十三）项规定的，由建设主管部门处一万元以上十万元以下罚款；有违法所得的，没收违法所得；情节严重的，吊销燃气经营许可证，并建议工商管理部门吊销营业执照。

第四十五条 违反本条例第二十四条、第二十五条第二款、第二十六条规定的，由建设主管部门责令停止违法行为，限期改正；逾期不改正的，处二千元以上二万元以下罚款。

第四十六条 违反本条例第二十八条第二、三款，第三十条第（三）、（四）、（五）、（六）、（七）、（八）、（九）、（十一）、（十二）、（十三）、（十四）项，第三十八条规定的，由建设主管部门给予警告，责令限期改正；逾期不改正的，对个人处以一千元以下的罚款；对单位处以十万元以下罚款。

第四十七条 违反本条例第三十五条规

定的，由建设主管部门责令停止违法行为，限期恢复原状或者采取其他补救措施，对单位处五万元以上十万元以下的罚款，对个人处五千元以上五万元以下的罚款。

第四十八条 违反本条例第三十六条规定，单位和个人侵占、毁坏、擅自拆除或者迁移固定燃气设施的，由建设主管部门责令限期改正，恢复原状或者采取其他补救措施，对单位处五万元以上十万元以下罚款，对个人处五千元以上五万元以下罚款；损坏、覆盖、涂改、擅自拆除或者移动燃气设施安全警示标志的，由建设主管部门责令限期改正，恢复原状，可以处五千元以下罚款；建筑物、构筑物占压燃气管道或者设施，逾期不拆除的，由建设主管部门依法申请人民法院强制执行，所需费用由建筑物、构筑物所有人承担。

第四十九条 违反本条例第三十七条规定的，由建设主管部门责令改正，处一万元以上十万元以下的罚款。

第五十条 违反本条例规定，给他人造成损失的，依法承担赔偿责任。构成犯罪的，依法追究刑事责任。

第五十一条 本条例涉及发展和改革、规划、质量技术监督、安监、公安消防、交通运输、环保、工商等部门处罚权限的，由上述部门按照法律、法规处罚。

第五十二条 建设主管部门的工作人员玩忽职守、滥用职权、徇私舞弊的，由所在单位或上级管理部门给予行政处分。构成犯罪的，依法追究刑事责任。

第五十三条 当事人对行政处罚决定不服的，可以依法申请行政复议或提起行政诉讼。当事人逾期不申请行政复议，也不提起行政诉讼，又不履行行政处罚决定的，由作出行政处罚决定的机关申请人民法院强制执行。

第七章 附 则

第五十四条 本条例下列用语的含义是：

（一）燃气是指天然气、液化石油气、人工煤气等气体燃料；

（二）燃气工程是指燃气的贮存、输配设施和管道燃气设施的新建、扩建、改建工程；

（三）燃气设施是指燃气生产、储存、运输、输配、供应的各种设备及其附属设施和计量装置；

（四）燃气器具是指燃气灶具、燃气热水器、机动车燃气器具等燃气用具和燃气钢瓶、工业燃气设备；

（五）燃气经营企业是指生产、储存、输配、供应燃气的企业；

（六）燃气用户是指使用燃气的单位和个人。

第五十五条 本条例自 2003 年 1 月 1 日起施行。

兰州市燃气管理条例

（2019 年 6 月 25 日兰州市第十六届人民代表大会常务委员会第二十一次会议通过 2019 年 7 月 25 日甘肃省第十三届人民代表大会常务委员会第十一次会议批准 2019 年 8 月 6 日兰州市人民代表大会常务委员会公告第 8 号公布 自公布之日起施行）

第一章 总 则

第一条 为了加强燃气管理，保障燃气供应，预防燃气安全事故，保障公民生命、财产安全和公共安全，维护燃气用户和燃气经营者的合法权益，根据有关法律和国务院《城镇燃气管理条例》等的规定，结合本市实际，制定本条例。

第二条 本条例适用于本市行政区域内燃气的规划建设、应急保障、经营服务、安全使用、设施保护、事故预防与处理及相关管理活动。

第三条 燃气管理应当坚持统筹规划、科学设计、保障安全、确保供应、规范服务、节能高效的原则。

第四条 市、县（区）人民政府应当加强对燃气管理工作的领导，并将燃气工作纳入国民经济和社会发展规划。

第五条 市住房和城乡建设行政主管部门是本市行政区域内的燃气管理部门，负责组织实施本条例，其所属的燃气管理机构负责全市燃气监督管理工作。

县、区住房和城乡建设行政主管部门是本行政区域内的燃气管理部门，负责本行政区域内燃气的日常管理工作，并接受市人民政府燃气管理部门及其燃气管理机构的指导和监督。

市、县（区）人民政府其他有关部门在各自职责范围内，做好燃气管理工作。

第六条 市、县（区）人民政府应当鼓励和支持燃气行业开展科学技术研究，推广应用先进技术；引导燃气用户节约用气，提高燃气利用效率。

第七条 燃气管理部门、燃气管理机构、燃气经营者应当加强燃气行业培训教育和燃气安全知识的宣传普及，增强社会公众安全意识，提高防范和应对燃气事故的能力。

任何单位和个人有权对损坏燃气设施的行为进行制止和举报。

第八条 燃气行业协会应当加强行业自律管理，督促燃气经营者提高服务质量和技术水平。

第二章　规划建设与应急保障

第九条 燃气发展规划应当符合环境保护、能源利用规定以及消防、防爆、抗震、防洪等安全要求，由有规划职权的市、县及红古区燃气管理部门会同有关部门编制，报本级人民政府批准后实施，并报上一级人民政府燃气管理部门备案。

无规划职权的城关区、七里河区、西固区、安宁区人民政府应当配合市人民政府燃气管理部门及有关部门做好本行政区域内的燃气发展规划。

第十条 市、县（区）人民政府应当根据燃气发展规划的要求，加大对燃气设施建设的投入，并积极引导社会资金投资建设燃气设施。

第十一条 本市新区建设和旧区改造时，应当按照城乡规划和燃气发展规划，配套建设燃气设施或者预留燃气设施建设用地。

列入燃气发展规划的燃气设施建设用地，非由法定事由、未经法定程序任何单位和个人不得占用或者改变其用途。

管道燃气设施配套建设应当与新建、改建、扩建项目主体工程同时设计、同时施工、同时验收。

第十二条 建设单位新建、改建、扩建燃气设施建设工程应当按照建设工程基本程序进行建设。

自然资源部门在进行燃气建设工程选址和规划方案审查时，应当征求燃气管理部门意见。

第十三条 从事燃气工程勘察、设计、施工、监理活动的单位应当具有相应的资质，并在其资质等级范围内依法从事作业活动。

第十四条 燃气设施建设工程竣工后，建设单位应当组织竣工验收，并自竣工验收合格之日起十五日内，将竣工验收情况报县（区）燃气管理部门备案，同时向城建档案管理机构移交工程建设档案。

第十五条 市人民政府应当建立健全燃气应急储备制度，规划建设燃气应急气源储备基地，组织编制燃气应急预案，采取综合措施提高燃气应急保障能力。

燃气供应严重短缺、供应中断等突发事件发生后，市人民政府应当及时采取动用储备、紧急调度等应急措施，燃气经营者以及其他有关单位和个人应当予以配合，承担相关应急任务。

第三章 经营服务与使用

第十六条 政府投资建设的燃气设施，应当通过招投标方式选择燃气经营者。燃气经营依法实行许可证制度。从事燃气经营活动的企业，应当具备下列条件：

（一）符合燃气发展规划要求；

（二）有符合国家标准的燃气气源和燃气设施；

（三）有固定的经营场所、完善的安全管理制度和健全的经营方案；

（四）企业的主要负责人、安全生产管理人员以及运行、维护和抢修人员经专业培训并考核合格；

（五）法律、法规规定的其他条件。

符合前款规定条件的，由县级以上人民政府燃气管理部门核发燃气经营许可证。申请跨行政区域管道燃气经营许可的企业，应当向市人民政府燃气管理部门提出申请。申请其他燃气经营的企业，应当向所在地的县（区）燃气管理部门提出申请。

燃气管理部门应当自收到申请材料之日起十五个工作日审核完毕。对符合条件的，依法核发燃气经营许可证；不符合条件的，书面告知申请人并说明理由。

燃气经营者应当按照燃气经营许可证批准的经营范围从事经营活动。禁止个人从事管道燃气经营活动。

第十七条 取得燃气经营许可证的瓶装燃气经营者可以设立瓶装燃气服务点，瓶装燃气服务点应当符合下列条件：

（一）符合燃气发展规划，有设计规范和安全条件的固定经营场所；

（二）有符合标准的燃气计量、消防、安全保护等设施；

（三）有相应的安全管理和经营管理制度和燃气事故处置应急预案；

（四）有经培训合格的专业技术人员和专业服务人员。

瓶装燃气经营者应当对其瓶装燃气服务点的工作人员、送气服务人员和车辆加强培训管理，并承担相应的责任。

未取得燃气经营许可证的，不得设立瓶装燃气服务点，不得从事瓶装燃气送气服务等活动。

第十八条 管道燃气经营者应当与燃气用户签订供用气合同，并按照相关法律法规和本条例的规定以及供用气合同的约定，对其供气范围内的市政燃气设施、建筑区划内业主专有部分以外的燃气设施承担运行、维护、抢修和更新改造的责任，对单位燃气用户的燃气设施承担相应的管理责任。

居民用户室内的燃气计量装置和金属管道及其附属设施，由燃气经营者负责维护和更新；连接金属管道的橡胶软管和其他介质的连接管道及用户燃气燃烧器具等用户设施，由用户负责维护和更新。

非居民用户燃气计量装置和燃气计量装置出口前的管道及其附属设施，由燃气经营者负责维护和更新；燃气计量装置出口后的用户设施由用户负责维护和更新。

乡镇、街道、村（居）民委员会、物业服务企业和燃气用户应当配合燃气经营者做好本条第一款、第二款和第三款所列燃气设施的维护和更新工作。

第十九条　燃气经营者需要停业、歇业的，应当事先对燃气用户的正常供气作出妥善安排，并提前九十个工作日向所在地燃气管理部门报告，经批准方可停业、歇业。

管道燃气经营者因施工、检修等原因需要临时调整供气量或者暂停供气的，应当提前四十八小时将作业时间和影响区域予以公告或者书面通知燃气用户或者物业服务单位，并按照有关规定及时恢复正常供气；因突发事件影响供气的，应当采取紧急措施并及时通知燃气用户。

第二十条　燃气经营者应当向燃气用户持续、稳定、安全供应符合国家质量标准的燃气，指导燃气用户安全用气、节约用气。

管道燃气经营者应当按照优先保证民用的原则进行调峰作业。

第二十一条　燃气经营者应当每两年对居民用户燃气计量装置出口后的用户设施以及燃气器具的安装、使用情况免费进行一次安全检查，并对用户安全用气给予技术指导。安全检查应当做好记录，建立档案。实施安全检查前，应当事先书面告知燃气用户安全检查的日期，并在约定的时间上门检查。其工作人员应当佩戴标识、出示证件。

燃气用户应当对燃气经营者入户检查予以配合，无正当理由不得拒检。

用户所在地的乡镇、街道、村（居）民委员会和物业服务企业应当协助燃气经营单位做好户外燃气设施和燃气入户安全检查，发现有破坏燃气设施行为或燃气泄漏等安全隐患时，及时向有关管理部门报告或者通知燃气经营单位。

第二十二条　燃气经营者不得有下列行为：

（一）拒绝向市政燃气管网覆盖范围内符合用气条件的单位或者个人供气；

（二）倒卖、抵押、出租、出借、转让、涂改燃气经营许可证；

（三）未履行必要告知义务擅自停止供气、调整供气量，或者未经审批擅自停业或者歇业；

（四）向未取得燃气经营许可证的单位或者个人提供用于经营的燃气；

（五）在不具备安全条件的场所储存燃气；

（六）要求燃气用户购买其指定的产品或者接受其提供的服务；

（七）擅自为非自有气瓶充装燃气；

（八）销售未经许可的充装单位充装的瓶装燃气或者销售充装单位擅自为非自有气瓶充装的瓶装燃气；

（九）冒用其他企业名称或者标识从事燃气经营、服务活动。

第二十三条　燃气管理部门及燃气管理机构应当建立健全监督管理制度，依据有关法规、标准和规范，对燃气经营者进行监督检查；向社会公布举报和投诉电话、信箱和电子邮件地址，并受理有关燃气安全、燃气质量及服务质量的举报和投诉。

燃气经营者应当公示业务流程、服务承诺、收费标准和服务热线等信息，并按照国家燃气服务标准提供服务。

第二十四条　燃气经营者应当接受燃气用户申请查询燃气收费、服务等事项，并自收到查询申请之日起五个工作日内予以答复。

燃气用户有权就燃气收费、服务等事项向县级以上人民政府价格行政主管部门、燃气管理机构以及其他有关部门进行投诉，有关部门应当自收到投诉之日起十五个工作日内予以处理。

燃气用户应当按照供用气合同约定，按时、足额缴纳燃气费，不得拖欠或者拒交。

第二十五条 燃气燃烧器具、燃气泄漏安全保护装置、家用燃气泄漏报警器生产单位、销售单位应当设立或者委托设立售后服务站点，配备经考核合格的燃气燃烧器具、燃气泄漏安全保护装置、家用燃气泄漏报警器安装、维修人员，负责售后的安装、维修服务。

燃气燃烧器具、燃气泄漏安全保护装置、家用燃气泄漏报警器的安装、维修，应当符合国家有关标准。

第二十六条 管道燃气销售价格，应当根据购气成本、运营成本和本市经济社会发展水平合理确定并适时调整。市人民政府价格主管部门确定和调整管道燃气销售价格，应当依法听证，征求管道燃气用户、管道燃气经营者和有关方面的意见，并向社会公示经营成本。

瓶装燃气价格按照国家相关规定执行。

第四章 安全管理

第二十七条 市、县（区）人民政府应当制定燃气安全事故预防应急预案，明确应急机构的组成、职责、应急行动方案等内容，并负责预案的组织实施工作。

第二十八条 燃气经营者应当制定燃气抢险抢修应急救援预案，设置抢险抢修电话并向社会公布，抢险抢修应当实行二十四小时值班制度。

发生燃气事故，燃气经营者应当及时组织抢修，并立即向有关部门报告。燃气事故造成人员伤亡、财产损失的，由公安机关、应急管理、燃气管理等行政管理部门和燃气管理机构调查处理。

第二十九条 燃气经营者应当建立健全安全管理制度和技术操作规程，加强对燃气设施的安全检查和设备检修，做好安全工作和事故的预防、处理。

在室内公共场所、地下或者半地下建筑物内使用燃气的，应当安装使用燃气泄漏安全保护装置；未安装使用燃气泄漏安全保护装置的，燃气经营者不得供气。

本市提倡居民用户使用家用燃气泄漏报警器，安装使用燃气泄漏安全保护装置。

第三十条 瓶装燃气经营企业、瓶装燃气服务点，除遵守法律、行政法规和国家标准有关气瓶充装的规定外，还应当遵守下列规定：

（一）不得为非自有气瓶充装燃气；

（二）不得用非法制造、报废、改装的气瓶和超期限未检验或者检验不合格的气瓶充装燃气；

（三）不得用贮罐、槽车直接向气瓶充装燃气或者用气瓶相互倒灌燃气；

（四）存放气瓶的场所与公共建筑和居民住宅建筑的距离必须符合安全要求和有关规定；

（五）充装燃气不得超过国家规定的允许误差；

（六）先抽出残液后再充装燃气；

（七）按照国家规定对燃气设施定期进行检测、检修、更新，保障设施安全运行；

（八）对充装后的燃气气瓶进行角阀塑封，标明充装单位和投诉电话，并做好出站登记；

（九）公示服务标准和收费标准；

（十）法律、法规的其他规定。

第三十一条 燃气用户及相关单位和个人不得有下列行为：

（一）擅自操作公用燃气阀门；

（二）将燃气管道作为负重支架或者接地引线；

（三）安装、使用不符合气源要求的燃气燃烧器具；

（四）擅自安装、改装、拆除户内燃气设施和燃气计量装置；

（五）在不具备安全条件的场所使用、储存燃气；

（六）盗用燃气；

（七）改变燃气用途或者转供燃气。

燃气用户违反本条第一款规定，使用燃气设施造成安全隐患又拒不整改的，燃气经营者可以暂停供气，直至具备安全供气条件后恢复供气。

第三十二条 瓶装燃气用户应当遵守安全规定，禁止下列行为：

（一）加热和摔、砸、倒卧钢瓶；

（二）自行倒灌钢瓶内瓶装燃气；

（三）自行倾倒、排放钢瓶内残液；

（四）擅自拆修或者改换瓶阀、检验标记及瓶体漆色；

（五）对气瓶瓶体进行焊接、切割；

（六）使用已报废的气瓶；

（七）危害燃气使用安全的其他行为。

第五章 设施管理

第三十三条 燃气设施的管理、碰接、改造、更新和维修等，由燃气经营者负责组织实施，有关单位和个人应当予以配合。

第三十四条 县级以上人民政府燃气管理部门应当会同自然资源等有关部门按照国家有关标准和规定划定燃气设施保护范围，并向社会公布。

在燃气设施保护范围内，禁止从事下列危及燃气设施安全的活动：

（一）建设占压地下燃气管线的建筑物、构筑物或者其他设施；

（二）进行爆破、取土等作业或者动用明火；

（三）倾倒、排放腐蚀性物质；

（四）放置易燃易爆危险物品或者种植深根植物；

（五）其他危及燃气设施安全的活动。

燃气经营者应当按照国家有关工程建设标准和安全生产管理规定，设置防腐、绝缘、防雷、降压、隔离等保护装置和安全警示标志，并做好日常巡查和维护。

任何单位和个人不得侵占、毁损、擅自拆除或者移动燃气设施，不得毁损、覆盖、涂改、擅自拆除或者移动燃气设施安全警示标志。

第三十五条 燃气经营者改动市政燃气设施，应当制定改动方案，报县级以上人民政府燃气管理部门批准。

在燃气设施保护范围内，有关单位从事敷设管道、打桩、顶进、挖掘、钻探等可能影响燃气设施安全活动的，应当在开工前与燃气经营者共同制定燃气设施保护方案并签订安全施工协议，按照相关规定采取安全保护措施后施工。

对燃气设施安全施工保护方案有争议的，由燃气管理部门组织有关单位、燃气经营者和专家召开论证会协调处理。

燃气经营者应当加强燃气设施保护范围的日常巡检，对影响燃气设施安全的施工作业现场派专人进行管护和指导。对未采取保护措施强行施工的行为应当予以制止，并及时向当地公安机关和燃气管理部门报告。

第三十六条 燃气经营者使用的燃气贮运容器、气瓶、调压设备，应当符合有关标准，并按规定进行检修或更新。

燃气运输应当执行国家关于危险品运输的有关规定。

第六章　法律责任

第三十七条　违反本条例规定的行为，法律、行政法规已有处罚规定的，从其规定。

第三十八条　违反本条例规定，未取得燃气经营许可证从事燃气经营活动的，由市、县（区）燃气管理部门责令停止违法行为，处五万元以上五十万元以下罚款；有违法所得的，没收违法所得；构成犯罪的，依法追究刑事责任。

违反本条例规定，燃气经营者不按照燃气经营许可证的规定从事燃气经营活动的，由市、县（区）燃气管理部门责令限期改正，处三万元以上二十万元以下罚款；有违法所得的，没收违法所得；情节严重的，吊销燃气经营许可证；构成犯罪的，依法追究刑事责任。

违反本条例规定，未取得燃气经营许可证从事瓶装燃气服务的，或者已取得燃气经营许可证但设立的瓶装燃气服务点不符合本条例第十七条规定的，由市、县（区）燃气管理部门责令限期改正，处一万元以上十万元以下罚款；有违法所得的，没收违法所得；情节严重的，吊销燃气经营许可证；构成犯罪的，依法追究刑事责任。

第三十九条　违反本条例规定，燃气经营者有下列行为之一的，由市、县（区）燃气管理部门责令限期改正，处一万元以上十万元以下罚款；有违法所得的，没收违法所得；情节严重的，吊销燃气经营许可证；造成损失的，依法承担赔偿责任；构成犯罪的，依法追究刑事责任：

（一）拒绝向市政燃气管网覆盖范围内符合用气条件的单位或者个人供气的；

（二）倒卖、抵押、出租、出借、转让、涂改燃气经营许可证的；

（三）未履行必要告知义务擅自停止供气、调整供气量，或者未经审批擅自停业或者歇业的；

（四）向未取得燃气经营许可证的单位或者个人提供用于经营的燃气的；

（五）在不具备安全条件的场所储存燃气的；

（六）要求燃气用户购买其指定的产品或者接受其提供的服务；

（七）未向燃气用户持续、稳定、安全供应符合国家质量标准的燃气，或者未对燃气用户的燃气设施定期进行安全检查。

第四十条　违反本条例规定，瓶装燃气经营者有下列行为之一的，由市、县（区）燃气管理部门责令限期改正；逾期不改正的，责令停业整顿，并可以处两千元以上一万元以下罚款：

（一）用非法制造、改装的气瓶和超期限未检验或者检验不合格的气瓶充装燃气；

（二）用贮罐、槽车直接向气瓶充装燃气或者用气瓶相互倒灌燃气；

（三）存放气瓶的场所与公共建筑和居民住宅建筑的距离不符合安全要求和有关规定；

（四）未按照国家规定对燃气设施定期进行检测、检修、更新，保障设施安全运行。

违反本条例规定，瓶装燃气经营者有下列行为之一的，由市、县（区）燃气管理部门责令限期改正，可以处五百元以上两千元以下罚款：

（一）充装燃气超过国家规定的允许误差；

（二）未对充装后的燃气气瓶进行角阀塑封，并未做出站登记；

（三）未公示服务标准和收费标准。

第四十一条 违反本条例规定，燃气经营者未按照国家有关工程建设标准和安全生产管理的规定，设置燃气设施防腐、绝缘、防雷、降压、隔离等保护装置和安全警示标志的，或者未定期进行巡查、检测、维修和维护的，或者未采取措施及时消除燃气安全事故隐患的，由市、县（区）燃气管理部门责令限期改正，处一万元以上十万元以下罚款。

第四十二条 违反本条例规定，燃气用户及相关单位和个人有下列行为之一的，由市、县（区）燃气管理部门责令限期改正；逾期不改正的，对单位可以处十万元以下罚款，对个人可以处一千元以下罚款；造成损失的，依法承担赔偿责任；构成犯罪的，依法追究刑事责任：

（一）擅自操作公用燃气阀门的；

（二）将燃气管道作为负重支架或者接地引线的；

（三）安装、使用不符合气源要求的燃气燃烧器具的；

（四）擅自安装、改装、拆除户内燃气设施和燃气计量装置的；

（五）在不具备安全条件的场所使用、储存燃气的；

（六）改变燃气用途或者转供燃气的；

（七）未设立售后服务站点或者未配备经考核合格的燃气燃烧器具安装、维修人员的；

（八）燃气燃烧器具的安装、维修不符合国家有关标准的。

盗用燃气的，依照有关治安管理处罚的法律规定进行处罚。

第四十三条 违反本条例规定，在燃气设施保护范围内从事下列活动之一的，由市、县（区）燃气管理部门责令停止违法行为，限期恢复原状或者采取其他补救措施，对单位处五万元以上十万元以下罚款，对个人处五千元以上五万元以下罚款；造成损失的，依法承担赔偿责任；构成犯罪的，依法追究刑事责任：

（一）进行爆破、取土等作业或者动用明火的；

（二）倾倒、排放腐蚀性物质的；

（三）放置易燃易爆物品或者种植深根植物的；

（四）未与燃气经营者共同制定燃气设施保护方案，采取相应的安全保护措施，从事敷设管道、打桩、顶进、挖掘、钻探等可能影响燃气设施安全活动的。

违反本条例规定，在燃气设施保护范围内建设占压地下燃气管线的建筑物、构筑物或者其他设施的，依照有关城乡规划的法律、行政法规的规定进行处罚。

第四十四条 违反本条例规定，侵占、毁损、擅自拆除、移动燃气设施或者擅自改动市政燃气设施的，由市、县（区）燃气管理部门责令限期改正，恢复原状或者采取其他补救措施，对单位处五万元以上十万元以下罚款，对个人处五千元以上五万元以下罚款；造成损失的，依法承担赔偿责任；构成犯罪的，依法追究刑事责任。

违反本条例规定，毁损、覆盖、涂改、擅自拆除或者移动燃气设施安全警示标志的，由市、县（区）燃气管理部门责令限期改正，恢复原状，可以处五千元以下罚款。

第四十五条 违反本条例规定，建设工程施工范围内有地下燃气管线等重要燃气设施，建设单位未会同施工单位与管道燃气经营者共同制定燃气设施保护方案，或者建设单位、施工单位未采取相应的安全保护措施的，由市、县（区）燃气管理部门责令改正，处一万元以上十万元以下罚款；造成损失的，依法承担赔偿责任；构成犯罪的，依法追究刑事责任。

第四十六条 违反本条例规定，瓶装燃气用户有如下行为之一的，由市、县（区）燃气管理部门予以警告，责令限期改正，并对瓶装燃气非经营性个人用户处五十元以上两百元以下罚款，对经营性用户并处五百元以上五千元以下罚款：

（一）加热和摔、砸、倒卧钢瓶；

（二）自行倒灌钢瓶内瓶装燃气；

（三）自行倾倒、排放钢瓶内残液；

（四）擅自拆修或者改换瓶阀、检验标记及瓶体漆色；

（五）对气瓶瓶体进行焊接、切割；

（六）使用已报废的气瓶；

（七）危害燃气使用安全的其他行为。

第四十七条 违反本条例规定，有下列情况之一的，对直接负责的主管人员和其他直接责任人员，依法给予处分；直接负责的主管人员和其他直接责任人员的行为构成犯罪的，依法追究刑事责任：

（一）不依法作出行政许可决定或者办理批准文件的；

（二）发现违法行为或者接到对违法行为的举报不予查处的；

（三）未依照本条例规定履行职责的；

（四）有其他玩忽职守、滥用职权、徇私舞弊行为的。

第七章 附　　则

第四十八条 本条例中下列用语的含义：

（一）燃气是指作为燃料使用并符合一定要求的气体燃料，包括天然气（含煤层气）、液化石油气和人工煤气等。

（二）管道燃气是指以管道输送方式向用户提供的燃气。瓶装燃气是指液化石油气、液化天然气、压缩天然气。

（三）燃气设施是指人工煤气生产厂、燃气储配站、门站、气化站、混气站、加气站、灌装站、供应站、调压站、市政燃气管网等的总称，包括市政燃气设施、建筑区划内业主专有部分以外的燃气设施以及户内燃气设施等。

（四）燃气燃烧器具是指以燃气为燃料的燃烧器具，包括居民家庭和商业用户所使用的燃气灶、热水器、沸水器、采暖器、空调器等器具。

第四十九条 兰州新区、兰州高新技术开发区依照本条例的规定执行。

第五十条 本条例自公布之日起施行。2012 年 5 月 1 日施行的《兰州市城镇燃气管理条例》同时废止。

安徽省城镇燃气管理条例

（2019 年 3 月 29 日安徽省第十三届人民代表大会常务委员会第九次会议通过　2019 年 4 月 1 日安徽省人民代表大会常务委员会公告第十一号公布　自 2019 年 5 月 1 日起施行）

第一章 总　　则

第一条 为了加强城镇燃气管理，保障燃气供应，防止和减少燃气安全事故，保障公民生命、财产安全和公共安全，维护燃气用户和燃气经营企业的合法权益，促进燃气事业健康发展，根据国务院《城镇燃气管理条例》和有关法律、行政法规，结合我省实际，制定本条例。

第二条 本条例适用于本省行政区域内城镇燃气事业发展的规划建设与应急保障、经营服务、使用、安全事故预防与处理及其管理活动。

天然气、液化石油气的生产和进口，城市门站以外的天然气管道输送，燃气作为工业生产原料的使用，沼气、秸秆气的生产和使用，不适用本条例。

本条例所称燃气，是指作为燃料使用并符合一定要求的气体燃料，包括天然气（含液化天然气、压缩天然气以及煤层气）、液化石油气和人工煤气等。

第三条 发展燃气事业，应当遵循统筹规划、配套建设、节能环保、智能高效的原则。

燃气的经营和使用，应当坚持安全第一，做到保障供应、规范服务、方便用户。

第四条 县级以上人民政府应当加强对燃气工作的领导，将发展燃气事业纳入国民经济和社会发展规划，加强燃气供给调控，建立健全燃气安全综合监管制度，普及燃气使用，优先发展管道燃气，提高燃气管理水平。

第五条 县级以上人民政府燃气管理部门负责本行政区域内的燃气管理工作。

县级以上人民政府其他有关部门在各自职责范围内，负责有关燃气管理工作。

第六条 县级以上人民政府应当鼓励、支持燃气科学技术研究，推广使用安全、节能、高效、环保的燃气新技术、新工艺和新产品。

第七条 各级人民政府和县级以上人民政府有关部门应当宣传普及燃气法律、法规和安全知识，提高社会公众安全和节约使用燃气的意识。

第八条 燃气行业协会应当建立行业自律机制，制定行业行为准则和服务规范，依照章程协助政府有关部门做好监督管理工作，促进燃气经营企业守法经营、诚实守信，提高服务质量和技术水平。

第二章　规划建设与应急保障

第九条 县级以上人民政府燃气管理部门应当会同有关部门，依据国民经济和社会发展规划、土地利用总体规划、城乡规划、能源规划、国家天然气发展规划以及上一级燃气发展规划，结合本地实际，组织编制本行政区域的燃气发展规划，报本级人民政府批准后组织实施，并报上一级人民政府燃气管理部门备案。

第十条 燃气发展规划的内容应当包括：燃气气源、燃气种类、燃气供应方式和规模、燃气设施布局和建设时序、燃气设施建设用地、燃气设施保护范围、燃气储存设施、燃气供应保障措施和安全保障措施等。

编制燃气发展规划应当统筹城镇燃气设施建设，合理布局管道燃气、瓶装燃气供应站点、车船用加气站等各类燃气设施。

第十一条 新区建设、旧城区改建应当按照城乡规划和燃气发展规划配套建设燃气设施或者预留燃气设施建设用地。新区建设时规划城市地下综合管廊，应当将燃气管线纳入，进行统一建设；旧城区改建时，有条件的应当将燃气管线纳入城市地下综合管廊统一规划建设。

在管道燃气供气规划区域内，新区和旧城区以及其他需要使用燃料的建设项目，应当配套建设管道燃气设施，不得新建瓶组站、小区气化站；旧城区已建成的瓶组站、小区气化站，燃气经营许可期满后，应当停止使用。

配套建设燃气设施，应当与主体工程同时设计、同时施工、同时投入使用。

第十二条 燃气设施工程建设应当严格执行有关法律、法规规定，遵守国家标准、行业标准、地方标准和技术规范。

新建、改建、扩建燃气设施建设工程应当依法进行环境影响评价和安全评价，配套建设污染防治设施和安全设施。

第十三条 燃气设施建设工程竣工后，建设单位应当依法组织竣工验收，并自竣工验收合格之日起十五日内，将竣工验收情况，按照规定报燃气管理部门备案。

燃气设施建设工程竣工验收后，建设单位应当按照国家有关档案管理的规定，收集、整理燃气设施建设工程的文件资料，建立燃气设施建设工程档案，在三个月内向所在地城建档案管理机构报送一套符合规定的建设工程档案。

燃气设施建设工程验收合格的，方可交付使用。

第十四条 县级以上人民政府应当依据国家天然气管网及储气设施布局，建立健全城镇燃气应急储备制度，规划建设应急气源储备设施，组织编制燃气应急保障供应预案，确定燃气应急储备的布局、总量、启用要求，提高燃气应急保障能力。

县级以上人民政府燃气管理部门应当会同有关部门建立相应机制，对燃气供求状况实施监测、预测和预警。

第十五条 发生燃气供应严重短缺、供应中断等突发事件，县级以上人民政府应当及时采取动用储备、紧急调度等应急措施，优先保障居民用户生活用气，燃气经营者以及其他有关单位和个人应当予以配合，承担相关应急任务。

第三章 燃气经营服务

第十六条 实行管道燃气特许经营制度。市、县人民政府应当按照公开、公平、公正的原则，通过招标、竞争性谈判等竞争方式，依法选择管道燃气特许经营者。

第十七条 市、县人民政府授权的实施机构应当与取得管道燃气特许经营权的经营者，按照国家有关规定签订特许经营协议。管道燃气特许经营协议应当对管道燃气特许经营方式、范围、期限，服务质量和标准，以及燃气设施的维护和更新改造等作出约定。

实施机构应当根据特许经营协议，对管道燃气特许经营项目投资、建设、经营和服务等情况进行监测分析，会同有关部门进行绩效评价，并根据绩效评价结果、按照特许经营协议约定，建立价格或者财政补贴调整机制，保障管道燃气的质量和服务效率。

第十八条 在管道燃气特许经营期限内，因特许经营者严重违约，导致无法继续履行协议约定义务，可以终止协议。特许经营协议终止的，有关人民政府应当收回管道燃气特许经营权。

第十九条 有下列情形之一的，报经本级人民政府批准后，实施机构应当告知特许经营者终止特许经营协议，并由本级人民政府收回特许经营权：

（一）转让、出租、质押特许经营权的；

（二）存在重大安全隐患，且拒不整改或者整改不到位的；

（三）因管理不善发生重大燃气安全责任事故的；

（四）擅自停业、歇业，严重影响社会公共利益和安全的。

第二十条 特许经营协议终止的，市、县人民政府应当依法重新选择特许经营者。在新的特许经营者选定之前，实施机构和原特许经营者应当制定预案，保障燃气的持续、稳定、安全供应。

第二十一条 从事燃气经营活动的企业，应当符合国家规定的条件，取得县级以上人民政府燃气管理部门核发的燃气经营许可证。

燃气经营企业、瓶装燃气供应站、车船用加气站从事气瓶充装活动的，应当依法取得气瓶充装许可证。

第二十二条 禁止个人从事管道燃气经营活动。

经营瓶装燃气应当设立企业并取得燃气经营许可证。

第二十三条 管道燃气经营许可证的有效期为二十年，瓶装燃气经营许可证的有效期为四年。有效期届满，需要继续从事燃气经营活动的，持证企业应当在许可证有效期届满三十日前向燃气管理部门提出申请。

第二十四条 管道燃气经营企业应当履行普遍服务的义务。对提出使用燃气并符合使用条件的管道燃气用户，管道燃气经营企业应当与其签订供用气合同，明确双方的权利、义务及违约责任。

第二十五条 燃气经营企业应当向燃气用户持续、稳定、安全供应符合国家质量标准的燃气，指导燃气用户安全用气、节约用气，并对燃气设施定期进行安全检查。

燃气经营企业应当公示业务流程、服务承诺、收费标准和服务热线等信息，并按照国家燃气服务标准提供服务。

第二十六条 燃气经营企业应当建立燃气质量检测制度，保证燃气质量和供气压力符合国家规定的标准；与用户就燃气质量和供气压力有特别约定的，从其约定。

瓶装燃气经营企业应当向用户提供质量合格、标明充装单位和电话的自有气瓶，充装的燃气不得超过国家规定的允许计量误差。燃气气瓶的实际充装重量低于额定充装重量时，瓶装燃气经营企业应当明示实际充装重量。

市场监管部门应当依法对燃气的质量和计量进行抽查，并向社会公布抽查结果。

第二十七条 管道燃气经营企业因燃气工程施工、设施检修等原因，需要降压或者暂停供气的，应当提前四十八小时通知燃气用户并公告；因不可抗力或者供气设施抢修等紧急情况，需要降压或者暂停供气的，应当及时通知燃气用户，同时向所在地燃气管理部门报告。引起停止供气的原因消除后，管道燃气经营企业应当尽快恢复供气，并在恢复供气之前及时通知燃气用户。恢复供气应当在八时至二十时之间进行。

燃气经营企业停业、歇业的，应当事先对其供气范围内的燃气用户的正常用气作出妥善安排，并提前九十个工作日向所在地燃气管理部门报告，经批准方可停业、歇业。实行特许经营的管道燃气经营企业停业、歇业，还应当遵守特许经营协议的约定。

第二十八条 燃气经营企业应当建立燃气用户档案，设置燃气用户联系、咨询和抢修抢险电话，并向社会公布。抢修抢险电话应当有专人二十四小时值班。

管道燃气经营企业对燃气用户设施每年至少检查两次，发现安全隐患的，应当及时处置；发现用户违反安全用气规定的，应当予以劝告，不听劝告的，应当向燃气管理、应急管理等有关部门报告。

燃气经营企业对燃气用户的燃气设施进行安全检查、抄表等业务时，应当主动出示有效证件；燃气用户应当予以配合。

第二十九条 燃气价格及服务收费项目、标准的制定，应当遵守价格法律、法规的规定。

管道燃气销售价格根据购气成本、经营成本和合理收益确定，并适时调整。

县级以上人民政府价格管理部门确定和调整管道燃气销售价格，应当征求管道燃气用户、管道燃气经营企业和有关方面的意见；确定和调整管道燃气居民生活用气价格，还应当依法听证。

省人民政府价格管理部门应当每年对省内天然气管输价格组织开展成本监审，县级以上人民政府价格管理部门应当定期对区域内天然气配气价格组织开展成本监审，并将监审的依据、程序、主要内容、核算方式、结论等及时向社会公开。

天然气大型用户直接向上游气源供气企业购买天然气的，国家和省另有规定的从其规定。

对不符合法律、法规和县级以上人民政府价格管理部门规定的相关燃气服务费，燃气用户有权拒付。

第三十条 燃气经营企业不得有下列行为：

（一）拒绝向市政燃气管网覆盖范围内符合用气条件的单位或者个人供气；

（二）倒卖、抵押、出租、出借、转让、涂改燃气经营许可证；

（三）未履行必要告知义务擅自停止供气、调整供气量，或者未经审批擅自停业或者歇业；

（四）向未取得燃气经营许可证的单位或者个人提供用于经营的燃气；

（五）在不具备安全条件的场所储存燃气；

（六）要求燃气用户购买其指定的产品或者接受其提供的有偿服务；

（七）擅自为非自有气瓶充装燃气；

（八）销售未经许可的充装单位充装的瓶装燃气或者销售充装单位擅自为非自有气瓶充装的瓶装燃气；

（九）冒用其他企业名称或者标识从事燃气经营、服务活动；

（十）法律、法规禁止的其他行为。

第三十一条 有下列情形之一的，车用燃气经营企业不得进行加气作业：

（一）车用气瓶或者装置不符合安全条件；

（二）无车用气瓶使用登记证，或者使用登记信息与车用气瓶、汽车信息不一致；

（三）车用气瓶超期未检验、检验不合格，或者超过设计使用年限。

第三十二条 县级以上人民政府燃气管理部门应当对燃气经营企业及其从业人员在燃气经营活动中的违法行为建立信用记录。

第四章 燃气使用

第三十三条 燃气经营企业应当向用户提供服务手册，宣传安全使用燃气的规则和常识，指导用户安全使用燃气。

管道燃气经营企业应当为燃气用户缴费、充值提供方便；提供的燃气智能计量表应当具有用气余量提醒功能。

第三十四条 燃气用户及相关单位和个人不得有下列行为：

（一）擅自操作公用燃气阀门；

（二）将燃气管道作为负重支架或者接地引线；

（三）安装、使用不符合气源要求的燃气燃烧器具；

（四）擅自安装、改装、拆除户内燃气设施和燃气计量装置；

（五）在不具备安全条件的场所使用、储存燃气；

（六）盗用燃气；

（七）改变燃气用途或者转供燃气；

（八）法律、法规禁止的其他行为。

第三十五条 管道燃气计量表在户内的，计量表和表前燃气设施由管道燃气经营企业负责维护、更新和管理；计量表后燃气设施和燃气燃烧器具维护、更新费用，由燃气用户承担。计量表在户外的，户内第一道阀门及阀门前的燃气设施由管道燃气经营企业负责维护、更新和管理；户内第一道阀门后燃气设施和燃气燃烧器具维护、更新费用，由燃气用户承担。非居民燃气用户与燃气经营企业另有约定的，从其约定。

管道燃气用户需要安装、改装、拆除其承担管理、维护责任的管道燃气设施的，应当经管道燃气经营企业同意，由管道燃气经营企业按照国家有关工程建设标准组织施工，所发生的工本费由燃气用户承担。

瓶装燃气用户，其气瓶由产权人负责维护、更新；气瓶调压装置、连接管、燃烧器具由燃气用户负责维护、更新。

第三十六条 燃气计量装置应当符合国家规定标准。

燃气用户对管道燃气计量表准确度有异议的，可以委托法定计量检定机构检定。经检定的管道燃气计量表，其误差在法定范围内的，检定费用由燃气用户支付；其误差超过法定范围的，检定费用由管道燃气经营企业支付，并由管道燃气经营企业免费更换合格的燃气计量表，退还多收取的燃气费。

燃气用户对检定结果有异议的，可以向市场监管部门投诉。

第三十七条 管道燃气用户应当按时交付燃气费。逾期不交付的，管道燃气用户应当按照约定支付违约金。经管道燃气企业催告，在供用气合同约定的期限内仍不交付燃气费和违约金的，管道燃气企业在书面通知用户五日后，可以暂时停止供气。用户交付所欠燃气费和违约金后，管道燃气企业应当立即恢复供气。

燃气用户需要更名、过户、销户的，应当向燃气经营企业办理变更或者销户手续，结清燃气费。

第三十八条 燃气用户有权就燃气收费、服务等事项向燃气经营企业进行查询，燃气经营企业应当自收到查询申请之日起三个工作日内予以答复。

燃气用户有权就燃气收费、服务等事项向县级以上人民政府价格、燃气管理部门和其他有关部门投诉。相关部门应当自收到投诉之日起十个工作日内予以处理，并答复投诉者；对不属于本部门职责的，应当及时转送有关部门，并告知投诉者。

价格、燃气管理部门和其他有关部门应当公开投诉电话、信箱或者电子邮件地址，建立投诉处理制度。

第三十九条 燃气燃烧器具生产单位、销售单位应当设立或者委托设立售后服务站点，配备经考核合格的燃气燃烧器具安装、维修人员，负责售后的安装、维修服务，并明示服务收费项目和标准。

燃气燃烧器具的安装、维修，应当符合国家有关标准。

第五章　安全事故预防与处理

第四十条 县级以上人民政府应当组织燃气管理、应急管理、交通运输、市场监管等部门建立燃气安全预警联动机制。

县级以上人民政府燃气管理部门应当会同有关部门制定燃气安全事故应急预案。

燃气经营企业应当制定本单位燃气安全事故应急预案，配备应急人员和必要的应急装备、器材，并定期组织演练。

第四十一条 县级以上人民政府燃气管理部门应当会同城乡规划等部门按照国家有关标准和规定划定燃气设施保护范围，设置统一的安全警示标志。

在燃气设施保护范围内，禁止从事下列危及燃气设施安全的活动：

（一）建设占压地下燃气管线的建筑物、构筑物或者其他设施；

（二）进行爆破、取土等作业或者动用明火；

（三）倾倒、排放腐蚀性物质；

（四）放置易燃易爆危险物品或者种植深根植物；

（五）在燃气设施上牵挂电线、绳索；

（六）其他危及燃气设施安全的活动。

在燃气设施保护范围内，有关单位从事敷设管道、打桩、顶进、挖掘、钻探等可能影响燃气设施安全活动的，应当与燃气经营企业共同制定燃气设施保护方案，并采取相应的安全保护措施。

第四十二条 新建、扩建、改建建设工程，不得影响燃气设施安全。

建设单位在开工前，应当向燃气经营企业或者城建档案管理机构查明地下燃气设施的有关情况，燃气经营企业或者城建档案管理机构应当在接到查询后三日内提供相关资料。

建设工程施工范围内有地下燃气管线等重要燃气设施的，建设单位应当会同施工单位与管道燃气经营企业共同制定燃气设施保护方案，建设单位、施工单位应当采取相应的安全保护措施，管道燃气经营企业应当派员现场指导。法律、法规另有规定的，依照有关法律、法规的规定执行。

第四十三条 燃气经营企业应当建立健全燃气设施监测、检查和养护制度，运用物联网、互联网等信息技术手段，按照国家标准对燃气设施进行巡查、监测、维护、保养、检验、检修、更新。

任何单位和个人不得侵占、毁损、擅自拆除或者移动燃气设施，不得毁损、覆盖、涂改、擅自拆除或者移动燃气设施安全警示标志。

第四十四条 燃气经营企业的主要负责人对企业安全生产工作全面负责。

燃气经营企业应当设置安全生产管理机构或者配备专职安全生产管理人员，实行安全生产标准化管理，按照规定对从业人员进行安全生产教育和培训。

第四十五条 瓶装燃气经营企业应当遵守法律、法规和国家规定的充装、装卸、运输等技术和安全标准，配备或者委托符合安全运输要求的车辆运输燃气。

瓶装燃气实行配送经营，由瓶装燃气经营企业直接向燃气用户配送，并加强对从事瓶装燃气送气服务的人员的管理。配送车辆应当设有明显的燃气警示标志。

瓶装燃气经营企业应当对气瓶充装、运输、供应、配送、使用、检测进行全过程管理，对所充装的自有产权气瓶进行建档登记，鼓励采用条码等信息技术手段对气瓶进行安全管理。

第四十六条 县级以上人民政府燃气管理部门或者其他有关部门依法对燃气经营企业进行燃气安全监督检查时，对于不符合国家有关安全标准的设施、设备、器材等，应当予以查封或者扣押，并依法作出处理决定。

第四十七条 任何单位和个人发现燃气安全事故或者燃气安全事故隐患等情况，应当立即告知燃气经营企业，或者向燃气、应急管理部门报告。

燃气经营企业或者有关部门接到事故隐患报告后，应当立即处理，不得推诿。

第四十八条 燃气安全事故发生后，燃气经营企业应当立即启动本单位燃气安全事故应急预案，组织抢险、抢修。

燃气安全事故发生后，燃气、应急管理等有关部门，应当根据各自职责，立即采取措施防止事故扩大，根据有关情况启动燃气安全事故应急预案。

对燃气生产安全事故，依照有关法律、法规的规定报告和调查处理。

第六章　法律责任

第四十九条　违反本条例第十一条第二款规定，在管道燃气供气规划区域内，新建瓶组站、小区气化站的，由县级以上人民政府城市管理部门责令停止建设、限期拆除，对建设单位处十万元以上二十万元以下罚款。

第五十条　违反本条例第二十二条第二款规定，经营瓶装燃气未取得燃气经营许可证的，由县级以上人民政府城市管理部门责令停止违法行为，处十万元以上五十万元以下罚款；有违法所得的，没收违法所得。

第五十一条　违反本条例第三十条第一项至第六项规定，有下列情形之一的，由城市管理部门责令限期改正，处二万元以上十万元以下罚款；有违法所得的，没收违法所得；情节严重的，吊销燃气经营许可证；造成损失的，依法承担赔偿责任：

（一）拒绝向市政燃气管网覆盖范围内符合用气条件的单位或者个人供气；

（二）倒卖、抵押、出租、出借、转让、涂改燃气经营许可证；

（三）未履行必要告知义务擅自停止供气、调整供气量，或者未经审批擅自停业或者歇业；

（四）向未取得燃气经营许可证的单位或者个人提供用于经营的燃气；

（五）在不具备安全条件的场所储存燃气；

（六）要求燃气用户购买其指定的产品或者接受其提供的有偿服务。

违反本条例第三十条第七项规定，燃气经营企业擅自为非自有气瓶充装燃气的，由市场监管部门责令改正，处一万元以上三万元以下罚款；情形严重的，暂停充装，并可以吊销燃气经营许可证。

违反本条例第三十条第八项规定，燃气经营企业销售未经许可的充装单位充装的瓶装燃气或者销售充装单位擅自为非自有气瓶充装的瓶装燃气的，由城市管理部门责令改正，可以处二千元以上一万元以下罚款。

违反本条例第三十条第九项规定，燃气经营企业冒用其他企业名称或者标识从事燃气经营、服务活动的，依照有关反不正当竞争的法律规定进行处罚。

第五十二条　违反本条例第四十五条第二款规定，未实行瓶装燃气配送经营的，由县级以上人民政府城市管理部门责令限期改正；逾期不改正的，处一万元以上五万元以下罚款。

违反本条例第四十五条第二款规定，配送车辆未设有明显的燃气警示标志的，由县级以上人民政府城市管理部门责令限期改正；逾期不改正的，处一千元以上五千元以下罚款。

第五十三条　县级以上人民政府及其燃气管理部门和其他有关部门违反本条例规定，有下列情形之一的，对直接负责的主管人员和其他直接责任人员，依法给予处分：

（一）不依法作出行政许可决定或者办理批准文件的；

（二）未建立健全城镇燃气应急储备制度的；

（三）未依法划定燃气设施保护范围，设置统一的安全警示标志的；

（四）发现违法行为或者接到对违法行为的举报不予查处的；

（五）其他滥用职权、徇私舞弊、玩忽职守的情形。

第五十四条　违反本条例规定的行为，法律、行政法规已有处罚规定的，依照其规定执行；构成犯罪的，依法追究刑事责任。

第七章　附　　则

第五十五条　本条例所称燃气设施，是指人工煤气生产厂、燃气储配站、门站、气化站、混气站、加气站、灌装站、供应站、调压站、市政燃气管网等的总称，包括市政燃气设施、建筑区划内业主专有部分以外的燃气设施以及户内燃气设施等。

本条例所称燃气燃烧器具，是指以燃气为燃料的燃烧器具，包括居民家庭和商业用户所使用的燃气灶、热水器、沸水器、采暖器、空调器等器具。

第五十六条　农村的燃气管理参照本条例的规定执行。

第五十七条　本条例自 2019 年 5 月 1 日起施行。2006 年 4 月 21 日安徽省第十届人民代表大会常务委员会第二十三次会议通过的《安徽省燃气管理条例》同时废止。

合肥市燃气管理条例

（1999 年 12 月 15 日安徽省第九届人民代表大会常务委员会第十三次会议批准　根据 2004 年 6 月 26 日安徽省第十届人民代表大会常务委员会第十次会议批准第一次修正　根据 2011 年 2 月 24 日安徽省第十一届人民代表大会常务委员会第二十四次会议批准第二次修正）

第一章　总　　则

第一条　为了加强燃气管理，保障公共安全，维护燃气供需双方的合法权益，促进燃气事业的发展，结合本市实际，制定本条例。

第二条　本市行政区域内从事燃气的生产、储存、输配、经营、使用和燃气工程的设计、施工，以及燃气设施、器具的销售、安装、维修等活动的单位和个人，均应当遵守本条例。

第三条　市人民政府建设行政主管部门是本市燃气管理的行政主管部门。市燃气管理机构受市建设行政主管部门委托，负责本市燃气管理的日常工作。

县人民政府建设行政主管部门依照本条例的规定负责其辖区内的燃气管理工作。

安全生产监督管理、质量技术监督、公安消防、城市规划、环境保护、工商、价格等有关行政主管部门，依据各自职责，协同做好燃气管理工作。

第四条　发展燃气事业实行市场调节和政府宏观调控相结合，坚持统一规划、配套建设、加强管理、安全第一和优先满足生活需求的原则。

第二章　规划与建设

第五条　市建设行政主管部门应当会同规划、计划等部门，根据国民经济和社会发展计划、城市总体规划编制市燃气专业规划和建设计划，报市人民政府批准后组织实施。

县燃气专业规划和建设计划，按照规定报批准后，报市建设行政主管部门备案。

第六条　新建、改建、扩建的燃气工程项目应当符合燃气发展规划，由建设单位按基本建设程序办理有关手续。

规划行政管理部门在燃气工程选址或影响燃气安全的建设项目审查时，应当征求市建设行政主管部门和劳动安全、公安消防等部门的意见。

第七条　市区建成区内应当采用管道燃

气，并重点发展管道天然气。

新建住宅项目和有使用燃气需求的工业、商业项目，应当将燃气管道、设施与主体工程同时设计、同时施工、同时交付使用。

已建多层、高层住宅楼或住宅小区尚未安装燃气管道的，应当逐步安装燃气管道并使用管道燃气。

第八条 燃气工程的勘察、设计、施工、监理应当由依法取得相应资质等级的单位承担。燃气工程的设计文件，应当符合国家有关标准，并按照建设项目管理权限报市、县建设行政主管部门审查批准。燃气工程严禁转包。

第九条 经批准的燃气工程，任何单位和个人不得阻碍其施工。

第十条 燃气工程竣工后，建设单位应当按照国家有关规定组织验收，并按照建设项目管理权限报市、县建设行政主管部门备案；未经验收或者验收不合格的，不得交付使用。

燃气工程竣工验收后，建设单位应当收集、整理燃气工程建设项目的文件资料，建立燃气工程建设项目档案，并及时向所在地城建档案管理机构移交。

第三章 燃气经营

第十一条 管道燃气实行区域性统一经营；瓶装燃气实行统一布点，多家经营。

第十二条 燃气企业应当具备国家规定的条件，经市人民政府建设行政主管部门批准，取得燃气经营许可证。燃气经营权应当通过招标投标等公开、公平的方式取得。

第十三条 瓶装燃气供应站点应当符合瓶装燃气供应站点布局规划，并经市、县人民政府建设行政主管部门批准，依法取得瓶装燃气经营许可证。

燃气企业、瓶装燃气供应站点从事气瓶充装活动的，应当依法取得气瓶充装许可证。

第十四条 设立燃气企业及分销站的，应当到公安消防部门办理有关手续。

第十五条 燃气企业及其分销站应当遵守下列规定：

（一）公布涉及用户权益事项的办事条件、程序和维修服务电话，承诺办事期限和服务标准；

（二）制定用户安全用气规定，向用户发放安全用气手册，并提供咨询服务；

（三）按国家或者行业对燃气热值、组份、嗅味、压力和重量、残液的规定供气；

（四）保证安全稳定供气，不得无故停止供气；

（五）瓶装燃气的充装净含量和残液量符合国家标准；

（六）不得在室外经销瓶装燃气；

（七）不得向超过检验期限或者检验不合格的钢瓶充装燃气；

（八）钢瓶之间不得倒灌燃气；

（九）不得用槽车、贮罐直接向钢瓶灌装燃气。

第十六条 除意外事故外，燃气企业因停气、降压作业而影响用户用气的，应当将停气、降压作业起止时间和影响范围提前2日通知用户并公告。恢复供气时间应当在6时至20时之间进行，并在恢复供气之前及时通知用户。

第十七条 燃气价格、燃气器具的安装维修收费标准，由建设行政主管部门提出，经物价行政管理部门依法审定后实施。

第四章 燃气器具

第十八条 燃气器具应当经法定的检

验机构对其气源适配性进行检验，检验结果由市、县建设行政主管部门定期向社会公布。

国家明令淘汰或者超过使用年限的燃气器具，用户应当及时更换。

第十九条 燃气器具安装维修单位应当具备下列条件：

（一）有固定的营业场所；

（二）有相应的检测设备和安装工具；

（三）有合格的安装维修人员；

（四）有质量和安全管理制度。

第二十条 从事燃气器具安装维修的单位应当向市建设行政主管部门申请取得燃气器具安装维修资质。

第五章 燃气使用

第二十一条 管道燃气企业应当建立用户档案，与用户签订供用气合同。

第二十二条 需要使用管道燃气的单位和个人，应当向燃气企业提出开户申请。燃气企业对符合条件的申请者，应当自接到申请和有关材料之日起10个工作日内办理开户手续。

任何单位和个人未经燃气企业同意，不得接通管道使用燃气。

第二十三条 管道燃气用户需要变更用户名称、使用地址、燃气用途以及需要停止供气的，应当向燃气企业提出申请。对符合条件的，燃气企业应当自接到申请和有关材料之日起7个工作日内予以办理。

第二十四条 用户不得有下列转供或者盗用管道燃气的行为：

（一）在供气设施或者其他用户的用气设施上擅自接通管道用气；

（二）绕越燃气计量装置用气；

（三）伪造、擅自开启法定或者经授权的计量机构加封的燃气计量装置封印用气；

（四）故意损坏燃气计量装置用气；

（五）故意使燃气计量装置失准或者失效用气；

（六）故意不计量或者少计量用气；

（七）其他转供或者盗用管道燃气的行为。

第二十五条 燃气经营企业或者用户对燃气计量表具准确度有异议的，应当及时协商解决。协商不成的，应当向所在地技术监督部门申请检定。经检定合格的，由异议方承担检定费；经检定不合格的，由对方承担检定费，当月气费按前6个月平均用气量计算，不合格的燃气计量表具应当及时检修或者更换，其费用由责任方承担。

第二十六条 燃气企业应当提供多种方便用户的收费方式，供用户自行选择，并提供规范的票据。

使用管道燃气的用户应当在每月月底前交纳上月气费，逾期不交纳的，对非居民用户按每日1%计收滞纳金，对居民用户按每日3‰计收滞纳金。逾期不交费的，燃气企业可以依法对其暂停供气。

第二十七条 用户有权就燃气经营的收费和服务质量向燃气企业查询，对不符合收费和服务质量标准的，可以向有关主管部门投诉。有关主管部门应当自接到投诉之日起7个工作日内答复投诉人。

第六章 燃气安全管理

第二十八条 燃气企业必须严格执行国家颁布的各项安全管理法规和技术标准，建立安全管理机构，制定安全管理、防火防爆等制度以及事故应急方案。

燃气专业技术和管理人员应当经市建设行政主管部门会同有关行政管理部门进行综

合培训，取得合格证后，方可上岗。

第二十九条 燃气企业必须向社会公布抢修电话，设置专职抢修队伍，配备防护用品、专用器材、设备等。不具备设置专职抢修队伍条件的燃气企业应当与具有抢修能力的燃气企业签订委托合同。

燃气企业应当实行24小时值班制度；遇有事故，应当立即组织抢修、抢险，并向有关部门报告。

第三十条 燃气企业对燃气设施和燃气器具应当定期检修维护，每年至少一次，保证管道畅通，并根据用户需要，随时上门服务。检修所需零配件的费用应按物价行政管理部门核定的标准收取。

用户应当配合燃气企业进行燃气安全检查，严格遵守安全用气的规定。用户不得擅自安装、改装、拆卸室内管道燃气设施或者进行危害室内管道燃气设施安全的装饰、装修等活动。

第三十一条 下列范围为燃气设施的安全保护范围：

（一）距离燃气主管道二米以内；

（二）距离管道燃气阀门及调压站六米以内；

（三）国家标准规定的燃气储气柜或液化气灌装场（站）周边防火间距以内。

第三十二条 任何单位和个人不得在燃气设施安全保护范围内进行下列行为：

（一）擅自拆除、移动、覆盖、涂改燃气设施或警示标志；

（二）擅自挖坑取土、修建建筑物和构筑物以及堆放物品；

（三）擅自进行焊接、烘烤、焚烧、爆破；

（四）排放腐蚀性物质或放置易燃易爆物品；

（五）擅自关闭或开启燃气管道上的公共阀门；

（六）擅自通过大型载重车辆和施工机械；

（七）其他损害燃气设施的行为。

确因建设需要在燃气设施安全保护范围内进行前款第（一）、第（二）、第（三）、第（五）、第（六）项所列行为之一的，应当采取相应的保护措施，并报经所在地市或县建设行政主管部门批准；需迁移燃气设施的，由燃气企业组织实施，费用由建设单位承担。

第三十三条 任何单位和个人发现燃气泄漏、事故隐患或者因燃气引起的中毒、火灾、爆炸等事故，应当立即向燃气企业以及公安消防等部门报告。

第三十四条 对燃气事故的处理，按国家有关规定进行。

第三十五条 燃气企业和用户可以参加燃气事故保险。燃气用户可以委托燃气企业办理投保手续。

第七章 法律责任

第三十六条 违反本条例规定，有下列行为之一的，由市、县建设行政主管部门责令限期改正，没收违法所得，并按照《建设工程质量管理条例》的有关规定处以罚款：

（一）未取得燃气工程设计、施工资质从事燃气工程设计、施工的；

（二）转包燃气工程的。

第三十七条 违反本条例规定，有下列行为之一的，由市或者县建设行政主管部门责令限期改正，并可处以500元以上2000元以下罚款，造成用户损失的，责令赔偿损失：

（一）违反第十五条第三项至九项规定

之一的；

（二）违反第十六条规定的；

（三）未设置或者委托抢修队伍的；

（四）未取得资质从事燃气器具安装维修的。

第三十八条 燃气企业违反本条例第二十二条第一款、第二十三条规定的，由市或者县建设行政主管部门责令限期办理，并可处以500元以上2000元以下罚款。

第三十九条 违反本条例第二十四条规定的，由市、县建设行政主管部门责令停止违法行为，没收违法所得，并可对居民用户处以100元以上500元以下的罚款，对非居民用户可处以1000元以上5000元以下的罚款。

用户有盗气行为的，应当赔偿损失。盗气量的认定，按照盗气设备的额定用气量或者燃气计量装置最大流量、盗气日数、日盗气时间确定。盗气时间无法查明的，盗气日数按照180天计算；每日盗气时间居民用户按照3小时计算，非居民用户按照12小时计算。

第四十条 违反本条例第三十二条规定的，由市、县建设行政主管部门责令停止违法行为，恢复原状，赔偿损失，并按照相关法律、行政法规和《安徽省燃气管理条例》的有关规定处以罚款。

第四十一条 燃气管理工作人员玩忽职守、滥用职权、徇私舞弊的，由其所在单位或上级主管部门给予行政处分；构成犯罪的，依法追究刑事责任。

第八章 附　　则

第四十二条 燃气自供单位应当遵守本条例关于燃气工程建设和燃气安全的规定，需要面向社会从事燃气经营的，应当按照本条例第三章规定办理有关手续。

第四十三条 本条例下列用语的含义是：

（一）燃气，是指供给生产、生活使用的液化石油气、人工煤气、天然气等气体燃料的总称；

（二）燃气企业，是指从事燃气生产、储存、输配、供应的企业，包括管道燃气企业、瓶装燃气企业；

（三）瓶装燃气供应站点，是指为用户供气的瓶组气化站、瓶装供应站（瓶装燃气换气点）、燃气汽车加气站等；

（四）燃气设施，是指专用于燃气生产、储存、输配、供应的各种设施及其附属设备，包括气源厂、门站、气化站、混气站、储配站、调压站、计量站、供应站、加气站、各种燃气管网及其附属设施的总称，以及用户户内燃气计量表、金属管道和阀门等燃气设施；

（五）燃气工程，是指燃气设施的新建、改建、扩建工程；

（六）燃气器具，是指使用、充装燃气的炉具、取暖器、热水器、沸水器、冷暖机、烘烤器、燃气钢瓶、调压器等产品。

第四十四条 本条例自2000年2月1日起施行。

江苏省燃气管理条例

（2020年1月9日江苏省第十三届人民代表大会常务委员会第十三次会议通过　2020年1月9日江苏省人大常委会公告第28号公布　自2020年5月1日起施行）

第一章 总　　则

第一条 为了加强燃气管理，保障燃气供应，保障公民生命财产安全和社会公共安全，维护用户和燃气经营者的合法权益，促进燃气事业的健康发展，根据国务院《城镇燃气管理条例》以及相关法律、行政法规，结合本省实际，制定本条例。

第二条 本省行政区域内燃气的规划、建设、设施保护，管道燃气、瓶装燃气、车用燃气的经营服务，燃气使用以及相关的监督管理活动，适用本条例。

天然气、液化石油气生产和进口，城市门站以外的天然气管道输送，燃气作为工业生产原料的使用，燃气的槽车（船舶）运输和港口装卸，沼气、秸秆气的生产和使用，不适用本条例。

第三条 燃气工作应当遵循统筹规划、保障安全、确保供应、规范服务、节能环保的原则。

第四条 县级以上地方人民政府应当加强对燃气工作的领导，将燃气工作纳入国民经济和社会发展规划，明确相关管理部门职责分工，建立联席会议制度和部门协同监督管理机制，加强对相关部门和下级人民政府履行燃气管理职责的监督检查。

乡镇人民政府、街道办事处应当协助做好本区域内的燃气管理工作。

第五条 县级以上地方人民政府住房和城乡建设行政主管部门或者政府确定的行政主管部门（以下简称燃气主管部门）负责本行政区域内的燃气管理工作。

发展改革、教育、工业和信息化、公安、规划、生态环境、交通运输、商务、卫生健康、应急管理、市场监督管理、城市管理等主管部门以及消防救援机构，依据法律、法规和同级人民政府规定的职责分工，负责燃气管理的相关工作。

第六条 燃气经营企业和用气单位主要负责人对本单位燃气安全工作全面负责。

第七条 县级以上地方人民政府及其燃气主管部门等有关部门应当加强燃气相关法律、法规的宣传和安全使用教育，提高燃气管理水平和使用安全意识。

广播、电视、报刊、互联网等媒体应当开展燃气使用安全公益性宣传。

第二章　规划与建设

第八条 县级以上地方人民政府燃气主管部门应当会同有关部门，根据国民经济和社会发展规划、国土空间规划等编制本行政区域内的城镇燃气发展规划，报本级人民政府批准后实施，并报上一级人民政府燃气主管部门备案。

第九条 县级以上地方人民政府燃气主管部门应当按照城乡统筹的原则，有计划、分步骤推进乡镇燃气管网建设，对具备供气条件的农村地区实施管道供气。

县级以上地方人民政府燃气主管部门应当按照优化布局、便民惠民的原则，合理规划设置瓶装燃气供应站。

第十条 县级以上地方人民政府应当建立健全燃气应急储备制度，按照规划预留城镇燃气应急气源储备设施建设用地，组织建设燃气应急储备设施，编制应急预案，提高供应应急保障能力。

第十一条 城市新区开发、旧区改造工程，新建、扩建、改建道路、桥梁等市政工程和房屋建设工程，按照城镇燃气发展规划需要配套建设燃气设施的，应当与主体工程同步设计、同步施工、同步竣工验收。

第十二条 管道燃气经营企业承担其供气范围内住宅建筑区划内业主专有部分以外燃气设施的运行、维护、抢修和更新改造的责任。

新建住宅建筑区划内业主专有部分以外燃气设施的建设，建设单位与管道燃气经营企业就组织燃气设施建设签订合同的，相关费用按照价格主管部门核定的标准执行。

第十三条 燃气工程的勘察、设计、施工、监理和设备、材料的选用，应当执行国家和省有关标准和规范。

第十四条 燃气场站工程、市政中高压燃气管道工程的初步设计文件应当按照省政府确定的项目管理权限报燃气主管部门审查批准。

第十五条 燃气场站、市政中高压燃气管道、成片开发建设住宅小区内的燃气管道和根据国家规定要求实行监理的其他燃气设施建设工程，应当实行监理。

第十六条 燃气设施建设工程竣工后，建设单位应当依法组织竣工验收，并自竣工验收合格之日起十五日内，将竣工验收情况按照国家有关规定报燃气主管部门备案。

第三章 经营服务

第十七条 燃气经营包括管道燃气经营、瓶装燃气经营和车用燃气经营。

管道燃气实行特许经营制度；瓶装燃气和车用燃气实行经营许可证制度。

第十八条 燃气经营许可证由燃气设施所在地设区的市、县（市、区）燃气主管部门核发。

第十九条 设区的市、县（市）人民政府应当采取招标投标等公开、公平的竞争方式选择管道燃气特许经营企业，特许经营的实施方案由设区的市、县（市）燃气主管部门组织制定，并报本级人民政府批准。

燃气主管部门根据设区的市、县（市）人民政府的授权与企业签订特许经营协议后，应当将经营主体、区域、范围、期限等协议主要内容向社会公开。

获得特许经营权的企业开展燃气经营活动，应当符合国家规定的条件。

第二十条 管道燃气特许经营协议应当包括以下内容：

（一）特许经营的内容、区域、范围以及期限；

（二）所提供产品或者服务的数量、质量和标准；

（三）价格和收费标准的确定方法以及调整程序；

（四）燃气设施权属，以及相应的维护和更新改造；

（五）燃气设施的建设计划；

（六）安全管理；

（七）履约担保；

（八）特许经营权的终止和变更；

（九）应急保供预案和临时接管方案；

（十）违约责任以及争议解决方式；

（十一）法律、法规规定以及双方认为应当约定的其他事项。

第二十一条 管道燃气经营者应当遵守下列规定：

（一）按照城镇燃气发展规划投资、建设燃气设施；

（二）在特许经营协议规定的范围内经营；

（三）按照安全生产法律、法规和国家安全生产标准、规范，组织企业安全生产；

（四）履行特许经营协议，为具备安全用气条件的用户提供符合标准的产品和服务；

（五）承担公共燃气设施、设备的运行维护和更新改造责任，保障燃气设施、设备完好，保障用于计量收费的仪器仪表经法定检定合格并处于有效期内；

（六）接受相关部门对经营成本、产品和服务质量的监督检查；

（七）将中长期发展规划、年度经营计

划以及相关的年度报告、董事会决议等报燃气主管部门备案；

（八）法律、法规的其他规定。

第二十二条 管道燃气经营者有下列行为之一的，设区的市、县（市）燃气主管部门报经本级人民政府批准，可以终止特许经营协议：

（一）转让、出租、质押特许经营权的；

（二）存在重大事故隐患且拒不整改的；

（三）对发生重大、特别重大生产安全事故负有责任的；

（四）擅自停业、歇业，严重影响社会公共利益和公共安全的；

（五）法律、法规规定和特许经营协议规定可以终止的其他情形。

设区的市、县（市）人民政府应当及时启动应急保供预案和临时接管方案，保障特许经营协议终止后的燃气供应。

第二十三条 瓶装燃气经营者应当遵守下列规定：

（一）建立健全用户服务信息系统，实行用户档案管理，推行实名制销售，并向用户发放供气使用凭证，定期向燃气主管部门报送用户管理等信息；

（二）不得用非法制造、非法改装以及报废的气瓶和超期限未检验或者检验不合格、不符合安全技术规范、无气瓶信息标志或者信息标志模糊不清的气瓶充装燃气，不得擅自为非自有气瓶充装燃气；

（三）不得用贮罐、槽车直接向气瓶充装燃气或者用气瓶相互倒灌燃气；

（四）不得向未签订供用气合同的用户提供瓶装燃气，不得向餐饮用户提供气液两相瓶装燃气；

（五）存放气瓶的场所与公共建筑和居民住宅建筑的距离必须符合国家和省规定的安全要求；

（六）在充装后的燃气气瓶上标明充装单位和服务电话；

（七）公示服务标准和收费标准；

（八）法律、法规的其他规定。

第二十四条 瓶装燃气经营者应当使用符合危险货物安全运输要求的车辆运输燃气气瓶，不得使用厢体封闭等不符合安全要求的车辆运输。

第二十五条 县级以上地方人民政府应当组织燃气主管部门、交通运输部门、公安部门等共同制定瓶装燃气配送服务管理办法，逐步实现燃气经营者对瓶装燃气的统一配送。

燃气经营者应当按照前款瓶装燃气配送服务管理办法确定的规范和要求，加强瓶装燃气送气服务人员、车辆的管理，送气车辆应当设有明显标识。

第二十六条 车用燃气经营企业应当遵守下列规定：

（一）在加气场所的明显位置张贴安全须知；

（二）不得充装无气瓶使用登记证或者与使用登记信息不一致的车用气瓶；

（三）未经许可不得充装车用气瓶以外的其他装置；

（四）不得在有燃气泄漏、燃气压力异常、附近发生火灾、雷击天气等危险情况下加气或者卸气。

第二十七条 瓶装燃气供应站、车用燃气加气站应当由取得燃气经营许可证的企业设立，并符合燃气发展规划，其经营场所和燃气设施应当符合国家标准。

自本条例施行之日起，不再发放燃气供应许可证。已经取得燃气供应许可证的，在有效期内可以继续经营。有效期自本条例施行之日起不足一年的，自动延续至2021年5

月1日。

燃气供应许可证有效期届满，需要继续从事燃气经营的，应当依法申请燃气经营许可证。

禁止向未取得燃气经营许可证或者供应许可证的单位或者个人供应用于经营的燃气。

第二十八条 省燃气主管部门应当会同相关部门制定供用气合同示范文本，并向社会公布。管道和瓶装燃气经营者应当与用户签订供用气合同，明确双方的权利义务。瓶装燃气经营者应当明确告知用户需具备的安全用气条件，用户应当对符合安全用气条件作出承诺。

燃气经营者应当遵守相关服务标准和规范，公布并履行服务承诺，提高服务水平。

第二十九条 燃气经营者应当建立健全燃气质量检测制度，确保燃气热值、组份、压力等安全、技术、质量指标符合国家规定标准。禁止掺杂掺假、以次充好。

第三十条 燃气经营者应当增强储气能力，保障燃气正常供应，不得擅自降压、停止供气、更换气种或者迁移燃气供应站点；确需降压、停止供气、更换气种或者迁移燃气供应站点的，应当向燃气主管部门报告，并对用户的燃气供应事宜作出妥善安排。

管道燃气经营者因燃气工程施工、设施检修等情况，确需降压或者暂停供气的，应当将作业时间和影响区域提前四十八小时予以公告或者书面通知。因突发事件或者燃气设施抢修等紧急情况，确需降压或者停气的，应当及时告知用户；恢复供气应当事先通知用户。

第三十一条 燃气价格以及相关服务收费项目和标准的制定、调整，应当遵守价格法律、法规的有关规定。

用户有权就燃气价格以及相关服务收费向燃气经营者查询，对不符合规定的收费，有权拒付并向燃气、市场监管部门或者消费者权益保护组织投诉。

第四章 燃气使用

第三十二条 燃气经营者应当制定用户安全用气规则，通过向用户发放安全用气手册等方式，对用户进行燃气安全使用宣传教育，提高用户安全意识。

第三十三条 用户应当遵守安全用气规则，履行安全用气义务。

鼓励用户安装使用燃气泄漏安全保护装置，防范燃气安全事故发生。

下列用户应当安装使用燃气泄漏安全保护装置：

（一）餐饮用户；

（二）在室内公共场所使用燃气的；

（三）在符合用气条件的地下或者半地下建筑物内使用管道燃气的。

前款所称燃气泄漏安全保护装置，指具有燃气泄漏报警和自动切断功能装置的总称，包括燃气泄漏报警器与紧急切断阀联动装置、燃气泄漏报警装置、熄火保护装置，过流和泄漏切断装置等。

第三十四条 禁止在地下或者半地下建筑物内、高层建筑内使用瓶装燃气。

第三十五条 非居民用户应当建立健全燃气安全管理制度，对燃气操作维护人员进行安全教育和培训，使其掌握本岗位的安全操作技能和燃气安全使用知识。

第三十六条 餐饮用户不得使用气液两相瓶装燃气，不得违规使用瓶组供气。

餐饮用户应当加强对本单位人员燃气安全使用知识、技能的培训，提高燃气安全意识，定期进行安全自查，配合燃气经营者的安全检查。

鼓励餐饮场所使用管道燃气。

第三十七条 用户及相关单位和个人不得有下列行为：

（一）擅自操作公用燃气阀门；

（二）将燃气管道作为负重支架或者接地引线；

（三）安装、使用不符合气源要求的燃气燃烧器具；

（四）擅自安装、改装、拆除户内燃气设施和燃气计量装置；

（五）在不具备安全条件的场所使用、储存燃气；

（六）改变燃气用途或者转供燃气；

（七）加热、摔砸、倒卧、曝晒燃气气瓶或者改换气瓶检验标志、漆色；

（八）倾倒燃气残液或者用气瓶相互倒灌；

（九）使用国家明令淘汰的直排式燃气热水器，燃气热水器未安装烟道或者烟道未出户的；

（十）盗用燃气。

燃气经营者发现用户有前款规定情形的，应当告知用户立即停止违反安全管理的行为，要求用户及时整改。用户拒不整改的，燃气经营者可以按照供用气合同约定对该用户采取暂时停止供应燃气的措施，并应当报告燃气主管部门，属于其他主管部门职责范围的，由燃气主管部门移送相关主管部门。

用户整改后申请恢复用气的，燃气经营者应当在四十八小时内对整改情况进行核查，达到整改要求的，应当在二十四小时内恢复供气。

第三十八条 发生燃气泄漏等威胁公共安全情形的，管道燃气经营者应当立即停止供应燃气，并报告燃气主管部门。燃气主管部门以及其他有关部门和单位应当依法采取措施，及时组织消除隐患，有关单位和个人应当予以配合。

第三十九条 管道燃气用户安装、改装、拆除固定的燃气设施的，应当提前告知管道燃气经营者，由燃气经营者组织实施或者按照双方约定执行。

第四十条 燃气计量表设置在住宅内的居民用户，其燃气计量表和表前燃气设施由燃气经营者负责维护、更新；燃气计量表后的燃气设施和燃气燃烧器具，由用户负责维护、更新。燃气计量表设置在居民住宅公共部位的，燃气管道进户墙内侧以外的燃气设施由燃气经营者负责维护、更新；燃气管道进户墙内侧的燃气设施和燃气燃烧器具由用户负责维护、更新。

瓶装燃气用户所使用的气瓶由产权人负责维护、更新，减压阀、连接管、燃烧器具等由用户负责维护、更新。

第四十一条 推广使用安全节能型燃气燃烧器具和安全可靠的燃气连接管。禁止销售不具有安全保护装置的燃气燃烧器具。

市场监管部门应当加强对燃气燃烧器具、软管、减压阀、燃气泄漏安全保护装置产品的监管，并公布不合格产品名单。

燃气经营者不得向用户强制销售其指定的燃气燃烧器具和相关产品。

第五章 设施保护与事故处置

第四十二条 燃气经营者应当按照安全生产等法律、法规和标准规范的规定，建立健全安全生产的规章制度，推行安全生产责任保险，健全安全生产管理网络，对燃气设施进行定期巡查、检修和更新；发现事故隐患的，应当及时整改和消除。

第四十三条 燃气经营者应当定期对用户的燃气设施进行入户免费安全检查，做好安全检查记录，提供燃气安全使用指导，发现用户违反安全用气规定的，应当书面告知用户。

管道燃气经营者应当对居民用户每两年至少进行一次安全检查，对非居民用户每年至少进行一次安全检查，及时更换达到国家规定使用期限的燃气计量仪表。对用户存放和使用燃气场所的安全条件、用户设施以及燃气器具的安装使用情况，瓶装燃气经营者应当每年至少进行一次安全检查。

安全检查人员进行检查时，应当主动出示有效证件。用户应当配合安全检查，任何单位和个人不得妨碍、阻止对燃气设施的巡查、检测、维修和维护。

第四十四条 燃气经营者应当按照国家标准和规范，设置燃气设施防腐、绝缘、防雷、降压、隔离等保护装置和安全警示标志，定期进行巡查、检测、维修和维护，确保燃气设施的安全运行。

任何单位和个人不得毁损、覆盖、移动、涂改和擅自拆除保护装置和安全警示标志。

第四十五条 县级以上地方人民政府燃气主管部门应当会同规划主管部门按照法律、法规、国家有关标准和规定，划定燃气设施安全保护范围，并向社会公布。

在燃气设施的安全保护范围内，禁止从事下列危及燃气安全的活动：

（一）建设占压地下管线的建筑物、构筑物或者其他设施；

（二）堆放易燃易爆物品或者倾倒、排放腐蚀性物质；

（三）种植深根植物；

（四）爆破、使用明火等作业以及擅自钻探、开挖、取土；

（五）在穿越河流的管道上方或者下方进行抛锚、拖锚、挖泥、采沙等作业；

（六）其他可能危及燃气设施安全的行为。

在燃气设施的安全保护范围内，确需实施敷设管道、打桩、顶进、挖掘、钻探等可能影响燃气设施安全行为的，建设单位、施工单位应当与燃气经营者共同制定燃气设施保护方案，采取相应的安全保护措施。

第四十六条 建设工程开工前，建设单位应当向燃气经营者或者城建档案管理机构查明地下燃气设施的相关情况，燃气经营者或者城建档案管理机构应当在接到查询要求之日起三个工作日内给予书面答复。

第四十七条 建设工程施工可能影响燃气设施安全的，建设单位、施工单位应当与燃气经营者协商采取相应的安全保护措施。施工过程中，燃气经营者应当派专业人员进行现场指导。

因施工不当造成燃气设施损坏的，施工单位应当立即协助燃气经营者进行抢修；造成损失的，应当依法进行赔偿；造成事故的，承担相应的责任。

第四十八条 因工程施工确需改装、迁移或者拆除燃气设施的，建设单位和施工单位应当会同燃气经营者制定相应的安全措施方案，并报经当地燃气主管部门批准后实施。

改装、迁移或者拆除燃气设施以及采取安全措施的费用，由建设单位承担。

第四十九条 燃气主管部门应当会同有关部门建立燃气安全预警联动机制。

省燃气主管部门应当制定全省重大燃气事故应急预案，县级以上燃气主管部门应当制定本行政区域内的燃气事故应急预案，并负责应急预案的组织实施工作。

燃气经营者应当制定本单位燃气生产安全事故应急预案；预案的制定、管理和演练，应当符合国家有关规定。

第五十条 燃气经营者应当成立事故抢险抢修队伍，配备专业防护用品、消防器材、车辆、通讯设备等抢修设备和器材。

燃气经营者应当设置并公布抢险抢修电话，设立专门岗位每天二十四小时值班。

第五十一条 任何单位和个人发现燃气事故隐患时，可以拨打燃气经营者的抢险抢修电话或者政府统一设立的服务热线，燃气经营者、相关部门应当及时处理。

第五十二条 燃气事故发生后，燃气经营者应当立即启动本单位燃气安全事故应急预案，组织抢险抢修，并按照国家有关规定报告当地燃气、公安、应急管理、消防救援等有关部门和单位。

在处理情况紧急的燃气事故时，对影响抢险抢修的其他设施，燃气经营者可以采取必要的应急措施，并妥善处理善后事宜。

发生生产安全事故的，按照国家和省有关事故调查处理的规定执行。

第六章 监督管理

第五十三条 县级以上地方人民政府应当加强燃气经营、使用环节以及燃气设施建设的安全管理，按照管行业、管业务、管生产经营必须同时管安全和谁主管、谁负责的原则，明确相关部门安全管理职责分工。

第五十四条 县级以上地方人民政府应当按照监管部门共用共享、分级管理的原则，加快推进燃气安全监管信息化建设，与燃气经营企业的用户服务信息系统相互联通，实现燃气安全全程监管。

发挥网格化社会治理机制在燃气安全管理中的作用，发现燃气安全隐患的，应当及时提醒并向相关部门报告。

第五十五条 燃气主管部门应当会同有关部门加强燃气安全指导和监督，制定燃气安全检查标准，督促燃气经营者按照安全检查标准落实安全要求。

第五十六条 负有监督管理职责的部门依法对燃气经营者进行燃气安全监督检查时，对于不符合安全生产的国家强制性标准的燃气设施、设备、器材应当予以查封或者扣押，并依法作出处理决定。

第五十七条 依法对燃气的工程建设、经营、使用、设施保护、燃气燃烧器具安装、维修等活动负有监督管理职责的部门，在实施监督管理过程中，应当及时处理所发现的问题，发现存在的问题不属于本部门职责范围的，应当及时移送并形成记录备查，接受移送的部门应当及时进行查处。

有关部门对检查中发现的事故隐患，应当责令整改，予以消除。重大事故隐患消除前或者消除过程中无法保证安全的，应当责令从危险区域内撤出人员，并停止使用相关设施设备；重大事故隐患消除后，经作出决定的部门审查同意，方可恢复生产经营和使用。

第五十八条 燃气主管部门应当按照国家规定组织专家或者委托第三方机构对管道燃气经营者的特许经营情况进行中期评估。

评估中发现管道燃气经营者未履行特许经营义务，不符合特许经营条件，或者有违反法律、法规规定的行为的，由燃气主管部门责令限期整改。

第五十九条 任何单位和个人有权劝阻、举报危害燃气安全的行为。

燃气主管部门应当建立举报和投诉制度，公开举报和投诉电话、信箱或者电子邮件地址，受理有关燃气安全、经营和服务的举报和投诉，并自收到举报或者投诉之日起十五日内予以处理。

第七章 法律责任

第六十条 违反本条例第十四条规定，由燃气主管部门责令限期改正，并可以处一万元以上五万元以下罚款；逾期不改正的，由燃气主管部门责令停止建设。

第六十一条 违反本条例第二十三条第二项、第二十六条第二项、第三项规定，由市场监督管理部门依照有关法律、法规予以处罚。

违反本条例第二十三条第三项至第六项规定，由燃气主管部门责令限期改正，处一万元以上十万元以下罚款。

第六十二条 违反本条例第二十七条第四款规定，由燃气主管部门责令改正，处一万元以上十万元以下罚款；有违法所得的，没收违法所得；情节严重的，吊销燃气经营许可证或者燃气供应许可证。

第六十三条 违反本条例第三十三第三款、第三十七条第一款第一项至第六项规定的，由燃气主管部门责令限期改正；逾期不改正的，对单位可以处十万元以下罚款，对个人可以处一千元以下罚款；造成损失的，依法承担赔偿责任；构成犯罪的，依法追究刑事责任。

第六十四条 违反本条例第四十五条第二款第一项规定，由规划主管部门依照有关城乡规划的法律、行政法规的规定进行处罚。

违反本条例第四十五条第二款第二项至第五项规定，由燃气主管部门责令停止违法行为，限期恢复原状或者采取其他补救措施，对单位处五万元以上十万元以下罚款，对个人处五千元以上五万元以下罚款；造成损失的，依法承担赔偿责任；构成犯罪的，依法追究刑事责任。

第六十五条 有下列情形之一，构成违反治安管理行为的，由公安机关依法处罚；构成犯罪的，依法追究刑事责任：

（一）阻碍燃气设施建设或者燃气设施抢修，致使燃气设施建设或者燃气设施抢修不能正常进行的；

（二）扰乱燃气生产、经营秩序，致使生产经营不能正常进行的；

（三）公然侮辱、殴打履行职务的燃气经营工作人员的；

（四）阻碍燃气监督检查人员依法执行职务的。

第八章　附　　则

第六十六条 工矿企业自建自用的燃气设施的安全监督管理，由县级以上地方人民政府确定的部门负责实施。

第六十七条 本条例自2020年5月1日起施行。2005年3月31日江苏省第十届人民代表大会常务委员会第十五次会议通过的《江苏省燃气管理条例》同时废止。

南京市燃气管理条例

（1997年7月30日江苏省南京市第十一届人民代表大会常务委员会第三十二次会议制定　1997年8月19日江苏省第八届人民代表大会常务委员会第三十次会议批准　2013年12月20日南京市第十五届人民代表大会常务委员会第七次会议修订　2014年1月16日江苏省第十二届人民代表大会常务委员会第八次会议批准）

第一章　总　　则

第一条 为了加强燃气管理，保障公民生命财产安全和社会公共安全，维护燃气用户和经营者的合法权益，促进燃气事业的健康发展，根据有关法律、法规，结合本市实际，制定本条例。

第二条 本市行政区域内燃气的规划和建设、经营和使用、器具管理、设施保护、安全管理等活动，适用本条例。

第三条 市、区人民政府应当加强对燃气工作的领导，将燃气事业的建设和发展纳入国民经济和社会发展规划，加大对燃气设施建设的投入，建立工作协调机制、燃气应急储备制度和燃气事故应急处置机制，及时处理燃气管理工作中的重大事项。

第四条 市住房和城乡建设行政管理部门（以下称市燃气管理部门）负责本市燃气管理工作，其所属的燃气管理机构负责日常管理工作。

江宁、浦口、六合、溧水、高淳区按照规定的权限，由其住房和城乡建设行政管理部门（以下称区燃气管理部门），负责本行政区域内的燃气管理工作。

发展和改革、经济和信息化、安全生产监督、国土资源、规划、公安、质量技术监督、城市管理、环境保护、工商、价格、交通运输等相关部门，按照各自职责，做好燃气管理的相关工作。

镇人民政府、街道办事处配合相关部门做好辖区内的燃气安全管理工作。

第五条 市、区人民政府和燃气管理部门应当组织安全和节约使用燃气的宣传，增强社会公众安全和节约使用燃气的意识，提高防范和应对燃气事故的能力。

第六条 燃气行业协会应当加强行业自律管理，促进燃气经营者提高服务质量和技术水平。

第二章 规划建设和供应保障

第七条 市燃气管理部门应当会同发展和改革、规划、国土资源等部门，根据国家产业政策、国民经济和社会经济发展规划、城市总体规划、土地利用总体规划和上一级燃气发展规划，编制燃气发展规划，报市人民政府批准，并报上一级燃气管理部门备案。

燃气发展规划经批准后，涉及空间布局和用地需求的，应当纳入城市控制性详细规划。

燃气发展规划确需修编的，应当按照原审批程序报经审批。

第八条 城市建设应当按照燃气发展规划，配套建设相应的燃气设施或者预留燃气设施配套建设用地。预留的燃气设施配套建设用地不得改变用途。确需改变用途的，应当征求市燃气管理部门意见，并经依法批准。

在燃气发展规划确定的管道燃气覆盖范围内，新建住宅小区、保障性住房等需要使用燃气的建设项目，建设单位应当按照规定配合燃气经营者建设燃气管道设施。管道燃气覆盖范围外的区域应当规划、设置瓶装燃气便民供应站。

配套建设的燃气设施，应当与建设项目主体工程同步规划、同步设计、同步施工、同步验收、同步移交建设档案资料。新建住宅小区、保障性住房配套建设的燃气设施竣工验收时，应当通知燃气管理部门派员参加。

第九条 燃气工程项目应当符合燃气发展规划。

对燃气发展规划范围内的燃气工程项目，规划部门在核发选址意见书时，应当就燃气工程项目是否符合燃气发展规划征求燃气管理部门的意见；不需要核发选址意见书的，规划部门应当在核发建设用地规划许可证时征求燃气管理部门的意见。

第十条 鼓励利用现有加油设施用地或者燃气设施用地建设加气设施。

利用现有加油设施用地或者燃气设施用

地建设加气设施，不涉及新建建（构）筑物的，应当符合燃气发展规划，经燃气管理部门审查，并依法办理相关环境影响评价、消防、质量技术监督等审批手续后组织实施。

第十一条 燃气工程项目应当依法进行安全评价，并配备相应的安全设施。

燃气工程项目的初步设计阶段，应当充分考虑建设项目安全评价报告提出的安全对策和措施，项目初步设计文件报燃气管理部门审查批准。

小型燃气工程项目可以直接进行施工图设计。

第十二条 燃气工程项目的施工图设计文件应当按照国家有关规定进行审查；未经审查或者审查不合格的，不得使用。

燃气工程项目施工单位应当按照审查合格的施工图设计文件和施工技术标准施工，确保工程质量和安全，并遵守有关地下管线管理和文明施工的规定。

第十三条 经批准的燃气工程施工安装，任何单位和个人不得阻挠。

经批准的居民住宅区燃气管道工程，相关住户不得以任何理由阻挠管道通过。工程结束后，施工单位应当及时对建筑物的损坏部分进行修复，达到原建筑物的质量要求。

第十四条 燃气工程竣工后，建设单位应当依法申报规划核实，组织竣工验收，并自竣工验收合格之日起十五日内，将竣工验收情况报燃气管理部门和城建档案管理机构备案。

第十五条 市人民政府应当建立健全燃气应急储备制度，组织编制燃气应急预案，确定燃气应急储备的布局、总量、启用要求等，并根据燃气供应的实际情况规划、建设应急气源储备设施。

燃气经营者建设应急气源储备设施的，市、区人民政府应当给予支持。

第三章 燃气经营和服务

第十六条 从事燃气经营活动的，应当依法取得燃气经营许可证后，到工商部门办理登记手续，按照许可的经营范围、期限和规模从事燃气经营活动。

燃气经营者设立燃气气化站、混气站、供应站、燃气车船加气站、天然气压缩母站、释放站、液化天然气站等燃气供应场站的，应当具备下列条件，向燃气管理部门申请燃气经营许可：

（一）符合燃气发展规划要求；

（二）有符合国家标准并经备案的燃气场站设施；

（三）企业分支机构负责人、安全技术管理人员以及运行、维护和操作人员经专业培训并考核合格；

（四）有完善的安全经营管理制度；

（五）法律、法规规定的其他条件。

燃气管理部门应当自受理申请之日起二十个工作日内作出决定。不予许可的，应当书面通知申请人并说明理由。

第十七条 燃气管理部门应当加强对燃气经营者的监管，定期对经营者经营、服务等情况开展评估。

对存在下列问题的管道燃气特许经营者，燃气管理部门报经同级人民政府批准，可以调整特许经营范围或者经营种类：

（一）未按照燃气发展规划配套建设燃气设施，燃气管理部门要求整改而拒不整改的；

（二）无正当理由，在管网覆盖或者能够覆盖区域内拒绝发展用户的；

（三）违反价格法律、法规规定，价格主管部门要求整改而未整改的。

对存在下列问题的管道燃气特许经营

者，燃气管理部门报经同级人民政府批准，可以调整特许经营范围、经营种类或者终止特许经营协议：

（一）因管理不善，发生重大生产安全事故的；

（二）未经审批和履行告知义务，擅自停止供气、停业、歇业，影响公共利益和安全以及用户合法权益，造成用户重大损失的。

第十八条 燃气经营者应当遵守下列规定：

（一）建立并落实企业安全管理制度，确保安全投入比例不少于国家规定的标准；

（二）建立并落实用户服务制度，与燃气用户建立供气用气合同关系，明确双方权利义务，并建立健全用户档案；

（三）供应的燃气符合国家气质标准，并向社会公布其组分、热值、压力等指标；

（四）燃气价格和服务项目的收费应当符合价格主管部门的有关规定，并公示其收费标准。

第十九条 管道燃气经营者除遵守本条例第十八条规定外，还应当遵守下列规定：

（一）按照燃气发展规划和用户需求，制定中长期发展计划，每年向燃气管理部门报告发展计划和实施情况；

（二）公布管道燃气报装、改装条件，不得拒绝燃气管网覆盖范围内符合用气条件的单位和个人的报装、改装申请；

（三）不得拒绝向经验收合格的燃气管道设施供气；

（四）设立并公布二十四小时用户服务电话，并为用户缴纳、查询燃气收费和其他服务提供便利；

（五）因气源紧张确需限制用户用气量的，应当将限制供气措施报经燃气管理部门审查，并提前告知用户；

（六）因施工、检修、突发事件等原因确需对用户降压或者暂停供气的，应当依法履行告知义务，并及时向燃气管理部门报告。暂停供气的时间一般不得超过三十六小时。恢复供气前应当通知用户；

（七）在燃气管道和其他重要燃气设施上设置明显的安全警示标志，并定期巡查，发现安全隐患及时处置；

（八）建立燃气管网地理信息系统，每年向燃气管理部门报送燃气管网设施现状图。

第二十条 瓶装燃气经营者除遵守本条例第十八条规定外，还应当遵守下列规定：

（一）建立钢瓶管理台账制度，对自有钢瓶喷涂权属单位标记或者条形码标识，对进出站钢瓶实行登记管理；

（二）不得为不合格、超过检验期限、未抽取真空的初次使用或者重新检验后使用的钢瓶充装燃气，不得改变钢瓶规定的充装介质；

（三）充装重量符合国家标准，实行残液计量和退还制度；

（四）不得违规排放燃气或者倾倒残液。

第二十一条 车用燃气经营者除遵守本条例第十八条规定外，还应当遵守下列规定：

（一）要求驾驶员加气前将车辆熄火，驾驶员和乘客离车到安全区域等候；

（二）加气前检查气瓶状况或者装置情况；

（三）利用移动式压力容器（液化天然气、压缩天然气、液化石油气等可燃介质）进行充装作业的场所，应当依法取得燃气、质量技术监督、消防部门的许可。

有下列情形之一的，车用燃气经营者不得进行加气作业：

（一）车用气瓶或者装置不符合安全条件的；

（二）无车用气瓶使用登记证，或者使用登记信息与车用气瓶、汽车信息不一致的；

（三）车用气瓶超期未检验、检验不合格，或者超过设计使用年限的。

在燃气泄漏、燃气压力异常、附近发生火灾、雷击天气等不安全情况下，车用燃气经营者不得进行加气或者卸气作业。

第四章　燃气使用和器具管理

第二十二条　燃气管道设施应当定期巡查、维护、更新。

非居民用户和燃气计量表设置在住宅内的居民用户，其燃气计量表和表前燃气设施由燃气经营者负责维护、更新；燃气计量表后燃气管道、燃气燃烧器具由用户负责维护、更新。燃气计量表需要启动电源的，用户应当提供。

燃气计量表设置在居民住宅公共部位的，燃气管道进户墙内侧以外的燃气设施由燃气经营者负责维护、更新；燃气管道进户墙内侧的燃气设施和燃气燃烧器具由用户负责维护、更新。

燃气计量表后燃气设施和燃气燃烧器具的安装、维修和检验，应当由用户委托具备相应资质的企业实施。用户要求燃气经营者进行有偿维修服务的，燃气经营者应当进行维修或者提供帮助。

燃气用户和物业服务企业应当配合燃气经营者对燃气设施的安全检查以及抢修、维修、抄表等工作。

第二十三条　燃气用户及相关单位和个人不得有下列行为：

（一）将安装有燃气设施的场所改为卧室、浴室或者其他违反安全用气规定的场所；

（二）在同一室内同时使用含燃气在内的两种以上燃料；

（三）加热、摔砸、倒置、曝晒燃气钢瓶；

（四）私自排放钢瓶内燃气、残液或者利用钢瓶互相倒灌；

（五）擅自改换钢瓶检验标志或者瓶体颜色；

（六）擅自安装、改装、拆除燃气计量表和表前燃气设施。

第二十四条　管道燃气经营者发现用户盗用燃气的，除向公安机关报案外，依照合同约定可以对用户采取停气措施。用户交纳燃气费并赔偿燃气经营者损失后，燃气经营者在确认燃气设施安全的情况下，应当在二十四小时内恢复供气。

第二十五条　在本市销售的燃气燃烧器具、家用燃气泄漏报警器和燃气泄漏安全保护装置及其附属设施，应当符合国家有关标准和规范。

提倡居民用户使用家用燃气泄漏报警器。

第二十六条　燃气燃烧器具、家用燃气泄漏报警器和燃气泄漏安全保护装置及其附属设施生产单位、销售单位，应当依法设立或者委托设立售后服务站点，配备经考核合格的安装维修人员负责售后安装维修服务。

从事燃气燃烧器具安装维修的企业应当依照国家有关规定取得相应的资质证书。

第二十七条　在本市销售燃气燃烧器具、家用燃气泄漏报警器和燃气泄漏安全保护装置及其附属设施的单位，应当持下列资料向燃气管理部门办理售后服务站点备案手续：

（一）企业营业执照和燃气燃烧器具产

品生产许可证等证明文件；

（二）有资质的质量检测机构出具的产品检验合格报告；

（三）在本市依法设立或者委托设立的售后服务站点的证明文件。其中销售燃气燃烧器具的，还应当提供售后服务站点的燃气燃烧器具安装维修资质证书。

燃气管理部门应当向社会公布并及时更新备案信息。

第二十八条 燃气燃烧器具安装维修企业应当遵守下列规定：

（一）建立并落实企业安全管理制度、用户服务制度和用户档案；

（二）聘用的燃气燃烧器具安装维修人员应当经培训合格，持证上岗；

（三）定期向燃气管理部门报送安装维修统计报表；

（四）建立燃气燃烧器具安装检验制度，检验合格的出具合格证书；

（五）不得限定用户购买本企业生产的或者其指定的燃气燃烧器具和相关产品；

（六）不得改动燃气计量表和表前设施；

（七）对用户提供的不符合标准的燃气燃烧器具应当拒绝安装，对用户提出的不符合安装规范的要求应当拒绝。

第二十九条 鼓励使用天然气等清洁能源汽车。单位和个人需要使用燃气汽车的，优先购置国家产品公告目录内的油气双燃料车或者燃气汽车。

燃气汽车权属单位以及驾驶员应当加强对车用燃气设施的日常检查，定期在取得相应资质的维修单位进行维护保养和检测；并可以办理车辆燃气部分相关保险。

公安、质量技术监督等部门应当加强对燃气汽车的监管。改装的燃气汽车更新、报废、转让前，应当到质量技术监督部门办理车用气瓶使用登记变更。已改装的燃气汽车退出运营、改变使用性质或者转出本地的，应当拆除其增加的装置，恢复原样。

第五章 安全管理和应急处置

第三十条 燃气管道设施的保护范围为：

（一）低压管道的管壁外缘两侧0．5米范围内的区域；

（二）中压管道的管壁外缘两侧一米范围内的区域；

（三）次高压管道的管壁外缘两侧二米范围内的区域；

（四）高压管道的管壁外缘两侧五米范围内的区域。

第三十一条 在燃气设施保护范围内，有关单位从事敷设管道、打桩、顶进、挖掘、钻探、堆土、基坑降水等可能影响燃气设施安全活动的，应当与燃气经营者共同制定燃气设施保护方案，采取相应的安全保护措施。

在燃气设施保护范围外高压燃气管道五十米范围内从事爆破作业的，应当经过燃气管理部门组织的专业论证，经论证符合要求的，方可从事爆破作业。

第三十二条 燃气经营者改动燃气场站和高压燃气管道等市政燃气设施的，应当符合下列条件，报燃气管理部门批准：

（一）改动的燃气设施符合燃气发展规划等相关规定；

（二）有设计和安全施工组织、实施方案；

（三）有安全防护和不影响用户安全正常用气的措施；

（四）法律、法规规定的其他条件。

第三十三条 建设工程施工不得影响燃

气设施安全。

建设单位在开工前，应当查明施工区域内地下燃气管道设施情况。燃气经营者以及其他有关部门和单位应当及时提供相关资料。燃气经营者提供的地下燃气管线图纸和资料应当准确。

第三十四条 建设工程施工范围内有地下燃气管线等重要燃气设施的，建设单位应当会同施工单位与燃气经营者共同制定燃气设施保护方案，采取相应的安全保护措施，确保燃气设施运行安全；燃气经营者应当派专业人员进行现场指导。

未制定燃气设施保护方案、未采取相应保护措施或者燃气经营者无专业人员现场指导进行施工的，监理单位应当责令停工，并向燃气管理部门报告。

第三十五条 燃气管理部门应当会同有关部门制定燃气事故应急预案，明确应急机构的组成、职责、应急行动方案等内容，报同级人民政府批准。

燃气经营者应当制定本单位燃气突发事故应急预案，配备足够的抢险抢修人员和器材装备，并定期组织演练。燃气经营者配备的移动式燃气加注应急车的规模应当报经燃气管理部门核定。

第三十六条 任何单位和个人发现燃气事故或者燃气安全事故隐患等情况，应当立即告知燃气经营者，或者向燃气管理、公安、安全生产监督管理等有关部门报告。

燃气经营者或者有关部门接到事故或者事故隐患报告后，应当立即处理，不得推诿。

任何单位和个人应当配合燃气经营者或者有关部门消除安全隐患。

第三十七条 燃气经营者应当建立健全安全评估和风险管理体系，对本单位的燃气设施定期进行检验。

燃气经营者发现燃气安全事故隐患的，应当及时采取措施消除隐患；发现燃气安全事故重大隐患的，应当及时向燃气管理部门和安全生产监督管理部门报告。

第三十八条 任何单位和个人不得为无证经营燃气行为提供生产经营场所、运输、保管、仓储等条件。

第三十九条 燃气经营者应当制定年度入户安全检查计划，并报告燃气管理部门。

入户安全检查应当遵守下列规定：

（一）提前告知用户，安全检查人员持证上岗、规范服务；

（二）对非居民用户每年检查不得少于一次，对居民用户每二年检查不得少于一次；

（三）进行安全用气宣传，对用户安全用气给予技术指导；

（四）认真做好安全检查记录，发现用户有违反安全用气规定或者存在安全隐患的，书面告知用户整改，并为用户整改提供帮助；

（五）因用户原因无法进行安全检查的，应当做好记录，并以书面形式告知用户另行约定安全检查时间。

燃气经营者发现用户有违反安全用气规定或者存在安全隐患，书面告知用户整改而用户拒绝整改的，用户应当承担相应责任。

第四十条 发现用户存在下列重大安全隐患、严重威胁公共安全且不能及时整改到位的，燃气经营者应当采取停气措施：

（一）燃气设施漏气的；

（二）燃气管道末端未设有效封堵的；

（三）使用国家明令淘汰的直排式燃气热水器、燃气热水器未装烟道或者烟道未出户的；

（四）在装有燃气管道、设备等设施场所居住的。

燃气经营者采取停气措施，有关单位或者个人不配合或者阻挠的，燃气经营者可以要求公安机关协助，并报告燃气管理部门。公安机关应当予以配合。

用户整改到位后向燃气经营者申请恢复用气的，燃气经营者应当及时确认用户申请并恢复供气。

第六章 监督管理

第四十一条 燃气管理部门履行下列职责：

（一）按照规定编制燃气发展规划并组织实施；

（二）负责燃气工程项目建设相关管理工作；

（三）负责燃气经营许可工作；

（四）会同有关部门制定燃气应急储备制度和燃气安全事故应急预案；

（五）法律、法规规定的其他职责。

第四十二条 安全生产监督管理部门负责燃气安全生产工作的综合监督管理。

公安机关负责燃气经营和使用场所的消防监督检查、燃气汽车登记以及燃气道路运输安全管理，依法查处为非法经营者提供场所、非法改装使用燃气汽车等危害公共安全的行为。

城市管理部门负责燃气管道上违法建设的拆除。

交通运输部门负责通过道路或者水路运输燃气的许可资质以及以燃气为燃料的客、货运输车辆的监督管理。

质量技术监督部门负责燃气特种设备、供气质量和计量、本地生产燃气器具产品质量和车用气瓶的监督管理。

工商部门负责燃气市场经营秩序的监督管理，依法查处无照经营、假冒伪劣等违法经营行为。

经济和信息化部门负责对燃气汽车生产和改装企业的监督管理。

价格主管部门负责燃气行业价格管理。

第四十三条 燃气管理部门应当为燃气经营者、燃气器具安装维修企业、燃气工程建设单位和用户提供下列服务：

（一）公布行政许可条件和程序，简化审批流程；

（二）建立燃气电子信息系统，提供相关信息服务；

（三）提供燃气行业调查和统计情况；

（四）组织燃气行业从业人员进行专业知识培训；

（五）提供燃气专业技术指导和服务。

第四十四条 燃气管理部门对燃气的工程建设、经营、使用、设施保护等活动进行监督检查时，可以依法采取下列措施：

（一）查阅复制有关文件和资料；

（二）询问相关人员，制作笔录；

（三）进入现场检查；

（四）责令排除安全隐患和改正违法行为；

（五）依法采取的其他措施。

有关单位和个人应当配合，不得拒绝、妨碍监督检查人员依法履行职责。

第四十五条 燃气管理部门应当建立举报和投诉制度，公开举报电话、信箱或者电子邮箱，受理有关燃气安全、服务质量的举报和投诉，并及时予以处理。

第七章 法律责任

第四十六条 违反本条例规定，燃气工程项目的初步设计文件未报经审查批准的，由燃气管理部门责令限期改正；逾期不改正的，责令停止建设，处一万元以上五万元以下罚款。

第四十七条 违反本条例规定，阻挠经批准的市政燃气管道工程施工的，由燃气管理部门责令停止违法行为；拒不改正的，对单位可以处一万元以上五万元以下罚款，对个人可以处二百元以上一千元以下罚款。

第四十八条 违反本条例规定，燃气经营者有下列行为之一的，由燃气管理部门责令限期改正，处二万元以上十万元以下罚款；有违法所得的，没收违法所得；造成损失的，依法承担赔偿责任：

（一）管道燃气经营者擅自限制用户用气量、降压或者暂停供气的；

（二）未按照规定建立燃气管网地理信息系统；

（三）未按照规定计量残液和退还残液费用；

（四）违规排放燃气或者倾倒残液的；

（五）因提供图纸、资料不准确，导致施工损坏燃气设施并造成严重后果的。

第四十九条 违反本条例规定，燃气用户及相关单位和个人有下列行为之一的，由燃气管理部门责令限期改正；逾期不改正的，对单位可以处二万元以上十万元以下罚款，对个人可以处二百元以上一千元以下罚款；造成损失的，依法承担赔偿责任：

（一）聘用无资格人员从事燃气燃烧器具安装、维修业务的；

（二）擅自安装、改装、拆除燃气计量表的；

（三）安装用户提供的不符合标准的燃气燃烧器具，或者燃气燃烧器具安装不符合国家规范标准的。

第五十条 违反本条例规定，在燃气设施保护范围内从事堆土、基坑降水等可能影响燃气设施安全活动，未与燃气经营者共同制定燃气设施保护方案，或者未采取相应的安全保护措施的，由燃气管理部门责令停止违法行为，限期恢复原状或者采取其他补救措施，对单位处一万元以上五万元以下罚款，对个人处二千元以上一万元以下罚款；造成损失的，依法承担赔偿责任。

第五十一条 燃气管理部门工作人员违反本条例规定，有下列情形之一的，由其所在单位或者上级主管部门给予行政处分；构成犯罪的，依法追究刑事责任：

（一）不按照规定实施行政许可的；

（二）不按照规定履行监督检查职能的；

（三）发现违法行为或者接到对违法行为的举报不及时查处，或者包庇、纵容违法行为的；

（四）其他玩忽职守、滥用职权、徇私舞弊的行为。

第八章 附 则

第五十二条 本条例下列用语的含义：

（一）燃气设施，是指燃气管网设施和燃气场站设施的总称。

燃气管网设施包括市政燃气管道设施、燃气调压、计量设施以及与燃气管网相连的燃气储配设施等。其中户内燃气设施，指放置于用户室内的燃气计量表、燃气燃烧器具、连接管道、钢瓶、调压器等。

燃气场站设施包括人工煤气生产厂、燃气气化站、混气站、加气站、灌装站、压缩天然气母站、释放站、液化天然气站等。

（二）燃气工程，是指燃气设施的新建、改建、扩建工程，包括工矿企业、事业单位自建的燃气设施等工程。

小型燃气工程，是指储量在一立方米以下的液化石油气供应站、燃气气化站，小区内低压燃气管道安装以及单项工程投资额在五十万元以下的燃气场站改造等工程。

第五十三条 天然气、液化石油气的生产和进口，城市天然气门站以外的天然气管道输送，燃气的槽车（船舶）运输和码头装卸，燃气作为发电、工业生产原料、切割气的使用，沼气、秸秆气的生产和使用，以及在本地无燃气设施的经营者向燃气经营者转售燃气指标的行为，不适用本条例。

第五十四条 本条例自2014年5月1日起施行。2009年2月6日南京市人民政府颁布的《南京市燃气管道设施保护管理办法》同时废止。

上海市燃气管理条例

（1999年1月22日上海市第十一届人民代表大会常务委员会第八次会议通过　根据2003年10月10日上海市第十二届人民代表大会常务委员会第七次会议《关于修改〈上海市燃气管理条例〉的决定》第一次修正　2007年10月10日上海市第十二届人民代表大会常务委员会第三十九次会议修订　根据2010年9月17日上海市第十三届人民代表大会常务委员会第二十一次会议《关于修改本市部分地方性法规的决定》第二次修正　根据2015年7月23日上海市第十四届人民代表大会常务委员会第二十二次会议《关于修改〈上海市建设工程材料管理条例〉等12件地方性法规的决定》第三次修正　根据2016年6月23日上海市第十四届人民代表大会常务委员会第三十次会议《关于修改〈上海市燃气管理条例〉的决定》第四次修正）

第一章　总　　则

第一条 为了加强本市燃气管理，维护燃气用户和燃气企业的合法权益，保障燃气供应安全和社会公共安全，根据有关法律、行政法规，结合本市实际，制定本条例。

第二条 本条例所称燃气，包括人工煤气、天然气和液化石油气等气体燃料。

本条例所称燃气企业，包括燃气生产企业、燃气输配企业和燃气销售企业。

第三条 本条例适用于本市行政区域内燃气的规划与建设、配置与调度、供应与使用、设施保护以及相关的管理和服务活动。

第四条 市建设行政管理部门主管本市燃气管理工作，负责组织实施本条例。市建设行政管理部门所属的上海市燃气管理处（以下简称市燃气管理处）负责具体实施本市燃气行业的日常管理工作，对本市燃气主干管道以及中心城区燃气管道安全运行实行统一监督管理，并按照本条例的授权实施行政许可和行政处罚。

区、县燃气管理部门按照市人民政府确定的职责分工负责实施本行政区域内燃气行业的日常管理和监督，业务上受市建设行政管理部门领导。

本市发展改革、交通、规划、质量技监、安全监管、工商、公安等有关行政管理部门按照各自的职责，协同实施本条例。

第五条 本市燃气管理遵循安全第一、保障供应、节能高效和方便用户的原则。

第六条 本市各级人民政府和市建设行政管理部门、市燃气管理处以及区、县燃气管理部门应当进行安全和节约使用燃气的宣传，增强社会公众安全和节约使用燃气的意识，提高防范和应对燃气事故的能力。

广播、电视、报刊等新闻媒体应当做好安全和节约使用燃气的公益性宣传工作。

第二章　规划与建设

第七条 市建设行政管理部门应当按照

法定程序，根据本市经济和社会发展的需要，编制燃气发展规划和燃气专业系统规划，分别纳入本市国民经济和社会发展规划以及城市总体规划。

编制控制性详细规划应当与燃气专业系统规划相衔接。审批部门在审批控制性详细规划时，应当征求市建设行政管理部门的意见。

第八条 本市燃气设施的建设，应当符合燃气专业系统规划和控制性详细规划。

燃气设施建设用地，未经法定程序调整规划，不得改变用途。

第九条 新建、改建、扩建住宅项目、工业园区项目或者其他建设项目涉及使用燃气的，应当同时配套建设相应的燃气设施或者预留燃气设施建设用地。

新建燃气设施，需要按照国家和本市建设项目的审批程序报批的，规划管理部门在进行规划审查时，应当征求市建设行政管理部门的意见。

年度用气量在一百万立方米以上的大型用气建设项目，在其可行性研究报告审批时，本市审批部门应当征求市建设行政管理部门的意见。

第十条 本市鼓励国内外企业、其他组织和个人按照国家有关规定，投资建设燃气设施。

第十一条 燃气设施工程的建设，应当符合国家和本市有关标准和规范。燃气设施工程竣工验收合格后，建设单位应当按照国家和本市规定向建设行政管理部门备案。建设行政管理部门应当在收到备案文件后十五日内，将有关验收合格文件抄送市建设行政管理部门。

第三章 资源配置与调度

第十二条 本市应当按照国家对能源配置的总体要求，建立燃气供应和需求的调控机制。

市能源行政管理部门会同市建设行政管理部门根据本市燃气发展规划，制定燃气资源中长期供求计划，组织并监督燃气企业的生产和采购活动。

第十三条 市能源行政管理部门会同市建设行政管理部门根据燃气资源中长期供求计划和燃气资源采购量，制定年度燃气分配计划。

市建设行政管理部门根据年度燃气分配计划，组织制定月度燃气分配计划。

第十四条 市燃气管理处应当按照年度和月度燃气分配计划，组织制定月度燃气生产供应调度方案。

燃气企业应当根据月度燃气分配计划和月度燃气生产供应调度方案，按照各自职责进行燃气的生产、输配和销售。

燃气企业之间对燃气生产和供应发生争议，可能影响正常供气的，市燃气管理处或者区、县燃气管理部门应当以不中断供气为原则予以协调解决。

第十五条 市燃气管理处应当建立燃气资源供求的监测、预测和预警制度，定期分析燃气资源供求信息，确保燃气稳定供应。

燃气企业应当按照本市规定的程序，将燃气供求信息报送市燃气管理处。

第十六条 市人民政府应当建立燃气资源地方储备制度。

市能源行政管理部门应当会同市建设行政管理部门制定燃气资源地方储备方案，确定燃气资源地方储备的布局、储备总量、启用要求等。

燃气企业受政府委托，按照前款规定的要求组织实施，确保燃气资源地方储备所需的数量、质量和储存安全。

第十七条 市建设行政管理部门应当组

织编制燃气应急调度预案。

燃气企业应当根据燃气应急调度预案，建立健全燃气资源应急储备管理制度，确保燃气资源应急储备所需的数量、质量和设施的安全运行。

燃气企业因不可抗力或者发生突发性事故等紧急情况不能正常生产或者供应燃气的，应当根据燃气应急调度预案采取相应措施，并立即报告市燃气管理处。

燃气企业因执行燃气应急调度预案、启用燃气应急储备资源所增加的成本费用，政府应当给予适当补偿，但因燃气企业自身原因造成的除外。

第四章　供气与用气管理

第十八条　从事燃气生产、输配以及销售活动的，应当取得燃气经营许可证。

申请燃气经营许可应当具备下列条件：

（一）有稳定的、符合国家标准的燃气气源或者有生产符合标准燃气的能力；

（二）有符合国家标准且与经营规模、经营类型相适应的燃气设施；

（三）有与经营规模相适应的资金；

（四）有固定的、符合安全条件的经营场所；

（五）有具备相应资格的专业管理人员、专业技术人员以及经培训合格的专业服务人员；

（六）有完善的经营管理体系和安全管理制度；

（七）有与经营规模相适应的抢险抢修人员和设备，以及燃气事故处置应急预案；

（八）从事液化石油气经营活动的，应当有运输、接卸、储存、灌装等生产设施、残液回收处置装置；

（九）法律、法规规定的其他条件。

申请燃气经营许可的，应当按照上述条件向市建设行政管理部门提出申请，并提供相应的资料和证明文件。市建设行政管理部门应当自受理申请之日起二十日内作出同意或者不同意的决定。

燃气经营许可证的有效期为八年。需延续的，被许可人应当在有效期届满三十日前向市建设行政管理部门提出申请。市建设行政管理部门应当在有效期届满前作出是否准予延续的决定；逾期未作决定的，视为准予延续。

第十九条　设立燃气供气站点除应当取得燃气经营许可证外，还应当取得燃气供气站点许可证。

申请燃气供气站点许可应当具备下列条件：

（一）符合本市燃气专业系统规划或者站点布局规定；

（二）有符合标准的固定站点设施；

（三）有符合标准的燃气计量、消防、安全保护等设施；

（四）有防泄漏、防火、防爆安全管理制度和燃气事故处置应急预案；

（五）有经培训合格的专业技术人员和专业服务人员。

燃气车辆加气站、燃气储存充装站除具备前款规定的条件外，还应当有符合标准的燃气储存、充装等设备。

申请燃气供气站点许可的，应当按照上述条件，提供相应的资料和证明文件。其中，设立燃气车辆加气站、燃气储存充装站的，应当向市燃气管理处提出申请；设立瓶组气化站、瓶装供应站的，应当向区、县燃气管理部门提出申请。市燃气管理处或者区、县燃气管理部门应当自受理申请之日起二十日内作出同意或者不同意的决定。

燃气供气站点许可证的有效期为三年。

需延续的，被许可人应当在有效期届满三十日前向市燃气管理处或者区、县燃气管理部门提出申请。市燃气管理处或者区、县燃气管理部门应当在有效期届满前作出是否准予延续的决定；逾期未作决定的，视为准予延续。

第二十条 燃气企业应当向用户持续、稳定和安全地供气，不得擅自停业、歇业或者关闭燃气供气站点。

燃气企业确需停业、歇业或者关闭燃气供气站点的，应当在停业、歇业或者关闭燃气供气站点的九十日前向市燃气管理处或者区、县燃气管理部门提交书面报告。市燃气管理处或者区、县燃气管理部门接到报告后，应当组织有关燃气企业提供供气服务，并监督、协助做好停业、歇业或者关闭燃气供气站点的相关工作。

第二十一条 燃气企业不得擅自暂停供气或者降低燃气压力。燃气企业与非居民用户另有约定的，从其约定。

因燃气设施工程施工或者燃气设施维修等情况，确需暂停供气或者降低燃气压力的，燃气企业应当在暂停供气或者降低燃气压力的三日前予以公告；暂停供气或者降低燃气压力超过二十四小时或者涉及三千户以上用户的，燃气企业应当采取相应的应急保障措施，并向市建设行政管理部门或者区、县燃气管理部门报告。

因不可抗力或者燃气设施抢修等紧急情况，确需暂停供气或者降低燃气压力的，燃气企业应当立即通知用户，必要时可请用户所在地的居民委员会、村民委员会或者物业服务企业协助；同时还应当向市建设行政管理部门或者区、县燃气管理部门报告，并采取不间断抢修措施，直至恢复正常供气。

燃气企业应当在恢复正常供气前通知用户。

第二十二条 禁止燃气企业从事下列行为：

（一）向未取得燃气经营许可证或者燃气供气站点许可证的单位和个人供应用于销售的燃气；

（二）为不合格的气瓶充装液化石油气，或者用气瓶相互倒灌液化石油气；

（三）用燃气贮罐、槽车罐体直接充装气瓶，或者在燃气车辆加气站内充装民用气瓶；

（四）以上门等形式向用户推销燃气器具和相关产品；

（五）限定用户购买其指定的燃气器具和相关产品，或者限定用户委托其指定的安装单位安装燃气器具；

（六）危及公共安全或者损害用户利益的其他供气行为。

第二十三条 用户应当遵守用气规定，不得有下列行为：

（一）盗用燃气或者损坏燃气设施；

（二）擅自改装、迁移或者拆除用户设施；

（三）倒灌液化石油气或者倾倒液化石油气残液，涂改瓶体标记，损坏瓶体及附件；

（四）在不具备安全条件的场所存放和使用燃气；

（五）危及公共安全的其他用气行为。

用户需要改装、迁移或者拆除燃气管道、阀门的，应当委托燃气企业或者具有相应资质的单位进行；用户需要改装、迁移或者拆除燃气计量装置的，应当向供气的燃气企业办理相应手续。

第二十四条 用户应当按时支付燃气使用费，不得拖欠、拒绝支付；逾期不支付的，燃气企业应当向用户发出支付燃气使用费的催缴通知。用户自燃气企业催缴通知规定的期限届满之日起六十日内仍不支付燃气使用费的，燃气企业可以中止供气，但应当在中止供气的十五日前书面通知用户。

用户支付所欠燃气使用费后，燃气企业应当及时恢复供气。

第二十五条 燃气供气站点应当安装使用燃气泄漏安全保护装置。

在室内公共场所、地下或者半地下建筑物内使用燃气的，应当安装使用燃气泄漏安全保护装置；未安装使用燃气泄漏安全保护装置的，燃气企业不得供气。

按照本条第一款、第二款规定须安装燃气泄漏安全保护装置的燃气供气站点和用户，应当委托专业的检测机构定期对燃气泄漏安全保护装置进行检测。

本市提倡居民用户使用家用燃气泄漏报警器。

第五章 用气服务与安全

第二十六条 燃气企业对其供气范围内具备用气条件的单位和个人有提供普遍供气服务的义务，并应当按照法律、行政法规的规定与用户签订供用气合同，明确双方的权利和义务。

燃气企业应当按照国家和本市规定的燃气服务标准向用户提供服务，建立健全用户服务制度，规范服务行为，并遵守下列规定：

（一）在服务营业场所公示业务流程、服务项目、收费标准和服务受理、报修投诉电话等内容，向社会公开服务受理及报修投诉电话；

（二）对用户申请用气、增加用气量、变更用气用途、暂停用气、终止用气等事项，应当按照规定的程序办理，并按公开承诺的时限完成；

（三）对用户进行安全用气、节约用气基本知识的宣传；

（四）建立健全用户服务档案，以瓶装方式销售燃气的，还应当检查用户存放和使用燃气场所的安全条件，并向用户提供供气使用凭证；

（五）对用户提出的通过技术改造达到安全用气条件的需求，应当提供指导服务。

本市推进瓶装燃气的统一配送。燃气企业应当及时、安全地向用户配送瓶装燃气，并建立配送业务查询系统，供用户查询配送信息。瓶装燃气统一配送的具体推进计划和管理规范，由市建设行政管理部门会同有关部门制定。

第二十七条 燃气企业应当建立健全燃气质量检测制度，确保供应的燃气质量、压力和气瓶的充装重量符合标准。

市燃气管理处和区、县燃气管理部门应当对燃气的质量、压力和气瓶的充装重量进行检查和监督，并将检查结果向社会公布。

第二十八条 燃气企业应当加强对用户设施的定期安全检查，市燃气管理处和区、县燃气管理部门应当对安全检查的实施情况进行监督。

燃气计量装置和燃气计量装置出口前的管道及其附属设施，由燃气企业负责维护和更新；在维护和更新时，用户应当予以配合。燃气计量装置出口后的用户设施，由用户负责维护和更新。

燃气企业应当每年对瓶装燃气的用户设施以及燃气器具的安装、使用情况免费进行一次安全检查，每两年对居民用户燃气计量装置出口后的用户设施以及燃气器具的安装、使用情况免费进行一次安全检查，并对用户安全用气给予技术指导。燃气企业对用户实施安全检查前，应当事先告知用户安全检查的日期，并在约定的时间上门检查，检查人员应当主动出示有关证件，必要时可请用户所在地的居民委员会、村民委员会或者物业服务企业协助。用户应当配合安全检查。

非居民用户燃气计量装置出口后的用户设施，由用户委托具有相应资质的单位每年进行一次安全检查。

实施安全检查的单位应当将检查结果书面告知用户；存在安全隐患的，用户应当及时进行整改。燃气企业应当为居民用户整改提供帮助；非居民用户应当委托具有相应资质的单位进行整改。

燃气企业发现用户违反安全用气规定的，应当予以劝阻、制止，提出书面整改意见，用户应当及时予以整改。

第二十九条 燃气企业应当二十四小时接受用户报修，接到报修后，应当按照其承诺的时限或者与用户约定的时间派人到现场维修；对燃气泄漏的报修，应当先行告知用户须采取的应急措施，并立即派人到现场抢修。

第三十条 燃气企业为用户安装的燃气计量装置应当经过依法设立的检定机构检定合格，并粘贴检定合格标识。用户对无检定合格标识的燃气计量装置可以拒绝安装使用。

燃气企业应当按照约定的日期抄表，抄表人员入户抄表时应当主动出示有关证件。用户的用气量以燃气计量装置显示的数据为依据。用户对用气量有疑义的，燃气企业应当进行核对，有误差的应当予以纠正。用户或者燃气企业对燃气计量装置的计量准确性有争议时，应当按照国家有关计量方面的规定进行处理。

第三十一条 燃气价格和服务收费标准的制定或者调整应当按照有关价格方面的法律、法规执行。

燃气企业应当按照燃气价格和服务收费标准向用户收取燃气使用费或者相关服务费，并为用户查询燃气收费和服务提供便利。

市建设行政管理部门应当会同市物价局、市财政局对燃气成本费用、调价收入分配实行监管。

第三十二条 市建设行政管理部门、市燃气管理处和区、县燃气管理部门应当建立健全监督制度，按照有关规定对燃气企业进行监督检查；向社会公布举报、投诉电话、地址和电子信箱，并受理有关燃气安全、质量、收费标准以及服务质量等方面的举报和投诉。收到举报和投诉的部门应当依法及时对用户举报和投诉事项进行调查处理，并将处理情况告知举报或者投诉人。

第六章　燃气器具与泄漏报警保护装置

第三十三条 在本市销售的燃气器具、燃气泄漏安全保护装置和家用燃气泄漏报警器应当符合国家和本市的有关标准和规范。

本市推广使用安全节能环保型的燃气器具，提高燃气器具标准化水平，淘汰安全性能差、低效高能耗的燃气器具。

本市质量技监、工商等有关行政管理部门应当加强对燃气器具、燃气泄漏安全保护装置和家用燃气泄漏报警器产品的市场监管。

第三十四条 在本市销售的燃气器具、家用燃气泄漏报警器和燃气泄漏安全保护装置应当经过依法设立的检测机构的产品质量检测；燃气器具应当经过气源适配性检测，经检测合格的，检测机构应当提供检测报告。燃气器具、家用燃气泄漏报警器和燃气泄漏安全保护装置生产者或者委托的经营者，应当在销售前持产品质量检测报告、气源适配性检测报告和售后服务承诺等相关文件向市燃气管理处备案；材料齐全的，市燃气管理处应当自受理申请之日起十个工作日内予以备案。

燃气器具生产者或者委托的经营者应当每两年委托依法设立的检测机构对产品进行气源适配性检测，并将检测结果报市燃气管理处。

家用燃气泄漏报警器和燃气泄漏安全保护装置的生产者或者委托的经营者，应当建立用户档案，为用户提供售后服务。

第三十五条 市燃气管理处应当定期向社会公布备案的燃气器具、家用燃气泄漏报警器和燃气泄漏安全保护装置产品目录，目录的内容主要包括产品的品牌、型号、规格、生产许可情况、质量检测情况、气源适配性检测情况、生产者和委托的经营者以及售后服务信息等。

市燃气管理处应当采取措施，加强对备案产品的日常监管，发现有违法情况或者质量问题的，应当及时向社会公布相关信息。

第三十六条 从事燃气器具安装维修的，应当取得燃气器具安装维修许可证。

申请燃气器具安装维修许可应当符合下列条件：

（一）有与安装维修规模相适应的固定场所、专业设备和安装维修工具；

（二）有燃气器具生产企业产品安装维修的委托书及主要备件的供货合同；

（三）有经培训合格的专业技术人员和操作人员；

（四）有完善的质量验收制度、安全管理制度和操作规程。

申请燃气器具安装维修许可的，应当按照上述条件，提供相应的资料和证明文件。其中，跨区、县范围从事燃气器具安装维修的，应当向市燃气管理处提出申请；区、县范围内从事燃气器具安装维修的，应当向所在地区、县燃气管理部门提出申请。市燃气管理处或者区、县燃气管理部门应当自受理申请之日起二十日内作出同意或者不同意的决定。

燃气器具安装维修许可证有效期为三年。需延续的，被许可人应当在有效期届满三十日前向市燃气管理处或者区、县燃气管理部门提出申请。市燃气管理处或者区、县燃气管理部门应当在有效期届满前作出是否准予延续的决定；逾期未作决定的，视为准予延续。

第三十七条 因供气气源种类变化，确需改装燃气器具的，居民用户的燃气器具由燃气企业组织改装；非居民用户可以委托具有相应资质的单位进行改装。燃气器具改装后的质量，应当符合燃气器具气源置换的改装安全技术条件。

国家已明令淘汰的、已到判废年限的或者非安全型的燃气器具，用户应当更换。

第七章 设施保护

第三十八条 任何单位和个人不得擅自改动燃气设施。

燃气企业确需改动燃气设施的，应当取得燃气设施改动许可。

申请燃气设施改动许可应当符合下列条件：

（一）有改动燃气设施的申请报告；

（二）改动的燃气设施符合燃气专业系统规划、安全等相关规定；

（三）有安全施工的组织、设计和实施方案；

（四）有安全防护及不影响用户安全正常用气的措施；

（五）法律、法规规定的其他条件。

申请燃气设施改动许可的，应当按照上述条件，向市燃气管理处或者区、县燃气管理部门提出申请，提供相应的资料和证明文件。市燃气管理处或者区、县燃气管理部门应当按照市人民政府确定的职责分工受理申请，并自受理申请之日起二十日内作出同意或者不同意的决定。

第三十九条 燃气企业应当按照燃气设计规范，设置燃气管道设施安全警示标志。

禁止任何单位和个人损坏或者擅自移动、覆盖、拆除燃气管道设施安全警示标志。

第四十条 在市人民政府确定的燃气管道设施安全保护范围内，禁止下列行为：

（一）建造建筑物或者构筑物；

（二）堆放大宗物品或者排放腐蚀性液体、气体；

（三）爆破作业或者动用明火；

（四）在沿河、跨河、穿堤的燃气管道设施安全保护范围内，抛锚、拖锚、掏沙、挖泥或者从事其他危及燃气管道设施安全的作业，但在保障燃气管道设施安全的条件下，为防洪或者通航而采取疏浚作业的除外。

在市人民政府确定的高压、超高压燃气管道设施的安全控制范围内，禁止爆破作业或者动用明火。

第四十一条 有下列情形之一的，建设单位应当会同施工单位制定燃气设施保护方案，经与燃气企业协商一致后，按照该保护方案予以实施：

（一）在燃气管道设施的安全保护范围内，敷设管道，从事打桩、挖掘、顶进作业；

（二）在燃气管道设施的安全控制范围内，建造建筑物或者构筑物，从事打桩、挖掘、顶进作业；

（三）在低压、中压、次高压燃气管道设施的安全控制范围内，进行爆破作业或者动用明火；

（四）其他可能影响燃气设施安全的建设工程施工。

建设单位与燃气企业对前款规定的燃气设施保护方案产生争议的，由市建设行政管理部门组织专家论证后予以解决。

施工单位应当在建设工程开工前通知燃气企业，燃气企业应当指派专门的技术人员到现场提供安全保护指导。

因作业不当造成燃气设施损坏的，施工单位应当协助燃气企业进行抢修；造成经济损失的，应当承担赔偿责任。

第四十二条 燃气管道与其他地下管线之间的垂直或者水平净距，应当符合有关标准和规范。

建设工程开工前，建设单位或者施工单位应当向燃气企业查询地下燃气管道的相关情况，燃气企业应当自查询之日起三日内提供相关资料。

第四十三条 对违法占压燃气管道设施的建筑物或者构筑物，由所在地区、县人民政府组织有关行政管理部门依法予以拆除。

敷设燃气管道设施，因原建筑物、构筑物而无法满足燃气管道设施保护要求的，由区、县人民政府会同市建设行政管理部门组织燃气企业与建筑物、构筑物权属单位或者个人协商解决，所需费用由燃气企业承担。

第四十四条 燃气企业选用的燃气贮罐、气瓶和调压器应当符合国家有关标准和规范，并按照压力容器管理的有关规定定期检验、维修和更新。

气瓶的充装、存放和运输应当符合危险品和安全生产管理的规定。

燃气企业应当在气瓶上设置符合规定的企业专有标记，对气瓶进行建档登记，并按照市燃气管理处的要求实行电子标签与信息化管理。

燃气企业应当建立可对气瓶检测、充

装、运输、存储、销售、配送等环节实行追溯、识别的信息系统，并与市燃气管理处的监管信息系统联网。

燃气企业对于非本企业的气瓶，不得擅自回收或者充装液化石油气。

第四十五条 任何单位和个人都有保护燃气设施安全的义务，发现燃气设施损坏或者存在安全隐患的，应当及时告知燃气企业，或者向燃气、公安等管理部门、当地人民政府报告。

燃气设施抢修、抢险作业时，相关单位或者个人应当给予协助，不得阻挠、妨碍抢修、抢险作业。

第四十六条 市建设行政管理部门应当制定本市燃气事故处置应急预案。市燃气管理处和区、县燃气管理部门应当按照各自职责分工，根据市燃气事故处置应急预案制定相应的燃气事故处置应急预案。发生燃气事故时，有关管理部门应当按照上述应急预案，组织救援。

燃气企业应当制定本企业的燃气事故处置应急预案，报市燃气管理处或者区、县燃气管理部门备案，并定期组织应急预案的演练。发生燃气事故时，燃气企业应当立即启动应急预案，并向所在地区、县人民政府突发公共事件应急联动机构或者市建设行政管理部门、市燃气管理处以及区、县燃气管理部门报告。

发生燃气事故的，按照国家和本市有关规定调查处理。

第八章 法律责任

第四十七条 违反本条例规定的行为，法律、行政法规已有处罚规定的，从其规定。

第四十八条 违反本条例有下列情形之一的，由市建设行政管理部门或者区、县燃气管理部门责令限期改正，并按照下列规定予以处罚：

（一）违反本条例第十七条第三款规定，未按照燃气应急调度预案采取相应措施的，可以处一万元以上十万元以下的罚款；

（二）违反本条例第十八条规定，未取得燃气经营许可证从事燃气经营活动的，可以处五万元以上五十万元以下的罚款；在经营过程中丧失或者部分丧失经营条件，逾期不改正的，可以处一万元以上十万元以下的罚款；情节严重的，吊销其燃气经营许可证。

第四十九条 违反本条例有下列情形之一的，由市燃气管理处或者区、县燃气管理部门责令限期改正，并按照下列规定予以处罚：

（一）违反本条例第二十条规定，擅自停业、歇业或者关闭燃气供气站点的，可以处五千元以上五万元以下的罚款；情节严重的，可以处五万元以上十万元以下的罚款；

（二）违反本条例第二十五条第一款、第二款、第三款规定，未安装使用燃气泄漏安全保护装置或者未定期检测的，可以处三千元以上三万元以下的罚款；

（三）违反本条例第三十六条规定，未取得燃气器具安装维修许可证从事相关活动的，可以处五千元以上五万元以下的罚款；在经营过程中丧失或者部分丧失经营条件，逾期不改正的，可以处三千元以上三万元以下的罚款；情节严重的，吊销其燃气器具安装维修许可证；

（四）违反本条例第三十八条规定，擅自改动燃气设施的，可以处五千元以上五万元以下的罚款；情节严重的，处五万元以上十万元以下的罚款。

违反本条例第三十四条第一款规定，未履行备案义务的，由市燃气管理处责令限期改正，可以处五百元以上五千元以下的罚款。

第五十条 违反本条例有下列情形之一的，由市燃气管理处或者区、县燃气管理部门责令限期改正，并按照下列规定予以处罚：

（一）违反本条例第十九条规定，未取得燃气供气站点许可证从事燃气经营活动的，没收非法物品，可以处二万元以上二十万元以下的罚款；在经营过程中丧失或者部分丧失经营条件，逾期不改正的，可以处一万元以上十万元以下的罚款；情节严重的，可以吊销其燃气供气站点许可证；

（二）违反本条例第二十一条规定，擅自暂停供气、降低燃气压力或者未按规定抢修的，可以处三千元以上三万元以下的罚款；

（三）违反本条例第二十二条规定，从事禁止行为的，可以处一万元以上十万元以下的罚款；情节严重的，市建设行政管理部门、市燃气管理处或者区、县燃气管理部门可以吊销其相应的许可证；

（四）违反本条例第二十三条第一款规定，从事禁止行为的，可以处一千元以上五千元以下的罚款；情节严重的，可以处五千元以上五万元以下的罚款；

（五）违反本条例第二十六条第一款规定，未履行普遍供气服务义务的，可以处三千元以上三万元以下的罚款；

（六）违反本条例第二十七条第一款规定，燃气企业供应的燃气质量、压力或者气瓶充装重量不符合标准的，可以处五千元以上五万元以下的罚款；

（七）违反本条例第二十八条第三款规定，燃气企业未按规定对用户设施、燃气器具的安装、使用情况实施安全检查的，可以处一千元以上一万元以下的罚款；

（八）违反本条例第二十九条规定，未按规定处理用户报修的，可以处三千元以上三万元以下的罚款；

（九）违反本条例第三十九条规定，未设置燃气管道设施安全警示标志，损坏或者擅自移动、覆盖、拆除燃气管道设施安全警示标志的，可以处一千元以上一万元以下的罚款；情节严重的，可以处一万元以上五万元以下的罚款；

（十）违反本条例第四十条、第四十一条第一款规定，实施危害燃气设施安全行为的，可以处五千元以上五万元以下的罚款；情节严重的，可以处五万元以上十万元以下的罚款；

（十一）违反本条例第四十一条第三款规定，施工单位未按照规定通知燃气企业的，可以处一千元以上一万元以下的罚款；燃气企业未指派专门的技术人员到现场提供安全保护指导的，可以处五千元以上三万元以下的罚款；

（十二）违反本条例第四十四条规定，燃气企业对气瓶和相关设备的管理不符合规定，或者未与监管信息系统联网的，可以处一万元以上十万元以下的罚款；情节严重的，可以吊销其燃气供气许可证；

（十三）违反本条例第四十六条第二款规定，燃气企业未按规定启动应急预案的，可以处五千元以上五万元以下的罚款；情节严重的，可以处五万元以上十万元以下的罚款。

第五十一条 市建设行政管理部门、市燃气管理处以及区、县燃气管理部门的工作人员违反本条例规定，有下列情形之一的，由其所在单位或者上级主管部门给予行政处分；构成犯罪的，依法追究刑事责任：

（一）不按照本条例规定的条件、程序和期限实施行政许可的；

（二）不按照本条例规定履行监督检查职能的；

（三）发现违法行为不及时查处，或者包庇、纵容违法行为，造成后果的；

（四）其他玩忽职守、滥用职权、徇私舞弊的行为。

第九章　附　　则

第五十二条　本条例中有关用语的含义：

（一）用户设施，是指燃气计量装置和用户的燃气管道、阀门等。

（二）燃气设施，是指用于燃气生产、储存、输配和供应燃气的站点、中高压管道及其附属设施。

燃气设施的改动，是指燃气设施的拆除、改造和迁移。

（三）燃气器具，是指使用燃气的炉灶、热水器、沸水器、取暖器、锅炉、空调器等器具。

（四）燃气供气站点，是指为用户供气的瓶组气化站、瓶装供应站、燃气车辆加气站、燃气储存充装站等。

第五十三条　本条例自 2008 年 3 月 1 日起施行。

湖北省燃气管理条例

（1999 年 6 月 4 日湖北省第九届人民代表大会常务委员会第十次会议通过　2007 年 7 月 28 日湖北省第十届人民代表大会常务委员会第二十八次会议修订）

第一章　总　　则

第一条　为了加强燃气管理，规范燃气市场秩序，保障燃气的供应和安全，维护燃气使用者和经营者的合法权益，促进燃气事业发展，根据有关法律、行政法规的规定，结合本省实际，制定本条例。

第二条　本省行政区域内燃气的规划、工程建设、设施保护、经营、使用和燃气器具的销售、安装、维修及其相关的管理活动，适用本条例。

天然气的开采、液化石油气的生产、沼气的管理以及国家规定不属于燃气管理的事项，不适用本条例。

第三条　燃气事业的发展，应当遵循统筹规划、配套建设、安全第一、保障供应、节能环保的原则。

第四条　省人民政府建设行政主管部门主管全省的燃气管理工作，市、州、县主管燃气管理的部门（以下简称燃气主管部门）负责本行政区域内的燃气管理工作。燃气主管部门可以依法委托燃气管理机构承担燃气管理的相关具体工作。

发展改革、财政、公安、交通、工商行政管理、质量技术监督、安全生产、环保、物价等部门，应当按照各自职责，做好相关燃气管理工作。

第五条　各级人民政府及其有关部门、学校、社区、居民（村民）委员会和燃气经营企业，应当加强燃气安全知识和节约用气的宣传、教育工作，提高公众的燃气安全和节能意识，防范各种燃气事故的发生。

第六条　鼓励和支持燃气科学技术的研究和创新，推广应用安全、节能、高效、环保的燃气新技术、新工艺、新产品。

第二章　规划与工程建设

第七条　县级以上人民政府应当将燃气事业的发展纳入国民经济和社会发展规划。

燃气主管部门应当依据国民经济和社会

发展规划以及城市总体规划，按照城乡统筹、合理布局的原则，组织编制燃气专业规划，经法定程序批准后实施，并报上一级燃气主管部门备案。

经批准的燃气专业规划，不得擅自变更；确需变更的，应当按照前款规定的程序办理。

第八条 城市建设应当按照城市总体规划和燃气专业规划，配套建设相应的燃气设施或者预留燃气设施配套建设用地。预留的燃气设施配套建设用地，未经法定程序，不得改变用途。

城市新区开发、旧区改造工程、市政工程以及新建、扩建、改建的民用建筑，按照燃气专业规划和有关规定，需要配套建设燃气设施的，应当与主体工程同时设计、同时施工、同时竣工验收。

采用管道供气的城市商品房，其开发建设单位应当会同燃气经营企业确定管道供气的气种、供气时间等，并在房屋销售时予以公开，确保按约供气。

燃气主管部门应当依据燃气专业规划，严格审查燃气设施建设项目；在燃气管网规划区域内不得擅自兴建瓶组气化等燃气设施。

第九条 燃气工程项目应当按照国家规定的建设项目审批程序报有关部门批准后实施。

燃气工程应当依法经过安全、环境影响评价。安全、环保设施与主体工程同时设计、同时施工、同时投产使用。

燃气工程施工图设计文件未经法定机构审查不得使用。

第十条 燃气工程建设单位应当依法对燃气工程建设项目的勘察、设计、施工、监理以及与工程建设有关的重要设备、材料等的采购进行招标。燃气工程的勘察、设计、施工、监理活动应当由具有相应资质等级的单位承担。

燃气工程建设选用的设备、材料，应当符合国家标准或者行业标准。

新建住宅的燃气计量表和公共配气管道的设置，应当符合省建筑燃气安全技术规程。

第十一条 燃气主管部门应当加强对燃气工程施工质量、安全和进度的监督。

燃气工程建设单位应当依法组织对燃气工程的竣工验收，并按照国家规定办理备案和档案移交手续。未经验收或者验收不合格的，不得交付使用。

第十二条 市政燃气管道等燃气设施需要进行改动的，应当符合国家有关规定并报燃气主管部门审核批准。燃气主管部门应当自受理申请之日起20日内作出决定。

第三章 经营管理

第十三条 从事燃气经营活动，应当符合国家规定的条件，取得燃气经营许可证。燃气经营企业应当按照燃气经营许可证确定的经营范围、种类、方式、区域、期限从事燃气经营活动。

燃气经营企业从事钢瓶充装活动的，应当依法取得省质量技术监督部门颁发的钢瓶充装许可证。

第十四条 申请燃气经营许可证的企业，应当向其所在城市的市人民政府燃气主管部门提出书面申请，提供相关资料。许可机关应当自受理申请之日起20日内作出是否许可的决定，并通知申请人。

燃气主管部门在审查瓶装燃气经营（含汽车加气）许可申请时，应当遵循公开、公平、公正、方便供气的原则，对符合法定条件、标准的，应当准予许可。

第十五条 燃气经营许可证有效期为三年。需要延期的，燃气经营企业应当在许可证有效期届满30日前向许可决定机关提出申请。

第十六条 管道燃气实行特许经营制度。燃气主管部门依据同级人民政府的授权，负责本行政区域内管道燃气特许经营的具体实施。

特许经营权的授予符合招标投标条件的，应当采取招标投标的方式进行。

取得管道燃气特许经营权的企业应当与燃气主管部门签订特许经营协议，并严格遵守国家有关规定。

第十七条 管道燃气特许经营企业有下列行为之一的，燃气主管部门报经本级人民政府批准，可以终止特许经营协议，取消其特许经营权：

（一）擅自转让、出租特许经营权的；

（二）存在重大安全隐患且拒不整改的；

（三）因管理不善，发生重大质量、生产安全事故的；

（四）擅自停业、歇业，严重影响社会公共利益和公共安全的；

（五）法律、法规规定的其他情形。

第十八条 瓶装燃气供应站由燃气经营企业设立，并在站点布局、安全防范、从业人员、应急处置等方面符合国家和省的有关规定。

第十九条 燃气经营企业应当遵守以下规定：

（一）向用户持续稳定地供应燃气，其气质、压力、计量、残液量等符合国家标准；

（二）在经营服务场所公布服务项目、收费标准、办事程序以及供用气条件等事项；

（三）健全、落实安全生产的宣传教育和岗位培训责任制，向用户发放燃气安全手册，对户内燃气设施每年进行不少于一次的安全检查，督促、指导和帮助用户及时消除安全隐患；

（四）履行普遍服务的义务，与用户签订服务合同，建立用户档案；

（五）燃气用户提出安装、改装管道燃气设施符合条件的，应当及时办理，保证通气点火，并提供、安装燃气计量表；

（六）落实燃气管网设施巡查管理制度，定期检查地下燃气管网及其两侧范围内其他地下设施，并按照省人民政府建设行政主管部门规定的责任范围，承担居民用户的户内外燃气设施的运行、维护和更新改造等责任；

（七）法律、法规的其他有关规定。

燃气经营企业工作人员上门服务时应当文明、规范，佩带统一标识，并出示有效工作证件。

第二十条 燃气经营企业不得实施下列行为：

（一）拒绝向符合用气条件的单位和个人供气；

（二）向无燃气经营许可证的单位和个人提供经营性气源；

（三）擅自降压、停气、停业、歇业；

（四）强制用户购买指定的燃气器具；

（五）涂改、倒卖、出租、出借燃气经营许可证；

（六）法律、法规禁止的其他行为。

第二十一条 从事瓶装燃气经营不得实施下列行为：

（一）将漏气钢瓶运出储灌站、供应站；

（二）对超过检验期限、检验不合格或者报废、改装的钢瓶进行灌装；

（三）用槽车直接向钢瓶灌装燃气或者用钢瓶相互倒灌燃气；

（四）将瓶装燃气交由不具有相应资质

的经营机动车辆运输；

（五）送气的非机动车装载钢瓶的数量超过安全要求；

（六）向居民用户提供可调式减压阀等不符合安全规范的燃气器具；

（七）法律、法规禁止的其他行为。

第二十二条 燃气经营企业因管道施工、检修等非突发性原因确需降压或者暂停供气的，应当提前72小时将暂停供气及恢复供气的时间通知用户和燃气主管部门。暂停供气的时间一般不得超过36小时。恢复供气的时间不得安排在当日22时至次日6时之间。

因突发性原因造成降压或者暂停供气的，燃气经营企业应当在组织抢修的同时及时通知用户，并尽快恢复供气。

第二十三条 燃气经营企业停业、歇业的，应当提前90日报经燃气主管部门同意，由燃气主管部门、燃气经营企业事先对用户的用气作出妥善安排并告知用户。

第二十四条 省人民政府建设行政主管部门应当会同省物价、财政部门共同制定燃气服务项目及收费标准。制定、调整居民管道燃气价格，应当进行听证。

第二十五条 燃气主管部门应当加强对燃气经营企业的监督管理，对其产品和服务质量、安全生产等定期进行检查和评价，并将检查和评价结果予以公布。

燃气主管部门应当设立并公布投诉、举报电话，及时查处燃气经营中的违法行为。

第四章 用气管理

第二十六条 燃气用户应当按照燃气安全手册使用燃气、燃气器具和应由燃气经营企业统一管理的钢瓶，按时缴纳燃气费，为燃气经营企业进行安全检查、抄表等活动提供方便。

第二十七条 燃气用户及其他单位、个人不得实施下列行为：

（一）盗用燃气；

（二）损坏、擅自安装、改装、拆除燃气设施，将燃气管道作为负重支架、接地引线，或者从事其他危害燃气设施安全的活动；

（三）擅自移动或者操作公用燃气阀门等公共燃气设施；

（四）擅自转供燃气、改变燃气用途；

（五）擅自倾倒燃气残液或者用钢瓶相互倒灌；

（六）法律、法规禁止的其他行为。

第二十八条 管道燃气用户确需改变燃气用途的，应当向管道燃气经营企业提出申请，管道燃气经营企业应当自收到申请之日起5日内予以答复。

管道燃气用户需要安装、改装、拆除应由用户管理的燃气设施的，应当交由具有相应资质的施工企业实施。

第二十九条 燃气用户有权就燃气经营服务质量及收费等事项向燃气经营企业、燃气燃烧器具安装维修企业查询、投诉，相关企业应当及时予以答复或者处理。对拒不答复或者处理的，用户有权向燃气主管部门或者有关部门投诉。

第五章 燃气器具管理

第三十条 鼓励使用安全节能型的燃气器具。禁止销售不具有安全保护装置的燃气燃烧器具。

单位燃气用户以及在高层建筑、古建筑、文物保护单位和公共场所使用燃气，应当设置安全保护装置。

第三十一条 在本省行政区域内销售燃

气燃烧器具应当持有生产许可证、质量合格证和法定检测部门出具的质量检测合格报告，并提供相应的安装、维修等售后服务。

管道燃气燃烧器具应当经具备法定资格的检测机构进行气源适配性抽样检测，由检测机构将检测结果报送燃气主管部门。燃气主管部门应当定期向社会公布燃气燃烧器具的检测结果。

第三十二条 燃气燃烧器具安装维修企业应当具备国家规定的条件，其安装维修活动应当符合国家和省的技术规范和标准，符合燃气使用要求；负责安装维修的企业应当指导用户安全使用燃气器具。

燃气器具安装维修人员执业或者承揽相关安装维修业务的，应当符合国家有关管理规定。

第三十三条 燃气器具的安装维修企业应当建立用户档案，接到用户安装维修申请后，应当在约定的时间内上门服务。

第六章 安全管理

第三十四条 天然气长输管道设施沿线的各级人民政府应当采取有效措施，加强对燃气设施的保护，对破坏、盗窃、哄抢管道设施和管道燃气以及其他危害管道设施安全的行为，依法及时制止、查处，确保燃气供气安全。

第三十五条 燃气主管部门应当会同有关部门划定燃气设施安全保护范围，经本级人民政府批准后向社会公布。燃气设施应当设置醒目、统一的安全保护标志。

在燃气设施安全保护范围内禁止下列行为：

（一）建造建筑物、构筑物或者影响燃气设施安全的其他设施；

（二）倾倒、排放腐蚀性物品，置放易燃易爆物或者堆放影响燃气设施安全的其他物品；

（三）擅自进行挖掘取土、碾压爆破、打桩钻探、焊接烘烤、顶进、采石等作业以及种植深根植物；

（四）移动、覆盖、涂改、拆除、损坏燃气设施及安全保护标志；

（五）法律、法规禁止的其他行为。

第三十六条 地下建设工程开工前，建设单位应当向燃气经营企业或者城建档案管理机构查询地下燃气设施的相关资料，燃气经营企业或者城建档案管理机构应当及时提供。

地下建设工程确需在燃气设施安全保护范围内施工作业的，必须与燃气经营企业签订燃气设施保护协议，并由燃气经营企业指派技术人员进行安全保护指导，采取相应的安全保护措施后，方可施工。

因施工不当造成燃气设施损坏的，建设单位和施工单位应当立即向燃气经营企业报告，并承担相关的抢修费用；造成经济损失的，依法给予赔偿。

第三十七条 因工程施工确需改动燃气设施的，建设单位应当依法报经批准，并会同燃气经营企业采取相应的安全措施，相关费用由建设单位承担。

第三十八条 燃气经营企业应当设置24小时抢险抢修电话，并向社会公布。

任何单位和个人发现燃气事故或者事故隐患时，应当立即向燃气经营企业、燃气主管部门或者公安等部门报告，燃气经营企业及相关单位应当立即组织无间歇抢修，直至排除事故隐患。

发生燃气泄漏等燃气事故，燃气经营企业必须立即入户抢修又无法入户的，公安机关应当配合依法实施入户抢修作业，任何单位和个人不得非法阻碍。

第三十九条 省人民政府建设行政主管部门应当制定全省供气系统重大事故应急预案，县级以上人民政府燃气主管部门应当制定本行政区域内的供气系统重大事故应急预案，并负责应急预案的组织实施。供气系统重大事故应急预案应当纳入社会公共安全应急预案。

第四十条 对危及公共安全或者存在严重安全隐患的用气行为，燃气经营企业应当及时予以劝阻和制止；对恶意欠费的，予以催缴。拒不改正的，在提前24小时通知后，可以对该用户暂停供气。安全隐患排除或者欠费结清后，应当及时恢复供气。

第四十一条 燃气的运输单位及配送机动车辆和驾驶、押运人员的资质、资格管理按照国家有关规定执行。

第七章　法律责任

第四十二条 违反本条例的行为，法律、行政法规有处罚规定的，从其规定。

第四十三条 违反本条例规定，有下列行为之一的，由燃气主管部门给予警告，责令停止违法行为或者责令限期改正，没收违法所得；情节较轻的，可处500元以上5000元以下罚款；情节严重的，处5000元以上10万元以下罚款，并可依法吊销燃气经营许可证：

（一）未取得燃气经营许可证或者超越许可事项从事燃气经营活动，未经审批改动市政燃气管道等燃气设施的；

（二）燃气经营企业不履行对燃气设施的日常巡查、定期安全检查、指导帮助用户消除安全隐患以及答复处理用户查询、投诉等职责的；

（三）燃气经营企业拒绝向符合用气条件的单位和个人供气，向无证经营者提供经营性气源，擅自降压、停气、停业、歇业或者不遵守暂停供气、恢复供气时限规定的；

（四）从事瓶装燃气经营违反本条例第二十一条规定的；

（五）销售燃气燃烧器具不按规定提供安装、维修等售后服务的；

（六）燃气用户或者其他单位、个人违反本条例第二十七条、第三十五条第二款规定的。

第四十四条 燃气主管部门和其他有关部门及其工作人员有下列行为之一的，由上级主管部门或者监察机关责令限期改正，对直接负责的主管人员和其他直接责任人员依法给予行政处分：

（一）向不符合条件的企业颁发燃气经营许可证的；

（二）未组织划定燃气设施安全保护范围并向社会公布的；

（三）未按照要求及时处理公众有关投诉、举报，查处燃气经营违法行为的；

（四）未严格履行对燃气经营企业的监督管理职责，造成燃气事故的；

（五）其他玩忽职守、滥用职权、徇私舞弊行为。

第八章　附　　则

第四十五条 本条例中下列用语的含义：

燃气，是指液化石油气、天然气、人工煤气等气体燃料。

燃气设施，是指气源生产厂以外的燃气储存、输配、供应的各种设备、管网及附属设施。

燃气器具，是指使用燃气的炊具、制热、制冷、烘烤等燃烧器具和相关的调压、截断、点火、节能、安全保护装置。

第四十六条 本条例自2007年10月1日起施行。

武汉市燃气管理条例

（2012年7月25日武汉市第十三届人民代表大会常务委员会第四次会议通过 2012年9月29日湖北省第十一届人民代表大会常务委员会第三十二次会议批准 2012年11月25日武汉市第十三届人民代表大会常务委员会公告第5号公布 自2013年3月1日起施行）

第一章 总 则

第一条 为了加强燃气管理，保障燃气供应，规范燃气市场经营秩序，保障公民生命、财产安全和公共安全，维护燃气经营者和燃气用户的合法权益，促进燃气事业健康发展，根据有关法律、法规的规定，结合本市实际，制定本条例。

第二条 本条例适用于本市行政区域内燃气的规划与建设、供应与使用、安全与应急处置、设施保护以及相关管理和服务活动。

本条例所称燃气，是指作为燃料使用并符合一定要求的气体燃料，包括天然气、液化石油气、人工煤气等。

天然气、液化石油气的生产和进口，本市天然气门站以外的天然气管道输送，燃气作为工业生产原料的使用，以及沼气、秸秆气的生产和使用，不适用本条例。

第三条 市人民政府应当加强对燃气工作的领导，将燃气事业的建设和发展纳入本市国民经济和社会发展规划，以及城市总体规划，建立工作协调机制、燃气应急储备制度和燃气事故应急处置机制。

区人民政府（包括开发区、风景区、化工区管委会，下同）按照市人民政府规定的职责负责本辖区内的燃气管理工作。

乡、镇人民政府和街道办事处应当配合相关部门做好辖区内的燃气管理工作。

第四条 市城市管理部门是本市行政区域内的燃气主管部门，负责组织实施本条例，其所属的市燃气管理机构按照本条例的规定负责燃气的日常管理工作。

区城市管理部门是本行政区域内的燃气主管部门，按照规定的职责权限负责本行政区域内的燃气管理工作。

市、区燃气主管部门的职责分工由市人民政府另行规定。

市、区人民政府其他有关部门按照各自职责做好燃气管理相关工作。

第五条 市、区人民政府及其燃气主管部门和其他相关部门应当建立健全燃气安全监督管理制度，加强安全使用燃气宣传，增强社会公众安全用气意识，提高防范和应对燃气事故能力。

教育部门应当将燃气安全知识纳入中小学学生安全教育内容。

广播、电视、报刊、互联网网站等新闻媒体应当开展安全和节约使用燃气的公益性宣传。

第六条 鼓励、支持燃气科学技术研究，推广燃气新工艺、新技术和新产品；鼓励使用安全节能环保的燃气器具和设备，逐步淘汰安全性能差、低效高耗能的燃气器具和设备。

第二章 规划与建设

第七条 市燃气主管部门应当依据本市国民经济和社会发展规划、土地利用总体规划、城市总体规划和能源规划，会同相关部门编制本市燃气发展规划，经市人民政府批准后组织实施，并报省燃气主管部门备案。

各区燃气主管部门应当根据市燃气发展规划编制本区燃气发展规划，经市燃气主管部门审查，报本级人民政府批准后组织实施，并报市燃气主管部门备案。

第八条 城市旧城改造、新区开发和新（改、扩）建城市道路，应当按照国家有关规定和本市燃气发展规划配套建设燃气设施。

配套建设的燃气设施，应当与建设项目主体工程同步规划、同步设计、同步施工、同步验收、同步移交建设档案资料。

在本市管道燃气发展规划范围内，新建住宅小区、保障性住房、高层商住楼以及其他需要使用燃气的建设项目，应当配套建设红线范围内的室内外燃气管道设施。

第九条 新（改、扩）建燃气工程应当符合市、区燃气发展规划。

第十条 燃气工程建设单位应当依法对燃气工程建设项目的勘察、设计、施工、监理及工程建设的设备材料采购进行招标。燃气工程的勘察、设计、施工、监理活动应当由具有相应资质等级的单位承担。

燃气场站工程、城市燃气高压管道工程、市政燃气中压管道工程、成片开发建设住宅小区内的燃气管道工程以及国家规定必须实行监理的燃气工程，应当实行监理。

前款规定以外的燃气工程，未实行监理的，建设单位应当配备工程质量检验人员对工程质量进行检查。

燃气工程建设单位应当按照国家有关规定到市燃气主管部门委托的燃气工程质量监督机构办理燃气工程质量监督手续。

第十一条 新（改、扩）建燃气工程开工前，建设单位应当依法向燃气主管部门申请燃气工程施工许可，并提供相应的资料和证明文件。燃气主管部门应当自受理之日起十个工作日内作出是否准予许可的书面决定。

第十二条 燃气工程施工图设计文件应当经具有相应资质的施工图设计文件审查机构审查；未经审查或者审查不合格的，不得使用。

燃气工程施工单位应当按照审查合格的施工图设计文件和施工技术标准施工，确保工程质量和安全，并遵守有关地下管线管理和文明施工的规定。

第十三条 因燃气工程施工或者燃气设施检修对市政设施、建（构）筑物、绿化等造成损坏的，应当及时修复；造成损失的，应当依法赔偿。施工或者检修单位应当在施工或者检修现场设置警示标志和临时性安全设施。

第十四条 燃气工程竣工后，建设单位应当依法组织竣工验收，并自竣工验收合格之日起十五日内，将竣工验收报告及相关文件报燃气主管部门备案。符合法定条件的，燃气主管部门应当在十个工作日内颁发《燃气工程竣工验收备案证》；不符合法定条件的，责令建设单位限期整改，重新组织竣工验收。

未经验收或者验收不合格的燃气工程不得投入使用。

建设单位取得备案证后，应当按照规定向城建档案管理机构移交建设工程档案。

第三章 经营与服务

第十五条 在本市设立燃气经营企业或者燃气供气场站，从事燃气经营活动，应当符合国务院《城镇燃气管理条例》规定的条件，并依法取得燃气经营许可证（含燃气供气场站许可证）。

设立燃气供气场站（包括液化石油气储配站、瓶装液化石油气供应站、燃气车船加气站等），还应当符合本市燃气供气场站设置技术规定。

燃气供气场站设置技术规定由市燃气主管部门会同市质量技术监督、安全生产监督部门和公安机关消防机构制定，并向社会公布。

瓶装液化石油气（以下简称瓶装气）供应站应当合理布局，方便用户。

第十六条 燃气经营者应当遵守下列规定：

（一）建立并落实企业安全管理制度、用户服务制度；

（二）与燃气用户签订供气用气合同，明确双方权利义务，并建立健全用户档案；

（三）供应的燃气符合国家质量标准，并向社会公布其组分、热值、压力等指标；

（四）不得向不具备安全条件的用户供气；

（五）不得超过物价部门批准或者备案的服务项目和收费标准收取额外费用；

（六）不得限定用户购买其指定的燃气器具和相关产品，或者限定用户委托其指定的安装单位安装燃气器具；

（七）依法定期向燃气主管部门报送统计报表；

（八）法律、法规的其他规定。

第十七条 管道燃气经营者除应当遵守本条例第十六条的规定外，还应当遵守下列规定：

（一）设立并公布二十四小时用户服务电话，并为用户缴纳、查询燃气收费和其他服务提供便利；

（二）公布管道燃气报装、改装条件，不得拒绝燃气管网覆盖范围内符合用气条件的单位和个人的报装、改装申请；不得拒绝向经验收合格的管道燃气设施供气；

（三）未经市发展改革部门和市燃气主管部门同意，不得限制用户用气量；

（四）因施工、检修等原因需对用户进行降压或者暂停供气的，提前七十二小时公告或者书面通知可能受到影响的用户；暂停供气的时间一般不得超过三十六小时。恢复供气的时间不得安排在当日二十二时至次日六时之间。因突发事故降压或者暂停供气的，及时采取紧急措施，通知用户并报告市燃气管理机构；

（五）每年至少对用户的室内燃气设施进行一次预约上门免费安全检查，将检查结果书面告知用户，并对用户进行安全用气指导；从事上门服务、安全检查时，工作人员佩带统一标识并出示有效工作证件。

第十八条 瓶装气经营者除应当遵守本条例第十六条的规定外，还应当遵守下列规定：

（一）在经营服务场所明示燃气供气场站许可证；

（二）建立钢瓶管理台账制度，对自有钢瓶喷涂权属单位标记，对进出站钢瓶实行登记管理；

（三）及时淘汰不符合安全技术标准的钢瓶和超过使用年限的钢瓶；

（四）不得销售不合格或者超过检修周期的钢瓶充装的瓶装气；

（五）按法定计量单位计量，并明码标价；

（六）按照技术标准充装燃气，充装前对钢瓶称重并按规定抽取残液；

（七）销售的瓶装气充装量与钢瓶标称充装量相符合，误差不得超过国家规定范围；

（八）充装完毕后，要逐瓶检重检漏，检查合格的，粘贴合格标识，并向用户出具载有钢瓶自重和燃气重量的凭据；

（九）在经营场所配备称重器具，方便用户核实燃气重量；

（十）不得向无燃气经营许可证的单位或者个人提供经营性气源。

第十九条 瓶装气经营者应当根据购销成本合理确定燃气销售价格，不得串通涨价、变相涨价、哄抬价格或者实施其他价格违法行为。

第二十条 汽车加气经营者除应当遵守本条例第十六条的规定外，还应当遵守下列规定：

（一）对汽车加气前，主动提示驾驶员将加气车辆熄火并在车旁监护，乘客离车到安全区域等候；

（二）不得向无压力容器使用证或者与使用证登记信息不一致的汽车储气瓶加气；

（三）不得向汽车储气瓶以外的其他气瓶或者装置加气；

（四）不得在有燃气泄漏、燃气压力异常、附近发生火灾、雷击天气等不安全情况下进行加气或者卸气作业；

（五）储气瓶拖车或者槽车在划定的区域内停放，站内拖车或者槽车储气瓶（罐）总容量不得超过核定的容量；

（六）定期检验燃气泄漏报警系统。

第二十一条 燃气汽车的车用储气瓶安装单位应当经市质量技术监督部门许可，并在许可范围内开展车用储气瓶安装工作。任何单位和个人不得擅自安装、拆除、更换或者维修车用储气瓶。

第二十二条 运输燃气应当遵守国家有关危险货物运输安全的规定，使用符合国家规定的专用车辆船舶，聘用具有从业资格证的驾驶人员、装卸管理人员和押运人员，并取得危险物品运输许可。

第二十三条 居民用户管道燃气计量表户内表尾阀、非居民用户计量表，及其之前的管道燃气设施，由管道燃气经营者负责维护、更新和管理，不得向用户收取费用。

第四章　器具安装维修

第二十四条 在本市生产、销售的燃气器具应当符合国家产品质量标准。

第二十五条 燃气器具生产单位、销售单位应当依法设立或者委托设立售后服务站点，配备经考核合格的燃气器具安装维修人员，负责售后安装维修服务。

在本市销售燃气器具的单位，应当持下列资料到市燃气管理机构办理售后服务站点备案手续：

（一）燃气器具生产单位企业法人营业执照和燃气器具产品生产许可证等证明文件；

（二）法定质量检测机构出具的产品检验合格报告，其中人工煤气燃烧器具须出具本市法定质量检验机构出具的气源适配性检验报告；

（三）本单位在本市依法设立或者委托设立的售后服务站点的证明文件；其中销售燃气燃烧器具的，还应当提供售后服务站点的燃气燃烧器具安装维修资质证书。

市燃气管理机构应当向社会公布并及时更新备案信息。

第二十六条 从事燃气燃烧器具安装维修的企业，应当符合国家规定的条件，并依法取得由市燃气主管部门核发的资质证书。

第二十七条 燃气燃烧器具安装维修企业聘用的安装维修人员，应当按照国家规定取得燃气燃烧器具安装维修岗位证书，并遵守国家有关执业的规定。

第二十八条 燃气器具安装维修企业从事安装维修活动，应当符合安全和技术标准的规定，符合燃气使用要求，并指导用户安全使用燃气器具。

燃气器具的安装应当设定保修期，保修期不得低于一年。

第二十九条 燃气器具安装维修企业受理燃气用户申请，在燃气计量表户内尾阀之前的燃气管道上安装燃气泄漏报警（切断）装置的，应当经燃气经营者同意并签订书面协议。

燃气器具安装维修企业应当按照技术规范的要求定期对所安装的报警（切断）装置进行上门检查，并书面告知检查结果及下次检查时间。装置失效的，应当及时维修；无法维修的，应当告知用户及时更换。

第五章 安全与应急处置

第三十条 市燃气主管部门应当会同市国土规划等有关部门，按照国家、省相关技术规范划定燃气设施安全保护范围并向社会公布。

在燃气设施保护范围内，禁止下列危及燃气设施安全的行为：

（一）建设占压地下燃气管线的建筑物、构筑物或者其他设施；

（二）进行爆破、取土等作业或者动用明火；

（三）倾倒、排放腐蚀性物质；

（四）放置易燃易爆危险物品或者种植深根植物；

（五）其他危及燃气设施安全的行为。

第三十一条 任何单位和个人不得侵占、毁损、擅自拆除或者移动燃气设施，不得毁损、覆盖、涂改、擅自拆除或者移动燃气设施安全警示标志。

第三十二条 在燃气设施保护范围内，有关单位从事敷设管道、打桩、顶进、挖掘、钻探等可能影响燃气设施安全活动的，应当进行安全风险评估，与燃气经营者共同制定燃气设施保护方案，并采取相应的安全保护措施。未制定保护方案或者未按保护方案的要求作业或者未采取相应的安全保护措施作业的，燃气经营者应当予以制止，并有权请求燃气主管部门依法予以查处。

第三十三条 新（改、扩）建建设工程，不得影响燃气设施安全。建设单位在开工前，应当查明建设工程施工范围内地下燃气设施的相关情况；燃气主管部门、城建档案管理机构和燃气经营者等部门和单位应当及时提供相关资料。

第三十四条 新（改、扩）建的市政设施、地下管线与燃气设施的水平、垂直净距，应当符合技术规范的规定。

燃气经营者改动市政燃气设施，应当根据燃气发展规划制订改动方案，并依法报经燃气主管部门批准。

第三十五条 燃气经营者应当按照下列规定，加强对燃气设施的管理和安全保护：

（一）按照规定设置燃气设施保护装置和安全警示标志，配备人员定期对燃气设施进行巡查和维护；

（二）制订燃气设施安全事故应急预案，并定期评估，适时更新；配备应急人员和必要的应急装备、器材，定期组织演练；

（三）每年至少对所属燃气设施安全进行一次检查和评价，对查出的安全隐患及时整改；燃气设施达到使用年限或者老化、损坏等不符合安全要求的，必须及时更换；

（四）法律、法规的其他规定。

第三十六条 燃气经营者应当按照国家有关规定和技术标准，在其经营场站划定安全管理区域，安装监控设备，明示安全管理制度，及时制止违反安全管理制度的行为。

监控录像资料应当留存三十日备查，保证内容真实、完整。

第三十七条 燃气用户应当遵守用气规定，安全使用燃气，不得实施下列行为：

（一）隐蔽、迁移、拆改燃气计量表及

表前的燃气管道设施；

（二）擅自在燃气计量表前的管道上加装辅助装置；

（三）以摔、砸、滚动、倒置、火烤等方式损坏钢瓶；

（四）倾倒钢瓶内燃气残液或者用钢瓶相互倒灌；

（五）使用国家明令淘汰或者有安全隐患的燃气器具；

（六）法律、法规禁止的其他行为。

第三十八条 市人民政府应当建立燃气应急储备制度。

市发展改革部门应当会同市燃气主管部门编制全市燃气应急储备方案，确定燃气储备的布局、储备总量、启用要求等。

市燃气主管部门应当建立燃气供求状况统计监测和预警制度，对各类燃气供气量、市场需求量进行监测和预警，发现供求状况重大失衡时，及时向市人民政府报告。

燃气经营者应当根据市燃气应急储备方案储备燃气。

第三十九条 因气源短缺不能正常供气，造成燃气供求状况重大失衡的，市人民政府应当启动燃气应急储备方案。燃气经营者因执行燃气应急储备方案所增加的成本费用，由市人民政府给予适当补偿。

第四十条 市、区燃气主管部门应当制订本行政区域的燃气突发事件应急处置预案，报本级人民政府批准后实施。区燃气主管部门制订的燃气突发事件应急处置预案应当报市燃气主管部门备案。

任何单位和个人发现燃气泄漏、火灾、爆炸等情况，应当立即向公安机关、燃气主管部门、公安消防机构报告并告知燃气经营者。相关管理部门、燃气经营者应当立即采取措施防止事故扩大。

发生燃气爆炸、火灾、严重泄漏等突发事件后，市、区人民政府应当按照应急处置预案统一指挥，分级处置。

第四十一条 发生燃气安全事故的，由市、区人民政府组织燃气主管部门、安全生产监督部门、公安机关等依法进行调查；经调查确定为责任事故的，依法追究责任。

第六章　监督管理

第四十二条 市、区人民政府应当建立由城市管理、发展改革、国土规划、城乡建设、质量技术监督、安全生产监督、工商行政管理、公安、交通运输、环境保护等部门参加的燃气监督管理协调机制，研究解决与燃气事业发展、燃气监督管理相关的重大问题。

第四十三条 市、区燃气主管部门应当按照职责分工对燃气安全、燃气工程建设、燃气供应、燃气器具安装维修、燃气设施保护等进行监督管理，规范燃气企业经营服务行为。

市、区燃气主管部门应当建立对瓶装气经营活动实施监督管理的机制，及时查处未按规定抽取残液、检重检漏等行为。

第四十四条 安全生产监督管理部门应当依法加强对燃气安全生产工作的综合监管，调查处理燃气生产安全事故。

公安机关消防机构应当依法加强对燃气经营场站的消防安全检查，督促企业落实消防安全制度。

交通运输管理部门应当依法加强燃气运输安全管理。

质量技术监督部门应当依法加强对燃气压力容器的充装与使用、供气质量与计量、燃气器具产品质量的监督检查。定期抽查瓶装气的质量，并将结果向社会公布。

工商行政管理部门应当依法加强对燃气

市场经营秩序的监督检查，及时查处无照经营、销售假冒伪劣燃气器具以及瓶装气经营中掺杂掺假、短斤少两的行为。

物价部门应当开展瓶装气价格成本调查，定期发布瓶装气成本价格水平。制定瓶装气价格上涨的应急预案，当价格发生异常波动时，及时提请省物价部门依法采取价格干预措施。加强对燃气价格的监督检查，及时查处价格违法行为。

第四十五条 市燃气主管部门应当组织制定燃气经营者、燃气器具安装维修企业经营服务和安装维修行为检查评价标准。

燃气主管部门应当定期对燃气经营者的经营服务行为、燃气器具安装维修企业的安装维修行为进行检查和评价，公布检查和评价结果。

第四十六条 燃气主管部门和市燃气管理机构应当为燃气经营者、燃气器具安装维修企业、燃气工程建设单位和用户提供下列指导和服务：

（一）公布行政许可条件和程序，简化审批流程；

（二）建立燃气电子信息查询系统，提供相关信息服务；

（三）定期进行燃气行业调查和统计；

（四）组织燃气行业从业人员进行专业知识培训；

（五）提供燃气专业技术指导和服务。

第四十七条 燃气主管部门、工商行政管理部门、安全生产监督部门、质量技术监督部门和公安、物价等部门应当建立投诉举报处理制度，公布举报投诉电话和电子邮箱，及时受理举报、投诉，依法查处违法行为。

任何单位和个人发现违反燃气安全管理行为和燃气经营违法行为，有权予以劝阻、制止，并向前款规定的部门举报、投诉。

第四十八条 燃气主管部门、相关职能部门以及市燃气管理机构应当制定燃气行政处罚裁量规则，实行执法责任制和行政过错责任追究制，规范监督检查行为，提高执法水平和效率。

燃气主管部门、相关职能部门以及市燃气管理机构的执法人员在执行公务时，应当着装规范、佩带明显标志，主动出示行政执法证件，遵守行政执法程序，做到公正、文明执法。实施行政处罚时，应当告知当事人行政处罚的依据、标准，不得随意提高或者降低处罚标准，不得擅自减、免罚款或者处理罚没物品。

作出罚款决定的行政机关应当与收缴罚款的机构分离。依法当场收缴罚款的，应当出具省财政部门统一制发的罚款收据。罚没收入及时上缴国库，严格实行财政收支两条线管理。

第七章　法 律 责 任

第四十九条 违反本条例规定，法律、法规已有处罚规定的，适用其规定；造成损失的，依法承担赔偿责任；构成犯罪的，依法追究刑事责任。

第五十条 燃气经营者有下列行为之一的，由市燃气管理机构或者区燃气主管部门按照下列规定予以处罚：

（一）违反本条例第十六条第四项、第十七条第二、三项规定，向不具备安全条件的用户供气，拒绝报装、改装申请，拒绝供气或者擅自限制用户用气量的，责令限期改正，处一万元以上二万元以下罚款；情节严重的，处二万元以上五万元以下罚款；

（二）违反本条例第十八条第四项规定，销售不合格或者超过检修周期的钢瓶充装的瓶装气的，责令改正，处五千元以上一万元以下罚款；

（三）违反本条例第十八条第六项规定，未按照技术标准充装燃气、充装前未对钢瓶称重，或者未按规定抽取残液的，责令改正，处一千元以上五千元以下罚款；

（四）违反本条例第十八条第八、九项规定，未逐瓶检重检漏、未出具凭据或者未配备称重器具的，责令改正，处一千元以上五千元以下罚款；

（五）违反本条例第二十条第二、三项规定，向不符合条件的储气瓶加气或者向汽车储气瓶以外的其他气瓶、装置加气的，责令改正，处五千元以上一万元以下罚款；情节严重的，处一万元以上二万元以下罚款；

（六）未按照本条例第三十六条规定履行安全管理职责的，责令改正，处一千元以上五千元以下罚款。

第五十一条 违反本条例规定，有下列行为之一的，由市燃气管理机构或者区燃气主管部门按照下列规定予以处罚：

（一）违反第二十六条、第二十七条规定，燃气燃烧器具安装维修企业未取得资质从事燃气燃烧器具安装维修业务或者聘用未取得岗位证书的人员从事安装维修的，责令停止违法行为，处一万元以上三万元以下罚款；有违法所得的，没收违法所得；

（二）违反第二十九条规定，燃气器具安装维修企业未按规定检查、维修燃气报警（切断）装置的，责令限期改正；逾期不改正的，处一千元以上五千元以下罚款；

（三）违反第三十七条第二项规定，擅自在燃气表前管道上加装辅助装置的，责令限期改正，对单位处一万元以上三万元以下罚款，对个人处一千元以下罚款。

第五十二条 燃气经营企业、燃气供气场站不符合燃气经营许可条件的，由燃气主管部门责令限期整改，整改不合格的，处五千元以上三万元以下罚款；存在重大安全隐患的，责令停产停业整改；拒不整改或者整改不合格的，可以吊销燃气经营许可证。

第五十三条 燃气器具安装维修企业的安装维修行为达不到标准的，由燃气主管部门督促整改；整改不合格且存在重大安全隐患的，吊销其经营许可证或者维修资质证。

第五十四条 当事人对具体行政行为不服的，可以依法申请行政复议或者向人民法院提起诉讼。

第五十五条 燃气主管部门、相关职能部门以及市燃气管理机构的工作人员，有下列行为之一的，对直接负责的主管人员和其他直接责任人员，依法给予处分；构成犯罪的，依法追究刑事责任：

（一）对符合本条例规定条件的事项未按照规定的程序和时限予以批准的；

（二）对不符合本条例规定条件的事项予以批准的；

（三）不依法查处违反燃气管理规定的行为，或者不依法处理举报、投诉的；

（四）发现不再具备本条例规定的批准条件而不撤销原批准的；

（五）违反第四十八条第二、三项规定，情节严重或者造成严重后果的。

第八章　附　　则

第五十六条 本条例所称开发区，是指武汉东湖新技术开发区、武汉经济技术开发区；风景区，是指武汉市东湖生态旅游风景区；化工区，是指武汉化学工业区。

第五十七条 本条例中有关用语的含义：

燃气器具，是指使用燃气的炉灶、烘烤设备、蒸箱、热水器、沸水器、取暖器、壁挂炉、空调器、干衣机等燃气燃烧器具和减压阀、燃具用连接管等辅助装置，以及燃气泄漏报警（切断）等安全装置。

燃气设施，是指燃气管道设施和燃气场站。

燃气管道设施，是指地下燃气管道、架空燃气管道、燃气调压计量室（箱、柜）、燃气计量表、燃气阀门井（室）、凝水缸、安全警示标志、保护装置等。

燃气场站，指天然气门站、调压（释放）站；液化石油气储配站、瓶装液化石油气供应站、燃气气化站；燃气车船加气站等。

第五十八条　本条例自2013年3月1日起施行，1997年1月22日武汉市第九届人大常委会第三十次会议通过，1997年5月30日湖北省第八届人大常委会第二十八次会议批准的《武汉市燃气管理条例》同时废止。

湖南省燃气管理条例

（2003年9月28日湖南省第十届人民代表大会常务委员会第五次会议通过　根据2012年3月31日湖南省第十一届人民代表大会常务委员会第二十八次会议《关于修改部分地方性法规的决定》修正）

第一章　总　　则

第一条　为了规范燃气经营和使用行为，保障人民生命财产安全，维护燃气经营者和使用者的合法权益，根据本省实际，制定本条例。

第二条　本省行政区域内的燃气发展规划，燃气工程建设，燃气经营与使用，燃气器具安装、维修，以及相关的管理活动，适用本条例。

天然气的开采和城市门站以外的管道输送，液化石油气的生产、槽车（船）运输，燃气器具的生产和沼气及其燃烧器具的管理，不适用本条例。

第三条　省人民政府住房和城乡建设主管部门负责全省的燃气管理工作。设区的市、自治州、县（市、区）人民政府燃气主管部门负责本行政区域内的燃气管理工作。

县级以上人民政府安全生产监督管理、消防、质量技术监督、规划、环境保护、价格、工商行政管理等主管部门按照各自的职责，做好燃气管理的相关工作。

第四条　县级以上人民政府应当将燃气事业纳入国民经济和社会发展计划，采取措施，扶持燃气事业发展，推广应用先进的燃气生产、供应、使用工艺和技术装备。

第二章　燃气规划与燃气工程建设

第五条　城市人民政府根据当地社会、经济发展需要和城市总体规划，组织有关部门编制燃气专业规划。

同一城市的燃气管网应当统一规划、统一管理。

第六条　城市新区开发、旧区改造工程，新建、扩建、改建道路、桥梁等市政工程和住宅工程，按照燃气专业规划必须建设的管道燃气设施，应当与主体工程同时设计、同时施工、同时竣工验收。

燃气专业规划范围以外的十层以上住宅建筑和高度在二十四米以上的需要使用燃料的其他民用建筑，必须配套建设管道燃气设施。

第七条　燃气工程的设计文件，由住房和城乡建设主管部门按照国家有关规定组织有关部门和技术专家进行审查。经审查合格的，依法办理工程报建手续。

燃气工程建设项目应当按照国家规定进

行安全评价和环境影响评价。

第八条 燃气工程的勘察、设计、施工、工程监理及重要设备、材料的采购应当依法实行招标。勘察、设计、施工、工程监理必须由依法取得相应资质等级的单位承担。

燃气工程设计必须符合工程建设强制性标准和消防、安全生产、抗震、防雷、防洪、环境保护的要求，并按照国家有关规定报经有关部门审查。审查部门及其审查人员对审查结果负责。

第九条 燃气工程竣工后，建设单位应当将其安全等设施依法报经有关部门验收。验收部门及其验收人员对验收结果负责。

燃气工程验收合格后，建设单位应当将竣工验收报告和有关部门出具的验收合格文件报住房和城乡建设主管部门备案。

第十条 在国家规定的燃气设施安全保护范围内，禁止下列行为：

（一）擅自兴建与燃气设施无关的建筑物、构筑物；

（二）进行危害燃气设施安全的作业；

（三）存放易燃易爆物品或者倾倒、排放腐蚀性物品；

（四）其他可能危害燃气设施安全的行为。

确需在燃气设施安全保护范围内进行可能影响燃气设施安全作业的，作业单位必须在作业日七日前通知燃气企业，共同协商采取确保燃气设施安全的措施后，在燃气企业的监护下作业。采取安全措施的费用由作业单位承担。

燃气企业应当对有关燃气设施设置安全警示标志。禁止毁坏、涂改或者擅自拆除、移动燃气设施安全警示标志。

第十一条 禁止毁坏或者擅自拆除、迁移燃气设施。

除灭火救援和燃气严重泄漏等紧急情况外，未经燃气供应企业同意，任何人不得开启或者关闭燃气管道的公共阀门。

第三章 燃气生产与供应

第十二条 燃气经营实行许可证制度。从事燃气经营活动的企业，应当具备下列条件：

（一）符合燃气发展规划要求；

（二）有符合国家标准的燃气气源和燃气设施；

（三）有固定的经营场所、完善的安全管理制度和健全的经营方案；

（四）企业的主要负责人、安全生产管理人员以及运行、维护和抢修人员经专业培训并考核合格；

（五）法律、法规规定的其他条件。

符合前款规定条件的，由县级以上人民政府燃气管理部门核发燃气经营许可证。

申请人凭燃气经营许可证到工商行政管理部门依法办理登记手续。

第十三条 燃气销售网点由燃气企业设立，并应当具备下列条件：

（一）有符合国家标准或者行业标准和燃气专业规划的固定站点设施；

（二）有符合国家标准或者行业标准的燃气计量、消防、安全保护等设施；

（三）有健全的安全管理制度、岗位责任制度、紧急处理措施；

（四）有符合规定的营业制度。

燃气机动车加气站除具备前款规定的条件外，还应当有符合国家标准或者行业标准的燃气储存、充装等设备。

第十四条 不具备本条例第十二条、第十三条规定条件的，不得从事燃气生产经营活动。

县级以上人民政府燃气主管部门应当根据本条例第十二条、第十三条规定的条件对燃气企业、燃气销售网点进行监督检查。

第十五条 燃气企业、燃气销售网点生产操作人员，必须按照国家规定取得职业资格证书后，方可上岗作业。

第十六条 燃气压力容器、压力管道、计量器具及其安全附件，必须经法定检验机构检验合格后，方可使用。检验机构对检验结果负责。

燃气气瓶应当按照国家有关规定在有效使用年限内每四年至少送交法定检验机构检验一次。检验不合格的，不得使用。

第十七条 燃气企业、燃气销售网点应当遵守下列规定：

（一）燃气的质量和瓶装燃气的充装量、残液量符合国家标准，并保证持续稳定安全供气；

（二）因燃气设施计划检修或者用户违法用气等原因需要中断供气时，提前二日发出公告或者通知用户；因紧急事故等原因停止供气时，应当及时抢修，同时发出公告或者通知用户，并报告燃气主管部门；

（三）执行国家燃气设施运行、维护、抢修等安全技术规程，按照国家有关规范和标准定期检测、检修、更新燃气设施，保障燃气设施安全运行；

（四）瓶装燃气应当标明充装单位；

（五）不得用槽车直接向气瓶充装燃气，不得倒灌瓶装燃气，不得向未经检验以及检验不合格的或者残液量超过规定标准的气瓶充装燃气，不得将漏气气瓶运出储灌站或者销售网点；

（六）不得违法向用户收取费用；

（七）指导、督促用户安全使用燃气，告知报修电话。

第十八条 管道燃气实行政府定价，瓶装燃气实行政府指导价。燃气价格的确定和调整，按照价格法律、法规规定的定价权限和程序办理。

第四章 燃气器具的安装与维修

第十九条 燃气器具安装维修企业应当具备下列条件：

（一）有与经营规模相适应的固定场所和资金；

（二）有与经营规模相适应的管理人员、技术人员和安装、维修作业人员；

（三）有与经营规模相适应的安装、维修设备和检测仪器；

（四）有必要的安全保护设施和健全的安全管理制度。

燃气器具安装维修企业中从事安装、维修的人员按照国家规定取得职业资格证书后，方可上岗作业。

第二十条 省人民政府住房和城乡建设主管部门应当将经燃气适配性检测机构按照国家规定检测符合本省各地燃气使用要求的管道燃气燃烧器具向社会公布。燃气器具安装企业不得为用户安装与当地燃气不相适配的管道燃气燃烧器具。

第二十一条 燃气燃烧器具的生产者必须在销售地设立产品售后服务机构或者委托具有本条例第十九条规定条件的企业向用户提供产品售后服务。

第二十二条 燃气器具安装维修企业应当遵守下列规定：

（一）在约定的时间内亮证为用户提供安装、维修服务；

（二）安装必须符合国家有关规定，管道燃气燃烧器具安装后向管道燃气企业申请验收，安装不合格的，免费重新安装；

（三）设定不低于一年的安装保修期；

（四）不得擅自改装、拆迁管道燃气设施；

（五）作业前向用户出示收费标准。

第五章 燃气使用

第二十三条 燃气供应企业应当依法与用户签订供用气合同，明确供用双方的权利和义务。管道燃气供用气合同中应当明确燃气设施的维修责任。

第二十四条 需要使用管道燃气或者扩大管道燃气使用范围、变更管道燃气使用地点以及改装、拆迁管道燃气设施的用户，应当向管道燃气供应企业提出申请；管道燃气供应企业应当自接到申请之日起十日内答复。

第二十五条 管道燃气用户应当按照合同约定及时支付燃气费。逾期不支付的，管道燃气供应企业可以按照国家规定的程序中止供气。

第二十六条 管道燃气用气量以燃气计量表具显示的数据为准。

管道燃气供用气当事人发生计量争议时，可以书面申请质量技术监督部门对计量表具进行检定。经检定合格的，由申请人承担检验费；经检定计量表具误差超过国家规定范围的，由管道燃气供应企业承担检验费，申请检定之日起前二个月的用气量，按照检定认定的用气量计费。

第二十七条 燃气用户应当遵守下列规定：

（一）按照规定安全使用燃气；

（二）管道燃气用户应当使用与当地燃气相适配的燃气燃烧器具；

（三）无正当理由不得拒绝持有合法证件的燃气工作人员入户进行燃气使用安全检查及正常业务活动；

（四）不得违反规定擅自安装、改装、拆迁管道燃气设施和燃气器具或者进行危害燃气设施安全的装饰装修等活动；

（五）不得加热、摔砸、倒卧、曝晒气瓶和改换气瓶检验标记；

（六）不得倒灌瓶装燃气、倾倒瓶装燃气残液；

（七）不得盗用管道燃气；

（八）不得转卖燃气。

第二十八条 用户有权就燃气、燃气器具及其他相关服务的质量、收费等事项向有关企业提出查询，有关企业应当及时处理和答复。对不予处理或者对处理有异议的，用户可以向燃气主管部门或者有关主管部门投诉，有关主管部门应当及时处理。

第六章 法律责任

第二十九条 燃气主管部门或者其他有关主管部门依法进行燃气安全监督检查时，对于不符合保障安全生产的国家标准或者行业标准的设施、设备、器材应当予以查封或者扣押，并在十五日内依法作出处理决定。

第三十条 对不符合本条例第十二条规定条件的燃气企业、不符合本条例第十三条规定条件的燃气销售网点、不符合本条例第十九条规定条件的燃气器具安装维修企业，由燃气主管部门或者其他有关主管部门责令限期整顿；经整顿仍不具备相应条件的，由有关部门提请人民政府予以取缔。

第三十一条 违反本条例规定，有下列行为之一的，由燃气主管部门责令限期改正，恢复原状或者采取其他补救措施，对违反第一项规定的处五千元以下罚款；对违反第二项规定的单位处五万元以上十万元以下罚款，个人处五千元以上五万元以下罚款；对违反第三项规定的单位处十万元以下罚款，个人处一千元以下罚款；造成损失的，依法承担赔偿责任：

（一）毁坏、涂改或者擅自拆除、迁移燃气设施安全警示标志的；

（二）毁坏或者擅自拆除、迁移公用燃气设施的；

（三）擅自关闭或者开启管道燃气公共阀门的。

第三十二条 燃气企业、燃气销售网点违反本条例规定，有下列行为之一的，由燃气主管部门责令限期改正，处一万元以上十万元以下罚款：

（一）违反国家燃气设施运行、维护、抢修等安全技术规程的；

（二）未按照国家有关规范和标准定期检测、检修、更新燃气设施的；

（三）无正当理由停止供气的。

第三十三条 燃气用户违反本条例规定，有下列行为之一的，由燃气主管部门责令限期改正；逾期不改正的，对单位可以处十万元以下罚款，对个人可以处一千元以下罚款；造成损失的，依法承担赔偿责任：

（一）擅自安装、改装、拆迁管道燃气设施或者改换气瓶检验标记的；

（二）倒灌瓶装燃气的；

（三）擅自倾倒瓶装燃气残液的；

（四）进行危害燃气设施安全的装饰装修等活动的。

盗用燃气的，依照有关治安管理处罚的法律规定进行处罚。

第三十四条 燃气主管部门和其他有关部门的工作人员，在燃气监督管理活动中，玩忽职守、滥用职权、徇私舞弊的，由所在单位或者其他有关行政主管部门依法给予行政处分。

第三十五条 违反本条例其他规定，依法应当给予行政处罚的，由有关行政主管部门依法给予行政处罚。

违反本条例规定，造成他人损失的，应当依法承担赔偿责任。

第七章 附 则

第三十六条 本条例下列用语的含义：

（一）燃气是指人工煤气、天然气和液化石油气等气体燃料的总称。

（二）燃气企业是指从事燃气生产、储运、输配、供应的企业。

（三）燃气销售网点是指瓶装燃气供应站、庭院（楼栋）管道燃气供应站、燃气机动车加气站等站点。

（四）燃气设施是指燃气生产、储运、输配、供应的各种设备及其附属设施。

（五）燃气器具包括燃气燃烧器具、燃气计量器具、气瓶、调压器等；燃气燃烧器具包括燃气灶具、公用燃气炊事器具、燃气烘烤器具、燃气热水器具、燃气取暖器具、燃气冷暖机等。

第三十七条 本条例自2012年3月31日起施行。

长沙市燃气管理条例

（1998年10月29日长沙市第十一届人民代表大会常务委员会第六次会议通过 1998年11月28日湖南省第九届人民代表大会常务委员会第六次会议批准 2010年10月27日长沙市第十三届人民代表大会常务委员会第二十六次会议修正 2010年11月27日湖南省第十一届人民代表大会常务委员会第十九次会议批准）

第一章 总 则

第一条 为加强燃气管理，规范燃气市场，确保燃气供应和使用的安全，维护燃气用户和经营者的合法权益，促进燃气事业的发展，根据本市实际，制定本条例。

第二条 本条例适用于本市行政区域内燃气工程的规划、建设，燃气的生产，燃气、燃气器具的销售、使用，以及燃气行政管理活动。

第三条 各级人民政府应当把燃气事业纳入国民经济和社会发展计划，坚持统一规划、配套建设、确保安全、方便用户的原则，对公用燃气事业实行扶持政策，鼓励新技术的开发和研究。

第四条 市人民政府燃气行政主管部门负责本市行政区域内的燃气管理工作。县（市）人民政府燃气行政主管部门负责本辖区内的燃气管理工作，接受市燃气行政主管部门的业务指导。

负责安全监察工作的部门和公安消防、技术监督、规划、工商行政、价格等管理部门，应当按照各自职责做好燃气管理的有关工作。

第二章 规划与建设

第五条 市、县（市）燃气行政主管部门应当根据城市总体规划、国家产业政策、本地区经济和社会发展需要，编制燃气发展规划，报同级人民政府批准后实施。

第六条 新建、改建、扩建燃气工程，必须符合燃气发展规划，报燃气行政主管部门审查，并经安全监察、公安消防、环境保护等管理部门同意后，建设单位方可按基本建设程序办理有关建设项目的审批手续。

瓶装燃气供应网点的设置，应当符合燃气发展规划和安全要求，并经燃气行政主管部门、公安消防管理部门批准。

第七条 燃气工程的设计、施工和建设监理，必须由持有相应资质证书的单位承担，并应当符合国家有关技术标准和规范。

燃气工程的设计和施工，应当按照有关法律法规的规定实行招标投标。燃气工程建设所用设备、材料以及构配件必须符合国家规定的质量标准。

燃气工程的施工实行工程质量监督制度。

第八条 燃气工程竣工后，由燃气行政主管部门会同有关部门按照有关规定进行验收。未经验收或者验收不合格的，不得投入使用。

第九条 城市新区建设和旧区改建时，规划、土地行政管理部门应当按照城市规划，安排燃气工程建设用地。

在管道燃气供气区域内新建、改建住宅，其工程概算应当包括庭院燃气管网和室内燃气管道的建设费。配套建设的燃气设施应当与主体工程同时设计、同时施工、同时验收。

高层住宅应当安装燃气管道配套设施。

第十条 任何单位和个人无正当理由不得阻挠经批准的燃气工程的施工安装。

第十一条 燃气工程的建设资金除由政府投资、燃气经营企业自筹外，也可以按照国家规定采取其他方式筹集。

第三章 燃气与燃气器具经营

第十二条 申请经营燃气的，必须具备下列条件：

（一）有固定的、符合安全规定的经营场所；

（二）有与经营规模相适应的符合国家有关规范的燃气设施、消防安全设施；

（三）有稳定的、符合国家标准的气源；

（四）有与经营规模相适应的自有资金；

（五）有相应资质的专业技术人员及管理人员；

（六）有完备的规章制度；

（七）法律、法规和国家资质标准规定的其他条件。

第十三条 申请经营燃气的，应当向燃气行政主管部门申领资质审查申报表，经安全监察、公安消防管理部门审核同意后，由市燃气行政主管部门进行资质审查，符合条件的，发给其资质证书。

燃气行政主管部门和安全监察、公安消防管理部门应当在本部门接到申请之日起十日内作出答复。

工商行政管理部门凭资质证书核发营业执照。

具备燃气生产、储存、输配、充装设施，只向本单位供用燃气的（以下简称自供单位），按照本条第一款的规定申办资质证书。

第十四条 在本市销售燃气器具的，必须设立售后服务机构。

燃气器具安装、维修单位和售后服务机构，必须在取得市燃气行政主管部门核发的资质证书后，方可到工商行政管理部门办理营业执照。

第十五条 燃气经营企业应当遵守下列规定：

（一）燃气的气质、压力符合国家标准，保证正常供气；

（二）燃气计量表具必须经法定检定机构检定合格；

（三）销售瓶装燃气，应当明码标价，重量符合标准，并按规定抽取残液；

（四）不得向无燃气经营资质证书的单位提供用于经营的气源；

（五）不得强制用户到指定的地点购买燃气器具；

（六）不得使用超过检验期限或者检验不合格的钢瓶；

（七）不得用槽车直接向钢瓶充装液化石油气；

（八）法律、法规有关规定。

第十六条 燃气的零售价格和燃气器具维修等服务项目的收费标准，按照国家有关价格管理的规定执行。

第十七条 管道燃气经营企业因燃气设施施工、检修等原因，需要降压或者暂停供气的，必须报告燃气行政主管部门；除紧急情况外，应当提前三日通知用户。管道燃气恢复供气，必须提前通知用户，但恢复供气的时间不得在二十二时至次日六时之间。

第十八条 任何单位和个人不得销售未经国家或者省建设行政主管部门认定合格的新型气体燃料。

第十九条 凡进入本市销售的人工煤气燃气器具、液化石油气混空气燃气器具，必须经法定的专门检测机构进行气源适配性检测；符合本市燃气使用要求，列入《长沙市气源适配性燃气器具产品目录》的，方可销售。

第二十条 燃气经营企业需要停止、歇业、分立、合并以及经营场地等变更的，必须提前三十日向燃气行政主管部门以及其他有关管理部门提出申请，并办理有关手续。

第二十一条 从事燃气生产、运输、储存、输配、充装、供应以及燃气器具安装、维修的人员，必须经市燃气行政主管部门和安全监察、公安消防管理部门组织的统一培训，并取得统一颁发的相应证书后，方可上岗。

第四章　燃 气 使 用

第二十二条 需使用管道燃气的居民和单位应当向燃气经营企业提出开户申请。燃气经营企业在接到申请后，对符合供气条件的，应当在十五日内办理开户手续，并与用户签订供气合同，明确双方的权利和义务。

第二十三条 管道燃气用户需要变更用户名称和使用地址、改变燃气用途以及增装、减装、改装、拆迁固定的燃气设施和燃气器具的，应当向燃气经营企业提出申请。燃气经营企业应当在接到申请之日起十五日内予以答复。

第二十四条 燃气用户应当遵守下列规定：

（一）燃气安全使用规则；

（二）使用符合国家标准的钢瓶、适合本市燃气使用要求的燃气器具；

（三）管道燃气用户不得擅自增装、减装、改装、拆迁固定的燃气设施和燃气器具；

（四）不得加热、摔砸、倒置、曝晒液化石油气钢瓶和改换钢瓶检验标记；

（五）不得倒灌瓶装燃气、倾倒残液。

第二十五条 管道燃气用户应当按照合同约定的期限和方式支付气费。对逾期缴纳气费的，燃气经营企业可以按照国家有关规定收取滞纳金；对逾期六十日不缴纳气费的，燃气经营企业有权对其中止供气。用户缴清所欠气费和滞纳金后，燃气经营企业应当按照有关规定恢复供气。

任何单位和个人不得盗用管道燃气。

第二十六条 燃气用户有权就计量、收费、服务向燃气经营企业和燃气器具经营、安装、维修单位提出查询，对不予答复或者答复不满意的，可以向燃气行政主管部门或者技术监督、价格等管理部门投诉。受理投诉的部门应当在接到投诉之日起十五日内将处理情况答复投诉人。

第二十七条 管道燃气用户对燃气计量提出异议的，燃气经营企业应当在三日内提请法定检定机构校验燃气计量表具。已用燃气的计量，由用户与燃气经营企业协商解决。

第五章 燃气安全

第二十八条 生产、运输、储存、输配、充装、供应、使用燃气的单位和个人，应当遵守生产安全、消防安全的法律、法规和安全技术操作规程，确保安全正常供气、用气。

第二十九条 燃气储存和输配所使用的压力容器等特种设备及其安全附件，必须符合国家有关规定和标准，按照要求办理使用登记手续和建立档案，并定期进行检验。

燃气储存和输配所使用的压力容器等特种设备的安装、维修，按照国家有关规定执行。

第三十条 燃气经营企业和自供单位必须向用户发放安全用气手册，对用户进行安全用气宣传和指导。

管道燃气经营企业应当每年对用户的庭院、户内的燃气设施进行一次以上全面安全检查。

第三十一条 燃气经营企业和自供单位应当在重要的燃气设施所在地设置统一、明显的安全警示标志，并配备专职人员进行巡回检查，定期监测，及时排除隐患。

第三十二条 在国家规定的燃气设施安全保护范围内，禁止下列行为：

（一）擅自兴建与燃气设施无关的建筑物、构筑物或者设施；

（二）种植深根植物或者设置电杆；

（三）擅自挖掘取土、焊接、烘烤、爆破或者碾压；

（四）置放易燃易爆物品或者置放、倾倒、排放腐蚀性物品；

（五）将燃气管道作为负重支架或者电气设备、避雷设施的接地导体以及在燃气管道设施上牵挂电线；

（六）在燃气装卸码头以及燃气管道穿越河流标志区域内抛锚、淘沙、捕鱼或者进行其他水下施工作业；

（七）擅自移动、覆盖、涂改、拆除、毁坏燃气设施的安全警示标志；

（八）擅自拆除、迁移燃气设施；

（九）其他损坏燃气设施的行为。

第三十三条　大型载重车辆或者施工机械确需通过敷设有燃气管道的城市非机动车道的，必须事先征得燃气行政主管部门同意，并采取安全保护措施，在管道燃气经营企业的监督保护下通行。

第三十四条　规划行政主管部门在审批建设项目时，对有可能影响燃气设施安全的，应当先征求燃气行政主管部门和安全监察、公安消防管理部门的意见。

第三十五条　确需在国家规定的燃气设施安全保护范围内施工作业的，必须提出安全保护措施，报经燃气行政主管部门和公安消防管理部门批准后，方可在燃气经营企业的监督保护下进行。因施工不当造成燃气设施损坏的，施工单位应当协助燃气经营企业采取相应措施进行抢修，并且赔偿由此造成的经济损失。

确需拆迁燃气设施的，应当报经燃气行政主管部门同意。拆迁燃气设施所需费用，由申请拆迁的单位承担。

第三十六条　除灭火救援等紧急情况外，未经燃气经营企业的同意，任何单位和个人不得开启或者关闭燃气管道上的公共阀门。

第三十七条　燃气经营企业和自供单位必须建立安全检查、维修维护、事故抢修和每日二十四小时值班等制度，并向用户公布抢修电话，配备专职抢修人员。

第三十八条　任何单位和个人发现燃气险情或者事故，应当立即报警。燃气经营企业和燃气行政主管部门、公安消防管理部门接到报警后应当立即赶赴现场，采取有效措施，组织抢险抢救。情况紧急时，对影响抢险抢修作业的，可以采取适当的应急措施。

对燃气事故应当依照国家有关规定处理。

第六章　奖励与处罚

第三十九条　有下列情形之一的，由当地人民政府或者有关行政主管部门予以表彰、奖励：

（一）为发展燃气事业做出突出贡献的；

（二）保护燃气设施成绩显著的；

（三）及时报告燃气事故隐患，避免重大事故发生的；

（四）在燃气事故抢险抢救中做出重大贡献的。

第四十条　违反本条例规定，有下列行为之一的，由燃气行政主管部门责令改正，对个人可以处五十元以上五百元以下的罚款、对单位可以处五百元以上五千元以下的罚款：

（一）倒灌瓶装燃气、倾倒残液、加热液化石油气钢瓶的；

（二）盗用管道燃气的；

（三）管道燃气用户擅自改变燃气用途的；

（四）管道燃气用户擅自增装、减装、改装、拆迁固定的燃气设施和燃气器具的。

第四十一条　违反本条例规定，有下列行为之一的，由燃气行政主管部门责令改正，暂扣资质证书，有违法所得的，没收其违法所得，并可以处二千元以上二万元以下的罚款，情节严重的，由同级人民政府责令其停产停业：

（一）管道燃气的压力不符合国家标准的；

（二）无正当理由暂停供气的；

（三）向无燃气经营资质证书的单位提供用于经营的气源的；

（四）销售未经认定合格的新型气体燃料的；

（五）销售未列入《长沙市气源适配性燃气器具产品目录》的人工煤气燃气器具、液化石油气混空气燃气器具的。

第四十二条 违反本条例规定，有下列行为之一的，由燃气行政主管部门责令停止违法行为，没收其违法所得，并可以处五千元以上三万元以下的罚款：

（一）无资质证书或者超越资质证书规定的范围承担燃气工程的设计、施工和建设监理的；

（二）燃气工程的施工未按规定申办工程质量监督手续的；

（三）燃气工程竣工后未经验收或者验收不合格而投入运行的；

（四）无燃气经营资质证书经营、供应燃气的；

（五）无资质证书从事燃气器具的安装、维修业务的。

第四十三条 违反本条例规定，有下列行为之一的，由燃气行政主管部门责令改正，限期拆除；造成损失的，责令赔偿，可以处二千元以上二万元以下的罚款：

（一）擅自开启或者关闭燃气管道上的公共阀门的。

（二）在国家规定的燃气设施安全保护范围内种植深根植物、设置电杆、挖掘取土的；

（三）将燃气管道作为负重支架或者电气设备、避雷设施的接地导体以及在燃气管道设施上牵挂电线的；

（四）在国家规定的燃气设施安全保护范围内，置放、倾倒、排放腐蚀性物品的；

（五）在燃气装卸码头以及燃气管道穿越河流标志区域内抛锚、淘沙、捕鱼或者进行其他水下施工作业的；

（六）大型载重车辆或者施工机械通过敷设有燃气管道的城市非机动车道，未经批准或者未采取安全保护措施的；

（七）擅自在国家规定的燃气设施安全保护范围内施工作业或者拆迁燃气设施的。

第四十四条 违反本条例规定，有下列行为之一的，由燃气行政主管部门责令改正，告知并配合有关管理部门依法给予处罚：

（一）擅自新建、改建、扩建燃气工程的；

（二）燃气经营企业未办理有关手续停业、歇业、分立、合并以及经营场地等变更的；

（三）燃气经营企业强制用户到指定的地点购买燃气器具的；

（四）销售瓶装燃气不明码标价、重量不符合标准的；

（五）使用超过检验期限或者检验不合格的钢瓶，改换钢瓶检验标记的；

（六）用槽车直接向钢瓶充装液化石油气的；

（七）供应的燃气的气质不符合国家标准的；

（八）无正当理由阻挠经批准的燃气工程的施工安装的；

（九）燃气经营企业或者自供单位未在重要的燃气设施所在地设置安全警示标志的；

（十）擅自移动、覆盖、涂改、拆除、毁坏燃气设施的安全警示标志的；

（十一）在国家规定的燃气设施安全保护范围内擅自兴建与燃气设施无关的建筑

物、构筑物或者设施和进行焊接、烘烤、爆破或者置放易燃易爆物品的。

第四十五条 侮辱、殴打从事燃气管理工作的工作人员或者阻挠其执行公务的，依照《中华人民共和国治安管理处罚法》的规定处罚；构成犯罪的，依法追究其刑事责任。

第四十六条 从事燃气管理工作的工作人员滥用职权、玩忽职守、徇私舞弊的，由其所在单位或者上级主管部门给予行政处分；构成犯罪的，依法追究其刑事责任。

第七章 附 则

第四十七条 本条例下列用语的含义是：

（一）燃气是指供生活、生产等使用的液化石油气、人工煤气、天然气等气体燃料（不含沼气）的总称。

（二）燃气经营企业是指从事燃气生产、运输、储存、输配、充装、供应的企业。

（三）燃气设施是指生产、运输、储存、输配、充装、供应燃气的各种设备及其附属设施。

（四）燃气器具包括家用燃气灶具、公用燃气炊事器具、燃气烘烤器具、燃气热水器、燃气沸水器、燃气取暖器具、燃气空调机、燃气计量器具、钢瓶、调压器等。

第四十八条 本条例经湖南省人民代表大会常务委员会批准后，由长沙市人民代表大会常务委员会公布实施。

江西省燃气管理办法

（2003 年 8 月 21 日江西省人民政府第 9 次常务会议讨论通过　根据 2014 年 1 月 30 日《江西省人民政府关于修改〈江西省水路运输管理办法〉等 11 件省政府规章的决定》第一次修订　根据 2019 年 11 月 27 日《江西省人民政府关于废止 3 件和修改 11 件省政府规章的决定》第二次修订）

第一章 总 则

第一条 为加强燃气管理，维护燃气用户和经营企业的合法权益，保障社会公共安全，促进燃气事业发展，制定本办法。

第二条 凡在本省行政区域内从事燃气规划、建设、经营和使用及安全管理活动的单位（含单位自建自用的燃气站点）和个人，应当遵守本办法。

第三条 县级以上人民政府应当把燃气事业纳入国民经济和社会发展计划，按照统一规划、合理布局、确保安全、方便用户的原则发展燃气事业。

第四条 县级以上人民政府住房和城乡建设主管部门或者公用事业行政主管部门（以下统称燃气主管部门）主管本行政区域内的燃气工作。

消防救援机构负责对燃气行业实施消防监督管理。

市场监督管理部门负责燃气锅炉、压力容器、压力管道、钢瓶、槽车的安全监察和燃气计量器具、燃气设施和燃气器具产品的质量监督。

应急管理部门负责对燃气行业的安全工作实施综合监督管理，指导、协调和监督各部门承担的安全监督管理工作。

其他有关部门按照各自的职责协同做好燃气管理工作。

第二章　规划与建设

第五条　燃气主管部门应当根据国家产业政策、当地国民经济和社会发展的实际需要，编制燃气发展规划，经规划部门综合平衡后，纳入城乡总体规划。

第六条　在城乡建设中，应当按照燃气发展规划要求配套建设燃气设施或者预留燃气设施建设用地。

预留的燃气设施建设用地，不得改变用途。

第七条　燃气工程的总体设计方案应当符合《城镇燃气设计规范》和《建筑设计防火规范》等国家有关技术规范的要求。

第八条　燃气工程的勘察设计、施工和监理，应当由具有相应资质等级的单位承担。严禁无证或者超越资质等级承担勘察设计、施工和监理业务。

第九条　燃气工程竣工后，建设单位应当组织有关单位进行竣工验收，经验收合格并取得有关部门出具的认可文件后，向工程所在地的住房和城乡建设主管部门备案。

燃气庭院管及户内燃气设施安装的验收，由燃气经营企业自行组织。

第十条　对尚未安装管道燃气的高层民用建筑，具备市区管道供气条件的，应当采用市区管道供气；不具备市区管道供气条件的，应当采用小区管道供气。

第十一条　新建住宅，应当将管道燃气计量装置安装在住宅单元外的共用部位，但相关条件不具备的除外。

第三章　燃气经营

第十二条　管道燃气按燃气发展规划实行区域性统一经营；瓶装燃气在合理布局、总量控制的前提下实行多家经营。

第十三条　燃气经营实行许可证制度。从事燃气经营的企业，应当具备下列条件：

（一）符合燃气发展规划要求；

（二）有符合国家标准的燃气气源和燃气设施；

（三）有固定的经营场所、完善的安全管理制度和健全的经营方案；

（四）企业的主要负责人、安全生产管理人员以及运行、维护和抢修人员经专业培训并考核合格；

（五）法律、法规规定的其他条件。

符合前款规定条件的，由县级以上地方人民政府燃气管理部门核发燃气经营许可证。

第十四条　燃气经营企业供应的燃气气质和压力等级应当符合国家规定的标准。

第十五条　管道燃气经营企业不得拒绝给供气区内符合供气和用气条件的单位和个人供气。

第十六条　管道燃气经营企业应当保证稳定、不间断供气，不得无故停止供气。因供气设施计划检修需要停止供气时，应当提前 72 小时在停止供气地段的居民楼道或者公共广告栏等公共场所张贴告示或者通过当地的电视、报纸、电台播发公告等方式通知用户；因供气设施临时检修需要停止供气时，除紧急情况外，应当提前 24 小时通知用户。

因不可抗力或者燃气设施抢修等紧急情况，确需暂停供气或者降低燃气压力的，管道燃气经营企业应当立即通知用户，同时向燃气主管部门报告，并采取不间断抢修措施。

连续停止供气的时间一般不得超过 24

小时；因特殊情况确需超过 24 小时的，除不可预见的原因外，管道燃气经营企业应当赔偿用户由此造成的直接经济损失。

引起停止供气的原因消除后，管道燃气经营企业应当采取本办法第十七条第一款规定的方式告知用户恢复供气的时间。

第十七条 管道燃气经营企业中止或者终止经营活动，应当提前 90 日向所在地的燃气主管部门提出申请，经批准后，方可中止或者终止经营活动。

第十八条 燃气经营企业和政府有关部门不得限定用户购买其指定单位生产、销售的燃气器具和相关产品。

第十九条 从事瓶装燃气充气的燃气经营企业不得有下列行为：

（一）钢瓶充装燃气气量超过国家规定的允许误差范围；

（二）给残液量超过规定的钢瓶充装燃气；

（三）给不符合国家标准的钢瓶、过期未检测的钢瓶或者报废的钢瓶充装燃气；

（四）用槽车直接向钢瓶充装燃气；

（五）给钢瓶充装燃气时掺假；

（六）其他损害燃气用户合法权益和存在安全隐患的行为。

燃气用户发现燃气经营企业有前款第一、二、五、六项行为的，可以依法要求燃气经营企业赔偿损失。

第二十条 从事瓶装燃气销售的经营企业发现用户提供的钢瓶不符合国家标准、过期未检测或者报废的，应当拒收，并向用户说明理由。

第四章 燃气设施

第二十一条 储运、输配燃气的储罐、槽车、液化气钢瓶等压力容器设备，必须符合国家有关规范和标准，其安全附件必须齐全、可靠，并定期接受检验、校验。

第二十二条 在国家规定的管道燃气埋地管线设施安全间距内进行工程项目施工或者地面挖掘的，建设单位或者建设单位委托的施工单位应当提前 3 日告知管道燃气经营企业，并遵守下列规定：

（一）在施工现场划定安全保护范围，设定明显的施工标识，并通知燃气经营企业派员现场监护；

（二）不得动用机械设备进行推、铲、挖作业，不得挤压、碰撞管道燃气埋地管线设施，并采取保护措施确保管道燃气埋地管线设施不受损坏；

（三）确需动火作业的，应当按照有关安全管理、安全操作规程采取防范措施；

（四）施工中造成管道燃气埋地管线设施损坏、漏气的，应当立即采取防护措施保护事故现场，通知燃气经营企业组织抢修；建设单位应当赔偿由此造成的损失。

第二十三条 管道燃气设施的维修费用按下列规定承担：

（一）居民用户：以燃气计量表具的表前阀为界，表前阀前（含表前阀）的由供气单位承担，表前阀后的由用户承担；

（二）工业及其他用户：中压管道供气用户以城市燃气中压管道支线阀门为界，自燃气供应厂（站）至支线阀门以前的（含支线阀门）由供气单位承担，支线阀门以后的（含调压室、调压器）由用户承担；低压管道气用户以围墙或者建筑物外缘为界，围墙或者建筑物以内的由用户承担。

第五章 燃气使用

第二十四条 管道燃气经营企业应当与需要安装管道燃气的用户签订安装合同。管道燃气经营企业应当组织设计，在合同规定时限内安装完毕，并按合同要求及时通气。

第二十五条 管道燃气用户需增加、减少、拆除、迁移、改造燃气设施，应当事先向燃气经营企业提出，由燃气经营企业负责实施，费用由用户承担。燃气经营企业应当向用户承诺提供限时服务。

第二十六条 管道燃气经营企业应当与用户签订统一格式的供用气合同，明确双方的权利和义务。

第二十七条 管道燃气用户更名、过户、停用或者非居民用户扩大用气规模，应当到燃气经营企业办理有关手续。

第二十八条 管道燃气计量装置由具有资质的燃气安装企业负责安装，并符合设计规范。

用户对管道燃气经营企业购置、安装的燃气计量装置的准确度有疑义的，可以向燃气经营企业提出，并共同向法定的计量检测机构申请校验或者直接向市场监督管理部门投诉。在规定的产品保修期内，误差超过法定标准的，由燃气经营企业承担校验费，退回多收的气费并免费更换合格的燃气计量装置；未超过标准的，由用户承担校验费。

用户对非管道燃气经营企业购置、安装的燃气计量装置的准确度有疑义的，依照消费者权益保护、产品质量监督管理等法律、法规的规定办理。

第二十九条 管道燃气计量装置不能正常运转的，燃气经营企业应当自发现时起24小时内与用户取得联系，并在双方约定的时间内及时修复。

第三十条 管道燃气用户发现管道燃气设施或者器具泄漏时，应当立即采取关阀停气、自然通风、避用明火等措施，同时告知燃气经营企业，并不得开启、关闭电器设备。

第三十一条 燃气经营企业应当建立用户档案，设置用户联系、咨询和抢修抢险电话，抢修抢险电话应当有专人全天24小时值班。

燃气经营企业对用户有关燃气设施或者燃气器具泄漏的报修要求，应当立即进行维修；对用户户内管道燃气设施或者器具故障的报修要求，应当在48小时内派人修复。

第三十二条 燃气经营企业应当在经营场所或者在其向用户提供的燃气安全使用手册中公布服务标准、收费标准及依据。

燃气用户有权就燃气经营的收费和服务标准向燃气经营企业查询，对不符合收费和服务标准的，可以向市场监督管理或者燃气主管部门投诉。

第三十三条 管道燃气用户不通过管道燃气计量装置用气、采取其他方式使燃气计量装置不计量或者少计量的，其用气量按以下方法确定：

（一）不通过管道燃气计量装置的，按所接管道直径的计算流量乘以用气时间；

（二）通过管道燃气计量装置的，以燃气计量装置的最大额定流量乘以用气时间。

前款用气时间，居民用户按每日3小时计算，工业及其他用户按每日12小时计算。无法查明违法用气日期的，按180日计算。

第六章 安全管理

第三十四条 城市规划部门在审核新建、改建、扩建工程项目申请时，应当告知业主项目施工涉及的燃气设施安全保护范围。

第三十五条 新建、改建、扩建燃气建设工程项目的安全设施，必须与主体工程同时设计、同时施工、同时投入生产和使用。安全设施投资应当纳入建设项目概算。燃气生产经营者应当保证安全生产条件所必须的资金投入。

第三十六条 燃气经营企业的法定代表人应当对企业安全经营全面负责。

燃气经营企业必须建立安全检查、维护维修、抢修制度，制订事故紧急处置预案，健全燃气安全保障体系，防止燃气事故发生。

燃气经营企业应当配备专职人员对燃气设施进行巡回检查，及时发现和消除事故隐患，保证安全供气。

燃气经营企业应当建立安全检查和安全服务制度，履行对用户安全检查和安全服务的责任，安全员上门抄表时，应当将安全检查结果记录并告知用户。燃气经营企业发现用户违反安全用气规定的，应当予以劝阻、制止，并提出书面整改意见，用户应当及时整改。

第三十七条 燃气经营企业储罐区、气化站、供应站、加气站应当设置醒目的禁火标识，并按规定配备必要的消防设施和消防人员。

管道燃气经营企业应当在管道燃气设施所在地的建筑物及重要设施上设置明显的警示标识。

第三十八条 燃气运输的管理应当按照国务院《危险化学品安全管理条例》的规定执行。

第三十九条 燃气器具安装、维修应当遵守下列规定：

（一）按照国家标准和规范安装、维修燃气器具，安装、维修材料和配件符合国家标准；

（二）不得擅自移动燃气计量表和表前燃气设施；

（三）燃气器具安装后，应当进行检验，检验合格的，应当给用户出具合格证书。

燃气经营企业应当向用户提供燃气安全使用手册，指导用户安全使用燃气。

第四十条 管道燃气用户应当严格遵守安全用气规定，发现燃气事故征兆、隐患，应当及时向燃气经营企业报告；燃气经营企业接到报告后，应当立即派员赶赴现场实施抢修，不得延误。

第四十一条 燃气用户使用燃气应当符合燃气安全使用规则，禁止下列行为：

（一）管道燃气用户户内设施安装后未经燃气经营企业通气点火，擅自使用；

（二）使用不合格的燃气器具；

（三）加热、摔砸燃气钢瓶或者使用时倒卧燃气钢瓶；

（四）转灌瓶装气和倾倒残液；

（五）自行涂改、更换钢瓶检验标记；

（六）自行拆修钢瓶瓶阀、附件；

（七）擅自安装、拆除、改装、迁移、覆盖管道燃气设施；

（八）将燃气设施作为负重支架堆放、悬挂物品或者将燃气管道作为电器设备的接地导体；

（九）阻止燃气经营企业人员进行用气安全检查或者进户抄表等作业；

（十）法律、法规禁止的其他行为。

第四十二条 任何单位和个人不得有下列行为：

（一）破坏、盗窃燃气设施；

（二）擅自开启、关闭户外管道燃气阀门；

（三）阻挠燃气经营企业的维修作业；

（四）在燃气设施的安全保护范围内从事危害燃气设施安全的活动；

（五）改变埋有管道燃气设施的路面承重状况；

（六）向管道燃气设施排放腐蚀性物体和易燃、易爆物质；

（七）移动、覆盖、涂改、拆除、损坏

管道燃气设施标识；

（八）法律、法规禁止的其他行为。

第四十三条 任何单位和个人发现燃气引发的火灾、爆炸及人员中毒伤亡等事故，应当立即向有关部门和单位报告。接到报告的部门和单位应当立即派员进行抢修、抢险、抢救。

抢修、抢险人员对妨碍抢修、抢险的其他设施，可以采取必要的紧急避险措施，有关单位和个人应当配合，不得阻挠。对造成的财产损失，燃气经营企业应当给予相应的赔偿。燃气经营企业予以赔偿后，有权向造成抢修、抢险事故的责任者追偿。

对燃气事故的处理，按国家有关规定进行。

第七章 罚 则

第四十四条 管道燃气经营企业违反本办法第十六条规定的，由燃气主管部门给予警告，责令限期供气，拒不改正的，可处以5000元以上2万元以下的罚款。

管道燃气经营企业违反本办法第十七条第一、二款和第三十条、第三十二条规定，未按要求履行通知、维修义务的，由燃气主管部门处以1000元以下的罚款；由此造成用户损失的，用户有权请求赔偿。

第四十五条 管道燃气经营企业违反本办法第十七条第四款的规定，造成燃气安全事故的，依法承担相应的民事、刑事责任。

第四十六条 违反本办法第四十三条第二至七项规定的，由燃气主管部门给予警告，责令改正；情节严重的，可并处200元以下的罚款；造成燃气安全事故的，依法承担相应的民事、刑事责任。

第四十七条 违反本办法的其他行为，依法应当予以处罚的，由有关部门依法处罚。

第四十八条 燃气主管部门和其他有关部门工作人员滥用职权、徇私舞弊、玩忽职守的，由其所在单位或者上级主管机关依法给予处分；构成犯罪的，依法追究刑事责任。

第八章 附 则

第四十九条 本办法所称燃气，是指液化石油气、人工煤气和天然气等气体燃料的总称。

本办法所称燃气设施，是指燃气储存、灌装、运输、输配所使用的各种设备、管道及其附属设施。

第五十条 本办法自2003年10月1日起施行。

南昌市燃气管理条例

（2007年6月25日南昌市第十三届人民代表大会常务委员会第五次会议通过 2007年7月27日江西省第十届人民代表大会常务委员会第三十次会议批准 2011年12月20日南昌市第十四届人民代表大会常务委员会第三次会议通过 2012年3月29日江西省第十一届人民代表大会常务委员会第三十次会议批准《关于修改9件地方性法规的决定》第一次修正 2016年8月29日南昌市第十四届人民代表大会常务委员会第三十八次会议通过 2016年9月22日江西省第十二届人民代表大会常务委员会第二十八次会议批准第二次修正）

第一章 总 则

第一条 为了加强燃气管理，保障燃气供应，防止和减少燃气安全事故，保障公民生命、财产安全和公共安全，维护燃气经营者和燃气用户的合法权益，促进燃气事业健康发展，根据国务院《城镇燃气管理条例》和有关法律、法规，结合本市实际，制定本条例。

第二条 本市行政区域内燃气发展规划与建设、经营与服务、燃气使用、燃气设施保护、燃气安全与应急处置以及相关管理活动，适用本条例。

第三条 市、县（区）人民政府应当加强对燃气工作的领导，建立工作协调机制，及时处理燃气管理工作中的重大事项。

第四条 市城市管理部门是本市燃气主管部门，负责全市燃气管理工作，其所属的燃气管理机构负责具体工作。

县、区燃气主管部门按照职责权限负责本行政区域内的燃气管理工作。

发展改革、工业和信息化、安全生产监督、国土资源、城乡规划、公安、市场和质量监督、建设、环境保护、价格、交通运输等有关部门，按照各自职责做好燃气管理的相关工作。

乡镇人民政府、街道办事处配合相关部门做好辖区内的燃气管理工作。

第五条 燃气工作应当遵循安全第一、统一规划、配套建设、保障供应、节约用气、规范服务的原则。

第六条 市、县（区）人民政府及其有关部门应当加强燃气安全和节约用气的宣传，增强市民公共安全和节约用气的意识，提高防范和应对燃气安全事故的能力。

第二章　规划与建设

第七条 市和县（新建区）燃气主管部门应当会同有关部门，根据国民经济和社会发展规划、土地利用总体规划、城乡规划、能源规划以及上一级燃气发展规划，组织编制本行政区域内的燃气发展规划，经本级人民政府批准后实施，并报上一级燃气主管部门备案。

经批准的燃气发展规划，任何单位和个人不得擅自变更；确需变更的，应当按照前款规定的程序报批。

第八条 进行新区建设、旧区改造，应当按照城乡规划和燃气发展规划，配套建设相应的燃气设施或者预留燃气设施建设用地。预留的燃气设施配套建设用地未经批准不得改变用途。

在本市燃气发展规划确定的管道燃气覆盖范围内，新建住宅小区、保障性住房、工业园区和其他需要使用燃气的建设项目，应当配套建设室内外燃气管道设施，不得新建小区气化站、瓶组站。

配套建设的管道燃气设施，应当与建设项目主体工程同步规划、同步设计、同步施工、同步验收、同步移交建设档案资料，建设费用由建设单位承担，计入工程建设成本。建设单位在申请办理建设工程规划许可手续时，应当提交管道燃气工程总平面图和工程所在地管道燃气经营企业确认的燃气管线衔接的技术方案。

第九条 燃气设施建设工程应当符合燃气发展规划。

对燃气发展规划范围内的燃气设施建设工程，城乡规划主管部门在核发选址意见书时，应当就燃气设施建设是否符合燃气发展规划征求燃气主管部门的意见；不需要核发选址意见书的，城乡规划主管部门应当在核发建设用地规划许可证或者乡村建设规划许可证时征求燃气主管部门的意见。

第十条 燃气设施建设工程的勘察、设计、施工和监理，应当执行法律、法规和国家有关技术标准，并由依法取得相应资质的单位承担。

燃气场站工程、城市燃气高压管道工程、市政燃气中压管道工程、成片开发建设住宅小区内的燃气管道工程和国家规定其他必须实行监理的燃气设施建设工程，应当实行监理。

依法不需要实行监理的燃气设施建设工程，建设单位应当配备专业技术人员对工程质量进行监督检查。

第十一条 燃气设施建设工程竣工后，建设单位应当依法组织竣工验收，并自竣工验收合格之日起十五日内，将竣工验收情况报燃气主管部门备案；未经竣工验收合格的不得使用。

建设单位取得备案批复后，应当按照规定向城建档案管理机构移交建设工程档案。

第十二条 市和县（新建区）人民政府应当规划建设燃气应急气源储备基地，组织编制燃气供应应急预案，提高燃气供应应急保障能力。

第三章 经营与服务

第十三条 我市对燃气经营实行许可证制度。从事燃气经营活动的企业，应当具备下列条件：

（一）符合燃气发展规划要求；

（二）有符合国家标准的燃气气源和燃气设施；

（三）有固定的经营场所、完善的安全管理制度和健全的经营方案；

（四）企业的主要负责人、安全生产管理人员以及运行、维护和抢修人员经专业培训并考核合格；

（五）法律、法规规定的其他条件。

符合前款规定条件的，燃气主管部门应当自受理申请之日起十五日内核发燃气经营许可证；不符合前款规定条件的，应当书面通知申请人并说明理由。

《燃气经营许可证》有效期三年。燃气经营企业需要延续已取得的燃气经营许可证的，应当在《燃气经营许可证》有效期届满90日前，向作出许可决定的机关提出申请。燃气主管部门应当在《燃气经营许可证》有效期届满前作出是否准予延续的许可决定。

第十四条 本市管道燃气实行特许经营制度。取得特许经营权的管道燃气经营企业，应当与市燃气主管部门签订特许经营协议。

未取得特许经营权的，不得从事管道燃气经营业务。

第十五条 管道燃气经营企业应当保证稳定、不间断供气，不得无故停止供气，因施工、检修等原因需要临时调整供气量或者暂停供气的，应当将作业时间和影响区域提前四十八小时通过在停止供气地段的居民楼道或者公共广告栏等公共场所张贴告示或者通过当地的电视、报纸、电台和其他媒体播发公告等方式通知燃气用户。

因不可抗力或者燃气设施抢修等紧急情况，确需暂停供气或者降低燃气压力的，管道燃气经营企业应当及时通知用户，同时向燃气主管部门报告，并采取不间断抢修措施。

连续停止供气的时间一般不得超过二十四小时。恢复供气时应当事先通知用户。为确保用气安全，在二十二时至次日六时之间不得向居民用户恢复供气。

第十六条 瓶装燃气经营企业可以设立瓶装燃气服务点。服务点应当符合下列条件：

（一）有合法的经营场所；

（二）建筑物是三层以下的砖混结构；

（三）距影剧院、学校、商场和物资仓库、交通通讯枢纽等重要公共场所和重要设施不得少于二十米；

（四）按规定配备消防器材和防火、防爆设施；

（五）储存的燃气容积总量不得超过0.36立方米；

（六）符合相应的安全管理规定。

瓶装燃气经营企业设立瓶装燃气服务点应当报燃气主管部门备案。燃气主管部门应当将备案信息抄送公安消防机构，并在相关政府网站上公布。

第十七条 燃气经营企业应当遵守下列规定：

（一）落实企业安全管理制度，确保安全投入比例不少于国家规定的标准；

（二）建立健全燃气质量检测制度，确保供应的燃气质量符合国家标准；

（三）燃气价格和服务项目的收费应当符合价格主管部门的有关规定，并公示其收费标准；

（四）法律、法规的其他规定。

第十八条 管道燃气经营企业除遵守本条例第十七条规定外，还应当遵守下列规定：

（一）按照燃气发展规划和用户需求，制定中长期发展计划，每年向燃气主管部门报告发展计划和实施情况；

（二）公布管道燃气报装、改装条件，不得拒绝管道燃气覆盖范围内符合用气条件的单位和个人的报装、改装申请；

（三）设立并公布二十四小时用户服务电话，并为用户缴纳、查询燃气收费和其他服务提供便利。

第十九条 瓶装燃气经营企业除遵守本条例第十七条规定外，还应当遵守下列规定：

（一）对自有气瓶喷涂权属单位标记并按照规定标明专用的识别标识；

（二）建立气瓶管理台账制度，对进出站气瓶实行登记管理；

（三）不得为非自有气瓶或者不符合国家标准的、过期未检测的、报废的气瓶充装燃气；

（四）充装燃气质量符合国家标准，不得给残液量超过标准的气瓶充装燃气。

第二十条 车用燃气经营企业除遵守本条例第十七条规定外，还应安装并定期检验燃气泄漏报警系统。并不得有以下行为：

（一）向无压力容器使用证或者与使用证登记信息不一致的汽车储气瓶加气；

（二）向汽车储气瓶以外的其他气瓶或者装置加气；

（三）在有燃气泄漏、燃气压力异常或者附近发生火灾、雷击天气等不安全情况下进行加气或者卸气作业；

（四）储气瓶拖车或者槽车在划定的区域内外停放，站内拖车或者槽车储气瓶（罐）总容量超过核定的容量。

对汽车加气前，车用燃气经营企业工作人员应当主动提示驾驶员将加气车辆熄火并在车旁监护，乘客离车到安全区域等候。

第二十一条 燃气经营企业停业或者歇业，应当事先对其供气范围内的燃气用户的正常用气作出妥善安排，并在九十个工作日前向燃气主管部门提出申请，燃气主管部门在收到燃气经营企业提交的申请报告和用户安置方案后，应当在受理申请后的二十日内进行审查，经审查批准后，燃气经营企业方可停业或者歇业。

第二十二条 燃气运输应当遵守国家有关危险货物运输安全的规定，使用符合国家规定的专用车辆船舶，聘用具有从业资格证的驾驶人员、装卸管理人员和押运人员，并取得危险物品运输许可。

第四章　燃气使用

第二十三条　燃气用户应当遵守法律、法规的规定和安全用气规则，使用合格的燃气燃烧器具和气瓶，不得有以下行为：

（一）初装管道燃气用户未经燃气经营企业同意自行开通点火；

（二）将安装有燃气设施的场所改为卧室、浴室或者其他违反安全用气规定的场所；

（三）在同一室内同时使用其他燃料；

（四）将管道燃气设施砌入墙体或者采取可能影响管道燃气设施安全的其他方式遮盖、隐蔽管道燃气设施；

（五）加热、摔砸、倒卧、曝晒气瓶或者改换气瓶检验标志、钢印、漆色；

（六）私自排放气瓶内燃气、残液或者利用气瓶互相倒灌；

（七）使用明火检查泄漏。

燃气用户还应当遵守下列规定：

（一）发现燃气泄漏等情况及时向燃气经营企业或者燃气主管部门、公安消防机构报告；

（二）配合燃气经营企业工作人员进行安全检查、抄表等业务活动；

（三）非居民用户应当落实燃气安全管理制度，操作管理人员应当接受安全生产教育和培训，掌握本岗位的安全操作技能和燃气安全知识。

第二十四条　需要使用管道燃气的用户应当向燃气经营企业提出申请。经勘查符合条件的，燃气经营企业应当与用户签订供气用气合同，明确双方的权利和义务，并建立健全用户档案。

用户拒绝与燃气经营企业签订或者续签供气用气合同的，燃气经营企业可以不提供供气服务。

第二十五条　管道燃气用户应当按时缴纳燃气费，逾期三十日拒不缴纳的，燃气经营企业对非居民用户可以暂时停止供气，对居民用户按照合同约定执行。管道燃气的用气量，应当以计量表的记录为准。管道燃气经营企业应当定期上门抄表，向用户提供缴费通知单，并通过电话、短信等方式告知用户。

第二十六条　餐饮行业燃气用户应当遵守下列规定：

（一）不得在地下室、人员密集场所的用餐区、城区范围内建筑面积三百平方米以上餐饮场所的厨房等不具备安全条件的场所使用瓶装燃气；

（二）使用瓶装燃气应当与燃气经营企业签订安全供气合同，并留存记载气瓶注册登记代码的购气凭证；

（三）安装燃气气体浓度报警装置，并配备干粉灭火器等消防器材；

（四）定期进行燃气安全检查，并制定燃气安全应急处置方案。

第二十七条　管道燃气设施的维修由燃气经营企业负责，维修费用按照下列规定承担：

（一）居民用户：以计量表的表前阀为界，表前阀前（含表前阀）的由燃气经营企业承担，表前阀后的由用户承担；

（二）工业及其他用户：中压管道供气用户以城市燃气中压管道支线阀门为界，自燃气供应厂（站）至支线阀门以前的（含支线阀门）由燃气经营企业承担，支线阀门以后的（含调压室、调压器）由用户承担；低压管道供气用户以围墙或者建筑物外缘为界，围墙或者建筑物以内的由用户承担。

第二十八条　抢修室内燃气设施时，用户应当配合抢修人员拆除影响抢修作业的装饰、装修物和其他构筑物。拆除的装饰、装修物和其他构筑物属于用户违反有关安全用气规定建设安装的，相关损失由用户承担，其他损失由燃气经营企业承担。

第二十九条 管道燃气计量表由燃气经营企业负责安装，并由法定计量检定机构检定合格。用户对管道燃气经营企业购置、安装的计量表的准确度有异议的，可以向燃气经营企业提出，并共同向法定计量检定机构申请校验或者直接向市场和质量监督主管部门投诉。在规定的产品保修期内，误差超过法定标准的，由燃气经营企业承担校验费，退回多收的气费并免费更换合格的计量表；未超过标准的，由用户承担校验费。

计量表不能正常运转的，用户应当及时报修。燃气经营企业发现计量表不能正常运转或者接到用户报告的，应当自发现或者接到报告时起二十四小时内与用户取得联系，并在双方约定的时间内及时修复。用户正常用气，但计量表未正常运转的，当月燃气费按照前三个月的平均值收取。

第三十条 管道燃气用户不通过管道燃气计量表用气的，其用气量按照所接管道直径的计算流量乘以用气时间确定；采取其他方式使燃气计量表不计量或者少计量的，其用气量按照燃气计量表的最大额定流量乘以用气时间确定。

前款用气时间，居民用户按照每日三小时计算，居民用户使用燃气采暖的，按照每日二十四小时计算，工业用户按照生产时间计算，其他用户按照每日十二小时计算。无法查明违法用气日期的，按照一百八十日计算。

第三十一条 鼓励生产、销售和使用节能燃气燃烧器具。禁止生产、销售和使用不符合国家标准的燃气燃烧器具。

燃气燃烧器具生产单位、销售单位应当设立或者委托设立售后服务站点，配备经考核合格的燃气燃烧器具安装、维修人员，负责售后的安装、维修服务。

第三十二条 燃气燃烧器具安装、维修企业应当按照国家标准安装、维修燃气燃烧器具，并遵守下列规定：

（一）建立并落实企业安全管理制度、用户服务制度和用户档案；

（二）燃气燃烧器具安装维修人员应当经考核合格，持证上岗；

（三）燃气燃烧器具安装后，应当进行检验，检验合格的，应当给用户出具合格证书；

（四）不得限定用户购买本企业生产或者指定的燃气燃烧器具和相关产品；

（五）不得改动燃气计量表和表前燃气设施；

（六）对用户提供的不符合标准的燃气燃烧器具应当拒绝安装，对用户提出的不符合安装规范的要求应当拒绝。

燃气主管部门应当定期向社会公布燃气燃烧器具安装、维修企业目录。

第三十三条 在本市销售和使用的家用燃气泄漏报警器和燃气泄漏安全保护装置及其附属设施，应当符合国家有关标准和规范。

提倡居民用户使用家用燃气泄漏报警器和燃气泄漏安全保护装置。

燃气主管部门或者燃气经营企业不得限定用户购买其指定的燃气燃烧器具、家用燃气泄漏报警器和燃气泄漏安全保护装置及其附属设施。

第五章 燃气安全与应急处置

第三十四条 燃气经营企业应当建立燃

气安全管理责任制，健全安全管理网络，定期巡查、检验、检修和更新燃气设施，及时发现和消除事故隐患，并向用户宣传燃气安全使用知识。物业服务企业、居（村）民委员会应当配合燃气经营企业做好燃气设施的安全检查、抢修、维修和安全教育等工作。

管道燃气经营企业应当每年至少对用户的燃气设施和安全用气情况进行一次预约上门免费安全检查，将检查结果告知用户，并做好记录。发现安全隐患的，应当及时告知用户并督促用户进行整改。燃气经营企业工作人员检查时，应当主动出示工作证，用户应当予以配合。

燃气用户无正当理由拒绝燃气经营企业入户检查达两次以上的，燃气经营企业书面告知燃气用户后，可以采取暂时停止供气的措施。采取暂时停止供气措施时不得影响其他用户正常用气。

第三十五条 燃气经营企业应当在燃气管道安全范围内及重要燃气设施上设置明显的安全警示标志。

任何单位和个人不得损坏、覆盖、移动、涂改和擅自拆除安全警示标志。

第三十六条 燃气主管部门应当会同城乡规划等有关部门按照以下规定划定燃气设施保护范围，并向社会公布：

（一）低压管道的管壁外缘两侧不小于0．5米范围内的区域；

（二）中压管道的管壁外缘两侧不小于一米范围内的区域；

（三）次高压管道的管壁外缘两侧不小于二米范围内的区域；

（四）高压管道的管壁外缘两侧不小于五米范围内的区域；

（五）总储量二百立方米以下的燃气储配站周边不少于五十米内的区域；

（六）总储量二百立方米以上的燃气储配站周边不少于七十米内的区域；

（七）阀门井（室）、调压装置、计量装置、阴极保护装置等管道附属设施外壁不少于一米范围内的区域。

第三十七条 在燃气设施保护范围内，禁止从事危及燃气设施安全的活动，有关单位从事敷设管道、打桩、顶进、挖掘、钻探、堆土、基坑降水等可能影响燃气设施安全活动的，应当提前与燃气经营企业共同制定燃气设施保护方案，签订保护协议，采取相应的安全保护措施。

在燃气设施保护范围外高压燃气管道五十米范围内从事爆破作业的，也应当提前与燃气经营企业共同制定燃气设施保护方案，签订保护协议，采取相应的安全保护措施。

未制定燃气设施保护方案或者未采取相应安全保护措施进行施工的，监理单位或者建设单位配备的专业技术人员应当通知停工，并向燃气主管部门报告。

第三十八条 新建、扩建、改建建设工程，不得影响燃气设施安全。

建设单位在开工前，应当查明施工区域内地下燃气管道设施情况。燃气经营企业以及其他有关部门和单位应当及时提供相关资料。

第三十九条 任何单位和个人不得有下列行为：

（一）破坏、盗窃燃气设施；

（二）擅自开启、关闭户外管道燃气阀门；

（三）阻挠燃气经营企业将管道燃气设施连接并网或者维修；

（四）改变埋有管道燃气设施的路面承重状况；

（五）其他损坏燃气设施的行为。

第四十条 市、县（区）燃气主管部门应当会同有关部门制定燃气安全事故应急预案，报本级人民政府批准。

燃气经营企业应当根据本地燃气安全事故应急预案，制定本单位燃气安全事故应急预案，并定期组织应急预案演练。

第四十一条 燃气主管部门和公安消防、市场和质量监督、安全生产监督、交通运输、环境保护等有关行政管理部门应当建立健全燃气安全预警联动机制，整合信息资源，开展风险分析、评估和预测，对突发燃气事故做到及时报告、及时处置。

燃气经营企业应当建立健全安全评估和风险管理体系，对本单位的燃气设施定期进行检验。

鼓励燃气经营企业投保燃气安全生产责任险。鼓励燃气用户投保燃气意外伤害险。

燃气经营企业应当设置抢险抢修电话，向社会公布，并设专岗每天二十四小时值班。

第四十二条 任何单位和个人发现燃气安全事故隐患，应当立即向燃气经营企业、燃气主管部门或者公安消防机构报告。

燃气经营企业或者有关部门接到报告后，应当立即处理，不得推诿。

第四十三条 燃气经营企业发现用户存在下列重大安全隐患且不能及时整改到位的，应当采取停止供气措施：

（一）燃气设施漏气的；

（二）燃气管道末端未设有效封堵的；

（三）使用国家明令淘汰的直排式燃气热水器、燃气热水器未装烟道或者烟道未出户的；

（四）存在其他重大安全隐患且不能及时整改到位的情形。

燃气经营企业采取停止供气措施，有关单位或者个人拒绝或者阻挠的，燃气经营企业可以要求公安机关协助，并报告燃气主管部门。公安机关应当予以协助。

用户整改到位后向燃气经营企业申请恢复用气的，燃气经营企业应当在二十四小时内进行确认，并恢复供气。

第四十四条 发生燃气安全事故的，由市、县（区）人民政府组织燃气主管部门和安全生产监督、公安等部门依法进行调查处理。

第六章 监督检查

第四十五条 燃气主管部门负责对燃气规划、建设、经营以及燃气经营企业执行本条例的情况进行监督检查，并建立燃气经营企业的诚信档案和不良行为公示制度。

公安机关负责对盗用燃气及其设施的查处；公安消防机构负责对燃气行业的消防安全进行监督检查。

市场和质量监督主管部门负责对燃气锅炉、压力容器、压力管道、气瓶、槽车的安全监察和对燃气计量器具、燃气设施、燃气燃烧器具产品的质量监督以及燃气经营及燃气燃烧器具流通环节的监督检查。

安全生产监督主管部门负责对燃气行业的安全工作实施综合监督管理，指导、协调和监督各部门承担的安全监督管理工作。

交通运输主管部门负责燃气运输安全监督管理工作。

价格主管部门负责对燃气经营企业价格执行情况进行监督检查。

城市管理行政执法部门负责违法建设占压燃气管道的查处。

第四十六条 燃气主管部门和其他有关部门的燃气管理工作应当纳入市、县（区）城市综合管理工作考核范围。

第四十七条 燃气主管部门或者其他有

关部门实施监督检查时，可以采取下列措施：

（一）查阅、复制有关文件和资料；

（二）要求被检查的单位和个人就有关问题作出说明；

（三）进入现场检查。

有关单位和个人对监督检查应当予以支持、配合，不得拒绝、阻扰。

第四十八条 有关部门在监督检查时发现问题，应当及时处理；对不属于本部门职责范围的，应当及时移送并做好记录，接受移送的部门应当及时查处。

有关部门在监督检查中发现安全事故隐患的，应当责令整改，立即消除。重大安全事故隐患消除前或者消除过程中无法保证安全的，应当责令从危险区域内撤出人员，责令暂时停产停业或者停止使用；重大安全事故隐患消除后，经审查同意，方可恢复生产经营和使用。

第四十九条 燃气主管部门应当加强燃气信息平台建设，为用户提供相关服务。

燃气主管部门应当建立受理举报和投诉制度，公开举报和投诉电话、信箱或者电子邮件地址，受理举报和投诉，并及时处理。

第七章 法律责任

第五十条 违反本条例规定的行为，法律、法规有处罚规定的，从其规定。

第五十一条 违反本条例第十一条的规定，建设单位未将燃气设施建设工程竣工验收报告报燃气主管部门备案的，由燃气主管部门责令限期补报；逾期不补报的，处一万元以上二万元以下罚款。

第五十二条 违反本条例第十六条第二款的规定，设立瓶装燃气服务点未报燃气主管部门备案的，由燃气主管部门责令限期补报；逾期不补报的，处五千元以上一万元以下罚款。

第五十三条 违反本条例第十九条第一项的规定，对自有气瓶不按照规定标明专用的识别标识的，由燃气主管部门责令限期改正；逾期不改正的，处每瓶一百元罚款。

第五十四条 违反本条例第十九条第三项、第四项的规定，瓶装燃气经营企业有下列行为之一的，由市场和质量监督主管部门责令限期改正，并按照下列规定予以处罚：

（一）给不符合国家标准的、过期未检测的或者报废的气瓶充装燃气的，处二万元以上二十万元以下罚款，并对不符合国家标准的、报废的气瓶予以没收；对过期未检测的气瓶，责令限期检测，逾期不检测或者检测不合格的，予以没收。

（二）充装燃气质量不符合国家标准，违法销售产品（包括已售出和未售出的产品）货值金额等值以上三倍以下的罚款，有违法所得的，并处没收违法所得。

第五十五条 违反本条例第二十条第一款第一项的规定，向无压力容器使用证或者与使用证登记信息不一致的汽车储气瓶加气的，由市场和质量监督主管部门责令改正，处五千元以上二万元以下罚款。

第五十六条 违反本条例第二十三条第一款规定，有下列行为之一的，由燃气主管部门责令限期改正；逾期不改正的，对非居民用户可以处五千元以上五万元以下罚款；对居民用户可以处二百元以上一千元以下罚款；造成损失的，依法承担赔偿责任：

（一）初装管道燃气用户未经燃气经营企业同意自行开通点火的；

（二）将安装有燃气设施的场所改为卧

室、浴室或者其他违反安全用气规定的场所的；

（三）将管道燃气设施砌入墙体或者采取可能影响管道燃气设施安全的其他方式遮盖、隐蔽管道燃气设施的；

（四）加热、摔砸、倒卧、曝晒气瓶或者改换气瓶检验标志、钢印、漆色的；

（五）私自排放气瓶内燃气、残液或者利用气瓶互相倒灌的；

（六）使用明火检查泄漏的。

第五十七条 违反本条例第三十七条规定，建设单位、施工单位在燃气设施保护范围内进行施工，未采取安全保护措施造成重要燃气设施损坏的，依法承担赔偿责任；构成犯罪的，依法追究刑事责任。

第五十八条 燃气主管部门和其他有关部门及其工作人员在燃气管理工作中玩忽职守、滥用职权、徇私舞弊的，对直接负责的主管人员和其他直接责任人员依法给予处分；构成犯罪的，依法追究刑事责任。

第八章 附 则

第五十九条 天然气、液化石油气的生产和进口，城市天然气门站以外的天然气管道输送，燃气的槽车（船舶）运输和码头装卸，燃气作为发电、工业生产原料、切割气的使用，沼气、秸秆气的生产和使用，不适用本条例。

第六十条 本条例自公布之日起施行。

浙江省燃气管理条例

（2006 年 11 月 30 日浙江省第十届人民代表大会常务委员会第二十八次会议通过 2014 年 5 月 28 日浙江省第十二届人民代表大会常务委员会第十次会议浙江省人民代表大会常务委员会公告第 16 号《关于修改〈浙江省燃气管理条例〉的决定》修正）

第一章 总 则

第一条 为了加强燃气管理，保障人民群众生命财产安全和社会公共安全，维护燃气用户、经营单位和个人的合法权益，根据有关法律、行政法规，结合本省实际，制定本条例。

第二条 本条例适用于本省行政区域内燃气发展规划编制、燃气工程建设、燃气经营和使用、燃气设施保护、燃气燃烧器具的安装维修和使用、燃气安全事故预防和处理以及有关的管理活动。

天然气、液化石油气的生产和进口，城市门站以外的天然气管道输送，燃气作为工业生产原料的使用，沼气、秸秆气的生产和使用，不适用本条例。

法律、法规对压力容器、压力管道等特种设备另有规定的，从其规定。

第三条 本条例所称燃气，是指供给生活、生产使用的天然气（含煤层气）、液化石油气和人工煤气等气体燃料的总称。

第四条 燃气事业的发展应当遵循统一规划、安全第一、保障供应、有序竞争、规范服务、严格管理的原则。

第五条 县级以上人民政府及其有关部门应当采取措施，逐步普及燃气使用，推广安全、节能、高效的燃气新技术、新工艺、新产品，加强燃气安全监督检查和安全使用教育，提高燃气管理水平。

第六条 县级以上人民政府建设（或者城市管理、市政公用）行政主管部门（以下简称燃气主管部门）负责本行政区域的燃气管理工作。

县级以上人民政府发展和改革、城乡规划、安全监管、质量技术监督、公安、商务、经济和信息化、工商行政管理、价格、交通运输、海事、环境保护等部门，应当根据各自职责，做好燃气管理的有关工作。

燃气主管部门应当会同发展和改革、城乡规划、安全监管、质量技术监督、公安、商务、工商行政管理等部门建立健全燃气安全信息通报和执法协作机制。对执法中发现属于其他部门管辖的违法行为，应当及时通报有关部门；有关部门应当依法及时查处。

第二章 规划与建设

第七条 市、县燃气主管部门应当会同有关部门，根据当地国民经济和社会发展规划、土地利用总体规划、城乡规划、能源规划以及上一级燃气发展规划，组织编制燃气发展规划，报本级人民政府批准后组织实施，并报上一级人民政府燃气主管部门备案。

第八条 城市建设应当按照城市详细规划和燃气发展规划，配套建设相应的燃气设施或者预留燃气设施配套建设用地。预留的燃气设施配套建设用地，未经法定程序批准不得改变用途。

城镇新区开发、旧区改造工程，新建、改建、扩建道路、桥梁等市政工程，按照燃气发展规划需要配套建设管道燃气设施的，管道燃气设施（包括安全设施）应当与主体工程同时设计、同时施工、同时竣工验收。

第九条 新建、改建、扩建燃气工程项目，应当符合燃气发展规划。

对燃气发展规划范围内的燃气设施建设工程，城乡规划主管部门在依法核发选址意见书时，应当就燃气设施建设是否符合燃气发展规划征求燃气主管部门的意见；不需要核发选址意见书的，城乡规划主管部门在依法核发建设用地规划许可证或者乡村建设规划许可证时，应当就燃气设施建设是否符合燃气发展规划征求燃气主管部门的意见。

第十条 燃气工程的勘察、设计、施工和监理，应当遵守有关法律、法规规定，执行国家和省有关标准及技术规范。燃气工程建设选用的设备、材料，应当符合国家和省有关标准。

第十一条 燃气工程竣工后，燃气工程建设单位应当依法组织竣工验收，并自燃气工程竣工验收合格之日起十五日内，将竣工验收的情况向燃气主管部门备案。未经验收或者验收不合格的，不得交付使用。

第十二条 燃气工程建设单位应当按照国家和省有关档案管理的规定，在燃气工程竣工验收合格后，及时向城建档案管理机构移交完整的工程项目技术档案。

第十三条 燃气事业发展应当引入市场机制，鼓励非国有资本参与燃气事业投资建设。

第三章 经营管理

第十四条 管道燃气经营实行特许经营制度。

从事管道燃气特许经营的企业，应当事先向市、县燃气主管部门提出申请，取得市、县人民政府授予的特许经营权，与市、县人民政府或者其委托的燃气主管部门签订特许经营协议，并领取管道燃气特许经营许可证。

第十五条 申请管道燃气特许经营权的企业，应当具备下列条件：

（一）符合燃气发展规划要求；

（二）有符合国家标准的燃气气源和燃气设施；

（三）有相应的履约能力及责任承担能力；

（四）有固定的经营场所、完善的安全管理制度和健全的经营方案；

（五）企业的主要负责人、安全生产管理人员以及运行、维护和抢修人员经专业培训并考核合格；

（六）承诺接受特许经营协议的有关强制性要求；

（七）法律、法规规定的其他条件。

管道燃气特许经营权的授予，应当遵守法律、法规规定，遵循公开、公平、公正原则。

第十六条 市、县人民政府或者其委托的燃气主管部门应当与取得管道燃气特许经营权的企业签订特许经营协议，并在协议签订后颁发管道燃气特许经营许可证。

管道燃气特许经营协议一般应当包括下列内容：

（一）特许经营内容、区域及期限；

（二）产品质量标准、计量标准和服务规范；

（三）确定和调整燃气价格及其他收费标准的方法与原则；

（四）安全生产要求和保障措施；

（五）设施的权属与处置权限；

（六）设施维护、更新改造以及设施移交时的质量标准；

（七）特许经营权的变更、转让和终止；

（八）履约担保；

（九）违约责任及争议解决方式；

（十）应当约定的其他事项。

管道燃气特许经营协议应当对管网建设计划及管道燃气经营企业承担的普遍服务义务作出约定。

管道燃气特许经营的期限应当根据项目的经营规模、经营方式、投资回报周期等因素确定，但最长不得超过三十年。

第十七条 管道燃气经营企业根据特许经营协议终止经营或者因违法经营行为被依法取消特许经营权的，燃气主管部门应当实施临时接管，采取有效措施保证燃气供应和服务。

第十八条 瓶装燃气经营实行许可制度。未取得瓶装燃气经营许可证的单位和个人，不得从事瓶装燃气经营活动。

从事瓶装燃气经营的单位和个人，应当具备下列条件：

（一）有稳定的、符合国家和省有关标准的燃气气源；

（二）有符合国家标准的贮存、充装、配送等相应的场地、设施、设备和工具；

（三）有与经营规模相适应的管理、技术人员；

（四）有完善的安全管理制度和健全的经营方案，并明确安全责任人；

（五）有相应的安全事故责任承担能力；

（六）法律、法规规定的其他条件。

本条第二款第五项规定的安全事故责任承担能力的具体标准，由省燃气主管部门制定，并报省人民政府批准后执行。

从事瓶装燃气充装的，还应当依法取得气瓶充装许可证。

第十九条 申请从事瓶装燃气经营的单位和个人，应当向市、县燃气主管部门提出申请，并附具符合本条例第十八条第三款规定条件的有关证明材料。

市、县燃气主管部门应当自受理申请之日起三十日内审查完毕，作出许可或者不予许可的决定。予以许可的，向申请人颁发瓶装燃气经营许可证；不予许可的，应当书面通知申请人并说明理由。

第二十条 从事瓶装燃气经营的单位和个人应当遵守下列规定：

（一）不得向无瓶装燃气经营许可证的单位和个人供应用于销售的燃气；

（二）不得向燃气用户提供非法制造、报废、改装的气瓶或者超期限未检验、检验不合格的气瓶；

（三）不得为非法制造、报废、改装的气瓶或者超期限未检验、检验不合格的气瓶充装燃气；

（四）不得在未经核准的场地存放已充装气瓶；

（五）燃气充装量应当在国家规定的允许误差范围内；

（六）瓶装燃气残液量超过规定的，应当先抽出残液后再充装燃气；

（七）气瓶充装后，应当标明充装单位；

（八）瓶装燃气的运输应当符合国家和省有关危险品运输的规定；

（九）法律、法规的其他有关规定。

第二十一条 燃气经营单位和个人，应当加强对从业人员的管理。从事安全管理、燃气燃烧器具安装维修、瓶装燃气配送和抢险抢修的人员，应当具有相应专业知识。

国家对从事燃气行业特定岗位有职业资格要求的，有关从业人员应当取得相应的职业资格证书。

第二十二条 燃气经营单位和个人应当遵守行业服务规范，制定并提供燃气用户安全用气手册，宣传燃气安全使用、燃气设施保养和事故紧急处置等常识；公布服务电话及事故抢修电话，并按照要求建立值班制度。

街道办事处、乡（镇）人民政府、居（村）民委员会和住宅区物业服务企业应当配合进行宣传指导。

第二十三条 燃气经营单位和个人应当保证燃气热值、成分、压力、充装量、嗅味等指标符合规定标准。管道燃气经营企业与燃气用户之间对燃气供应有特别约定的，应当符合约定要求。

管道燃气经营企业应当按照规定建立燃气质量检测制度。

第二十四条 管道燃气经营企业因燃气工程施工、设施检修等情况，确需降压或者暂停供气的，应当提前四十八小时予以公告；因不可抗力或者燃气设施抢修等紧急情况，确需降压或者停气的，应当及时告知燃气用户，并按照规定向燃气主管部门报告；恢复供气应当事先通知燃气用户。

第二十五条 燃气燃烧器具销售单位和个人应当告知燃气用户燃气燃烧器具的气源适配范围，并按照规定或者承诺向消费者提供“包修、包换、包退”服务。

燃气燃烧器具安装单位和个人应当按照国家标准和技术规范安装燃气燃烧器具，不得擅自移动燃气计量表和表前燃气设施。

第二十六条 燃气价格及服务收费标准的制定或者调整，应当按照价格法律、法规的有关规定执行。燃气经营单位和个人应当在经营场所公示服务项目和收费标准，按照规定标准收取费用，并向燃气用户出具票据。

第二十七条 燃气主管部门应当建立举报和投诉制度，公开举报和投诉电话、信箱或者电子邮件地址，受理有关燃气安全、质量、价格和服务的举报与投诉。

燃气主管部门应当自收到举报或者投诉之日起十五日内予以处理。

第四章 安全管理

第二十八条 县级以上人民政府应当组织燃气主管部门及有关部门制定燃气事故应急预案，明确应急机构的组成单位和有关职责、资金装备和人员的保障措施以及应急行动方案。

燃气主管部门以及公安、质量技术监督、安全监管等部门应当按照各自的职责，依法加强对燃气经营单位和个人的安全监督检查；发现安全隐患的，应当依照有关法律、法规规定及时予以处置。

第二十九条 燃气经营单位和个人应当严格执行有关安全生产的法律、法规规定，建立、实施燃气安全管理责任制。

燃气经营单位和个人应当按规定对燃气设施定期巡查、检修和更新，及时消除事故隐患。

燃气经营单位和个人应当按规定对燃气用户的燃气设施、燃气燃烧器具定期检查，劝阻、制止燃气用户违反安全用气规定的行为；劝阻、制止无效的，燃气经营单位和个人应当及时报告市、县燃气主管部门。

燃气经营单位和个人应当按照规定制定燃气事故应急预案，配备相应人员和装备，储备必要救急物资，组织演练。

第三十条 市、县燃气主管部门应当会同规划、公安等部门，按照国家燃气设计规范的要求，划定重要燃气设施的安全保护范围。

燃气经营单位和个人应当在重要燃气设施上设置统一安全警示标志；在划定的安全保护范围周边设置统一的安全保护标志牌。

任何单位和个人不得损坏、涂改和擅自移动、拆除、覆盖安全警示标志、安全保护标志牌。

第三十一条 在燃气设施安全保护范围内，禁止从事危及燃气设施安全的活动。

在燃气设施保护范围内，有关单位从事敷设管道、打桩、顶进、挖掘、钻探等可能影响燃气设施安全活动的，应当与燃气经营者共同制定燃气设施保护方案，并采取相应的安全保护措施。

第三十二条 建设工程开工前，建设单位或者施工单位应当向燃气经营单位和个人或者城建档案管理机构查明地下燃气设施的有关情况。燃气经营单位和个人或者城建档案管理机构应当在接到查询要求后三日内书面告知地下燃气设施情况。

第三十三条 建设工程施工可能影响燃气设施安全的，建设单位或者施工单位应当与燃气经营单位和个人协商，并采取相应的安全保护措施。采取安全保护措施所需费用由建设单位或者施工单位承担。

由于施工造成燃气设施损坏的，施工单位应当协助燃气经营单位和个人进行抢修，并依法承担相应赔偿责任。

第三十四条 瓶装燃气充装应当在储配站内按照操作规程作业。禁止在储罐和槽车罐体的取样阀上充装燃气、用槽车向气瓶充装燃气或者气瓶间相互充装燃气。

第三十五条 发生燃气事故时，燃气主管部门及其他有关行政管理部门、燃气经营单位和个人应当根据燃气事故应急预案，采取相应安全应急措施，立即组织抢修。

燃气设施抢修时，有关单位和个人应当给予配合，不得以任何理由阻挠或者干扰抢修作业。

第三十六条 燃气事故的报告和调查处理，按照国家和省有关安全事故处理的法律、法规规定执行。

第五章　用气管理

第三十七条　燃气用户应当配合燃气经营单位和个人进行燃气安全检查，按照燃气技术规范要求使用燃气。

燃气用户不得有下列行为：

（一）使用国家明令淘汰的燃气燃烧器具；

（二）违反技术规范要求拆卸、安装、改装燃气燃烧器具；

（三）使用非法制造、报废、改装的气瓶或者超期限未检验、检验不合格的气瓶；

（四）加热、摔砸、倒卧、曝晒燃气气瓶或者改换气瓶检验标志、漆色；

（五）倾倒燃气残液或者用气瓶相互倒灌；

（六）进行危害室内燃气设施安全的装饰、装修活动；

（七）法律、法规禁止的其他行为。

第三十八条　燃气用户应当按照燃气燃烧器具及输气软管等配件的设计使用年限及时更新。

推广使用燃气用波纹软管等防损、抗老化输气软管，提倡使用燃气泄漏报警器。

第三十九条　非居民燃气用户应当落实燃气安全管理制度和安全责任人，操作维护人员应当接受安全生产教育和培训，掌握本岗位的安全操作技能和燃气安全知识。

第四十条　燃气计量表和表前燃气设施由管道燃气经营企业负责维护、更新；燃气计量表后燃气设施和燃气燃烧器具，由燃气用户负责维护、更新。

非居民燃气用户与管道燃气经营企业另有约定的，从其约定。

燃气用户需要改装、拆除由其承担管理、维护责任的管道燃气设施的，应当经管道燃气经营企业同意，由具有相应资质的单位组织施工。

第四十一条　管道燃气用户应当按照供气合同的约定缴纳燃气费。逾期不缴纳的，管道燃气用户应当按照约定支付滞纳金。

第四十二条　管道燃气的用气量应当以经法定计量检定机构检定合格的燃气计量表的记录为准。燃气用户对管道燃气计量表准确度有异议的，可以委托法定计量检定机构检定。经检定的管道燃气计量表，其误差在法定范围内的，检定费用由燃气用户承担；其误差超过法定范围的，检定费用由管道燃气企业支付，并由管道燃气企业更换合格的燃气计量表，退还多收取的燃气费。

燃气用户对检定结果有异议的，可以向质量技术监督部门投诉。

第六章　法律责任

第四十三条　违反本条例规定的行为，法律、法规已有行政处罚规定的，从其规定。

第四十四条　违反本条例第十一条规定，燃气工程建设单位未将竣工验收情况报备案的，由县级以上燃气主管部门责令限期改正，可处一万元以上十万元以下罚款。

第四十五条　违反本条例第十四条第二款规定，未取得管道燃气特许经营许可证从事经营活动的，由县级以上燃气主管部门责令停止经营，没收违法所得，处二十万元以上五十万元以下罚款。

违反本条例第十八条第一款规定，未取得瓶装燃气经营许可证从事经营活动的，由县级以上燃气主管部门责令停止经营，没收违法所得，处五万元以上二十万元以下罚款。

第四十六条　燃气经营单位和个人违反

本条例第二十条第二项至第八项、第三十四条规定，或者燃气燃烧器具安装单位和个人违反本条例第二十五条第二款规定擅自移动燃气计量表和表前燃气设施的，由县级以上燃气主管部门责令停止违法行为，处一千元以上一万元以下罚款。

第四十七条 燃气经营单位和个人未按照本条例第二十二条第一款规定向燃气用户提供安全用气手册或者建立值班制度的，由县级以上燃气主管部门责令限期改正，可处一千元以上五千元以下罚款。

第四十八条 燃气经营单位和个人未按照本条例第二十三条第二款规定建立燃气质量检测制度，或者未按照本条例第二十九条规定建立实施安全管理责任制、制定燃气事故应急预案的，由县级以上燃气主管部门责令限期改正，处一千元以上一万元以下罚款。

第四十九条 燃气用户有本条例第三十七条第二款规定的禁止行为之一的，由县级以上燃气主管部门责令改正，对居民燃气用户可处五十元以上五百元以下罚款，对非居民燃气用户可处五百元以上五千元以下罚款。

第五十条 燃气经营单位和个人违反本条例有关规定，有下列行为之一的，由县级以上人民政府依法吊销其特许经营许可证或者由县级以上燃气主管部门吊销其瓶装燃气经营许可证：

（一）存在重大安全隐患且在规定的期限内不予整改或者整改后仍不符合规定要求的；

（二）因管理不善，发生重大质量、生产安全事故的；

（三）擅自停业、歇业，严重影响社会公共利益和公共安全的；

（四）法律、法规规定的其他情形。

第五十一条 燃气主管部门和其他有关行政主管部门及其工作人员有下列情形之一的，对直接负责的主管人员和其他直接责任人员，依法给予处分：

（一）违反规定权限和程序授予管道燃气特许经营许可证、瓶装燃气经营许可证的；

（二）发现违法行为或者接到对违法行为的举报后不予依法查处的；

（三）接到重大燃气事故报告后，未按照预案采取应急措施的；

（四）未依法履行安全监督管理职责，导致发生重大安全事故的；

（五）其他滥用职权、玩忽职守、徇私舞弊的行为。

第五十二条 违反本条例规定的行为，构成犯罪的，依法追究刑事责任。

第七章 附　　则

第五十三条 本条例下列用语的含义：

（一）燃气设施，是指人工煤气生产厂、燃气储配站、门站、气化站、混气站、加气站、灌装站、供应站、调压站、市政燃气管网等的总称，包括市政燃气工程、建筑区划内业主专有部分以外的燃气设施以及户内燃气设施等。

（二）燃气工程，是指燃气设施新建、改建、扩建工程。

（三）燃气燃烧器具，是指以燃气为燃料的燃烧器具，包括居民家庭和商业用户所使用的燃气灶、热水器、沸水器、采暖器、空调器等器具。

第五十四条 本条例自 2007 年 1 月 1 日起施行。1997 年 1 月 15 日浙江省人民政府发布的《浙江省液化石油气管理办法》同时废止。

杭州市燃气管理条例

（1998年8月22日杭州市第九届人民代表大会常务委员会第十三次会议通过　1998年10月24日浙江省第九届人民代表大会常务委员会第八次会议批准　根据2001年11月26日杭州市第九届人民代表大会常务委员会第三十八次会议通过　2001年12月28日浙江省第九届人民代表大会常务委员会第三十次会议批准的《杭州市人民代表大会常务委员会关于修改〈杭州市燃气管理条例〉的决定》第一次修正　根据2003年6月13日杭州市第十届人民代表大会常务委员会第十次会议通过　2003年9月4日浙江省第十届人民代表大会常务委员会第五次会议批准的《杭州市人民代表大会常务委员会关于修改〈杭州市燃气管理条例〉部分条款的决定》第二次修正　根据2004年4月28日杭州市第十届人民代表大会常务委员会第十七次会议通过　2004年5月28日浙江省第十届人民代表大会常务委员会第十一次会议批准的《杭州市人民代表大会常务委员会关于修改〈杭州市燃气管理条例〉的决定》第三次修正　2013年10月31日杭州市第十二届人民代表大会常务委员会第十五次会议修订　2014年3月27日浙江省人民代表大会常务委员会第九次会议批准）

第一章　总　　则

第一条　为了加强燃气管理，保障燃气供应，防止和减少燃气安全事故，保障公民生命、财产安全和公共安全，维护燃气经营者和燃气用户的合法权益，根据国务院《城镇燃气管理条例》、《浙江省燃气管理条例》等有关法律、法规的规定，结合本市实际，制定本条例。

第二条　本市行政区域内燃气发展规划与应急保障、燃气经营与设施管理、燃气使用与安全管理等相关管理活动，适用本条例。

第三条　本条例所称燃气，是指供给生活、生产使用的天然气、液化石油气和人工煤气等气体燃料的总称，沼气、秸秆气和作为工业生产原料使用的气体燃料不适用本条例。

本条例所称燃气设施是指燃气储存充装站、门站、应急气源站、气化站、混气站、加气站、灌装站、供应站、调压站、市政燃气管网等的总称，包括市政燃气设施、建筑区划内业主专有部分以外的燃气设施以及户内燃气设施等。

第四条　燃气工作应当坚持统筹规划、保障安全、确保供应、规范服务、节能高效的原则。

第五条　市、县（市）人民政府应当加强对燃气工作的领导，将燃气事业的建设和发展纳入国民经济和社会发展规划以及城乡规划。

第六条　市、县（市）燃气管理部门负责本行政区域内的燃气管理工作。

发展和改革、城乡规划、质量技术监督、安全生产监督、工商、公安、交通运输、价格、环境保护等主管部门按照各自的职责，协同做好燃气管理工作。

第二章　燃气发展规划与应急保障

第七条　市、县（市）燃气管理部门应当会同发展和改革、城乡规划等有关部门，根据国民经济和社会发展规划、城市总体规划或者县（市）域总体规划和上一级能源发展规划，编制区域内燃气发展规划，报本级人民政府批准后组织实施，并报上一级人民政府燃气管理部门备案。

燃气发展规划的内容应当包括：燃气气源、燃气种类、燃气供应方式和规模、燃气设施布局和建设时序、燃气供应保障措施、安全保障措施，以及燃气设施建设用地、燃气设施保护范围的划定原则等。

市燃气发展规划应当明确市行政区域内天然气气源以及与省天然气供气系统衔接、天然气高中压管线及其附属设施、天然气应急保障气源场站和市区城市天然气管网、瓶装燃气供应站点、车船加气站布局等内容。县（市）燃气发展规划应当明确区域内天然气管网、瓶装燃气供应站点和车船加气站布局等内容。

第八条 燃气发展规划确定的燃气设施建设用地应当在控制性详细规划中落实，未经法定程序批准不得改变用途。

第九条 天然气管道供应项目应当以区域化、规模化统一建设的模式实施。

第十条 市、县（市）人民政府应当组织建立燃气应急储备制度。

发展和改革部门应当会同同级燃气管理部门编制燃气应急储备预案，确定燃气应急气源和种类、燃气储备的布局、储备总量、应急供应方式、应急处置程序、应急救援措施和启用要求等内容。

第十一条 市、县（市）燃气管理部门应当会同有关部门对燃气供求状况实施检测、预测和预警。

因气源短缺等原因不能正常供气，造成燃气供求状况重大失衡的，市、县（市）人民政府应当根据优先保证民用原则启动燃气应急储备预案。燃气经营者因执行燃气应急储备预案所增加的成本费用，由市、县（市）人民政府给予适当补贴。

第三章　燃气经营与设施管理

第十二条 燃气经营实行许可证制度。

从事燃气经营活动的企业，应当具备国务院《城镇燃气管理条例》规定的条件。

个人从事瓶装燃气经营活动应当具备《浙江省燃气管理条例》规定的条件。

第十三条 燃气销售价格应当根据购气成本、经营成本和当地经济社会发展水平合理确定并与上游价格适时联动调整。

第十四条 管道燃气经营企业对其供气范围内的市政燃气设施、建筑区划内业主专有部分以外的燃气设施，承担运行、维护、抢修和更新改造的责任。

第十五条 燃气用户对其所有的管道燃气设施承担管理、维护责任。燃气用户委托管道燃气经营企业维修保养的，双方应当签订维修保养协议。

以下管道燃气设施属于燃气用户所有：

（一）居民用户：以燃气计量表具为界，表具（不含）后的燃气设施归用户所有；

（二）机关、企事业单位用户和其他团体用户：中压管道供气用户以城市燃气中压管道支线阀门为界，支线阀门后的燃气设施（不含支线阀门，含调压室、调压器）归用户所有。低压管道供气用户以用户围墙或者建筑物外缘为界，围墙或者建筑物以内的，归用户所有。

燃气用户需要改装、拆除管道燃气设施的，应当经管道燃气经营企业同意，由具有相应资质的单位组织施工。

第十六条 任何单位和个人不得损毁、涂改和擅自移动、拆除、覆盖燃气设施安全警示标志。

在燃气设施的安全保护范围内，从事敷设管道、打桩、顶进、挖掘、钻探等可能影响燃气设施安全活动的，建设单位应当委托具有相应施工资质的单位施工，会同燃气经营者制定燃气设施安全保护方案，签订安全监护协议书，并在施工中落实相应的安全保护措施。施工单位在开工前应当书面通知燃气经营者，燃气经营者应当派专业人员到施工现场指导和监护。

第十七条 对途经各区、县（市）的各类燃气高中压输气管线及其附属设施，当地人民政府应当对沿线单位、村（居）民进行管线安全保护的宣传教育，并负责协调解决有关管线设施巡查、维修和事故抢险等事项。

第十八条 燃气计量表具及其附属配件由燃气经营者按国家规定送具备相应资质的计量检定机构检定。机关、企事业单位用户和其他团体用户的燃气计量表具由用户按国家规定的检验周期送检。

第四章 燃气使用与安全管理

第十九条 燃气经营者和燃气用户应当通过签订合同等方式达成供气协议，明确双方的权利义务。

管道燃气用户变更用户名称、用气量、燃气用途或者停止使用燃气的，应当办理变更、停用手续。

第二十条 管道燃气用量由管道燃气经营企业定期抄表计量，燃气用户应当按时缴纳燃气费。

一方对计量表具的计量有异议的，可申请具备相应资质的计量检定机构检定。检定合格的，由申请方缴纳检测费；检定不合格的，由管道燃气经营企业缴纳检测费并由表具产权所有者维修或者更换计量表具，管道燃气用量按照供气合同约定的方式解决。

第二十一条 任何单位和个人不得有下列行为：

（一）在燃气输配管网上直接接管安装燃气器具或者采用其他方式盗用燃气；

（二）擅自安装、拆除、改装、迁移、遮挡、覆盖管道燃气设施或者将计量表具安置于密闭的箱、橱（柜）内，或者在燃气计量表具周围设置影响读数的障碍物；

（三）将燃气设施作为负重支架堆放、悬挂物品或者将燃气管道作为电器设备的接地导体；

（四）违反技术规范要求拆卸、安装、改装燃气燃烧器具；

（五）擅自启封、动用、调整燃气经营企业密闭的管道燃气设施；

（六）使用国家明令淘汰的燃气燃烧器具或者与当地燃气气源不相适配的燃气燃烧器具、连接器；

（七）使用明火检查泄漏；

（八）火烤、摔砸、倒卧液化气钢瓶，违反规定倒灌、分装液化气和排放液化气残液，改换钢瓶检验标记或者瓶体漆色，擅自拆修瓶阀等附件；

（九）擅自改变燃气用途或者转供燃气；

（十）在不具备安全使用条件的场所使用燃气或者上门安全检查发现安全隐患后继续使用燃气；

（十一）法律、法规禁止的其他危害用气安全的行为。

燃气用户出现前款规定行为之一的，燃气经营者应当提出整改措施，并督促、协助用户落实整改。对拒不整改的管道燃气用户，管道燃气经营企业可以按照供气合同约定停止供气。申请开户的管道燃气用户存在前款规定行为之一的，管道燃气经营企业应当拒绝开通燃气，直至上述行为消除。

第二十二条 市、县（市）人民政府应当建立由公安消防、安全生产监督、质量技术监督、公共卫生、城市管理、交通运输、环境保护等部门参加的重大燃气安全事故应急组织，按燃气事故分类、事故等级制定燃气安全事故应急预案。

市人民政府应当建立市行政区域内高中压输气管线及其附属设施、燃气应急保障气源场站统一协调的应急预案。

第二十三条 燃气经营者应当建立包含组织机构、责任分工、事故分类、处置程序、事故分析及上报等内容的燃气安全事故应急预案，并每年定期开展演练。

第二十四条 市、县（市）燃气管理部门应当加强燃气安全宣传，对燃气经营者的安全管理、应急处置水平进行监督检查，并制定相应的考核管理办法。

第二十五条 管道燃气经营企业应当建立安全检查、维修维护、事故抢修等制度，健全燃气安全保障体系。

管道燃气经营企业应当向燃气用户提供安全使用手册，宣传安全使用常识，提供安全使用燃气指导，并每两年对燃气用户的燃气设施和燃气燃烧器具进行预约上门免费安全检查。

第二十六条 燃气经营者应当在燃气储配站、门站、调压站、计量站、应急气源站、气化站、加气站、灌装站、供应站、阀室、桥管、市政燃气管网等场所和设施上设置醒目的安全警示标志，并按照规定配备必要的消防设施，定时进行巡回检查。

第二十七条 瓶装燃气充装应当在储灌站内按照操作规程进行。禁止在储罐和槽车罐体的取样阀上灌装液化气或者用钢瓶相互倒灌液化气。

第二十八条 生产、储存、输配燃气的储罐、槽车、车用储气罐、燃气钢瓶等压力容器设备，应当符合国家有关规范和标准，其安全附件应当齐全、可靠。压力容器设备投入使用前或者投入使用后三十日内，燃气经营者应当向质量技术监督部门登记，并将登记标志置于压力容器设备醒目位置。

第五章 监督检查

第二十九条 市、县（市）燃气管理部门应当加强燃气工程建设、燃气经营、燃气设施保护、燃气使用和安全管理等活动的监督检查。

公安机关消防机构应当依法加强对燃气经营场站、使用燃气的经营性场所以及燃气储存场所等的消防安全检查，监督落实消防安全制度。

质量技术监督主管部门应当依法加强对燃气压力容器的充装与使用、供气计量、燃气器具产品质量的监督检查。钢瓶存在严重事故隐患或者超过安全技术规范规定的使用年限，燃气经营者未及时回收并报废的，由质量技术监督主管部门负责查处。

交通运输主管部门应当依法加强燃气运输安全管理。未依法取得危险货物运输许可从事燃气运输的，以及燃气运输企业驾驶人员、船员、装卸管理人员、押运人员未取得从业资格上岗作业的，由交通运输主管部门负责查处。

第三十条 燃气、质量技术监督、交通运输等主管部门在监督检查中发现违法行为属于其他有关主管部门管辖的，应当及时书面通报或者移交相关主管部门处理。涉嫌犯罪，依法需要追究刑事责任的，依照相关规定向公安机关移送。

第六章 法律责任

第三十一条 违反本条例规定的行为，

有关法律、法规已有法律责任规定的，从其规定。

第三十二条 违反本条例第十六条第二款规定，施工单位未在开工前书面通知燃气经营者的，由城市管理行政执法部门责令立即改正，可以处三千元罚款；燃气经营者未指派专业人员到施工现场指导和监护的，由城市管理行政执法部门责令立即改正，可以处五千元罚款。

第三十三条 违反本条例第二十一条第一款规定，有关单位和个人有下列行为之一的，由城市管理行政执法部门责令限期改正；逾期不改正的，对单位可以处一万元以上十万元以下罚款，对个人可以处五百元以上一千元以下罚款：

（一）将计量表具安置于密闭的箱、橱（柜）内，或者在燃气计量表具周围设置影响读数的障碍物的；

（二）擅自启封、动用、调整燃气经营企业密闭的管道燃气设施的；

（三）擅自拆修瓶阀等附件的。

第三十四条 市、县（市）燃气管理部门和其他有关主管部门及其工作人员有下列情形之一的，对直接负责的主管人员和其他直接责任人员，依法给予处分：

（一）不依法作出许可决定或者办理批准文件的；

（二）发现违法行为或者接到对违法行为的举报后不予查处的；

（三）违法实施行政处罚的；

（四）对依法取得燃气经营许可证或者经批准从事燃气相关经营活动的经营者不履行监管职责的；

（五）其他不依法履行监督管理职责的行为。

第七章　附　　则

第三十五条 本条例自2014年5月1日起施行。

福建省燃气管理条例

（2002年9月27日福建省第九届人民代表大会常务委员会第三十四次会议通过　根据2007年9月27日福建省第十届人民代表大会常务委员会第三十一次会议修订　根据2012年3月29日福建省十一届人大常委会第二十九次会议通过的《福建省人民代表大会常务委员会关于修改部分地方性法规的决定》修正）

第一章　总　　则

第一条 为加强燃气管理，保障公民生命财产安全和社会公共安全，维护生产者、经营者和使用者的合法权益，促进燃气事业健康发展，根据有关法律、法规，结合本省实际，制定本条例。

第二条 本省行政区域内燃气的规划、工程建设、生产、贮存、输配、经营、使用、设施保护和燃气器具的安装、维修、销售、使用以及相关管理活动，适用本条例。

第三条 县级以上地方人民政府燃气行政主管部门负责本行政区域内的燃气管理工作，并可委托其所属的燃气管理机构负责燃气管理日常工作。

安全生产监督管理部门负责燃气安全生产的综合监督管理；公安消防机构负责燃气的消防监督；质量技术监督部门负责燃气压力容器、压力管道的安全监察和燃气表、压力表等器具的质量、计量监督。

发展和改革、经贸、建设、规划、交通、环境保护、价格、工商等行政主管部门按照各自职责，做好燃气管理监督工作。

第四条 县级以上地方人民政府应当坚持统一规划、合理布局、安全第一、方便群众、节能环保和经济适用的原则，把燃气事业纳入国民经济和社会发展规划，鼓励新技术的开发研究和推广使用。

第五条 县级以上地方人民政府燃气行政主管部门应当加强对燃气行业协会的监督指导，充分发挥行业协会的作用。

燃气行业协会应当加强行业信用建设和自律管理，建立企业信用档案，开展行业服务，规范行业行为。

第二章 规划和建设

第六条 设区的市、县（市）人民政府燃气行政主管部门应当根据城市总体规划组织编制当地燃气专业规划，征求有关部门意见，报本级人民政府批准，并报上一级燃气行政主管部门备案。

燃气专业规划应当包括以下主要内容：

（一）气源类型及结构；

（二）燃气消耗水平，供气规模；

（三）管道燃气生产和输配系统；

（四）燃气储存基地和瓶装供应站点的规模、布局；

（五）燃气汽车加气站的规模和布局；

（六）安全、环保等要求。

第七条 城市建设应当按照城市详细规划和燃气专业规划，配套建设相应的燃气设施或者预留燃气设施配套建设用地。预留的燃气设施配套建设用地，未经法定程序批准不得改变用途。

第八条 在管道燃气供气规划区内，新建、改建、扩建住宅建筑和其他需要使用燃气的建筑，以及管道燃气供气规划区外需要使用燃气的高层民用建筑，建设单位应当配套建设规划红线范围内的管道燃气设施，并与主体工程同时设计、同时施工、同时竣工验收。

第九条 燃气工程建设项目必须符合燃气专业规划，遵守国家和本省的有关技术标准和技术规范。

燃气工程建设项目必须经县级以上地方人民政府燃气行政主管部门审查同意后，按照基本建设程序办理审批手续。

第十条 燃气工程的设计和施工应当由具有相应资质等级的设计和施工单位承担。

建设单位在办理燃气工程施工许可证前，应当向项目所在地建设工程质量安全监督机构办理工程质量安全监督手续。

第十一条 燃气工程竣工后，建设单位应当按照国家和本省有关规定组织竣工验收，并将竣工验收报告、有关认可文件或者准许使用文件依法报建设行政主管部门备案；未经验收或者验收不合格的，不得交付使用。

燃气工程竣工验收后，建设单位应当按照国家和本省有关档案管理的规定，收集、整理燃气工程建设项目的文件资料，建立燃气工程建设项目档案，并在工程竣工验收后六个月内向所在地城建档案管理机构移交。

第三章 燃气经营许可

第十二条 管道燃气经营实行特许经营制度。

从事管道燃气经营的企业，必须依法取得管道燃气项目所在地设区的市、县（市）人民政府授予的特许经营权及其颁发的管道燃气特许经营许可证，并与设区的市、县

（市）人民政府或者其授权的燃气行政主管部门签订特许经营协议。

管道燃气特许经营权的授予，应当依法通过招标方式作出决定。有效投标人不足三个的，可以依法采取其他公开、公平的方式作出决定。

管道燃气特许经营权的招标等工作由设区的市、县（市）人民政府燃气行政主管部门组织实施。组织实施方案征求省人民政府燃气行政主管部门意见后实施。

第十三条 从事管道燃气特许经营的企业，应当具备下列条件：

（一）依法核准登记的企业法人；

（二）与特许经营供气规模相适应的资金和良好的银行资信、财务状况及相应偿债能力；

（三）与生产经营规模相适应的生产、管理、安全及工程技术人员；

（四）稳定的符合国家标准的燃气气源；

（五）具体的经营方案；

（六）生产安全事故应急救援预案；

（七）法律、法规规定的其他条件。

第十四条 本条例实施前已经设区的市、县（市）人民政府或其燃气行政主管部门批准从事管道燃气经营的企业，经设区的市、县（市）人民政府审查，符合本条例第十三条规定条件的，可以授予管道燃气特许经营权。

第十五条 管道燃气特许经营协议应当包括以下主要内容：

（一）特许经营项目、区域、范围及期限；

（二）供气的起始日期、质量和服务标准；

（三）价格和收费的确定及调整办法；

（四）燃气设施的权属与处置权限；

（五）燃气设施、设备的建设、维护和更新改造；

（六）安全管理责任和应急供气要求；

（七）股东及股权变化的处置；

（八）履约担保；

（九）终止特许经营权的情形；

（十）特许经营权终止后资产等相关事项的处置；

（十一）违约责任及争议解决方式；

（十二）双方认为应当约定的其他事项。

特许经营期限不得超过三十年。

签订特许经营协议，应当使用省人民政府燃气行政主管部门根据国家和本条例有关规定编制的特许经营协议示范文本。

第十六条 管道燃气经营企业应当遵守下列规定：

（一）按照特许经营协议的约定投资、建设、经营和服务；

（二）按照安全生产法律、法规和国家安全生产标准、规范，组织企业安全生产；

（三）接受有关主管部门对经营成本、产品、价格、安全生产和服务质量的监督检查；

（四）将年度经营计划及经营情况等报燃气行政主管部门备案。

第十七条 管道燃气经营企业有下列行为之一的，设区的市、县（市）人民政府燃气行政主管部门报经本级人民政府批准，可以终止特许经营协议，收回特许经营许可证，依照本条例规定重新进行招标等工作，确定新的管道燃气特许经营企业，并组织实施临时管理：

（一）转让、出租、质押特许经营权的；

（二）转让或者违反特许经营协议约定擅自抵押保障供气的设施、设备的；

（三）存在重大安全隐患且拒不整改的；

（四）擅自停业、歇业的；

（五）法律、法规规定的其他情形。

实施临时管理期间，被收回特许经营许可证的管道燃气经营企业应当接受临时管理，保障正常供气。

第十八条 从事瓶装燃气经营的企业，应当向所在地设区的市人民政府燃气行政主管部门提出申请。燃气行政主管部门应当自受理申请之日起二十日内作出决定。准予许可的，发给瓶装燃气经营许可证；不予许可的，书面说明理由。

从事瓶装燃气经营的企业，应当具备下列条件：

（一）依法核准登记的企业法人；

（二）与经营规模相适应的资金；

（三）固定的、符合安全条件的经营场所；

（四）稳定的、符合国家标准的燃气气源；

（五）符合国家标准的供气设施；

（六）相应数量的专业技术人员和经过燃气专业培训的操作人员；

（七）生产安全事故应急预案，与供气规模相适应的抢险抢修人员、仪器、设备和交通工具；

（八）安全管理和经营管理制度；

（九）法律、法规规定的其他条件。

第十九条 取得瓶装燃气经营许可证的企业方可设立瓶装燃气供应站（点）。

设立瓶装燃气供应站（点）的，应当向所在地设区的市、县（市）人民政府燃气行政主管部门提出申请。燃气行政主管部门应当自受理申请之日起二十日内作出决定。准予许可的，发给瓶装燃气供应许可证；不予许可的，书面说明理由。

设立瓶装燃气供应站（点）的，应当符合燃气专业规划，并具备本条例第十八条第二款第（三）、（五）、（六）、（八）项条件。

第二十条 设立燃气汽车加气站的，应当向所在地设区的市人民政府燃气行政主管部门提出申请，但在高速公路服务区设立燃气汽车加气站的，应当向省人民政府燃气行政主管部门提出申请。燃气行政主管部门应当自受理申请之日起二十日内作出决定。准予许可的，发给燃气汽车加气经营许可证；不予许可的，书面说明理由。

设立燃气汽车加气站的，应当符合燃气专业规划，制定生产安全事故应急预案，并具备本条例第十八条第二款第（一）、（三）、（四）、（五）、（六）、（八）项条件。

第二十一条 瓶装燃气经营许可证、瓶装燃气供应许可证和燃气汽车加气经营许可证实行年审制度。

第二十二条 禁止向无瓶装燃气经营许可证、无瓶装燃气供应许可证或者无燃气汽车加气经营许可证的单位或者个人提供经营性气源。

第二十三条 燃气行政主管部门应当建立健全行政许可的监督检查制度。

上级燃气行政主管部门应当加强对下级燃气行政主管部门实施行政许可的监督检查，及时纠正行政许可实施中的违法行为。

个人和组织发现违法从事燃气经营活动的，有权向有关行政主管部门举报，有关部门接到举报后应当及时核实、依法处理。

第四章 燃气经营与使用

第二十四条 燃气经营企业应当遵守相关服务标准和规范，公布并履行服务承诺。

有关行政部门应当加强对燃气经营企业经营活动的监督检查，保障用户的合法权益。

第二十五条 燃气价格、服务收费项目和标准的制定，应当遵守有关价格的法律、法规，符合国家和本省的定价目录。

第二十六条 燃气经营企业应当保证所提供燃气的热值、组份、嗅味、压力、计量等符合国家有关标准。

瓶装燃气经营企业应当保证所提供的瓶装燃气的充装重量符合安全技术规范及定量包装商品净含量国家相关标准，设立公平秤，对燃气气瓶内的残液实行计、退、倒残制度，不得短斤少两。

充装后的燃气气瓶出站前必须有经营企业的燃气气瓶标志、充装标签、警示标志。

第二十七条 管道燃气经营企业应当对居民用户履行普遍服务义务。对提出使用管道燃气并符合供气条件和使用条件的居民用户，管道燃气经营企业应当与其签订供用气合同，明确双方的权利、义务及违约责任。签订供用气合同应当使用国家制定的示范文本。

用户应当按照国家有关规定和供用气合同的约定及时交付燃气费。用户逾期未交付燃气费，经两次书面告知后仍不交付的，燃气经营企业可以依照合同约定中止供气。居民用户交纳燃气费后，燃气经营企业应在二十四小时内恢复供气。

第二十八条 管道燃气用户改变燃气用途或者安装、改装、拆除固定的燃气设施的，应当向管道燃气经营企业提出申请。管道燃气经营企业应当自接到申请之日起五日内答复。未经管道燃气经营企业同意不得施工。

第二十九条 管道燃气设施由燃气经营企业负责维护、更新。

非居民用户和燃气计量仪表设置在住宅内的居民用户，其燃气计量仪表和在仪表前的燃气设施维护、更新费用，由燃气经营企业承担；在燃气计量仪表后的燃气设施和燃气器具维护、更新费用，由用户承担。

燃气计量仪表设置在居民住宅公共部位的，燃气管道进户墙外侧（含墙体部分）燃气设施的维护、更新费用，由燃气经营企业承担；燃气管道进户墙内侧的燃气设施和燃气器具的维护、更新费用，由用户承担。

第三十条 管道燃气经营企业因突发事故造成降压供气或者停止供气，应当及时报告当地人民政府燃气行政主管部门，并通知用户；因施工、检修等原因停止供气，应当提前二十四小时通知用户。恢复供气时间可以事先确定的，在停止供气的通知中同时告知恢复供气时间；无法事先确定的，应当在恢复供气前二十四小时通知用户。

管道燃气经营企业不得在二十一时至次日六时恢复供气，企业用户另有约定的除外。

第三十一条 瓶装燃气经营企业、瓶装燃气供应站（点）应当保障燃气正常供应，不得擅自停止供气、更换气种或者迁移燃气供应站（点）。

确需停止供气、更换气种的，应当报经当地人民政府燃气行政主管部门批准，提前十日公告，并对用户的燃气供应事宜做出妥善安排；确需迁移燃气供应站（点）的，应当报经当地人民政府燃气行政主管部门批准，提前三十日公告并告知新供应站（点）地址。

第三十二条 管道燃气的用气量，应当以经法定计量检定机构检定合格的燃气计量仪表的记录为准。

第三十三条 用户对管道燃气计量仪表准确度有异议的，可以向供气的管道燃气经营企业提出检定要求。管道燃气经营企业应当在接到该要求之日起十日内，委托法定的计量检定机构检定。用户也可以直接委托法定的计量检定机构检定或者向质量技术监督部门申请调解。

经检定的燃气计量仪表，其误差在国家

规定的允差范围内的，由用户支付检定费用；其误差超过国家规定的允差范围的，由管道燃气经营企业支付检定费用，并无偿给用户更换合格的燃气计量仪表，退还因误差向用户多收取的费用，并赔偿相应损失。对误差补偿等协商不成的，用户可以依法向人民法院提起诉讼。

第三十四条 燃气经营企业应当接受用户对燃气质量、重量和经营服务方面的咨询和监督，并公布咨询服务和投诉电话。

用户有权向燃气经营企业查询燃气使用、缴费以及服务情况；对不符合收费、质量和服务标准的，可以向价格、工商行政、质量技术监督、燃气等有关主管部门或者消费者权益保护委员会投诉。有关部门或者组织应当公布投诉电话，并在接到投诉之日起五日内予以处理和答复。

第五章 燃气安全

第三十五条 设区的市、县（市）人民政府应当组织燃气、公安消防、质量技术监督、经贸、交通、环境保护、安全生产监督等部门制定本行政区域内燃气生产安全应急救援预案，建立健全燃气生产安全事故应急救援体系。

第三十六条 县级以上地方人民政府燃气行政主管部门、公安消防机构应当根据各自职责，对燃气经营企业的生产安全状况进行监督检查，发现存在重大安全事故隐患的，应当责令立即排除；事故隐患排除前或者排除过程中，无法保证安全的，责令暂时停止燃气经营并依法予以查处。燃气经营企业暂时停止经营期间，当地人民政府应当组织有关部门采取措施保障居民用户的用气。

县级以上地方人民政府交通主管部门应当按照国家有关道路危险货物运输的规定，加强对燃气运输的监督检查，发现违法运输燃气的依法予以查处。

县级以上地方人民政府负责特种设备安全监督管理的部门应当依法加强对燃气压力容器、管道等设施、设备的监督管理，对使用单位和检验检测机构定期实施安全监察，定期向社会公布安全状况；发现重大安全事故隐患时，应当立即采取必要措施并依法予以查处。

第三十七条 燃气经营企业必须建立安全检查、维修维护、事故抢修以及安全责任等制度，健全燃气安全保障体系，制定各类突发事故的应急预案并组织演练，及时处理燃气设施故障和事故，确保正常安全供气。应急预案报当地燃气行政主管部门备案。

燃气经营企业必须制定有关安全使用规则，向用户发放安全用气手册，宣传安全使用常识，指导用户安全使用燃气；定期对用户的燃气计量仪表、管道及其附属设施、燃气器具使用情况进行检查，并及时更换达到国家规定使用期限的燃气计量仪表。对居民用户的燃气设施安全检查每年至少一次，提出安全建议，并建立完整的检查档案；发现用户违反安全用气规定的，应当予以劝阻、制止，督促纠正。

燃气经营企业必须向社会公布抢修电话，配备抢修人员和防护用品、车辆器材、通信设备等。

第三十八条 燃气经营企业应当对燃气管道等重要设施设置明显的警示标志。

任何单位和个人不得擅自移动、拆除、损毁燃气设施或者涂改、覆盖警示标志。

第三十九条 燃气经营企业应当定期对燃气管道等设施进行检查，并建立完整的检查档案，发现燃气泄漏等事故隐患应当及时排除。

第四十条 燃气贮存、输配必须使用经法定特种设备检验机构检测合格的压力容器、压力管道、燃气气瓶和有关安全附件。

从事燃气运输的机动车辆，应当依法向交通和质量技术监督等部门办理有关手续。

第四十一条 瓶装燃气经营企业必须对燃气气瓶实施管理，并按国家规定进行检测；对超过使用期限或者不合格的燃气气瓶，必须按照规定及时报废和注销。县级以上地方人民政府质量技术监督部门、燃气行政主管等部门发现不合格的燃气气瓶，应当予以扣留并报废。

第四十二条 瓶装燃气经营企业不得有下列行为：

（一）使用不合格或者超过检验期限的燃气气瓶充装燃气；

（二）用燃气槽车直接向燃气气瓶充装燃气或者进行简易充装；

（三）用燃气气瓶相互转充燃气；

（四）充装后的燃气重量超出国家规定的允许误差值；

（五）违反规定存放燃气带气实瓶；

（六）向卡式炉燃气罐重复灌装和充装燃气；

（七）擅自充装或者流动使用其他燃气经营企业的燃气气瓶；

（八）其他影响燃气安全的行为。

第四十三条 燃气器具应当附有产品合格证和安全使用说明书。除适用于液化石油气的燃气器具外，燃气器具应当经具有相应资格的燃气适配性检测机构对其气源适配性进行检测，适合当地燃气气源要求的，检测机构应出具适配证明。经营燃气器具的企业应当根据适配证明在燃气器具上标明适配气种。未经检测擅自标明适配气种，或者未标明适配气种的，不得销售。

检测机构对同一品牌同一型号的燃气器具在同一市、县不得强制重复进行气源适配性检测。

第四十四条 燃气器具生产企业应当提供安装、维修等服务。

燃气经营企业不得强制用户购买其指定的燃气器具和相关产品。

第四十五条 除发生火灾事故等紧急情况外，未经管道燃气经营企业同意，任何人不得开启或者关闭燃气管道上的公共阀门。

第四十六条 建设工程开工前，建设单位应当向城建档案管理机构查明地下燃气管线的相关情况。管道燃气经营企业尚未向城建档案管理机构移交燃气工程建设项目档案的，建设单位应当向管道燃气经营企业查询。城建档案管理机构或者管道燃气经营企业应当在接到查询后五日内给予书面答复。

第四十七条 禁止在燃气管道及设施的安全保护范围内建造建筑物、构筑物或者堆放影响燃气安全的物品。

第四十八条 施工单位在燃气管道安全保护范围内进行施工作业的，应当事先通知管道燃气经营企业，与燃气经营企业协商采取相应的安全保护措施，在施工现场设置燃气安全的警示标志后，方可施工。

第四十九条 燃气用户应当遵守下列规定：

（一）按照规定安全使用燃气；

（二）使用与燃气相适配的燃气器具，不得安装、使用不合格或者国家明令淘汰的燃气器具；

（三）不得盗用或者转供燃气；

（四）不得用燃气管道作为负重支架或者接地引线；

（五）不得擅自拆卸、安装、改装燃气设施或者进行危害室内燃气设施安全的装饰、装修等活动；

（六）不得加热、摔砸、倒卧、曝晒燃气气瓶或者改换燃气气瓶检验标志、漆色；

（七）不得倾倒燃气残液或者用燃气气瓶相互转充；

（八）配合管道燃气经营企业工作人员进行安全检查、抄表等业务活动。

第五十条 燃气经营企业发现燃气安全事故或者接到燃气安全事故报告时，应当根据应急预案要求，立即组织抢险、抢修；发生燃气严重泄漏、火灾、爆炸时，应当立即切断气源，组织抢救，并立即向公安消防机构、燃气行政主管部门及安全生产监督管理、质量技术监督等有关部门报告，迅速采取应急措施，保护事故现场，维护现场秩序，控制事故发展。

第五十一条 有关地方人民政府及其燃气行政主管部门、安全生产监督管理部门、质量技术监督部门和公安消防机构在接到燃气重大生产安全事故报告后，必须立即派员赶赴现场，组织抢险、抢修。

事故发生地设区的市人民政府或者省人民政府安全生产监督管理部门应当组织调查组对燃气重大生产安全事故进行调查，依照有关规定进行处理。

第六章　法律责任

第五十二条 违反本条例第八条规定，在管道燃气供气规划区内新建、改建、扩建住宅建筑未配套建设规划红线范围内的管道燃气设施的，由县级以上地方人民政府燃气行政主管部门责令建设单位限期改正；逾期不改正的，责令缴纳管道燃气配套设施建设费用，由燃气行政主管部门组织建设，并处以五万元以上二十万元以下的罚款。

第五十三条 违反本条例第十二条第二款、第十八条第一款、第十九条第二款、第二十条第一款规定，未经许可从事燃气经营活动的单位或者个人，由县级以上地方人民政府燃气行政主管部门责令停止经营，并没收非法物品和违法所得，按下列规定处以罚款：

（一）未取得管道燃气特许经营权从事管道燃气特许经营的，处以二十万元以上五十万元以下的罚款；

（二）未取得瓶装燃气经营许可证从事燃气经营的，处以五万元以上十万元以下的罚款；

（三）未取得燃气汽车加气经营许可证从事汽车加气经营的，处以五万元以上十万元以下的罚款；

（四）未取得瓶装燃气供应许可证从事燃气销售的，处以一万元以上五万元以下的罚款。

第五十四条 违反本条例第十七条第二款规定的，由县级以上地方人民政府燃气行政主管部门处二十万元以上五十万元以下的罚款。

第五十五条 取得许可的瓶装燃气经营企业、供应站（点）或者燃气汽车加气站不再具备本条例第十八条第二款、第十九条第三款、第二十条第二款规定条件的，由县级以上地方人民政府燃气行政主管部门责令其限期改正，不具备安全条件的，可以暂扣燃气经营许可证件；逾期不改正的，由原发证机关依法吊销瓶装燃气经营许可证、瓶装燃气供应许可证或者燃气汽车加气经营许可证。

瓶装燃气经营许可证、瓶装燃气供应许可证或者燃气汽车加气经营许可证被暂扣的，暂扣期间不得从事燃气经营活动。

第五十六条 违反本条例第二十二条规定的，由县级以上地方人民政府燃气行政主管部门责令改正，没收违法所得，并处以五万元以上二十万元以下的罚款。

第五十七条 燃气经营企业有下列行为之一的，由县级以上地方人民政府燃气行政主管部门或者其他有关部门依法责令限期改正，并处以一万元以上五万元以下的罚款；对用户造成损失的，应当予以赔偿：

（一）违反本条例第二十六条规定的；

（二）违反本条例第二十七条规定，拒绝对提出使用管道燃气并符合供气条件和使用条件的居民用户供气的；

（三）违反本条例第三十条规定，未提前二十四小时通知用户停止供气或者在禁止时间内恢复供气的；

（四）违反本条例第三十一条第一款规定的；

（五）违反本条例第三十七条第二款规定，未定期对用户燃气计量仪表、管道及其附属设施、燃气器具使用情况进行检查的；

（六）违反本条例第三十九条规定的；

（七）违反本条例第四十二条规定的。

第五十八条 违反本条例第四十三条第一款规定的，由县级以上地方人民政府燃气行政主管部门或者其他有关部门依法责令改正，并处以五百元以上五千元以下的罚款；对用户造成损失的，应当予以赔偿。

第五十九条 违反本条例第四十五条规定的，由县级以上地方人民政府燃气行政主管部门或者其他有关部门依法责令改正，处以一万元的罚款；构成犯罪的，依法追究刑事责任。

第六十条 违反本条例第四十七条规定，由县级以上地方人民政府燃气行政主管部门责令其立即拆除建筑物、构筑物或者搬离堆放的物品；拒不拆除或者搬离的，由县级以上地方人民政府有关部门依法强制拆除或者搬离。造成安全事故的，依法追究法律责任。

第六十一条 违反本条例第四十八条规定的，由县级以上地方人民政府燃气行政主管部门责令停止施工；造成燃气设施损坏，影响燃气安全的，处以五万元以上十万元以下的罚款；给燃气经营企业和用户造成损失的，承担赔偿责任。

第六十二条 违反本条例第四十九条第（二）项至第（七）项规定的，由县级以上地方人民政府燃气行政主管部门责令改正；拒不改正的，处以二百元以上二千元以下的罚款。

第六十三条 违反本条例第五十条规定的，由县级以上地方人民政府燃气行政主管部门或者其他有关部门处以一万元的罚款；情节严重的，由县级以上地方人民政府燃气行政主管部门责令停业整顿，处以五万元以上十万元以下的罚款；构成犯罪的，依法追究刑事责任。

第六十四条 在燃气管理工作中，有关行政机关及其工作人员有下列情形之一的，由其上级机关或者监察机关责令改正，对直接负责的主管人员和其他直接责任人员依法给予行政处分；构成犯罪的，依法追究刑事责任：

（一）不依法履行监督职责或者监督不力，造成严重后果的；

（二）违反规定权限和程序授予管道燃气特许经营许可证的；

（三）对不符合法定条件的瓶装燃气经营企业、瓶装燃气供应站点、汽车加气站颁发经营许可证的；

（四）索取、收受他人财物的；

（五）接到燃气重大生产安全事故报告后，未采取应急措施的；

（六）其他玩忽职守、滥用职权、徇私舞弊的。

第六十五条 违反本条例的行为，法律、法规已有处罚规定的，从其规定。

第七章 附　　则

第六十六条　本条例下列用语的含义：

燃气是指液化石油气、人工煤气、天然气等气体燃料。

燃气经营企业，是指从事生产、贮存、输配、销售燃气业务的企业。

燃气设施，是指专用于燃气生产、贮存、输配、销售燃气的各种设施及附属设备，包括气源厂、门站、气化站（含瓶组站）、混气站、储配站、调压站、计量站、供应站、燃气管网及其附属设施的总称。

燃气器具，是指使用燃气的灶具、热水器、沸水器、取暖器、空调器和出口压力低于0.1MPa（表压）的家用燃气锅炉等器具，以及车用燃气容器。

高层民用建筑，是指十层（含十层）以上的居住建筑和高度超过二十四米的公共建筑。

第六十七条　天然气开采及城市门站以外的管道输配，液化石油气的气源生产及槽车（船）运输，沼气、秸秆气的生产与使用，不适用本条例。

工业企业为生产、生活配套的自用燃气设施的建设及其运行，不适用本条例。

第六十八条　本条例自2008年1月1日起施行。

厦门经济特区燃气安全监管若干规定

（1998年7月14日厦门市第十一届人民代表大会常务委员会第五次会议通过　根据2005年1月13日厦门市第十二届人民代表大会常务委员会第十六次会议《厦门市人民代表大会常务委员会关于修改〈厦门市价格管理条例〉等四件法规的决定》修正　2015年10月30日厦门市第十四届人民代表大会常务委员会第三十次会议通过　2015年11月3日厦门市人民代表大会常务委员会公告第二十三号公布　自2016年1月1日起施行）

第一条　为了加强燃气安全监管，保障人身、财产和公共安全，遵循国家有关法律、行政法规的基本原则，结合本经济特区实际情况，制定本规定。

第二条　市、区人民政府应当加强对燃气安全监管工作的领导。

市市政行政管理部门是本市燃气行政主管部门（以下简称“市燃气主管部门”），统筹负责全市燃气安全监管工作。区建设（市政）行政主管部门（以下简称“区燃气主管部门”）统筹负责辖区内燃气安全监管工作。

市、区燃气主管部门可以委托其所属的燃气管理机构负责日常燃气安全监管工作。

第三条　有关行政部门在各自的职责范围内，负责下列燃气安全监管工作：

（一）安全生产监督管理部门负责燃气安全生产工作的综合监管，按照法定职责调查处理相应的燃气生产安全事故；

（二）交通运输管理部门负责对燃气运

输及运输车辆的监督检查，发现违法运输燃气的依法予以查处；

（三）公安机关会同有关行政部门负责对危害公共安全的非法存储、销售燃气等行为依法予以查处；公安机关消防机构负责对依法应当经消防安全许可的燃气经营、使用场所的监督检查；

（四）城市管理行政执法部门依照法定授权实施燃气安全监管方面法律、法规、规章规定的行政处罚；

（五）质量技术监督部门负责对燃气压力容器（含气瓶）、压力管道和液化石油气充装环节的安全监察，以及对钢瓶的充装、检验环节的监督管理；

（六）市场监督管理部门负责查处流通领域燃气器具以及附件产品的质量违法行为。

镇人民政府、街道办事处（以下简称“镇（街道）”）接受燃气主管部门的指导，按照规定协助燃气主管部门对辖区内的燃气安全进行监管；负责日常巡查、宣传，发现问题应当及时处理或者依照规定程序报告。镇（街道）应当配备专职人员，负责燃气安全有关工作。市、区人民政府及其有关部门应当及时为镇（街道）配齐燃气安全专职人员，并提供业务培训和经费保障，具体办法由市人民政府另行规定。

第四条 市人民政府应当对市、区燃气主管部门燃气安全监管职责分工予以明确并公布；区人民政府应当对区有关行政部门及镇（街道）的燃气安全监管职责予以明确并公布。

市、区人民政府应当自本规定施行之日起两个月内根据前款作出相关规定并公布。

第五条 市、区人民政府应当建立燃气安全监管协调机制，研究、协调和解决燃气安全监管领域的重大问题，组织燃气主管部门以及安监、交通、公安消防、城市管理行政执法、质监、市场监管、商务、经信、环保等有关部门，每年至少进行一次燃气安全专项检查。

第六条 市、区人民政府应当组织燃气主管部门以及安监、交通、公安消防、质监、卫生等有关部门制定燃气安全事故应急预案，建立健全燃气安全事故应急救援体系。

燃气主管部门应当每年组织安全演练，督促燃气经营企业按照燃气安全事故应急预案的规定做好应急准备工作。

燃气主管部门应当加强燃气安全宣传，普及燃气法律、法规和安全知识，提高全民的燃气安全意识。

第七条 燃气经营和供应实行许可证制度。

市燃气主管部门负责瓶装燃气经营、管道燃气经营、燃气汽车加气站经营以及燃气燃烧器具安装维修资质许可；区燃气主管部门负责辖区内瓶装燃气供应站（点）的设立许可以及停止供气、迁址、更换气种、改动设施等相关审批。

市、区燃气主管部门和城市管理行政执法部门以及有关行政部门应当及时组织查处未取得相关许可证的燃气经营行为。

第八条 设立燃气汽车加气站应当符合法律、法规规定的有关行政许可条件，并通过具备相应资质安全评价机构对建设项目及其设施安装情况进行的安全验收评价。

设立瓶装燃气供应站（点）应当根据国家有关规定经公安机关消防机构审核合格后向区燃气主管部门办理相应的审批手续。

第九条 燃气汽车加气经营许可证和瓶装燃气供应许可证实行年审制度。

区燃气主管部门对瓶装燃气供应许可证进行年审时，应当征求瓶装燃气供应站

（点）所在地的镇（街道）的意见。

第十条 强化和落实燃气经营企业的主体责任。

燃气经营企业的主要负责人对本单位的安全生产经营全面负责。

燃气经营企业应当每季度一次，通过书面、短信、电话、现场演示等方式，向燃气用户宣传燃气安全使用知识，提醒用户注意安全使用燃气。

第十一条 燃气经营企业应当建立安全检查、维修维护、事故抢修以及安全责任等制度，健全燃气安全保障体系，制定突发事故应急预案并组织演练。应急预案应当报市燃气管理机构备案。

燃气经营企业应当设置与供气规模相适应的专职抢险队伍，配备抢险抢修人员以及仪器、设备和交通工具等，实行二十四小时值班，并向社会公布抢修电话，及时处理燃气设施故障和事故，确保正常安全供气。

第十二条 燃气经营企业应当建立用户燃气设施安全检查操作规范，制定年度入户安全检查方案，并向市燃气管理机构备案。

入户安全检查应当遵守下列规定：

（一）提前告知用户，安全检查人员持证上岗、规范服务；

（二）对餐饮场所用户每六个月检查不得少于一次，对其他用户每年检查不得少于一次；

（三）进行安全用气宣传，对用户安全用气给予技术指导；

（四）认真做好安全检查记录，发现用户有违反安全用气规定或者存在安全隐患的，书面告知用户整改，并为用户整改提供帮助；

（五）因用户原因无法进行安全检查的，应当做好记录，并以书面形式告知用户另行约定安全检查时间。

第十三条 燃气用户存在下列重大安全隐患、严重威胁公共安全且不能及时整改到位的，燃气经营企业应当采取停气措施：

（一）燃气设施漏气或者存在漏气隐患的；

（二）燃气管道末端未设有效封堵的；

（三）使用国家明令淘汰的直排式燃气热水器、燃气热水器未装烟道或者烟道未出户的；

（四）其他存在重大安全隐患、严重威胁公共安全且不能及时整改到位情形的。

燃气经营企业采取停气措施，有关单位或者个人采取违反治安管理或者涉嫌犯罪行为进行阻挠的，燃气经营企业应当向公安机关以及燃气主管部门报告。燃气主管部门应当配合公安机关调查处理。

用户整改到位后向燃气经营企业申请恢复用气的，燃气经营企业应当在二日内确认用户是否整改到位，符合整改要求的，应当立即恢复供气。

第十四条 瓶装燃气经营企业应当加强对其所属供应站（点）的安全、经营、服务管理，并遵守下列规定：

（一）应当与各供应站（点）的从业人员（包括管理人员和送气人员）订立书面劳动合同；属于劳务派遣人员的，应当与有资质的劳务派遣公司签订劳务派遣协议；

（二）应当合法取得供应站（点）经营场地的使用权；

（三）应当建立统一的供应站（点）管理制度，包括供应站（点）的供用气合同管理制度、安全生产管理制度、用气环境检查制度、安全教育培训制度、供应站（点）从业人员持证上岗制度等；

（四）企业所属供应站（点）应当以分支机构名义办理营业执照或者备案为该燃气经营企业的经营场所；

（五）应当建立超过检验期限、待检测燃气钢瓶和超过使用期限燃气钢瓶的登记、管理、处置制度；

（六）禁止回收非本企业燃气钢瓶；

（七）在受理餐饮场所用户开户申请时，应当对用户的用气环境进行安全检查，禁止向不符合条件的用户供气；

（八）法律、法规规定的其他事项。

瓶装燃气供应站（点）不得兼营与燃气无关的业务，不得在燃气供应站（点）之外设立收集燃气钢瓶或者销售瓶装燃气的场所。

第十五条 配送瓶装燃气应当遵守下列规定：

（一）送气人员应当持证上岗，佩戴工牌，统一穿着印有公司标志、送气电话的服装；

（二）对燃气钢瓶实行数字化管理，做到燃气钢瓶流转数据的可追溯查询；

（三）在运输、配送瓶装燃气过程中应当随车携带出库清单，清单应当载明用户名称、燃气钢瓶数量等；

（四）送气人员应当负责瓶装燃气的安装，做好查漏等安全检查，并在送气凭证上进行记录，送气凭证应当至少保存一年。用户要求自行安装的，由用户在送气凭证上签字确认。

第十六条 燃气经营企业应当按照国家有关规定对存在重大危险源的储配站、压缩天然气场站、液化天然气场站、液化石油气场站和燃气经营企业的安全管理进行安全评价，并将安全评价书面报告报市燃气管理机构。安全评价每二年至少一次。

安全评价报告认为存在安全隐患的，燃气经营企业应当按照要求进行整改，并将整改情况书面报告市燃气管理机构。

市、区燃气管理机构应当对燃气经营企业的安全评价情况定期组织检查。

第十七条 燃气燃烧器具、燃气泄漏报警器和燃气泄漏安全保护装置及其附属设施销售单位，应当依法设立或者委托设立售后服务站点，配备经考核合格的安装维修人员负责售后安装维修服务。

从事燃气燃烧器具安装维修的企业应当依照国家有关规定取得相应的资质证书。

第十八条 燃气用户在使用燃气时应当遵守法律、法规和有关安全用气规定，不得使用未取得燃气供应许可的单位和个人提供的燃气，不得擅自封闭管道燃气设施，不得将专门用于安装燃气表、管道、阀门等燃气设施的场所改作他用。

以管道燃气为燃料的热水器、空调器以及以液化石油气为燃料的热水器，应当由具有相应资质的单位安装。

第十九条 燃气用户需对户内管道燃气设施进行改装、迁移、拆除的，应当向燃气经营企业提出申请，经同意后，由燃气经营企业组织实施，费用由用户承担。

燃气经营企业应当公开服务承诺，并按照承诺时限向用户提供户内管道燃气设施改装、迁移、拆除服务。

第二十条 餐饮场所燃气用户应当建立健全安全管理制度和操作规程，加强对操作维护人员燃气安全知识和操作技能的培训，定期进行燃气安全检查。

餐饮场所应当按照有关规定安装符合国家质量、计量标准的可燃气体浓度报警等安全装置，配备干粉灭火器等消防器材和设施，并保障其正常使用。

餐饮场所使用五十公斤单阀液化石油气钢瓶的，应当具有五百平方米以上的经营面积，设置专用气瓶间，且应当符合相关规范、规程的要求。禁止餐饮场所使用五十公斤气液相双头液化石油气钢瓶。

鼓励餐饮场所推广使用管道燃气。市人民政府在必要时可以规定部分区域或者部分类型的餐饮场所应当使用管道燃气。

第二十一条 规划部门应当将燃气专项规划纳入控制性详细规划，保障建设相应燃气设施或者预留燃气设施配套建设用地，合理布局，满足安全间距要求。

第二十二条 燃气经营企业应当按照安全和便民的原则设立供应站（点）。

区人民政府、镇（街道）、村（居）民委员会应当为燃气经营企业设立供应站（点）提供场地等支持。

第二十三条 在燃气设施保护范围内禁止下列行为：

（一）擅自开挖沟渠或者挖坑，堆放土头杂物或者其他大宗物品；

（二）擅自进行机械开挖、打桩或者顶进作业；

（三）擅自重车碾压；

（四）封闭燃气设施；

（五）位于海域、溪流的燃气管道设施，在其保护范围内擅自抛锚、拖锚、掏沙、挖泥或者从事其他危及燃气管道设施安全的作业；

（六）其他损坏或者危及燃气设施安全的行为。

燃气设施保护范围由市燃气主管部门会同规划等部门按照国家有关标准和规定划定，并向社会公布。

第二十四条 建设项目在挖掘施工前，应当向管道燃气经营企业查询作业区域地下燃气管道埋设情况。管道燃气经营企业接到查询申请时，应当立即予以查询，在作业区域内没有地下燃气管道埋设的，应当当场给予书面答复；有地下燃气管道埋设的，应当在五日内给予书面答复。对可能危及燃气管道及设施安全的，建设单位应当会同施工单位与管道燃气经营企业签订燃气设施安全保护协议，对燃气设施安全保护的方式、各方义务等进行约定。

施工单位应当在动工三日前通知管道燃气经营企业，并在施工现场设置燃气安全标志后，方可施工。

对未进行查询确认或者未签订燃气设施安全保护协议的，市政行政主管部门不得予以办理道路挖掘许可。

第二十五条 市、区燃气主管部门应当制定燃气安全年度检查计划并按照规定组织实施。

市燃气主管部门应当加强对管道燃气经营企业、瓶装燃气经营企业、燃气汽车加气站安全生产情况的监督检查，发现存在重大安全事故隐患的，应当责令立即排除；事故隐患排除前或者排除过程中，无法保证安全的，应当通知市城市管理行政执法部门责令暂时停止燃气经营并依法予以查处。

区燃气主管部门应当加强对瓶装燃气供应站（点）安全生产情况的监督检查，配合市燃气主管部门对辖区内其他燃气设施安全生产运行情况进行监督检查，发现存在重大安全事故隐患的，应当责令立即排除；事故隐患排除前或者排除过程中，无法保证安全的，应当通知区城市管理行政执法部门责令暂时停止燃气经营并依法予以查处。

第二十六条 燃气主管部门、城市管理行政执法部门以及有关行政部门根据其法定职责建立巡查、抽查制度，向社会公布服务电话，受理有关燃气安全方面的举报和投诉，依法及时进行调查处理，并将处理情况告知举报人或者投诉人。

有关行政部门对为查处非法存储、销售燃气行为提供重要线索的举报人应当进行奖励。

第二十七条 镇（街道）应当加强对

辖区内燃气设施和燃气用户的监督检查，定期开展辖区内餐饮场所燃气安全日常巡查工作，跟踪、督促落实燃气安全隐患整改。

有关行政部门在依法履行职责过程中，发现存在违反有关燃气安全管理情形并且属于城市管理行政执法部门实施行政处罚事项的，应当及时转城市管理行政执法部门调查处理。

第二十八条 燃气主管部门、城市管理行政执法部门在履行燃气监督检查职责时，有权采取下列措施：

（一）进入生产经营单位进行检查，调阅有关文件和资料；

（二）询问相关人员，制作笔录；

（三）对检查中发现的违法违规行为，当场予以纠正或者要求限期改正；

（四）暂扣违法使用的燃气钢瓶；

（五）法律、法规规定的其他措施。

被检查单位应当配合监督检查并提供工作方便，不得拒绝、阻碍检查人员依法履行职责。

第二十九条 燃气汽车加气站、瓶装燃气供应站（点）违反本规定第九条第一款规定的，由燃气主管部门责令改正；逾期未改正的，燃气主管部门应当通知城市管理行政执法部门，由城市管理行政执法部门处以五万元以上十万元以下的罚款，并暂扣燃气汽车加气经营许可证、瓶装燃气供应许可证。整改符合标准的，经核实后应当在二日内发还许可证。

燃气汽车加气经营许可证、瓶装燃气供应许可证被暂扣的，暂扣期间不得从事燃气经营活动。

第三十条 燃气经营企业违反本规定第十四条第一款第三项、第五项规定的，由燃气主管部门责令改正；逾期未改正的，燃气主管部门应当通知城市管理行政执法部门，由城市管理行政执法部门处以五万元以上十万元以下的罚款；情节严重的，吊销瓶装燃气供应许可证。

燃气经营企业违反本规定第十四条第一款第六项、第七项规定的，由城市管理行政执法部门责令改正，没收燃气钢瓶，有违法所得的，没收违法所得，并处以五万元以上十万元以下的罚款；情节严重的，吊销瓶装燃气供应许可证。

燃气经营企业违反本规定第十五条规定的，由城市管理行政执法部门责令改正，并处以一万元以上五万元以下的罚款。

第三十一条 燃气用户违反本规定第十八条、第十九条、第二十条第三款规定的，由城市管理行政执法部门责令改正，违法使用燃气钢瓶的，没收燃气钢瓶；情节严重的，对单位处以二万元以上十万元以下的罚款，对个人处以二百元以上一千元以下的罚款。

第三十二条 餐饮场所燃气用户违反本规定第十八条第一款规定使用未取得燃气供应许可的单位和个人提供的燃气的，由城市管理行政执法部门责令改正；违法使用燃气钢瓶的，没收燃气钢瓶，并处以二万元以上十万元以下的罚款。

餐饮场所燃气用户使用燃气的行为存在重大安全隐患的，由燃气主管部门通知燃气经营企业立即采取停气措施，并责令限期改正；餐饮场所燃气用户无法按期改正或者拒不改正的，由城市管理行政执法部门通知发放经营许可证的相关行政部门依法吊销经营许可证。

餐饮场所燃气用户违反本规定第二十条第二款规定的，分别由质监、公安消防部门按照各自职责责令改正；逾期未改正的，对单位处以二万元以上十万元以下的罚款，对个人处以二百元以上一千元以下的罚款。

第三十三条 违反本规定第二十三条第一款规定的，由城市管理行政执法部门责令停止违法行为，限期恢复原状或者采取其他补救措施，并对单位处以五万元以上十万元以下的罚款，对个人处以五千元以上一万元以下的罚款。

第三十四条 违反本规定第二十四条规定，建设工程施工范围内有地下燃气管线等重要燃气设施，建设单位和施工单位未与管道燃气经营企业签订燃气设施安全保护协议，或者施工单位未按照燃气设施安全保护协议执行的，由城市管理行政执法部门责令改正，并处以二万元以上十万元以下的罚款。

第三十五条 燃气主管部门、有关行政部门查处违反本规定的行为时，认为该行为可能违反《中华人民共和国治安管理处罚法》相关规定的，应当移送公安机关依法处理。

第三十六条 燃气主管部门、有关行政部门以及镇（街道）的工作人员有下列情形之一的，由其所在单位或者上级主管部门给予行政处分：

（一）不按照规定实施行政许可的；

（二）不按照规定履行监督检查职责的；

（三）发现违法行为或者接到对违法行为的举报和投诉不及时查处，或者包庇、纵容违法行为的；

（四）其他玩忽职守、滥用职权、徇私舞弊的行为。

第三十七条 本规定所称燃气，是指作为燃料使用并符合一定要求的气体燃料，包括天然气（含煤层气）、液化石油气和人工煤气等。天然气、液化石油气的生产和进口，城市门站以外的天然气管道输送，燃气作为工业生产原料的使用，沼气、秸秆气的生产和使用，不适用本规定。

本规定所称餐饮场所，包括从事餐饮服务的企业、个体工商户，机关、企事业单位以及其他单位的食堂或者餐厅。

第三十八条 本规定自2016年1月1日起施行。1998年7月14日厦门市第十一届人民代表大会常务委员会第五次会议通过，根据2005年1月13日厦门市第十二届人民代表大会常务委员会第十六次会议《厦门市人民代表大会常务委员会关于修改〈厦门市价格管理条例〉等四件法规的决定》修正的《厦门市燃气管理条例》同时废止。

广东省燃气管理条例

（1997年7月26日广东省第八届人民代表大会常务委员会第三十次会议通过 2010年6月2日广东省第十一届人民代表大会常务委员会第十九次会议修订）

第一章 总 则

第一条 为了加强燃气管理，规范燃气经营和使用行为，保障公民生命财产和社会公共安全，维护经营者和使用者的合法权益，促进燃气事业发展，根据有关法律、行政法规，结合本省实际，制定本条例。

第二条 本条例适用于本省行政区域内燃气规划编制、燃气设施建设与保护、燃气经营与服务及燃气安全管理等相关管理活动。

天然气开采、液化石油气的生产、燃气的槽车（船舶）运输和港口装卸，近海天然气终端，作为发电、工业生产原料的燃气使用，以及沼气、秸气的生产和使用，不适用本条例。

第三条 燃气事业的发展，应当遵循统筹规划、配套建设、安全便民、节能高效和保障供应的原则。

第四条 省人民政府应当建立全省燃气储备制度。县级以上人民政府应当建立燃气供应应急保障机制。

第五条 省人民政府建设行政主管部门负责全省的燃气管理工作。

县级以上人民政府燃气行政主管部门负责本行政区域内的燃气管理工作。

县级以上人民政府其他有关部门在各自的职责范围内，依法做好燃气管理的相关工作。

第六条 县级以上人民政府及其有关部门应当依法履行职责，建立健全燃气安全监督管理制度，提高燃气管理水平，鼓励支持燃气科学技术研究，做好燃气管理法律法规和安全节约用气的宣传普及工作，提高全民的燃气安全意识。

第七条 燃气行业协会应当建立行业自律机制，依法制定行业行为准则和服务规范，维护燃气经营者合法权益，督促燃气经营者守法经营、诚实守信、严格自律。

第二章 规划与建设

第八条 省人民政府建设行政主管部门应当会同有关部门，依据国民经济和社会发展规划、土地利用总体规划、城乡规划和能源规划，结合全省燃气总量供需情况，组织编制全省燃气发展规划并报省人民政府批准后组织实施。

县级以上人民政府燃气行政主管部门应当会同有关部门，依据国民经济和社会发展规划、土地利用总体规划、城乡规划、能源规划以及上一级人民政府燃气行政主管部门编制的燃气发展规划，组织编制本行政区域的燃气发展规划，报本级人民政府批准后组织实施，并报上一级人民政府燃气行政主管部门备案。

燃气发展规划因经济社会发展需要确需修编的，应当按照原编制审批程序报送审批并备案。

燃气发展规划的内容应当包括燃气气源、供气方式和规模、燃气设施布局和建设时序、燃气设施建设用地和保护范围、燃气供应保障措施等。

第九条 燃气设施建设应当符合燃气发展规划。

新区建设、旧区改造应当按照城乡规划和燃气发展规划，配套建设燃气设施或者预留燃气设施配套建设用地。预留的燃气设施配套建设用地，未经法定程序批准，不得改变用途。

城乡规划主管部门对燃气发展规划范围内的燃气设施建设工程，依法需要核发选址意见书的，应当征求燃气行政主管部门、公安消防机构的意见；不需要核发选址意见书的，在核发建设用地规划许可证或者乡村建设规划许可证前，应当征求燃气行政主管部门的意见。

在管道燃气已覆盖的区域内不得新建小区气化站、瓶组站。

第十条 新建燃气管道设施在建设项目规划红线范围内并且属于建设项目使用部分的，应当由建设单位负责投资；其余部分由管道燃气经营企业负责投资。

第十一条 燃气工程的勘察、设计、施工和监理，应当由具有相应资质等级的单位承担，其中消防设计图纸及有关资料应当依法报送公安消防机构审核。

第十二条 燃气工程项目竣工后，建设单位应当依法组织有关单位进行竣工验收，并在验收合格之日起十五日内报所在地燃气行政主管部门备案；未经验收或者验收不合格的，不得交付使用。

第三章 经营管理

第十三条 燃气经营实行许可制度。企业从事燃气经营活动应当具备下列条件：

（一）符合燃气发展规划要求；

（二）有稳定、可靠并符合国家标准的燃气气源；

（三）有符合国家标准的燃气设施；

（四）有符合安全要求的固定经营场所；

（五）企业的主要负责人、安全生产管理人员以及运行、维护和抢修人员经专业考核合格；

（六）有健全的燃气经营管理体系、安全管理制度和安全事故应急预案；

（七）有与其经营规模相适应的抢险抢修能力、风险承担能力和赔付能力；

（八）符合法律、法规规定和国家标准要求的其他条件。

企业从事燃气经营活动应当向经营所在地城市的市人民政府燃气行政主管部门提出申请，燃气行政主管部门应当自受理申请之日起二十日内完成审查。经审查，符合条件的颁发燃气经营许可证；不符合条件的，书面通知申请人并说明理由。

个体工商户需要继续经营瓶装燃气供应的，应当加入已取得许可的燃气经营企业，作为该企业的瓶装燃气供应站，并纳入该企业的燃气经营和安全管理体系。

第十四条 燃气经营许可证的有效期为五年。燃气经营许可证应当载明企业名称、注册地址、经营范围、供气区域、许可证有效期、法定代表人、主要负责人、安全技术负责人，以及燃气接收站、储存站、储配站、燃气汽车加气站、瓶装燃气供应站的名称、地点等事项。

燃气经营企业负责对燃气接收站、储存站、储配站、燃气汽车加气站、瓶装燃气供应站的管理，并承担相应的法律责任。

第十五条 取得燃气经营许可证的燃气经营企业新建、改建、扩建燃气接收站、储存站、储配站、燃气汽车加气站、瓶装燃气供应站的，应当按照国家规定的工程建设程序报建。在燃气设施竣工验收备案后三十日内，向原审批机关提出申请办理燃气经营许可证变更手续。经审查符合法定条件的，原审批机关应当依法予以办理。

撤销燃气接收站、储存站、储配站、燃气汽车加气站、瓶装燃气供应站的，应当向所在地燃气行政主管部门提出申请，经批准后方可撤销。

第十六条 燃气经营企业不得有下列行为：

（一）给报废、超期未检和不合格的气瓶充装燃气；

（二）给残液量超过规定的气瓶充装燃气；

（三）给非自有气瓶或者技术档案不在本企业的气瓶充装燃气；

（四）掺杂、掺假，以假充真，以次充好，充气量的误差超过国家规定标准；

（五）使用不符合国家标准、未经计量检定合格的计量装置；

（六）超出经营许可范围经营；

（七）给未获得经营许可的经营者提供用于经营的气源；

（八）法律、法规和国家标准、行业标准规定禁止的其他行为。

第十七条 销售的燃气器具应当符合燃气使用要求，并经具备相应资质的检测机构对气源适配性进行检测，在燃气器具明显位置标注气源适配性标识和报废年限。

第十八条 从事燃气器具的安装、维修业务的企业，应当依法取得相应资质。

燃气器具的安装维修质量应当符合国家标准。燃气器具安装维修企业不得安装不符合国家标准或者与气源不适配的燃气器具，不得维修达到报废年限的燃气器具。

燃气行政主管部门应当定期公布具备安装维修资质的企业目录。

第十九条 管道燃气价格的确定和调整，由价格主管部门会同燃气行政主管部门组织听证并依法审核后，报同级人民政府批准并公布施行。

第二十条 县级以上燃气行政主管部门应当建立健全监督管理制度，对燃气经营企业的经营活动、服务情况以及设施安全进行监督检查，并将监督检查结果向社会公布，督促不符合要求的企业对存在的安全隐患进行限期整改。

县级以上燃气行政主管部门应当建立燃气经营企业的诚信档案和不良行为公示制度，记录燃气经营企业、燃气器具安装维修企业的违法、违规行为，并向社会公布。

第四章 燃 气 服 务

第二十一条 管道燃气经营企业应当在批准的供气区域内向具备用气条件的单位和个人提供供气服务，并与用户依法签订供用气合同，明确双方的权利和义务，保证安全稳定供气。对供气区域内符合用气条件的单位和个人，不得拒绝供气。

需要使用管道燃气的用户，可以要求当地管道燃气经营企业供气，管道燃气经营企业对具备供气和用气条件的用户，应当自完成管道安装并办理开户手续之日起三日内供气。

第二十二条 管道燃气经营企业在供气系统正常的情况下，应当连续向用户供气，不得中断。因施工、检修等原因停止供气、降压供气影响用户正常使用燃气的，除紧急情况外，应当提前二十四小时通知用户。管道燃气经营企业未事先通知用户中断供气或者不按规定及时抢修，造成用户损失的，应当依法承担损害赔偿责任。

管道燃气经营企业停业或者歇业的，应当向所在地燃气行政主管部门报告，经批准后方可停业、歇业。管道燃气经营企业经批准停业、歇业的，燃气行政主管部门应当采取措施，保障用户正常用气。

第二十三条 燃气经营企业应当保证供气质量符合国家和省有关标准，并建立健全燃气质量检测制度。

第二十四条 为用户安装的燃气计量装置应当经过依法设立的计量检定机构检定合格，并粘贴检定合格标识。用户对无检定合格标识的燃气计量装置可以拒绝安装使用。

第二十五条 燃气经营企业应当建立健全用户服务档案，按照国家和本省规定的燃气服务标准向用户提供服务，在服务营业场所公告业务流程、服务承诺、服务项目、收费标准等信息。

第二十六条 管道燃气经营企业应当定期对用户的燃气计量装置、燃气管道及其附属设施、燃气器具的使用情况进行检查，并负责对燃气管道及其附属设施的维护、维修和更新；燃气分户计量器具出口前的燃气管道及其附属设施的维护、维修和更新费用由企业承担，出口后的费用由用户承担。

管道燃气企业维护、维修及更新用户共用的燃气管道及其附属设施时，物业服务企业和用户应当予以配合。

第二十七条 燃气经营企业应当每年至少为用户免费提供一次入户安全检查，建立完整的检查档案。燃气经营企业对用户实施安全检查前，应当事先书面告知用户安全检查的日期，并在约定的时间上门检查。燃气经营企业因用户的原因不能按通知或者约定时间入户安全检查的，燃气经营企业应当与用户再次约定入户检查时间。

燃气经营企业检查人员上门检查应当主动出示有关证件，用户可以拨打燃气经营企业的服务电话确认其身份。

燃气经营企业应当将检查结果书面告知用户，对用户不遵守安全用气规定出现安全隐患的，应当提醒用户整改，用户应当及时进行整改；用户不按规定落实整改可能造成安全事故的，燃气经营企业应当停止供气，并在隐患消除后二十四小时内恢复供气。

用户应当对燃气经营企业入户检查予以配合，无正当理由不得拒绝。

第二十八条 燃气经营企业应当设置并向社会公布服务电话和抢险抢修电话，设专人每日二十四小时值班。

用户发现燃气器具存在问题或者出现漏气等情况的，应当及时告知燃气经营企业并可要求其入户检查维修。燃气经营企业接到服务请求后，应当按照其承诺的时限或者与用户约定的时间派人到现场服务；对燃气泄漏的报修，应当先行告知用户须采取的应急措施，并立即派人到现场抢修。

第二十九条 管道燃气的用气量，应当以燃气计量装置记录为准。

用户对燃气计量装置准确度有异议的，可以向供气的管道燃气经营企业申请测试，管道燃气经营企业自接到申请之日起三日内或者按照与用户约定的时间，委托法定的计量检定机构进行复检。

经复检的燃气计量装置，误差在法定范围内的，测试费用由申请方支付；误差超过法定范围的，测试费用由管道燃气经营企业支付，并由管道燃气经营企业更换合格的燃气计量装置。

用户对复检的测试结果有异议的，可以向质量技术监督部门投诉。

使用燃气计量装置超过法定误差范围的用户，其在申请之日前两个计费周期的燃气费，按测试后准确的用气量收取，燃气经营企业多收取的费用应当及时返还。

第三十条 燃气经营企业应当按照政府核准的燃气价格、燃气计量装置的记录向燃气用户收取燃气使用费，并与燃气用户约定支付期限。

用户未按照约定期限支付燃气费的，管道燃气经营企业可以书面催缴，管道燃气用户经催缴仍不支付燃气使用费和违约金的，管道燃气经营企业可以中止供气，但应当在中止供气十五日前书面通知用户，并报所在地燃气行政主管部门备案。

用户缴清所欠燃气费、违约金后，管道燃气经营企业应当在二十四小时内恢复供气。

用户对中止供气有异议的，可以向燃气行政主管部门投诉，受理投诉的燃气行政主管部门应当依法处理。

第三十一条 用户有权就燃气经营的收费和服务等事项向燃气经营企业查询，燃气经营企业应当自收到查询申请之日起五个工作日内予以答复。

燃气行政主管部门及其他有关部门应当建立举报和投诉制度，公开举报和投诉电话、信箱或者电子邮件地址，受理有关燃气安全、供气质量、收费价格、服务质量等的举报和投诉。

燃气行政主管部门及其他有关部门应当自接到投诉之日起十五日内予以处理、答复。

第五章 设施保护

第三十二条 县级以上人民政府燃气行政主管部门应当会同城乡规划等有关部门，按照国家有关标准和规定划定燃气设施保护范围，并依法向社会公布。

燃气经营企业应当按照国家标准和规范，在燃气设施所在地、地下燃气管道上方和重要燃气设施上设置明显的安全警示标志。

任何单位和个人不得毁损、覆盖、涂改、擅自拆除或者移动燃气设施安全警示标志。

第三十三条 在燃气设施保护范围内，禁止从事下列危及燃气设施安全的活动：

（一）建设占压地下燃气管线的建筑物、构筑物或者其他设施；

（二）进行爆破、钻探、取土等作业以及使用明火；

（三）倾倒、排放腐蚀性物质；

（四）堆放易燃易爆危险物品以及种植深根植物；

（五）其他危及燃气设施安全的行为。

第三十四条 在燃气设施保护范围内，从事下列活动的建设单位应当会同施工单位，与燃气经营企业共同制定燃气设施保护方案，并采取相应的安全保护措施：

（一）铺设管道；

（二）进行打桩、顶进、挖掘等作业；

（三）其他可能影响燃气设施安全的活动。

建设单位或者施工单位在建设工程开工前，应当查询施工地段的燃气设施竣工图，查清地下燃气设施铺设情况，必要时可以进行现场探测或者开挖。进行现场探测或者开挖的，应当采取相应的安全保护措施，燃气经营企业应当派专业技术人员进行现场指导。因建设工程施工对燃气经营企业造成损失的，由建设单位和施工单位依法承担赔偿责任。

第三十五条 任何单位和个人不得侵占、毁损、擅自拆除或者移动燃气设施。

燃气经营企业改动燃气接收站、储存站、储配站、充装站、燃气汽车加气站、燃气管道等设施的，应当取得燃气设施改动许可。取得燃气设施改动许可应当符合下列条件：

（一）改动的燃气设施符合燃气专项规划等相关规定；

（二）有安全施工的组织、设计和实施方案；

（三）有安全防护及不影响用户安全正常用气的措施；

（四）法律、法规规定的其他条件。

第三十六条 申请燃气设施改动许可应当持下列资料向所在地县级以上燃气行政主管部门提出申请：

（一）书面申请；

（二）相关燃气设施建设工程的竣工验收证书；

（三）设施改动的设计文件和安全施工方案；

（四）设施改动的现场平面位置图；

（五）经规划部门批准同意改动的文件。

县级以上人民政府燃气行政主管部门在受理申请后，应当将有关申请事项予以公示，公示期不少于七日。燃气行政主管部门应当自受理申请之日起十五日内作出同意或者不同意的决定，不准予改动的应当说明理由。

第六章 安全管理

第三十七条 县级以上人民政府燃气行

政主管部门应当会同有关部门制定燃气事故应急预案，明确应急机构的组成、职责、应急行动方案等内容，并报本级人民政府批准。

燃气经营企业应当制定本单位燃气安全事故应急预案，并报所在地燃气行政主管部门备案。

第三十八条 燃气行政主管部门、安全生产监督管理部门、公安机关消防机构等部门应当根据各自职责，对燃气经营活动进行安全监督检查，发现燃气安全事故隐患的，应当立即组织人员查明情况，及时通知有关单位和个人排除燃气安全事故隐患。有关单位和个人应当予以配合。

第三十九条 燃气经营企业应当建立安全责任制，健全燃气安全保障体系。

燃气经营企业应当对本单位的燃气设施定期进行安全评估，发现燃气安全事故隐患的，应当及时采取措施消除隐患。安全评估报告应当报所在地燃气行政主管部门备案。

第四十条 燃气经营企业应当告知用户安全用气规则，指导燃气用户安全使用燃气，向用户发放安全用气手册，检查用户燃气使用场所的安全条件。

用户用气不得危害供气、用气安全和扰乱供气、用气秩序。

对危害供气用气安全和扰乱供气、用气秩序的，供气企业有权制止。

第四十一条 燃气用户应当遵守下列安全用气管理规定：

（一）使用合格的燃气器具和气瓶；

（二）按照国家有关标准和安全用气规则使用燃气，并按照使用说明书的要求，正确使用燃气器具；

（三）配合燃气经营企业进行安全检查、维修或者抄表；

（四）发现户内燃气设施安全隐患的，及时采取相应措施。

单位用户应当落实安全管理制度，加强燃气器具操作维护人员安全知识和技能的培训。管道燃气用户需要安装、改装、迁移、拆除户内燃气设施的，应当委托具有相应资质的企业负责实施。

第四十二条 燃气用户不得有下列行为：

（一）擅自拆卸、安装、改装燃气计量装置；

（二）将燃气管道作为负重支架或者接地引线；

（三）加热、摔、砸气瓶，使用燃气时倒卧气瓶；

（四）使用超期限未检验、检验不合格、无技术档案或者报废的气瓶；

（五）存在安全隐患不按规定落实整改；

（六）改变燃气用途或者转供燃气；

（七）法律、法规和国家标准、行业标准规定禁止的其他行为。

第四十三条 任何单位和个人不得有下列行为：

（一）用明火试验是否漏气；

（二）自行清除气瓶内的残液；

（三）气瓶与气瓶互相过气；

（四）在不具备安全使用条件的场所储存燃气；

（五）除事故应急救援等紧急情况外，擅自开启、关闭燃气管道上的公共阀门；

（六）法律、法规和国家标准、行业标准规定禁止的其他行为。

第四十四条 任何单位和个人发现燃气事故或者事故隐患时，应当立即告知负责供气的燃气经营企业并向燃气行政主管部门、安全生产监督管理部门、公安机关消防机构等部门报告。

燃气经营企业或者有关部门接到报告后，应当立即处理。

第四十五条 发生燃气安全事故后，燃气经营企业应当立即启动本单位燃气安全事故应急预案，组织抢险、抢修并立即向燃气行政主管部门报告。燃气经营企业进行燃气设施抢修时，可以采取紧急措施，有关单位和个人应当给予配合，不得以任何理由阻挠或者干扰抢修。

发生燃气安全事故后，燃气行政主管部门、安全生产监督管理部门、公安机关消防机构等部门，应当根据各自职责，立即采取措施防止事故扩大，根据有关情况启动燃气安全事故应急预案，并依照国家、省有关生产安全事故报告和调查处理的法律、法规进行报告和调查处理。

第七章 法律责任

第四十六条 违反本条例第九条第二款规定，未按照规划配套建设燃气设施、未预留燃气设施配套建设用地或者未经法定程序批准改变建设用地用途的，由规划部门责令限期改正；逾期不改正的，处十万元以上二十万元以下罚款。

违反本条例第九条第四款规定，在管道燃气已覆盖的区域内新建小区气化站、瓶组站的，由燃气行政主管部门责令停止建设，限期改正；逾期不改正的，可以对建设单位处十万元以上二十万元以下罚款；已建成的，责令停止使用。

第四十七条 违反本条例第十二条规定，燃气工程项目未依法进行验收或者验收不合格交付使用的，由燃气行政主管部门责令停止使用，限期改正，并可处五千元以上一万元以下的罚款。

第四十八条 违反本条例第十三条规定，未取得燃气经营许可证从事燃气经营活动的，由燃气行政主管部门责令停止违法经营活动，没收违法所得，并可处十万元以上五十万元以下的罚款。构成犯罪的，依法追究刑事责任。

已取得燃气经营许可证但不再具备本条例第十三条第一款规定条件仍继续经营的，由燃气行政主管部门责令限期改正；逾期不改正的，吊销燃气经营许可证。

燃气经营企业超越行政许可范围从事燃气经营活动的，由燃气行政主管部门责令限期改正，并处五万元以上二十万元以下罚款；情节严重的，吊销燃气经营许可证。

违反本条例第十三条第三款规定，个体工商户未加入已取得许可的燃气经营企业而继续经营瓶装燃气的，由工商行政管理部门依法予以取缔。

第四十九条 违反本条例第十五条规定，燃气经营许可证载明的事项发生变更，燃气经营企业未在规定期限内报原审批机关申请办理变更手续的，由燃气行政主管部门责令限期改正，并可处二千元以上五千元以下罚款。

第五十条 违反本条例第十六条规定的，由相关主管部门责令限期改正，其中违反第二项、第四项、第五项规定的，可以对燃气经营企业处二万元以上五万元以下的罚款，违反第一项、第三项、第七项规定的，可以处五万元以上十万元以下的罚款；逾期不改正的，责令停业整顿；情节严重的，吊销燃气经营许可证，并由燃气行政主管部门提请同级人民政府予以关闭。

第五十一条 违反本条例第十七条规定，销售未经检测合格或者不符合燃气使用要求的燃气器具，由燃气行政主管部门责令销售单位限期改正；逾期不改正的，处每台器具五千元罚款，并可以责令其停业整顿。

第五十二条 违反本条例第十八条第一款规定，燃气器具安装维修企业未取得资质从事经营活动的，由建设行政主管部门责令停止违法行为，并处三万元以上十万元以下的罚款；有违法所得的，没收违法所得。

违反本条例第十八条第二款规定，燃气器具安装维修企业安装不符合国家标准或者与当地气源不适配的燃气器具，维修达到报废年限的燃气器具的，由燃气行政主管部门责令其限期改正，并处三万元以上十万元以下罚款。

第五十三条 违反本条例第二十一条、第二十二条规定，燃气经营企业未向具备用气条件的燃气用户持续、稳定、安全供气或者拒绝供气的，由燃气行政主管部门责令限期改正，并给予警告；逾期不改正的，处五千元以上二万元以下的罚款。

第五十四条 违反本条例第二十三条规定，燃气经营企业供应的燃气质量不符合国家和省有关标准的，由质量技术监督部门责令改正，并可处二万元以上五万元以下的罚款；有违法所得的，没收违法所得。

第五十五条 违反本条例第二十七条、第二十八条规定，燃气经营企业未提供免费入户安全检查、未按要求设置和公布服务电话、抢险抢修电话并设专人值班的，由燃气行政主管部门责令限期改正并给予警告，并可处一万元以上三万元以下的罚款。

第五十六条 违反本条例第三十二条第三款规定，毁损、覆盖、涂改、擅自拆除或者移动燃气设施安全警示标志的，由燃气行政主管部门责令限期改正，恢复原状，可以处五千元以下罚款。

第五十七条 违反本条例第三十三条规定，在燃气设施保护范围内从事危及燃气设施安全活动的，由燃气行政主管部门责令停止违法行为，限期恢复原状或者采取其他补救措施，对单位处五万元以上十万元以下罚款，对个人处五千元以上三万元以下罚款。

第五十八条 违反本条例第三十四条规定，建设单位未会同施工单位与燃气经营企业共同制定燃气设施保护方案，未查清地下燃气设施铺设情况擅自施工的，或者未采取相应的安全保护措施的，由燃气行政主管部门责令停止违法行为，限期恢复原状或者采取其他补救措施，并处五万元以上十万元以下罚款。

第五十九条 违反本条例第三十七条第二款、第三十九条、第四十四条规定，燃气经营企业未制定本单位燃气安全事故应急预案以及未按规定备案，未对燃气设施定期进行安全评估，以及接到燃气事故报告未及时处理的，由燃气行政主管部门和相关部门责令改正，并可处一万元以上三万元以下的罚款；情节严重的，吊销燃气经营许可证。

第六十条 违反本条例第四十一条第二款规定，委托不具有相应资质的企业实施安装、改装、迁移、拆除户内燃气设施的，由燃气行政主管部门责令改正，并给予警告；情节严重的，对个人用户处二千元以上五千元以下的罚款；对单位用户和擅自接受委托的施工企业处一万元以上三万元以下的罚款。

第六十一条 违反本条例第四十二条、第四十三条规定的，由燃气行政主管部门责令改正，并给予警告；情节严重的，可对用户处一千元以上三千元以下的罚款。

第六十二条 依照本条例规定给予单位罚款处罚的，对单位直接负责的主管人员和其他直接责任人员，可处单位罚款数额百分之五以上百分之十以下的罚款。

第六十三条 燃气行政主管部门和其他有关行政管理部门工作人员在燃气管理工作中有下列情形之一的，由其上级机关或者监察机关责令改正，对直接负责的主管人员和其他直接责任人员依法给予行政处分；构成犯罪的，依法追究刑事责任：

（一）不按照本条例规定履行监督检查职责的；

（二）发现违法行为或者接到对违法行为的举报后不及时查处的；

（三）不按规定的条件、程序和期限实施行政许可的；

（四）不按规定及时调查处理燃气安全事故的；

（五）其他玩忽职守、滥用职权、徇私舞弊的行为。

第八章　附　　则

第六十四条　本条例中下列用语的含义：

（一）燃气，是指燃气经营者供给燃气用户作为燃料使用并符合相关标准的气体燃料，包括天然气、液化石油气和人工煤气等；

（二）燃气设施，是指人工煤气生产厂，燃气储配站、门站、气化站、混气站、加气站、灌装站、供应站、调压站、市政燃气管网等的总称，包括市政燃气设施、庭院燃气设施和共用燃气设施以及户内燃气设施等；

（三）燃气器具，是指以燃气为燃料的燃烧器具，包括居民家庭和商业用户所使用的燃气灶、热水器、沸水器、采暖器、空调器等器具。

第六十五条　本条例自2010年9月1日起施行。1997年7月26日广东省第八届人民代表大会常务委员会第三十次会议通过的《广东省燃气管理条例》同时废止。

深圳市燃气条例

（2006年7月26日深圳市第四届人民代表大会常务委员会第七次会议通过　2006年12月1日广东省第十届人民代表大会常务委员会第二十八次会议批准　2017年4月27日深圳市第六届人民代表大会常务委员会第十六次会议修正　2017年11月30日广东省第十二届人民代表大会常务委员会第三十七次会议批准）

第一章　总　　则

第一条　为了加强燃气管理，保障燃气供应和安全，规范燃气市场秩序，制定本条例。

第二条　本市燃气建设、经营、使用、管理以及燃气器具的销售、安装和维修活动，适用本条例。

第三条　燃气建设、经营、使用和管理应当遵循统筹规划、配套建设、安全便民、节能高效和保障供应的原则。

第四条　市政府建设行政管理部门（以下简称市主管部门）是全市燃气行业的行政主管部门。

市、区政府其他有关部门在各自的职能范围内，依法负责有关的燃气管理工作。

市政府可以根据实际情况对本条例规定的相关主管部门职责分工进行调整。

第五条　深圳市燃气行业协会应当根据法律、法规和章程规定，制定行业行为准则和服务规范，建立行业自律机制。

第二章　规划建设

第六条　市能源行政主管部门应当会同

市主管部门根据深圳市国民经济和社会发展规划编制燃气行业发展规划。

市主管部门应当会同有关部门根据城市规划和燃气行业发展规划编制深圳市燃气建设专项规划。

燃气工程建设项目应当符合燃气建设专项规划。

第七条 燃气工程建设应当遵守有关工程建设的法律、法规、规章和强制性标准、规范。

燃气场站建设应当按照有关规定进行安全评价和环境影响评价。

第八条 市主管部门可以根据安全、环保、节能的要求和燃气行业实际，编制燃气工程建设、生产运营以及燃气设施、器具的技术规范，依照有关规定送市标准化主管部门发布实施。

市主管部门可以发布限制和禁止使用的燃气技术、工艺、设备和产品目录。

第九条 建设项目用地红线范围内的燃气管道及设施，由建设单位负责投资建设；市政燃气管道及设施按照特许经营合同约定，由政府或者管道燃气企业负责投资建设。

第十条 燃气工程施工图设计文件应当经具有相应资质的施工图设计文件审查机构审查；未经审查或者审查不合格的，不得使用。

施工图设计文件审查机构应当按照规定进行审查。

施工图设计文件应当注明该工程的合理使用年限。地上燃气管道的合理使用年限不低于十五年，地下钢制和聚乙烯燃气管道的合理使用年限分别不低于二十年和五十年。

第十一条 新建住宅以及其他需要使用燃料的建设项目应当配套建设燃气管道及设施。

鼓励对未配套建设管道供气设施的已建成住宅区进行管道供气改造。具体办法由市政府另行制定。

市政燃气管道未覆盖的区域，可以实行瓶组供气；市政燃气管道覆盖该区域后，应当停止瓶组供气。

第十二条 燃气工程竣工后，应当按照法定程序进行验收、备案。未按照规定验收或者验收不合格的，不得投入使用。

建设单位应当按照档案管理规定，收集、整理燃气工程文件资料，及时向城建档案管理机构和有关部门移交。

第十三条 管道燃气工程验收合格后，建设单位应当将管道及设施、工程竣工资料移交给管道燃气企业。无正当理由的，管道燃气企业不得拒绝或者拖延接收。

第十四条 管道燃气企业应当在建设单位办理供气手续后五个工作日内，完成该工程燃气管道与市政燃气管道的接驳。

第十五条 已竣工投入使用的管道燃气设施接驳、抢险、维修等作业由管道燃气企业自行承担或者委托有相应资质的企业承担。

第十六条 管道燃气工程的保修期限不得低于两年，自该工程竣工验收合格之日起计算。

保修期内出现的工程质量问题由原施工企业负责处理。

第十七条 用户共用燃气管道及设施的日常维护由管道燃气企业负责，其相关费用由管道燃气企业承担；用户共用燃气管道及设施维修、更新和改造费用从住房专项维修资金中支付；用户自用燃气管道及设施维修、更新和改造费用由用户自行负担。

管道燃气企业维护用户共用燃气管道及设施时，物业管理单位和用户应当予以配合。

对燃气计量表进行维修、更新和改造时，应当告知管道燃气企业进行计量登记。

用户燃气管道及设施维修、更新和改造应当委托具有相应资质的单位进行。

第十八条 市政燃气管道及设施需要提前更换或者延长使用年限的，管道燃气企业应当按照有关技术规范组织专家进行论证，并报市主管部门备案。

第十九条 市政燃气管道及设施需要进行改动的，应当向市主管部门提出申请并符合下列条件：

（一）符合燃气建设专项规划要求；

（二）有保障安全施工的设计、组织和实施方案；

（三）有不影响用户安全正常用气的措施；

（四）法律、法规规定的其他条件。

市主管部门应当自受理申请之日起十五个工作日内作出批准或者不批准的决定。

由于政府或者燃气企业单方面原因需要改造燃气管道及设施的，改造费用由政府或者燃气企业承担，不得将费用转嫁给用户。

第三章 经营许可

第二十条 从事燃气生产、储存、输配、充装、供应等经营活动的，应当取得市主管部门颁发的燃气经营许可证。取得燃气经营许可证应当具备下列条件：

（一）有符合燃气建设专项规划要求并经验收合格的燃气经营场站；

（二）有稳定的燃气气源及与经营规模相适应的燃气储备能力，气体质量符合国家标准；

（三）有符合国家标准的经营设施，从事液化石油气经营的，还应当设有残液回收装置；

（四）有与经营规模相适应的专业技术人员和其他具有相应资格的人员；

（五）有完善的安全管理制度和操作规程，有专职安全生产管理人员；

（六）有完整的工程建设、生产运营、技术设备、安全生产等资料和档案；

（七）有燃气供应和事故抢险应急预案，有抢险、抢修所必需的设备、备品备件、交通工具和检测仪器；

（八）有安全评价机构出具的安全评价报告，并达到安全运行的要求；

（九）法律、法规规定的其他条件。

市主管部门应当自受理申请之日起二十个工作日内作出批准或者不批准的决定。

第二十一条 管道燃气实行特许经营。未依法取得特许经营权的，不得从事管道燃气经营活动。

第二十二条 燃气企业设立燃气接收站、储存站、储配站、充装站、燃气汽车加气站等分支机构的，应当向市燃气行业协会提出申请；市燃气行业协会应当自受理申请之日起十五个工作日内作出决定。市燃气行业协会作出决定后，应当报区主管部门备案。

设立瓶装燃气供应站的，应当符合下列条件，并经所在地区主管部门批准：

（一）有深圳市燃气经营许可证和企业法人营业执照；

（二）站点的设置符合燃气建设专项规划；

（三）有与经营规模相适应并符合安全条件的固定场所和设施；

（四）有健全的安全管理制度和燃气事故抢修应急预案；

（五）有与经营规模相适应的专业技术人员和其他具有相应资格的人员；

（六）法律、法规规定的其他条件。

区主管部门应当自受理申请之日起十五个工作日内作出批准或者不批准的决定。

第二十三条 燃气企业设立瓶装燃气服务点应当符合下列条件：

（一）有深圳市燃气经营许可证和企业法人营业执照；

（二）有合法的经营场所；

（三）服务点位于本企业瓶装燃气供应站五公里范围内；

（四）服务点储存的燃气钢瓶容积总量不超过零点三六立方米；

（五）符合相应的安全管理规定。

燃气企业设立瓶装燃气服务点应当报所在地的区主管部门备案，并到工商行政管理部门办理工商登记。区主管部门应当将备案信息抄送消防等相关主管部门并在相关政府网站上公布。

第二十四条 燃气企业的股权、公司名称、注册地址（经营场所）、法定代表人等发生变更的，应当自办理变更登记之日起三十日内报市主管部门备案。

第二十五条 从事燃气器具安装、维修活动的，应当取得市燃气行业协会颁发的燃气器具安装维修资质证书。取得燃气器具安装维修资质证书应当具备下列条件：

（一）有与安装、维修规模相适应的经营场所；

（二）有与安装、维修规模相适应的专业技术人员和其他从业人员；

（三）有与安装、维修规模相适应的专业设备、维修工具和备品备件；

（四）有完善的管理制度和服务规范；

（五）法律、法规规定的其他条件。

市燃气行业协会应当自受理申请之日起十五个工作日内作出决定。市燃气行业协会作出决定后，应当报市主管部门备案。

燃气器具安装维修资质证书有效期五年。资质证书有效期届满，继续从事燃气器具安装维修活动的，应当于资质证书有效期届满前三个月，向市燃气行业协会提出延续申请。

取得燃气器具安装维修资质证书后，企业名称、注册地址、注册资本、法定代表人、企业负责人等发生变更的，应当自办理变更登记之日起三十日内报市燃气行业协会备案。

第二十六条 燃气企业及其分支机构、燃气器具安装、维修企业不得以出租、出借、承包、挂靠等方式允许他人以自己的名义从事燃气经营或者燃气器具的安装、维修。

第二十七条 燃气企业不得向未取得燃气经营许可证的单位和个人提供经营性气源。

任何单位和个人不得向未取得燃气经营许可证的单位和个人购买燃气。

第二十八条 实行燃气企业及从业人员不良行为记录与公示制度。具体办法由市主管部门另行制定。

第四章 供气用气

第二十九条 建立燃气储备制度，保障燃气供应。市主管部门应当会同市能源、发展改革、财政等部门编制燃气储备方案，并报市政府批准后实施。

燃气企业应当执行燃气储备方案。

第三十条 市主管部门应当编制燃气供应应急预案，经市政府批准后实施。

应急预案启动后，燃气企业和用户应当服从指挥和调配。

第三十一条 燃气企业对其供气范围内的用户负有正常供气的义务，但用户不具备供气条件的除外。

燃气企业受理用户用气申请时，不得限定用户购买本企业或者其指定的单位生产、销售的燃气器具和相关产品，不得限定用户委托本企业或者其指定的安装单位安装燃气器具。

燃气企业应当建立健全用户档案。

第三十二条　管道燃气企业应当按照批准的标准收取管道燃气费和其他相关服务费，并按规定实行明码标价。

第三十三条　实行燃气钢瓶信息标识制度，记载钢瓶充装、流转信息。具体办法由市主管部门另行制定。

第三十四条　燃气企业应当保证其供应的燃气热值、组份、嗅味、压力达到国家标准，并接受市、区主管部门和质量技术监督部门的监督和抽查。

第三十五条　瓶装燃气的充装量应当与该瓶标称充装量相符，其误差不得超过国家规定的允差范围。

第三十六条　管道燃气企业因施工、维修等原因不能正常供气的，除紧急情况外，应当提前二十四小时以适当方式通知到可能受到影响的用户和物业管理单位，并预告工程可能造成的影响。

管道燃气企业因施工、维修等原因连续停止供气四十八小时以上的，应当采取相应的应急措施，保障用户的生活用气。

第三十七条　瓶装燃气企业终止经营活动的，应当提前三十日向市主管部门备案；关闭或者迁移瓶装燃气供应站的，应当提前五个工作日向所在地区主管部门备案，并对有关用户的燃气供应作出妥善安排。

第三十八条　任何单位和个人不得利用机动车辆或者其他运输工具作为储存场所定点或者流动销售瓶装燃气，但直接为预约用户提供送气服务的除外。

瓶装燃气服务点不得兼营与燃气无关的业务。

第三十九条　用户有权向燃气企业查询与燃气相关的服务、收费等信息，燃气企业应当及时处理和答复。

燃气企业不予处理或者对处理结果有异议的，用户可以向区主管部门或者有关部门投诉。收到投诉的部门对用户投诉事项应当及时处理，并在接到投诉之日起十个工作日内将处理情况告知投诉人。

第四十条　用户应当严格遵守安全用气规定和供用气合同约定，并不得有下列行为：

（一）盗用燃气、损坏燃气设施；

（二）进行危害燃气管道及设施安全的装修、装饰活动；

（三）擅自拆除、改装燃气管道及设施；

（四）倾倒燃气钢瓶残液或者用钢瓶相互倒灌燃气；

（五）擅自拆卸钢瓶角阀等附件，擅自改换钢瓶检验标志和漆色；

（六）其他危及公共安全的用气行为。

第四十一条　禁止销售直接排气式家用热水器、自然排气式家用热水器以及安全保护装置不符合要求的其他燃气器具。

鼓励生产、销售和使用节能燃气器具。

生产、销售燃气器具的，应当提供安装维修服务。

第五章　安全管理

第四十二条　燃气企业应当遵守有关安全生产的法律、法规规定，加强安全生产管理，保证安全生产投入和有效运行，及时消除事故隐患。

第四十三条　燃气企业应当制定燃气事故抢险应急预案，并报市主管部门备案。

燃气企业应当定期组织应急预案演练，

并根据需要及时对预案进行修订。

第四十四条 燃气企业应当对储罐、槽罐等压力容器及其安全附件定期进行检修和更新，并向质量技术监督部门办理使用登记手续。

第四十五条 瓶装燃气企业应当严格执行燃气充装规范，充装前应当对充装设备、钢瓶进行安全检查；充装后应当对充装量和气密性逐瓶进行复检。

从事瓶装燃气充装工作的人员应当取得特种设备作业资格证书。

第四十六条 瓶装燃气充装单位不得有下列行为：

（一）为技术档案不在本单位或者未与本单位签订委托管理协议单位的钢瓶充气；

（二）为不合格钢瓶充气；

（三）用燃气储罐或者槽车罐体直接充装钢瓶；

（四）在燃气汽车加气站充装非燃气汽车用钢瓶；

（五）用钢瓶相互倒灌燃气。

第四十七条 燃气钢瓶应当按规定送交具有相应资质的钢瓶检测机构进行检测。

任何单位和个人不得擅自改装钢瓶或者翻新报废钢瓶。报废的钢瓶应当送到钢瓶检测机构集中销毁。

第四十八条 燃气企业应当制定用户安全用气指引，向用户发放安全用气手册，进行安全用气宣传。

燃气企业应当对用户燃气设施和安全用气情况每十二个月至少检查一次，并做好记录；发现安全隐患的，应当及时书面告知用户整改。

对存在严重安全隐患而用户拒不整改的，燃气企业可以采取停止供气等安全保护措施。

第四十九条 管道燃气企业应当制定并严格执行停气、通气作业方案。恢复供气应当提前通知用户和物业管理单位。

第五十条 燃气企业应当设立抢修机构，配备抢修人员和必要的防护用品、车辆器材、通讯设备和检测仪器等。

燃气企业应当设置并公布二十四小时值班电话，接到燃气报警后应当立即组织抢修。抢修作业时，有关单位和个人应当予以配合，不得阻挠或者干扰抢修工作。

险情严重需要疏散人员、封锁交通、切断电源、断绝火源的，公安消防、交通、供电等有关部门应当予以协助。

第五十一条 抢修人员在处理燃气事故遇到紧急情况时，可以对影响抢修的其他设施采取适当的处置措施，但事后应当恢复原状。不能恢复原状的，应当给予合理补偿。

第五十二条 推行燃气企业公众责任保险制度。鼓励燃气企业对其生产经营活动中可能发生的第三者人身伤亡和财产损失购买公众责任保险。具体办法由市政府另行制定。

第五十三条 使用管道燃气的工商业用户及物业管理单位，应当指定专人接受安全用气知识培训，协助管道燃气企业做好本单位的安全用气管理工作。

房屋所有权人、出租人应当告知房屋居住人员安全用气常识。

第五十四条 市、区主管部门应当开展经常性的燃气安全宣传教育，提高市民燃气安全意识。

教育部门应当将燃气安全教育纳入学生安全常识教育的内容。

燃气企业及物业管理等单位应当向居民进行燃气安全使用知识宣传教育。

第五十五条 新闻媒体应当按照有关规定发布安全使用燃气的公益广告。

第五十六条 燃气场站、输配设施及燃气设备应当设置符合国家规定的明显标志，任何单位和个人不得擅自涂改、移动、毁坏或者覆盖。

第五十七条 在规定的燃气管道及设施安全保护范围内禁止下列行为：

（一）进行机械开挖和爆破作业；

（二）倾倒、排放腐蚀性物质；

（三）修筑建筑物、构筑物和堆放物品；

（四）其他可能危害燃气管道及设施安全的行为。

第五十八条 任何单位和个人在进行地下施工作业之前，应当向城建档案管理机构或者管道燃气企业查询作业区域地下燃气管道埋设情况，城建档案管理机构或者管道燃气企业应当在接到查询要求后三个工作日内给予书面答复。对可能危及燃气管道及设施安全的，建设单位应当在开工三日前通知管道燃气企业。

第五十九条 在规定的燃气管道及设施安全控制范围内，建造建筑物、构筑物或者从事打桩、挖掘、顶进、爆破以及其他可能影响燃气管道及设施安全的作业的，建设单位应当会同施工单位与燃气企业签订燃气管道及设施保护协议，并由燃气企业指派技术人员进行安全保护指导。

建设单位未签订燃气管道及设施保护协议从事可能影响管道及设施安全的作业的，燃气企业有权予以制止并应当及时向主管部门报告。

第六十条 除紧急情况外，未经燃气企业同意，任何单位和个人不得开启或者关闭燃气管道上的公共阀门。

第六章 法律责任

第六十一条 违反本条例第十条规定，燃气工程施工图设计文件未经审查或者审查不合格使用的，由主管部门责令改正，并处一万元以上十万以下罚款；施工图设计文件审查机构未按照规定进行审查的，由主管部门责令改正，并处五千以上五万元以下罚款。

第六十二条 违反本条例第十九条规定，擅自改动燃气设施的，由主管部门责令限期改正，可以并处二千元以上二万元以下罚款。

第六十三条 违反本条例第二十条、第二十一条、第二十二条、第二十三条规定，未取得燃气经营许可证或者燃气特许经营权擅自从事燃气经营活动的，燃气企业分支机构未经批准或者备案擅自从事燃气经营活动的，由主管部门责令停止非法经营活动，没收违法所得及用于违法经营的燃气钢瓶及相关设备，并处一万元以上十万元以下罚款。

第六十四条 违反本条例第二十四条规定，燃气企业的股权、公司名称、注册地址（经营场所）、法定代表人等发生变更，未报市主管部门备案的，由主管部门责令限期改正，可以并处一千元以上一万元以下罚款。

第六十五条 违反本条例第二十五条规定，未取得燃气器具安装维修资质证书擅自从事燃气安装、维修活动的，由主管部门责令停止非法经营活动，没收违法所得，并处二千元以上二万元以下罚款。

第六十六条 违反本条例第二十六条规定，以出租、出借、承包、挂靠等方式允许他人以自己名义从事燃气经营或者燃气器具安装、维修活动的，由主管部门责令停止违法经营活动，没收违法所得，并处一万元以上五万元以下罚款。

第六十七条 违反本条例第二十七条第一款规定，向未取得燃气经营许可的单位和个人提供经营性气源的，由主管部门责令改正，并处五千元以上五万元以下罚款。

第六十八条 违反本条例第二十九条第二款规定，燃气企业不执行燃气储备方案的，由主管部门责令限期改正，并处一万元以上十万元以下罚款。

第六十九条 违反本条例第三十条规定，燃气企业不服从应急指挥机构指挥和调配的，由主管部门处一万元以上五万元以下罚款；造成严重后果的，吊销经营许可证。

第七十条 违反本条例第三十一条规定，未向用户正常供气或者限定用户购买指定产品或者限定用户接受指定安装的，由主管部门责令限期改正，并处一万元以上十万元以下罚款。

第七十一条 违反本条例第三十二条规定，超过规定标准收取管道燃气费和其他服务费的，由市价格主管部门依照价格管理有关规定处罚。

第七十二条 违反本条例第三十四条、第三十五条规定，燃气质量和充装量未达到国家规定标准的，由主管部门或者质量技术监督部门责令改正，并处一万元以上三万元以下罚款。

第七十三条 违反本条例第三十六条规定，未按照规定时间和方式通知用户或者未按照要求采取应急措施的，由主管部门责令改正，并处一万元以上三万元以下罚款。

第七十四条 违反本条例第三十七条规定，未按照规定向主管部门备案的，由主管部门责令限期改正，可以并处二千元以上二万元以下罚款。

第七十五条 违反本条例第三十八条规定，利用机动车辆或者其他运输工具作为储存场所销售瓶装燃气的，由主管部门责令改正，并处五千元以上五万元以下罚款。

第七十六条 违反本条例第四十条规定，不按照要求使用燃气的，由主管部门责令改正；情节严重的，处五百元以上二千元以下罚款。

第七十七条 违反本条例第四十一条第一款规定，销售不符合条件的燃气器具的，由工商行政管理部门没收有关器具，并处一万元以上十万元以下罚款；违反本条例第四十一条第三款规定，生产、销售燃气器具未提供安装维修服务的，由工商行政管理部门责令限期改正，可以并处二千元以上二万元以下罚款。

第七十八条 燃气企业违反安全管理规定，有下列行为之一的，由主管部门责令限期整改，可以并处五千元以上五万元以下罚款；拒不改正的，处三万元以上十万元以下罚款：

（一）违反本条例第四十三条规定，没有制定燃气事故应急处理预案的；

（二）违反本条例第四十八条第二款规定，未按照规定对用户燃气设施和安全用气情况进行检查的；

（三）违反本条例第四十九条规定，未按照要求恢复供气的；

（四）违反本条例第五十条规定，未按照要求设立燃气抢修设施设备，配备抢修人员和必要的防护用品、车辆器材、通讯设备和检测仪器或者未按要求开展抢修的。

第七十九条 燃气企业违反安全管理规定，有下列行为之一的，由质量技术监督部门责令限期改正，并处一万元以上三万元以下罚款；逾期不改正的，处三万元以上五万元以下罚款；造成他人损失的，应当依法承担赔偿责任：

（一）违反本条例第四十四条规定，未对储罐、槽罐等压力容器及其安全附件定期进行检修和更新，或者未向质量技术监督部门办理使用登记手续的；

（二）违反本条例第四十五条第一款和第四十六条规定，未按照规定进行燃气充装作业的；

（三）违反本条例第四十五条第二款规定，未取得特种设备作业证书的人员从事燃气充装作业的；

（四）违反本条例第四十七条规定，未按照规定进行燃气钢瓶检测或者擅自改装、翻新报废钢瓶的。

第八十条 违反本条例第五十三条第一款规定，未指定专人接受安全用气知识培训，并协助管道燃气企业做好本单位的安全用气管理工作的，由主管部门责令改正，可以并处一千元以上一万元以下罚款。

第八十一条 违反本条例第五十六条规定，未按要求设置明显标志的，由主管部门责令限期整改，逾期不改正的，处五千元以上二万元以下罚款。

第八十二条 违反本条例第五十七条规定，从事危害燃气设施安全的行为的，由主管部门责令立即停止并拆除，可以并处二千元以上二万元以下罚款；情节严重的，处二万元以上十万元以下罚款；发生安全事故给他人造成损害的，应当依法承担赔偿责任。

第八十三条 违反本条例第五十九条规定，未与燃气企业签订燃气管道及设施保护协议擅自进行施工作业的，由主管部门责令其停止作业，并处一万元以上三万元以下罚款；造成燃气管道及设施损毁的，应当依法承担赔偿责任，并处三万元以上十万元以下罚款。

第八十四条 违反本条例第六十条规定，擅自开启或者关闭燃气管道上的公共阀门的，由主管部门责令改正，并处一千元以上五千元以下罚款；造成他人损失的，应当依法承担赔偿责任。

第八十五条 对不良行为记录达到规定程度的燃气企业，市、区主管部门应当根据职责分工责令整改；情节严重的，责令停业整顿。

第八十六条 对违反本条例有关燃气工程建设规定的行为，按照国家、广东省和本市有关工程建设的法律、法规、规章处罚。

第八十七条 对违反本条例规定的违法行为，相关执法部门可以当场查封或者扣押用于违法经营的燃气钢瓶、运输工具及设施设备等，并按照有关规定进行处理。

第七章　附　　则

第八十八条 本条例下列用语的含义是：

（一）燃气，是指供给生活、生产等使用的液化石油气、天然气、人工煤气等气体燃料；

（二）市政燃气管道及设施，是指市政规划红线内所有燃气管道及设施；

（三）用户燃气管道及设施，是指用户共用管道及设施和用户自用管道及设施；

（四）用户共用管道及设施，是指建筑物、住宅区用地红线内用户共用的燃气管道及设施；

（五）用户自用管道及设施，是指为该用户而设的专用燃气管道及设施，一般以该专用管道的起点阀门为界。

第八十九条 本条例规定由市政府或者市主管部门制定具体办法的，市政府或者市主管部门应当自本条例施行之日起十八个月内制定。

第九十条 对本条例规定的罚款处罚，市行政处罚实施机关应当制定具体实施标准。该具体实施标准与本条例同时施行；需要修订时，制定机关应当及时修订。

第九十一条 本条例自 2007 年 3 月 1 日起施行。

珠海市燃气管理办法

（2012年6月28日八届6次市政府常务会议审议通过　2012年8月16日珠海市人民政府令第85号公布　自2012年9月1日起施行）

第一章　总　　则

第一条　为规范燃气经营管理活动，服务社会，保障公共安全，根据有关法律、法规，结合本市实际，制定本办法。

第二条　本办法适用于本市行政区域内燃气发展与规划编制、燃气设施建设与保护、燃气经营与服务、燃气使用及燃气安全管理等相关活动。

第三条　市燃气行政主管部门负责全市燃气行业的统筹、协调、监督和管理工作。

发展和改革、价格、财政、国有资产监督管理、城乡规划建设、公安、质量技术监督、安全生产监督管理、城市管理行政执法、交通运输、环境保护、工商行政管理等相关部门按照各自职责，依法做好燃气管理相关工作。

第四条　市燃气行业协会由本市燃气经营企业，燃气器具生产、经营和安装维修企业，以及燃气工程设计、施工、监理等相关企业组成，发挥组织、协调、服务及协助监管的作用，接受市民政部门和市燃气行政主管部门的监督和管理。

第二章　规划与建设

第五条　市燃气行政主管部门应当会同市城乡规划部门，编制本市燃气发展规划，经批准后组织实施，并在控制性详细规划中落实燃气建设项目。

燃气发展规划应当包括管道燃气、瓶装液化石油气和燃气汽车加气等内容。

第六条　燃气发展规划的编制应当结合本市实际，坚持保障供应、科学发展的原则，加快发展管道燃气，合理布局和建设瓶装液化石油气集中供应站。

燃气汽车加气站的设置应当优先利用天然气输气场站用地，并在条件许可的情况下与汽车加油站合并建设。

第七条　燃气设施建设应当符合燃气发展规划要求，并在项目建设各阶段依照相关规定办理规划手续。

根据燃气发展规划确定的燃气设施配套建设用地，未经法定程序批准，不得改变用途。

第八条　管道燃气规划供气区域内的用气和道路建设项目，应当同步建设管道燃气设施，采用市政燃气管网统一供气。

市政燃气管网已覆盖的区域，禁止新建气化站、瓶组站等临时供气装置供气。原已建设仍在使用的气化站、瓶组站等临时供气装置应当逐步接入市政燃气管网供气。

市政燃气管网暂未覆盖的区域，管道燃气经营企业负责提供气化站、瓶组站等临时供气装置供气，建设单位负责提供建设临时供气装置需要的用地和房屋。

第九条　建设项目规划建设用地红线范围内新建的管道燃气设施，由建设单位负责投资建设，应当与主体工程同步设计、同步施工、同步竣工验收。

管道燃气设施未与主体工程同步建设的，主体工程不予办理竣工验收备案。

第十条　燃气工程勘察、设计、施工单位应当具备相应的资质，监理单位应当具备燃气热力工程监理资质。

安装、改造、维修燃气锅炉、压力容器、压力管道的施工单位应当取得特种设备安全监督管理部门相应的行政许可，方可从事安装、改造、维修活动。

第十一条 管道燃气规划供气区域内建设项目立项涉及管道燃气计划用量、供气方式的，应当征求市燃气行政主管部门的意见。

第十二条 市燃气行政主管部门应当组织编制符合本市实际的管道燃气工程技术指引。管道燃气工程建设应当遵守本市管道燃气工程技术指引。

施工图审查机构应当按照本市管道燃气工程技术指引进行施工图设计文件审查。

第十三条 建设单位委托施工图审查机构审查管道燃气工程施工图设计文件时，应当征求并采纳相应管道燃气经营企业的合理意见。管道燃气经营企业应当在收到施工图设计文件之日起十日内提出书面意见。

管道燃气工程施工图设计文件未征求管道燃气经营企业意见的，施工图审查机构不得出具施工图审查合格的意见。

建设单位应当将审查合格的管道燃气工程施工图设计文件交由相应管道燃气经营企业予以确认。管道燃气经营企业应当在收到审查合格的施工图设计文件之日起三日内予以确认。管道燃气工程施工图设计文件未经管道燃气经营企业确认的，不得实施建设。

第十四条 建设单位应当按规定将燃气工程消防设计文件报送公安消防机构审核，并在建设工程竣工后向公安消防机构申请消防验收。未经审核或审核不合格的，建设单位、施工单位不得施工；未经消防验收或消防验收不合格的，禁止投入使用。

第十五条 建设工程质量监督机构和建设工程安全生产监督机构应当依法对燃气工程的工程质量和施工安全实施监督。

管道燃气经营企业应当配合建设工程质量监督机构对管道燃气工程建设质量实施监督。

第十六条 管道燃气工程竣工验收前，建设单位应当向管道燃气经营企业提交管道燃气工程技术档案，申请进行竣工验收前检查。

管道燃气经营企业应当在收到技术档案后十个工作日内完成竣工验收前检查，竣工验收前检查合格的应当在三日内出具同意验收的书面意见，竣工验收前检查不合格的应当要求建设单位进行整改。

建设单位在取得管道燃气经营企业书面同意的意见后，方可组织竣工验收。

第十七条 燃气工程应当依法办理规划验收和竣工验收。燃气行政主管部门应当对规划验收和竣工验收过程实施监督，管道燃气经营企业应当参加管道燃气工程的验收。

建设工程质量监督机构应当将燃气工程质量监督报告抄送市燃气行政主管部门。

第十八条 管道燃气工程竣工验收合格投入使用前，建设单位或使用单位应当将管道燃气工程竣工资料副本提交管道燃气经营企业。

管道燃气工程竣工验收合格投入使用后，统一由管道燃气经营企业进行经营、管理和维护。

第三章 经营管理

第十九条 本市燃气经营实行许可制度。从事燃气经营活动的企业，应当具备下列条件：

（一）符合燃气发展规划要求。

（二）有符合国家标准及满足燃气经营活动需要的燃气设施。

（三）有稳定、可靠和符合国家标准的

燃气气源。

（四）有符合安全要求的固定经营场所。

（五）企业的主要负责人、安全生产管理人员以及运行、维护和抢修人员经专业考核合格。

（六）有健全的燃气经营管理体系、安全管理制度和安全事故应急预案。

（七）有与其经营规模相适应的抢险抢修能力、风险承担能力和赔付能力。

（八）符合法律、法规和国家标准规定的其他条件。

第二十条 企业从事燃气经营活动，应当向市燃气行政主管部门提出申请。市燃气行政主管部门应当自受理申请之日起二十日内完成审查，符合条件的按规定颁发燃气经营许可证，不符合条件的应当书面说明理由。

第二十一条 燃气经营许可证被依法吊销、撤销或燃气经营许可证有效期届满且不再续期的，市燃气行政主管部门应当在五个工作日内通知工商行政管理部门撤销注册登记、吊销营业执照或办理变更登记。

第二十二条 燃气经营企业新建、改建、扩建燃气接收站、储存站、储配站、瓶装燃气供应站、燃气汽车加气站的，应当在燃气设施竣工验收备案后三十日内，向市燃气行政主管部门申请办理燃气经营许可证变更手续。

燃气经营企业撤销燃气接收站、储存站、储配站、瓶装燃气供应站、燃气汽车加气站的，应当提前三十日向市燃气行政主管部门提出申请，经批准后方可撤销。

燃气经营企业停业、歇业的，应当事先对其供气范围内的燃气用户的正常用气作出妥善安排，并提前九十日向市燃气行政主管部门报告，经批准方可停业、歇业。

第二十三条 本市瓶装液化石油气供应应当采用集中供应站的方式进行经营。

市燃气行政主管部门负责统一规划、组织建设瓶装液化石油气集中供应站，有偿提供给燃气经营企业使用。

第二十四条 本办法施行前经批准设立的瓶装液化石油气销售点，应当在所在供气区域瓶装液化石油气集中供应站建成使用或市政燃气管网全部覆盖后停止使用。停止使用前继续经营的销售点，应当符合以下条件：

（一）属瓶装液化石油气集中供应站尚未建成覆盖的区域。

（二）非紧邻学校、幼儿园等公共场所或火灾危险场所。

（三）地址和内部装修与通过消防验收时保持一致，内部装修符合消防验收标准，销售点内防爆设施和消防器材保持良好工作状态，已采取必要的防治噪音措施和设置燃气泄漏报警装置。

（四）有销售点房屋使用证明材料，能够提供房屋所有权人的身份证明和有效联系电话。

（五）使用所属燃气经营企业统一的服务电话及抢险抢修电话，服务电话及抢险抢修电话、安全责任人任职文件、安全生产规章制度在显著位置张贴。

（六）未进行与瓶装液化石油气销售无关的经营活动。

（七）存放液化石油气钢瓶的实瓶总容积没有超过一立方米。

（八）严格按照易燃易爆品储存的防爆场所标准管理，未私接电线及使用非防爆电器等行为。

（九）没有人员在销售点内居住，无液化石油气钢瓶互相过气等违规操作。

第二十五条 本市管道燃气实行特许经

营。获得管道燃气特许经营权的燃气经营企业可在特定范围和期限内从事管道燃气经营活动，并遵守下列规定：

（一）有充足管道燃气气源保障，并按照本办法规定及管道燃气特许经营合同的约定投资、建设、经营和管理管道燃气项目。

（二）根据管道燃气发展规划及市燃气行政主管部门要求，编制本市管道燃气年度及中长期投资建设计划。

（三）落实管道燃气年度及中长期投资建设计划，落实市燃气行政主管部门作出的管道燃气建设计划调整和安排。

（四）保障管道燃气规划供气区域内住宅小区使用管道燃气，对暂不具备市政燃气管网供气条件的新建住宅小区，采取临时措施保障供气。

（五）对市政燃气管网覆盖区域内原已建设仍在使用的临时供气装置以及未安装管道燃气设施的工业、商业和住宅区实施改造，实现市政燃气管网统一供气。

（六）管道燃气特许经营权合同终止或市政府决定收回管道燃气特许经营权时，服从和配合移交接管工作。

第二十六条 管道燃气经营企业具有下列情形之一的，市政府可以提前终止管道燃气特许经营合同，收回管道燃气特许经营权，并实施接管：

（一）未按本市管道燃气发展规划及城市发展要求进行工程建设或放弃管道燃气项目。

（二）企业资产及经营状况严重恶化，无法继续正常进行管道燃气项目的建设、运营和维护。

（三）企业存在重大诉讼败诉风险或特许经营合同规定的严重违约行为，已经或有实质证据表明可能对本市管道燃气建设和燃气供应产生重大不利影响。

（四）擅自转让、出租管道燃气特许经营权。

（五）因管理不善，发生特别重大质量、生产安全事故。

（六）无组织燃气气源能力，或擅自中断供气、停业、歇业，严重影响到社会公共利益和安全。

（七）因转让企业股权或财产而出现不符合授权资格条件的。

（八）法律、法规禁止的其他严重影响社会公共利益和安全的行为。

出现前款规定的情形，市政府决定收回管道燃气特许经营权并实施接管的，管道燃气经营企业应当将管道燃气项目的所有权利和利益及时、完好和无条件地移交给市政府指定的机构。因此产生的资产评估、清算、补偿等相关工作，由市国有资产监督管理部门按照国有资产管理相关规定和管道燃气特许经营合同的相关约定处理。

第二十七条 燃气经营企业不得有下列行为：

（一）掺杂、掺假，以假充真，以次充好，燃气充装量的误差超过国家规定标准。

（二）使用不符合国家标准、未经计量检定合格的计量器具。

（三）使用残液量超过规定的液化石油气钢瓶充装燃气。

（四）使用报废、超期未检或不合格的液化石油气钢瓶充装燃气。

（五）给非自有液化石油气钢瓶或技术档案不在本企业的液化石油气钢瓶充装燃气。

（六）超出经营许可范围经营业务。

（七）法律、法规和国家标准、行业标准禁止的其他行为。

第二十八条 未取得燃气经营许可的单

位或个人，不得以派发卡片、传单和发送手机信息、网络广告等方式招揽燃气业务。

第二十九条 燃气、城市管理行政执法、公安、工商行政管理、质量技术监督、交通运输等相关职能部门应当建立联合执法机制，依法打击违法燃气经营行为。

城市管理行政执法部门依照本办法对相关违法燃气经营行为实施行政处罚。

公安机关负责依法查处扰乱燃气经营企业正常经营秩序、危害社会公共安全的违法燃气经营行为以及阻碍燃气管理执法人员依法执行公务的行为。

公安消防机构负责依法查处不符合消防安全的储存、经营、使用场所的违法燃气经营行为。

工商行政管理部门负责依法查处无营业执照或超经营范围擅自从事燃气经营活动以及采取不正当经营手段妨碍公平交易的违法燃气经营行为。

质量技术监督部门负责查处违法充装燃气行为。

交通运输部门负责查处无危险品运输资质的企业或无危险品道路运输证的车辆从事燃气运输的行为。

第四章 燃气服务

第三十条 燃气经营企业应当与用户签订供用气合同，明确双方的权利和义务；建立健全燃气用户服务档案，在服务营业场所公告业务流程、服务承诺、服务项目、收费标准等信息，按照规定的燃气服务标准及承诺提供服务。

用户可以就燃气经营的收费和服务等事项向燃气经营企业查询，燃气经营企业应当自收到查询申请之日起三个工作日内予以答复。

第三十一条 燃气经营企业应当告知用户安全用气规则，发放安全用气手册，检查用户燃气使用场所的安全条件，指导燃气用户安全用气。

燃气经营企业应当设置和公布统一的服务电话和抢险抢修电话，建立抢险抢修二十四小时值班制度。

第三十二条 管道燃气经营企业对供气区域内符合用气条件的用户，应当自办理开户手续之日起三日内供气。

管道燃气经营企业不得拒绝给供气区域内符合用气条件的用户供气。

第三十三条 管道燃气经营企业应当持续、稳定、安全向燃气用户供气，不得中断。因施工、检修等原因停止供气、降压供气的，除紧急情况外，应当提前二十四小时通知用户。

第三十四条 燃气经营企业应当配备满足燃气质量检测需要的设备，建立健全燃气质量检测制度，不得伪造或提供虚假燃气检测报告。

管道燃气经营企业应当按照规定检验燃气质量。管道燃气质量发生重大变化时，应当及时向市燃气行政主管部门报告，采取相应处置措施。

第三十五条 燃气经营企业应当建立计量管理体系。

用于燃气贸易结算、安全防护方面的列入国家强制检定目录的工作计量器具，应当向本市法定计量检定机构申请检定，并在有效期内使用。

第三十六条 管道燃气经营企业应当定期对用户的燃气计量器具、燃气管道及其附属设施、燃气器具的使用情况进行检查。

管道燃气经营企业应当负责燃气分户计量器具的燃气管道及其附属设施的维护、维修和更新，户外及燃气分户计量器具出口前的费用由管道燃气经营企业承担，燃气分户计量器具出口后属于户内的费用由用户承担。

第三十七条 燃气经营企业应当每年至少为用户免费提供一次入户安全检查，建立检查档案。燃气经营企业应当提前与用户约定入户检查时间，上门检查人员应当主动出示有效证件，用户可以拨打燃气经营企业的服务电话确认其身份。

用户不遵守安全用气规定出现安全隐患的，燃气经营企业应当书面告知用户整改，用户应当及时进行整改；用户不按规定落实整改可能导致安全事故的，燃气经营企业应当停止供气，并在隐患消除后二十四小时内恢复供气。

燃气经营企业按照工作规程进行上门抄表、户内检查和维护、维修及更新用户共用的燃气管道及其附属设施时，物业服务企业和用户应当予以配合。

第三十八条 销售及使用的燃气器具应当符合国家标准及本市使用要求。从事燃气器具安装、维修业务的企业，应当依法取得相应资质。

第三十九条 管道燃气用户未按照供气合同约定期限支付燃气使用费的，管道燃气经营企业可以书面催缴，管道燃气用户经催缴仍不支付燃气使用费和违约金的，管道燃气经营企业可以中止供气，但应当在中止供气十五日前书面通知用户，同时报市燃气行政主管部门备案。

用户缴清所欠燃气使用费、违约金后，管道燃气经营企业应当在二十四小时内恢复供气。

第五章 设施保护

第四十条 燃气设施保护范围应当遵循《城镇燃气设计规范》等国家燃气相关标准的规定，其中管道燃气设施安全保护范围为：

（一）低压、中压管道管壁及设施外缘两侧二米范围内的区域。

（二）次高压以上管道管壁及设施外缘两侧五米范围内的区域。

管道燃气经营企业应当及时将市政燃气管网有关管道走向图报公安消防机构备案。

第四十一条 燃气经营企业应当按规定在燃气设施所在地、地下燃气管道上方和重要燃气设施的显著位置设置明显的安全警示标志。

任何单位和个人不得侵占、毁损、擅自拆除或移动燃气设施。

任何单位和个人不得侵占、毁损、覆盖、涂改、擅自拆除或移动安全警示标志。

第四十二条 燃气设施保护范围内，禁止从事下列危及燃气设施安全的活动：

（一）建设占压地下燃气管道的建筑物、构筑物或危及燃气设施安全的其他设施。

（二）进行爆破、钻探、取土等作业或动用明火。

（三）倾倒、排放腐蚀性物质。

（四）堆放杂物、易燃易爆危险物品或种植深根植物。

（五）其他危及燃气设施安全的行为。

第四十三条 燃气设施保护范围内，从事下列活动的建设单位或施工单位，应当在办理建设工程施工许可证前，与燃气经营企业共同制定燃气设施保护方案，采取相应的安全保护措施：

（一）铺设管道。

（二）进行打桩、顶进、挖掘等作业。

（三）其他可能影响燃气设施安全的活动。

建设工程开工前，建设单位或施工单位应当采取查询有关施工图、现场探测、开挖探查等措施，查清地下燃气设施情况，确定燃气管道的准确位置。燃气经营企业应当指派专业技术人员进行现场指导。因建设工程施工造成燃气设施损坏和燃气经营企业损失的，由建设单位和施工单位依法承担赔偿责任。

第四十四条 燃气经营企业改动燃气接收站、储存站、储配站、充装站、燃气汽车加气站、燃气管道等设施的，应当取得燃气设施改动许可。

取得燃气设施改动许可，应当符合下列条件：

（一）改动的燃气设施符合燃气专项规划等相关规定。

（二）有安全施工的组织、设计和实施方案。

（三）有安全防护及不影响用户安全正常用气的措施。

（四）法律、法规规定的其他条件。

第四十五条 申请燃气设施改动许可，应当持下列资料向所在区（横琴新区、经济功能区）燃气行政主管部门提出申请：

（一）书面申请。

（二）相关燃气设施建设工程的竣工验收证明。

（三）设施改造的设计文件和施工方案。

（四）设施改造的现场平面图。

（五）规划部门批准改动的文件。

区燃气行政主管部门在受理申请后，应当将有关申请事项予以公示，公示期不少于七日。区燃气行政主管部门应当自受理申请之日起十五日内作出同意或不同意的决定，不准予改动的应当说明理由。

第六章　安全管理

第四十六条 市燃气行政主管部门应当会同有关部门制定本市燃气储备和燃气供应应急保障预案，报市政府批准后实施。

第四十七条 本市行政区域内的燃气经营企业均为燃气储备和供应应急保障预案的成员单位。

燃气供应严重短缺、供应中断等突发事件发生后，燃气经营企业应当服从市政府的统一调配，承担相关应急任务。

发生燃气供应紧缺等紧急情况时，液化石油气钢瓶可以在市政府临时指定的燃气经营企业气库充装燃气，以保障居民正常生活用气供应；工业、商业用户的燃气供应可以限时、限量或暂停供应。

第四十八条 市燃气行政主管部门应当会同有关部门制定燃气安全事故应急预案，报市政府批准后实施。

燃气经营企业应当制定本单位燃气安全事故应急预案，报市燃气行政主管部门备案。

工业、商业、住宅小区液化石油气或天然气临时供气装置的供气单位是供气安全责任主体，应当制定燃气安全管理制度和事故应急预案。

第四十九条 发生燃气安全事故时，燃气经营企业应当立即启动应急预案，组织抢险抢修并及时报告。燃气、安全生产监督管理、城市管理行政执法、公安消防、质量技术监督等相关部门应当根据各自职责，立即采取措施防止事故扩大，及时启动燃气安全事故应急预案，并按规定报告和调查处理。

第五十条 燃气经营企业应当建立安全责任制度，按规定对燃气设施、安全生产经营情况进行安全评估，安全评估报告应当及时报市燃气行政主管部门备案。

第五十一条 燃气、城市管理行政执法、公安消防、质量技术监督等相关部门，应当根据各自职责对燃气经营、建设、使用活动进行安全监督检查，被检查单位和个人应当予以配合。

第五十二条 市燃气行业协会应当配合相关部门做好以下燃气行业规范管理工作：

（一）建立健全燃气行业协会组织机构和行业自律机制，依法制定燃气行业生产、建设、经营及安全管理的行为准则和服务规范，督促各成员单位守法经营、诚实守信、严格自律。

（二）定期组织行业安全自查活动，配合政府相关职能部门进行燃气安全检查、事故调查、应急救援及打击违法燃气经营活动等工作。

（三）协助燃气行政主管部门宣传和贯彻落实有关燃气管理法律、法规、规章及政策。

（四）建立健全燃气从业单位档案，定期报送燃气行业生产经营数据、城建统计报表以及安全生产情况。

（五）开展燃气安全宣传教育活动，组织燃气从业人员进行安全培训，建立健全从业人员档案和诚信管理体系。

（六）组织燃气行业学习交流活动，提高燃气行业科学发展、科技应用和服务水平。

第五十三条 燃气用户应当遵守下列规定：

（一）依法与燃气经营企业签订用气合同，履行合同义务，及时交纳燃气费用，配合燃气经营企业进行安全检查、维修和抄表。

（二）拒绝购买和使用违法燃气经营者提供的燃气。

（三）聘请具有相应资质的专业人员安装合格的燃气器具、调压器、燃气管道等设备，定期更换燃气管及到期燃气设备。

（四）瓶装燃气用户需要更换燃气经营企业的，应当办理退户手续，将租用的液化石油气钢瓶退还原燃气经营企业。

（五）单位用户应当落实安全管理制度，加强燃气器具操作维护人员的安全知识和技能培训。

（六）管道燃气用户需要安装、改装、迁移、拆除户内燃气设施的，应当联系管道燃气经营企业办理相关手续。

第五十四条 燃气用户及相关单位和个人不得有下列行为：

（一）加热、摔、砸液化石油气钢瓶，使用燃气时倒卧液化石油气钢瓶。

（二）使用超期限未检验、检验不合格、无制造信息钢印或钢印模糊不清以及报废的液化石油气钢瓶。

（三）存在安全隐患不按规定落实整改。

（四）用明火试验是否漏气。

（五）未按气瓶残液回收规程规定清除液化石油气钢瓶内的残液。

（六）使用液化石油气钢瓶互相过气。

（七）将房屋提供给未取得燃气经营许可的单位或个人进行经营或储存燃气。

（八）法律、法规和国家标准、行业标准禁止的其他行为。

第五十五条 依法没收的液化石油气钢瓶由具备资质的液化石油气钢瓶检验机构进行检验，不合格的液化石油气钢瓶实行强制报废，不符合国家使用标准的气体实行强制销毁，其余液化石油气钢瓶及液化石油气分别由原燃气经营企业按照评估价格定向回购，所得款项依法上缴国库。

第七章　法律责任

第五十六条　违反本办法第八条第二款规定，违法新建气化站、瓶组站等临时供气装置的，由城市管理行政执法部门责令停止建设，限期改正；逾期不改正的，可对建设单位处十万元以上二十万元以下罚款；已建成的，责令停止使用。

第五十七条　违反本办法第十九条、第二十条规定，未取得燃气经营许可证从事燃气经营活动的，由城市管理行政执法部门责令停止违法行为，没收违法所得，处五万元以上五十万元以下罚款。

已取得燃气经营许可证但不再具备本办法第十九条规定条件仍继续经营的，由市燃气行政主管部门责令限期改正；逾期不改正的，吊销燃气经营许可证。

燃气经营企业不按照燃气经营许可证的规定从事燃气经营活动的，由城市管理行政执法部门责令限期改正，处三万元以上二十万元以下罚款；有违法所得的，没收违法所得；情节严重的，由市燃气行政主管部门吊销燃气经营许可证。

第五十八条　违反本办法第二十二条第一款规定的，由城市管理行政执法部门责令限期改正，并可处二千元以上五千元以下罚款。

第五十九条　违反本办法第二十四条规定，燃气经营企业逾期使用瓶装液化石油气销售点的，由城市管理行政执法部门责令停止使用，可处一万元以上三万元以下罚款；瓶装液化石油气销售点不符合规定要求的，由城市管理行政执法部门责令限期改正，逾期不改正的，处一千元以上一万元以下罚款。

第六十条　违反本办法第二十五条规定，未取得管道燃气特许经营权从事管道燃气经营活动的，由城市管理行政执法部门责令停止违法行为，可处一万元以上三万元以下罚款。

第六十一条　燃气经营企业违反本办法第二十七条规定的，由相关主管部门责令限期改正，其中违反第一项至第三项规定的，可处二万元以上五万元以下罚款，违反第四项和第五项规定的，可处五万元以上十万元以下罚款；逾期不改正的，责令停业整顿；情节严重的，由市燃气行政主管部门吊销燃气经营许可证，并提请市政府予以关闭。

第六十二条　违反本办法第三十一条第二款规定的，由城市管理行政执法部门责令限期改正并给予警告，并可处一万元以上三万元以下罚款。

第六十三条　违反本办法第三十二条、第三十三条规定，燃气经营企业未向符合用气条件的燃气用户持续、稳定、安全供气或拒绝供气的，由城市管理行政执法部门责令限期改正，处一万元以上十万元以下罚款；有违法所得的，没收违法所得；情节严重的，由市燃气行政主管部门吊销燃气经营许可证。

第六十四条　违反本办法第三十四条第一款规定，燃气经营企业伪造或提供虚假燃气检测报告的，由质量技术监督部门责令改正，可处一万元以上三万元以下罚款。

第六十五条　违反本办法第三十七条第一款规定，燃气经营企业未提供免费入户安全检查的，由城市管理行政执法部门责令限期改正并给予警告，并可处一万元以上二万元以下罚款。

第六十六条　违反本办法第三十八条规定，燃气器具安装维修企业未取得资质从事经营活动的，由建设行政主管部门责令停止违法经营活动，没收违法所得，并处三万元以上十万元以下罚款。

第六十七条 违反本办法第四十一条第二款规定的，由城市管理行政执法部门责令限期改正，恢复原状或采取其他补救措施，对单位处五万元以上十万元以下罚款，对个人处五千元以上三万元以下罚款。

违反本办法第四十一条第三款规定的，由城市管理行政执法部门责令限期改正，恢复原状，可处五千元以下罚款。

第六十八条 违反本办法第四十二条规定的，由城市管理行政执法部门责令停止违法行为，限期恢复原状或采取其他补救措施，对单位处五万元以上十万元以下罚款，对个人处五千元以上三万元以下罚款。

第六十九条 违反本办法第四十三条规定，建设单位未会同施工单位与燃气经营企业共同制定燃气设施保护方案，未查清地下燃气设施铺设情况擅自施工的，或未采取相应的安全保护措施的，由城市管理行政执法部门责令改正，处一万元以上十万元以下罚款。

第七十条 违反本办法第四十八条第二款、第五十条规定，燃气经营企业未制定本单位燃气安全事故应急预案以及未按规定备案，未对燃气设施定期进行安全评估，由城市管理行政执法部门责令改正，并可处一万元以上三万元以下罚款；情节严重的，由市燃气行政主管部门吊销燃气经营许可证。

违反本办法第四十八条第三款规定，供气单位未按规定制定燃气安全管理制度和事故应急预案的，由城市管理行政执法部门责令限期改正，可处五千元以下罚款。

第七十一条 违反本办法第五十四条规定的，由城市管理行政执法部门责令改正，并给予警告；情节严重的，可处一千元以上三千元以下罚款。

第八章 附 则

第七十二条 二甲醚的生产和使用，其他不以燃气终端用户为对象的燃气经营活动，以及国家、省规定的不属于燃气经营活动范围的，不适用本办法。

第七十三条 本办法下列用语的含义：

（一）燃气，是指提供给用户作为燃料使用并符合国家相关标准的气体燃料，包括天然气、液化石油气。

（二）燃气设施，是指燃气门站、储配站、调压站、气化站、混气站、瓶装燃气灌装站、瓶装燃气供应站、燃气汽车加气站、市政燃气管网等的总称，包括市政燃气设施、庭院燃气设施和共用燃气设施以及户内燃气设施等。

（三）燃气器具，是指以燃气为燃料的燃烧器具，包括居民家庭和商业用户所使用的燃气灶、热水器、沸水器、采暖器、空调器等器具。

（四）供气区域，是指燃气供应的地区和范围。管道燃气供气区域应当经市政府批准并符合本市管道燃气规划要求，瓶装燃气供气区域为本市行政区域。

（五）燃气经营企业，是指经市燃气行政主管部门批准，获得本市燃气经营许可从事燃气经营活动的企业，包括管道燃气经营企业、瓶装燃气经营企业及燃气汽车加气经营企业等。

第七十四条 本办法自 2012 年 9 月 1 日起施行。

东莞市燃气管理办法

（2017年5月9日市人民政府十六届第9次常务会议审议通过　2017年6月15日东莞市人民政府令第147号公布　自2017年8月1日起施行）

第一章　总　　则

第一条　为了加强燃气管理，规范燃气市场经营秩序，保障公民生命、财产安全和公共安全，促进燃气事业发展，根据《城镇燃气管理条例》、《广东省燃气管理条例》等有关法律法规，结合本市实际，制定本办法。

第二条　本市行政区域内燃气发展规划编制、燃气设施建设与保护、燃气经营与服务、燃气使用与器具管理、应急抢救等相关监督管理活动，适用本办法。

天然气、液化石油气的生产和进口，城市门站以外的天然气管道输送，燃气作为发电、工业生产原料的使用，以及沼气、秸秆气的生产和使用，不适用本办法。

第三条　本市燃气管理工作应当遵循统筹规划、配套建设、安全便民、确保供应、规范服务和节能高效的原则。

第四条　市、镇人民政府（街道办事处、园区管委会）应当加强对燃气管理工作的领导，将燃气工作纳入国民经济和社会发展规划，建立燃气发展工作协调机制，及时处理燃气管理工作中的重大事项。

市燃气行政主管部门负责本市行政区域的燃气监督管理工作，并组织实施本办法。具体负责本市行政区域燃气发展规划的编制，燃气经营、燃气燃烧器具安装维修许可审批，燃气工程的建设管理，会同有关部门对燃气经营以及使用安全实施监督管理，会同规划行政主管部门划定燃气设施保护范围以及依法应当履行的其他职责。

第五条　市发展和改革、安监、质监、交通运输、工商、公安、城乡规划、国土资源、食药监、环保等有关行政主管部门应当依法履行各自职责，做好燃气管理的相关工作：

（一）市发展和改革行政主管部门负责符合产业政策和相关规划的供气管网、天然气加气站及其配套设施项目的立项审批；

（二）市安全生产监督行政主管部门负责全市安全生产综合监督管理，指导、协调、监督燃气行政主管部门和相关部门以及各镇人民政府（街道办事处、园区管委会）燃气安全生产工作，依法调查处理燃气生产安全事故；

（三）市质量技术监督行政主管部门负责燃气压力容器、压力管道（不含市政燃气管网中的公用管道）使用单位、液化石油气气瓶充装单位、液化石油气气瓶检验单位的许可审批和安全监督管理以及依法应当履行的其他职责；

（四）市交通运输行政主管部门负责燃气道路运输、水路运输的许可审批，燃气运输车辆的道路交通安全监督管理，燃气水路运输安全的监督管理，燃气运输企业相关人员的资质认定，未依法取得危险货物运输许可从事燃气运输的查处，以及燃气运输企业驾驶人员、船员、装卸管理人员、押运人员未取得从业资格上岗作业违法行为的查处；公路管理机构负责公路及公路两侧建筑控制区内埋设管道的涉路施工许可审批与监督管理；

（五）市工商行政主管部门负责查处流通领域燃气燃烧器具以及配件产品的质量违

法行为；

（六）市公安机关负责依法查处危害公共安全的非法存储、销售、运输、盗用燃气和破坏燃气设施等违法行为；公安机关消防机构负责燃气建设工程消防设计文件的审核以及竣工后的消防验收，燃气经营场站、使用燃气的经营场所以及燃气储存场所等的消防安全检查，依法查处违反消防安全规定的违法行为；

其他有关部门按照有关法律、法规和本办法的规定，在各自职责范围内做好有关燃气监督管理工作。

村（居）委员会应当接受燃气行政主管部门的业务指导，协助燃气行政主管部门日常巡查，加强燃气安全宣传，发现问题立即向有关部门报告。

第六条 市燃气行业协会应当加强行业自律管理，组织制定燃气行业行为准则和服务规范，督促燃气经营企业守法经营、诚实守信，促进燃气经营企业提高服务质量和技术水平。

第七条 鼓励公民、法人和其他组织对本市燃气事业进行监督。对举报燃气违法经营行为、燃气设施破坏行为和报告燃气安全隐患，有效避免重大风险、挽回重大损失的单位和个人，按照有关规定予以奖励。

第八条 市、镇人民政府（街道办事处、园区管委会）及燃气行政主管部门应当定期开展燃气安全宣传教育，加强燃气安全知识的宣传和普及，增强市民燃气安全意识，提高市民防范和应对燃气事故的能力。

燃气经营企业应当为用户提供燃气安全使用手册，宣传燃气安全使用、器具保养和事故紧急处置等常识。

物业服务企业应当配合燃气行政主管部门和燃气经营企业进行燃气安全宣传。

报刊、广播、电视、互联网等新闻媒体应当积极开展安全用气、节约用气和燃气设施保护等方面的公益宣传。

学校应当结合教育活动进行燃气安全知识教育。

第二章 发展规划与设施建设

第九条 燃气行政主管部门应当会同市发展和改革、城乡规划、国土资源、交通运输等行政主管部门，依据国民经济和社会发展规划、土地利用总体规划、城乡规划、能源规划以及本省燃气发展规划，组织编制本行政区域的燃气发展规划，报市人民政府批准后组织实施，并报省燃气行政主管部门备案。

燃气发展规划涉及空间布局和用地需求的，应当纳入城市总体规划和控制性详细规划。

经批准的燃气发展规划，不得随意变更；确需修改的，应当按照原编制审批程序报送审批并备案。

第十条 燃气设施建设应当符合燃气发展规划、环境景观和方便用户的要求，并在项目建设各阶段依照相关规定办理规划及相关许可手续。

进行新区建设、旧区改造，应当按照城乡规划和燃气发展规划配套建设燃气设施或者预留燃气设施建设用地。

第十一条 燃气管网已覆盖的区域，禁止新建小区气化站、瓶组站等临时供气装置供气。原已建设仍在使用的气化站、瓶组站等临时供气装置应当逐步接入市政燃气管网供气。

燃气管网暂未覆盖的区域，建设单位可以按有关技术规范建设小区气化站、瓶组站等临时供气装置供气，并应当委托燃气经营企业进行供气和维护保养；燃气经营企业应当定期检查气化站、瓶组站等临时供气装置，保证供气装置的安全使用。

具备管道燃气供气条件而尚未安装燃气管道的老旧住宅小区，逐步推广安装燃气管道并使用管道燃气。

第十二条 新建、改建、扩建燃气设施建设工程，规划行政主管部门在依法核发选址意见书时，应当就燃气设施建设是否符合燃气发展规划征求燃气行政主管部门、公安机关消防机构的意见；不需要核发选址意见书的，规划行政主管部门在依法核发建设用地规划许可证时，应当就燃气设施建设是否符合燃气发展规划征求燃气行政主管部门的意见。

第十三条 燃气工程开工建设前，建设单位应当依法向燃气行政主管部门申请施工许可。燃气行政主管部门应当自收到申请之日起15个工作日内，对符合条件的建设单位颁发施工许可证。

经批准的燃气工程施工安装，任何单位或者个人无正当理由不得阻挠。

第十四条 燃气工程勘察、设计、施工、监理和安全评价单位应当具备相应资质等级，并将有关资料送燃气行政主管部门核实登记。

安装、改造、维修燃气锅炉、压力容器（含气瓶）、压力管道的施工单位应当取得质量技术监督行政主管部门相应的行政许可，方可从事安装、改造、维修活动。

燃气工程建设选用的设备、材料，应当符合国家和省的有关标准。

第十五条 燃气工程施工图设计文件应当经具备相应资质的施工图设计文件审查机构组织审查合格后实施。其中消防设计图纸及有关资料应当依法报公安机关消防机构审核，并在建设工程竣工后向公安机关消防机构申请消防验收。

第十六条 燃气工程建设单位和施工单位应当遵守有关地下管线管理和文明施工的规定，按照审查合格的施工图设计文件和施工技术标准施工，确保工程质量和安全。

第十七条 燃气工程项目竣工后，建设单位应当依法组织有关单位进行竣工验收，并自竣工验收合格之日起15日内，将竣工验收情况报燃气行政主管部门备案，同时按规定向市城建档案管理机构移交项目建设档案。建设项目配套的管道燃气工程，建设单位在竣工验收前应当向管道燃气经营企业申请竣工验收前检查。管道燃气经营企业应当对管道供气工程进行检查，检查合格的应当出具同意验收的书面意见。

管道燃气经营企业应当参加管道供气工程竣工验收，燃气行政主管部门应当对竣工验收过程实施监督。

大、中型燃气工程竣工验收合格后，建设单位应当在建筑物明显位置设置永久性标牌，载明建设、勘察、设计、施工、监理单位等工程质量责任主体的名称和主要责任人姓名。

第十八条 建设项目配套的管道燃气工程，建设单位应当在竣工验收合格投入使用前，将管道供气设施和工程竣工资料交付给管道燃气经营企业。移交工作完成前，管道供气设施由建设单位负责管理和维护；移交工作完成后，由管道燃气经营企业进行管理和维护。

第三章　燃气经营与设施保护

第十九条 从事燃气经营活动的，应当符合《城镇燃气管理条例》和《广东省燃气管理条例》规定的条件，并依法向市燃气行政主管部门申请燃气经营许可证，不得超出经营许可范围经营。

第二十条 燃气经营企业在从事燃气经营活动的过程中，应当遵守下列规定：

（一）建立健全用户服务档案，按照国家和省、市规定的燃气服务标准向用户提供服务，在服务营业场所公告业务流程、服务承诺、服务项目、收费标准和服务热线等信息；

（二）保证供气质量符合国家和省有关标准，并建立健全燃气质量检测制度；

（三）不得冒用其他企业名称或者标识从事燃气经营、服务活动；

（四）不得倒卖、抵押、出租、出借、转让、涂改燃气经营许可证；

（五）不得向未取得燃气经营许可证的经营者提供用于经营的燃气；

（六）不得向不具备安全条件的用户供气；

（七）不得要求用户购买其指定的产品或者接受其提供的服务；

（八）不得在不具备安全条件的场所储存燃气；

（九）法律、法规和国家标准、行业标准等作出的其他规定。

第二十一条 管道燃气经营企业除遵守本办法第二十条规定外，还应当遵守下列规定：

（一）在批准的供气区域内向具备用气条件的单位和个人提供供气服务，并保证安全稳定供气。对供气区域内符合用气条件的单位和个人，不得拒绝供气；

（二）公布管道燃气报装、改装条件，并按照规定及时为用户安装、改装管道燃气设施，保证质量，同时向用户讲解燃气安全常识，不得拒绝供气区域内符合用气条件的单位和个人的报装、改装申请；

（三）不得在未履行必要告知义务的情况下擅自停止供气、调整供气量，或者未经审批擅自停业、歇业；

（四）因施工、检修等原因停止供气、降压供气影响用户正常使用燃气的，除紧急情况外，应当提前24小时通知用户；

（五）不得使用不符合国家标准、未经计量检定合格的计量装置。

第二十二条 瓶装燃气经营企业除遵守本办法第二十条规定外，还应当遵守下列规定：

（一）向用户提供的气瓶、气质以及气量应当符合国家和省、市的有关规定，不得掺杂、掺假，以假充真，以次充好，充气量的误差超过国家规定标准；

（二）建立气瓶管理台账制度，对自有气瓶喷涂权属单位标记或者安装二维码标签，对进出站气瓶实行登记管理，不得给非自有气瓶或者技术档案不在本企业的气瓶充装燃气；

（三）使用的气瓶必须按照国家和省、市相关规定的周期进行定期检验，及时淘汰、销毁超过使用年限的气瓶，不得给报废、超期未检和不合格的气瓶充装燃气；

（四）充装瓶装燃气，瓶内残液存量和充气量应当符合国家和省、市规定的标准，不得违规排放燃气或者倾倒残液，不得给残液量超过规定的气瓶充装燃气；

（五）在储配站内按照操作规程充装瓶装燃气，不得在储罐和槽车罐体的取样阀上充装燃气，不得用槽车向气瓶充装燃气或者气瓶间相互充装燃气；

（六）不得超过瓶装燃气供应站等级规定的容积存放瓶装燃气；

（七）不得销售充装单位擅自为非自有气瓶充装的瓶装燃气；

（八）不得利用配送车辆流动销售燃气或者委托不具备资格的送气人员配送燃气。

第二十三条 车用燃气经营企业除遵守

本办法第二十条规定外，还应当遵守下列规定：

（一）储气瓶拖车或者槽车在划定的区域内停放，站内拖车或者槽车储气瓶（罐）总容量不得超过核定的容量；

（二）定期检验燃气泄漏报警系统，不得违反安全操作规程在有燃气泄漏、燃气压力异常、附近发生火灾等不安全情况下进行加气或者卸气作业；

（三）汽车加气前，主动要求驾驶员将加气车辆熄火并在车旁监护，乘客离车到安全区域等候；

（四）汽车加气前，应当检查气瓶状况或者装置情况，不得为存在气瓶超期未检验、检验不合格，或者超过设计使用年限等不符合安全条件的汽车储气瓶（罐）或者装置进行加气；

（五）不得向无压力容器使用证或者与使用证登记信息不一致的汽车储气瓶（罐）加气；

（六）不得向机动车储气瓶以外的其他气瓶或者装置加气，不得在燃气汽车加气站内充装民用气瓶。

第二十四条 燃气经营企业应当每年至少为用户免费提供一次入户安全检查，用户应当对入户检查予以配合，无正当理由不得拒绝。燃气用户拒不配合入户检查的，燃气经营企业可以根据供用气合同采取暂时停止供气的措施。

物业服务企业应当为燃气经营企业工作人员进出物业管理区域提供便利。

在入户检查中发现用户存在下列重大安全隐患，可能造成安全事故且不能及时整改到位的，燃气经营企业应当采取停气措施：

（一）燃气设施漏气的；

（二）燃气管道末端未设有效封堵的；

（三）使用国家明令淘汰的不带熄火保护装置的燃气燃烧器具、直排式燃气热水器、燃气热水器未装烟道或者烟道未出户的；

（四）在装有燃气管道、设备、燃气燃烧器具等设施场所居住的；

（五）使用假冒伪劣燃气配件，或者使用老化燃气设备存在安全隐患的；

（六）擅自安装、改装燃气设施、设备的。

燃气用户整改到位消除安全隐患后，燃气经营企业应当在24小时内恢复供气。

第二十五条 瓶装燃气经营企业应当加强对其从事瓶装燃气送气服务人员的管理，并要求其送气人员遵守以下规定：

（一）参加岗前培训，送气时佩戴工牌，统一穿着企业的送气工服装，遵守服务规范，并向用户宣传燃气安全使用知识；

（二）按照与用户的约定，在规定时间内将合格气瓶送至用户指定的地点，并向用户提交正式票据；

（三）承诺免费送气上门的，不得向用户收取送气上门服务费；实行有偿送气上门的，必须严格执行瓶装燃气经营企业向社会公布的统一价格；

（四）送气时用户要求对气瓶进行安装、调试的，送气人员应为用户安装好燃气气瓶，并对安装部位进行泄露检查和点火调试，确保使用正常，要求用户签收；用户明确提出不要求送气人员安装、调试的，送气人员应当告知用户正确的安装、调试方法，并在签收单上注明；

（五）不得私自在家中、租赁房屋等未经核准的场地存放非自用且已装液化石油气的气瓶，未能及时送出的气瓶应及时送回瓶装燃气经营企业存放；

（六）不得擅自处理超期、漏气等不合格气瓶，发现气瓶漏气的，应当及时送回瓶装燃气经营企业处理。

第二十六条 瓶装燃气的运输应当遵守国家和省、市有关危险货物运输管理的规定，使用符合燃气运输车辆技术规范要求的专用车辆，并取得危险物品运输许可。

燃气经营企业应当为其从事瓶装燃气送气服务的人员配备符合危险货物运输安全标准的交通运输工具。

第二十七条 管道燃气经营企业应当定期对用户的燃气计量装置、燃气管道及其附属设施、燃气器具的使用情况进行检查，并负责对燃气管道及其附属设施的维护、维修和更新；燃气分户计量器具出口前的燃气管道及其附属设施的维护、维修和更新费用由企业承担，出口后的费用由用户承担。

管道燃气企业维护、维修及更新用户共用的燃气管道及其附属设施时，物业服务企业和用户应当予以配合。

第二十八条 燃气管道设施的安全保护区域分为安全保护范围和安全控制范围。

燃气管道设施安全保护范围为：

（一）低压、中压管道管壁及设施外缘两侧1米范围内的区域；

（二）次高压管道管壁及设施外缘两侧2米范围内的区域；

（三）高压管道管壁及设施外缘两侧5米范围内的区域。

燃气管道设施安全控制范围为：

（一）低压、中压管道管壁及设施外缘两侧1米至6米范围内的区域；

（二）次高压管道管壁及设施外缘两侧2米至20米范围内的区域；

（三）高压管道管壁及设施外缘两侧5米至50米范围内的区域。

第二十九条 在燃气管道设施安全保护范围内，禁止从事下列危及燃气设施安全的活动：

（一）建设占压地下燃气管线的建筑物、构筑物或者其他设施；

（二）进行爆破、取土等作业或者动用明火；

（三）倾倒、排放腐蚀性物质；

（四）放置易燃易爆危险物品或者种植深根植物；

（五）其他危及燃气设施安全的活动。

在燃气管道设施安全保护范围内，从事敷设管道、打桩、顶进、挖掘、钻探等可能影响燃气管道设施安全活动的，建设单位应当会同施工单位与燃气经营企业共同制定燃气管道设施保护方案，采取相应的安全保护措施。

施工单位在施工过程中发现有未查明的燃气管道设施的，应当立即停止施工，并向建设单位和燃气经营企业报告。

第三十条 燃气经营企业应当建立燃气管道定期巡查制度，配备具有专业知识的巡查人员和专业检测设备，定期对所属的燃气设施进行巡查、检测、维修和维护，记录巡查情况。对燃气设施破坏事件多发区域和工程建设施工区域的燃气设施要进行重点检查，加大巡查力度、提高巡查频率，确保燃气设施安全运行。

在巡查过程中发现侵占、毁损、擅自拆除或者移动燃气设施等有可能危及燃气设施安全的行为，巡查人员有权予以制止；经制止无效的，应当立即向燃气行政主管部门、安全生产监督行政主管部门和公安机关报告。

任何单位和个人不得阻挠或者妨碍燃气经营企业对燃气管道进行巡查。

第三十一条 鼓励燃气经营企业根据其经营规模购买足额的燃气公众责任保险，鼓励燃气用户投保燃气事故责任保险，承保公司可按照合同约定委托燃气经营企业代收保险费。

第四章　燃气使用与器具管理

第三十二条　燃气经营企业应当与燃气用户签订燃气供用合同，明确双方的权利和义务，并建立燃气用户档案。

第三十三条　鼓励燃气用户使用金属软管、波纹软管等防损、抗老化的连接管，安装使用带熄火保护装置的燃气燃烧器具、燃气泄漏报警器和燃气切断阀。

第三十四条　管道燃气用户需安装、改装、迁移、拆除户内燃气设施的，应当委托具有相应资质的燃气燃烧器具安装企业或者燃气经营企业实施。

管道燃气用户的需求符合规范要求的，燃气燃烧器具安装企业或者燃气经营企业应当在7日内实施作业；管道燃气用户的需求不符合规范要求的，燃气燃烧器具安装企业或者燃气经营企业应当在3日内以书面形式告知理由。

第三十五条　鼓励餐饮场所使用管道燃气，燃气用户使用燃气从事餐饮业的，应当遵守下列规定：

（一）建立健全安全管理制度和操作规程，加强对操作维护人员燃气安全知识和操作技能的培训；

（二）按照有关规定安装使用安全装置，配备干粉灭火器等消防器材和设施，并保障其正常使用，属于强制检定计量器具范围的应当经强制检定合格；

（三）定期进行燃气安全检查，并制定有针对性的应急预案或者应急处置方案，保证从业和施救人员掌握相关应急内容；

（四）燃气设施存在安全隐患的，应当积极配合燃气经营企业予以整改。

第三十六条　燃气用户使用管道燃气从事餐饮业的，除遵守国家标准和本办法第三十五条用气安全规定外，还应当遵守下列规定：

（一）禁止盗用燃气；

（二）禁止擅自安装、改装燃气管道；

（三）法律、法规规定的其他用气安全规范。

第三十七条　燃气用户使用瓶装燃气从事餐饮业的，除遵守国家标准和本办法第三十五条用气安全规定外，还应当符合下列规定：

（一）存瓶总重量超过100千克时，应当设置专用气瓶间。存瓶总重量小于420千克时，气瓶间可以设置在与用气建筑相邻的单层专用房间内。气瓶间应通风良好，设置可燃气体浓度报警器、采用防爆型用电设备，不得有暖气沟、地漏及其他地下构筑物，禁止堆放易燃易爆物品和使用明火；

（二）采用自然气化且储存燃气总重量大于420千克，或者采用强制气化的，应当按照国家标准规定设置瓶组气化站；

（三）气瓶组禁止与燃气器具布置在同一房间内；

（四）单个气瓶与单台燃气器具采用软管连接的，应当符合规范标准，发现软管出现老化、腐蚀或者到达标注的使用期限等，应当立即更换；

（五）多个气瓶供应一台或多台燃气器具的，应当将燃气器具固定后采用符合国家标准的硬管连接，并将用气设备固定；

（六）禁止使用气液双相瓶（双阀瓶），备用燃气气瓶应当与在用燃气气瓶分开放置或者用防火墙隔开；

（七）法律、法规规定的其他用气安全规范。

第三十八条　燃气用户及相关单位和个人不得有下列行为：

（一）将燃气设施作为负重支架堆放、悬挂物品或者将燃气管道作为电器设备的接地导体；

（二）进行暗埋、暗封燃气管道等危害燃气设施安全的装饰、装修活动；

（三）擅自对气瓶瓶体进行焊接和更改气瓶的钢印或者颜色标记；

（四）安装、使用超期限未检验、检验不合格、无技术档案、报废或者不符合气源要求的燃气燃烧器具或者气瓶；

（五）违反消防安全规定，储存、经营燃气的场所与居住场所设置在同一建筑物内或者与居住场所没有保持安全距离；

（六）擅自将燃气经营企业的气瓶交由其他燃气经营企业或者未经许可的个人进行充装燃气；

（七）未按气瓶残液回收规程规定清除液化石油气气瓶内的残液；

（八）法律法规和国家标准、行业标准禁止的其他行为。

燃气用户出现前款规定行为之一的，燃气经营企业应当提出整改措施，并督促、协助用户落实整改。对拒不整改的管道燃气用户，管道燃气经营企业可以按照供气合同约定停止供气。申请开户的管道燃气用户存在前款规定行为之一的，管道燃气经营企业应当拒绝开通燃气。

第三十九条 在本市销售的燃气燃烧器具，应当符合国家标准，并在燃气燃烧器具明显位置粘贴气源适配性标识和报废年限。禁止销售国家明令淘汰并停止销售的燃气燃烧器具。

燃气经营企业和燃气燃烧器具安装企业在为燃气用户办理有关业务手续时，不得强行向其搭售本企业生产或者经销的燃气燃烧器具及相关产品。

第四十条 燃气燃烧器具安装维修企业应当加强燃气燃烧器具安装、维修质量管理，其安装、维修作业应当符合国家有关标准，不得安装不符合国家标准或者与气源不适配的燃气燃烧器具，不得维修达到报废年限的燃气燃烧器具。

燃气燃烧器具安装维修企业应当建立健全用户档案，指导用户正确使用燃气燃烧器具。安装和维修人员在安装和维修燃气燃烧器具时，应当检查燃气燃烧器具是否属于合格产品。未经检验产品或者有质量问题可能危及使用安全的，不得接通燃气。

第五章 应急抢救与监管

第四十一条 燃气行政主管部门应当会同有关部门制定燃气安全事故应急预案，建立燃气事故统计分析制度，针对燃气安全事故的发生原因进行深入的统计分析，研究燃气安全运行的监管手段和制定燃气安全事故的预防、处理方案。燃气经营企业应当制定本单位燃气安全事故应急预案，并报所在地燃气行政主管部门备案。

第四十二条 燃气安全事故发生后，燃气经营企业应当立即启动本单位燃气安全事故应急预案，组织抢险、抢修，并在规定时限内向燃气行政主管部门报告。燃气经营企业进行燃气设施抢修时，可以采取紧急措施，有关单位和个人应当给予配合，不得以任何理由阻挠或者干扰抢修。

燃气行政主管部门应当根据事故报告情况，启动燃气安全事故应急预案，有关部门应当按照各自职责和业务范围，采取应急联动机制，密切配合，做好燃气安全事故的处理工作。

燃气经营企业在接到有关部门的燃气事故抢险、抢修通知后，应当在规定时间内抵达指定地点参与抢险、抢修。

第四十三条 燃气安全事故发生后，有关单位和人员不得隐瞒不报、谎报、迟报或者漏报；燃气行政主管部门以及其他单位和人员应当妥善保护事故现场以及相关证据，任何单位和个人不得破坏事故现场、毁灭相关证据。因抢救人员、防止事故扩大以及疏通交通等原因，需要移动事故现场物件的，应当做出标志，绘制现场简图并做出书面记录，妥善保存现场重要痕迹、物证。

第四十四条 燃气经营企业应当组建专职抢险维修队伍，配备必要的抢险抢修器材、防护用品、交通和通讯工具，定期组织演练，并设置和公布抢险抢修电话，设专人24小时值班，发现或者接到燃气故障、事故报警后，立即组织人员赶赴现场实施抢修。

第四十五条 燃气供应企业应当根据供气规模设立相应的燃气应急气源储备库。

鼓励燃气供应企业建立合作机制，对各燃气应急气源储备库进行连通，相互补充。燃气应急气源储备库的燃气供应应当优先保障居民用气、集中供热用气以及医院、学校、公交车、出租车等民生用气。

第四十六条 燃气行政主管部门和其他有关部门应当建立燃气安全网络监控平台系统，运用信息化技术对燃气经营企业的经营活动和燃气设施、设备、器材的安全性进行监督管理。

鼓励燃气经营企业运用信息化技术对燃气充装、运输、供应、配送、使用、检测的全过程进行记录和管理。

燃气经营企业应当将按规定配套安装的燃气浓度检测报警器与燃气安全网络监控平台系统连接，以实现对燃气浓度检测报警器运行情况的第三方监控。

第四十七条 燃气行政主管部门应当根据风险、信用等要素对燃气经营企业进行等级划分，制定监管分类分级目录，实行差别化监管。

燃气行政主管部门应当将多次违法、违法行为情节恶劣的燃气经营企业列入重点监管对象名单，增加监督检查和抽检频次。

第四十八条 燃气、发展和改革、安监、质监、交通运输、工商、公安等行政主管部门应当建立联合执法工作机制，依法打击燃气违法行为。在监督检查中发现违法行为属于其他有关部门管辖的，应当及时移送相关行政主管部门处理，受理移送的行政主管部门应当在法定时限内审查并决定是否立案，同时将审查结果反馈移送案件的行政主管部门。违法事实涉嫌犯罪，依法需要追究刑事责任的，应当移送公安机关依法查处。涉及重大安全隐患的情况，应当立即通报所在地镇人民政府（街道办事处、园区管委会）和公安机关。

第四十九条 燃气行政主管部门和其他负有安全生产监督管理职责的部门根据《中华人民共和国安全生产法》第六十二条第一款第四项规定，对有根据认为不符合保障安全生产的国家标准或者行业标准的燃气设施、设备、器材以及违法生产、储存、使用、经营、运输的气瓶予以查封或者扣押，对违法生产、储存、使用、经营燃气或者气瓶的作业场所予以查封，并依法作出处理决定。

第五十条 有关部门可以委托具有相应资质的企业对依法没收的气瓶进行处置。受委托的企业应当及时将气瓶内的燃气抽出进行无害化处理，并将气瓶送至有资质的气瓶检验机构进行检验。

经检验确认为不合格的气瓶，由有资质的气瓶检验机构依照有关规定销毁。经检验确认为可以继续使用且压印有燃气经营企业标识、编号等钢印的气瓶由该燃气经营企业定向购买，气瓶价格的确定参考新气瓶价格进行合理折旧；未压印有燃气企业标识、编号但符合使用标准的气瓶，由受委托的企业参考新气瓶价格进行合理折旧后回收。

对燃气无害化和气瓶处理的所得收入扣除相关费用后，依照有关规定上缴国库。

第六章 法律责任

第五十一条 违反本办法第十一条第一款规定，在燃气管网已覆盖的区域内新建小区气化站、瓶组站等临时供气装置的，由燃气行政主管部门根据《广东省燃气管理条例》第四十六条第二款规定进行处罚。

第五十二条 违反本办法第十九条规定，企业未取得燃气经营许可证从事燃气经营活动的，由燃气行政主管部门根据《城镇燃气管理条例》第四十五条第一款规定进行处罚。

违反本办法第十九条规定，燃气经营企业不按照燃气经营许可证的规定从事燃气经营活动，由燃气行政主管部门根据《城镇燃气管理条例》第四十五条第二款规定进行处罚。

第五十三条 违反本办法第二十条第二项、第四项、第五项、第七项及第八项规定的，由燃气行政主管部门根据《城镇燃气管理条例》第四十六条规定进行处罚。

违反本办法第二十条第三项规定，冒用其他企业名称或者标识从事燃气经营、服务活动的，由工商行政管理部门依照有关反不正当竞争的法律规定进行处罚。

第五十四条 违反本办法第二十二条第一项至第五项规定的，由质量技术监督行政主管部门、燃气行政主管部门分别依照有关规定进行处罚。

违反本办法第二十二条第六项至第八项规定的，由燃气行政主管部门责令改正，可以处1万元以下罚款。

第五十五条 违反本办法第二十五条第一项至第三项规定的，由燃气行政主管部门责令限期改正，并可对送气人员处50元以下罚款，对所属的燃气经营企业处3000元以下罚款。

违反本办法第二十五条第四项至第六项规定的，由燃气行政主管部门责令限期改正，并可对送气人员处1000元以下罚款。

第五十六条 违反本办法第二十九条规定的，由燃气行政主管部门根据《城镇燃气管理条例》第五十条规定进行处罚。

第五十七条 燃气用户违反本办法第三十五条第一项、第三项和第四项，第三十六条第二项，第三十七条第四项至第六项，第三十八条第一款第一项至第四项、第六项、第七项规定的，由燃气行政主管部门责令限期改正；逾期不改正的，对单位可以处2万元以上10万元以下罚款，对个人可以处200元以上1000元以下罚款。

餐饮场所燃气用户违反本办法第三十五条第二项规定，未按照有关规定使用可燃气体浓度报警器的，由公安机关消防机构依照有关规定处理；使用未经强制检定合格计量器具的，由质量技术监督行政主管部门依照有关规定处理。

餐饮场所燃气用户违反本办法第三十六条第一项规定的，由公安机关依照有关治安管理处罚的法律规定进行处罚。

燃气用户违反本办法第三十七条第一项至第三项，第三十八条第一款第五项规定的，由公安机关消防机构根据《中华人民共和国消防法》有关规定进行处罚。

第五十八条 违反本办法第三十九条第一款规定，销售国家明令淘汰并停止销售的燃气燃烧器具的，由工商行政主管部门根据《中华人民共和国产品质量法》第五十一条规定进行处罚。

第五十九条 违反本办法第四十条第一款规定，由燃气行政主管部门根据《广东省燃气管理条例》第五十二条第二款规定进行处罚。

第六十条 燃气行政主管部门和其他有关部门工作人员，在燃气管理工作中有玩忽职守、滥用职权、徇私舞弊行为的，由其所在单位或者上级主管部门给予行政处分；构成犯罪的，依法追究刑事责任。

第七章 附 则

第六十一条 本办法中下列用语的含义：

（一）燃气，是指燃气经营企业供给燃气用户作为燃料使用并符合相关标准的气体燃料，包括天然气、液化石油气和人工煤气等；

（二）燃气设施，是指人工煤气生产厂，燃气储配站、门站、气化站、混气站、加气站、灌装站、供应站、调压站、市政燃气管网等的总称，包括市政燃气设施、庭院燃气设施和共用燃气设施以及户内燃气设施等；

（三）燃气燃烧器具，是指以燃气为燃料的燃烧器具，包括居民家庭和商业用户所使用的燃气灶、热水器、沸水器、采暖器、空调器等器具。

第六十二条 本办法自2017年8月1日起施行。

广西壮族自治区燃气管理条例

（2006年9月29日广西壮族自治区人大常委会公告第87号公布　根据2019年7月25日《广西壮族自治区人民代表大会常务委员会关于修改〈广西壮族自治区环境保护条例〉等二十一件地方性法规的决定》修正）

第一章 总 则

第一条 为加强燃气管理，保障人民生命财产安全和社会公共安全，维护燃气用户和经营者的合法权益，根据有关法律、行政法规，结合本自治区实际，制定本条例。

第二条 本自治区行政区域内燃气的规划、建设、经营、使用、设施保护及燃气器具的销售、安装、维修、使用的监督管理，适用本条例。

第三条 自治区、市、县人民政府燃气管理部门负责本行政区域内燃气的监督管理工作。市、县人民政府燃气管理部门可以委托燃气行业管理机构负责燃气管理相关工作。

应急管理、市场监督管理、城乡规划、价格、生态环境、气象、交通运输等部门根据各自的职责，协同做好燃气的监督管理工作。

第四条 县级以上地方人民政府及其有关部门应当采取措施，促进燃气科技进步，加强燃气安全知识宣传教育，提高燃气管理水平。

第二章 规划与建设

第五条 市、县人民政府燃气管理部门应当会同城乡规划等部门根据自治区燃气发展规划，统一规划、合理布局，结合本地实际，组织编制本行政区域的燃气专项规划，经同级人民政府批准后报上级人民政府燃气管理部门备案。

需要变更燃气专项规划的，应当按照原审批程序重新报批。

第六条 城市建设应当按照燃气专项规划要求建设相应配套的燃气设施暂不具备条件的，应当按照规划要求预留燃气设施建设用地，未经法定程序批准不得改变其用途。

城市新区开发、旧区改造，按照燃气专项规划应当建设管道燃气设施的，管道燃气设施应当与主体工程同时设计、同时施工、同时验收。

第七条 新建、扩建、改建燃气工程，应当符合城市总体规划、村庄集镇总体规划、燃气专项规划以及安全生产、环境保护的要求。

第八条 燃气工程的建设、勘察、设计、施工和监理单位，应当执行法律、法规、规章和有关技术标准、规范，确保燃气工程质量和安全。

第九条 燃气工程竣工后，建设单位应当依法组织竣工验收。未经验收或者经验收不合格的，不得交付使用。

燃气工程自竣工验收合格之日起15日内，建设单位应当向当地燃气管理部门备案。

建设单位应当按照国家有关档案管理的规定，收集、整理燃气工程项目的文件资料，建立健全项目档案，并及时向城建档案管理机构移交项目档案。

第三章 经营与使用

第十条 燃气经营实行许可制度。未取得燃气经营许可的单位和个人，禁止从事燃气经营活动。

燃气经营许可分为燃气经营企业的许可和燃气供应站点的许可。燃气供应站点由取得燃气经营许可的企业申请设立。

第十一条 从事燃气经营的企业，应当向所在地设区的市人民政府燃气管理部门申领《燃气经营许可证（燃气企业）》；燃气经营企业申请设立燃气供应站点的，应当向所在地的市、县人民政府燃气管理部门申领《燃气经营许可证（供应站点）》。

企业申领燃气经营许可证的，应当向燃气管理部门提交具备燃气经营许可条件的证明材料和文件。符合条件的，燃气管理部门应当自受理申请之日起20个工作日内，作出许可决定不予许可的，应当书面向申请人说明理由。

第十二条 燃气经营许可证应当统一格式，由自治区人民政府燃气管理部门监制。

禁止伪造、涂改、出租、出借和转让燃气经营许可证。

第十三条 从事瓶装燃气经营的企业应当具备下列条件：

（一）有稳定的、符合国家标准的燃气气源；

（二）有符合国家标准的燃气储存、充装、供应等设施；

（三）有与经营规模相适应的资金和管理人员、技术人员、岗位操作人员

（四）有符合城市规划要求和安全要求的固定的经营场所；

（五）有健全的安全管理和经营管理制度及事故处置应急预案；

（六）有与经营规模相适应的抢险、抢修人员和装备；

（七）法律、法规规定的其他条件。

从事管道燃气经营的企业，除具备瓶装燃气经营企业的条件外，还应当具备国家和

自治区规定的市政公用事业特许经营条件。

第十四条 设立燃气供应站点应当具备下列条件：

（一）有符合燃气专项规划的固定的经营场所；

（二）有符合国家标准的燃气储存、计量、消防、安全保护等设施；

（三）有熟悉业务的燃气从业人员；

（四）有健全的安全管理和经营管理制度及事故处置应急预案；

（五）有与经营规模相适应的抢险、抢修人员和装备；

（六）法律、法规规定的其他条件。

第十五条 燃气经营企业应当履行下列义务：

（一）遵守有关安全生产法律、法规、规章和国家安全生产技术标准、规范、规程，组织企业安全生产；

（二）为用户提供足量的、符合标准的产品，保障燃气正常供应，不得擅自停止供气；

（三）执行国家价格政策，公示服务标准和收费标准；

（四）管道燃气经营企业应当与用户签订协议，明确双方的权利和义务；

（五）不得向未取得燃气经营许可的单位和个人提供用于经营的燃气；

（六）法律、法规规定的其他义务。

第十六条 管道燃气经营企业因燃气工程施工、设施维修等情况，确需降压或者暂停供气的，应当在3日前予以公告。因不可抗力或者燃气设施抢修等紧急情况确需降压或者停止供气的，应当及时告知燃气用户，同时向燃气管理部门报告。恢复供气必须提前通知用户，不得在22时至次日6时之间向居民用户恢复供气。

第十七条 经营燃气充装的，应当按照《特种设备安全监察条例》的规定，经自治区市场监督管理部门许可，依法取得许可证后，方可从事燃气充装业务。

燃气充装应当遵守下列规定：

（一）对残液量超过标称充装量2%的钢瓶进行倒残处理；

（二）对出站的钢瓶进行复检；

（三）按照市场监督管理部门规定对使用的钢瓶进行定期检验，并在检验合格的钢瓶上粘贴符合安全技术规范及国家标准规定的警示标签和充装标签，未粘贴警示标签和充装标签的钢瓶不得出站；

（四）不得从液化石油气槽车上直接向钢瓶灌装液化石油气或者用钢瓶相互倒灌液化气；

（五）不得给超期限未检验或者检验不合格的钢瓶充装燃气；

（六）不得给报废、改装、漏气、超重和超过规定误差等不符合国家标准的钢瓶充装燃气。

第十八条 瓶装燃气经营企业、瓶装燃气供应站点，应当配齐或者委托符合安全运输要求的车辆运输瓶装燃气，不得将瓶装燃气交由厢体封闭的车辆及其他不符合安全要求的车辆运输。

第十九条 燃气经营企业应当加强对从业人员的安全生产教育和培训。

燃气经营企业中从事安全管理、作业和抢险抢修人员，应当接受专门培训，并经考核合格。

第二十条 管道燃气用户需扩大用气范围、改变燃气用途或者安装、改装、拆除固定的燃气设施和燃气器具的，应当向管道燃气经营企业提出申请，办理相关手续。涉及特种设备的，由管道燃气经营企业按照国家有关规定办理相关手续。

第二十一条 燃气价格及服务收费的制

定和调整，按照国家和自治区价格管理的有关规定执行。实行政府定价、政府指导价的，有关部门应当合理确定，适时调整实行市场调节价的，各级人民政府应当依法加强宏观调控。

管道燃气价格调整，应当举行听证。

第二十二条 燃气用户应当自觉遵守安全用气规则，并不得实施下列行为

（一）擅自拆卸、安装、改装、迁移、覆盖管道燃气设施；

（二）用燃气管道作为负重支架或者接地引线；

（三）盗用管道燃气、损坏燃气设施；

（四）加热、摔砸、倒卧燃气气瓶，倒灌瓶装气和倾倒残液；

（五）使用与当地燃气不相适配的燃气器具；

（六）危及用气安全的其他行为。

第四章 燃气设施与器具

第二十三条 燃气经营企业应当在燃气设施所在地显著位置设置醒目、统一的安全警示标志。

任何单位和个人不得擅自移动、覆盖、拆除、损坏、涂改燃气设施的安全警示标志。

第二十四条 在国家和自治区规定的燃气管道安全保护范围内，禁止实施下列行为：

（一）擅自建造建筑物或者构筑物；

（二）堆放物品或者排放腐蚀性液体、气体；

（三）擅自进行开挖沟渠、打桩、顶进、挖坑取土等施工作业；

（四）其他损坏燃气设施或者危害燃气设施安全的行为。

第二十五条 在管道燃气设施安全保护范围内进行施工作业，应当遵守下列规定：

（一）施工作业前，工程建设单位或者施工单位应当向城建档案管理机构查明地下燃气设施的相关情况；

（二）施工作业可能影响燃气设施安全的，工程建设单位或者施工单位应当与燃气经营企业协商，签订安全保护协议，确定采取相应的安全保护措施；

（三）建设单位或者施工单位在施工作业前应当将安全保护协议、事故应急预案及相关审批手续报送燃气管理部门备案；

（四）由于施工不当造成燃气设施损坏的，施工单位应当协助燃气经营企业进行抢修，并对所造成的经济损失承担赔偿责任。

城建档案管理机构应当在接到查询申请后3日内给予书面答复。工程建设单位或者施工单位向燃气经营企业查询的，燃气经营企业应当及时予以协助。

第二十六条 在燃气设施安全保护范围内进行明火作业的，必须遵守有关安全管理和操作规定，并采取安全隔离措施和防范措施。

第二十七条 因建设工程施工确需改动燃气设施的，建设单位应当向县级以上人民政府燃气管理部门申请，由燃气管理部门组织有关单位协商处理，并按照国家有关规定办理审批手续。

第二十八条 燃气经营企业应当建立燃气设施巡查制度，向社会公布24小时值班的抢险电话。发生燃气事故时，燃气经营企业应当迅速采取相关安全措施组织抢险抢修。燃气设施抢修时，有关单位和个人应当给予配合，不得阻挠或者干扰抢修工作的进行。

第二十九条 燃气器具必须经法定产品质量监督检验机构检验合格后，方可投放市场。

不得销售未经检验或者检验不合格的燃气器具。

第三十条 管道燃气设施安装后，应当向用户提供安装验收合格证书，并设定不低于一年的安装保修期。

第三十一条 燃气器具应当按照国家标准和规范安装、维修。安装、维修所使用的材料和配件，必须符合国家标准。安装、维修管道燃气器具的，不得擅自移动燃气计量表和表前燃气设施。

第五章 监督检查

第三十二条 燃气管理、应急管理、市场监督管理、生态环境等有关主管部门应当依法对燃气企业履行监督检查职责。燃气企业对行政监督检查人员依法履行监督检查职责应当予以配合，不得拒绝、阻挠。

前款所列有关部门应当按照各自的职责，依法加强对燃气工程建设、经营、使用、设施保护、燃气器具安装维修等活动的监督检查，及时处理发现的问题。发现的问题不属于本部门职责范围内的，应当及时移送并形成记录备查，接受移送的部门应当及时进行处理。

对检查中发现的重大事故隐患，有关部门应当责令相关单位或者个人立即排除。在隐患排除前或者排除过程中无法保证安全的，应当责令从危险区内撤出相关人员，并责令暂时停止使用该设施隐患排除后，方可恢复生产经营和使用。

第三十三条 燃气管理、市场监督管理、应急管理等有关主管部门依法对燃气经营企业进行燃气安全监督检查时，对于不符合保障安全生产的国家标准或者行业标准的设施、设备，可以依照法律、行政法规和本条例的规定予以扣押或者查封，并在15日内依法作出处理决定。

第三十四条 燃气管理部门应当建立举报和投诉制度，公开举报和投诉电话、信箱或者电子邮件地址，受理有关燃气安全、收费标准和服务质量的举报和投诉，并自收到举报或者投诉之日起15日内予以处理。

第三十五条 自治区人民政府燃气管理部门应当制定全区重大燃气事故应急预案，市、县人民政府燃气管理部门应当制定本行政区域内的燃气事故应急预案，并负责应急预案的组织实施工作。

燃气经营企业应当制定各类突发事故的抢修方案，并组织机关人员进行演习，保证抢修方案的准确实施。

第三十六条 发生燃气泄漏、燃气中毒、燃气火灾爆炸、环境污染等事故的，现场有关人员应当立即向企业或者单位负责人报告发现事故隐患的，任何单位和个人有权向燃气经营企业或者有关部门报告或者举报。

第六章 法律责任

第三十七条 违反本条例第十条规定，未取得燃气经营许可从事燃气经营活动的，由燃气管理部门责令停止经营，没收违法物品，对燃气经营企业可并处三万元以上二十万元以下罚款，对经营站点可并处三千元以上三万元以下罚款。

第三十八条 违反本条例规定，有下列情形之一的，由燃气管理部门责令改正，情节严重的，可并处一千元以上一万元以下的罚款。有违法所得的，没收违法所得：

（一）伪造、涂改、出租、出借和转让燃气经营许可证的；

（二）擅自移动、覆盖、拆除、损坏、涂改燃气设施警示标志的；

（三）阻挠或者干扰燃气设施抢险抢修的；

（四）暴力阻挠、干扰行政执法人员进行监督检查的。

第三十九条 违反本条例规定，有下列情形之一的，由燃气管理部门责令改正，没收违法所得，可并处五千元以上五万元以下罚款。情节严重的，燃气管理部门可以吊销其燃气经营许可证：

（一）管道燃气企业擅自停止供气的；

（二）向未取得燃气经营许可证的单位和个人提供用于经营的燃气的；

（三）管道燃气企业恢复供气未提前通知用户，或者在22时至次日6时之间向居民用户恢复供气的。

第四十条 违反本条例第十七条第二款第（一）、（二）、（四）项和第十八条规定，有下列行为之一的，由燃气管理部门给予警告，责令限期改正，可并处一千元以上五千元以下罚款：

（一）对残液量超过标称充装量2%的钢瓶不进行倒残处理的；

（二）对出站的钢瓶不进行复检的；

（三）从液化石油气槽车上直接向钢瓶灌装液化石油气或者用钢瓶相互倒灌液化气的；

（四）将瓶装燃气交由厢体封闭的车辆及其他不符合安全要求的车辆运输的。

违反本条例第十七条第一款和第二款第（三）、（五）、（六）项规定以及在燃气充装中有计量违法行为的，由市场监督管理部门按照有关法律、法规的规定处罚。

第四十一条 违反本条例规定，有下列行为之一的，由燃气管理部门责令限期改正。拒不改正的，给予警告，可并处一百元以上一千元以下罚款：

（一）擅自拆卸、安装、改装、迁移、覆盖管道燃气设施的；

（二）用燃气管道作为负重支架或者接地引线的；

（三）盗用管道燃气、损坏燃气设施的；

（四）加热、摔砸、倒卧燃气气瓶，倒灌瓶装气和倾倒残液的；

（五）燃气经营企业及其工作人员不遵守安全生产规章、操作规程的；

（六）危及用气安全的其他行为。

第四十二条 违反本条例第二十四条、第二十六条规定，有下列行为之一的，由燃气管理部门责令停止违法行为，限期恢复原状，可并处三千元以上三万元以下罚款。对违法建造的建筑物、构筑物，由规划主管部门责令限期拆除逾期不拆除的，依法申请人民法院执行：

（一）擅自在燃气管道安全保护范围内建造建筑物或者构筑物的；

（二）在燃气管道安全保护范围内堆放物品或者排放腐蚀性液体、气体的；

（三）擅自在燃气管道安全保护范围内进行开挖沟渠、打桩、顶进、挖坑取土等施工作业的；

（四）在燃气设施安全保护范围内进行明火作业，没有遵守有关安全管理和操作规定及采取安全隔离措施和防范措施的；

（五）其他损坏燃气设施或者危害燃气设施安全的行为。

第四十三条 违反本条例第三十一条规定，擅自移动燃气计量表和表前燃气设施的，由燃气管理部门责令停止违法行为，限期改正，可并处一千元以上一万元以下罚款。

第四十四条 燃气管理部门和其他有关部门的工作人员有下列行为之一的，由其所在单位或者上级机关依法给予行政处分；构成犯罪的，依法追究刑事责任：

（一）对不符合有关许可条件给予许可的；

（二）对燃气工程不履行监督检查职能的；

（三）对检查中发现的不属于本部门职责范围内的问题，不及时移送有关部门处理的；

（四）对检查中发现的重大事故隐患，没有及时处理致使发生重大伤亡事故的；

（五）对有关单位或者个人的投诉或者举报，不在规定时间内处理的；

（六）其他玩忽职守、滥用职权、徇私舞弊的行为。

第七章　附　　则

第四十五条　本条例中下列用语的含义是：

（一）燃气，是指供给生产、生活使用的人工煤气、天然气、液化石油气等气体燃料的总称。

（二）燃气设施，是指专用于燃气生产、贮存、输配、销售燃气的各种设施及附属设备的总称，包括气源厂、门站、气化站（含瓶组站）、混气站、调压站、计量站、供应站、加气站、各种燃气管网及其附属设施。

（三）燃气器具，是指使用燃气的炉灶、热水器、沸水器、取暖器、空调器等器具。

第四十六条　自建燃气设施供本单位使用的，参照本条例的规定执行。

第四十七条　本条例自2006年11月1日起施行。自治区人民政府1998年1月15日发布的《广西壮族自治区燃气管理办法》同时废止。

南宁市燃气管理条例

（1997年8月29日南宁市第十届人民代表大会常务委员会第十四次会议通过　1998年1月7日广西壮族自治区第八届人民代表大会常务委员会第三十二次会议批准　1998年3月10日南宁市第十届人民代表大会常务委员会公布施行　根据2002年7月27日广西壮族自治区第九届人民代表大会常务委员会第三十一次会议《关于批准〈南宁市人民代表大会常务委员会关于修改《南宁市燃气管理条例》的决定〉的决定》第一次修正　根据2005年5月27日广西壮族自治区第十届人民代表大会常务委员会第十四次会议《关于批准〈南宁市人民代表大会常务委员会关于修改《南宁市燃气管理条例》的决定〉的决定》第二次修正　2012年11月23日南宁市第十三届人民代表大会常务委员会第十次会议修订通过　2013年9月26日广西壮族自治区第十二届人民代表大会常务委员会第六次会议批准）

第一条　为了加强燃气管理，保障燃气供应和使用安全，维护用户和经营企业的合法权益，根据《城镇燃气管理条例》，结合本市实际，制定本条例。

第二条　本市行政区域内的城镇燃气发展规划与应急保障、燃气经营与服务、燃气使用、燃气设施保护、燃气安全事故预防与处理及相关管理活动，适用本条例。

天然气、液化石油气的生产和进口，城市门站以外的天然气管道输送，燃气作为工业生产原料的使用，沼气、秸秆气的生产和使用，不适用本条例。

本条例所称燃气，是指作为燃料使用并

符合一定要求的气体燃料，包括天然气（含煤层气）、液化石油气和人工煤气等。

第三条 市建设行政主管部门负责全市的燃气管理工作。市燃气管理机构具体负责燃气管理的日常工作。

县建设行政主管部门负责本行政区域内的燃气管理工作。

安全生产监督、质量技术监督、工商、规划、物价、环保、气象、交通运输、城管等部门和公安机关消防机构根据各自的职责，协同做好燃气管理工作。

第四条 燃气设施建设应当符合燃气发展规划，并按基本建设程序办理报建手续。

新区建设、旧区改造应当按照城乡规划和燃气发展规划配套建设燃气设施或者预留燃气设施建设用地；预留的燃气设施建设用地，未经法定程序批准，不得改变用途。

配套建设管道燃气设施应当与主体工程同步设计、同步施工、同步竣工验收，建设费用由建设单位承担，计入工程建设成本。建设单位在申请办理建设工程规划许可手续时，应当提交管道燃气工程总平面图以及工程所在地管道燃气经营企业确认的市政燃气管线衔接的技术方案。

第五条 在管道燃气已覆盖的区域内不得新建气化站、瓶组气化站等管道供气装置。

第六条 市、县人民政府应当规划建设应急气源储备基地，提高燃气应急保障能力。

第七条 燃气管道应当按照国家有关技术标准、技术规范要求，与其他地下管线保持安全间距；地下燃气设施的位置及走向应当设置明显的警示标志。

按照规划建设的燃气管道需要从单位或者居民区通过的，有关单位和个人应当予以配合。

第八条 从事燃气经营的企业应当具备国家和自治区规定的条件。

第九条 瓶装燃气供应站点由本行政区域内的燃气经营企业向市、县建设行政主管部门申请设立。瓶装燃气供应站点的设立应当符合国家和自治区规定的条件。

第十条 机动车加气供应站点由本行政区域内的燃气经营企业向市、县建设行政主管部门申请设立。机动车加气供应站点的设立应当符合下列条件：

（一）有规划、国土、环保等部门和公安机关消防机构出具的批准文件；

（二）有经过审查合格的施工图设计文件；

（三）有健全的安全管理、经营管理制度及事故处置应急预案；

（四）主要负责人、安全生产管理人员以及运行、维护和抢修人员经专业培训并考核合格；

（五）法律、法规规定的其他条件。

第十一条 管道燃气实行特许经营制度。取得特许经营权的管道燃气经营企业应当与市、县人民政府或者其授权的行政管理部门签订协议。

未取得特许经营权的，不得从事管道燃气经营业务。

第十二条 燃气经营企业不得擅自变更燃气供应站点或者燃气存放点；确需变更的，应当提前10日报建设行政主管部门核准。

第十三条 管道燃气经营企业在生产、经营过程中发生以下情形之一的，市、县人民政府或者其授权的行政管理部门可以对管道燃气经营企业进行临时接管：

（一）发生重大安全生产事故或者持续出现经营困难，可能造成停止供气的；

（二）擅自停业、歇业，严重影响用户

正常生产、生活和社会公共利益的；

（三）其他因不履行法律、法规和管道燃气特许经营协议规定的义务，可能危及公共利益、公共安全的。

第十四条 管道燃气设施的维护与更新由管道燃气经营企业组织实施。

管道燃气设施的维护与更新费用，居民用户燃气表前（含燃气表）的由管道燃气经营企业承担，表后的由用户承担；非居民用户的依据供气用气合同的约定承担。

第十五条 管道燃气经营企业为居民用户开通燃气前，应当对燃气表后燃气设施进行检测，符合使用安全条件的，方可开通。

第十六条 管道燃气用户的用气量，以法定计量检定机构检定合格且在有效期内的燃气表的基表记录为准。

用户对燃气表的准确度有异议的，可以向供气的管道燃气经营企业提出检测申请，管道燃气经营企业应当按照与用户约定的时间或者在接到申请之日起3日内，委托法定的计量检定机构进行检测。经检测燃气表误差在国家允许范围的，因检测产生的费用由用户承担；误差超过国家允许范围的，检测费用由管道燃气经营企业承担，并免费为用户更换合格的燃气表，拆表前6个月的燃气费用，按用气量的检测结果多退少补。

第十七条 从事建设工程的新建、改建、扩建活动的，建设单位在开工前应当查明建设工程施工范围内地下燃气管线的相关情况，管道燃气经营企业应当及时提供。

在燃气设施安全保护范围内进行建设工程施工的，应当遵守下列规定：

（一）建设单位应当在建设工程开工前组织施工单位、监理单位、管道燃气经营企业共同制定燃气设施保护方案，报建设行政主管部门备案；需要对已建成道路进行挖掘、顶进作业的，建设单位应当向市政设施行政主管部门提交备案的保护方案；

（二）建设单位进行现场探测或者施工开挖时，应当采取相应的安全保护措施，施工范围内有地下燃气管线的，应当通知管道燃气经营企业派专业技术人员进行现场指导；

（三）施工需明火作业的，应当报公安机关消防机构备案，并按有关安全管理、安全操作规程采取防范措施后，方可作业；

（四）施工中不得擅自移动和启闭调压箱、管道阀门等燃气设施；

（五）施工中不得使用机械铲、空气锤、挖掘机、推土机、风镐等机械设备进行作业，不得占压、碰撞燃气设施；

（六）施工中造成燃气设施漏气的，当事人应当立即采取防护措施，保护现场，及时通知燃气经营企业，报告建设行政主管部门和公安机关消防机构，并协助抢险抢修。

因施工造成管道燃气设施损坏的，有关责任人应当赔偿燃气经营企业因此产生的气量损失、抢修费用等经济损失。

燃气设施安全保护范围由市建设行政主管部门依法划定并公布。

第十八条 建设工程需要迁移燃气设施的，应当由燃气经营企业组织施工，迁移费用由建设单位承担。

第十九条 燃气经营企业应当与燃气用户签订供气用气合同，明确双方的权利和义务。

第二十条 燃气经营企业应当对用户的燃气使用安全提供入户免费检查服务，每年至少二次，检查结果应当书面告知用户。燃气用户拒不配合燃气经营企业入户检查，或者燃气经营企业发现因用户不遵守用气规定出现安全隐患的，燃气经营企业可以根据供气用气合同采取暂时停止供气的措施。

安全隐患消除后，燃气经营企业应当在

二十四小时内恢复供气。

第二十一条 非居民用户应当安装使用燃气泄漏报警器和安全自动切断装置。

提倡居民用户安装使用燃气泄漏报警器。

第二十二条 销售的燃气燃烧器具应当符合燃气使用安全要求，并具备气源适配性检测合格证。

建设行政主管部门应当及时向社会公布经检测符合本市燃气使用种类要求的燃气燃烧器具指引目录，供用户自主选择。

第二十三条 燃气经营企业向用户使用的燃气钢瓶充装燃气时，应当对气瓶钢印标记和盛装气体性质的一致性进行确认，不得混装不同种类的燃气，不得充装不符合国家标准的燃气。

第二十四条 从事燃气燃烧器具安装、维修业务的企业应当依法取得市建设行政主管部门核发的资质证书。

第二十五条 燃气经营企业应当根据有关规定，制定本单位的燃气应急预案，建立应急管理制度，配备专职抢修人员和必要的抢修设备、器材，向社会和用户公布抢修电话。

燃气经营企业在接到燃气设施损坏、泄漏或者其他燃气事故的报告后，应当立即派人抢修和处理，情况严重的应当立即向建设行政主管部门和公安机关消防机构报告。

第二十六条 建设行政主管部门应当建立健全监督管理制度，对燃气经营企业的经营活动、服务情况以及设施安全进行监督检查，并将监督检查结果向社会公布，督促企业对存在的问题进行限期整改。

建设行政主管部门应当建立燃气经营企业的诚信档案和不良行为公示制度，记录燃气经营企业、燃气燃烧器具安装维修企业的违法、违规行为，并向社会公布。

第二十七条 建设行政主管部门或者其他负有安全生产监督管理职责的部门依法进行燃气安全监督检查时，对于不符合保障安全生产的国家标准或者行业标准的设施、设备、器材应当予以查封或者扣押，并在十五日内依法作出处理决定。

第二十八条 违反本条例第四条第二款、第三款规定，建设单位未预留燃气设施建设用地或者擅自改变预留燃气设施建设用地用途的，由规划行政主管部门责令限期整改，并处一万元以上十万元以下罚款；未按照规定配套建设燃气设施的，由建设行政主管部门责令限期整改，并处一万元以上十万元以下罚款。拒不整改的，不予办理主体工程的竣工验收备案。

第二十九条 违反本条例第五条规定，擅自在管道燃气已覆盖的区域内新建气化站、瓶组气化站等管道供气装置的，由建设行政主管部门责令停止建设或者停止使用，并处五万元以上十万元以下罚款；造成用户损失的，由建设单位给予赔偿。

第三十条 违反本条例第十二条规定，擅自变更燃气供应站点或者燃气存放点的，由建设行政主管部门责令改正，予以警告，并处三千元以上三万元以下罚款。

第三十一条 违反本条例第十七条规定，由建设行政主管部门责令停止违法行为，限期改正，并按以下规定进行处罚；造成损失的，依法承担赔偿责任：

（一）建设单位违反第一款规定，在工程开工前未查明建设工程施工范围内地下燃气管线的相关情况的，处一万元以上五万元以下罚款；

（二）建设单位违反第二款第一项、第二项规定，在工程开工前未组织有关单位制订管道燃气设施保护方案的，或者未采取相应的安全保护措施的，处一万元以上十万元以下罚款；

（三）施工单位违反第二款第三项、第四项、第五项规定进行施工作业的，处一万元以上五万元以下罚款；情节严重造成燃气泄漏的，处五万元以上十万元以下罚款。

第三十二条 违反本条例第二十三条规定，燃气经营企业向用户使用的燃气钢瓶充装燃气时，混装不同种类的燃气或者充装不符合国家标准的燃气的，由建设行政主管部门责令限期改正，没收违法所得，并处一万元以上十万元以下罚款。

第三十三条 违反本条例第二十四条规定，未取得燃气燃烧器具安装、维修资质擅自从事燃气燃烧器具安装、维修的单位和个人，由建设行政主管部门责令限期改正；逾期不改正的，对单位处一千元以上一万元以下罚款；对个人处一千元以下罚款；造成损失的，依法承担赔偿责任。

第三十四条 违反本条例规定的其他行为，应当给予处罚的，依照有关法律、法规的规定执行。

第三十五条 本条例自2013年12月1日起施行。

海南省燃气管理条例

（1999年11月26日海南省第二届人民代表大会常务委员会第十次会议通过 根据2004年9月24日海南省第三届人民代表大会常务委员会第十二次会议《关于修改〈海南省燃气管理条例〉的决定》修正 2013年9月25日海南省第五届人民代表大会常务委员会第四次会议修订）

第一章 总 则

第一条 为了加强燃气行业管理，保障人民生命财产安全，维护燃气用户和燃气经营企业的合法权益，促进燃气事业发展，根据国务院《城镇燃气管理条例》和其他法律法规，结合本省实际，制定本条例。

第二条 本省行政区域内燃气的规划、建设、经营、使用、安全管理及燃气燃烧器具的生产、销售，适用本条例。

第三条 省和市、县、自治县人民政府燃气主管部门负责本行政区域内的燃气管理工作。

质量技术监督、公安消防、能源、物价等部门在各自职责范围内负责有关的燃气管理工作。

第四条 燃气工作应当坚持统筹规划、保障安全、确保供应、规范服务、节能高效的原则。

第五条 省和市、县、自治县人民政府应当将燃气发展纳入城乡规划及国民经济和社会发展规划，鼓励和支持燃气科学技术研究，推广使用安全、节能、高效、环保的燃气新技术、新工艺和新产品。

第六条 燃气行业协会应当加强行业自律管理，维护燃气经营企业和燃气用户的合法权益，督促燃气经营企业守法经营、诚实守信，促进行业提高服务质量和技术水平。

第二章 规划建设与应急保障

第七条 省和市、县、自治县人民政府燃气主管部门应当会同有关部门，依据国民经济和社会发展规划、土地利用总体规划、城乡规划、能源规划以及上一级燃气发展规划，组织编制本行政区域的燃气发展规划，报本级人民政府批准后组织实施，并报上一级人民政府燃气主管部门备案。

燃气发展规划的内容应当包括：燃气气源、燃气种类、燃气供应方式和规模、燃气设施布局和建设时序、燃气设施建设用地、燃气设施保护范围、燃气供应保障措施和安全保障措施等。

第八条 进行新区建设、旧区改造，应当按照城乡规划和燃气发展规划配套建设燃气设施或者预留燃气设施建设用地。

对燃气发展规划范围内的燃气设施建设工程，规划主管部门在依法核发选址意见书时，应当就燃气设施建设是否符合燃气发展规划征求燃气主管部门的意见；不需要核发选址意见书的，规划主管部门在依法核发建设用地规划许可证或者乡村建设规划许可证时，应当就燃气设施建设是否符合燃气发展规划征求燃气主管部门的意见。

在高速公路沿线设立燃气汽车加气站，市、县、自治县人民政府有关部门应当事先征求省人民政府燃气主管部门的意见。

燃气设施建设工程竣工后，建设单位应当依法组织竣工验收，并自竣工验收合格之日起15日内，将竣工验收情况报燃气主管部门备案。

第九条 燃气工程的勘察设计、施工和监理，应当由相应资质等级的勘察设计、施工和监理单位承担。严禁无证或者超越资质等级承担勘察设计、施工和监理任务。

第十条 在燃气管网覆盖范围内的高层民用建筑应当采用管网管道供气，在燃气管网覆盖范围外的高层民用建筑应当采用独立的管道供气。

管道燃气应当与主体工程同时设计、同时施工、同时验收。

第十一条 省人民政府能源主管部门应当会同省燃气主管部门根据本省燃气发展规划，制定燃气资源中长期供求计划和年度燃气分配计划，组织协调燃气供应企业落实燃气年度所需用气量。

本省生产的优质优价天然气应当优先保障居民、公共服务设施、天然气汽车等燃气用气。

第十二条 省和市、县、自治县人民政府应当建立健全燃气应急储备制度，组织编制燃气应急预案，落实气源，采取综合措施提高燃气应急保障能力。

省和市、县、自治县人民政府燃气主管部门应当会同有关部门对燃气供求状况实施监测、预测和预警。

燃气供应企业应当根据供气规模设立相应的应急气源储备。

燃气供应企业因执行燃气应急预案、启用燃气应急储备资源所增加的成本费用，政府应当给予适当补偿，但因燃气供应企业自身原因造成的除外。

第三章 经营管理

第十三条 管道燃气实行区域性统一经营，瓶装燃气和车用燃气实行多家经营，总量控制。

第十四条 燃气经营实行许可证制度。从事燃气经营活动的企业，应当具备下列条件：

（一）符合燃气发展规划要求；

（二）有符合国家标准的燃气气源和燃气设施；

（三）有固定的经营场所、完善的安全管理制度和健全的经营方案；

（四）企业的主要负责人、安全生产管理人员以及运行、维护和抢修人员经专业培训并考核合格；

（五）法律、法规规定的其他条件。

管道燃气经营许可证有效期为5年，瓶装燃气和车用燃气经营许可证有效期为3年。有效期满后，燃气经营企业继续从事燃气经营活动的，应当在许可证有效期满90

日前向原核发部门提出换证申请，经审查合格后换领新证。

第十五条 燃气经营企业应当定期对用户的燃气设施进行安全检查，并将检查结果书面告知用户。用户的燃气设施存在安全隐患的，燃气经营企业应当提出书面整改意见。用户拒绝整改可能造成安全事故的，燃气经营企业应当停止供气并向燃气主管部门报告。燃气经营企业在隐患消除后应当立即恢复供气。

燃气经营企业人员入户检查时，应提前通知燃气用户，并出示有效工作证件。用户应当对燃气经营企业人员入户检查予以配合。

第十六条 燃气经营企业应当保证燃气的热值、组份、嗅味、压力等质量要求符合国家和本省规定的标准。

燃气气瓶的充装应当与标称重量及国家规定的允差范围相符。

质量技术监督部门应当加强对燃气的热值、组份、压力和计量器具进行检测。

第十七条 管道燃气经营企业和燃气用户应当签订供用气合同，明确双方的权利和义务。

管道燃气经营企业应当向燃气用户持续、稳定、安全供应符合国家质量标准的燃气，指导燃气用户安全用气、节约用气。

管道燃气经营企业应当公示业务流程、服务承诺、收费标准和服务热线等信息，并按照国家燃气服务标准提供服务。

第十八条 燃气经营企业不得有下列行为：

（一）拒绝向市政燃气管网覆盖范围内符合用气条件的单位或者个人供气；

（二）倒卖、抵押、出租、出借、转让、涂改燃气经营许可证；

（三）未履行必要告知义务擅自停止供气、调整供气量，或者未经审批擅自停业或者歇业；

（四）向未取得燃气经营许可证的单位或者个人提供用于经营的燃气；

（五）在不具备安全条件的场所储存燃气；

（六）要求燃气用户购买其指定的产品或者接受其提供的服务；

（七）擅自为非自有气瓶充装燃气；

（八）销售未经许可的充装单位充装的瓶装燃气或者销售充装单位擅自为非自有气瓶充装的瓶装燃气；

（九）冒用其他企业名称或者标识从事燃气经营、服务活动。

第十九条 管道燃气经营企业因供气设施按计划检修需要停止供气的，应当提前7日公告或者书面通知燃气用户；因施工、检修等原因需要临时调整供气量或者暂停供气的，应当将作业时间和影响区域提前48小时予以公告或者书面通知燃气用户；但因突发事件影响供气的，应当采取紧急措施并及时通知燃气用户。

管道燃气经营企业应当按照有关规定及时恢复正常供气，恢复供气时间必须事先通知燃气用户。

管道燃气经营企业计划停气、临时停气未事先通知燃气用户，造成燃气用户损失的，应当承担损害赔偿责任。

第二十条 燃气销售价格，应当根据购气成本、经营成本和当地经济社会发展水平以及社会承受能力，合理确定，适时调整。

价格主管部门制定和调整管道燃气销售价格，应当征求管道燃气用户、管道燃气经营企业和有关方面的意见。制定和调整居民管道燃气价格的，应当进行公开听证。

第四章　使用管理

第二十一条　需要使用管道燃气的，应当向当地管道燃气经营企业提出申请，办理有关用气手续。

第二十二条　管道燃气用户安装、改装、拆除固定的燃气设施或者改变燃气用途的，应当向管道燃气经营企业提出申请，办理有关手续，并按照国家有关工程建设标准和本省有关规定实施作业。未经管道燃气经营企业同意不得实施。

管道燃气经营企业应当自收到申请之日起五日内答复。

第二十三条　管道燃气的用气量，应当以经法定计量检定机构检定合格的燃气计量装置的记录为准。

用户或者燃气经营企业对燃气计量装置准确度有异议的，可以申请法定计量检定机构检定。

经检定的燃气计量装置误差在法定范围内的，检定费用由主张检定一方支付。经检定的燃气计量装置误差超过法定范围的，由提供燃气计量装置的一方支付检定费用并进行更换，退还多缴或者补交少缴的燃气气费。

第二十四条　燃气用户有权就燃气安全、质量、收费、服务等事项向燃气经营企业查询，并可向价格、燃气主管部门以及其他有关部门或者组织进行投诉。

价格、燃气主管部门及其他有关部门或者组织应当建立举报和投诉制度，公开举报和投诉电话、信箱或者电子邮件地址，受理有关燃气安全、质量、收费、服务等事项的举报和投诉。

第二十五条　管道燃气用户需要更名、过户、销户的，应当向燃气经营企业申请办理变更或者销户手续，结清所欠气费。

第二十六条　市、县、自治县人民政府燃气主管部门应当定期向社会公布本行政区域内的燃气种类和气质成分等信息。

燃气燃烧器具生产单位应当在燃气燃烧器具上明确标识所适应的燃气种类。未明确标识所适应燃气种类的燃气燃烧器具，不得销售、安装、供气、使用。

第二十七条　燃气燃烧器具生产单位、销售单位应当在销售燃气燃烧器具的市、县、自治县设立或者委托设立售后服务站点，配备经考核合格的燃气燃烧器具安装、维修人员，负责售后的安装、维修服务。

燃气燃烧器具安装、维修企业应当具备燃气燃烧器具安装、维修企业资质，其安装、维修作业应当符合国家有关标准，提供的配套器具（含调压器、计量表、阀门、联接管、密封件），应当符合国家产品质量标准和当地气源使用要求。

燃气燃烧器具安装、维修企业在接到用户报修后，应当在24小时内或者在与用户约定的时间内派人维修。

第二十八条　对燃气用户提供的不符合标准的燃气燃烧器具或者燃气用户提出的不符合安全规范的安装、维修要求，燃气燃烧器具安装、维修人员应当向用户说明有关技术规范、标准，要求其采用合格器具或者采取符合安全规范的安装方式。

第五章　安全管理

第二十九条　县级以上人民政府燃气主管部门应当会同规划等有关部门按照国家有关标准和规定划定燃气设施保护范围并向社会公布。

新建、改建、扩建工程项目施工涉及燃气保护范围的，规划主管部门和建设行政主管部门在进行相关审批时，应当将燃气设施保护范围告知项目建设单位、施工单位和燃气设施的业主单位。

建设单位在开工前，应当查明建设工程施工范围内地下燃气管线的相关情况；燃气主管部门以及其他有关部门和单位应当及时提供相关资料。

在燃气设施保护范围内，有关单位从事敷设管道、打桩、顶进、挖掘、钻探等可能影响燃气设施安全活动的，应当与燃气经营企业共同制定燃气设施保护方案，采取相应的安全保护措施，并在燃气经营企业人员现场指导下施工。

第三十条 燃气设施安全保护范围设立明确标识，禁止下列行为：

（一）倾倒、排放腐蚀性物品；

（二）种植树、竹等深根植物；

（三）擅自移动、覆盖、涂改、拆除、损坏燃气设施；

（四）擅自移动、覆盖、涂改、拆除、损坏燃气设施安全警示标志；

（五）擅自进行焊接、烘烤、爆破等作业；

（六）在管道设施上牵挂电线、绳索或者晾晒衣物；

（七）其他损坏燃气设施的行为。

第三十一条 燃气经营企业的法定代表人应当对企业生产安全全面负责。燃气经营企业应当建立安全检查制度，定期对燃气设施进行检查，并建立完整的检查档案，发现事故隐患，应当及时排除。

第三十二条 燃气经营企业应当使用符合国家规定的气瓶，在气瓶充装过程中，必须严格执行有关安全规定：

（一）使用的气瓶必须按照质量技术监督部门规定的周期进行定期检验，不得给过期未检测的气瓶或者不合格气瓶充装燃气；

（二）对残液量超过规定的气瓶，必须进行清残处理；

（三）对出站气瓶必须进行复检，合格后贴上充装合格证；未贴合格证的，不得出站；

（四）禁止违反安全标准超量充装瓶装燃气；

（五）禁止从罐车上直接向气瓶充装燃气。

第三十三条 燃气用户及相关单位和个人不得有下列行为：

（一）擅自操作公用燃气阀门；

（二）将燃气管道作为负重支架或者接地引线；

（三）安装、使用不符合气源要求的燃气燃烧器具；

（四）擅自安装、改装、拆除户内燃气设施和燃气计量装置或者进行危害室内燃气设施安全的装饰、装修等活动；

（五）在不具备安全条件的场所使用、储存燃气；

（六）盗用燃气；

（七）改变燃气用途或者转供燃气；

（八）加热、摔砸、倒卧、曝晒燃气气瓶或者改换燃气气瓶检验标志、漆色；

（九）倾倒燃气残液或者用燃气气瓶相互转充。

第三十四条 任何单位和个人发现燃气事故，应当立即向公安消防机构报告，同时报燃气经营企业或者燃气主管部门。

抢修、抢险人员对妨碍抢修、抢险的其他设施，可以采取必要的应急措施。事故处理完毕，应当及时补办有关手续；对造成的财产损失，燃气经营企业应当给予相应的赔偿。燃气经营企业予以赔偿后，有权向造成抢修、抢险事故的责任者追偿。

第六章 法律责任

第三十五条 违反本条例规定的行为，本条例未设定处罚的，依照有关法律法规的规定处罚。

第三十六条 违反本条例第八条第四款规定，燃气工程项目未经验收或者验收不合格即交付使用的，由燃气主管部门责令停止使用，限期改正，补办有关验收手续。

第三十七条 违反本条例第十四条规定，未取得燃气经营许可证从事燃气经营活动的，由燃气主管部门责令停止违法行为，处5万元以上50万元以下罚款；有违法所得的，没收违法所得；构成犯罪的，依法追究刑事责任。

第三十八条 违反本条例第十六条规定的，由质量技术监督部门责令改正，并依照有关法律、法规的规定予以处罚。

第三十九条 违反本条例第十八条规定的，依照国务院《城镇燃气管理条例》的有关规定进行处罚。

第四十条 违反本条例第三十条第一、二、三、五、六、七项规定的，由燃气主管部门责令停止违法行为，限期恢复原状或者采取其他补救措施，对单位处5万元以上10万元以下罚款，对个人处5000元以上5万元以下罚款；造成损失的，依法承担赔偿责任；构成犯罪的，依法追究刑事责任。

违反本条例第三十条第四项规定的，由燃气主管部门责令限期改正，恢复原状，可以处5000元以下罚款。

第四十一条 违反本条例第三十二条规定，燃气经营企业在燃气充装过程中，未严格执行有关安全规定的，由质量技术监督部门依照国家有关气瓶安全管理的规定进行处罚。

第四十二条 违反本条例第三十三条第一、二、三、四、五、七、八、九项规定的，由燃气主管部门责令限期改正；逾期不改正的，对单位可以处10万元以下罚款，对个人可以处1000元以下罚款；造成损失的，依法承担赔偿责任；构成犯罪的，依法追究刑事责任。

违反本条例第三十三条第六项规定盗用燃气的，依照《中华人民共和国治安管理处罚法》的规定进行处罚；构成犯罪的，依法追究刑事责任。

第四十三条 县级以上人民政府及其燃气主管部门和其他有关部门有下列情形之一的，对直接负责的主管人员和其他直接责任人员，依法给予处分；直接负责的主管人员和其他直接责任人员的行为构成犯罪的，依法追究刑事责任：

（一）不依法作出行政许可决定或者办理批准文件的；

（二）发现违法行为或者接到对违法行为的举报不予查处的；

（三）其他玩忽职守、滥用职权、徇私舞弊的行为。

第四十四条 违反本条例规定，造成他人人身伤害或者财产损失的，依法承担赔偿责任；构成犯罪的，由司法机关依法追究刑事责任。

第四十五条 当事人对行政机关依照本条例作出的处罚不服的，可以依法申请行政复议或者提起行政诉讼。

第七章 附则

第四十六条 本条例的具体应用问题由省人民政府负责解释。

第四十七条 本条例自2013年12月1日起施行。

海口市燃气管理条例

（1997年10月10日海口市第十一届人民代表大会常务委员会第二十七次会议通过　1997年12月12日海南省第一届人民代表大会常务委员会第三十三次会议批准　根据2004年11月26日海南省第三届人民代表大会常务委员会第十三次会议批准的《海口市人民代表大会常务委员会关于修改〈海口市燃气管理条例〉的决定》第一次修正　根据2010年7月31日海南省第四届人民代表大会常务委员会第十六次会议批准的《海口市人民代表大会常务委员会关于修改〈海口市燃气管理条例〉等三件地方性法规的决定》第二次修正）

第一章　总　　则

第一条　为了加强燃气行业管理，规范燃气经营行为，维护燃气用户和经营企业的合法权益，保障城市燃气的正常供应和安全使用，促进城市燃气事业的发展，根据国家有关规定，结合本市实际，制定本条例。

第二条　本条例所称燃气是指供城市生活、生产使用的液化石油气、天然气、人工煤气、混合气及其他气体燃料。

第三条　本市行政区域内燃气的规划、建设和储存、输配、经营、使用及其管理，适用本条例。

第四条　燃气的生产、储存、输配、经营和使用，必须贯彻“安全第一，预防为主”的方针。

第五条　市燃气行政主管部门负责本行政区域内燃气管理工作。

规划、环保、物价、公安消防、安全生产监督、质量技术监督等部门根据各自职责，协同做好燃气管理工作。

第二章　规划与建设

第六条　燃气的发展应当纳入城市总体规划及国民经济和社会发展计划。

燃气专项规划由市燃气行政主管部门会同规划部门组织编制。编制燃气专项规划时，应当征求安全生产监督、公安消防、环保等有关部门的意见。

新建、改建、扩建燃气工程项目，必须符合燃气专项规划。

第七条　新建燃气工程项目应当报省燃气行政主管部门审核同意后，方可按照有关规定申请立项。

改建、扩建燃气工程项目应当经市燃气行政主管部门会同有关部门审查批准。

申请改建、扩建燃气工程项目的，应当向市燃气行政主管部门提交下列材料：

（一）改建、扩建燃气工程项目的可行性报告；

（二）安全施工组织设计方案；

（三）法律、法规、规章规定的其他材料。

市燃气行政主管部门应当自受理申请之日起20日内审查完毕，作出许可或者不予许可的决定，并书面通知申请人。

第八条　管道供气规划区域内的新建、改建、扩建项目，旧城改造和新区开发，应当按照燃气专项规划配套建设管道燃气设施，并与主体工程同时设计、同时施工、同时竣工验收。

管道供气区域内的高层民用建筑，应当有计划地安装使用管道燃气。

第九条　燃气工程的勘察、设计、施工、监理，应当由相应资质等级的单位承担。严禁无证或者超越资质等级承担勘察设计、施工和监理任务。

第十条 新建、改建、扩建的燃气工程项目应当遵守以下规定：

（一）采用的设备、材料、零部件及安全附件等必须符合国家规定的质量标准；属特种设备的，还应当按照有关规定办理特种设备使用手续；

（二）工程质量必须由具备相应资质的质量监督机构负责监督；

（三）安全设施必须与主体工程同时设计、同时施工、同时投入使用；

（四）工程竣工后，建设单位应当依法组织竣工验收。燃气工程经验收合格的，方可交付使用。市燃气行政主管部门应当加强对燃气工程竣工验收的监督管理。

第十一条 燃气工程建设资金可以按照国家有关规定采取多种渠道筹集。管道燃气的主干管道设施，由政府或者管道燃气经营企业投资；庭院管网、室内管道，由业主或者产权人投资。

第三章 经营管理

第十二条 管道燃气实行特许经营。瓶装燃气实行多家经营，总量控制。

第十三条 燃气经营企业必须具备下列条件：

（一）有长期（不少于五年）稳定、符合标准的燃气来源；

（二）有符合国家规定的储存、输配、充装和残液回收等设施；

（三）有符合相应资格条件的专业技术人员和管理人员，操作工人经过安全培训持有相应的上岗证；

（四）具备法律、法规和国家标准或者行业标准规定的安全生产条件；

（五）有与经营规模相适应的自有资金；

（六）国家有关部门规定的其他条件。

第十四条 燃气企业应当经市燃气行政主管部门审批，取得燃气经营许可证后，方可从事燃气经营活动。燃气企业设立瓶装燃气分销网点的，应当经市燃气行政主管部门批准。

申请经营燃气的企业，应当向市燃气行政主管部门提交下列材料：

（一）符合本条例第十三条规定条件的相关材料；

（二）工商行政管理部门批准的营业执照；

（三）法律、法规、规章规定的其他材料。

市燃气行政主管部门应当自受理申请之日起20日内审查完毕，作出许可或者不予许可的决定，并书面通知申请人。

市燃气行政主管部门对依法取得燃气经营许可证的企业，发现不再具备安全生产条件的，应当撤销原所作出的许可决定。

第十五条 在燃气经营活动中，禁止下列行为：

（一）个体工商户经营燃气；

（二）伪造、涂改、出租、转借或转让燃气经营许可证；

（三）向无燃气经营有效证件者提供气源；

（四）销售无燃气经营有效证件者供给的燃气；

（五）燃气汽车加气站从事其他用途的加气充装。

第十六条 管道燃气经营企业不得拒绝给供气区域内符合供气和用气条件的用户供气。

第十七条 管道燃气经营企业和燃气用

户应当根据平等自愿、协商一致的原则签订供用气合同。

第十八条 燃气价格和燃气服务项目收费标准的确定和调整，由市燃气行政主管部门审核，报物价部门批准后公布执行。

第十九条 燃气经营企业应当保证燃气质量、管道燃气压力流量和瓶装燃气充装允差量等指标符合国家规定的标准。

第二十条 管道燃气经营企业应当保证安全、稳定供气，不得无故停气。因供气设施计划检修需要停止供气时，应当提前七天通知用户或者公告；因供气设施临时检修需要停止供气时，除紧急情况外，应当提前二十四小时通知用户；连续停止供气四十八小时以上的，应当采取措施保障用户的生活用气。引起停止供气的原因消除后，应当尽快恢复供气。恢复供气之前应当及时通知用户。

第二十一条 燃气经营企业应当建立用户档案，设置并公布维修、抢修、抢险电话，实行专人值班，昼夜服务。

第四章 用气管理

第二十二条 使用管道燃气应当向管道燃气经营企业提出开户申请，并办理有关用气手续。

第二十三条 管道燃气用户变更用户名称、扩大用气范围、改变燃气用途和安装、改装、拆迁固定的燃气设施、管线、调压装置、计量表具时，应向管道燃气经营企业申请办理有关手续。

第二十四条 用户有权对燃气经营企业的收费和服务质量向燃气主管部门和物价管理部门投诉。燃气主管部门和物价管理部门对用户投诉的事项应及时查处，并将查处结果通知投诉用户。

第二十五条 禁止盗用管道燃气。

擅自开启计量检定机构加封的燃气计量装置封印，或者故意使燃气计量装置不准、失效的，以盗用燃气论处。

第二十六条 用户使用燃气时，不得有下列行为：

（一）擅自拆修钢瓶角阀或调压阀；

（二）擅自处理瓶内残液、自行进行钢瓶之间倒罐；

（三）擅自改换钢瓶检验标记或瓶体漆色；

（四）用火、热水或其他热源直接对钢瓶加热；

（五）与其他明火炉灶同处混用；

（六）无理阻挠管道燃气经营企业维修管道燃气设施。

第五章 安全管理

第二十七条 燃气经营企业必须建立安全责任制，配置必要的安全设备。燃气经营企业的法定代表人是本单位安全管理的第一责任人。

第二十八条 燃气经营企业应当向用户提供安全用气手册，加强对用户的安全宣传和教育。

第二十九条 管道燃气设施的安全管理和维护保养由管道燃气经营企业统一组织实施。燃气设施的维修保养及更换设备的费用，由产权人各自负担。

第三十条 燃气经营企业在钢瓶充装过程中，必须严格执行有关安全规定：

（一）使用的钢瓶必须按照质量技术监督部门规定的周期进行定期检验，不得给过期未检测的钢瓶或者不合格的钢瓶充装燃气。

（二）对残液量超过规定的钢瓶，必须

进行清残处理；

（三）对出站钢瓶必须进行检漏和二次检斤，经检测合格后贴上充装合格证并对瓶阀出口处封口，未贴合格证并对瓶阀封口的，不得出站；

（四）禁止违反安全标准超量充装钢瓶；

（五）禁止从液化石油气罐车上直接向钢瓶充装液化石油气。

第三十一条 燃气生产、储存、输配系统的动火作业必须向市燃气行政主管部门和消防部门申报，取得动火证后方可实施。在动火作业时，必须在作业点周围采取保证安全的隔离措施和防范措施。

第三十二条 燃气经营企业应当设置专职抢修队伍，配备通讯器材、抢修设备、防护用品及巡检抢修专用车辆。

第三十三条 燃气经营企业应当制定燃气设施及管网的巡检制度和各类突发事故的抢险预案，抢险预案应报市燃气行政主管部门和安全生产监督、公安消防等部门备案。

第三十四条 凡在燃气管道及设施附近进行施工，有可能影响燃气管道及设施安全运营的，施工单位须事先通知管道燃气经营企业，经双方制定保护方案并报公安消防部门审核同意后方可施工。由此发生的费用由施工单位承担。

由于施工不当造成燃气管道及设施损坏的，施工单位应当协助管道燃气经营企业采取相应措施进行抢修，并赔偿由此造成的经济损失。

第三十五条 燃气码头、气源厂、充装站、供气点及燃气输配设施，应当设置符合国家规定的警示标志。任何单位和个人不得移动、覆盖、涂改、拆除或者损坏燃气警示标志。

第三十六条 禁止在燃气管道及设施上修筑建筑物、构筑物，搭棚、挖坑取土或者堆放物品。

第三十七条 禁止在随桥架设的燃气管道上跨设缆线及在铺设燃气管道的江河底附近取沙、抛锚。

第三十八条 禁止燃气运输机动车辆在机关、仓库、商场、影剧院、医院、学校附近一百米内和人员稠密区停靠。中途停车时，在周围五十米内不得靠近明火，驾驶员和押运员不得同时离车。

第三十九条 任何单位和个人发现燃气险情或事故，应当立即向相关的燃气经营企业报警。燃气经营企业接到报警后应当立即按抢险预案进行抢险，同时将情况报告市燃气行政主管部门和安全生产监督、公安消防等部门。险情严重需要实行人员疏散、封锁交通、切断电源、断绝火源的，公安、交警、供电等有关部门应当予以协助。

第四十条 燃气经营企业组织抢修燃气设施时，对影响抢修作业的其他财产可以采取应急措施，但事后应及时恢复原状，并按规定补办手续。给他人财产造成损失的，由燃气经营企业负责赔偿。燃气经营企业予以赔偿后，有权向造成抢修事故的责任者追偿。

第四十一条 民用燃气器具必须经市燃气行政主管部门指定的合法检测机构对其气源适配性进行检测，符合本市燃气使用要求的，方可销售。

燃气经营企业不得强制用户购买其指定的燃气器具。

第六章 法律责任

第四十二条 违反本条例第七条第一款、第二款规定的，由市燃气行政主管部门责令改正，限期补办手续，并处以一万元以上三万元以下的罚款，有违法所得的予以没收。

第四十三条 违反本条例第八条规定的，按照《建设工程质量管理条例》的有关规定进行处罚。

第四十四条 违反本条例第十条第（四）项规定的，按照《建设工程质量管理条例》的有关规定进行处罚。

第四十五条 违反本条例第十四条第一款规定的，由市燃气行政主管部门责令停止违法经营，没收违法所得，并处违法所得一倍以上三倍以下的罚款。

第四十六条 个体工商户违反本条例第十五条第（一）项规定经营燃气的，由市燃气行政主管部门责令停止违法经营，没收违法所得和违法经营设备，并处以三千元以上一万元以下的罚款；情节严重的，处以一万元以上三万元以下的罚款。

第四十七条 违反本条例第十五条第（二）项、第（三）项、第（四）项、第（五）项规定的，由市燃气行政主管部门责令停止违法行为，没收违法所得，并处以三千元以上一万元以下的罚款；情节严重的，处以一万元以上三万元以下的罚款。

第四十八条 违反本条例第十七条、第二十条规定的，由市燃气行政主管部门责令改正，给予警告，并处以一万元以上三万元以下的罚款。

第四十九条 违反本条例第十九条的，由质量技术监督行政主管部门责令改正，并依照有关法律、法规的规定处罚。

第五十条 违反本条例第二十三条规定的，由市燃气行政主管部门责令改正，并处以五百元以上三千元以下的罚款。

第五十一条 违反本条例第二十五条规定，盗用管道燃气的，由市燃气行政主管部门责令停止违法行为，追缴气费，并处以五百元以上三千元以下的罚款；情节严重的，处以三千元以上一万元以下的罚款；构成犯罪的，依法追究刑事责任。

第五十二条 违反本条例第三十条、第三十一条、第三十六条、第三十七条规定的，由市燃气行政主管部门责令改正，并处以三千元以上一万元以下的罚款；情节严重的，处以一万元以上三万元以下的罚款。

第五十三条 违反本条例第三十五条规定的，由市燃气行政主管部门责令改正，并处以五百元以上三千元以下的罚款。

第五十四条 违反本条例第三十八条规定的，由市燃气行政主管部门责令改正，给予警告，并处以二百元以上五百元以下的罚款。

第五十五条 违反本条例第四十一条规定销售燃气器具的，由市燃气行政主管部门责令停止销售，并处以一万元以上三万元以下的罚款；情节严重的，处以三万元以上七万元以下的罚款。

第五十六条 对破坏、盗窃城市燃气设施或者阻碍燃气管理人员依法执行公务的，由公安机关依照《中华人民共和国治安管理处罚法》予以处罚；构成犯罪的，依法追究刑事责任。

第五十七条 市燃气行政主管部门的工作人员，有下列行为之一的，依法给予行政处分；构成犯罪的，依法追究刑事责任：

（一）对不符合法定安全生产条件的燃气企业发放经营许可证的；

（二）发现未依法取得行政许可的企业擅自从事燃气经营业务接到举报后不予取缔或者不依法予以处理的；

（三）对已经依法取得燃气经营许可证的企业不履行监督管理职责，发现其不再具备安全生产条件而不撤销原作出的许可决定或者发现安全生产违法行为不予查处的；

（四）对燃气生产安全事故隐瞒不报、谎报或者拖延不报的；

（五）其他玩忽职守、滥用职权、徇私舞弊的行为。

第五十八条 当事人对行政处罚决定不服的，可以依法申请行政复议或者向人民法院提起诉讼。

第七章 附 则

第五十九条 本条例具体应用中的问题由市人民政府负责解释。

第六十条 本条例自公布之日起施行。一九九二年十月十二日由市人民政府颁布的《海口市煤气管理暂行规定》同时废止。

拉萨市燃气管理办法

（2015 年 2 月 6 日拉萨市人民政府令第 51 号公布 自 2015 年 4 月 1 日起施行）

第一章 总 则

第一条 为加强本市燃气管理，保障社会公共安全和公共利益，维护燃气用户和经营者的合法权益，促进燃气事业健康发展，根据《城镇燃气管理条例》等有关法规，结合本市实际，制定本办法。

第二条 本办法适用于本市行政区域内燃气的规划、经营和使用，燃气设施的建设、安装、维修和抢修，以及其他相关管理活动。

第三条 市市政市容行政管理部门是本市燃气行政管理部门。负责本行政区域内燃气管理工作，负责本办法的组织实施。

各县（区）燃气行政管理部门依照本办法负责本行政区域内燃气管理工作。

市发展和改革、国土资源、城乡规划、住房和城乡建设、质量技术监督、安全生产监督、公安消防、工商、环境保护等部门按照各自的职责，做好燃气相关工作。

第四条 本市燃气管理遵循统筹规划、保障安全、协调发展、确保供应、规范服务、节能高效的原则。

第五条 本市鼓励燃气科学技术研究，推广安全、环保、节能的先进技术应用。

县级以上人民政府、燃气行政管理部门以及燃气经营企业应当加强燃气安全知识宣传和普及工作，增强社会公众的燃气安全意识，提高防范和应对燃气事故的能力。

第二章 规划与建设

第六条 市燃气行政管理部门应当会同市发展和改革、国土资源、城乡规划、住房和城乡建设等部门根据城市总体规划编制本市燃气发展规划。城市燃气新建、改建、扩建项目以及经营网点的布局要符合燃气发展规划，并经本级人民政府批准，方可实施。

第七条 市、县（区）应当制定政策，采取措施，多渠道保障气源供应，加强用气管理，建立燃气经营和需求的宏观调控机制。

瓶装燃气经营站点的设置应当城乡统筹、合理布局。燃气行政管理部门应当按照燃气发展规划的要求对瓶装燃气经营站点进行城乡统一规划，并报本级人民政府批准。

第八条 城市建设应当按照城市规划和燃气发展规划，预留燃气设施的配套建设用地，列入城市总体规划的燃气设施建设用地，未经法定程序调整规划，不得改变用途。

市规划行政管理部门对燃气设施建设项

目核发选址意见书时，应当就燃气设施是否符合燃气发展规划征求燃气行政管理部门的意见；不需要核发选址意见书时，市规划管理部门在核发建设用地规划许可证时，应当就燃气设施建设是否符合燃气发展规划征求燃气行政管理部门意见。

第九条 新建、改扩建需要供气的建筑项目，开发、建设单位应当会同管道燃气经营企业确定燃气供应方案。燃气供应方案应当包括燃气供应方式、配套设施建设规划、过渡性燃气供应措施等内容。燃气供应方案应当符合燃气专业规划要求。

开发建设单位应当公开燃气供应方案，并在新建、改扩建住宅建设项目的房屋销售合同中明确燃气供应方式。

市发展和改革部门根据燃气行政管理部门的意见，严格审批燃气工程建设项目。

第十条 城市新区开发、旧区改造工程，新建、扩建、改建道路、桥梁等市政工程，按照燃气专业规划必须建设管道燃气设施的，配套燃气设施应当与主体工程同时设计、同时施工、同时验收。

第十一条 从事燃气工程勘察、设计、施工、监理活动的单位应当具有相应的资质，并在其资质等级范围内依法从事作业活动。

燃气工程的设计应当执行国家有关标准，并符合城市景观环境和方便用户的要求。

第十二条 任何单位和个人不得阻扰经批准的公共管道燃气工程项目的施工安装。

第十三条 燃气设施建设工程竣工后，建设单位应当依法组织竣工验收，并自竣工验收合格之日起15日内，将竣工验收情况报燃气行政管理部门备案。未通过竣工验收的项目不得投入使用。

燃气工程的建设单位应当严格按照国家和本市、县（区）有关档案管理的规定收集、整理项目建设过程中各环节的文件资料，在项目建设竣工验收后向市城建档案管理部门和燃气企业移交项目建设档案。

第三章　燃气经营与管理

第十四条 本市对燃气经营实行许可证制度。在本市行政区域内从事燃气经营活动的，应当取得燃气行政管理部门颁发的燃气经营许可证。取得燃气经营许可证应当具备下列条件：

（一）建设项目符合燃气专业规划；

（二）有稳定和符合国家标准的燃气气源，并建立燃气气质检测制度；

（三）经营场所、燃气设施符合国家和本市的相关规定；（四）有完善的安全管理制度和健全的经营方案；

（五）企业的主要负责人、安全生产管理人员以及运行、维护和抢修人员配置应当与经营规模相适应并应当通过燃气安全生产知识等专业考核合格；

（六）法律法规规定的其他条件。

燃气经营企业应当凭燃气经营许可证到市工商管理部门依法办理登记手续。

燃气经营企业应当按照燃气经营许可决定的范围从事经营活动。

第十五条 燃气经营企业还应当提供下列资料：

（一）与业务规模相适应的偿债和抗风险能力资料；

（二）与供气规模相适应的抢险能力应急预案；

（三）出具安全评价机构出具的在有效期内的安全评价报告。

第十六条 本市从事瓶装液化石油气供应经营活动的企业应当建立气瓶档案管理制

度，其中从事充装作业的企业还应当建立气瓶充装质量保证体系，并具有残液回收处置措施。

第十七条 燃气行政管理部门应当会同有关部门制定燃气管理、服务的标准和规范。

燃气行政管理部门应当建立健全监督管理制度，依据有关法律、法规和规范，对燃气经营企业进行监督检查；向社会公布投诉电话，并受理有关燃气安全、质量、收费和服务的投诉。

第十八条 燃气销售价格，根据购气成本、经营成本及本市经济水平适时调整。市发展和改革在确定和调整燃气销售价格时，应当征求相关各方的意见。

第十九条 燃气经营企业应当向用户提供安全可靠、供应稳定、质量合格、计量准确的供气服务，并对燃气设施定期进行安全检查。

使用管道燃气计量装置依法执行强制检定制度。禁止擅自开启计量检定机构加封的燃气计量装置封印。本市瓶装液化石油气充装站应当对用于贸易结算的计量器具实行强制检定。

管道燃气的用气量以燃气计量装置的记录为准。用户和燃气企业对燃气计量装置的准确度有异议的，可以提出校验，双方应当在约定的时间内交由法定的计量检定机构检定。对检定结果有异议的，可申请质量技术监督部门指定计量检定机构重新检定。经检定的燃气计量装置其误差在规定的范围的，检定费用由提出校验一方承担；其误差超过规定范围的，检定费用由燃气经营企业承担，并由燃气经营企业免费为用户更换合格的计量装置。

第二十条 燃气经营企业应当建立和完善各项安全保障制度，并遵守下列规定：

（一）执行国家和本市对燃气设施运行、维护和抢修的有关规定；

（二）因例行检修、更换设施等情况，需要临时调整供气量或者暂停供气时，应当提前48小时将作业时间和影响区域予以公告；

（三）燃气经营企业应当按照国家和本市、县（区）的有关规定每半年向燃气行政管理部门报告生产运营、安全生产等情况；

（四）因突发事件影响供气，应当按照燃气应急预案采取紧急措施并及时通知用户；

（五）燃气经营企业应当建立员工岗位培训制度，实行持证上岗制度，由劳动保障部门进行考核鉴定，发放职业资格证书；

（六）燃气经营企业应当履行安全生产主体责任，承担管道等燃气设施的运行和维护，所有燃气设施和用气设备应当符合国家标准和安全技术规范的要求。

燃气经营企业确需停业、歇业的，应当提前90日向燃气行政管理部门提出申请，经过燃气行政管理部门批准后，并且在停业、歇业前，提前7日在当地主要媒体上向用户发出公告。

第二十一条 燃气经营企业不得有下列行为：

（一）拒绝向市政燃气管网覆盖范围内符合用气条件的单位或者个人供气；

（二）倒卖、抵押、出租、出借、转让、涂改燃气经营许可证；

（三）未履行告知义务擅自停气、调整供气量，或者未经审批擅自停业或者歇业；

（四）向未取得燃气经营许可证的单位及个人提供经营性燃气；

（五）在不具备安全条件的场所储存燃气；

（六）要求燃气用户购买其指定的产品

或者接受其提供的服务；

（七）冒用其他企业名称或者标识从事燃气经营、服务活动。

第二十二条 瓶装液化石油气经营企业应当遵守下列规定：

（一）向用户提供的气瓶、气质以及气量应当符合国家和本市的规定；

（二）瓶装液化石油气供应站应当与瓶装液化石油气充装企业签订合同；

（三）液化石油气充装企业负责气瓶的安全、维护和保养，应当按照国家和本市的有关规定，定期将气瓶送检验机构进行检验。禁止灌装超过检定期限或者检验不合格的气瓶，任何单位和个人不得翻新使用不合格燃气钢瓶或者报废钢瓶；

（四）液化石油气充装企业禁止用槽车直接向钢瓶充装液化石油气；

（五）液化石油气充装企业只能充装企业自有产权或者与客户签订供气合同范围内的气瓶；

（六）瓶装燃气经营企业、瓶装燃气经营站点应当配备符合安全运输要求的车辆运输装有燃气的气瓶，承担钢瓶运输的车辆应当取得危险品运输许可证。不得将装有燃气的气瓶交由厢体封闭的车辆等不符合安全要求的车辆运输。

第二十三条 燃气经营企业发现危害燃气设施安全、违反规定使用燃气等行为时，应当立即予以劝阻、制止，记入用户档案，并向燃气行政管理部门、城市管理综合执法部门举报。

燃气行政管理部门、城市管理综合执法部门接到举报后，应当立即核查并依法处理。

第二十四条 小区燃气设备设施的运行巡视工作纳入到平安社区建设当中，乡镇、社区居委会管理人员应当掌握一定燃气应急处理知识，熟悉本小区燃气设备设施情况，发现有可能危害燃气设备设施行为应当立即制止并向供暖供气单位报告。

燃气行政管理部门、质量技术监督、安全生产监督、交通运输、公安消防等部门应当根据各自职责，对燃气经营、燃气使用的安全状况进行监督检查。

第四章 燃气使用与设施保护

第二十五条 燃气用户和物业管理单位应当配合管道燃气经营企业对燃气设施进行的维护、抢修作业以及查表、收费等工作。

燃气用户应当按时支付燃气费，不得拖欠和拒绝支付。

第二十六条 燃气用户应当在具备安全使用条件的场所正确使用燃气、燃气设施和用气设备。

燃气用户应当对室内燃气设施及用气设备进行日常检查，发现室内燃气设施或者用气设备异常、燃气泄漏时，及时向燃气经营单位报修。

第二十七条 在燃气的经营与使用过程中，燃气经营企业和燃气用户应当禁止下列行为：

（一）擅自操作公用燃气阀门；

（二）改变燃气用途或者转供燃气；

（三）对液化石油气钢瓶加热；

（四）私自倒灌瓶装气和倾倒残液；

（五）擅自改换钢瓶检验标记；

（六）擅自自行安装、改装、拆除户内燃气设施和燃气计量装置；

（七）在不具备安全条件的场所使用、储存燃气；

（八）法律、法规规定禁止的其他行为。

第二十八条 管道燃气单位用户变更户名、用气量、燃气使用性质的，应当到管道燃气经营单位办理变更手续。

管道燃气用户需安装、改装、迁移、拆除室内燃气设施的，应当委托燃气经营企业实施作业。用户的要求符合规范要求的，燃气经营企业应当依照服务承诺在规定时限内实施作业；用户的要求不符合规范要求的，燃气经营企业应当在规定时限内以书面形式告知理由，并提出合理建议。

第二十九条 燃气经营企业对燃气门站、储配站、区域性调压站、燃气经营站、市政燃气管道等燃气设施进行拆除、改造、迁移的，应当制定改动方案，报燃气行政管理部门批准。

改动市政燃气设施，应当符合下列条件：

（一）有改动燃气设施的申请报告；

（二）改动后的燃气设施符合燃气专业规划、安全等相关规定；

（三）有安全施工的组织、设计和实施方案；

（四）有消防部门的审核验收资料；

（五）有安全防护及不影响燃气用户安全正常用气的措施；

（六）法律、法规、规章规定的其他条件。

燃气行政管理部门应当自受理燃气设施改动申请之日起20个工作日内，依照法定程序作出书面决定。

燃气经营企业应当按照决定的要求实施。

第三十条 建设单位应当在工程施工前，向施工单位提供施工现场及毗邻区域内地下燃气管线及其他燃气设施的相关资料，并保证资料的真实、准确、完整。

工程施工范围内有地下燃气管线及其他燃气设施的，建设单位应当组织施工单位、燃气经营企业共同制定保护方案，明确安全保护措施，并与燃气经营企业签订安全监护协议，由燃气经营企业进行监护。施工单位依照保护方案，实施安全保护措施。

工程施工作业损坏地下燃气管线及其他燃气设施的，施工单位应当立即通知燃气设施的管理单位，并按照规定采取应急保护措施，避免扩大损失。

改装、迁移或者拆除燃气设施，以及采取安全措施所产生的费用，由建设单位承担。

第三十一条 在地下燃气管道安全间距范围内，禁止下列行为：

（一）建设建筑物、构筑物或者其他设施；

（二）进行爆破、钻探、打桩、顶进、挖掘、取土等作业；

（三）倾倒、排放腐蚀性物质；

（四）堆放物品或者种植深根植物；

（五）涂改、覆盖、移动、拆除、损坏安全警示标志；

（六）从事其他危害地下燃气管道安全的活动。

第三十二条 在本市生产、销售的用气设备，产品质量应当符合国家和本市的相关标准。

第三十三条 用气设备的生产者、销售者应当在本市设立或者委托设立售后服务站点，负责售后的咨询、安装、维修等服务。

售后服务站点应当建立健全管理制度和规范化服务标准。

售后服务站点不得做改动室内燃气设施等超范围服务。

第三十四条 燃气经营企业应当对供应范围内的市政燃气设施、居民用户的庭院燃气设施和共用燃气设施承担运行、维护、抢修和更新改造的责任。

对于单位用户的燃气设施，燃气经营企

业应当按照合同的约定承担相应的管理和服务责任。

第三十五条 燃气计量表设置在住宅内的用户，其燃气计量表和表前燃气设施由燃气经营企业负责维护、更新；燃气计量表后燃气设施和燃气器具，由用户负责维护、更新。

燃气计量表设置在居民住宅公共部位的，燃气管道进户墙外侧的燃气设施由燃气经营企业负责维护、更新；燃气管道进户墙内侧的燃气设施和燃气器具由用户负责维护、更新。

第三十六条 燃气经营企业应当在重要的燃气设施或者重要的部位设置统一、明显的识别标志。在对燃气设施维护和抢修时，应当设置安全警示标志。

燃气经营企业对安装在用户室内和建筑物公共部位的公用燃气阀门应当设立永久性警示标志，并告知用户不得擅自操作公用燃气阀门。

第五章 应急预案与事故处置

第三十七条 燃气行政管理部门应当会同有关部门制定本市燃气应急预案，报市人民政府批准后组织实施。

县人民政府应当组织有关部门编制本行政区域内的燃气应急预案，并报市人民政府备案。

燃气经营企业应当根据国家和本市有关应急预案的规定，制定本企业的燃气应急预案。

第三十八条 市、县、区人民政府和有关管理部门以及燃气经营企业，应当有计划、有重点地进行燃气应急预案演练，并根据实际情况及时修订。

发生燃气安全突发事件时，燃气行政管理部门和政府有关部门以及燃气经营企业应当按照规定启动应急预案。

第三十九条 燃气行政管理部门应当建立健全燃气应急指挥通信网络系统。

燃气经营企业应当向社会公布抢险、抢修电话，并设专岗每天24小时值班。

第四十条 任何单位和个人发现燃气事故、事故隐患以及危害燃气设施安全的情况，应当立即向燃气经营企业、燃气行政管理部门或者公安消防等部门报告。

发生燃气安全突发事件，燃气经营企业应当根据燃气应急预案，立即采取相应措施先行处置，并根据事件等级，按照程序向燃气行政管理部门、安全生产监督、质量技术监督、公安消防等管理部门报告。

发生燃气泄漏等紧急情况时，燃气经营企业应当采取紧急避险措施的，公安机关应当配合燃气经营企业实施入户抢险、抢修作业。

政府有关部门应当根据事件等级，依照燃气应急预案，组织市城市管理综合执法、公安消防、质量技术监督、安监等部门按照各自职责，做好燃气安全突发事件的处置和善后工作。

第四十一条 燃气经营企业处置燃气安全突发事件时，相关单位和个人应当积极配合，不得阻挠、干扰。

第四十二条 燃气经营企业无法保障正常供应燃气，严重影响公共利益的，燃气行政管理部门应当采取必要措施，保障燃气安全供应。

第六章 法律责任

第四十三条 违反本办法第十四条的规定，未取得燃气经营许可证从事燃气经营活动的，由燃气行政管理部门责令停止违法行为，处50000元以上200000元以下罚款；有违法所得的，没收违法所得；构成犯罪的，依法追究刑事责任。

违反本办法规定，燃气经营者不按照燃气经营许可的范围从事燃气经营活动的，由燃气行政管理部门责令限期改正，处30000元以上200000元以下罚款；有违法所得的，没收违法所得；情节严重的，吊销燃气经营许可证；构成犯罪的，依法追究刑事责任。

第四十四条 违反本办法第二十一条第（一）、（二）、（三）、（四）、（五）、（六）项规定的，由燃气行政管理部门责令限期改正，处10000元以上50000元以下罚款；有违法所得的，没收违法所得；情节严重的，吊销燃气经营许可证；造成损失的，依法承担赔偿责任；构成犯罪的，依法追究刑事责任；擅自停业、歇业造成损害的，燃气经营企业应当依法承担相应的赔偿责任；违反本办法第二十一条第（七）项规定的，依照有关反不正当竞争的法律法规进行处罚。

第四十五条 违反本办法第二十二条第（一）、（二）、（四）、（五）、（六）项规定的，由燃气行政管理部门给予警告、责令限期改正、停止销售，并处10000元以下罚款；违反本办法第二十二条第（三）项规定的，由质量技术监督部门依法处理。

第四十六条 违反本办法第二十七条规定的，由燃气行政管理部门限期责令改正，逾期不改正的，对企业处10000元以上50000元以下罚款，对个人并处1000元以下罚款；造成损失的，依法承担赔偿责任；构成犯罪的，依法追究刑事责任。

第四十七条 违反本办法第二十九条规定，擅自改动燃气设施或者不按照燃气设施改动许可的要求实施作业的，由燃气行政管理部门责令限期改正，恢复原状或者采取其他补救措施，对企业处50000元以上80000元以下罚款，对个人处5000元以下的罚款；造成损失的，依法承担赔偿责任；构成犯罪的，依法追究刑事责任。

第四十八条 违反本办法第三十条规定，建设单位未真实、准确、完整地提供燃气设施相关资料或者施工单位未按要求采取保护措施，由燃气行政管理部门责令限期改正，逾期未改正的，责令停业整顿，并处10000元以上50000元以下罚款；造成燃气经营企业和用户经济损失的，建设单位和施工单位应当依合同法承担合同违约赔偿责任；构成违反治安管理行为的，由公安机关依照《中华人民共和国治安管理处罚法》给予处罚；构成犯罪的，依法追究刑事责任。

第四十九条 违反本办法第三十一条第（一）项规定的，依照有关城乡规划的法律、行政法规的规定进行处罚；违反本办法第三十一条第（二）、（三）、（四）项规定的，由燃气行政管理部门责令停止违法行为，限期恢复原状或者采取其他补救措施，对企业处50000元以上80000元以下罚款，对个人处5000元以上20000元以下罚款；造成损失的，依法承担赔偿责任；构成犯罪的，依法追究刑事责任；违法本办法第三十一条第（五）项规定的，由燃气行政管理部门责令限期改正，恢复原状，可以处5000元以下罚款。

第五十条 有关管理部门的工作人员违反本办法规定，滥用职权、玩忽职守、徇私舞弊的依法给予行政处分；构成犯罪的，依法追究刑事责任。

第七章　附　　则

第五十一条 本办法中有关用语的含义：

（一）燃气是指用于生产、生活的天然气、人工煤气、液化石油气等气体燃料的总称。

（二）燃气设施是指用于燃气储备、输配和应用的场站、管网以及用户设施。

（三）用气设备是指使用燃气作为燃料进行加热、炊事等的设备，如燃气工业炉、燃气锅炉、燃气空调机、民用燃气用具等。

（四）居民用户的共用燃气设施是指引入管、立管、阀门（含公用阀门）、水平管、计量器具前支管、燃气计量器具等。

（五）瓶装燃气经营站点，是指为用户供气的瓶组气化站、瓶装供应站（瓶装燃气换气点）、燃气汽车加气站等。

第五十二条　沼气、秸秆气的管理，不适用本办法。

工矿企业、事业单位为生产、生活配套自建的燃气设施的工程项目管理和安全管理，适用本办法。

新型燃料用作民用气源的，参照本办法进行管理。

第五十三条　本办法自 2015 年 4 月 1 日起施行。1998 年 8 月 28 日拉萨市人民政府第 3 号令发布的《拉萨市液化石油气站管理办法》同时废止。

青海省燃气管理条例

（2018 年 11 月 28 日青海省第十三届人民代表大会常务委员会第七次会议通过　2018 年 11 月 28 日青海省人民代表大会常务委员会公告第八号公布　自 2019 年 3 月 1 日起施行）

第一章　总　　则

第一条　为了加强燃气管理，保障公民生命、财产安全和公共安全，维护燃气用户和燃气经营者的合法权益，根据《城镇燃气管理条例》和有关法律、行政法规，结合本省实际，制定本条例。

第二条　本省行政区域内燃气规划建设、经营服务与使用、设施保护、安全监督以及相关管理活动，适用本条例。

天然气、液化石油气的生产和进口销售，城市门站以外的天然气管道输送和保护，燃气作为发电、工业生产原料的使用，沼气、秸秆气及新型燃气的生产和使用，不适用本条例。

第三条　发展燃气事业应当遵循统筹规划、配套建设、安全第一、保障供应、规范服务、节能高效的原则。

第四条　县级以上人民政府应当加强对燃气工作的领导，将燃气工作纳入国民经济和社会发展规划，建立燃气管理工作机制，统筹协调本行政区域内的燃气工作。

第五条　省人民政府住房和城乡建设行政主管部门负责全省燃气管理工作。

市（州）、县级人民政府燃气主管部门负责本行政区域内燃气管理工作。

县级以上人民政府发展改革、工业和信息化、应急管理、市场监督管理、交通运输、自然资源、商务、公安、生态环境、水利、能源等部门，在各自职责范围内负责有关燃气监督管理工作。

乡（镇）人民政府、街道办事处和开发区、园区等管理机构，应当在职责范围内配合有关部门做好燃气工作。

第六条　县级以上人民政府及其有关部门应当鼓励和支持燃气科学技术研究，推广使用安全、节能、高效、环保的燃气新技术、新工艺和新产品，发展智慧燃气。

第七条　县级以上人民政府燃气主管部门应当建立健全燃气经营者信用评价体系，

开展信用信息采集、评价、确定、发布和应用等工作，对燃气经营者实行守信奖励、失信惩戒。

第八条 燃气行业协会应当加强行业自律管理，依法制定行业行为准则和服务规范，维护燃气用户和燃气经营者的合法权益，促进燃气经营者提高服务质量和技术水平。

第九条 县级以上人民政府及其有关部门应当加强法律法规和燃气安全知识的宣传普及工作，提高公民的燃气安全意识。

广播、电视、报刊、网络等新闻媒体应当进行燃气安全知识的公益性宣传。

燃气经营者及其从业人员在燃气经营服务活动中应当主动宣传普及燃气使用知识，引导燃气用户安全使用燃气。

第二章 规划建设

第十条 县级以上人民政府燃气主管部门应当会同有关部门，依据国民经济和社会发展规划、土地利用总体规划、城乡规划、能源规划，以及上一级燃气发展规划，结合燃气总量供需情况，编制本行政区域的燃气发展规划，报本级人民政府批准后组织实施，并报上一级人民政府燃气主管部门备案。

燃气发展规划应当覆盖符合燃气发展条件的乡（镇）村。

燃气发展规划不得擅自变更或者调整，确需变更或者调整的，应当按照原程序报批并备案。

第十一条 县级以上人民政府应当根据燃气发展规划的要求，加大对燃气设施建设的投入，并鼓励社会资本投资建设燃气设施。

第十二条 县级以上人民政府及其有关部门应当依据燃气发展规划，分步骤、有计划地推进乡镇燃气设施建设，促进燃气向乡（镇）村延伸。

第十三条 新建、改建、扩建燃气设施建设工程的勘察、设计、施工和监理单位，应当具备相应资质，并遵守法律法规和工程建设标准规范。

第十四条 在燃气发展规划范围内，建设与新建、改建、扩建工程配套的燃气设施，应当符合国家相关技术标准，并与主体工程同时设计、同时施工、同时验收。

地下综合管廊建成区域内具备燃气管道入廊条件的燃气管道应当全部入廊，并符合燃气安全技术标准。

第十五条 新建民用建筑应当根据燃气发展规划的要求配套建设燃气设施，并预留管道接口。建设单位应当将燃气设施的建设费用纳入房屋开发建设总成本，不得向燃气用户另行收取。

既有房屋需要建设燃气设施的，县级人民政府应当依据燃气发展规划，组织相关部门制定年度计划，有序开展配套建设。

第十六条 燃气设施建设工程竣工后，建设单位应当依法组织竣工验收，并自竣工验收合格之日起十五日内，将竣工验收情况报燃气主管部门备案。

燃气设施建设工程竣工验收合格之日起三个月内，建设单位应当将燃气设施建设工程档案移交城市建设档案管理机构。

第三章 经营服务与使用

第十七条 燃气经营者从事燃气经营活动应当符合法定条件，依法取得燃气经营许可证。

燃气燃烧器具经营者从事安装、维修活动，应当依法设立或者委托设立售后服务站点，配备经考核合格的安装、维修人员。

燃气经营者不得要求燃气用户购买其指

定的产品或者接受其提供的服务。

第十八条 燃气经营者应当和燃气用户签订供用气合同，供用气合同应当包括服务标准、费用收取、用气安全、检修维护和应急处置等内容。

燃气经营者应当依照供用气合同提供服务，并按照燃气计量装置实际计量收取燃气费。

第十九条 管道燃气经营者负责燃气用户专有部分以外的分户计量装置出口前（含燃气计量装置）的燃气管道及其附属设施的安装、维护和更新改造。

燃气用户负责分户计量装置出口后的连接管、燃气燃烧器具等燃气设施的维护和更新。

第二十条 管道燃气经营者应当定期通过依法设立的计量检定机构对燃气计量装置进行检定，检定不合格或者达到国家规定使用期限的，应当及时维修或者更换。

燃气用户或者燃气经营者对燃气计量装置准确度有异议的，可以向所在地计量检定机构申请检定。

第二十一条 管道燃气经营者接到燃气用户安装、改装、拆除、迁移燃气设施的书面申请后，应当在五个工作日内予以答复。符合受理条件的，应当签订合同并在约定期限内完成；不符合受理条件的，应当书面向燃气用户说明理由。

第二十二条 燃气用户需要更名、注销或者暂停用气的，管道燃气经营者应当及时受理，并提供便利服务。

燃气预缴费有剩余，燃气用户要求退费的，管道燃气经营者应当核实后及时退还。

第二十三条 管道燃气经营者应当向社会公布二十四小时抢险维修服务电话，接到燃气用户燃气设施故障报修后，应当在二十四小时内入户检修；接到燃气用户室内燃气泄漏报告后，应当提示燃气用户采取正确的应对措施，并立即赶到现场处置。

第二十四条 因施工、检修等原因确需临时调整供气量或者暂停供气的，管道燃气经营者应当提前四十八小时予以公告或者书面通知燃气用户，施工、检修完成后应当及时恢复供气。

因突发原因影响供气的，管道燃气经营者应当采取紧急措施并及时通知燃气用户，按照国家有关规定向所在地燃气管理部门报告，突发原因消除后应当及时恢复供气。

恢复供气应当事先通知燃气用户，但不得在二十时至次日七时之间向居民用户恢复供气。

第二十五条 汽车加气站燃气经营者不得有下列行为：

（一）向无车用气瓶使用登记证或者与使用登记信息不一致的车用气瓶加气；

（二）向车用气瓶以外的其他气瓶或者装置加气；

（三）在燃气泄漏、燃气压力异常、附近发生火灾等危险情况下加气或者卸气；

（四）法律法规规定的其他禁止性行为。

第二十六条 瓶装燃气应当实行配送经营，由燃气经营者直接向燃气用户配送。暂不具备配送经营条件的，应当由燃气经营者设置瓶装燃气分销站点，分销站点应当符合安全规定。

第二十七条 瓶装燃气经营者应当建立气瓶管理台账，对进出站气瓶进行登记管理，运用电子信息化手段，实现气瓶充装、检验信息的自动识别和动态监管。

第二十八条 瓶装燃气经营者不得有下列行为：

（一）在气瓶充装前未按规定回收、处置燃气残液；

（二）充装气量误差超过国家标准；

（三）充装未经检验、超过检验期限、检验不合格或者报废、改装等不符合安全技术规范的气瓶；

（四）利用燃气槽车、贮罐直接充装气瓶，或者使用气瓶相互灌充；

（五）法律法规规定的其他禁止性行为。

第二十九条 燃气用户应当遵守安全用气规则，使用合格的燃气燃烧器具和气瓶，及时更换国家明令淘汰或者使用年限已届满的燃气燃烧器具、连接管等。

第三十条 燃气用户及相关单位和个人不得有下列行为：

（一）在十层以上高层住宅建筑使用瓶装燃气；

（二）在户内同时储存、使用两种或者两种以上燃气；

（三）未使燃气泄漏安全保护装置保持正常工作状态；

（四）将户内燃气设施置于密闭空间内；

（五）加热、摔砸、倒置、横卧、曝晒燃气气瓶或者改换气瓶检验标记及漆色；

（六）随意倾倒瓶装燃气残液或者用气瓶相互灌充；

（七）自行处置报废气瓶及附属部件；

（八）法律法规规定的其他禁止性行为。

第四章 设施保护

第三十一条 县级以上人民政府燃气主管部门应当会同有关部门，定期组织燃气经营者对燃气设施进行普查，建立普查档案，提升管理质量和水平。

第三十二条 燃气经营者应当按照国家有关工程建设标准和安全生产管理的规定，设置燃气设施防腐、绝缘、防雷、降压、隔离等保护装置和安全警示标志，定期进行巡查、检测、维修和维护，确保燃气设施的安全运行。

燃气经营者应当依法对其停止使用或者报废的燃气设施进行安全处理。

第三十三条 燃气经营者改动市政燃气设施，应当制定改动方案，报县级以上人民政府燃气主管部门批准。

改动方案应当符合燃气发展规划，明确安全施工要求，有安全防护和保障正常用气的措施。

第三十四条 因新建、改建、扩建建设工程，确需迁移、改装或者拆除燃气设施的，建设单位、施工单位应当与燃气经营者共同制定改动方案，报县级以上人民政府燃气主管部门批准。

迁移、改装或者拆除燃气设施由燃气经营者组织实施，所需费用由建设单位承担。

第三十五条 因建设工程施工造成燃气事故的，建设单位和施工单位应当立即告知燃气经营者与应急管理、燃气管理等部门，并协助进行抢修。

第五章 安全管理

第三十六条 县级以上人民政府应当依法组织编制燃气应急预案，完善预警机制，提高燃气应急保障能力。

县级以上人民政府燃气主管部门应当会同有关部门制定燃气资源储备方案，统筹储气调峰设施建设，对燃气供求状况实施监测、预测和预警。

燃气经营者应当建设企业储气调峰设施，制定应急预案，建立应急队伍，定期组织应急演练，提高燃气应急处置能力。

第三十七条 县级以上人民政府燃气主管部门及其有关部门应当建立健全燃气安全监督管理制度；向社会公布举报投诉电话、地址和电子邮箱，并受理有关燃气安全、质量、收费标准以及服务质量等方面的举报和投诉。收到举报和投诉的部门应当依法及时对燃气用户举报和投诉事项进行调查处理。

第三十八条 县级以上人民政府燃气主管部门应当加强燃气安全监管信息化建设，建立信息化监管平台，完善信息共享机制，实行安全动态监管，提升燃气管理信息化水平。

第三十九条 新建、改建、扩建建设工程，不得影响燃气设施安全。

建设单位在开工前，应当查明建设工程施工范围内燃气管线的相关情况，燃气管理等有关部门和燃气经营者应当及时提供相关资料。

建设工程施工范围内有燃气管线等重要燃气设施的，建设单位应当会同施工单位与管道燃气经营者共同制定燃气设施保护方案。建设单位、施工单位应当采取相应的安全保护措施，确保燃气设施运行安全，管道燃气经营者应当派专业人员进行现场指导。法律法规另有规定的，依照有关法律法规的规定执行。

第四十条 管道燃气经营者应当对非居民管道燃气用户的室内燃气设施每年至少进行一次免费安全检查，对居民管道燃气用户的室内燃气设施每两年进行一次免费安全检查，及时排除燃气安全事故隐患。安全检查应当符合国家标准和有关安全技术规程，安全检查记录应当经燃气用户确认。

管道燃气经营者应当提前告知入户安全检查时间，规范入户安全检查工作流程。检查人员入户检查时应当主动出示有关证件。燃气用户应当配合管道燃气经营者入户安全检查，无正当理由不得拒绝。

第四十一条 燃气用户应当对室内燃气设施或者用气设备进行日常检查，使用燃气泄漏安全保护装置。

第四十二条 燃气安全事故发生后，燃气经营者应当立即启动应急预案，组织抢险、抢修，并按照国家有关规定立即如实报告当地应急管理、燃气管理等部门，同时报告所在地县级人民政府。

应急管理、燃气管理等部门接到报告后，应当立即采取措施防止事故扩大，并根据各自职责对安全事故依法调查处理。经调查确定为责任事故的，应当查明原因，明确责任并依法予以追究。

第四十三条 鼓励燃气用户投保相关责任保险，任何单位和个人不得强制燃气用户投保。

第六章　法律责任

第四十四条 违反本条例规定的行为，法律法规已经规定法律责任的，从其规定。

第四十五条 国家工作人员在燃气管理工作中，滥用职权、徇私舞弊、玩忽职守或者不履行法定职责的，依法给予处分；构成犯罪的，依法追究刑事责任。

第四十六条 违反本条例第二十五条规定，汽车加气站燃气经营者有下列行为之一的，由县级以上人民政府燃气主管部门责令停止违法行为，记入诚信信息记录，并按照下列规定予以处罚：

（一）向无车用气瓶使用登记证或者与使用登记信息不一致的车用气瓶加气的，处以三万元以上五万元以下罚款；情节严重的，处以五万元以上十万元以下罚款；

（二）向车用气瓶以外的其他气瓶或者装置加气的，处以五万元以上十万元以下罚款；情节严重的，处以十万元以上二十万元以下罚款；

（三）在燃气泄漏、燃气压力异常、附近发生火灾等危险情况下加气或者卸气的，处以一万元以上五万元以下罚款；情节严重的，处以五万元以上十万元以下罚款。

第四十七条 违反本条例第二十八条规定，瓶装燃气经营者有下列行为之一的，由县级以上人民政府燃气主管部门责令停止违法行为，记入诚信信息记录，并按照下列规定予以处罚：

（一）在气瓶充装前未按规定回收、处置燃气残液的，处以五千元以上一万元以下罚款；情节严重的，处以一万元以上三万元以下罚款；

（二）充装气量误差超过国家标准的，处以五百元以上二千元以下罚款；情节严重的，处以二千元以上一万元以下罚款；

（三）充装未经检验、超过检验期限、检验不合格、报废、改装等不符合安全技术规范的气瓶的，责令停止使用，并处以二千元以上一万元以下罚款；情节严重的，责令停产停业；

（四）利用燃气槽车、贮罐直接充装气瓶的，处以五万元以上十万元以下罚款；使用气瓶相互灌充的，处以一万元以上三万元以下罚款。

第四十八条 违反本条例第三十条规定的，由县级以上人民政府燃气主管部门责令停止违法行为，限期改正；逾期不改正的，对单位处以五万元以上十万元以下罚款，对个人处以一千元以上五千元以下罚款。

第七章 附 则

第四十九条 本条例下列用语的含义：

（一）燃气，是指作为燃料使用并符合一定要求的气体燃料，包括天然气（含煤层气）、液化石油气和人工煤气等；

（二）燃气设施，是指人工煤气生产厂、燃气储配站、门站、气化站、混气站、加气站、灌装站、供应站、调压站、市政燃气管网等的总称，包括市政燃气设施、建筑区划内业主专有部分以外的燃气设施以及户内燃气设施等；

（三）燃气燃烧器具，是指以燃气为燃料的燃烧器具，包括居民家庭和商业用户所使用的燃气灶、热水器、沸水器、采暖器、空调器等器具；

（四）燃气用户专有部分以外的燃气设施，是指敷设、安装自建筑物与市政道路红线之间和建筑区划内用户共有的燃气设施，包括燃气水平盘管、引入管、立管、阀门（含公用阀门）、计量装置前支管、燃气计量装置等。

第五十条 本条例自2019年3月1日起施行。

云南省燃气管理办法

（1998年5月18日云南省人民政府令第56号公布 根据2015年7月17日云南省人民政府《关于废止和修改部分规章规范性文件的决定》修正）

第一章 总 则

第一条 为加强燃气管理，维护用户和供应单位的合法权益，保障公民生命财产安全，根据《云南省城市建设管理条例》等有关法律、法规，结合本省实际，制定本办法。

第二条 本办法所称燃气，是指供生产、生活及城乡公用事业使用的天然气、液化石油气、人工制气（煤制气、重油制气、新型合成燃料、新型燃气）等气体燃料，但不包括农村沼气以及用于工业产品生产原料的天然气、人工制气。

本办法所称燃气工程，是指生产、储存、输配等燃气设施的建设。

本办法所称燃气企业，是指生产、储存、输配、经营燃气及生产、销售燃气用具、设施的单位。

第三条 在本省行政区域内生产、储存、输配、经营、使用燃气以及从事燃气工程规划、设计、施工、监理的，适用本办法。

《锅炉压力容器安全监察暂行条例》另有规定的，从其规定。

第四条 省建设行政主管部门主管全省燃气工作。

地、州、市、县建设行政主管部门或者市政公用行政主管部门（以下统称建设行政主管部门）主管本行政区域内燃气工作。

县以上建设行政主管部门在燃气管理工作中履行下列主要职责：

（一）宣传实施有关燃气管理的法律、法规、规章及行业标准；

（二）组织编制和实施燃气规划；

（三）组织燃气工程设计审查、竣工验收和使用审查；

（四）负责燃气企业和燃气工程设计、施工单位资质管理；

（五）负责燃气用具生产、销售、维修、安装、使用的监督管理；

（六）配合有关部门对燃气质量、计量进行监督管理；

（七）负责燃气安全管理工作。

第五条 县以上劳动部门负责本行政区域内燃气的安全监察。

县以上公安部门负责本行政区域内燃气的消防监督。

其他有关部门应当按照各自职责，协助同级建设行政主管部门做好燃气的管理工作。

第六条 发展燃气应当贯彻安全第一、预防为主的方针，坚持保障供应、方便用户的原则。

第二章 规划建设管理

第七条 建设行政主管部门应当在城市总体规划指导下编制燃气规划，并组织实施。

第八条 燃气建设资金可以采取国家投资、地方自筹、受益单位和个人合理负担等方式筹集。

第九条 新建、扩建、改建燃气工程项目，必须符合燃气规划，报经建设行政主管部门审查同意，并按基本建设程序办理有关审批手续。

第十条 燃气工程的设计、施工、监理，必须符合国家和省有关安全标准、规范和规程。

燃气工程的设计、施工、监理单位，必须持有省级以上建设行政主管部门核发的等级资质证书。

在本省行政区域内承担燃气工程的省外燃气工程设计、施工、监理专业队伍，应当持相应等级资质证书到省建设行政主管部门办理有关手续，方可进行燃气工程单项目的设计、施工、监理。

第十一条 总储存量在500立方米或者集中气化供气在1000户以上燃气工程的设计审查、竣工验收，由省建设行政主管部门组织同级劳动、公安等部门进行；总储存量不足500立方米或者集中气化供气不足1000

户燃气工程的设计审查、竣工验收，由地、州、市建设行政主管部门组织同级劳动、公安等部门进行，并将设计审查、竣工验收报告分别报省建设行政主管部门和省劳动、公安部门备案。

燃气工程设计未经审查或者经审查不合格的，不得施工。燃气工程竣工未经验收或者验收不合格的，不得投入使用；竣工验收合格的，由省建设行政主管部门发给燃气工程设施使用许可证，方可投入使用。

第三章　经营使用管理

第十二条　申请生产、经营燃气的单位，必须具备国家规定的燃气企业资质条件，并依照下列程序申领燃气企业资质证书：

（一）向所在县（市）建设行政主管部门提出资质申请，由县（市）建设行政主管部门提出意见，报地、州、市建设行政主管部门审核。

（二）经地、州、市建设行政主管部门审核同意后，到有关部门办理槽车使用证、易燃易爆物品消防安全许可证、危险品准运证。

（三）由省建设行政主管部门进行审查，审查合格的，发给《燃气企业试运行证书》或者《燃气企业资质证书》。

申请生产、经营新型合成燃料、新型燃气的燃气企业，其工艺、产品必须由省建设行政主管部门组织同级公安、劳动等部门进行安全技术论证或者鉴定。

第十三条　燃气换瓶点、集中气化站的设置，必须符合城市规划及安全要求，由市、县建设行政主管部门批准，并核发省建设行政主管部门统一印制的《燃气换瓶点、气化站经营许可证》。

第十四条　燃气企业不得向未取得燃气企业资质证书或者燃气换瓶点、气化站经营许可证的经营性单位或者个体经营者转让、销售燃气。

第十五条　燃气价格由省物价部门、财政部门、建设行政主管部门按照国家有关规定核定。城市管道煤制气实行政府定价，造成政策性亏损的，由同级财政按核定亏损额予以补贴。其他燃气实行政府指导价。

禁止向瓶装燃气用户收取开户费。

第十六条　燃气企业应当保证持续稳定供气。因正常设备检修必须停止供气时，应当及时报经当地建设行政主管部门批准，并将停气及恢复供气的时间提前 3 日通知用户；因事故造成停气时，应当及时报告当地建设行政主管部门并通知用户。供应管道燃气的企业恢复供气，不得在 20 时至次日 6 时期间进行。

燃气企业需歇业或者停业的，必须提前 2 个月向建设行政主管部门申报，经确认采取了保护用户利益的措施后，方可办理有关歇业或者停业手续。

第十七条　燃气站（厂）、储配站、调压站、配气站必须具备符合安全规范的生产设备和设施，配备安全经营管理人员和技术人员，并由省建设行政主管部门组织培训，发放上岗证。燃气槽车驾驶员、押运员、压力容器操作工的培训，执行劳动、公安部门的标准。

禁止从槽车、贮罐上直接灌装气瓶。

第十八条　燃气企业必须制定用户安全使用规则，对用户进行安全教育，并提供咨询服务。

第十九条　瓶装燃气用户必须遵守下列规定：

（一）不得在卧室内使用瓶装燃气；

（二）不得用任何手段加热或者敲、砸、倒卧燃气气瓶；

（三）不得自行倒罐、排残和拆修瓶阀等附件，不得自行改换检验标记和瓶体漆色；

（四）不得擅自安装、拆移、维修燃气用具。

第二十条 管道燃气用户必须遵守下列规定：

（一）不得在卧室内安装燃气管道设施；

（二）不得擅自拆、改、迁、装燃气管道和用具或者抽取管道中的燃气；

（三）按期交纳燃气费用。

第四章 用具设施管理

第二十一条 在本省行政区域内销售的燃气用具，必须具有生产许可证标志、编号、生产厂家、产品合格证、安全使用说明书，重要部位应当有明显的警示标志。

任何单位和个人不得使用无生产许可证标志、产品合格证、安全使用说明书的燃气用具。

第二十二条 销售燃气用具的，必须经燃气用具检测机构进行检测，注册登记并加贴省建设行政主管部门统一印制的燃气用具检测合格标志。

从事燃气用具维修的人员必须经建设行政主管部门培训，培训合格的，方可承接燃气用具维修。

第二十三条 从事燃气运输的机动车辆，应当按规定到有关部门办理准运手续，在限定运距内运输。

第二十四条 禁止在燃气管道、调压站、阀门井等燃气设施的安全防火间距内，搭建建筑物、构筑物，堆放物品以及从事其他危及燃气设施安全的活动。

对可能危及燃气设施安全又确需进行施工的建设工程，必须经建设行政主管部门批准，采取必要的安全防护措施，在燃气企业现场监督下方可施工。

燃气管道安全监察办法由省建设、劳动行政主管部门另行制定。

第二十五条 燃气储配站、供应站，必须明确防火责任人，在醒目处设置禁火标志，按照规定配备消防器材。

第二十六条 燃气企业应当制定燃气设施、设备安全管理制度，并向用户公布报修电话，对用户报修应当及时答复和维修。

燃气企业对燃气设施、设备进行正常维护和抢修时，有关单位和个人应当予以配合，不得影响作业。

第二十七条 燃气企业在抢修燃气设施时，对有碍抢修的市政设施和其他设施，可以采取应急处置措施，并立即通知有关部门。造成损坏或者损失的，应当在抢修完毕后及时恢复原状或者给予合理经济补偿。

第五章 法律责任

第二十八条 未经批准，擅自建设燃气工程的，由县以上建设行政主管部门责令限期补办手续或者责令停止建设，限期拆除。

无燃气工程设计、施工、监理资质证书或者超越资质等级承接燃气工程设计、施工、监理的，以及省外燃气工程设计、施工、监理专业队伍，不到省建设行政主管部门办理有关手续进行燃气工程单项目的设计、施工、监理的，由县以上建设行政主管部门责令限期改正、停工，没收违法所得，可以并处工程造价5%以下的罚款，对直接责任人员处1万元以下的罚款。

对未取得燃气工程设施使用许可证，擅自投入使用的，由县以上建设行政主管部门责令停止使用，并对擅自投入使用的单位处3万元以下的罚款，对直接责任人员处2000

元以下的罚款。

擅自在燃气设施安全防火间距内搭建建筑物、构筑物的，由县以上建设行政主管部门责令停止搭建，限期拆除；对燃气设施造成损害的，应当依法承担赔偿责任。

第二十九条 未取得燃气企业资质证书或者燃气换瓶点、气化站经营许可证，擅自从事燃气经营业务的，由县以上建设行政主管部门责令改正，处3万元以下的罚款。

燃气企业擅自向无燃气企业资质证书或者燃气换瓶点、气化站经营许可证的经营性单位或者个体经营者转让、销售燃气的，由县以上建设行政主管部门责令停止转让、销售，处3万元以下的罚款，可以由省建设行政主管部门注销燃气企业资质证书。

擅自歇业或者停业以及灌装燃气不符合规定标准的，由县以上建设行政主管部门责令限期改正，赔偿用户损失，处2000元以上3万元以下的罚款。

第三十条 从槽车、贮罐上直接灌装气瓶的，由县以上建设行政主管部门责令停止灌装，处3000元以上1万元以下的罚款。

第三十一条 燃气企业销售无生产许可证和检测合格标志的燃气用具的，由县以上建设行政主管部门责令限期改正；逾期不改的，处3万元以下的罚款。

未经培训合格，擅自从事燃气用具维修的，由县以上建设行政主管部门责令改正，处1000元以上1万元以下的罚款。

第三十二条 违反劳动、公安、工商、物价、技术监督等法律、法规、规章的行为，分别由有关部门依照法律、法规、规章的规定处罚；构成犯罪的，依法追究刑事责任。

第三十三条 建设行政主管部门和其他有关部门管理人员玩忽职守、滥用职权、徇私舞弊的，由其所在单位或者上级主管部门给予行政处分；构成犯罪的，依法追究刑事责任。

第六章 附　　则

第三十四条 本办法施行前已从事燃气供应、用具销售业务以及从事燃气工程设计、施工、监理的单位，应当按照本办法的规定，从本办法施行之日起半年内补办有关手续。逾期不补办的，依照本办法追究法律责任。

第三十五条 本办法自发布之日起施行。

昆明市燃气管理条例

（2015年12月30日昆明市第十三届人民代表大会常务委员会第三十五次会议通过 2016年3月31日云南省第十二届人民代表大会常务委员会第二十六次会议批准）

第一章 总　　则

第一条 为了加强燃气管理，维护燃气用户和经营者的合法权益，促进燃气事业发展，保障社会公共安全，根据国务院《城镇燃气管理条例》及有关法律、法规，结合本市实际，制定本条例。

第二条 本市行政区域内燃气的规划建设、应急保障、经营服务，燃气使用和器具管理、设施保护、安全事故预防和处置及相关管理活动，适用本条例。

第三条 市、县（市、区）人民政府应当加强对燃气工作的领导，将燃气事业的建设和发展纳入国民经济和社会发展规划，建立燃气管理工作协调机制和燃气事故应急处置机制，及时协调处理燃气管理工作中的重大事项。

第四条 市、县（市、区）住房城乡建设行政部门是燃气管理部门，按照规定的权限负责本行政区域内的燃气管理工作。

发展改革、规划、国土资源、公安消防、安全监管、质监、工商、城管综合执法、环境保护、卫生等有关部门，按照各自职责做好燃气管理的相关工作。

第五条 市、县（市、区）人民政府和燃气管理部门，以及燃气经营者应当加强安全和节约使用燃气的宣传，增强全社会的公共安全和节约使用燃气的意识，提高防范和应对燃气安全事故的能力。

鼓励和支持燃气科学技术的研究，推广安全、节能、环保的新技术应用。

第六条 燃气管理部门履行下列职责：

（一）负责燃气经营许可，实行许可证年度审验，定期向社会公布燃气经营许可证、燃气供应许可证、燃气燃烧器具安装维修许可证的发放情况，建立健全许可证档案管理制度；

（二）负责审查燃气工程建设项目；

（三）定期组织对燃气经营者的安全检查和专项督查，监督生产主体落实安全责任；

（四）会同公安消防、安全监管、卫生等部门制定燃气安全事故应急预案报本级人民政府批准后施行；

（五）建立燃气安全事故统计分析制度，通报事故处理结果；

（六）建立燃气行业诚信考核机制，负责对经营者信用记录的管理；

（七）法律、法规规定的其他职责。

第七条 燃气行业协会应当加强行业自律管理，促进燃气行业提高服务质量和安全技术水平。

第二章　规划建设与供应保障

第八条 市燃气管理部门会同规划、国土资源等部门，编制燃气专项规划。

经批准的燃气专项规划，涉及空间布局和用地需求的，由规划、国土资源等部门纳入城乡建设规划。

第九条 燃气设施的建设，应当符合本市燃气专项规划，依法办理相关审批手续。

第十条 新区建设、旧区改造应当按照城乡规划和燃气专项规划配套建设燃气设施或者预留燃气设施建设用地。

新建、改建、扩建的城市道路，有地下综合管廊规划的，应当将天然气工程管线纳入地下综合管廊进行规划和建设。

第十一条 建设单位应当组织燃气工程竣工验收，未经验收或者验收不合格的，不得交付使用。

建设单位应当按照国家有关规定，在燃气工程竣工验收合格之日起15日内将竣工验收情况报燃气管理部门备案，并在项目建设竣工验收后6个月内向城建档案管理机构移交项目建设档案。

第十二条 市、县（市、区）人民政府应当建立健全燃气应急储备制度。

发展改革行政部门应当会同燃气管理、安全监管、公安消防等相关部门制定燃气应急储备方案，确定燃气储备的布局、储备总量、启动要求等。

燃气经营者应当按照燃气应急储备方案的要求建设燃气应急储备设施，确保燃气应急储备所需的数量、质量和储存安全。

第十三条 市、县（市、区）燃气管理部门应当组织编制燃气供应应急调度预案，明确燃气应急气源和种类、应急供应方式、应急调度程序等内容。

燃气经营者应当按照燃气供应应急调度预案的要求，建立健全本单位的燃气供应应急预案；因不可抗力或者发生突发性事故等紧急情况不能正常生产或者供应燃气的，应当按照燃气供应应急预案采取相应措施，并及时报告燃气管理部门。

第三章　经营与服务

第十四条　从事燃气经营活动的，应当依法取得市燃气管理部门颁发的燃气经营许可证，按照许可的范围、期限和规模从事燃气经营活动。

申请燃气经营许可，应当具备下列条件：

（一）符合燃气专项规划；

（二）有稳定的符合国家标准的燃气气源；

（三）有与经营规模相适应并符合安全条件的固定场所和设施；

（四）有健全的安全管理和事故抢修应急制度；

（五）有资质的安全评价机构出具的设施安全评价报告；

（六）有与经营规模相适应的具有相关从业资格的经营管理人员、安全管理人员、专业维护人员、抢险抢修队伍和设备；

（七）法律、法规规定的其他条件。

第十五条　设立瓶装燃气供应站，应当依法取得所在地县（市、区）燃气管理部门颁发的燃气供应许可证。

申请瓶装燃气供应许可，应当具备下列条件：

（一）有本市燃气经营许可证；

（二）有与经营规模相适应并符合安全条件的固定场所和设施；

（三）有健全的安全管理和用户服务制度；

（四）有与经营规模相适应的专业技术人员和其他具有相应资格的人员；

（五）法律、法规规定的其他条件。

第十六条　燃气经营者停业、歇业的，应当在90个工作日前向燃气管理部门提交书面报告，燃气管理部门接到报告后，应当组织有关燃气经营者提供供气服务。

第十七条　燃气经营者应当遵守下列规定：

（一）不得向无燃气经营许可证或者无燃气供应许可证的单位、个人提供用于燃气经营的气源；

（二）执行安全生产规章制度和安全操作规程，有完善的自检自查机制和完整的安全记录，建立健全设备、设施档案和用户档案；

（三）向社会公布业务流程、服务承诺、收费标准和全天24小时服务、抢修、投诉电话等信息，及时解决用户投诉，接受社会监督；

（四）每年对用户进行不少于一次的安全检查，记录检查情况，发现安全隐患的，及时告知用户并协助用户进行整改；

（五）按照燃气管理部门的要求报告安全生产情况；

（六）禁止伪造、涂改、抵押、出租、出借、转让燃气经营许可证和燃气供应许可证；

（七）法律、法规规定的其他要求。

第十八条　经营管道燃气的，除遵守本条例第十七条规定外，还应当遵守下列规定：

（一）向用户供应符合燃气安全、质量、压力和计量标准的燃气；

（二）建设调度、运行、维修和抢修控制指挥中心，建立燃气管网地理信息系统，及时更新并向燃气管理部门报送燃气管网设施现状等相关资料；

（三）因施工、检修等原因需要临时调整供气量或者暂停供气的，将作业时间和影响区域事先报告燃气管理部门，并提前48小时予以公告或者书面通知用户；

（四）恢复供气时，提前通知用户，不得在22时至凌晨6时期间通气。

第十九条 经营瓶装燃气的，除遵守本条例第十七条规定外，还应当遵守下列规定：

（一）建立气瓶管理台账制度，对气瓶实行登记管理；

（二）充装和销售的液化气气瓶、减压阀、胶管、燃烧器具等燃气器具应当符合国家相关规定；

（三）充装气瓶前，按照技术规范进行抽残等处理；

（四）对气瓶充装过程进行检查，不符合安全技术规范的气瓶不得出站；

（五）不得在许可的经营场所外存储、销售瓶装燃气；

（六）瓶装燃气供应站内不得经营与燃气、燃气器具无关的其他商品，不得在气瓶之间相互倒灌燃气；

（七）瓶装燃气库房内不得住人、堆放其他物品、存在火源，不得使用不符合国家防火防爆规定的供电线路及电器设备。

第二十条 经营燃气汽车加气的，应当遵守下列规定：

（一）加气前乘客离车到安全区域等候，车辆熄火；

（二）加气前检查气瓶状况和装置是否符合充装要求，不得充装不符合安全技术规范的车用气瓶；

（三）不得为无车用气瓶使用登记证或者使用登记信息与车用气瓶、汽车信息不一致的车辆加气，不得充装非燃气车用气瓶；

（四）不得在燃气泄漏、燃气压力异常、附近发生火灾、雷击天气等不安全的情况下，进行加气或者卸气作业。

第四章 使用维护与器具管理

第二十一条 用户使用管道燃气，应当向管道燃气经营者申办用气手续，由管道燃气经营者与用户签订规范的书面供用气合同，明确供用气双方权利义务。双方应当按照合同及管道燃气经营者发放的《燃气使用手册》的规定供应和使用燃气。

用户应当按时缴纳燃气费用，逾期30日不缴纳的，燃气经营者可以停止供气。

第二十二条 燃气管道设施应当定期巡查、维护、更新。

非居民用户和燃气计量表设置在住宅内的居民用户，其燃气计量表和表前燃气设施由燃气经营者负责出资维护、更新。燃气计量表设置在居民住宅外的，燃气管道进户墙内侧以外的燃气设施由燃气经营者负责出资维护、更新。

用户和物业管理服务企业应当配合燃气经营者对燃气设施的安全检查以及抢修、维修、抄表等工作。

第二十三条 任何单位和个人禁止下列行为：

（一）盗用燃气，损坏燃气设施；

（二）在卧室等不具备安全用气条件的场所使用燃气；

（三）擅自拆卸、安装、改装、包裹燃气设施和燃气计量器具；

（四）将燃气器具和设施作为负重支架或者电器设施的接地导体；

（五）管道燃气用户首次通气自行点火或者擅自过户；

（六）擅自倒灌瓶装燃气，倾倒残液和

拆修瓶阀等附件；

（七）倒、卧、加热燃气气瓶，自行改换燃气气瓶检验标记和漆色；

（八）用胶管过墙或者穿门窗使用燃气，软管连接时使用三通接头形成两个支管；

（九）违反国家、行业规范和标准要求储存、放置燃气器具；公共用户、工业用户在设置管道燃气计量器具房间内堆放杂物，或者将其挪作他用；

（十）使用不符合技术标准的燃气器具和设施。

第二十四条 燃气经营者应当向用户提供经过具有相应资质的计量检测机构检定合格的燃气计量器具。用户对用气量有异议的，燃气经营者应当依法进行核对，有误差的应当予以纠正。

第二十五条 在本市行政区域内销售、安装的燃气燃烧器具，应当经过具有相应资质的检测机构进行气源适配性及高原适应性检验合格，并在燃气燃烧器具明显位置粘贴合格标志；其他燃气器具应当经过具有相应资质的检测机构检验合格。

市燃气管理部门应当定期向社会公布符合国家标准、适合当地气源的燃气器具产品目录。

第二十六条 从事燃气燃烧器具安装维修的，应当依法取得市燃气管理部门颁发的燃气燃烧器具安装维修许可证。

申请燃气燃烧器具安装维修许可证，应当具备下列条件：

（一）有完善的安全管理制度、质量控制制度、操作规程、客户服务制度；

（二）有与经营规模相适应的固定场所，必要的专业设备和安装维修工具；

（三）有经培训合格的专业技术人员和操作人员；

（四）有与燃气燃烧器具生产厂家签订的安装维修委托书；

（五）有安装、报修、维修、抢修等工作流程及服务电话，全天24小时值班人员；

（六）法律、法规规定的其他条件。

第二十七条 从事燃气燃烧器具安装维修的，应当遵守下列规定：

（一）按照国家有关标准进行安装维修；

（二）安装完毕并经检测合格的，向用户出具合格证书；

（三）负责指导用户安全使用所安装维修的燃气燃烧器具；

（四）建立用户档案；

（五）按照公布的标准向用户收取费用；

（六）按照燃气管理部门的要求报送安装维修情况；

（七）不得聘用未经考核合格的人员从事安装维修业务；

（八）禁止涂改、出租、借用、转让燃气燃烧器具安装维修许可证；

（九）法律、法规规定的其他要求。

第五章 设施保护

第二十八条 市、县（市、区）燃气管理部门应当会同规划、安全监管等部门按照国家有关标准和规定划定燃气设施保护范围，并向社会公布。

燃气经营者应当按照国家标准，规范设置明显的燃气设施安全警示标志。

在燃气设施保护范围内，禁止下列行为：

（一）建设占压地下燃气管线的建筑物、构筑物或者其他设施；

（二）堆放物料，倾倒、排放腐蚀性物

质或者易燃易爆的液体、气体；

（三）毁损、覆盖、涂改、擅自拆除或者移动燃气设施的安全警示标志；

（四）在燃气设施上牵挂电线、设置广告标牌等；

（五）进行爆破、取土等作业或者动用明火；

（六）放置易燃易爆危险物品或者种植深根植物；

（七）损坏、危害燃气设施的其他行为。

第二十九条 建设工程施工可能影响燃气设施安全的，建设单位或者施工单位应当与燃气经营者签订燃气设施保护协议，制定燃气设施保护方案，采取安全保护措施，燃气经营者应当派专业人员进行现场指导。

第三十条 因抢修燃气设施，可能造成其他市政公用设施损坏的，管道燃气经营者应当通知有关部门或者单位共同研究解决方案。

抢修室内燃气设施时，用户应当配合抢修人员拆除影响抢修作业的装饰、装修物和其他构筑物。拆除的装饰、装修物和其他构筑物属于用户违反有关安全用气规定建设安装的，相关损失由用户承担，其他损失由燃气经营者承担。

第六章 安全管理与应急处置

第三十一条 下列人员应当经过培训，并由燃气管理部门组织考核合格后方可上岗：

（一）燃气经营者的主要负责人、安全生产管理人员，以及运行、维护、抢修、抄表等岗位人员；

（二）燃气器具销售、安装、维修人员；

（三）燃气供应站（点）的操作人员；

（四）使用燃气的公共用户、工业用户的主要管理人员、操作人员。

第三十二条 燃气经营者应当建立健全燃气安全评估和风险管理体系。

燃气经营者应当制定燃气安全事故应急预案，配备应急救援人员和应急救援器材、设备，每年开展不少于1次的综合应急演练，并实行全天24小时值班制度。

管道燃气经营者应当具备对燃气重要管线设施和重点用户，在事故状态下的自动截断等应急处置保障能力。

第三十三条 燃气经营者发现燃气设施损坏以及燃气泄漏等情况，或者接到燃气事故及事故隐患报告时，应当立即组织抢险、抢修。

燃气经营者在生产经营过程中发现严重危及安全生产的事故隐患时，应当立即停止生产，采取保障措施，排除事故隐患后方可重新生产。

发生燃气安全事故，燃气经营者应当立即启动本单位燃气安全事故应急预案，组织抢险、抢修，防止次生灾害，待事故处理结束，及时恢复供气。

任何单位和个人不得阻挠燃气管道和设施的抢险、抢修。

第三十四条 发现用户存在下列重大安全隐患、严重威胁公共安全且不能按照要求时限及时整改的，燃气经营者应当采取停气措施：

（一）燃气设施漏气的；

（二）燃气管道末端未设有效封堵的；

（三）使用国家明令淘汰的直排式燃气热水器、燃气热水器未装烟道或者烟道未出户的；

（四）在装有燃气管道、设备等设施场所居住的。

燃气经营者采取停气措施，有关单位或者个人不配合或者阻挠的，燃气经营者可以请求公安机关协助，并报告燃气管理部门。

用户整改到位后向燃气经营者申请恢复用气的，燃气经营者应当按照规定及时恢复供气。

第三十五条 对报告燃气事故或者事故隐患的单位和个人，由燃气管理部门或者燃气经营者予以表彰奖励。

第七章 法律责任

第三十六条 负有燃气管理职责的部门及其工作人员有下列行为之一的，依法给予处分；造成损失的，依法予以赔偿：

（一）所审查同意的燃气工程项目不符合燃气专项规划要求；

（二）向不符合条件的企业颁发许可证；

（三）未按规定时限核发许可证，或者是不同意核发许可证、又不按规定说明理由；

（四）接到事故及事故隐患报告后，不及时处理；

（五）发现违法行为查处不当或者不予查处；

（六）不依法履行本条例规定的监督管理职责。

第三十七条 违反本条例第十五条第一款规定的，由燃气管理部门责令停止违法行为，没收违法所得，并处3万元以上5万元以下罚款。

第三十八条 违反本条例第十七条第二项至五项规定之一的，由燃气管理部门责令限期改正，逾期不改的，处以1万元以上5万以下罚款。

第三十九条 违反本条例第十九条第一项、第三项、第五项至七项规定之一的，由燃气管理部门处以1万元以上5万元以下罚款。

第四十条 违反本条例第二十条第一项、第三项和第四项规定之一的，由燃气管理部门处以1万元以上5万元以下罚款。

第四十一条 违反本条例第二十三条第五项至九项规定之一的，由燃气管理部门责令限期改正，逾期不改的，对个人处以200元以上1000元以下罚款，对单位处以1000元以上5000元以下罚款。

第四十二条 违反本条例第二十七条第一项、第二项、第四项和第六项规定之一的，由燃气管理部门处以3000元以上5000元以下罚款。

第四十三条 违反本条例第二十八条第三款第四项规定的，由燃气管理部门处以3000元以上5000元以下罚款。

第四十四条 违反本条例第三十一条规定的，由燃气管理部门责令限期改正，逾期不改的，对个人处以100元以上300元以下罚款，对单位处以1000元以上3000元以下罚款。

第四十五条 违反本条例第三十二条第二款规定的，由燃气管理部门责令限期改正，处以1万元以上3万元以下罚款。

第四十六条 违反本条例第三十三条第一、二、三款规定的，由燃气管理部门处以3万元以上5万元以下罚款。

第八章 附则

第四十七条 本条例中有关用语的含义：

（一）燃气设施，是燃气生产厂、燃气储配站、门站、气化站、混气站、加气站、灌装站、供应站、调压站、市政燃气管网等的总称，包括市政燃气设施、建筑区划内业主专有部分以外的燃气设施以及户内燃气设施等。

（二）燃气燃烧器具，是指以燃气为燃

料的燃烧器具，包括居民家庭和商业用户所使用的燃气灶、热水器、沸水器、采暖器、空调器等器具。

第四十八条 本条例自2016年6月1日起施行。2004年11月25日昆明市第十一届人民代表大会常务委员会第二十五次会议通过，2005年3月25日云南省第十届人民代表大会常务委员会第十五次会议批准的《昆明市燃气管理条例》同时废止。

贵州省城镇燃气管理条例

（2019年9月27日贵州省第十三届人民代表大会常务委员会第十二次会议通过　2019年9月27日贵州省人民代表大会常务委员会公告2019第13号公布　自2020年1月1日起施行）

第一章　总　　则

第一条 为了加强城镇燃气管理，保障燃气供应，防止和减少燃气安全事故，保障公民生命、财产安全和公共安全，维护燃气用户和燃气经营者的合法权益，促进燃气事业健康发展，根据《城镇燃气管理条例》和有关法律、法规的规定，结合本省实际，制定本条例。

第二条 本省行政区域内城镇燃气规划建设、经营与服务、使用、安全管理等活动，适用本条例。

天然气、液化石油气、二甲醚的生产和进口，城市门站以外的天然气管道输送，燃气作为工业生产原料的使用，沼气、秸秆气的生产和使用，不适用本条例。

本条例所称燃气，是指作为燃料使用并符合一定要求的气体燃料，包括天然气（含煤层气、页岩气等）、液化石油气、人工煤气和城镇燃气用二甲醚等。

第三条 城镇燃气管理坚持统筹规划、保障安全、确保供应、规范服务、节能高效、建管并重的原则。

第四条 县级以上人民政府应当加强对燃气工作的领导，将燃气工作纳入国民经济和社会发展规划，并建立相关部门参与的燃气管理协调机制。

第五条 省人民政府住房城乡建设主管部门负责本省城镇燃气管理工作。市州、县级人民政府管理燃气的部门负责本行政区域内的城镇燃气管理工作。

省人民政府管理燃气汽车加气站的部门负责本省燃气汽车加气站管理工作，市州、县级人民政府管理燃气汽车加气站的部门负责本行政区域内的燃气汽车加气站管理工作。

县级以上人民政府其他有关部门依照本条例和其他有关法律、法规的规定，在各自职责范围内负责有关燃气管理工作。

第六条 燃气管理部门应当运用信息技术手段，提高燃气行业安全监管能力；鼓励、支持燃气经营者运用大数据等信息技术，提升生产经营和服务水平。

第七条 县级以上人民政府应当加大对燃气设施建设的投入，鼓励、支持各类资本参与投资建设统一规划的燃气基础设施。

第二章　规划建设

第八条 县级以上人民政府燃气管理部门应当会同有关部门编制本行政区域的城镇燃气发展规划，报本级人民政府批准后组织实施，并报上一级人民政府燃气管理部门备案。

第九条 燃气设施建设项目应当符合城乡规划、城镇燃气发展规划。

管道燃气城市门站、储配站，瓶装燃气

储配站、储存站、灌装站，燃气汽车加气站等重要燃气设施建设项目，审批单位在立项前应当征求有关部门意见，并严格按照基本建设程序批准。

住宅小区内的燃气管道、燃气瓶组站、瓶装燃气配送网点等小型燃气设施由县级以上人民政府燃气管理部门审批后实施建设。

第十条 城镇燃气发展规划区域内新建、扩建、改建建设工程需要配套建设燃气设施的，应当与建设项目主体工程同步规划、同步设计、同步施工、同步验收并同步移交建设资料档案。

市州、县级人民政府燃气管理部门应当依据城镇燃气发展规划和安全生产等要求，对达到重大危险源标准的燃气场站等建设项目初步设计的安全专篇组织审查。

第十一条 城镇燃气发展规划区域内新建住宅的城镇燃气工程安装费应当纳入房屋建设成本，任何企业不得以任何形式向居民用户另行收取。

因尚不具备通气条件未将城镇燃气工程安装费纳入房屋建设成本的，应当在房屋销售合同中进行约定；未在房屋销售合同中约定的，不得向居民用户收取。

已建住宅补建管道燃气设施的，城镇燃气工程安装费由管道燃气经营者按照合同约定向居民用户收取，但不得高于省人民政府价格主管部门制定的收费标准。

非居民用户的城镇燃气工程安装费，按照省人民政府有关部门确定的工程造价定额计价，由管道燃气经营者按照合同约定向非居民用户收取。

燃气经营者安装的燃气计量装置应当经过有资质的计量检定机构检定合格，并粘贴检定合格标识。用户对无检定合格标识的燃气计量装置可以拒绝安装。

第三章　经营与服务

第十二条 管道燃气实行特许经营，由县级人民政府按照城镇燃气发展规划依法通过招标方式选择经营者，并签订管道燃气特许经营协议。管道燃气特许经营活动，按照《贵州省市政公用事业特许经营管理条例》和国家有关规定执行。

第十三条 禁止个人从事管道燃气经营活动。

个人新申请经营瓶装燃气的，应当设立企业。

第十四条 从事燃气经营应当依法取得燃气经营许可证，并按照以下规定办理：

（一）从事管道燃气、压缩天然气加气母站、瓶装燃气充装和供应站（点）经营的，向县级人民政府燃气管理部门申办燃气经营许可证；

（二）同一市、州内跨县级行政区域经营的，向市、州人民政府燃气管理部门申办燃气经营许可证；跨市、州行政区域经营的，分别向市、州人民政府燃气管理部门申办燃气经营许可证；

（三）从事燃气汽车加气站经营的，向县级人民政府管理燃气汽车加气站的部门申办燃气经营许可证。

燃气管理部门应当在受理申请之日起10日内完成审查工作，对符合条件的经营者颁发燃气经营许可证。

燃气经营许可证由省人民政府燃气主管部门印制。

第十五条 燃气经营者应当在燃气经营许可证载明的经营类别和经营区域内从事经营活动。

燃气经营许可证有效期为5年，有效期满需要继续经营的，应当在有效期届满30

日前提出申请。

第十六条 燃气经营许可颁证机关依法对燃气经营者从事燃气经营许可的事项进行监督检查，经检查不符合许可条件的，责令限期整改；拒不整改或者整改后仍达不到许可条件的，由颁证机关撤销燃气经营许可证。

第十七条 燃气经营者应当向燃气用户持续、稳定、安全供应符合国家质量标准的燃气，指导燃气用户安全用气、节约用气。

燃气经营者不得向用气安全条件不符合国家规定的单位和个人供应燃气。

因施工、检修等原因确需临时调整供气量或者暂停供气的，管道燃气经营者应当将作业时间和影响区域提前48小时予以公告或者书面通知燃气用户，施工、检修完成后应当及时恢复供气。恢复供气应当事先通知燃气用户。

管道燃气经营者应当向社会公布抢险维修服务电话，并保持畅通。接到燃气设施故障报修后，应当在24小时内检修；接到燃气泄漏报告后，应当指导相关人员采取正确应对措施，并立即赶到现场处置。

第十八条 管道燃气经营者应当对燃气用户的燃气设施每年至少进行一次免费入户安全检查，检查事项应当符合国家规定，检查记录应当经燃气用户确认。

燃气经营者对用户实施安全检查前，应当事先告知用户安全检查的时间，并在约定的时间上门检查，检查人员应当主动出示有关证件。因用户的原因不能按照通知或者约定时间入户检查的，燃气经营者与用户应当另行约定入户检查时间。

属于燃气经营者维护、更新的燃气设施的安全隐患，由燃气经营者负责排除；属于用户维护、更新的燃气设施的安全隐患，以及因装饰装修、使用等造成的隐患，用户应当在燃气经营者指导下进行排除。

第十九条 瓶装燃气经营者不得有下列行为：

（一）使用不合格的气瓶或者将不合格的气瓶提供给用户；

（二）未取得移动式压力容器和气瓶充装许可，向罐车和气瓶充装燃气；

（三）向未设置信息化标签、不具有质量安全追溯性的气瓶充装燃气；

（四）向不符合国家规定或者超过检验期限的气瓶充装燃气；

（五）向无危险化学品运输资质的罐车充装燃气；

（六）向罐车和气瓶充装不符合充装介质要求的燃气；

（七）用罐车直接向气瓶充装燃气；

（八）用气瓶相互转充燃气；

（九）向残液量超出国家规定的气瓶充装燃气；

（十）充装误差超出国家规定；

（十一）购销不合格的燃气；

（十二）将充装后的气瓶交无危险化学品运输资质的单位和个人运输；

（十三）违反法律、法规和国家标准的其他行为。

第二十条 燃气汽车加气站不得向无使用登记证或者与使用登记信息不一致的车用气瓶加气。

第二十一条 禁止销售不符合国家规定的燃气燃烧器具和燃气安全设施、设备。

禁止个人和不符合国家规定的企业承揽燃气燃烧器具的安装、维修业务。

禁止在燃气燃烧器具安装、维修过程中擅自移动燃气计量表和表前燃气设施。

第二十二条 燃气使用实行实名制管理。燃气经营者应当建立健全燃气用户档案，依法做好用户信息保护工作。

第二十三条 燃气经营者应当依据国家、行业服务标准，制定服务规程，公布服务标准，并履行服务承诺。

燃气经营者应当和燃气用户签订供用气合同。供用气合同应当包括服务标准、燃气价格、用气安全、应急维护等内容。燃气经营者应当依照供用气合同提供服务，并按照燃气计量装置显示的实际使用计量收取燃气费。

第二十四条 燃气经营者应当向社会公布客户服务和投诉电话。燃气用户有权就燃气收费、服务等事项向燃气经营者申请查询，燃气经营者应当自收到查询申请之日起5日内予以答复。

燃气用户需要更名、注销或者暂停用气的，燃气经营者应当及时受理，并提供便利服务。燃气预缴费有剩余的，燃气经营者核实后应当及时退还燃气用户。

燃气管理部门应当向社会公布举报投诉电话，受理有关燃气安全、质量、收费标准以及服务质量等方面的举报和投诉，并依法及时处理。

第二十五条 燃气行业协会应当加强行业自律管理，维护燃气经营者和燃气用户的合法权益，督促燃气经营者守法经营、诚实守信，促进行业提高服务质量和安全技术水平。

第四章 燃气使用

第二十六条 管道燃气经营者负责居民用户燃气计量表及表前燃气设施的维护、更新，费用纳入经营成本。燃气计量表达到国家规定使用期限的，应当及时更换。表后燃气设施的维护、更新费用由居民用户承担。

管道燃气非居民用户燃气设施的维护、更新、安全管理等责任按照供用气合同的约定确定。

第二十七条 瓶装燃气用户应当规范使用气瓶。瓶装燃气经营者应当对瓶装燃气用户的用气安全予以指导。

第二十八条 管道燃气用户不得擅自改装、迁移燃气设施，确需改装、迁移燃气计量表及表前燃气设施的，应当向管道燃气经营者提出申请。管道燃气经营者收到申请后应当及时到现场查验，并在3日内予以答复，对符合安全技术标准的，应当及时改装、迁移，按照政府定价向用户收取费用；对不予办理的，应当书面说明理由。

管道燃气用户需改装、迁移燃气计量表后燃气设施的，应当委托管道燃气经营者或者燃气燃烧器具安装维修企业实施。

第二十九条 管道燃气经营者应当严格执行国家和本省管道燃气价格政策。价格主管部门应当根据购气成本、经营成本和经济社会发展水平合理确定燃气价格并适时调整，确定燃气价格应当征求管道燃气用户、管道燃气经营者和有关方面的意见。

加气站供应的燃气、瓶装燃气等竞争性环节实行市场调节价。

城镇燃气工程安装竞争性市场体系尚未建立的，工程安装费实行政府定价管理，价格主管部门应当建立健全监管机制，合理确定收费标准；城镇燃气工程安装服务价格由市场形成的，工程安装企业应当按照公平合法、诚实信用的原则，合理确定收费标准。

第三十条 燃气用户应当自觉遵守安全用气规则，并不得实施下列行为：

（一）横放、倒置、加热气瓶，倾倒残液，用气瓶相互转充或者将气瓶改充其他介质燃气；

（二）故意损坏气瓶信息化标签、阀门或者改变气瓶漆色；

（三）对室内燃气设施进行包封和暗埋；

（四）将装有燃气设施的厨房改装为卧室、浴室和卫生间；

（五）在装有燃气设施的厨房、锅炉房内住人或者堆放易燃、易爆化学品；

（六）盗用燃气；

（七）其他危及燃气设施安全的行为。

第三十一条　燃气经营者应当通过书面或者电子信息等方式提醒燃气用户交纳燃气费，充分利用信息技术为燃气用户交纳燃气费提供便利。

管道燃气用户应当按照供用气合同的约定交纳燃气费，逾期未交纳的，管道燃气经营者可以催缴；自催缴之日起 15 日内仍不缴纳的，在不损害其他燃气用户权益的情况下，可以对其中止供气，并可以按照约定收取违约金，但约定的金额不得超过未缴燃气费。

因欠费被中止供气的，管道燃气经营者应当在用户结清燃气费用，提出恢复用气要求后 24 小时内恢复供气。恢复供气前，应当书面通知用户。

第五章　安全管理

第三十二条　县级以上人民政府应当加强对燃气安全工作的领导，及时协调、解决燃气安全生产监督管理中存在的重大问题。

燃气管理部门负责燃气安全生产工作的行业监督管理，并履行下列职责：

（一）指导、监督、检查燃气安全生产工作，依法查处燃气经营、使用中的违法行为；

（二）会同有关部门制定燃气安全事故应急预案；

（三）建立燃气安全事故统计分析制度；

（四）建立、健全燃气信息化安全监督管理制度；

（五）法律、法规规定的其他安全管理职责。

县级以上人民政府有关部门按照职责开展燃气安全监督管理工作。

监督检查中没收的违法经营的瓶装燃气，应当委托具有燃气经营资格或者危险化学品处置资格的单位或者机构进行处置。

第三十三条　燃气经营企业主要负责人对本单位的安全生产工作全面负责。

燃气经营企业安全生产管理机构以及安全生产管理人员应当履行下列安全职责：

（一）制定本单位安全管理制度和安全操作规程，以及安全事故应急救援预案；

（二）对本单位从业人员加强安全生产教育和培训，定期组织燃气安全事故应急演练；

（三）按照规定配备视频监控设施，并接入所在地燃气安全数字化信息监督管理平台；

（四）定期检查本单位的安全生产状况，及时排查事故隐患，及时纠正违规行为；

（五）法律、法规规定的其他职责。

第三十四条　燃气经营者应当在燃气设施所在地设置明显的安全警示标志，定期巡检，按照标准配备消防设施，并定期检修、更新燃气设施和消防设施，排除事故隐患。

对达到重大危险源标准的燃气设施进行监控，设置专职抢修队伍，实行 24 小时安全值班制度。

第三十五条　燃气用户应当遵守安全用气规则。非居民用户应当建立健全安全管理制度，对操作维护人员进行安全知识和操作技能的培训，操作维护人员未经培训不得操作燃气设施。

燃气用户应当配合燃气经营者和有关部

门进行安全检查，经检查存在安全隐患的，应当按照规定整改。

第三十六条 燃气居民用户应当对自购的燃气燃烧器具、连接管道、阀门、减压阀、防泄漏安全保护装置等设施进行日常安全检查。

第三十七条 瓶装燃气应当由瓶装燃气经营者直接向燃气用户配送。

瓶装燃气和燃气汽车加气站经营者应当按照本省气瓶质量安全追溯体系建设标准，建立气瓶管理信息系统，对气瓶数量、充装、检验、流转等进行动态和可追溯性管理。

气瓶质量安全追溯体系建设标准，由省特种设备安全监督管理部门会同省住房城乡建设部门、管理燃气汽车加气站的部门、应急管理部门、交通运输管理部门共同制定。

省人民政府有关行政主管部门应当引进和支持信息技术企业为气瓶质量安全追溯管理提供技术服务，培育多元化信息技术服务市场体系。

第三十八条 县级人民政府燃气管理部门应当会同城乡规划等有关部门按照国家有关标准和规定划定燃气设施保护范围，并向社会公布。

在燃气设施保护范围内，有关单位从事可能影响燃气设施安全活动的，应当在作业15日前通知燃气经营者，与燃气经营者共同制定燃气设施保护方案，并采取相应的安全保护措施。在施工作业过程中，燃气经营者应当现场指导。

因施工不当造成燃气设施损坏的，建设单位和施工单位应当立即采取紧急保护措施，及时告知并协助燃气经营者进行抢修，并承担相应法律责任。

第三十九条 拆除安装有燃气设施的建（构）筑物前，建设单位和拆除单位应当书面通知燃气经营者切断燃气供应。

第四十条 鼓励燃气经营者和燃气用户投保燃气事故责任保险。

第六章 法律责任

第四十一条 违反本条例第十五条第一款规定的，由县级以上人民政府燃气管理部门责令限期改正，处以3万元以上20万元以下罚款；有违法所得的，没收违法所得；情节严重的，吊销燃气经营许可证。

第四十二条 违反本条例第十七条第二款、第二十条规定的，由县级以上人民政府燃气管理部门责令限期改正，处以2万元以上10万元以下罚款；有违法所得的，没收违法所得；情节严重的，吊销燃气经营许可证；造成损失的，依法承担赔偿责任。

第四十三条 违反本条例第十九条第一项、第三项至第十二项规定的，由县级以上人民政府燃气管理部门责令限期改正，处以1万元以上3万元以下罚款；有违法所得的，没收违法所得；情节严重的，吊销燃气经营许可证；造成损失的，依法承担赔偿责任。

违反本条例第十九条第二项规定的，由县级以上人民政府燃气管理部门予以取缔，没收违法充装的气瓶，处以10万元以上50万元以下罚款；有违法所得的，没收违法所得。

第四十四条 违反本条例第二十一条第二款、第三款和第三十条第三项至第五项规定的，由县级以上人民政府燃气管理部门责令限期改正；逾期不改正的，对单位可处以10万元以下罚款，对个人可处以1000元以下罚款；造成损失的，依法承担赔偿责任。

第四十五条 违反本条例第三十条第一项、第二项规定的，由县级以上人民政府燃气管理部门责令限期改正；逾期不改正的，对单位可处以1万元以下罚款，对个人可处以1000元以下罚款。

第四十六条 国家机关及其工作人员有下列情形之一，尚不构成犯罪的，对直接负责的主管人员和其他直接责任人员依法给予处分：

（一）未按照规定的条件、程序和期限实施行政许可的；

（二）发现违法行为或者接到对违法行为的举报后未依法查处的；

（三）未依法履行安全监督管理职责，导致发生重大安全事故的；

（四）其他玩忽职守、滥用职权、徇私舞弊的行为。

第四十七条 违反本条例规定的其他行为，法律、法规有处罚规定的，从其规定。

第七章 附 则

第四十八条 本条例中下列用语的含义是：

（一）城市门站是指长输管道天然气分输站外接收天然气，并经调压、计量后向城市市政燃气管道输送燃气的场所。城市门站与长输管道天然气分输站的分界，以长输管道天然气分输站围墙外2米为界，或者按照上下游双方协定的分界线为界。

（二）燃气汽车加气站，是指具有储气设施，使用加气机加注LPG、CNG或LNG等车用燃气并可提供其他便利性服务的经营活动场所。

（三）压缩天然气加气母站，是指从站外天然气管道取气经过工艺处理并增压后，通过加气柱给压缩天然气车载储气瓶组充装压缩天然气的场所。

（四）燃气经营区域，是指燃气经营者依据市州、县级人民政府燃气管理部门的许可，依法对居民用户、公共建筑用户、商业用户、采暖空调用户、工业用户等提供经营服务的地域范围。

第四十九条 本条例自2020年1月1日起施行。2001年1月5日贵州省第九届人民代表大会常务委员会第二十次会议通过的《贵州省燃气管理条例》同时废止。

贵阳市燃气管理条例

（2010年5月11日贵阳市第十二届人民代表大会常务委员会第二十四次会议通过 2010年7月28日贵州省第十一届人民代表大会常务委员会第十六次会议批准）

第一章 总 则

第一条 为了加强燃气管理，维护燃气用户和经营者的合法权益，保障燃气的生产、经营与使用安全，促进燃气事业发展，根据有关法律法规的规定，结合我市实际，制定本条例。

第二条 本市行政区域内燃气的规划、工程建设、设施保护、生产、经营、使用和燃气器具的安装、维修以及相关管理活动，适用本条例。

第三条 燃气管理应当遵循统一规划、安全第一、保障供应、规范服务的原则。

第四条 市人民政府燃气行政主管部门负责本市燃气的管理工作，所属市燃气管理机构负责日常管理与监督工作。

区、县（市）人民政府燃气行政主管部门按照规定负责本行政区域内燃气的管理工作。

规划、国土、质监、安监、公安、交通

运输、工商、价格、环保、城市综合执法等部门，根据职责做好燃气的管理工作。

第五条 建设、质监、安监、工商、价格、城市综合执法等部门应当建立健全监督制度，向社会公布举报、投诉电话、地址和电子邮箱，受理有关燃气经营、安全、服务等方面的举报和投诉。

第二章 规划建设与设施保护

第六条 市人民政府燃气行政主管部门应当会同有关部门根据国民经济和社会发展规划、城乡规划，组织编制本市燃气发展规划，经省住房和城乡建设行政主管部门审核同意，报市人民政府批准后实施。

燃气发展规划应当包括：燃气气源、燃气种类、供气方式和规模、燃气设施布局和建设时序、燃气设施建设用地、燃气设施保护范围、燃气供应保障措施等内容。

第七条 燃气设施的建设，应当符合燃气发展规划。

燃气工程选址，应当符合国家有关技术规范、标准要求，并且依法办理规划、国土、建设、公安消防、环保等手续。

第八条 燃气工程项目立项前，建设单位应当向燃气行政主管部门提出申请，经审查同意后，再按照建设项目审批程序办理有关手续。

燃气场（站）工程和燃气输配干管工程的初步设计，应当有燃气行政主管部门的安全专篇审查意见。

燃气行政主管部门应当在20个工作日内完成前款规定的审查工作。

第九条 燃气工程竣工后，建设单位应当依法组织竣工验收。未经验收或者验收不合格的，不得交付使用。

建设单位应当在燃气工程竣工验收合格之日起15个工作日内，将工程验收情况向燃气行政主管部门备案；在6个月内，向城建档案管理部门移交完整的项目建设档案。

第十条 燃气企业应当加强燃气设施安全检查，对燃气储配站、燃气管道等设施按照规定进行安全评价，并且报燃气行政主管部门备案。

第十一条 市人民政府燃气行政主管部门应当会同规划、公安消防等部门按照国家有关标准和规定划定燃气设施保护范围。

燃气企业应当在燃气设施保护范围内设置明显的燃气安全警示标志。

禁止擅自涂改、覆盖、移动和拆除燃气安全警示标志。

第十二条 在燃气设施保护范围内，不得从事下列活动：

（一）修建建筑物、构筑物；

（二）进行爆破、钻探、打桩、顶进、挖掘、重压等作业；

（三）倾倒、排放腐蚀性物质、堆放物品、种植深根植物；

（四）其他危及燃气设施安全的行为。

第十三条 建设工程施工不得影响燃气安全。建设单位在领取施工许可证前，应当向城建档案管理部门、管道燃气企业查明建设工程范围内地下燃气管道的相关情况。城建档案管理部门、管道燃气企业应当及时提供相关资料。

建设工程施工范围内有地下燃气管道等燃气设施的，建设、施工单位应当在施工前通知燃气企业，商定并且采取保护措施后方可施工。在施工过程中，燃气企业应当派专业技术人员进行现场指导。

第十四条 任何单位和个人不得破坏、毁坏或者擅自迁移、改动公共燃气设施。

第三章　经营服务与安全管理

第十五条　设立燃气企业、设置经营性燃气供（加）气站（点），应当符合国务院有关规定和《贵州省燃气管理条例》规定的条件，并且遵守下列规定：

（一）燃气企业

1. 有稳定的燃气气源和气质检测、检验装置；

2. 有相应资格的专业技术人员、安全管理人员和经过燃气专业培训合格的操作人员；

3. 有专人管理基建、生产运行、技术设备、物资、安全生产等资料和档案；

4. 有健全的安全事故抢险预案和安全评价机构出具的安全评价报告，并且达到安全运行的要求；

5. 液化石油气经营企业，有与经营规模相适应的自有产权钢瓶和残液回收装置。

（二）经营性燃气供（加）气站（点）

1. 有符合《城镇燃气设计规范》的经营场所；

2. 有稳定和符合国家标准的燃气气源；

3. 有24小时开通的服务电话；

4. 有健全的燃气事故处置应急预案。

燃气企业、燃气供（加）气站（点）的经营许可以及年审，按照国务院有关规定、《贵州省燃气管理条例》和本条例的规定办理。

第十六条　燃气器具安装、维修企业应当按照规定取得燃气器具安装维修企业资质证书，并且办理有关手续后，方可从事安装、维修活动。

燃气行政主管部门应当将具备燃气器具安装、维修资质的企业名单定期向社会公布。

第十七条　燃气行政主管部门办理燃气企业、燃气供（加）气站（点）、燃气器具安装维修许可等有关事项，应当自受理申请之日起20个工作日内办理完毕。

第十八条　禁止伪造、倒卖、抵押、出租、出借、转让、涂改《燃气经营许可证》、《燃气燃烧器具安装维修许可证》。

第十九条　燃气器具、燃气泄漏安全保护装置应当经过依法设立的检测机构的产品质量检测。燃气器具还应当经过气源适配性检测。

第二十条　燃气企业、燃气供（加）气站（点）、燃气器具安装、维修企业变更法定代表人、经营场所以及名称的，应当向原经营许可证颁证单位办理变更登记手续。

第二十一条　燃气企业提供供气服务，应当遵守下列规定：

（一）在服务营业场所公示业务流程、服务项目、服务承诺、收费标准和服务受理、报修投诉电话等内容；

（二）对用户进行安全用气、节约用气、事故应急处置基本知识的宣传，指导用户安全用气，对用户的燃气设施以及燃气器具的安装、使用情况定期进行免费安全检查；

（三）建立健全用户服务档案，向用户提供供气使用凭证；

（四）不得擅自暂停供气或者降低燃气压力。因施工、检测等情况需要暂停供气或者降低燃气压力，应当在3日前通过公告等方式告知用户，暂停供气或者降低燃气压力时间超过24小时或者涉及3000户以上用户的，应当报告燃气行政主管部门；

（五）建立健全燃气质量检测制度，确保供应的燃气质量、压力和气瓶的充装重量符合标准；

（六）24小时接受用户报修，并且按照其承诺时限或者约定时间及时派人到现场维修。情况紧急时，应当先行告知用户须采取的应急措施，并且立即派人到现场处理；

（七）到用户处抄表、送气，安装、检修燃气设施、燃气器具以及进行安全检查，应当出示工作证，佩戴标志，文明服务。

第二十二条 燃气用户有权对燃气质量、计量、价格、服务等事项向燃气企业、燃气供（加）气站（点）查询，也可以向建设、质监、价格和工商等有关部门投诉，有关部门应当在10个工作日内将查处情况告知投诉人。

第二十三条 燃气供气站（点）禁止下列行为：

（一）超量存放重瓶；

（二）在重瓶存放间设置产生明火的设施和检修器具；

（三）销售未加封口套的重瓶；

（四）法律、法规禁止的其他行为。

第二十四条 下列人员应当经过安全培训考核合格后方可上岗：

（一）燃气企业、储配站负责人、专业技术人员、运行管理人员、安全管理人员；

（二）燃气器具安装、维修人员；

（三）燃气供（加）气站（点）的管理、操作人员；

（四）燃气非居民用户的主要管理人员、操作人员。

第二十五条 燃气用户不得有下列行为：

（一）使用国家明令淘汰或者不符合气源适配性要求的燃气器具；

（二）委托无燃气器具安装维修资质的单位以及无燃气器具安装维修资格的人员安装维修燃气器具；

（三）损坏燃气设施或者擅自拆卸、安装、改装燃气设施；

（四）进行危害室内燃气设施安全的装饰、装修活动；

（五）在不具备安全条件的场所存放和使用燃气；

（六）其他危及公共安全的用气行为。

第二十六条 燃气用户使用国家明令淘汰或者不符合气源适配性要求的燃气器具、委托无燃气器具安装维修资质的单位以及无安装维修资格的人员安装维修燃气器具或者依据本条例应当安装燃气泄漏保护装置未安装的，燃气企业应当提出改正意见，用户拒不改正，危及使用安全的，燃气企业可以中止供气。

第二十七条 燃气用户需添装、迁装、改装、拆除燃气计量器具、户内燃气管道以及其他燃气设施，应当向燃气企业提出申请，由燃气企业组织实施。

燃气企业应当自收到申请之日起5个工作日内答复用户。

第二十八条 燃气供（加）气站（点）应当安装使用燃气泄漏安全保护装置。

在公共场所、地下或者半地下建筑物内使用燃气的，应当安装使用燃气泄漏安全保护装置。

第二十九条 燃气自管供气单位，应当加强燃气安全管理，按照规定持相关资料向燃气行政主管部门备案。

第四章　资源储备与应急处置

第三十条 市人民政府应当建立燃气资源地方储备制度，具体办法由市人民政府制定。

第三十一条 县级以上人民政府燃气行政主管部门应当会同有关部门依法制定本行政区域内燃气事故应急处置预案。发生燃气事故时，有关部门应当按照应急处置预案，立即组织救援。

燃气企业应当制定本企业的燃气事故应急处置预案，按照规定报燃气行政主管部门备案，并且定期组织应急处置预案的演练。发生燃气事故时，燃气企业应当立即启动应急处置预案，并且向有关部门报告。

燃气事故调查，按照有关规定办理。

第三十二条 燃气企业因不可抗力或者发生突发性事故等情况不能正常供气的，应当采取相应的应急保障措施，并且报告燃气行政主管部门，同时告知用户。

第三十三条 处理情况紧急的燃气事故时，对影响抢修、抢救的障碍物，可以采取先行拆除、迁移等应急措施，同时通知有关部门，事后应当及时恢复或者按照规定给予补偿。

第五章 法律责任

第三十四条 违反本条例第九条第二款、第二十条规定之一的，由燃气行政主管部门责令改正；逾期未改正的，处1万元以上3万元以下罚款。

第三十五条 违反本条例第十一条第三款规定，擅自涂改、覆盖、移动和拆除燃气安全警示标志的，由燃气行政主管部门责令限期改正，恢复原状，可以处5000元以下罚款。

第三十六条 有本条例第十二条规定行为之一的，由燃气行政主管部门责令停止违法行为，恢复原状，处1万元以上5万元以下罚款；造成损害的，应当承担赔偿责任。

第三十七条 违反本条例第十三条第二款规定的，由燃气行政主管部门责令改正，处1万元以上5万元以下罚款。

第三十八条 违反本条例第十四条规定，破坏、毁坏或者擅自迁移、改动公共燃气设施的，由燃气行政主管部门责令限期改正，恢复原状，对单位处1万元以上5万元以下罚款；对个人处5000元以上3万元以下罚款。

第三十九条 违反本条例第十八条规定，伪造、倒卖、抵押、出租、出借、转让、涂改《燃气经营许可证》、《燃气燃烧器具安装维修许可证》的，由燃气行政主管部门责令限期改正，处3万元以上10万元以下罚款；有违法所得的，没收违法所得；情节严重的，由原颁证单位吊销许可证。

第四十条 违反本条例第二十一条规定的，由燃气行政主管部门责令限期改正；逾期未改正的，处5000元以上3万元以下罚款。

第四十一条 有本条例第二十三条规定行为之一的，由燃气行政主管部门责令限期改正，处5000元以上3万元以下罚款；情节严重的，处3万元以上5万元以下罚款。

第四十二条 违反本条例第二十四条规定，使用未经安全培训考核合格的人员作业的，由燃气行政主管部门责令限期改正，处5000元以上3万元以下罚款。

第四十三条 有本条例第二十五条规定行为之一的，由燃气行政主管部门责令限期改正；逾期未改正的，对单位处1万元以上5万元以下罚款；对个人处1000元以下罚款。

第四十四条 违反本条例第二十八条规定之一的，由燃气行政主管部门责令限期改正；逾期未改正的，处5000元以上3万元以下罚款。

第四十五条 违反本条例第十条、第二十九条、第三十一条第二款规定之一的，由燃气行政主管部门责令限期改正；逾期未改正的，处1万元以上3万元以下罚款。

第四十六条 燃气行政主管部门和其他有关行政管理部门的工作人员，有下列行为之一的，依法给予行政处分：

（一）不按照规定的条件、程序和期限实施行政许可、行政审批的；

（二）不履行监督检查职责的；

（三）不及时查处违法行为或者包庇、纵容的；

（四）其他玩忽职守、滥用职权、徇私舞弊的行为。

第四十七条 违反本条例规定的其他违法行为，依照有关法律法规的规定予以处罚。

第六章 附 则

第四十八条 本条例中下列用语的含义是：

（一）燃气，是指人工煤气、液化石油气、天然气以及其他民用燃气（不含沼气）；

（二）燃气设施，是指气源生产厂以外的贮配站、接收站、门站、供（加）气站以及各种燃气管道和附属设施、调度系统、调压站、调压箱（柜）、调压器、安全保护装置、燃气储罐、瓶等；

（三）燃气输配干管，是指从燃气气源地或者输配场站向城市供气区域管网输送燃气的主干管道，以及城市供气区域的环状配气干管；

（四）燃气工程，是指燃气设施的新建、扩建、改建工程；

（五）燃气企业，是指生产、储运、输配、供应燃气的企业，包括管道燃气企业、瓶装燃气企业；

（六）燃气自管供气单位，是指非营业性燃气供应单位；

（七）燃气器具，是指燃气灶具、热水器、采暖器等生活燃具；

（八）重瓶，是指按照规定重量充装了液化燃气的钢瓶。

第四十九条 本条例自2010年10月1日起施行。1994年9月28日贵阳市第九届人民代表大会常务委员会第十六次会议通过，1994年11月29日贵州省第八届人民代表大会常务委员会第十二次会议批准的《贵阳市城市燃气管理办法》同时废止。

四川省燃气管理条例

（1998年10月17日四川省第九届人民代表大会常务委员会第五次会议通过 2004年9月24日四川省第十届人民代表大会常务委员会第十一次会议修正 2016年11月30日四川省第十二届人民代表大会常务委员会第二十九次会议修订）

第一章 总 则

第一条 为了加强燃气管理，保障燃气供应，防止燃气安全事故，保障公民生命、财产安全和公共安全，维护燃气经营者和用户的合法权益，促进燃气清洁能源发展，根据国务院《城镇燃气管理条例》及有关法律法规，结合四川省实际，制定本条例。

第二条 在四川省行政区域内从事燃气规划、建设、管理、经营，以及燃气设施、燃气燃烧器具的经营、使用、维护的相关单位和个人，应当遵守本条例。

天然气、液化石油气的生产和进口，城市门站以外的天然气管道输送，燃气作为工业生产原料使用，沼气、秸秆气的生产和使用，不适用本条例。

第三条 燃气管理工作应当坚持统筹规划、保障安全、确保供应、规范服务、节能高效的原则。

第四条 县级以上地方人民政府应当加强对燃气工作的领导，并将发展燃气事业纳入国民经济和社会发展规划。

第五条 省人民政府住房和城乡建设行政主管部门负责全省燃气管理工作。

市、县级人民政府燃气管理部门负责本行政区域内的燃气管理工作。

县级以上地方人民政府发展改革、经济和信息化、公安、交通运输、城乡规划、安全监管、环境保护、质量技术监督、工商等部门在各自职责范围内负责有关燃气管理工作。

第六条 县级以上地方人民政府及其有关部门应当健全燃气安全监督管理制度，宣传安全知识；鼓励、支持、推广安全、节能、高效、环保的燃气新技术、新工艺和新产品、新材料。

具备条件的城镇区域，应当推进公共汽车、出租车、市政环卫用车等车辆使用压缩天然气或者液化天然气。

第二章　规划与建设

第七条 县级以上地方人民政府燃气管理部门应当会同有关部门，依据国民经济和社会发展规划、土地利用总体规划、城乡规划、能源规划以及上一级燃气发展规划，组织编制本行政区域内的燃气发展规划，报本级人民政府批准后组织实施，并报送上一级人民政府燃气管理部门备案。

管道燃气经营企业应当根据燃气发展规划编制经营区域内的燃气设施建设计划，并将市政燃气设施纳入已规划建设的地下综合管廊。

第八条 燃气设施建设项目应当以城乡规划、燃气发展规划及其他相关规划为依据，按照基本建设程序实施。

列入城乡规划、燃气发展规划的燃气设施建设用地，未经法定程序批准不得改变土地使用性质及用途。

第九条 县级以上地方人民政府应当建立健全燃气应急储备制度，组织编制燃气应急预案，保障对燃气应急储备设施建设的投入，采取措施提高燃气应急保障能力。

县级以上地方人民政府燃气管理部门应当会同有关部门对燃气供求状况实施监测、预测和预警。

第十条 县级以上地方人民政府燃气管理部门应当结合小城镇和新农村建设分步骤、有计划的推进乡镇燃气管网建设；燃气经营企业应当依据已划定的燃气经营范围对具备供气条件的农村集中居住点实施管道供气。

县级以上燃气管理部门应当加强对农村燃气市场的监督管理。

第十一条 压缩天然气加气站、液化天然气加注站的建设应当符合城乡规划、燃气发展规划和国家标准以及相关安全规定。

瓶装液化石油气充装、储存站点和销售经营场所的选址、选点应当符合燃气发展规划和国家相关规定。

第十二条 县级以上地方人民政府城乡规划建设行政主管部门依据城乡规划和燃气发展规划办理燃气设施建设项目的城乡规划许可。

第十三条 燃气设施建设工程的勘察设计、施工和监理，应当由具有相应资质的单位承担，并由燃气经营企业依法组织具有资质的单位安装施工，所需费用依照有关工程计价规定确定，由建设单位承担。

燃气设施工程的勘察设计、施工和监理，应当严格执行国家和省有关标准、规范；设计与采购选用的设备、材料和器具，应当符合国家、行业及地方标准。

第十四条 燃气设施管网建设工程涉及

其他地下基础设施的，建设单位在工程项目开工前，应当向住房和城乡建设等相关部门查询项目施工场址及其毗邻区域地下管线工程档案。

住房和城乡建设等相关部门应当在接到建设单位书面查询申请后，于两个工作日内给予书面答复或者提供资料。

第十五条 工程项目施工可能影响燃气设施安全的，建设单位在开工前，应当查明建设工程施工范围内地下燃气管线的相关情况；燃气管理部门以及其他有关部门和单位应当于两个工作日内提供相关资料。

建设工程施工范围内有地下管线等重要燃气设施的，施工单位应当在开工七日前书面通知燃气经营企业，建设单位、施工单位应当与燃气经营企业共同制定保护方案，并协商采取相应的安全保障措施，确保燃气设施运行安全。燃气经营企业应当派专业人员进行现场指导和查验。

因施工不当造成燃气设施损坏的，建设单位和施工单位应当立即采取紧急保护措施，及时告知并协助燃气经营企业进行抢险、抢修。

第十六条 新建工业和民用建筑需配套建设燃气设施的，其燃气设施应当与主体工程同步规划、同步设计、同步施工、同步验收、同步移交建设档案资料。新建住宅小区、保障性住房配套建设的燃气设施竣工验收时，应当通知燃气管理部门派员参加。

燃气设施工程竣工后，建设单位应当自竣工验收合格之日起六个月内，将相关设施、管线等档案资料报送所在地城市、县人民政府城乡规划主管部门存档。

第三章 燃气经营许可

第十七条 企业从事燃气经营活动应当符合法定条件，依法取得燃气经营许可证。

从事液化石油气经营的企业，向县（市、区）燃气管理部门申请燃气经营许可证。

从事管道燃气、压缩天然气、液化天然气等经营的企业，向市（州）燃气管理部门申请燃气经营许可证。

跨市（州）行政区域从事燃气经营的，向省住房和城乡建设行政主管部门申请燃气经营许可证。

第十八条 燃气经营许可证有效期限为五年，经营许可期限届满三十日前，企业应当向原发证机关申请延续行政许可。

第十九条 新建管道燃气经营应当按照国家有关规定实行特许经营制度。

县级以上地方人民政府应当按照公开、公平、公正的原则，通过公开招标的方式，依法确定新建管道燃气特许经营者。企业应当通过参与燃气特许经营公开招标投标取得燃气特许经营权。

燃气特许经营期限应当根据行业特点、所提供公共产品或者服务需求、项目生命周期、投资回收期等综合因素确定，一般不得超过三十年。

第二十条 县级以上地方人民政府可以对既有管道燃气经营实行特许经营制度。

对既有管道燃气实行特许经营的，县级以上地方人民政府燃气管理部门应当会同相关部门根据国家规定组织开展辖区内既有管道燃气经营权的评估，并根据评估结果，制定既有管道燃气经营项目特许经营实施方案。

经公开招标投标等合法方式竞争后，既有管道燃气经营企业未获得特许经营权的，当地人民政府燃气管理部门应当会同相关部门根据实际情况和评估结果，组织特许经营者以购买等方式给予原经营者合理补偿。

第二十一条 县级以上地方人民政府或者政府授权的燃气管理部门应当与管道燃气特许经营企业签订特许经营协议。特许经营协议的内容应当符合国家相关规定。

因特许经营期限届满重新选择特许经营企业的，在同等条件下，原特许经营企业优先获得特许经营权。

第二十二条 管道燃气特许经营权发生变更或者终止时，县级以上地方人民政府燃气管理部门应当采取有效措施，保证燃气供应和服务的持续与稳定。

第二十三条 从事瓶装燃气经营的企业应当遵守法律法规和国家规定的充装、装卸、运输等相关技术和安全标准。

瓶装燃气应当实行配送经营，由燃气经营企业直接向燃气用户配送。

个人从事瓶装燃气经营的应当设立公司并取得燃气经营许可，或者加入已取得许可的燃气经营企业，作为该企业的瓶装燃气供应站，并纳入该企业的燃气经营和安全管理体系。

第二十四条 境外企业在四川省内从事燃气经营或者参与燃气经营企业并购重组的，应当遵守国家外商投资有关规定。

第四章 燃气经营与服务

第二十五条 提供燃气气源的企业应当保证气源符合国家标准，并向取得经营许可证的燃气经营企业提供燃气质量检测报告。

第二十六条 燃气经营企业供应燃气的成分、压力和热值等应当符合国家和省的有关规定。

燃气经营企业应当建立健全燃气质量检测制度，按照国家有关规定对供应的燃气质量进行监测，并将监测结果报送县级人民政府燃气管理部门。

第二十七条 燃气经营企业应当依据国家、行业服务标准，制定向燃气用户提供服务的规程，公布企业服务标准，并履行服务承诺。

管道燃气经营企业因施工、检修等原因需要临时调整供气量或者暂停供气的，应当将作业时间和影响区域提前二十四小时予以公告或者书面通知燃气用户，并按照有关规定及时恢复正常供气；因突发事件影响供气的，应当采取紧急措施并及时通知燃气用户。

第二十八条 燃气经营企业应当和燃气用户签订供用气合同。

供用气合同应当包括服务标准、费用收取、用气安全、应急维护等内容。燃气经营企业应当依照供用气合同提供服务，并按照燃气计量装置实际计量收取燃气费。

燃气经营企业应当持续、稳定、安全的向燃气用户供应符合国家质量标准的燃气。

燃气经营企业应当通过书面或者电子信息等方式提醒燃气用户交纳燃气费，并充分利用互联网等多种方式为燃气用户交纳燃气费提供便利；燃气用户应当依照供用气合同及时交纳燃气费。

第二十九条 燃气用户改变燃气用途、扩大用气范围、更换或者迁移室内燃气设施等行为应当告知燃气经营企业，由燃气经营企业组织实施或者按照供用气合同的约定执行。

燃气经营企业不得强制燃气用户购买其指定的燃气燃烧器具或者强制燃气用户向其指定的销售商购买燃气燃烧器具。

第三十条 燃气经营企业应当每两年为燃气用户免费提供至少一次入户安全检查，建立完整的检查档案。燃气经营企业应当在五个工作日前告知燃气用户安全检查的日期，并在约定的时间上门检查。

燃气经营企业对燃气用户的燃气设施进

行安全检查、抄表等业务活动时，燃气用户应当予以配合。

第三十一条 燃气计量装置应当符合国家规定标准。

对燃气计量装置准确度有异议的，可以要求法定的计量检测机构校核，并按照国家有关规定处理。

第三十二条 燃气计量装置设置在居民住宅内的，燃气计量装置与燃气计量装置前的燃气设施维护、更新费用，由燃气经营企业承担；在燃气计量装置后的燃气设施和燃气燃烧器具维护、更新费用，由燃气用户承担。

燃气计量装置设置在居民住宅公共部位的，燃气管道进户墙外侧（含墙体部分）燃气设施的维护、更新费用，由燃气经营企业承担；燃气管道进户墙内侧的燃气设施和燃气燃烧器具的维护、更新费用，由燃气用户承担。

第三十三条 燃气燃烧器具以及安装维修质量应当符合国家和省制定的燃气燃烧器具技术标准、规范。推广使用符合国家标准的新型燃气燃烧器具和燃气连接管。

第三十四条 燃气燃烧器具和燃气连接管的销售者应当对购买者进行安全使用指导，禁止销售和使用不符合质量安全标准的燃气燃烧器具和燃气连接管。

第五章 燃气安全

第三十五条 县级以上地方人民政府应当组织编制燃气安全事故应急预案。

燃气经营企业应当根据地方燃气安全事故应急预案编制企业燃气安全事故应急预案，报送当地人民政府燃气管理部门，并定期组织演练。

第三十六条 禁止占压、损害燃气设施，围堵应急抢险公共通道。不得毁损、覆盖、涂改、擅自拆除或者移动燃气设施安全警示标志。

单位和个人发现有可能危及燃气设施和安全警示标志的行为，有权予以劝阻、制止；经劝阻、制止无效的，应当立即告知燃气经营者或者向燃气管理、安全生产监督管理部门和公安机关报告。

第三十七条 禁止任何单位和个人擅自安装、拆除、迁移、改造燃气设施。

因工程建设或者改造，确需迁移、改装或者拆除市政公共燃气设施的，建设单位和施工单位应当与燃气经营企业共同制定改动方案，报经县级人民政府燃气管理部门批准。改动由燃气经营企业组织实施，所需费用由建设单位承担。

第三十八条 燃气经营企业应当对燃气用户进行安全教育和指导、发放宣传资料，向社会公布抢险抢修电话。

任何单位和个人发现燃气泄漏与事故隐患时，应当立即告知燃气经营企业，或者向燃气管理、公安机关消防机构等有关部门和单位报告。

第三十九条 燃气经营企业应当建立健全燃气设施监测和检查等制度，按照国家标准对燃气设施进行巡查、监测、维护、保养、检修、更新。燃气经营企业发现燃气用户违反安全用气规定或者存在安全隐患的，应当及时告知燃气用户并提出书面整改建议。燃气用户应当根据建议及时进行整改；燃气用户拒绝整改的，燃气经营企业应当报公安机关消防机构等有关部门处理。

第四十条 燃气经营企业应当实行安全生产规范化管理，对企业职工进行安全教育和技能培训。

第四十一条 发生燃气事故后，燃气经营企业应当启动燃气安全事故应急预案，组织抢险抢修，并报告当地人民政府及其燃气管理部门。

在处理燃气事故紧急情况时，对影响抢险抢修的其他设施，燃气经营企业可以采取必要的应急措施先行施工，并及时通知产权所有人或者使用人。事后应当由燃气经营企业及时恢复原状，其抢修费用和事故造成的经济损失，由造成燃气事故的责任方承担。

第四十二条 瓶装燃气经营企业应当建立燃气用户登记制度，对其供应的气瓶进行定期检验。

推广运用电子信息化手段，实现气瓶充装、检验信息的自动识别和动态监管。

第四十三条 压缩天然气、液化天然气经营企业使用燃气储罐、槽罐车、管道、气瓶等特种设备，应当按照特种设备相关标准、规范进行操作。

压缩天然气、液化天然气经营企业在对车辆加气前，应当核验车载气瓶使用登记和检验等相关信息。

第四十四条 燃气经营企业经营的新型燃气，应当由省住房和城乡建设行政主管部门会同公安、质量技术监督、环境保护等部门，组织专家进行鉴定。

新型燃气质量应当达到国家和省规定的产品质量标准和安全标准。

第六章 法律责任

第四十五条 违反本条例规定的行为，法律、行政法规已有处分、处罚规定的，从其规定。

第四十六条 违反本条例第十六条第二款规定，建设单位未在规定时间内向城乡规划主管部门报送有关竣工验收资料的，由所在地城市、县人民政府城乡规划主管部门责令限期补报；逾期不补报的，处以一万元以上五万元以下的罚款。

第四十七条 违反本条例第十七条规定，未依法取得燃气经营许可证从事燃气经营活动的，由县级以上地方人民政府燃气管理部门责令其停止违法行为，情节轻微的，处以五万元以上十万元以下的罚款；情节严重的，处以十万元以上三十万元以下的罚款；情节特别严重的，处以三十万元以上五十万元以下的罚款。有违法所得的，没收违法所得。

第四十八条 违反本条例第二十三条第三款规定，个人从事瓶装燃气经营的，由工商行政主管部门依法查处；本条例实施前已经从事瓶装燃气经营的个体工商户，未成立公司并未获得燃气经营许可证，或者未加入已取得许可的燃气经营企业而继续经营瓶装燃气的，由县级以上地方人民政府燃气管理部门责令限期改正。逾期不改正的，由工商行政主管部门依法查处。

第四十九条 违反本条例第三十六条规定，占压、损害燃气设施，围堵应急抢险公共通道的，由县级以上地方人民政府燃气管理部门责令限期改正，恢复原状或者采取其他补救措施，对单位处以五万元以上十万元以下的罚款，对个人处以五千元以上五万元以下的罚款。

毁损、覆盖、涂改、擅自拆除或者移动燃气设施安全警示标志的，由县级以上地方人民政府燃气管理部门责令限期改正，恢复原状，可处以五千元以下的罚款。

第五十条 违反本条例规定，造成他人人身伤害或者财产损失的，应当承担赔偿责任；构成犯罪的，由司法机关依法追究刑事责任。

第七章 附 则

第五十一条 本条例中有关用语的含义为：

（一）燃气，是指生活、生产等使用的天然气（含压缩天然气、液化天然气）、人工煤气、液化石油气和民用页岩气、瓦斯气等其他气体燃料。

（二）瓶装燃气，是指利用符合国家有关标准的钢瓶罐装的燃气。

（三）新型燃气，是指常温常压下除天然气、液化石油气、煤制气、页岩气之外的民用可燃气体。

第五十二条 本条例自2017年1月1日起施行。

成都市燃气管理条例

（1996年11月21日成都市第十二届人民代表大会常务委员会第二十一次会议通过 1997年2月21日四川省第八届人民代表大会常务委员会第二十五次会议批准 根据2006年6月8日成都市第十四届人民代表大会常务委员会第二十五次会议通过 2006年9月28日四川省第十届人民代表大会常务委员会第二十三次会议批准的《成都市人民代表大会常务委员会关于修改〈成都市燃气管理条例〉的决定》修正 2017年2月24日成都市第十六届人民代表大会常务委员会第三十一次会议修订 2017年6月3日四川省第十二届人民代表大会常务委员会第三十三次会议批准）

第一章 总　　则

第一条 为了加强燃气管理，保障燃气供应，规范燃气市场经营秩序，维护燃气用户和燃气经营者的合法权益，促进燃气事业的发展，保障公民人身、财产安全和公共安全，根据《城镇燃气管理条例》以及有关法律、法规，结合成都市实际，制定本条例。

第二条 本条例所称燃气，是指作为燃料使用并符合国家相关标准的气体燃料，包括天然气（含煤层气）、液化石油气、人工煤气等。

第三条 本市行政区域内燃气规划与建设、燃气经营与服务、燃气设施保护、燃气使用、燃气安全管理与应急保障等相关活动，适用本条例。

天然气、液化石油气的生产和进口，城市门站以外的天然气管道输送，燃气作为工业生产原料的使用，沼气、秸秆气的生产和使用，不适用本条例。

第四条 燃气管理工作应当坚持统筹规划、保障安全、确保供应、规范服务、节能高效的原则。

第五条 市人民政府燃气管理部门负责全市燃气管理工作。

区（市）县人民政府燃气管理部门负责本辖区内的燃气管理工作。

发改、公安、交通、环保、工商、质监、规划、安监、建设、商务和城管等有关部门依法在各自职责范围内负责有关燃气管理工作。

镇（乡）人民政府、街道办事处协助有关部门开展辖区内的燃气管理相关工作。

第六条 燃气经营者应当依法经营，诚实守信，接受社会公众的监督。

燃气经营者的经营行为纳入社会信用体系，依法通过国家企业信用信息公示系统公示。

第七条 市和区（市）县人民政府有关部门应当建立健全燃气安全监督管理制度，宣传普及燃气法律、法规和安全知识，提高全民的燃气安全意识。

第八条 鼓励、支持燃气科学技术研究，推广使用安全、节能、高效、环保的燃气新技术、新工艺和新产品。

第九条 市和区（市）县人民政府应当采取措施推广燃气使用，鼓励和支持天然气分布式能源发展。

市和区（市）县人民政府有关部门应当采取措施推进公共汽车、出租车、市政环卫车等车辆使用天然气。

第二章 规划与建设

第十条 燃气管理部门应当会同有关部门，依据国民经济和社会发展规划、土地利用总体规划、城乡规划以及上一级燃气发展规划，编制本行政区域内的燃气发展规划，报同级人民政府批准后组织实施，并报上一级人民政府燃气管理部门备案。

管道燃气经营者应当根据燃气发展规划编制经营区域内的燃气设施建设计划。

在已经规划建设地下综合管廊的区域，市政燃气设施应当入廊。

第十一条 列入城乡规划的燃气设施建设用地，未经法定程序批准不得改变土地使用性质和用途。

进行新区建设、旧区改造建设，应当按照城乡规划和燃气发展规划配套建设燃气设施或者预留燃气设施建设用地。

第十二条 区（市）县人民政府应当统筹城乡燃气发展，结合小城镇和新农村建设分步骤、有计划地推进城乡燃气管网建设。

燃气经营者应当依据已经划定的燃气经营范围对具备供气条件的农村集中居住区实施管道供气。

第十三条 在本市燃气管网覆盖范围内，新建住宅小区、保障性住房、农村集中居住区以及其他需要使用燃气的建设项目，应当配套建设燃气设施。

第十四条 承担燃气工程勘察、设计、施工、监理的单位，应当取得相应的资质证书并在资质等级许可的范围内从事建设活动。

建设燃气工程应当执行国家和地方有关燃气工程勘察、设计、施工、监理的技术标准和技术规范。

第十五条 燃气设施建设项目应当以城乡规划、燃气发展规划以及其他相关规划为依据，按照基本建设程序实施。

燃气工程建设、勘察、设计、施工、监理单位依法对燃气建设工程质量负责。

燃气工程竣工后，建设单位应当按法定程序组织验收，验收合格后，方可交付使用；未经验收或者验收不合格的，不得交付使用。

建设单位应当自市政燃气工程竣工验收合格之日起十五日内，将竣工验收情况报燃气管理部门备案。

第三章 经营与服务

第十六条 燃气经营依法实行许可证制度。

从事管道燃气、压缩天然气、液化天然气等经营的，向市人民政府燃气管理部门申请燃气经营许可证。

从事液化石油气经营的，向区（市）县人民政府燃气管理部门申请燃气经营许可证。

第十七条 管道燃气经营依法实行特许经营制度。

任何个人不得从事管道燃气经营活动。

第十八条 从事瓶装液化石油气经营的，应当建立具备接卸、储存、灌装、残液回收等完整生产工艺的液化石油气储配站。

瓶装液化石油气供应站应当由取得燃气

经营许可证的燃气经营者设立。

第十九条 燃气经营者应当建立健全燃气质量检测制度，确保向燃气用户持续、稳定、安全的供应符合国家标准的燃气。

第二十条 燃气经营者应当建立与其供应规模、燃气用户数量相适应、可持续改进的服务规范体系，按照国家燃气服务标准提供服务。

燃气经营者应当遵守下列规定：

（一）指导用户安全用气、节约用气，并对燃气设施定期进行安全检查；

（二）公示业务流程、服务承诺、收费标准和服务热线等信息；

（三）在规定或者合同约定的时限内，办理用户在使用燃气时对质量、维修和安全等方面的诉求。

第二十一条 燃气经营者不得有下列行为：

（一）燃气经营者拒绝向市政燃气管网覆盖范围内符合用气条件的单位或者个人供气；

（二）倒卖、抵押、出租、出借、转让、涂改燃气经营许可证；

（三）未履行告知义务擅自停止供气、调整供气量，或者未经审批擅自停业或者歇业；

（四）向未取得燃气经营许可证的单位或者个人提供用于经营的燃气；

（五）在不具备安全条件的场所储存燃气；

（六）要求燃气用户购买其指定的产品或者接受其提供的服务；

（七）擅自为非自有气瓶充装燃气；

（八）销售未经许可的充装单位充装的瓶装燃气或者销售充装单位擅自为非自有气瓶充装的瓶装燃气；

（九）使用未取得危险化学品运输资质的车辆运输瓶装燃气；

（十）冒用其他企业名称或者标识从事燃气经营、服务活动。

第二十二条 管道燃气经营者因施工、检修等原因需要临时调整供气量或者暂停供气的，应当将作业时间和影响区域提前四十八小时予以公告或者书面通知燃气用户，并按照有关规定及时恢复正常供气；因突发事件影响供气的，应当采取紧急措施并及时通知燃气用户。

燃气经营者停业、歇业的，应当事先对其供气范围内的燃气用户的正常用气制定安排方案，并在九十个工作日前向所在地燃气管理部门报告，经批准方可停业、歇业。

第二十三条 有下列情况之一的，燃气管理部门应当采取措施，保障燃气用户的正常用气：

（一）管道燃气经营者临时调整供气量或者暂停供气未及时恢复正常供气的；

（二）管道燃气经营者因突发事件影响供气未采取紧急措施的；

（三）燃气经营者擅自停业、歇业的；

（四）燃气管理部门依法撤回、撤销、注销、吊销燃气经营许可的。

第二十四条 燃气销售价格，应当与当地经济社会发展水平相适应。

市和区（市）县人民政府价格主管部门确定和调整管道燃气销售价格，应当举行听证会，征求管道燃气用户、管道燃气经营者和有关方面的意见，论证其必要性、可行性。

第二十五条 瓶装燃气经营者应当制定瓶装燃气安全管理制度和事故应急处理措施。

从事瓶装燃气充装活动，应当遵守法律、法规和国家标准有关气瓶充装的规定。推广运用电子信息化手段，实现气瓶充装、检验信息的自动识别和动态监管。

本市推行瓶装液化石油气配送供应，由燃气经营者直接向用户配送瓶装液化石油气。燃气经营者应当建立健全用户档案和配送业务查询系统。

第四章 燃气设施保护

第二十六条 燃气管理部门应当会同城乡规划等部门按照国家有关标准和规定划定燃气设施保护范围，并向社会公布。

在燃气设施保护范围内，任何单位和个人不得从事下列危及燃气设施安全的活动：

（一）建设占压地下燃气管线的建筑物、构筑物或者其他设施；

（二）进行爆破、取土等作业或者动用明火；

（三）倾倒、排放腐蚀性物质；

（四）放置易燃易爆危险物品或者种植深根植物；

（五）其他危及燃气设施安全的活动。

第二十七条 在燃气设施保护范围内，有关单位和个人从事管道敷设、打桩、顶进、挖掘、钻探等可能影响燃气设施安全活动的，应当与燃气经营者或者燃气设施产权人共同制定燃气设施保护方案，并采取相应的安全保护措施。因建设工程需要改迁燃气设施的，由所涉及的燃气经营者或者燃气设施产权人负责改迁，其费用由建设单位和个人承担。

第二十八条 新建、改建、扩建建设工程，不得影响燃气设施安全。建设单位在开工前，应当查明建设工程施工范围内地下燃气管线的相关情况；燃气管理部门、燃气经营者以及其他有关部门和单位应当自受理申请之日起两个工作日内提供相关资料。

建设工程施工范围内有地下燃气管线等燃气设施的，建设单位应当会同施工单位与管道燃气经营者共同制定燃气设施保护方案。建设单位、施工单位应当采取相应的安全保护措施，确保燃气设施运行安全；管道燃气经营者应当派专业人员进行现场指导。

因施工造成燃气设施损坏的，建设单位或者施工单位应当立即采取紧急保护措施，及时告知并协助燃气经营者进行抢修；造成损失的，依法承担相应责任。

第二十九条 燃气设施应当定期巡查、维护、更新。

燃气计量表设置在居民住宅内的，燃气计量表和表前燃气设施由燃气经营者负责维护、更新；燃气计量表后燃气管道、燃气燃烧器具等由用户负责维护、更新。燃气计量表设置在居民住宅公共部位的，燃气管道进户墙内侧以外的燃气设施由燃气经营者负责维护、更新；燃气管道进户墙内侧的燃气设施和燃气燃烧器具等由用户负责维护、更新。

燃气经营者应当按照供用气合同的约定，对单位燃气用户的燃气设施承担相应的管理责任。

第三十条 燃气经营者应当每两年为燃气用户免费提供至少一次入户安全检查，建立完整的检查档案。

燃气经营者发现用户违反安全用气规定或者存在安全隐患的，应当书面告知用户并提出整改建议；用户不及时进行整改或者拒绝整改的，应当承担相应责任。对危及公共安全的用气行为或者存在严重安全隐患未按要求整改的，燃气经营者在报经公安机关消防机构等有关部门认定后可以采取暂停供气的安全保护措施，在隐患消除后及时恢复供气。

第五章 燃气使用

第三十一条 燃气经营者与用户双方应

当按照平等自愿、协商一致的原则签订供用气合同，确定双方的权利和义务。

第三十二条 燃气用户使用管道燃气，应当向管道燃气经营者申请办理用气手续。

管道燃气经营者受理燃气用户的用气申请后，应当按照服务承诺的时限或者合同约定的时间开通管道燃气。

第三十三条 燃气用户实施停止使用燃气、改变燃气用途、扩大用气范围、更换或者迁移室内燃气设施等行为应当告知燃气经营者，由燃气经营者组织实施或者按照供用气合同的约定执行。

第三十四条 管道燃气经营者应当为用户安装符合国家标准的燃气计量装置，并按照符合国家价格政策的气价和燃气计量装置显示的数量结算收费。因燃气计量装置失准的，以国家计量基准器具或者社会公用计量标准器具检定的数据为准。

第三十五条 燃气用户应当遵守安全用气规则，使用合格的燃气燃烧器具和气瓶，及时更换国家明令淘汰或者使用年限届满的燃气燃烧器具、燃气连接管等。

单位燃气用户应当建立健全安全管理制度，加强对操作维护人员燃气安全知识和操作技能的培训，对其燃气设施以及用气设施、设备定期进行检查、维修和保养。

第三十六条 燃气用户以及有关单位和个人不得有下列行为：

（一）擅自操作公用燃气阀门；

（二）将燃气管道作为负重支架或者接地引线；

（三）安装、使用不符合气源要求的燃气燃烧器具；

（四）擅自安装、改装、拆除户内燃气设施和燃气计量装置；

（五）在不具备安全条件的场所使用、储存燃气；

（六）盗用燃气；

（七）改变燃气用途或者转供燃气。

第三十七条 燃气用户有权就燃气收费、服务等事项向燃气经营者进行查询，燃气经营者应当自收到查询申请之日起五个工作日内予以答复。

燃气用户有权就燃气收费、服务等事项向价格主管部门、燃气管理部门以及其他有关部门进行投诉，有关部门应当自收到投诉之日起十五个工作日内予以处理。

第三十八条 燃气用户和物业服务企业应当配合燃气经营者进行燃气设施安全检查以及抢修、维修、抄表等工作。

第三十九条 燃气经营者应当通过书面、电子信息等方式提醒燃气用户缴纳燃气费，并利用银行网点、互联网、第三方支付、自助终端设施等方式为燃气用户缴纳燃气费提供便利。

第四十条 燃气管理部门应当会同有关部门对计划用气、节约用气实施管理，燃气经营者应当予以配合。

第六章 安全管理与应急保障

第四十一条 燃气管理部门和安监、公安、质监、交通、建设、商务、城管等部门应当依法按照职责开展燃气安全管理工作。

第四十二条 市和区（市）县人民政府应当建立健全燃气应急储备制度，组织编制燃气应急预案，采取措施提高燃气应急保障能力。

第四十三条 燃气经营者应当建立与经营规模相适应、具有相关专业知识的专职抢险队伍，配备必需的设备、器材等，并预先制定各类事故的抢修方案。

燃气经营者应当实行二十四小时值班制度，发现燃气设施事故或者接到燃气设施事故的报告后，应当立即实施抢修、抢险。

第四十四条 燃气经营者应当制定有关安全规则，宣传安全使用常识，对用户使用燃气进行技术指导。

第四十五条 在本市销售、安装、使用的燃气燃烧器具和烟道、燃气连接管等配套设施、设备，其产品质量应当符合国家标准和有关规定。

任何单位或者个人不得销售、安装、使用不合格或者国家明令淘汰的燃气燃烧器具或者烟道、燃气连接管等配套设施、设备。

第四十六条 燃气经营者在处理燃气事故、组织抢修时，对影响抢修、抢险作业的树木、设施以及其他物体，可以采取应急措施，并同时通知有关部门。事后能够恢复原状的，应当恢复原状；造成经济损失的，应当予以补偿。

第七章 法律责任

第四十七条 违反本条例规定，未取得燃气经营许可证的单位或者个人设立瓶装液化石油气供应站的，由燃气管理部门责令停止违法行为，没收非法财物和违法所得，并处违法所得一倍以上五倍以下罚款。

第四十八条 违反本条例规定，已经取得燃气经营许可证的燃气经营者在经营过程中不再符合国家规定的经营许可条件的，由燃气管理部门责令限期改正；逾期不改正的，可以处二万元以上十万元以下罚款；情节严重的，依法吊销燃气经营许可证。

第四十九条 违反本条例规定的其他行为，法律、法规已有处罚规定的，从其规定。

第八章 附 则

第五十条 本条例中下列用语的含义：

（一）燃气用户，是指燃气系统的终端用气单元，包括居民用户，商业用户，工业用户，采暖、制冷用户以及汽车用户等；

（二）燃气设施，是指用于燃气储存、输配和应用的设备、装置、系统，包括厂站、管网、用户燃气设施、监控以及数据采集系统等；

（三）瓶装燃气，是指利用符合国家有关标准的钢瓶罐装的燃气；

（四）燃气燃烧器具，是指以燃气为燃料的燃烧器具，包括居民家庭和商业用户所使用的燃气灶、热水器、沸水器、采暖器、空调器等器具；

（五）单位燃气用户，是指除居民燃气用户以外的法人或者其他组织燃气用户。

第五十一条 本条例自2017年8月1日起施行。

重庆市天然气管理条例

（1998年3月28日重庆市第一届人民代表大会常务委员会第八次会议通过 1999年7月29日重庆市第一届人民代表大会常务委员会第十八次会议修正 2006年3月31日重庆市第二届人民代表大会常务委员会第二十三次会议修订 2010年7月23日重庆市第三届人民代表大会常务委员会第十八次会议第二次修正 2019年5月31日重庆市第五届人民代表大会常务委员会第十次会议第二次修订）

第一章 总 则

第一条 为了加强天然气管理，保障天然气供应，防止天然气安全事故，保障公众生命、财产安全和公共安全，维护天然气用户和天然气经营企业合法权益，促进天然气事业文明诚信健康发展，根据有关法律和国务院《城镇燃气管理条例》等行政法规的规定，结合本市实际，制定本条例。

第二条 本市行政区域内天然气（含页岩气、煤层气）的规划建设与供气保障、经营管理与服务规范、使用规范与器具管理、设施保护与安全管理及相关管理活动，适用本条例。

天然气的生产和进口，城市门站以外的天然气管道输送，天然气作为工业生产原料的使用不适用本条例。

法律、法规对天然气计量器具，天然气压力容器、压力管道等特种设备另有规定的，从其规定。

第三条 天然气管理坚持统筹规划、保障安全、确保供应、规范服务、绿色环保、节能高效的原则。

第四条 市、区县（自治县）人民政府应当加强对天然气工作的领导，并将天然气工作纳入国民经济和社会发展规划。

市、区县（自治县）人民政府确定的天然气管理部门负责本行政区域内的天然气管理工作，统筹天然气供应保障和运行调度。市、区县（自治县）人民政府其他有关部门在各自职责范围内负责有关天然气管理工作。

乡（镇）人民政府、街道办事处配合做好辖区内相关天然气管理工作。

第五条 天然气经营企业应当依法经营、安全运营、注重民生、公平竞争、诚实守信，提升服务质量，接受相关部门和社会公众的监督。

第六条 天然气管理部门和天然气经营企业应当定期开展天然气安全宣传教育，普及天然气安全知识，提高天然气用户安全用气意识。

天然气管理部门应当加强对天然气经营企业安全宣传工作的指导、监督和检查。

新闻媒体、学校、物业服务企业和群众自治组织等单位应当配合做好天然气安全宣传教育。

第七条 鼓励天然气科学技术研究，推广使用安全、节能、高效、环保的天然气新材料、新技术、新工艺和新产品。

鼓励天然气行业通过推广使用智能化技术和设施设备，提升天然气行业安全管理和服务水平。

第八条 天然气行业协会应当根据法律法规和章程规定，加强行业自律管理，制定行业行为准则和服务规范，提供行业信息、咨询、培训等服务，促进天然气经营企业提高安全、技术和服务管理水平。

天然气管理部门应当加强对天然气行业协会的指导。

第二章 规划建设与供气保障

第九条 市、区县（自治县）天然气管理部门应当会同本级有关部门，依据国民经济和社会发展规划、土地利用总体规划、城乡规划、能源规划等，以及上一级天然气发展规划，组织编制本行政区域的天然气发展规划，报本级人民政府批准后组织实施，并报上一级人民政府天然气管理部门备案。

天然气发展规划包括天然气气源、供应方式和规模、设施布局和建设时序、设施建设用地、设施保护范围、供应保障措施和安全保障措施等。其中设施布局和建设用地内容应当经本级城乡规划主管部门综合平衡。

第十条 列入城乡规划和天然气发展规划的天然气设施建设用地，未经法定程序不得改变土地使用性质及用途。

对符合划拨用地目录的天然气设施建设

用地优先划拨，鼓励以出让、租赁方式供应调压柜、阀室等天然气设施建设用地。

第十一条 投资主管部门应当按照企业投资项目管理规定对天然气设施建设工程进行核准或者备案，天然气管理部门应当按照建设程序和要求对天然气设施建设工程实施管理。

对天然气发展规划范围内的天然气设施建设工程，城乡规划主管部门在依法核发选址意见书时，应当就天然气设施建设是否符合天然气发展规划征求天然气管理部门的意见；不需要核发选址意见书的，城乡规划主管部门在依法核发建设用地规划许可证或者乡村建设规划许可证时，应当就天然气设施建设是否符合天然气发展规划征求天然气管理部门的意见。

天然气设施建设工程的勘察、设计、施工和监理，应当由业主单位或者建设单位依法自主选择具有资质的单位承担，并遵守城乡规划、土地管理、环境保护、质量管理、安全生产等有关法律法规，执行有关工程建设标准和规范，按照国家有关规定进行安全评价和配套建设安全设施。

天然气设施建设工程竣工后，建设单位应当依法组织竣工验收。未经验收或者验收不合格的，不得投入使用。

第十二条 天然气管道建设工程和其他建设工程相邻相交时，建设工程双方应当按照安全规定保证建设工程安全，并根据后建服从先建的原则，协商确定施工作业方案，采取相应措施，确保天然气管道建设工程和其他建设工程安全。

第十三条 新建天然气管道需要与现有天然气管道连接的，现有天然气管道权属单位应当予以支持。现有天然气管道应当逐步实现相互连接。

天然气管道相互连接应当符合天然气发展规划，保证天然气管道安全运营，保障天然气用户合法权益。

第十四条 市、区县（自治县）人民政府应当建立健全天然气应急储备制度，组织编制天然气供应应急预案，采取综合措施提高天然气应急保障能力。

天然气管理部门应当会同有关部门对天然气供求状况实施监测、预测和预警。

天然气供应企业应当预测供应区域内天然气需求，按照规定储备天然气，承担季节（月）调峰供气责任。天然气经营企业应当具备符合国家规定的储气能力，承担小时调峰供气责任。

第十五条 天然气管理部门发现可能发生天然气供应严重短缺、供应中断等突发事件时，应当提请本级人民政府及时发布预警信息。

天然气供应企业发现可能发生天然气供应严重短缺、供应中断等突发事件时，应当按照规定通知天然气经营企业，报告供应区域所在地天然气管理部门。

天然气供应严重短缺、供应中断等突发事件发生后，天然气管理部门应当及时采取动用储备、紧急调度等应急措施。天然气供应企业、天然气经营企业以及其他有关单位和个人应当予以配合，承担相关应急任务。

发生天然气严重短缺、供应中断等突发事件时应当优先保障居民生活、公共交通等用气。

第三章　天然气特许经营

第十六条 天然气经营实行特许经营制度。

第十七条 天然气管理部门根据天然气发展规划合理划定管理范围内的供气区域，或者确定管理范围内的供气站，并提出天然气特许经营项目实施方案。根据需要，天然气管理部门可以对天然气特许经营项目实施方案开展可行性评估。开展可行性评估的，应当委托第三方机构进行。

天然气管理部门应当组织城乡规划、城乡建设、发展改革等有关管理部门对天然气特许经营项目实施方案进行审查。各部门应当根据职责分别出具书面审查意见。

天然气管理部门应当根据各部门的意见对天然气特许经营项目实施方案作出修改，并报本级人民政府审定。

经市、区县（自治县）人民政府审定的天然气特许经营项目实施方案，应当向社会公布。

第十八条 市、区县（自治县）人民政府或者其授权的天然气管理部门应当根据公布的天然气特许经营项目实施方案，通过依法招标的方式，选择天然气经营企业。

第十九条 市、区县（自治县）人民政府或者其授权的天然气管理部门应当按照国家有关规定与选定的企业签订特许经营协议。特许经营协议应当包括以下内容：

（一）特许经营范围和期限；

（二）设施的建设和权属，以及相应的维护和更新改造；

（三）天然气质量标准、计量标准和服务规范；

（四）确定和调整天然气价格及其他收费标准的方法与原则；

（五）政府承诺和保障；

（六）违约责任及争议解决方式；

（七）其他需要明确的事项。

特许经营期限应当根据经营规模、经营方式、投资回报周期等因素确定，最长不得超过三十年。

天然气管理部门和城乡规划、城乡建设、发展改革等有关部门应当在各自职责范围内，履行天然气特许经营协议约定的内容。

第二十条 取得天然气特许经营权的企业应当在特许经营协议约定的时间内完成天然气设施建设工程，并在竣工验收合格之日起十五个工作日内，将竣工验收情况报天然气管理部门备案。

天然气管理部门应当自受理备案之日起十个工作日内审查经营条件，依法发放天然气经营许可证。

第二十一条 取得天然气经营许可，应当具备下列条件：

（一）依法注册的企业；

（二）符合天然气发展规划要求；

（三）有符合国家标准的天然气气源和天然气设施；

（四）有固定的经营场所、完善的管理制度和健全的经营方案；

（五）企业的主要负责人、安全生产管理人员以及运行、维护和抢修人员经专业培训并考核合格；

（六）法律、法规规定的其他条件。

第二十二条 天然气经营许可证上应当载明企业名称、注册登记地址、法定代表人、经营类别、经营区域（站）、供应方式、许可证编号及有效期限等内容。

第二十三条 天然气经营许可证有效期应当与特许经营协议期限一致。

因特许经营期限届满重新选择特许经营企业的，在同等条件下，原特许经营企业优先获得特许经营权。

第二十四条 天然气经营企业名称、注册登记地址、法定代表人变更的，应当向天然气管理部门申请变更天然气经营许可证，许可证编号及有效期限不变。

天然气经营企业经营类别、经营区域（站）、供应方式等发生变化，或者企业发生分立、合并的，应当向天然气管理部门重新申请天然气经营许可，原天然气经营许可证应当依法收回并注销。

第二十五条 取得天然气特许经营权的企业不得转让、出租特许经营权，不得将特许经营权交与其他单位或者个人经营。

企业转让、出租特许经营权或者将特许经营权交与其他单位或者个人经营的，天然气管理部门根据情况，可以缩短特许经营期限，或者终止特许经营协议。

第四章 经营管理与服务规范

第二十六条 天然气经营企业应当向天然气用户持续、稳定、安全供应符合国家质量标准的天然气，指导天然气用户安全用气、节约用气，并对天然气设施定期进行安全检查。

天然气经营企业应当公示收费项目、依据和标准，用气条件，业务流程，质量检测报告，服务承诺，服务电话和抢险电话等信息，并建立投诉制度。

第二十七条 天然气经营企业应当按照特许经营协议要求提供连续服务，不得擅自暂停、终止经营；擅自暂停、终止经营的，天然气管理部门根据情况，可以缩短特许经营期限，或者终止特许经营协议。

天然气经营企业出现特许经营协议约定的暂停、终止经营情形时，应当事先公告，作出妥善安排，并在九十日前向天然气管理部门报告，经批准方可暂停、终止。

第二十八条 天然气经营企业不能正常经营、影响天然气用户用气的，天然气管理部门应当采取调配供气量、临时指定经营企业、临时接管等应对措施，保障天然气用户正常用气。

第二十九条 天然气经营企业应当按照国家《燃气服务导则》提供诚信、文明、规范的服务，提升服务意识，提高服务质量。

管道天然气经营企业应当设置、公布二十四小时报修电话。对天然气泄漏的报修，管道天然气经营企业应当首先告知用户应急措施，并立即派人到现场抢修。

第三十条 天然气管理部门应当根据国家《燃气服务导则》要求，定期对天然气经营企业的服务质量进行考核，并将考核结果作为缩短特许经营期限、终止特许经营协议的重要依据。

第三十一条 管道天然气经营企业应当与天然气用户签订供用气合同，并建立用户档案。

供用气合同应当明确双方的权利和义务，包括服务事项、服务标准、用气安全、应急措施、费用收取等内容。

管道天然气经营企业应当依照供用气合同提供服务，并按照天然气计量器具计量数据收取天然气气费。

第三十二条 管道天然气经营企业因施工、检修等原因需要临时调整供气量或者暂停供气的，应当将作业时间和影响区域提前四十八小时予以公告或者书面通知天然气用户，并按照有关规定及时恢复正常供气；因突发事件影响供气的，应当采取紧急措施并及时通知天然气用户。

第三十三条 管道天然气经营企业应当每两年为天然气居民用户免费提供至少一次入户安全检查，并建立安全检查档案。

管道天然气经营企业入户安全检查优先安排在周末、节假日等方便用户的时间，并在检查结束后当场向用户出具书面检查结果。经入户安全检查发现存在用气安全隐患的，管道天然气经营企业应当告知并指导用户及时整改；用户不及时整改可能造成安全事故的，管道天然气经营企业可以暂停供气，并在确认安全隐患消除后恢复供气。

用户应当配合入户安全检查，并在书面检查单或者整改通知书上签字。

管道天然气经营企业开展入户安全检查，用户所在地物业服务企业和群众自治组织应当予以协助。

第三十四条 天然气经营企业不得有下列行为：

（一）拒绝向天然气管网覆盖范围内符合用气条件的单位或者个人供气；

（二）倒卖、抵押、出租、出借、转让、涂改天然气经营许可证；

（三）未履行必要告知义务擅自停止供气、调整供气量，或者未经审批擅自停业或者歇业；

（四）向未取得天然气经营许可的单位或者个人提供用于经营的天然气；

（五）在不具备安全条件的场所储存天然气；

（六）要求天然气用户购买其指定的产品或者接受其提供的服务；

（七）冒用其他企业名称或者标识从事天然气经营、服务活动；

（八）超出天然气经营许可证上载明的经营区域（站）从事天然气经营活动；

（九）危及公共安全或者损害用户利益的其他行为。

第三十五条 天然气经营企业应当向天然气管理部门报送天然气管网设施现状图、储气设施基本情况和月度经营信息、年度报告。

天然气管理部门对企业报送的涉及商业秘密的信息应当保密。

第三十六条 天然气供应企业在具备服务能力且符合安全运营的情况下，不得拒绝为符合条件的天然气经营企业提供服务或者提出不合理的要求。

第三十七条 天然气价格的制定或者调整应当由价格主管部门按照价格管理法律法规执行。

价格主管部门应当会同天然气管理部门实施天然气价格改革，合理确定天然气收费项目、收费标准，促进天然气行业健康发展。

第五章 使用规范与器具管理

第三十八条 天然气用户应当遵守下列规定：

（一）按照安全用气规则使用天然气和天然气燃烧器具；

（二）使用质量合格的天然气燃烧器具，实行强制性产品认证制度的天然气燃烧器具应当符合强制性产品认证管理要求；

（三）及时更换国家明令淘汰或者使用年限已届满的天然气燃烧器具、连接管等；

（四）委托符合条件的人员安装、维修天然气燃烧器具；

（五）及时整改户内安全隐患；

（六）按照供用气合同约定支付天然气气费。

天然气单位用户应当建立健全安全管理制度，定期对操作维护人员进行天然气安全知识和操作技能培训，对本单位使用的天然气燃烧器具进行安全检查。

第三十九条 天然气用户及相关单位和个人不得有下列行为：

（一）擅自操作公用天然气阀门；

（二）将天然气管道作为负重支架或者接地引线；

（三）安装、使用不符合气源要求的天然气燃烧器具；

（四）擅自安装、改装、拆除户内天然气设施和天然气计量器具；

（五）在不具备安全条件的场所使用、储存天然气；

（六）盗用天然气；

（七）转供天然气或者擅自改变天然气用途；

（八）危及自身安全和公共安全的其他用气行为。

第四十条 天然气燃烧器具应当符合国家产品质量技术标准并检验合格。

天然气燃烧器具生产者、销售者应当依法设立或者委托设立售后服务站点，配备经考核合格的天然气燃烧器具安装、维修人员，提供售后的安装、维修服务。

从事天然气燃烧器具安装、维修的人员，应当依法考取职业技能岗位证书，并在提供安装、维修服务时主动出示职业技能岗位证书。

本市倡导使用安全节能环保型的天然气燃烧器具、连接管等。

第四十一条 天然气燃烧器具应当在通风良好的用气场所使用。

鼓励天然气用户安装使用天然气泄漏报警装置、安全自闭阀等安全设施。

地下室、半地下室、地上封闭用气空间和厨房为地上暗厨房（无直通室外的门和窗）等通风不良的用气场所，天然气用户应当按照国家标准设置天然气泄漏报警装置、安全自闭阀、通风等安全设施。

第六章 设施保护与安全管理

第四十二条 天然气居民用户承担下列范围内天然气设施的运行、维护、抢修和更新改造责任：

（一）天然气计量表设置在住宅内的，天然气计量表（不含表）后的天然气设施；

（二）天然气计量表设置在住宅公共部位的，天然气管道入户墙（不含墙）内侧的天然气设施。

天然气单位用户承担供本单位使用的专有部分的天然气设施的运行、维护、抢修和更新改造责任。管道天然气经营企业应当按照供用气合同的约定，对天然气单位用户的天然气设施承担相应的管理责任。

管道天然气经营企业承担本条第一款、第二款规定以外的天然气设施的运行、维护、抢修和更新改造的责任。

第四十三条 天然气用户安装、改装、拆除责任范围内天然气设施的，应当委托具有相应资质的单位按照国家有关工程建设标准和规范实施。

天然气管理部门应当建立具备相应资质的天然气设施安装、改装、拆除企业目录清单，并向社会公布。天然气用户根据目录清单自主选择安装、改装、拆除企业。管道天然气经营企业、物业服务企业等任何单位或者个人不得指定。

第四十四条 天然气用户在安装、改装天然气设施完成后，应当向管道天然气经营企业申请通气验收，管道天然气经营企业应当自收到申请之日起五个工作日内进行通气验收。验收合格后方可通气；未经验收或者验收不合格的，禁止通气。

通气验收不得向天然气用户收取费用。

天然气经营企业对首次安装天然气设施用户通气验收合格的，应当在天然气计量器具上或者靠近天然气燃烧器具的位置张贴安全须知和抢险电话，并告知相关安全注意事项。

第四十五条 天然气经营企业应当对责任范围内的天然气设施进行定期巡查、检测、维修和维护等，确保安全运行。

天然气经营企业应当按照国家有关工程建设标准、规范和安全生产管理规定，设置天然气设施防腐、绝缘、防雷、降压、隔离等保护装置和安全警示标志，确保天然气设施的安全运行。

第四十六条 天然气管理部门应当会同城乡规划等有关部门按照国家有关标准和规定划定天然气设施保护范围，并向社会公布。

在天然气设施保护范围内，禁止从事国务院《城镇燃气管理条例》规定的危及天然气设施安全的活动。有关单位从事敷设管道、打桩、顶进、挖掘、钻探等可能影响天然气设施安全活动的，应当与天然气经营企业共同制定天然气设施保护方案，并采取相应的安全保护措施。

第四十七条 新建、扩建、改建建设工程，建设单位在开工前应当查明建设工程施工范围内地下天然气管线的相关情况，并按照标准和规范实施工程建设，保障天然气设施安全。

建设工程施工范围内有地下天然气管线等重要天然气设施的，建设单位在开工前应当书面通知天然气经营企业，天然气经营企业应当指派专业技术人员到现场提供技术、安全指导。

因施工作业不当造成天然气设施损坏的，建设单位应当组织施工单位协助天然气经营企业进行抢修；造成经济损失的，应当依法承担赔偿责任。

第四十八条 天然气经营企业改动市政天然气设施的，应当制定改动方案，报天然气管理部门批准，并按照批准后的改动方案组织实施。

因建设工程需要改动的，改动费用由建设单位承担。

第四十九条 任何单位和个人不得有下列危害天然气设施的行为：

（一）侵占，毁损，擅自拆除、移动或者改动天然气设施；

（二）盗窃、哄抢天然气设施；

（三）向天然气设施倾倒、排放腐蚀性物质；

（四）在天然气管道穿越河流的标志区域内抛锚或者进行危及天然气管道安全的作业；

（五）移动、覆盖、涂改、拆除、损坏天然气设施的保护装置；

（六）毁损、覆盖、涂改、擅自拆除或者移动天然气设施安全警示标志；

（七）其他危害天然气设施的行为。

第五十条 天然气经营企业应当履行安全生产主体责任，建立健全安全生产责任制，制定天然气安全评估和风险管理体系，实行安全生产规范化管理，采取措施及时消除安全隐患。

天然气管理部门应当制定安全生产年度监督检查计划，对天然气经营企业的安全状况等进行监督检查，督促天然气经营企业及时采取措施防控安全生产风险、消除安全生产隐患。

第五十一条 任何单位和个人发现可能危及天然气设施和安全警示标志的行为，有权予以劝阻和制止，有权告知天然气经营企业，或者向天然气管理部门和公安机关报告。

第五十二条 天然气管理部门应当会同有关部门制定天然气安全事故应急预案。天然气经营企业应当制定本单位天然气安全事故应急预案，配备应急人员和必要的应急装备、器材，并定期组织演练。

发生天然气安全事故时，天然气经营企业应当立即启动应急预案，组织抢险、抢修，并向所在地天然气管理部门报告。天然气经营企业抢险、抢修时，相关单位和个人应当给予协助，不得阻挠、妨碍抢险、抢修作业。

在处理天然气安全事故时，对影响抢险、抢修的其他设施，天然气经营企业在确保安全的情况下，可以采取必要的应急措施先行施工，并及时通知设施所有权人或者使用人。抢险、抢修完毕后，天然气经营企业应当及时恢复原状或者给予补偿。天然气安全事故属于责任事故的，其抢险、抢修费用和事故造成的经济损失，由事故责任方承担。

天然气安全事故发生后，天然气管理部门、应急管理部门等部门和单位，应当根据各自职责，立即采取措施防止事故扩大，并根据情况启动天然气安全事故应急预案。

第五十三条 禁止天然气经营企业超出许可范围新建、改建、扩建天然气设施和供气。市、区县（自治县）人民政府应当制定天然气经营企业超出许可范围违法供气的应急预案。

乡（镇）人民政府、街道办事处应当加强对辖区内天然气管道建设的巡查，及时将新建、改建、扩建天然气设施的情况报告天然气管理部门。

天然气管理部门应当会同城乡规划、城乡建设等管理部门，按照各自职责及时制止和处理违法修建天然气设施的行为。

天然气经营企业违法修建天然气设施且已经供气的，市、区县（自治县）人民政府应当责令立即停止供气，并启动本条第一款规定的应急预案。

第五十四条 天然气管理部门应当建立投诉、举报制度，公开举报电话、通信地址和电子邮箱，受理投诉、举报。

天然气管理部门对受理的举报或者投诉应当在三十日内作出处理，并回复投诉人、举报人。情况复杂的，应当在六十日内作出处理并回复。

第五十五条 鼓励天然气经营企业投保安全生产责任保险，对其经营活动中可能发生的第三者人身伤亡和财产损失购买相关保险。

鼓励天然气用户购买燃气意外伤害保险。

第七章 法律责任

第五十六条 违反本条例规定，未取得天然气经营许可证从事天然气经营活动的，由天然气管理部门责令停止违法行为，处五万元以上五十万元以下罚款；有违法所得的，没收违法所得。

违反本条例规定，天然气经营企业不按照天然气经营许可证的规定从事天然气经营活动的，由天然气管理部门责令限期改正，处三万元以上二十万元以下罚款；有违法所得的，没收违法所得；情节严重的，吊销天然气经营许可证。

第五十七条 违反本条例规定，天然气经营企业有下列行为之一的，由天然气管理部门责令改正，处一万元以上十万元以下罚款；有违法所得的，没收违法所得；情节严重的，吊销天然气经营许可证：

（一）不具备符合国家规定的储气能力，或者未按照规定承担小时调峰供气责任的；

（二）转让、出租特许经营权或者将特许经营权交与其他单位或者个人经营的；

（三）未按照规定向天然气管理部门申请变更或者重新申请天然气经营许可的；

（四）未按照规定向天然气管理部门报送天然气管网设施现状图、储气设施基本情况、月度经营信息或者企业年度报告的；

（五）非因天然气用户原因，未按照规定时间进行通气验收的；

（六）非因居民用户原因，超过两年未对居民用户开展入户安全检查的。

第五十八条 违反本条例第二十九条第一款规定，天然气经营企业未按照国家《燃气服务导则》提供服务的，由天然气管理部门责令改正，可以处一万元以上五万元以下罚款。

第五十九条 违反本条例规定，天然气供应企业有下列行为之一的，由天然气管理部门责令改正，处一万元以上十万元以下罚款；有违法所得的，没收违法所得：

（一）未按照规定储备天然气，承担季节（月）调峰供气责任的；

（二）发现可能发生天然气供应严重短缺、供应中断等突发事件时，未按照规定通知天然气经营企业，或者报告天然气管理部门的；

（三）在具备服务能力且符合安全运营的情况下，拒绝为符合条件的天然气经营企业提供服务或者提出不合理要求的。

第六十条 违反本条例规定，天然气用户有下列行为之一的，由天然气管理部门责令限期改正；逾期未改正的，对天然气单位用户处一万元以上十万元以下罚款，对天然气居民用户处两百元以上一千元以下罚款：

（一）无正当理由拒绝入户安全检查的；

（二）未及时整改户内安全隐患的；

（三）委托不符合条件的人员安装、维修天然气燃烧器具的；

（四）在地下室、半地下室和其他通风不良的用气场所，未按照规定设置天然气泄漏报警装置、安全自闭阀、通风等安全设施的。

不符合条件的人员擅自安装、维修天然气燃烧器具的，由天然气管理部门给予警告，并处一千元以上五千元以下罚款。

第六十一条 违反本条例规定，实施下列危害天然气设施行为之一的，由天然气管理部门责令限期改正，恢复原状或者采取其他补救措施，对单位处五万元以上十万元以下罚款，对个人处五千元以上五万元以下罚款：

（一）盗窃、哄抢天然气设施的；

（二）向天然气设施倾倒、排放腐蚀性物质的；

（三）在天然气管道穿越河流的标志区域内抛锚或者进行危及天然气管道安全的作业的；

（四）移动、覆盖、涂改、拆除、损坏天然气设施保护装置的。

第六十二条 违反本条例规定，天然气管理部门和其他相关部门及其工作人员在天然气管理中玩忽职守、滥用职权、徇私舞弊的，依法给予处分。

第六十三条 违反本条例规定的其他行为，《城镇燃气管理条例》和其他法律法规已有处罚规定的，从其规定。

违反本条例规定，造成他人人身伤害或者财产损失的，依法承担民事责任；违反治安管理规定的，由公安机关依法给予治安管理处罚；构成犯罪的，依法追究刑事责任。

第八章 附 则

第六十四条 本条例下列用语的含义：

（一）天然气设施，是指天然气储配站、门站、气化站、加气站、供应站、调压站、市政天然气管网等的总称，包括市政天然气设施、建筑区划内业主专有部分以外的天然气设施以及建筑区划内业主专有部分天然气设施等。

（二）天然气燃烧器具，是指以天然气为燃料的燃烧器具，包括天然气用户所使用的燃气灶、热水器、沸水器、采暖器、空调器等器具。

（三）天然气供应企业，是指拥有稳定且可供的天然气资源，通过天然气基础设施销售天然气的企业。

（四）天然气经营企业，是指依法取得天然气经营许可，通过天然气设施向天然气用户销售天然气的企业，包括管道天然气经营企业、压缩天然气经营企业和液化天然气经营企业。

（五）天然气用户，是指使用天然气作为生活、生产燃料的自然人、法人或者其他组织，包括居民用户和单位用户。

第六十五条　本条例自 2020 年 1 月 1 日起施行。

本条例施行前已经取得天然气经营许可证的天然气经营企业，天然气管理部门应当自本条例施行之日起一百八十日内与其补充签订特许经营协议。

四、特许经营篇

◎导　读

在特许经营篇，本书未将早期一些试行、暂行或已有省级上位法的市级法规规章纳入其中，此类法规规章内容比较简单，多数沿袭了《市政公用事业特许经营管理办法》的内容。

在燃气经营许可与特许经营两者关系方面，现有立法仍未厘清其中的问题，有的地方仍存在设立燃气特许经营许可的立法。比如《福建省燃气管理条例》第十二条第二款规定："从事管道燃气经营的企业，必须依法取得管道燃气项目所在地设区的市、县（市）人民政府授予的特许经营权及其颁发的管道燃气特许经营许可证，并与设区的市、县（市）人民政府或者其授权的燃气行政主管部门签订特许经营协议。"第五十三条规定："违反本条例第十二条第二款、第十八条第一款、第十九条第二款、第二十条第一款规定，未经许可从事燃气经营活动的单位或者个人，由县级以上地方人民政府燃气行政主管部门责令停止经营，并没收非法物品和违法所得，按下列规定处以罚款：（一）未取得管道燃气特许经营权从事管道燃气特许经营的，处以二十万元以上五十万元以下的罚款……"2012 年该条例被修订时仍保留"管道燃气特许经营许可"。可见目前各地对燃气经营许可与特许经营许可的关系仍有比较大的分歧。

市政公用事业特许经营管理办法

（2004年3月19日建设部令第126号公布　根据2015年5月4日住房和城乡建设部令第24号《住房和城乡建设部关于修改〈房地产开发企业资质管理规定〉等部门规章的决定》修正）

第一条　为了加快推进市政公用事业市场化，规范市政公用事业特许经营活动，加强市场监管，保障社会公共利益和公共安全，促进市政公用事业健康发展，根据国家有关法律、法规，制定本办法。

第二条　本办法所称市政公用事业特许经营，是指政府按照有关法律、法规规定，通过市场竞争机制选择市政公用事业投资者或者经营者，明确其在一定期限和范围内经营某项市政公用事业产品或者提供某项服务的制度。

城市供水、供气、供热、公共交通、污水处理、垃圾处理等行业，依法实施特许经营的，适用本办法。

第三条　实施特许经营的项目由省、自治区、直辖市通过法定形式和程序确定。

第四条　国务院建设主管部门负责全国市政公用事业特许经营活动的指导和监督工作。

省、自治区人民政府建设主管部门负责本行政区域内的市政公用事业特许经营活动的指导和监督工作。

直辖市、市、县人民政府市政公用事业主管部门依据人民政府的授权（以下简称主管部门），负责本行政区域内的市政公用事业特许经营的具体实施。

第五条　实施市政公用事业特许经营，应当遵循公开、公平、公正和公共利益优先的原则。

第六条　实施市政公用事业特许经营，应当坚持合理布局，有效配置资源的原则，鼓励跨行政区域的市政公用基础设施共享。

跨行政区域的市政公用基础设施特许经营，应当本着有关各方平等协商的原则，共同加强监管。

第七条　参与特许经营权竞标者应当具备以下条件：

（一）依法注册的企业法人；

（二）有相应的设施、设备；

（三）有良好的银行资信、财务状况及相应的偿债能力；

（四）有相应的从业经历和良好的业绩；

（五）有相应数量的技术、财务、经营等关键岗位人员；

（六）有切实可行的经营方案；

（七）地方性法规、规章规定的其他条件。

第八条　主管部门应当依照下列程序选择投资者或者经营者：

（一）提出市政公用事业特许经营项目，报直辖市、市、县人民政府批准后，向社会公开发布招标条件，受理投标；

（二）根据招标条件，对特许经营权的投标人进行资格审查和方案预审，推荐出符合条件的投标候选人；

（三）组织评审委员会依法进行评审，并经过质询和公开答辩，择优选择特许经营权授予对象；

（四）向社会公示中标结果，公示时间不少于20天；

（五）公示期满，对中标者没有异议的，经直辖市、市、县人民政府批准，与中标者

（以下简称“获得特许经营权的企业”）签订特许经营协议。

第九条 特许经营协议应当包括以下内容：

（一）特许经营内容、区域、范围及有效期限；

（二）产品和服务标准；

（三）价格和收费的确定方法、标准以及调整程序；

（四）设施的权属与处置；

（五）设施维护和更新改造；

（六）安全管理；

（七）履约担保；

（八）特许经营权的终止和变更；

（九）违约责任；

（十）争议解决方式；

（十一）双方认为应该约定的其他事项。

第十条 主管部门应当履行下列责任：

（一）协助相关部门核算和监控企业成本，提出价格调整意见；

（二）监督获得特许经营权的企业履行法定义务和协议书规定的义务；

（三）对获得特许经营权的企业的经营计划实施情况、产品和服务的质量以及安全生产情况进行监督；

（四）受理公众对获得特许经营权的企业的投诉；

（五）向政府提交年度特许经营监督检查报告；

（六）在危及或者可能危及公共利益、公共安全等紧急情况下，临时接管特许经营项目；

（七）协议约定的其他责任。

第十一条 获得特许经营权的企业应当履行下列责任：

（一）科学合理地制定企业年度生产、供应计划；

（二）按照国家安全生产法规和行业安全生产标准规范，组织企业安全生产；

（三）履行经营协议，为社会提供足量的、符合标准的产品和服务；

（四）接受主管部门对产品和服务质量的监督检查；

（五）按规定的时间将中长期发展规划、年度经营计划、年度报告、董事会决议等报主管部门备案；

（六）加强对生产设施、设备的运行维护和更新改造，确保设施完好；

（七）协议约定的其他责任。

第十二条 特许经营期限应当根据行业特点、规模、经营方式等因素确定，最长不得超过30年。

第十三条 获得特许经营权的企业承担政府公益性指令任务造成经济损失的，政府应当给予相应的补偿。

第十四条 在协议有效期限内，若协议的内容确需变更的，协议双方应当在共同协商的基础上签订补充协议。

第十五条 获得特许经营权的企业确需变更名称、地址、法定代表人的，应当提前书面告知主管部门，并经其同意。

第十六条 特许经营期限届满，主管部门应当按照本办法规定的程序组织招标，选择特许经营者。

第十七条 获得特许经营权的企业在协议有效期内单方提出解除协议的，应当提前提出申请，主管部门应当自收到获得特许经营权的企业申请的3个月内作出答复。在主管部门同意解除协议前，获得特许经营权的企业必须保证正常的经营与服务。

第十八条 获得特许经营权的企业在特许经营期间有下列行为之一的，主管部门应当依法终止特许经营协议，取消其特许经营权，并可以实施临时接管：

（一）擅自转让、出租特许经营权的；

（二）擅自将所经营的财产进行处置或者抵押的；

（三）因管理不善，发生重大质量、生产安全事故的；

（四）擅自停业、歇业，严重影响到社会公共利益和安全的；

（五）法律、法规禁止的其他行为。

第十九条 特许经营权发生变更或者终止时，主管部门必须采取有效措施保证市政公用产品供应和服务的连续性与稳定性。

第二十条 主管部门应当在特许经营协议签订后30日内，将协议报上一级市政公用事业主管部门备案。

第二十一条 在项目运营的过程中，主管部门应当组织专家对获得特许经营权的企业经营情况进行中期评估。

评估周期一般不得低于两年，特殊情况下可以实施年度评估。

第二十二条 直辖市、市、县人民政府有关部门按照有关法律、法规规定的原则和程序，审定和监管市政公用事业产品和服务价格。

第二十三条 未经直辖市、市、县人民政府批准，获得特许经营权的企业不得擅自停业、歇业。

获得特许经营权的企业擅自停业、歇业的，主管部门应当责令其限期改正，或者依法采取有效措施督促其履行义务。

第二十四条 主管部门实施监督检查，不得妨碍获得特许经营权的企业正常的生产经营活动。

第二十五条 主管部门应当建立特许经营项目的临时接管应急预案。

对获得特许经营权的企业取消特许经营权并实施临时接管的，必须按照有关法律、法规的规定进行，并召开听证会。

第二十六条 社会公众对市政公用事业特许经营享有知情权、建议权。

直辖市、市、县人民政府应当建立社会公众参与机制，保障公众能够对实施特许经营情况进行监督。

第二十七条 国务院建设主管部门应当加强对直辖市市政公用事业主管部门实施特许经营活动的监督检查，省、自治区人民政府建设主管部门应当加强对市、县人民政府市政公用事业主管部门实施特许经营活动的监督检查，及时纠正实施特许经营中的违法行为。

第二十八条 对以欺骗、贿赂等不正当手段获得特许经营权的企业，主管部门应当取消其特许经营权，并向国务院建设主管部门报告，由国务院建设主管部门通过媒体等形式向社会公开披露。被取消特许经营权的企业在三年内不得参与市政公用事业特许经营竞标。

第二十九条 主管部门或者获得特许经营权的企业违反协议的，由过错方承担违约责任，给对方造成损失的，应当承担赔偿责任。

第三十条 主管部门及其工作人员有下列情形之一的，由对其授权的直辖市、市、县人民政府或者监察机关责令改正，对负主要责任的主管人员和其他直接责任人员依法给予行政处分；构成犯罪的，依法追究刑事责任：

（一）不依法履行监督职责或者监督不力，造成严重后果的；

（二）对不符合法定条件的竞标者授予特许经营权的；

（三）滥用职权、徇私舞弊的。

第三十一条 本办法自2004年5月1日起施行。

关于加快市政公用行业市场化进程的意见

（2002 年 12 月 27 日　建城〔2002〕272 号）

市政公用行业是城市经济和社会发展的载体，它直接关系到社会公共利益，关系到人民群众生活质量，关系到城市经济和社会的可持续发展。为了促进市政公用行业的发展，提高市政公用行业运行效率，现就加快市政公用行业市场化进程提出如下意见：

一、指导思想与目的

深入贯彻十六大精神，以邓小平理论和“三个代表”重要思想为指导，以体制创新和机制创新为动力，以确保社会公众利益，促进市政公用行业发展为目的，加快推进市政公用行业市场化进程，引入竞争机制，建立政府特许经营制度，尽快形成与社会主义市场经济体制相适应的市政公用行业市场体系，推动全面建设小康社会。

二、开放市政公用行业市场

（一）鼓励社会资金、外国资本采取独资、合资、合作等多种形式，参与市政公用设施的建设，形成多元化的投资结构。对供水、供气、供热、污水处理、垃圾处理等经营性市政公用设施的建设，应公开向社会招标选择投资主体。

（二）允许跨地区、跨行业参与市政公用企业经营。采取公开向社会招标的形式选择供水、供气、供热、公共交通、污水处理、垃圾处理等市政公用企业的经营单位，由政府授权特许经营。

（三）通过招标发包方式选择市政设施、园林绿化、环境卫生等非经营性设施日常养护作业单位或承包单位。逐步建立和实施以城市道路为载体的道路养护、绿化养护和环卫保洁综合承包制度，提高养护效率和质量。

（四）市政公用行业的工程设计、施工和监理、设备生产和供应等必须从主业中剥离出来，纳入建设市场统一管理，实行公开招标和投标。

三、建立市政公用行业特许经营制度

市政公用行业特许经营制度是指在市政公用行业中，由政府授予企业在一定时间和范围对某项市政公用产品或服务进行经营的权利，即特许经营权。政府通过合同协议或其他方式明确政府与获得特许权的企业之间的权利和义务。

市政公用行业实行特许经营的范围包括：城市供水、供气、供热、污水处理、垃圾处理及公共交通等直接关系社会公共利益和涉及有限公共资源配置的行业。

实施特许经营权制度应包括已经从事这些行业经营活动的企业和新设立企业、在建项目和新建项目。

（一）特许经营权的获得

实施特许经营，应该通过规定的程序公开向社会招标选择投资者和经营者。要按照《中华人民共和国招标投标法》的规定，首先向社会发布特许经营项目的内容、时限、市场准入条件、招标程序及办法，在规定的时间内公开接受申请；要组织专家根据市场准入条件对申请者进行资格审查和严格评议，择优选择特许经营权授予对象。

对被选择的特许经营权授予对象，应该在新闻媒体上进行公示，接受社会监督；公示期满后，由城市市政公用行业主管部门代表城市政府与被授予特许经营权的企业签订特许经营合同。

凡投资建设特许经营范围内的市政公用项目，项目建设单位必须首先获得特许经营权，与行业主管部门签订合同后方可实施建设。

现有国有或国有控股的市政公用企业，应在进行国有资产评估、产权登记的基础上，按规定的程序申请特许经营权。政府也可采取直接委托的方式授予经营权，并由主管部门与受委托企业签定经营合同。

（二）申请特许经营权的企业应该具备的条件：

依法注册的企业法人资格；

与所申请的经营内容相应的条件：企业经营管理、技术管理负责人具备相应的从业经历和业绩，其他关键岗位人员具有相应的从业资格，应具有的资金和设备、设施能力；

良好的银行资信和财务状况；与其业务规模相适应的偿债能力；

具有可行的经营方案以及政府规定的其他必要条件。

（三）特许经营合同应该包括以下基本内容：

经营的内容、范围及有效期限；

产品和服务的质量标准；

价格或收费的确定方法和标准；

资产的管理制度；

双方的权利和义务；

履约担保；

经营权的终止和变更；

监督机制；

违约责任。

（四）特许经营权的变更与终止

在合同期限内，若特许经营的内容发生变更，合同双方必须在共同协商的基础上签订相关的补充协议。若因企业原因导致经营内容发生重大变更，政府应根据变更的情况，决定是否继续授予其特许经营权；若政府根据发展需要调整规划和合同时，应充分考虑原获得特许经营权的企业的合理利益。

特许经营权期满前（一般不少于一年），特许经营企业可按照规定申请延长特许权期限。经主管部门按规定的程序组织审议并报城市政府批准后，可以延长特许经营权期限。

获得特许经营权的企业在经营期间如出现以下所列情况，由市政公用行业主管部门报城市政府批准后予以相应处理，对情节严重的，应取消其特许经营权：

未按要求履行合同，产品和服务质量不符合标准，并未按市政公用行业主管部门要求进行限期整改的；

未经政府及行业主管部门批准，擅自转让或变更特许经营权的；

未经城市政府及行业主管部门批准，擅自停业、歇业，影响到社会公共利益和安全的；

发生重大质量事故、安全生产事故或企业法人有重大违规违纪行为的。

在特许经营权发生变更或终止时，必须做好资产的处置和人员的安置工作，必须保证服务的连续性。

市政公用企业要依法自主经营。取得特许经营权的企业要在政府公共资源配置总体规划的指导下，科学合理地制定企业年度生产计划；为社会提供足量的符合标准的产品或优质服务；要自觉接受政府的监管，制定严格的财务会计制度，定期向政府及主管部门汇报经营情况，如实提供反映企业履行合同情况的有关材料。市政公用企业应通过合法经营取得合理的投资回报，实现经营利润，同时承担相应的经营风险和法律责任，真正成为自主经营、自负盈亏、自我发展的市场主体。

四、转变政府管理方式

城市人民政府负责本行政区域内特许经

营权的授予工作。各城市市政公用行业主管部门由当地政府授权代表城市政府负责特许经营的具体管理工作，并行使授权方相关权利，承担授权方相关责任。

市政公用行业主管部门要进一步转变管理方式，从直接管理转变为宏观管理，从管行业转变为管市场，从对企业负责转变为对公众负责、对社会负责。

市政公用行业主管部门的主要职责是认真贯彻国家有关法律法规，制定行业发展政策、规划和建设计划；制定市政公用行业的市场规则，创造公开、公平的市场竞争环境；加强市场监管，规范市场行为；对进入市政公用行业的企业资格和市场行为、产品和服务质量、企业履行合同的情况进行监督；对市场行为不规范、产品和服务质量不达标和违反特许经营合同规定的企业进行处罚。

市政公用产品和服务价格由政府审定和监管。应在充分考虑资源的合理配置和保证社会公共利益的前提下，遵循市场经济规律，根据行业平均成本并兼顾企业合理利润来确定市政公用产品或服务的价格（收费）标准。

市政公用企业通过合法经营获得的合理回报应予保障。若为满足社会公众利益需要，企业的产品和服务定价低于成本，或企业为完成政府公益性目标而承担政府指令性任务，政府应给予相应的补贴。

五、加强领导，积极稳妥推进市场化进程

加快市政公用行业市场化进程，建立特许经营制度是建立社会主义市场经济体制的必然要求，是市政公用行业的一项重大改革，各地要加强领导，积极稳妥地推进。

建设部负责对全国推进市政公用行业市场化进程和建立特许经营制度的工作进行宏观指导；各省、自治区建设行政主管部门负责对所管辖的行政区域内的市政公用行业实施特许经营制度工作进行监督和指导。

城市人民政府及其行业主管部门要本着对人民、对事业高度负责的精神，精心组织、统筹规划，妥善处理好改革、发展、稳定的关系，积极稳妥地推进市政公用行业市场化进程。要制定总体实施方案，落实相关配套政策。要从本地实际情况出发，因地制宜、分类指导，切实解决好市场化过程中出现的实际问题。在实施产权制度改革时，要按照国家和当地政府的相关政策，妥善解决好职工养老、医疗等社会保险问题。

要加快相关立法工作，以法律的形式明确投资者、经营者和管理者的权力、义务和责任，明确政府及其主管部门与投资者、经营者之间的法律关系。

各有关部门要通力协作，积极为推进市政公用行业市场化、建立特许经营制度创造条件，争取在较短时间内尽快建立起统一开放、竞争有序的市政公用行业市场体系和运行机制。

建设部关于加强市政公用事业监管的意见

（2005年9月10日　建城〔2005〕154号）

各省、自治区建设厅，直辖市建委及有关部门，新疆生产建设兵团建设局：

为了加快推进市政公用事业市场化，促进市政公用事业健康发展，按照党中央、国务院关于“推进供水、供气等市政公用事业市场化进程”和“对自然垄断业务要进行有效监管”的要求，现就加强市政公用事业监管工作提出如下意见。

一、充分认识加强市政公用事业监管的重要意义

市政公用事业是为城镇居民生产生活提供必需的普遍服务的行业，主要包括城市供水排水和污水处理、供气、集中供热、城市道路和公共交通、环境卫生和垃圾处理以及园林绿化等。

市政公用事业是城市重要的基础设施，是城市经济和社会发展的重要载体，直接关系到社会公众利益，关系到人民群众生活质量，关系到城市经济和社会的可持续发展，具有显著的基础性、先导性、公用性和自然垄断性。

近几年来，各地认真贯彻落实《中共中央关于完善社会主义市场经济体制若干问题的决定》，加快市政公用事业的改革，积极推进市政公用事业市场化进程，取得了显著成就。市政公用事业市场全方位开放，行业垄断局面已经打破；竞争机制全面引入，多元化投资结构基本形成；产权制度改革促进了经营效率的提高，市场经济促进了市政公用事业的持续发展。但是，在推进市场化的进程中，一些地方认识上还有偏差；不重视公平、公开的竞争机制的建立；存在着监管意识不强，监管工作不落实，监管能力薄弱和监管效率不高等问题。

市政公用事业是自然垄断性行业。为维护人民群众的利益，保证市政公用事业的安全运行，城市人民政府必须切实加强对市政公用事业的监管。加强市政公用事业监管是推进市政公用事业市场化的重要内容，健全的市政公用事业监管体系是推进市场化的重要保障，市政公用事业监管应贯穿于市政公用事业市场化的全过程。各地要认真贯彻“三个代表”重要思想和“立党为公、执政为民”的要求，充分认识加强市政公用事业监管的重要意义，在推进市政公用事业市场化进程中，始终坚持代表最广大人民群众的根本利益，把加强市政公用事业监管摆到重要的议事日程，落实监管责任，抓好监管工作，促进市政公用事业的健康发展。

二、认真抓好市政公用事业监管的有关工作

市政公用事业监管是各地政府及其有关部门为维护社会公众利益和公共安全，依据有关法律法规对市政公用事业的投资、建设、生产、运营者及其相关活动实施的行政管理与监督。

市政公用事业监管主要包括：市场进入与退出的监管、运行安全的监管、产品与服务质量的监管、价格与收费的监管、管线网络系统的监管、市场竞争秩序的监管等。当前要重点抓好以下几项工作：

（一）规范市场准入。市场准入是市政公用事业监管的首要环节，必须科学制定标准，严格操作程序，把好市场准入关。

各省级建设主管部门要按照有关法律法规和《市政公用事业特许经营管理办法》的要求，结合本地实际情况和各行业的特点，明确市场准入条件，规定市场准入程序，坚持公开、公正、公平的竞争原则，完善招投标制度，并负责对实施情况监督检查。

各城市市政公用事业主管部门要严格按照市场准入条件和程序，结合项目的特点，认真组织编制招标文件。要明确招标主体、招标范围、招标程序、开标、评标和中标规则，进行公开招标。要将特许经营协议的核心内容作为招标的基本条件，综合考虑成本、价格、经营方案、质量和服务承诺、特殊情况的紧急措施等因素，择优选择中标者。

市政公用事业主管部门要及时同中标者签订特许经营协议，授予特许经营权，同时，报上一级主管部门备案。

各地要制定和完善市场退出规则，明确规定市场退出的申请和批准程序。经营期限届满，应按照准入程序和准入条件，重新进行招标。

（二）完善特许经营制度。特许经营制度是市政公用事业市场化的主要实现形式，要逐步通过立法的形式明确特许经营的法律地位。要按照《市政公用事业特许经营管理办法》的要求，具体落实市场准入和退出、特许经营权招标投标、特许经营项目中期评估、特殊情况下临时接管、对违规企业的披露、公众监督与参与、上级主管部门备案等规定，完善特许经营制度。

市政公用事业特许经营协议是界定协议双方权利与义务的法律文件，是对特许经营行为进行监管的重要依据。实施特许经营的项目必须签订特许经营协议，没有签订协议或协议不完善的，要及时补签和完善特许经营协议。

要充分发挥中介机构的作用。市政公用事业主管部门应组织或委托独立和符合条件的中介机构进行项目的招标、评估和产品质量检验、检测等。要引入竞争机制，择优选择中介机构。要加强对中介机构的监管，建立中介机构的评估制度，并及时向社会公布。

（三）加强产品和服务质量的监督检查。产品和服务质量监管是市政公用事业监管的重要内容。市政公用事业主管部门应定期对市政公用事业的产品和服务质量进行检验、检测和检查。

城市市政公用事业主管部门要按照有关产品和服务质量标准的要求，建立市政公用事业产品和服务质量监测制度，对企业提供的产品和服务质量实施定点、定时监测。监测结果要按有关规定报上级主管部门。

要加强对特许经营项目的评估工作，建立定期评估机制。对评估中发现的产品和服务质量问题，要提出整改意见并监督企业限期整改。评估的结果应与费用支付和价格调整挂钩。评估结果要及时报上一级主管部门备案。

要尊重社会公众的知情权，鼓励公众参与监督，建立通畅的信息渠道，完善公众咨询、监督机制，及时将产品和服务质量检查、监测、评估结果和整改情况以适当的方式向社会公布。

对于供水、供气、污水和垃圾处理等行业，市政公用事业主管部门可派遣人员驻场监管。监管员不应干预企业正常的生产和经营活动。

（四）落实安全防范措施。市政公用事业的安全运行关系到公共安全和社会稳定，责任重大。市政公用事业主管部门要切实加强对生产运营和作业单位安全生产的监管，监督企业建立和完善各项安全保障制度，严格执行安全操作规程，确保市政公用事业生产、供应和服务的连续性、稳定性。

市政公用事业主管部门要制定安全生产紧急情况应对预案，建立健全安全预警和应急救援工作机制。

要制定特殊情况下临时接管的应急预案。实施临时接管，必须报上一级主管部门批准。必要时，上一级主管部门可跨区域组织技术力量，为临时接管提供支持和保障。

（五）强化成本监管。成本监管是合理确定市政公用事业价格，促进企业提高效率的重要手段。各地市政公用事业主管部门要加强对市政公用事业产品和服务的成本监管，配合物价管理部门加快供水、供气、供热等价格的改革，形成科学合理的价格形成机制。

要通过完善相关定额和标准、进行区域

同行业成本比较和绩效评价、定期公布经营状况和成本信息等措施，建立健全成本约束机制，激励经营和作业者改进技术、开源节流、降低成本。要建立市政公用事业产品和服务成本定期监审制度，及时掌握企业经营成本状况，为政府定价提供基础依据，防止成本和价格不合理上涨。

要完善污水、垃圾处理收费政策，提高收缴率。加强污水和生活垃圾处理费的使用管理，保证处理费专项用于污水和生活垃圾的收集、输送和处理。

三、切实加强对市政公用事业监管的组织领导

市政公用事业监管是一项复杂的系统工程，涉及到管理体制的改革创新。各地要切实加强对市政公用事业监管的组织领导。

（一）转变管理方式，落实监管职责。各地要按照“经济调节、市场监管、社会管理、公共服务”的要求，切实转变政府职能，尽快从直接参与经营管理转向加强市场监管、完善公共服务，建立起完善的监管体系和工作机制。

各省、自治区建设行政主管部门负责本行政区域内的市政公用事业监管工作的指导和监督检查。

市、县人民政府市政公用事业主管部门是市政公用事业监管的具体执行机构，要认真履行监管职责，对本行政区域内市政公用事业准入、运营、退出的全过程进行有效监管。

（二）完善法律法规，依法实施监管。要严格依据有关法律法规，制定监管程序、监管标准和监管措施，明确监管机构和人员的职责范围和监督方式，依法实施监管。

要加快相关的法规和技术标准的研究和制定工作，为市政公用事业的监管工作提供法律保障和技术支撑。

（三）健全监管机构，加强能力建设。城市市政公用事业是不可分割的整体，市政公用事业市场是统一的市场。城市人民政府要充分发挥市政公用事业主管部门在人才、技术、行业管理经验方面的优势，整合行政资源，逐步建立统一的市政公用事业监管机构，实行统一领导、统一法规、统一标准、统一监管的管理体制，切实解决机构重叠、职能交叉、效率低下、监管成本高的问题。

市政公用事业主管部门要加强监管能力建设，完善监管手段，强化工作人员培训，不断提高业务素质和监管水平。

对监管人员行政不作为或者渎职失职的，要给予纪律处分，情节严重的，要依法追究责任。

（四）统筹兼顾，稳步推进产权制度改革。在推进市政公用事业市场化进程中，要正确处理改革、发展、稳定的关系，统筹兼顾职工利益、企业利益、公众利益和国家利益。实施市政公用事业国有企业产权制度改革，要按照《国务院办公厅转发〈国务院国有资产监督管理委员会关于规范国有企业改制工作意见〉的通知》要求，严格组织实施，确保职工的合法权益和国有资产不流失。转让国有产权的价款要优先用于原有职工的安置，剩余价款应主要用于市政公用事业的发展。

市政公用事业监管，涉及面广、专业性强、工作量大，监管的主要工作和责任在地方。各城市市政公用事业主管部门要按照地方党委、政府的统一部署，认真履行职责，健全监管体系，落实监管责任，加强市政公用事业监管，为构建和谐社会，促进经济和社会可持续发展做出贡献。

基础设施和公用事业特许经营管理办法

（2015 年 4 月 25 日国家发展改革委、财政部、住房城乡建设部、交通运输部、水利部、中国人民银行第 25 号令公布　自 2015 年 6 月 1 日起施行）

第一章　总　　则

第一条　为鼓励和引导社会资本参与基础设施和公用事业建设运营，提高公共服务质量和效率，保护特许经营者合法权益，保障社会公共利益和公共安全，促进经济社会持续健康发展，制定本办法。

第二条　中华人民共和国境内的能源、交通运输、水利、环境保护、市政工程等基础设施和公用事业领域的特许经营活动，适用本办法。

第三条　本办法所称基础设施和公用事业特许经营，是指政府采用竞争方式依法授权中华人民共和国境内外的法人或者其他组织，通过协议明确权利义务和风险分担，约定其在一定期限和范围内投资建设运营基础设施和公用事业并获得收益，提供公共产品或者公共服务。

第四条　基础设施和公用事业特许经营应当坚持公开、公平、公正，保护各方信赖利益，并遵循以下原则：

（一）发挥社会资本融资、专业、技术和管理优势，提高公共服务质量效率；

（二）转变政府职能，强化政府与社会资本协商合作；

（三）保护社会资本合法权益，保证特许经营持续性和稳定性；

（四）兼顾经营性和公益性平衡，维护公共利益。

第五条　基础设施和公用事业特许经营可以采取以下方式：

（一）在一定期限内，政府授予特许经营者投资新建或改扩建、运营基础设施和公用事业，期限届满移交政府；

（二）在一定期限内，政府授予特许经营者投资新建或改扩建、拥有并运营基础设施和公用事业，期限届满移交政府；

（三）特许经营者投资新建或改扩建基础设施和公用事业并移交政府后，由政府授予其在一定期限内运营；

（四）国家规定的其他方式。

第六条　基础设施和公用事业特许经营期限应当根据行业特点、所提供公共产品或服务需求、项目生命周期、投资回收期等综合因素确定，最长不超过 30 年。

对于投资规模大、回报周期长的基础设施和公用事业特许经营项目（以下简称特许经营项目）可以由政府或者其授权部门与特许经营者根据项目实际情况，约定超过前款规定的特许经营期限。

第七条　国务院发展改革、财政、国土、环保、住房城乡建设、交通运输、水利、能源、金融、安全监管等有关部门按照各自职责，负责相关领域基础设施和公用事业特许经营规章、政策制定和监督管理工作。

县级以上地方人民政府发展改革、财政、国土、环保、住房城乡建设、交通运输、水利、价格、能源、金融监管等有关部门根据职责分工，负责有关特许经营项目实施和监督管理工作。

第八条　县级以上地方人民政府应当建立各有关部门参加的基础设施和公用事业特许经营部门协调机制，负责统筹有关政策措施，并组织协调特许经营项目实施和监督管理工作。

第二章　特许经营协议订立

第九条　县级以上人民政府有关行业主管部门或政府授权部门（以下简称项目提出部门）可以根据经济社会发展需求，以及有关法人和其他组织提出的特许经营项目建议等，提出特许经营项目实施方案。

特许经营项目应当符合国民经济和社会发展总体规划、主体功能区规划、区域规划、环境保护规划和安全生产规划等专项规划、土地利用规划、城乡规划、中期财政规划等，并且建设运营标准和监管要求明确。

项目提出部门应当保证特许经营项目的完整性和连续性。

第十条　特许经营项目实施方案应当包括以下内容：

（一）项目名称；

（二）项目实施机构；

（三）项目建设规模、投资总额、实施进度，以及提供公共产品或公共服务的标准等基本经济技术指标；

（四）投资回报、价格及其测算；

（五）可行性分析，即降低全生命周期成本和提高公共服务质量效率的分析估算等；

（六）特许经营协议框架草案及特许经营期限；

（七）特许经营者应当具备的条件及选择方式；

（八）政府承诺和保障；

（九）特许经营期限届满后资产处置方式；

（十）应当明确的其他事项。

第十一条　项目提出部门可以委托具有相应能力和经验的第三方机构，开展特许经营可行性评估，完善特许经营项目实施方案。

需要政府提供可行性缺口补助或者开展物有所值评估的，由财政部门负责开展相关工作。具体办法由国务院财政部门另行制定。

第十二条　特许经营可行性评估应当主要包括以下内容：

（一）特许经营项目全生命周期成本、技术路线和工程方案的合理性，可能的融资方式、融资规模、资金成本，所提供公共服务的质量效率，建设运营标准和监管要求等；

（二）相关领域市场发育程度，市场主体建设运营能力状况和参与意愿；

（三）用户付费项目公众支付意愿和能力评估。

第十三条　项目提出部门依托本级人民政府根据本办法第八条规定建立的部门协调机制，会同发展改革、财政、城乡规划、国土、环保、水利等有关部门对特许经营项目实施方案进行审查。经审查认为实施方案可行的，各部门应当根据职责分别出具书面审查意见。

项目提出部门综合各部门书面审查意见，报本级人民政府或其授权部门审定特许经营项目实施方案。

第十四条　县级以上人民政府应当授权有关部门或单位作为实施机构负责特许经营项目有关实施工作，并明确具体授权范围。

第十五条　实施机构根据经审定的特许经营项目实施方案，应当通过招标、竞争性谈判等竞争方式选择特许经营者。

特许经营项目建设运营标准和监管要求明确、有关领域市场竞争比较充分的，应当通过招标方式选择特许经营者。

第十六条 实施机构应当在招标或谈判文件中载明是否要求成立特许经营项目公司。

第十七条 实施机构应当公平择优选择具有相应管理经验、专业能力、融资实力以及信用状况良好的法人或者其他组织作为特许经营者。鼓励金融机构与参与竞争的法人或其他组织共同制定投融资方案。

特许经营者选择应当符合内外资准入等有关法律、行政法规规定。

依法选定的特许经营者，应当向社会公示。

第十八条 实施机构应当与依法选定的特许经营者签订特许经营协议。

需要成立项目公司的，实施机构应当与依法选定的投资人签订初步协议，约定其在规定期限内注册成立项目公司，并与项目公司签订特许经营协议。

特许经营协议应当主要包括以下内容：

（一）项目名称、内容；

（二）特许经营方式、区域、范围和期限；

（三）项目公司的经营范围、注册资本、股东出资方式、出资比例、股权转让等；

（四）所提供产品或者服务的数量、质量和标准；

（五）设施权属，以及相应的维护和更新改造；

（六）监测评估；

（七）投融资期限和方式；

（八）收益取得方式，价格和收费标准的确定方法以及调整程序；

（九）履约担保；

（十）特许经营期内的风险分担；

（十一）政府承诺和保障；

（十二）应急预案和临时接管预案；

（十三）特许经营期限届满后，项目及资产移交方式、程序和要求等；

（十四）变更、提前终止及补偿；

（十五）违约责任；

（十六）争议解决方式；

（十七）需要明确的其他事项。

第十九条 特许经营协议根据有关法律、行政法规和国家规定，可以约定特许经营者通过向用户收费等方式取得收益。

向用户收费不足以覆盖特许经营建设、运营成本及合理收益的，可由政府提供可行性缺口补助，包括政府授予特许经营项目相关的其他开发经营权益。

第二十条 特许经营协议应当明确价格或收费的确定和调整机制。特许经营项目价格或收费应当依据相关法律、行政法规规定和特许经营协议约定予以确定和调整。

第二十一条 政府可以在特许经营协议中就防止不必要的同类竞争性项目建设、必要合理的财政补贴、有关配套公共服务和基础设施的提供等内容作出承诺，但不得承诺固定投资回报和其他法律、行政法规禁止的事项。

第二十二条 特许经营者根据特许经营协议，需要依法办理规划选址、用地和项目核准或审批等手续的，有关部门在进行审核时，应当简化审核内容，优化办理流程，缩短办理时限，对于本部门根据本办法第十三条出具书面审查意见已经明确的事项，不再作重复审查。

实施机构应当协助特许经营者办理相关手续。

第二十三条 国家鼓励金融机构为特许经营项目提供财务顾问、融资顾问、银团贷款等金融服务。政策性、开发性金融机构可以给予特许经营项目差异化信贷支持，对符合条件的项目，贷款期限最长可达 30 年。

探索利用特许经营项目预期收益质押贷款，支持利用相关收益作为还款来源。

第二十四条 国家鼓励通过设立产业基金等形式入股提供特许经营项目资本金。鼓励特许经营项目公司进行结构化融资，发行项目收益票据和资产支持票据等。

国家鼓励特许经营项目采用成立私募基金，引入战略投资者，发行企业债券、项目收益债券、公司债券、非金融企业债务融资工具等方式拓宽投融资渠道。

第二十五条 县级以上人民政府有关部门可以探索与金融机构设立基础设施和公用事业特许经营引导基金，并通过投资补助、财政补贴、贷款贴息等方式，支持有关特许经营项目建设运营。

第三章 特许经营协议履行

第二十六条 特许经营协议各方当事人应当遵循诚实信用原则，按照约定全面履行义务。

除法律、行政法规另有规定外，实施机构和特许经营者任何一方不履行特许经营协议约定义务或者履行义务不符合约定要求的，应当根据协议继续履行、采取补救措施或者赔偿损失。

第二十七条 依法保护特许经营者合法权益。任何单位或者个人不得违反法律、行政法规和本办法规定，干涉特许经营者合法经营活动。

第二十八条 特许经营者应当根据特许经营协议，执行有关特许经营项目投融资安排，确保相应资金或资金来源落实。

第二十九条 特许经营项目涉及新建或改扩建有关基础设施和公用事业的，应当符合城乡规划、土地管理、环境保护、质量管理、安全生产等有关法律、行政法规规定的建设条件和建设标准。

第三十条 特许经营者应当根据有关法律、行政法规、标准规范和特许经营协议，提供优质、持续、高效、安全的公共产品或者公共服务。

第三十一条 特许经营者应当按照技术规范，定期对特许经营项目设施进行检修和保养，保证设施运转正常及经营期限届满后资产按规定进行移交。

第三十二条 特许经营者对涉及国家安全的事项负有保密义务，并应当建立和落实相应保密管理制度。

实施机构、有关部门及其工作人员对在特许经营活动和监督管理工作中知悉的特许经营者商业秘密负有保密义务。

第三十三条 实施机构和特许经营者应当对特许经营项目建设、运营、维修、保养过程中有关资料，按照有关规定进行归档保存。

第三十四条 实施机构应当按照特许经营协议严格履行有关义务，为特许经营者建设运营特许经营项目提供便利和支持，提高公共服务水平。

行政区划调整，政府换届、部门调整和负责人变更，不得影响特许经营协议履行。

第三十五条 需要政府提供可行性缺口补助的特许经营项目，应当严格按照预算法规定，综合考虑政府财政承受能力和债务风险状况，合理确定财政付费总额和分年度数额，并与政府年度预算和中期财政规划相衔接，确保资金拨付需要。

第三十六条 因法律、行政法规修改，或者政策调整损害特许经营者预期利益，或者根据公共利益需要，要求特许经营者提供协议约定以外的产品或服务的，应当给予特许经营者相应补偿。

第四章　特许经营协议变更和终止

第三十七条　在特许经营协议有效期内，协议内容确需变更的，协议当事人应当在协商一致基础上签订补充协议。如协议可能对特许经营项目的存续债务产生重大影响的，应当事先征求债权人同意。特许经营项目涉及直接融资行为的，应当及时做好相关信息披露。

特许经营期限届满后确有必要延长的，按照有关规定经充分评估论证，协商一致并报批准后，可以延长。

第三十八条　在特许经营期限内，因特许经营协议一方严重违约或不可抗力等原因，导致特许经营者无法继续履行协议约定义务，或者出现特许经营协议约定的提前终止协议情形的，在与债权人协商一致后，可以提前终止协议。

特许经营协议提前终止的，政府应当收回特许经营项目，并根据实际情况和协议约定给予原特许经营者相应补偿。

第三十九条　特许经营期限届满终止或提前终止的，协议当事人应当按照特许经营协议约定，以及有关法律、行政法规和规定办理有关设施、资料、档案等的性能测试、评估、移交、接管、验收等手续。

第四十条　特许经营期限届满终止或者提前终止，对该基础设施和公用事业继续采用特许经营方式的，实施机构应当根据本办法规定重新选择特许经营者。

因特许经营期限届满重新选择特许经营者的，在同等条件下，原特许经营者优先获得特许经营。

新的特许经营者选定之前，实施机构和原特许经营者应当制定预案，保障公共产品或公共服务的持续稳定提供。

第五章　监督管理和公共利益保障

第四十一条　县级以上人民政府有关部门应当根据各自职责，对特许经营者执行法律、行政法规、行业标准、产品或服务技术规范，以及其他有关监管要求进行监督管理，并依法加强成本监督审查。

县级以上审计机关应当依法对特许经营活动进行审计。

第四十二条　县级以上人民政府及其有关部门应当根据法律、行政法规和国务院决定保留的行政审批项目对特许经营进行监督管理，不得以实施特许经营为名违法增设行政审批项目或审批环节。

第四十三条　实施机构应当根据特许经营协议，定期对特许经营项目建设运营情况进行监测分析，会同有关部门进行绩效评价，并建立根据绩效评价结果、按照特许经营协议约定对价格或财政补贴进行调整的机制，保障所提供公共产品或公共服务的质量和效率。

实施机构应当将社会公众意见作为监测分析和绩效评价的重要内容。

第四十四条　社会公众有权对特许经营活动进行监督，向有关监管部门投诉，或者向实施机构和特许经营者提出意见建议。

第四十五条　县级以上人民政府应当将特许经营有关政策措施、特许经营部门协调机制组成以及职责等信息向社会公开。

实施机构和特许经营者应当将特许经营项目实施方案、特许经营者选择、特许经营协议及其变更或终止、项目建设运营、所提供公共服务标准、监测分析和绩效评价、经过审计的上年度财务报表等有关信息按规定向社会公开。

特许经营者应当公开有关会计数据、财

务核算和其他有关财务指标，并依法接受年度财务审计。

第四十六条 特许经营者应当对特许经营协议约定服务区域内所有用户普遍地、无歧视地提供公共产品或公共服务，不得对新增用户实行差别待遇。

第四十七条 实施机构和特许经营者应当制定突发事件应急预案，按规定报有关部门。突发事件发生后，及时启动应急预案，保障公共产品或公共服务的正常提供。

第四十八条 特许经营者因不可抗力等原因确实无法继续履行特许经营协议的，实施机构应当采取措施，保证持续稳定提供公共产品或公共服务。

第六章 争议解决

第四十九条 实施机构和特许经营者就特许经营协议履行发生争议的，应当协商解决。协商达成一致的，应当签订补充协议并遵照执行。

第五十条 实施机构和特许经营者就特许经营协议中的专业技术问题发生争议的，可以共同聘请专家或第三方机构进行调解。调解达成一致的，应当签订补充协议并遵照执行。

第五十一条 特许经营者认为行政机关作出的具体行政行为侵犯其合法权益的，有陈述、申辩的权利，并可以依法提起行政复议或者行政诉讼。

第五十二条 特许经营协议存续期间发生争议，当事各方在争议解决过程中，应当继续履行特许经营协议义务，保证公共产品或公共服务的持续性和稳定性。

第七章 法律责任

第五十三条 特许经营者违反法律、行政法规和国家强制性标准，严重危害公共利益，或者造成重大质量、安全事故或者突发环境事件的，有关部门应当责令限期改正并依法予以行政处罚；拒不改正、情节严重的，可以终止特许经营协议；构成犯罪的，依法追究刑事责任。

第五十四条 以欺骗、贿赂等不正当手段取得特许经营项目的，应当依法收回特许经营项目，向社会公开。

第五十五条 实施机构、有关行政主管部门及其工作人员不履行法定职责、干预特许经营者正常经营活动、徇私舞弊、滥用职权、玩忽职守的，依法给予行政处分；构成犯罪的，依法追究刑事责任。

第五十六条 县级以上人民政府有关部门应当对特许经营者及其从业人员的不良行为建立信用记录，纳入全国统一的信用信息共享交换平台。对严重违法失信行为依法予以曝光，并会同有关部门实施联合惩戒。

第八章 附 则

第五十七条 基础设施和公用事业特许经营涉及国家安全审查的，按照国家有关规定执行。

第五十八条 法律、行政法规对基础设施和公用事业特许经营另有规定的，从其规定。

本办法实施之前依法已经订立特许经营协议的，按照协议约定执行。

第五十九条 本办法由国务院发展改革部门会同有关部门负责解释。

第六十条 本办法自 2015 年 6 月 1 日起施行。

吉林省城镇管道燃气特许经营管理办法

（2012年8月22日　吉政办发〔2012〕50号）

第一条　为规范城镇管道燃气特许经营活动，保障社会公众利益和公共安全，根据《中华人民共和国行政许可法》、《城镇燃气管理条例》、《市政公用事业特许经营管理办法》（建设部令第126号）和《吉林省燃气管理条例》等有关法律法规的规定，制定本办法。

第二条　凡在我省行政区域内依法实施城镇管道燃气特许经营的，适用本办法（城市门站以外的天然气管道输送，不适用本办法）。

本办法所称的城镇管道燃气，是指通过管道向用户输配的天然气、液化石油气、人工煤气（煤层气）等。

本办法所称的城镇管道燃气特许经营，是指设区的市及县（市）政府（以下简称市、县政府）授权燃气管理部门根据本办法规定，依法选择城镇管道燃气的经营企业，明确其在一定期限和范围内经营的制度。

第三条　省住房和城乡建设行政主管部门负责对全省城镇管道燃气特许经营活动的指导和监督。

市、县政府授权的燃气管理部门负责本行政区域内城镇管道燃气特许经营的具体实施和日常监管。

第四条　燃气管理部门在组织实施城镇管道燃气特许经营前，按照燃气管理有关规定会同有关部门制定城镇管道燃气特许经营项目的实施方案，具体应当包括以下内容：

（一）根据燃气发展规划确定实施特许的经营区域、经营类别、经营期限；

（二）经营企业应当具备的条件（资格预审条件、招标基本条件）；

（三）经营企业的选择方式及具体操作程序；

（四）城镇管道燃气产品和服务的价格及调整程序；

（五）城镇管道燃气服务质量要求；

（六）城镇管道燃气经营企业享受的权利和应承担的义务；

（七）政府监管内容及相关承诺；

（八）实行临时接管措施；

（九）经营期满后经营资产的处置；

（十）政府各相关职能部门的监管职责；

（十一）有关规定的其他要求。

第五条　实行城镇管道燃气特许经营实施方案评审制度。实施方案应当经专家论证通过后，报请本级政府批准实施。

第六条　申请城镇管道燃气特许经营的企业，应当具备以下条件：

（一）依法注册的企业法人；

（二）有与经营规模相应的注册资本金和燃气设施；

（三）有良好的银行资信、财务状况及相应的偿债能力和较强的抗风险能力；

（四）有经营城镇管道燃气方面的良好业绩；

（五）有与城镇管道燃气经营规模相适应的技术、财务、经营、消防及安全生产管理等关键岗位人员，配备抢险、抢修队伍及必要的装备和器材；

（六）有完善的经营管理体系、安全管理制度和提供持续、稳定、方便、及时、安全、优质、价格合理的服务能力；

（七）有符合国家标准的燃气气源和健全的经营方案；

（八）法律、法规、规章规定的其他条件。

第七条 燃气管理部门应当按照下列程序确定城镇管道燃气特许经营企业：

（一）城镇管道燃气特许经营实施方案经本级政府批准后，向社会公开发布招标文件，受理投标；

（二）根据招标条件，对燃气特许经营权的投标企业进行资格审查和方案预审，推荐符合条件的投标候选企业；

（三）组织评审委员会依法进行评标，择优选择管道燃气特许经营权授予对象；

（四）向社会公示中标结果，公示时间不少于20天；

（五）公示期满，对中标企业没有异议的，经本级政府批准，与中标企业签订管道燃气特许经营协议。

第八条 城镇管道燃气特许经营协议应当包括如下内容：

（一）特许经营权的授予和收回；

（二）特许经营协议的终止；

（三）燃气设施建设、维护和更新改造；

（四）燃气设施的权属与处置；

（五）股东及股权变化的处置；

（六）供气安全；

（七）供气质量和服务标准；

（八）价格与收费；

（九）权利和义务；

（十）临时管理；

（十一）违约；

（十二）不可抗力；

（十三）争议解决；

（十四）双方认为应该约定的其他事项。

第九条 特许经营者应当履行以下义务：

（一）不得拒绝向市政燃气管网覆盖范围内符合用气条件的单位或个人供气；

（二）按照国家安全生产法规和行业安全生产标准规范，建立健全燃气安全评估和风险管理体系，制定本单位燃气安全事故应急预案，配备与供气规模相适应的抢险、抢修队伍及装备，并定期组织演练；

（三）应当向燃气用户持续、稳定、安全供应符合国家质量标准的燃气，指导燃气用户安全用气、节约用气，并对用户燃气设施定期进行安全检查；

（四）接受燃气管理部门对产品和服务质量的监督检查；

（五）按规定的时间将中长期发展规划、年度经营计划、年度报告、法人变更等重大事项报燃气管理部门备案；

（六）承担其供气范围内的市政燃气设施、建筑区划内业主专有部分以外的燃气管道及附属设施、设备的运行、维护、巡检、抢修和更新改造的责任，确保燃气设施的安全运行；

（七）遵守价格法律、法规和政策，不得擅自提高或降低管道燃气销售价格和相关的收费标准；

（八）法律、法规、规章规定或特许经营协议约定的其他责任。

第十条 城镇管道燃气特许经营期限，应当根据行业特点、经营规模、经营方式等因素确定，经营期限最长不得超过30年。

特许经营期限届满，燃气管理部门应当按照本办法规定的程序组织招标，选择特许经营企业。

第十一条 依法签订的城镇管道燃气特许经营协议应当报省住房和城乡建设行政主管部门备案。

取得城镇管道燃气特许经营权的企业应当依法取得吉林省《燃气经营许可证》后，方可从事经营活动。

第十二条 特许经营期间，特许经营协议内容需要变更的，协议双方必须在共同协商的基础上签订相关的补充协议，并按照本办法规定备案。其中，特许经营协议需要作重大变更的，实施机构应当提前 30 日报当地政府批准。属于重大变更的事项，应当在特许经营协议中明确。

市、县政府根据城镇建设和社会经济发展需要，调整特许经营协议，使经营企业利益受损的，应当给予合理补偿。

第十三条 特许经营企业需要变更企业名称、法定地址、法定代表人，必须提前15个工作日书面告知燃气管理部门。

第十四条 获得特许经营权的企业在协议有效期内单方提出解除协议的，必须提前2 个月报告燃气管理部门，经当地政府批准后，方可解除协议，终止经营。

经营企业在提出终止经营的期间内，必须保证正常产品和服务的经营，并承担政府重新按照程序确定新经营企业所发生的一切费用。

第十五条 城镇管道燃气特许经营企业有下列行为之一的，燃气管理部门可报经本级政府批准，终止特许经营协议，并实施临时接管：

（一）擅自倒卖、抵押、出租、转让特许经营权的；

（二）拒绝向特许经营范围内符合用气条件的单位或者个人供气的；

（三）未履行必要告知义务擅自停止供气、调整供气量，或者未经审批擅自停业、歇业的；

（四）存在重大安全隐患且拒不整改，严重影响公众利益和公共安全的；

（五）因管理不善，发生重大质量、生产安全事故的；

（六）经营者不能按照省或市、县天然气利用规划和城镇燃气发展规划的要求同步投资建设管道设施，影响城镇燃气行业发展的；

（七）法律、法规禁止的其他行为。

第十六条 特许经营权发生变更或终止时，燃气管理部门应当妥善做好资产处置等相关工作，保障管道燃气供应和服务的连续性、稳定性、安全性。

第十七条 特许经营协议是经营企业从事管道燃气经营的法定依据。特许经营企业应当按照经营协议规定的权限、范围和期限等行使经营权。

第十八条 特许经营企业应当对管道燃气设施的技术档案及营运情况记录等资料进行收集、整理和归档，并完善信息管理系统。经营期满时，应当将资料完整移交给后续经营者或燃气管理部门。

第十九条 市、县政府及有关部门应当为经营企业创造良好的政策保障和经营环境，并为经营企业提供相应的服务，保障经营企业拥有自主经营的权利。

燃气管理部门实施监督检查，不得妨碍获得特许经营权的企业正常的生产经营活动。

第二十条 燃气管理部门每 2 年应组织有关专家或具有相关资质的中介机构对特许经营企业的经营、服务、安全等进行评估，听取述职，需要时可组织听证，特殊情况下可以实施年度评估，评估结果应报省住房和城乡建设行政主管部门备案。发现管道燃气经营企业未按规定履行特许经营义务，不符合特许经营条件，或者有不合理收费等问题的，应当责令限期整改，拒不整改的，依据有关法律、法规进行处罚。

第二十一条 燃气管理部门应当对特许经营企业投资、建设、生产、运行及其相关活动进行日常监督管理。对产品质量、服务质量实行定期和不定期地检测、检查，发现经营企业在产品和服务质量方面存在问题的，应当责令限期整改，拒不整改的，依据有关法律、法规进行处罚。

第二十二条 燃气管理部门应当制定特许经营项目的临时接管应急预案，以保证在新的经营者确定前的管道燃气供应。

第二十三条 燃气管理部门及其工作人员有下列情形之一的，由对其授权的市、县政府或者监察机关责令改正，对负有主要责任的主管人员和其他直接责任人员依法给予行政处分；构成犯罪的，依法追究刑事责任：

（一）不依法履行监督职责或者监督不力，造成严重后果的；

（二）对不符合法定条件的竞标者授予特许经营权的；

（三）滥用职权、徇私舞弊的。

第二十四条 本办法实施前，已经从事城镇管道燃气建设和经营，但还没有取得特许经营权的经营者，应当按照本办法规定，依法获得城镇管道燃气特许经营权后方可继续经营。

本办法实施前，已经签订的城镇管道燃气特许经营协议要按本办法规定进行修订。特许经营权的授予仅限于城镇管道燃气，超范围授权的应予纠正。

第二十五条 本办法自印发之日起施行。

内蒙古自治区基础设施和公用事业特许经营管理办法

（2016年5月24日　内发改法规字〔2016〕613号）

第一章　总　　则

第一条 为规范和发展基础设施和公用事业特许经营，提高公共产品和公共服务质量和效率，保障社会公众利益和公共安全，根据国家相关法律法规、《基础设施和公用事业特许经营管理办法》（国家发展改革委等六部委令2015年第25号），结合自治区实际，制定本办法。

第二条 自治区行政区域内的基础设施和公用事业特许经营活动，适用本办法。

第三条 基础设施和公用事业特许经营应当坚持公开、公平、公正和诚实信用原则，保护各方合法权益，统筹经营性和公益性平衡。

第四条 政府鼓励和引导包括非公有制企业在内的各类社会资本进入基础设施和公用事业特许经营领域。不得针对非公有制企业设置不合理的排斥或限制条件。

第五条 外商投资企业可以通过独资、合资等方式参与自治区行政区域内基础设施和公用事业特许经营项目的建设运营。

第六条 基础设施和公用事业特许经营可以采取以下方式：

（一）在一定期限内，政府授予特许经营者投资新建或改扩建、运营基础设施和公用事业，期限届满移交政府；

（二）在一定期限内，政府授予特许经营者投资新建或改扩建、拥有并运营基础设施和公用事业，期限届满移交政府；

（三）特许经营者投资新建或改扩建基础设施和公用事业并移交政府后，由政府授予其在一定期限内运营；

（四）政府授予特许经营者在一定期限内运营已建成的基础设施和公用事业，期限届满移交政府；

（五）政府授予特许经营者在一定期限内运营已建成的基础设施和公用事业，持续提供特定公共服务；

（六）国家和自治区规定的其他方式。

第七条 特许经营项目的经营期限，应当根据行业特点、所提供公共产品或服务需求、项目生命周期、投资回收期等综合因素确定，最长不超过30年。

对于投资规模大、回报周期长的特许经营项目，可以由政府或者其授权部门与特许经营者根据项目实际情况，约定超过前款规定的特许经营期限。

第八条 特许经营协议可以约定特许经营项目通过向用户收费或由政府购买等方式取得收益。

向用户收费的基础设施和公用事业特许经营项目，在项目全生命周期内，用户付费不足以覆盖项目成本及合理收益的，可由政府提供可行性缺口补助，或授予其他相关开发经营权益。

第九条 自治区发展改革部门负责指导协调基础设施和公共事业特许经营工作，会同有关部门制定综合性政策措施，组织推动能力建设和信息统计共享。自治区财政部门负责研究制定特许经营有关预算管理政策措施。财政部门根据行业主管部门提供的项目产出绩效评价结果付费。自治区国土、环保、住房城乡建设、交通运输、水利、能源、金融等有关部门按照各自职责，负责相关领域特许经营政策制定和监督管理工作。

旗县级以上政府有关部门根据规定的职责分工，负责有关基础设施和公用事业特许经营项目实施和监督管理工作。

旗县级以上政府应当建立各有关部门参加的基础设施和公用事业特许经营部门协调机制，负责统筹有关政策措施，组织协调特许经营项目实施和监督管理工作。

第二章 特许经营项目确定

第十条 政府鼓励采取特许经营方式在基础设施和公用事业领域开展政府与社会资本合作。符合下列条件的基础设施和公用事业项目，应当实施特许经营：

（一）社会资本具有专业技术优势，能够显著降低项目全生命周期成本或提高公共产品和公共服务质量效率；

（二）风险分担机制清晰，绩效监管要求明确；

（三）项目具有合理稳定的收益预期。

特许经营项目应当符合国民经济和社会发展总体规划、主体功能区规划、区域规划、环境保护规划和安全生产规划等专项规划、土地利用规划、城乡规划、中期财政规划等。

第十一条 旗县级以上政府有关行业主管部门或政府授权部门（以下简称项目提出部门）可以根据经济社会发展需求，以及有关公民、法人或其他组织提出的特许经营项目建议等，提出特许经营项目实施方案。

特许经营项目实施方案应当包括以下内容：

（一）项目名称；

（二）项目实施机构；

（三）项目建设规模、投资总额、实施进度，以及提供公共产品和公共服务的标准等基本经济技术指标；

（四）投资回报、价格及其测算；

（五）可行性分析，即降低全生命周期成本和提高公共服务质量效率的分析估算等；

（六）特许经营协议框架草案及特许经营期限；

（七）特许经营者应当具备的条件及选择方式；

（八）政府承诺和保障；

（九）特许经营期限届满后资产处置方式；

（十）应当明确的其他事项。

第十二条 项目提出部门可以委托具有

相应能力和经验的第三方机构或者专家，开展特许经营项目评估论证，完善特许经营项目实施方案。

特许经营项目涉及财政支付的，由财政部门组织财政承受能力论证。

第十三条 项目提出部门应当依托本级政府根据本办法第九条建立的部门协调机制，会同发展改革、财政、城乡规划、国土、环保、水利等有关部门对特许经营项目实施方案进行审查。经审查认为实施方案可行的，各部门应当根据职责分别出具书面意见。

项目提出部门综合各部门书面审查意见，报本级政府或其授权部门审定特许经营项目实施方案。

第十四条 旗县级以上政府应当授权有关部门或单位作为政府实施机构负责特许经营项目有关实施工作，并明确具体授权范围。

第三章 特许经营项目实施

第十五条 政府实施机构应当通过招标、竞争性谈判等竞争方式，择优选择具有相应管理经验、专业能力、融资实力以及信用状况良好的企业或者其他组织合作实施基础设施和公用事业特许经营项目。

特许经营项目建设运营标准和监管要求明确、有关领域市场竞争比较充分的，应当采用招标方式选择社会资本合作者。对技术复杂或者无法精确拟定技术规格的项目，招标人可以依法进行两阶段招标。

特许经营项目经可行性评估，合格市场主体数量有限，难以满足招标条件的，经确定特许经营项目的旗县级以上政府批准，可以采用竞争性谈判方式选择社会资本合作者。

第十六条 两个以上的企业或其他组织可以组成一个联合体参与基础设施和公用事业特许经营项目社会资本合作者选择，并就特许经营项目缔约事宜承担连带责任。

金融机构可以与参与竞争的企业或其他组织共同制定投融资方案。

第十七条 政府实施机构应当与依法选择的社会资本合作者签订初步协议，约定其在规定期限内于项目所在地成立项目公司，负责建设运营或运营基础设施和公用事业特许经营项目。

第十八条 政府或政府实施机构应当与依法成立的项目公司签订特许经营协议，约定各方权利义务和风险分担机制。

第十九条 特许经营协议应当明确价格或收费的确定和调整机制。特许经营项目价格或收费应当依据法律法规规定和特许经营协议约定予以调整。

第二十条 政府可以在特许经营协议中就防止不必要的同类竞争性项目建设、必要合理的财政补贴、有关配套公共服务和基础设施的提供等内容作出承诺，但不得承诺固定投资回报和其他法律法规禁止的事项。

第二十一条 社会资本合作者或特许经营项目公司根据经批准的实施方案和特许经营协议，依法办理有关审批手续时，有关部门应当简化办理流程，对于本部门根据第十三条出具的书面审查意见已经明确内容不再作实质性审查。

第二十二条 特许经营项目公司可以根据特许经营项目建设或运营需要，经政府实施机构同意，以项目公司资产、特许经营项目收益权进行质押、抵押或设立其他担保权益。但不得以国有资产或提供公共服务所必需的其他资产、权利设立担保。

第二十三条 旗县级以上政府可以与金融机构等设立基础设施和公用事业特许经营引导基金，并通过投资补助、财政补贴、贷款贴息等方式，支持有关特许经营项目建设。

第二十四条 特许经营协议当事人应当遵循诚实信用原则，全面履行特许经营协议约定和法律规定的义务。行政区划调整、政府换届、政府有关部门调整和有关负责人变更，不得影响特许经营协议履行。

第二十五条 政府实施机构应当严格履行特许经营协议约定义务，协助特许经营项目公司办理有关行政审批手续，为建设运营或运营特许经营项目提供便利和支持，提高公共产品和公共服务质量效率。

第二十六条 需要政府提供可行性缺口补助的特许经营项目，应当严格按照预算法规定，综合考虑政府财政承受能力和债务风险状况，合理确定财政付费总额和分年度数额，并与政府年度预算和中期财政规划相衔接，确保资金拨付需要。

第二十七条 特许经营项目公司应当根据有关法律、法规、标准规范和特许经营协议，提供优质、持续、高效、安全的公共产品和公共服务，并对特许经营协议约定服务区域内所有用户普遍地、无歧视地提供公共产品和公共服务，不得对新增用户实行差别待遇。

第二十八条 特许经营项目公司应当按照技术规范，定期对特许经营项目设施进行检修和保养，保证设施运转正常及经营期限届满后资产按规定进行移交。

第二十九条 特许经营项目公司应当依法遵守有关保密规定，并建立和落实相应保密管理制度。

政府实施机构、有关部门及其工作人员对在特许经营活动和监督管理工作中知悉的商业秘密负有保密义务。有关商业秘密的范围和特征，应当在特许经营协议中约定。

特许经营各方当事人对提供公共产品和公共服务过程中获取的用户和受益人的私人信息应当予以保密，不得在提供公共产品和公共服务过程以外泄露、扩散和传播，不得出售和转让。

第三十条 政府实施机构和特许经营项目公司应当对特许经营项目建设、运营、维修、保养过程中有关资料，按照有关规定进行归档保存。

第三十一条 在特许经营协议有效期内，协议内容确需变更的，协议当事人应当在协商一致基础上签订补充协议。

特许经营期限届满后确有必要延长的，按照有关规定经充分评估论证，协商一致并报批准后，可以延长。

第三十二条 在特许经营期限内，因特许经营协议一方严重违约或不可抗力等原因，导致特许经营项目公司无法继续履行协议约定义务，或者出现特许经营协议约定的提前终止协议情形的，在与债权人协商一致后，可以提前终止协议。

特许经营协议提前终止的，政府应当收回特许经营项目，并根据实际情况和协议约定给予原特许经营项目公司投资者相应补偿。

第三十三条 特许经营期限届满终止或者提前终止，对该基础设施和公用事业继续采用特许经营方式的，实施机构应当根据本办法规定重新选择社会资本合作者。

因特许经营期限届满重新选择社会资本合作者的，在同等条件下，原社会资本合作者优先获得特许经营。

新的社会资本合作者选定之前，政府实施机构和原特许经营项目公司应当保障公共产品和公共服务的持续稳定提供。

第四章 监督管理和公共服务保障

第三十四条 旗县级以上政府有关部门应当根据各自职责，对特许经营项目公司执行法律、法规、行业标准、产品或服务技术规范，以及其他有关监管要求进行监督管理，并依法加强成本监督审查。

审计部门应当依法对特许经营活动进行审计。

第三十五条 旗县级以上政府及其有关部门应当根据法律、法规和国务院决定保留的行政审批项目对特许经营进行监督管理，不得以实施特许经营为名违法增设行政审批项目或审批环节。

第三十六条 政府实施机构应当根据特许经营协议，定期对特许经营项目建设运营情况进行监测分析，会同有关部门进行绩效评价，并建立根据绩效评价结果、按照特许经营协议约定对价格或财政补贴进行调整的机制，保障所提供公共产品和公共服务的质量和效率。

政府实施机构应当将社会公众意见作为监测分析和绩效评价的重要内容。

第三十七条 公民、法人或者其他组织，有权对特许经营项目的运营，提供公共产品和公共服务的质量进行监督，对不适当行为和未达到标准的服务向政府实施机构和特许经营项目公司提出意见，对侵犯公众合法权益的行为向政府监管部门投诉和举报。

第三十八条 旗县级以上政府应当将特许经营有关政策措施、特许经营部门协调机制组成以及职责等信息向社会公开。

政府实施机构和特许经营项目公司应当将特许经营项目实施方案、社会资本合作者选择、特许经营协议及其变更或终止、项目建设运营、所提供公共产品和公共服务标准、监测分析和绩效评价、经过审计的上年度财务报表等有关信息向社会公开。

旗县级以上政府有关部门应当对特许经营投资者、中介机构、项目公司及其从业人员的不良行为建立信用记录，纳入全区统一的信用信息共享交换平台。对严重违法失信行为依法予以曝光，并会同有关部门实施联合惩戒。

第三十九条 政府实施机构和特许经营项目公司应当制定突发事件应急预案。突发事件发生后，及时启动应急预案，保障正常提供公共产品和公共服务。

第五章　附　　则

第四十条 特许经营协议当事人之间就特许经营协议履行发生争议，按照国家有关规定处理。

第四十一条 本办法自 2016 年 7 月 1 日起施行。

北京市城市基础设施特许经营条例

（2005 年 12 月 1 日北京市第十二届人民代表大会常务委员会第二十四次会议通过　2005 年 12 月 1 日北京市人民代表大会常务委员会公告第 42 号公布　自 2006 年 3 月 1 日起施行）

第一章　总　　则

第一条 为了规范本市城市基础设施特许经营活动，扩大融资渠道，保障社会公共利益和公共安全，保证公共产品和服务的质量，保护特许经营者的合法权益，根据有关法律、法规，制定本条例。

第二条 本条例所称城市基础设施特许经营，是指中华人民共和国境内外的企业和其他经济组织依法取得政府授予的特许经营权，在一定期限和范围内经营城市基础设施，提供公共产品或者公共服务。

第三条 本市城市基础设施实施特许经营的，适用本条例。

下列城市基础设施项目可以实施特许经营：

（一）供水、供气、供热；

（二）污水和固体废物处理；

（三）城市轨道交通和其他公共交通；

（四）市人民政府确定的其他城市基础设施。

第四条 城市基础设施特许经营可以采取下列方式：

（一）在一定期限内，城市基础设施项目由特许经营者投资建设、运营，期限届满无偿移交回政府；

（二）在一定期限内，城市基础设施由政府移交特许经营者运营，期限届满无偿移交回政府；

（三）市人民政府同意的其他方式。

第五条 城市基础设施实施特许经营，应当遵循公平、诚信和公共利益优先原则。

第六条 市发展改革部门负责本市城市基础设施特许经营的总体规划、综合平衡、协调和监督。

市城市基础设施行业主管部门，区、县人民政府，以及市或者区、县人民政府指定的部门（以下统称实施机关）负责本市城市基础设施项目的具体实施和监督管理工作。

规划、土地、建设、环保、财政、审计、监察等相关行政部门在各自职责范围内依法履行监督管理职责。

第二章 特许经营权的授予

第七条 拟实施特许经营的城市基础设施项目，可以由市发展改革部门、市城市基础设施行业主管部门或者区、县人民政府提出。

第八条 城市基础设施特许经营项目应当符合本市经济和社会发展规划、城市总体规划、城市基础设施行业发展规划和城市发展需要。

市发展改革部门确定市级实施特许经营的城市基础设施项目。重大项目应当报市人民政府批准。

区、县人民政府在固定资产投资项目审批权限范围内确定本区、县实施特许经营的城市基础设施项目。

第九条 城市基础设施特许经营项目确定后，实施机关应当拟定实施方案。

城市基础设施特许经营项目实施方案应当包括下列内容：

（一）项目名称；

（二）项目的实施机关；

（三）特许经营者应当具备的条件及选择方式；

（四）项目基本经济技术指标；

（五）选址和其他规划条件；

（六）特许经营权条款及特许经营期限；

（七）投资回报和价格的测算；

（八）特许经营权使用费及其减免；

（九）保障措施；

（十）其他政府承诺。

第十条 市发展改革部门组织市规划、土地、建设、环保、财政等有关行政主管部门依照各自职责对市级城市基础设施特许经营项目的实施方案进行审查，有关行政主管部门应当分别出具审定意见。市发展改革部门会同实施机关将修改审定的实施方案报市人民政府批准。

区、县城市基础设施特许经营项目的实施方案由区、县人民政府确定。

重大的城市基础设施特许经营项目的实施方案，应当组织专家进行可行性论证。

第十一条 实施机关按照实施方案，通过招标等公平竞争方式确定特许经营者并与之签订特许经营协议。

第十二条 特许经营协议应当包括下列内容：

（一）项目名称、内容；

（二）特许经营方式、区域、范围、期限；

（三）是否成立项目公司以及项目公司的经营范围、注册资本、股东出资方式、出资比例、股权转让等；

（四）产品或者服务的数量、质量和标准；

（五）投融资期限和方式；

（六）投资回报方式以及确定、调整机制；

（七）特许经营权使用费及其减免；

（八）特许经营者的权利和义务；

（九）履约担保；

（十）特许经营期内的风险分担；

（十一）政府承诺和保障；

（十二）应急预案；

（十三）特许经营期满后，项目移交的方式、程序；

（十四）违约责任；

（十五）争议解决方式；

（十六）需要约定的其他事项。

特许经营协议内容应当符合城市基础设施特许经营项目实施方案。

第十三条 特许经营协议中约定的特许经营期限根据行业特点、经营规模、经营方式等因素确定，但最长不得超过三十年。

第十四条 依据特许经营协议需要成立项目公司的，特许经营者应当在规定的期限内注册成立项目公司，并由实施机关确认其承担特许经营者的权利和义务。

特许经营协议可以约定限制项目公司的股权变更。

第十五条 特许经营协议可以约定特许经营者通过下列方式取得回报：

（一）对提供的公共产品或者服务收费；

（二）政府授予与城市基础设施相关的其他开发经营权益；

（三）政府给予相应补贴；

（四）市人民政府同意的其他方式。

第十六条 对于微利或者享受财政补贴的项目，特许经营协议中可以约定减免特许经营权使用费。

第十七条 特许经营协议中政府承诺的内容可以涉及与特许经营项目有关的土地使用、相关城市基础设施的提供、防止不必要的重复性竞争项目建设、必要合理的补贴、产品或者服务的政府采购，但政府不承诺商业风险分担、固定投资回报率及法律、法规禁止的其他事项。

第十八条 特许经营协议签订后，特许经营者应当持特许经营协议和其他有关文件到有关行政主管部门办理相关手续。

有关行政主管部门在办理特许经营项目相关手续时，对已经出具审定意见的内容，不再作重复审查；对其他内容的审查结果不应当导致特许经营协议内容的实质性变更。

第三章　权利和义务

第十九条 实施机关应当按照特许经营协议履行相关义务。

有关行政主管部门按照各自职责范围履行特许经营协议中的相关政府承诺。

特许经营者应当按照特许经营协议提供安全、合格的产品和优质、持续、高效的服务。

第二十条 特许经营者应当按照规划，

在特许经营协议约定的服务区域内向消费者普遍地、无歧视地提供公共产品或者服务。

特许经营者不得对新增用户连接特许经营的供水、供气、供热、污水处理等设施收取设施投资补偿费等接入费用。

第二十一条 按照市和区、县人民政府的决定或者特许经营协议约定由实施机关接管城市基础设施的，特许经营者应当在完成接管前善意履行看守职责，维持正常的经营服务。

第二十二条 特许经营期限届满一年前，特许经营者可以向实施机关申请延期，经实施机关组织评审并报本级人民政府批准后，可以延期。

第二十三条 特许经营者向公众提供产品或者服务的价格应当执行由价格主管部门制定的政府定价或者政府指导价。

第二十四条 特许经营者应当按照特许经营协议的约定缴纳特许经营权使用费。

第二十五条 未经实施机关同意，特许经营者不得擅自转让、出租、质押、抵押或者以其他方式处分特许经营权和特许经营项目资产。

在特许经营期限内，特许经营者不得将特许经营项目的设施及相关土地用于特许经营项目之外。

第二十六条 特许经营者应当对城市基础设施定期检修保养和更新改造，保证设施良好运转，并将运行情况报告实施机关。

第二十七条 特许经营者应当对城市基础设施建设、运营、维修、保养过程中的有关资料进行收集、归类、整理和归档，并按照协议约定的方式、程序和期限完整移交给实施机关。

第二十八条 特许经营者应当将年度经营报告、年度财务报告以及其他重大事项的报告，及时、完整地报送实施机关备案。

第二十九条 实施机关及其工作人员对在实施特许经营活动和监督管理工作中知悉的特许经营者的商业秘密、技术秘密负有保密义务。

第三十条 因政策调整损害特许经营者预期利益的，政府应当给予相应补偿。

第三十一条 特许经营期限内，特许经营协议的任何一方不得擅自变更或者解除原协议。一方认为需要变更或者解除协议的，应当与另一方进行协商。经双方协商一致的，可以变更或者解除协议；协商不一致产生争议的，可以按照协议约定的争议解决方式处理。

第三十二条 任何单位或者个人不得违反法律、法规以及本条例的规定收回或者限制特许经营者的特许经营权。

确因公共利益需要，政府可以收回特许经营权、终止特许经营协议、征用实施特许经营的城市基础设施、指令特许经营者提供公共产品或者服务，但是应当按照特许经营协议的约定给予相应补偿。

第三十三条 特许经营者对市和区、县人民政府及其有关行政主管部门作出的具体行政行为，认为侵犯其合法权益的，有陈述、申辩的权利，并可以依法申请行政复议或者提起行政诉讼。

第三十四条 实施机关与特许经营者应当制定应急预案，在突发自然灾害、战争灾害、事故灾害以及公共卫生、社会治安等公共事件时，最大限度保证城市基础设施的正常运转。

第四章 监督管理

第三十五条 特许经营期限内，有关行政主管部门应当按照各自职责对特许经营项目进行检查、评估、审计，对特许经营者违反法律、法规、规章规定的行为予以纠正并依法处理。

第三十六条 实施机关应当建立并保存城市基础设施特许经营项目档案。

实施机关应当及时监测、分析城市基础设施特许经营项目实施情况，并定期会同有关部门组织专业机构对项目实施情况进行综合评估。评估周期一般不短于两年，必要时可以实施年度评估。

监测、评估不得妨碍特许经营项目的正常经营活动。

第三十七条 政府价格主管部门制定的特许经营项目政府定价或者政府指导价应当遵循补偿成本、合理收益、节约资源和与社会承受力相适应的原则。与特许经营产品、服务无关的费用，不得列入特许经营成本。

第三十八条 价格主管部门应当建立定期审价制度，建立成本资料数据库，对产品或者服务价格进行有效的监督管理。

第三十九条 特许经营者应当将城市基础设施特许经营项目的质量、技术标准以及其他关系公共利益、公共安全的信息及时向社会公告。

第五章 法律责任

第四十条 特许经营者有下列情形之一的，由实施机关责令限期改正；拒不改正的，可以收回特许经营权、终止特许经营协议，并实施临时接管：

（一）违反法律、法规的规定或者特许经营协议的约定，情节严重的；

（二）不履行检修保养和更新改造义务，危害公共利益和公共安全的；

（三）擅自转让、出租、质押、抵押或者以其他方式擅自处分特许经营权或者特许经营项目资产的；

（四）擅自停业、歇业的；

（五）法律、法规规定或者特许经营协议约定的其他情形。

第四十一条 以欺骗、贿赂等不正当手段获得特许经营权的，实施机关应当撤销特许经营权，终止特许经营协议。

被撤销特许经营权的企业或者其他经济组织，三年内不得参与竞争本市城市基础设施特许经营权。

第四十二条 有关行政主管部门及其工作人员违反本条例规定，不履行法定职责、干预特许经营者正常经营活动、徇私舞弊、滥用职权的，由监察机关依法追究有关责任人员的行政责任；构成犯罪的，依法追究刑事责任。

第六章 附 则

第四十三条 本条例自2006年3月1日起施行。2003年8月28日市人民政府公布的《北京市城市基础设施特许经营办法》同时废止。

河北省市政公用事业特许经营管理办法

（2003年8月21日 冀建城〔2003〕406号）

第一条 为加快全省市政公用事业发展，建立统一开放、竞争有序的市政公用事业市场，提高市政公用事业效率和服务质量，保障公众利益及经营者的合法权益，根据国家有关法律、法规规定，制定本办法。

第二条 本办法所称市政公用事业特许经营，是指城市政府通过特定的程序和方式，授权符合条件的企业，在一定时间和范围内对某项市政公用事业产品或服务进行经营的权利。

第三条 市政公用行业实行特许经营的范围包括：城市供水、供气、集中供热、污水处理、垃圾处理、公共客运交通等直接关系社会公共利益及涉及有限公共资源配置的行业。

特许经营包括已经从事这些行业经营活动的企业和新设立企业、在建项目和新建项目。

第四条 市政公用事业特许经营应优先保证公众利益不受损害。特许经营者应确保提供持续、安全、优质、高效、公平和价格合理的普遍服务。特许经营者通过合法经营取得合理回报并承担相应经营风险。

第五条 省建设行政主管部门负责对全省城市市政公用事业实行特许经营进行指导和监督。接受城市市政公用事业特许经营方案的告知性备案。

第六条 城市人民政府是市政公用事业特许经营权的授权主体。城市人民政府授权的城市市政公用事业主管部门（以下简称主管部门）负责本地区市政公用事业特许经营的具体实施工作，行使授权方相关权利，承担授权方相关责任。

第七条 主管部门负责本市市政公用事业营运区域内特许经营权的授予和市场监管并履行下列职责：

（一）制定市政公用行业市场规划，创造公开、公平、公正的市场环境；加强市场监管，规范市场行为；制定产品、服务质量标准。

（二）负责市政公用事业特许经营权的招标等具体组织工作；

（三）监督特许经营者履行法定义务；

（四）受理公众对特许经营者的投诉；

（五）对特许经营者违法行为进行查处；

（六）监督检查特许经营者提供的产品和服务质量；

（七）协助价格部门制定和调整价格，核算和监控成本及费用；

（八）向政府提交对特许经营者的年度监督检查报告；

（九）紧急情况时临时接管特许经营者的经营管理；

（十）法律、法规、规章规定的其他职责。

第八条 市政公用事业特许经营可以采取下列方式：

（一）在一定期限内，将项目授予特许经营者投资建设、运营，期限届满无偿交回；（BOT）

（二）在一定期限内，将公共基础设施移交特许经营者运营，期限届满无偿交回；（TOT）

（三）在一定期限内，委托特许经营者提供公共服务；

（四）政府同意的其他方式。

采用（一）、（二）类特许经营方式的，经营权期限一般为25年和20年，最多不得超过30年；采用（三）类特许经营方式的，经营权期限一般为5年，最多不得超过8年。

第九条 主管部门可以采取招标或法律、法规、规章规定的其他方式，公平、公正地将某项市政公用事业的特许经营权授予符合条件的申请者，并与被授予特许经营权的企业签订特许经营合同。

第十条 现有的国有市政公用企业，应在完成规范性企业改制的基础上按规定的程序申请特许经营权。在没有其他竞争主体的竞争情况下，主管部门也可采取直接委托的方式授予特许经营权，并与受委托企业签订特许经营合同。

第十一条 招标方式授予特许经营权的授予程序：

（一）主管部门提出市政公用事业特许经营项目，并报当地政府批准后，进行社会招标，公布招标条件，公开接受申请；

（二）主管部门依据招标条件组织专家对特许经营权的投标人资格、特许经营方案进行审查、评议或听证，择优选择特许经营权授予对象；

（三）将中标结果和特许经营方案在新闻媒体进行公示，接受社会监督；

（四）公示期满后由主管部门代表当地城市政府向获得特许经营权的企业颁发《城市市政公用事业特许经营权证》并签订特许经营合同。

第十二条 申请特许经营权的投标者应具备以下基本条件：

（一）依法注册的企业法人资格；

（二）企业经营管理、技术管理负责人具备相应的从业经历和业绩，其他关键岗位人员具有相应的从业资格，应具有的资金和设备、设施能力；

（三）良好的银行资信和财务状况；

（四）与其业务规模相适应的偿债能力；

（五）具有可行的经营方案；

（六）政府规定的其他必要条件。

第十三条 特许经营合同应该包括以下基本内容：

（一）授权主体、特许经营者；

（二）特许经营的内容、区域、范围及有效期限；

（三）产品和服务质量标准；

（四）价格或收费的确定方法和标准；

（五）公用设施的权属与处置；

（六）市政公用设施维护和更新改造；

（七）特许经营权利的收回和终止；

（八）安全管理责任；

（九）双方的权利和义务；

（十）监督机制；

（十一）违约责任；

（十二）其他。

第十四条 特许经营者的义务和责任：

（一）遵守国家有关法律、法规及规章；

（二）履行经营合同，为社会提供符合标准的市政公用事业产品和服务；

（三）接受主管部门对产品和服务质量的监督检查以及依照法律、法规、规章进行的临时接管和其他管制措施；

（四）准确、及时向主管部门报送经营、财务报告以及履行合同的相关资料；

（五）按照国家安全生产法规和行业安全生产标准规范，组织安全生产，并接受有关部门的监督检查；

（六）对生产设施、设备及时维护和更新改造，确保完好设施；

（七）保障企业满足相应企业经营资质条件并具备相应资质；

（八）执行依照法律、法规及规章规定制定或调整的价格；

（九）接受公众监督。

第十五条 特许经营合同和《城市市政公用事业特许经营权证》是特许经营者从事特许经营业务的法定依据，特许经营范围不得超出特许经营合同规定。《城市市政公用事业特许经营权证》由省建设行政主管部门按照建设部给定的格式统一印制。未取得《城市市政公用事业特许经营权证》和特许经营合同的，不得从事市政公用事业特许经营。

第十六条 特许经营者不得以转让、出租、质押等方式处置特许经营权。

第十七条 特许经营者确需变更名称、地址、法定代表人、财务负责人、技术负责人时，必须在变更前向主管部门报告并经主管部门同意。

第十八条 特许经营者应执行价格监管规定及政府制定的价格标准。政府及有关部门应按照“企业成本+税费+合理利润”的原则，合理确定特许经营企业的产品、服务价格。

第十九条 为追求社会效益，满足社会公众利益的需要，市政公用企业的产品和服务价格低于成本或为完成政府公益事业目标而承担政府指令性任务，政府应给予特许经营者相应的补贴。

第二十条 在合同期限内，若特许经营的内容发生变更，合同双方必须在共同协商的基础上签订相关的补充协议。若因特许经营者原因导致经营内容发生重大变更，政府应根据变更的情况，决定是否继续授予其特许经营权；若政府根据发展需要调整规划和合同时，应充分考虑特许经营者的合理利益。

第二十一条 政府投资建设的市政公用设施，所有权归政府所有，政府可以将市政公用设施通过租赁等方式交给特许经营者使用。

特许经营者应按照城市规划建设新的市政公用设施。特许经营权被收回或终止后，该市政公用设施按其承诺归政府所有。需要补偿的，政府依据本办法或事先约定给予投资者合理补偿。

第二十二条 特许经营者应允许其他经营者按照规划要求连接其市政公用设施，收费按有关规定执行。

第二十三条 市政公用设施的维护要遵守相关的法规规定，场站设置和管线改造应服从城市规划部门的总体安排。因紧急情况需要抢修时，特许经营者可以先实施抢修，同时通知有关部门，并补办有关手续。

第二十四条 特许经营者应对公用设施的状况及性能进行定期检修保养，并将设施运行情况及时报告主管部门。

第二十五条 特许经营者应对各项公用设施的图纸等资料进行收集、归类、整理和归档，保存相关资料。

第二十六条 政府出于公共利益需要可依法征用公用设施，特许经营者应给予配合，政府应给予投资者合理补偿。

第二十七条 特许经营者有下列情形之一的，主管部门报当地人民政府同意后可收回其特许经营权：

（一）以转让、出租、质押等方式处分特许经营权的；

（二）因转让企业股权而出现不符合授权资格条件的；

（三）达不到公用事业产品、服务的标准和要求，严重影响公众利益的；

（四）因经营管理不善，造成重大质量安全责任事故，严重影响公众利益的；

（五）因经营管理原因，财务状况严重恶化，危及公用事业的；

（六）不按城市规划投资建设公用设施，经主管部门责令限期改正而拒不改正的；

（七）擅自停业、歇业，影响到社会公共利益和安全的；

（八）违反申请特许经营权时所做承诺的；

（九）法律、法规、规章规定的其他情况。

第二十八条 收回特许经营权的决定由主管部门书面通知特许经营者。特许经营者可以在收到书面通知后30个工作日内提出书面申辩或要求举行听证会。特许经营者要求举行听证的，主管部门应当组织听证。

特许经营者对收回特许经营权的决定不服的，可依法申请行政复议或提起行政诉讼。

第二十九条 特许经营期间，经营者若要提前终止特许经营合同的，必须提前6个月向主管部门提出申请，经批准后方可终止特许经营权，并承担相应的违约责任。

第三十条 特许经营期间，发生不可抗力事件，致使无法正常经营时，经特许经营者申请并由主管部门批准，可以提前终止特许经营权。

第三十一条 特许经营权被收回或终止后，原特许经营者应在主管部门规定的时间内，将维持特许经营业务正常运作所必须的资产及档案，在正常运行情况下移交主管部门指定的单位。

第三十二条 特许经营权被收回或终止后，在新的特许经营者或指定的单位完成接管前，特许经营者应按照主管部门的要求，继续维持正常的经营生产和服务。

第三十三条 特许经营权期满前6个月，主管部门要对特许经营项目和公共服务向社会公开发布招标新一轮的投资者和经营者。

第三十四条 各市应设立由政府主管部门、特许经营者、专家、公众代表等方面组成的市政公用事业特许经营监督委员会，负责收集公众、特许经营者的意见，并定期专题研究公布结果；提出完善经营、监管等建议，代表公众对市政公用事业特许经营进行监督。

第三十五条 各市可依据本办法制定实施细则。

第三十六条 本办法自发布之日起施行。

邯郸市市政公用事业特许经营管理办法

（2004年8月3日邯郸市人民政府第23次常务会议通过 2004年8月9日邯郸市人民政府令第105号公布）

第一条 为加快全市市政公用事业发展，建立统一开放、竞争有序的市政公用事业市场，提高市政公用事业运行效率和服务质量，保障公众利益及经营者的合法权益，根据有关法律、法规，制定本办法。

第二条 本办法所称市政公用事业特许经营，是指政府按照有关法律、法规规定，通过市场竞争机制

选择市政公用事业投资者或者经营者，明确其在一定期限和范围内经营某项市政公用事业产品或者提供某项服务的制度。

第三条 本市行政区域内的城市供水、供气、供热、公共交通、污水处理、垃圾处理等行业，依据有关法律、法规实施特许经营的，适用本办法。

第四条 市、县（含武安市、峰峰矿区）人民政府是市政公用事业特许经营权的授权主体。

市人民政府授权的市市政公用事业各主管部门（以下简称“主管部门”）根据职责负责全市市政公用事业特许经营活动的指导和监督工作，并具体负责市主城区内的市政公用事业特许经营的实施工作。

县（含武安市、峰峰矿区）人民政府授权的主管部门负责本行政区域内的市政公用事业特许经营的实施工作。

被授权的主管部门行使授权方相关权利，承担授权方相关责任。

第五条 实施市政公用事业特许经营，应当遵循公开、公平、公正和公共利益优先的原则。特许经营者应确保提供持续、安全、优质、高效和价格合理的普遍服务，通过合法经营取得合理回报并承担相应经营风险。

第六条 主管部门应履行下列职责：

（一）制定市政公用行业市场规划；创造公开、公平、公正的市场环境；加强市场监管，规范市场行为；

（二）负责市政公用事业特许经营权的招标等具体组织工作；

（三）监督特许经营者履行法定义务和合同书规定的义务；

（四）受理公众对特许经营者的投诉；

（五）对特许经营者违法行为进行查处；

（六）监督检查特许经营者提供的产品和服务质量以及安全生产情况；

（七）协助相关部门核算和监控企业成本及费用，提出价格调整意见；

（八）向政府提交年度特许经营监督检查报告；

（九）紧急情况时临时接管特许经营项目；

（十）依照授权与经营者签订特许经营合同，颁发《城市市政公用事业特许经营权证》；

（十一）法律、法规、规章规定的其他职责。

第七条 市政公用事业特许经营可以采取下列方式：

（一）在一定期限内，将项目授予特许经营者投资建设、运营，期限届满无偿交回（BOT）；

（二）在一定期限内，将市政公用基础设施移交特许经营者运营，期限届满无偿交回（TOT）；

（三）在一定期限内，委托特许经营者提供公共服务；

（四）政府同意的其他方式。

采用本条第（一）、（二）项特许经营方式的，经营权期限最多不得超过30年；采用本条第（三）项特许经营方式的，经营权期限最多不得超过8年。

第八条 市政公用事业实施特许经营，应该通过规定的程序公开向社会招标选择投资者和经营者。

第九条 主管部门授予特许经营权应遵守下列程序：

（一）提出市政公用事业特许经营项目实施方案，报同级人民政府批准后，进行社会招标，公布招标条件，受理投标；

（二）根据招标条件，对特许经营权的投标人进行资格审查和方案预审，推荐出符合条件的投标候选人；

（三）组织评审委员会依法进行评审，并经过质询和公开答辩，择优选择特许经营权授予对象；

（四）向社会公示中标结果，公示时间不少于20天；

（五）公示期满，对中标者没有异议的，经同级人民政府批准，与获得特许经营权的企业签订特许经营合同并颁发《城市市政公用事业特许经营权证》。

第十条 参与特许经营权竞标者应当具备以下条件：

（一）依法注册的企业法人；

（二）有相应的注册资本金和设施、设备；

（三）有良好的银行资信、财务状况及相应的偿债能力；

（四）有相应的从业经历和良好的业绩；

（五）有相应数量的技术、财务、经营等关键岗位人员；

（六）有切实可行的经营方案；

（七）政府规定的其他必要条件。

第十一条 特许经营合同应当包括以下基本内容：

（一）特许经营的内容、区域、范围及有效期限；

（二）产品和服务标准；

（三）价格和收费的确定方法、标准以及调整程序；

（四）设施的权属与处置；

（五）设施维护和更新改造；

（六）安全管理；

（七）履约担保；

（八）特许经营权的终止和变更；

（九）双方的权利和义务；

（十）违约责任；

（十一）争议解决方式；

（十二）双方认为应该约定的其他事项。

第十二条 主管部门应当在特许经营合同签订后30日内，将合同报上一级主管部门备案。

第十三条 特许经营者应当承担和履行下列责任和义务：

（一）遵守国家有关法律、法规及规章；

（二）严格履行经营合同，为社会提供足量的符合标准的产品和服务；

（三）接受主管部门对产品和服务质量的监督检查以及依法进行的临时接管和其他管制措施；

（四）按规定的时间将中长期发展规划、年度经营计划和生产经营情况的报告以及履行合同的相关资料报主管部门备案；

（五）按照国家安全生产法规和行业安全生产标准规范，组织安全生产，并接受有关部门的监督检查；

（六）对生产设施、设备及时维护和更新改造，确保设施完好；

（七）执行物价部门规定或调整的价格；

（八）对各项市政公用设施的图纸等资料进行收集、归类、整理和归档，保存相关资料；

（九）接受公众监督；

（十）合同约定的其他责任和义务。

第十四条 特许经营者确需变更名称、地址、法定代表人的，必须在变更前向主管部门书面报告并经主管部门同意。

第十五条 特许经营者因承担政府公益性指令任务造成经济损失和政府因公共利益需要依法征用特许经营者经营的市政公用设施的，政府应给予相应的补偿。

第十六条 按照城市规划要求，经主管部门批准，特许经营者应允许其他经营者连接其市政公用设施。

第十七条 在特许经营项目运营过程中，主管部门应当组织专家对企业经营情况进行中期评估。

评估周期一般不得低于两年，特殊情况下可以实施年度评估。

第十八条 特许经营合同有效期内，双方认为合同内容确需变更的，合同双方必须在共同协商的基础上签订补充合同；特许经营者需要提前终止特许经营合同的，应当向主管部门提出书面申请，主管部门应当自收到申请之日起3个月内作出答复。

因不可抗力，致使特许经营者无法正常经营时，由特许经营者提出申请并经主管部门批准，可以提前终止特许经营权。

第十九条 特许经营权被收回或终止后，原特许经营者应在主管部门监督下，在规定的时间内将维持特许经营业务正常运作所必须的资产及档案移交新的经营者。在新的特许经营者接管前，原特许经营者必须保证正常的经营生产和服务。

第二十条 特许经营权期满前6个月，主管部门应当将特许经营项目向社会公开招标，选择新的特许经营者。

第二十一条 社会公众对市政公用事业特许经营情况享有知情权、建议权。

主管部门应当建立社会公众参与机制，保障公众能够对实施特许经营情况进行监督。

第二十二条 特许经营者在特许经营期间有下列行为之一的，主管部门应当依法终止特许经营合同，取消其特许经营权，并可以实施临时接管：

（一）擅自转让、出租特许经营权的；

（二）擅自将所经营的财产进行处置或者抵押的；

（三）因管理不善，发生重大质量、生产安全事故的；

（四）擅自停业、歇业，严重影响到社会公共利益和安全的；

（五）达不到市政公用事业产品、服务的标准和要求，严重影响公众利益的；

（六）法律、法规禁止的其他行为。

第二十三条 主管部门应当建立特许经营项目的临时接管应急预案。

第二十四条 收回特许经营权的决定由主管部门书面通知特许经营者。特许经营者可以在收到书面通知后30个工作日内提出书面申辩或要求举行听证会。特许经营者要求举行听证的，主管部门应当组织听证。

第二十五条 对以欺骗、贿赂等不正当手段获得特许经营权的企业，主管部门应当取消其特许经营权，并向上级主管部门报告。被取消特许经营权的企业在三年内不得参与市政公用事业特许经营竞标。

第二十六条 主管部门或者特许经营者违反合同的，由过错方承担违约责任，给对方造成损失的，应当承担赔偿责任。

第二十七条 主管部门及其工作人员有下列情形之一的，由对其授权的人民政府或者监察机关责令改正，对负主要责任的主管人员和其他直接责任人员依法给予行政处分；构成犯罪的，依法追究刑事责任：

（一）不依法履行监督职责或者监督不力，造成严重后果的；

（二）对不符合法定条件的竞标者授予特许经营权的；

（三）滥用职权、徇私舞弊的。

第二十八条 特许经营者对行政处罚决定不服的，可依法申请行政复议或提起行政诉讼。

第二十九条 本办法自二〇〇四年十月一日起施行。

山西省市政公用事业特许经营管理条例

（2007年12月20日山西省第十届人民代表大会常务委员会第三十四次会议通过自2008年3月1日起施行）

第一章 总 则

第一条 为规范市政公用事业特许经营活动，促进市政公用事业健康发展，提高市政公用事业产品和服务质量，保障社会公共利益和公共安全，根据有关法律、法规，结合本省实际，制定本条例。

第二条 本条例所称市政公用事业特许经营，是指政府依照有关法律、法规规定，选择特许经营者，在特定范围和期限内经营市政公用事业某项产品或者提供某项服务。

第三条 本省行政区域内从事市政公用事业特许经营活动及其管理的，适用本条例。

第四条 实施市政公用事业特许经营，应当遵循公共利益、公共安全优先和公开、公平、公正的原则。

第五条 实施市政公用事业特许经营，应当合理布局、有效配置资源，鼓励跨行政区域的市政公用基础设施实行共享。

第六条 县级以上人民政府应当根据当地经济与社会发展需要增加对市政公用事业的投入。

特许经营者因承担政府指令任务造成经济损失的，政府应当给予相应的补偿。

第七条 省人民政府建设行政主管部门负责全省市政公用事业特许经营活动的监督管理。

城市人民政府的建设、市政公用、环境卫生、园林绿化等市政公用事业主管部门（以下简称市政公用事业主管部门）负责本行业市政公用事业特许经营的组织管理和实施工作。

发展和改革、监察、财政、审计、国有资产管理、工商行政管理、质监、价格、环保等有关部门，在各自的职责范围内做好相应的监督管理工作。

第八条 特许经营者应当公平竞争，诚实守信，向用户提供安全、优质、稳定的产品与服务，确保公共利益不受损害。

特许经营者通过合法经营取得合理回报，并承担相应的投资和经营风险。

第九条 社会公众享有对市政公用事业特许经营及其管理活动的知情权和提出意见的权利；有权对损害公共利益或者侵害自身利益的行为进行举报和投诉。

城市人民政府应当建立社会公众监督机制，加强公众对特许经营活动的监督，及时研究解决公众提出的意见和涉及公众切身利益的问题，保护公众的合法权益。

第十条 县级以上人民代表大会常务委员会可以采取听取专项报告，组织代表视察、调查等形式，加强对同级人民政府实施市政公用事业特许经营情况的监督。

第二章　特许经营许可

第十一条 下列市政公用事业项目，条件成熟的，可以依法实施特许经营：

（一）供水、供气、供热；

（二）公共交通；

（三）生活垃圾清扫、清运，路面保洁；

（四）城市道路、桥涵、路灯、园林绿化等市政公用设施的养护；

（五）污水、垃圾处理；

（六）城市人民政府确定的其他市政公用事业项目。

第十二条 第十一条第三项、第四项、第五项和第六项规定的市政公用事业项目是否实施特许经营及其实施时间，城市人民政府应当根据当地经济社会发展的需要，制定实施方案，并进行可行性论证后决定。

供气、供热、公共交通是否实施特许经营及其实施时间，由城市人民政府决定后报上一级人民政府备案。

供水项目是否实施特许经营及其实施时间，由城市人民政府决定后，报上一级人民政府批准。

按照第一款规定进行可行性论证时，应当有专家、企业代表、社会公众代表等参加，其中社会公众代表的比例不得少于三分之一。

第十三条 市政公用事业项目实施特许经营的方案应当包括下列内容：

（一）项目名称；

（二）项目基本经济技术指标和服务标准；

（三）选址和其他规划条件；

（四）特许经营期限；

（五）净资产收益、投资收益、成本收益、价格和收费标准测算及调整；

（六）特许经营者的选择方式；

（七）政府承诺的范围；

（八）保障措施；

（九）城市人民政府认为应当明确的其他事项。

第十四条 符合下列条件的企业，可以申请从事市政公用事业项目的特许经营：

（一）银行资信、财务状况良好；

（二）有满足该项目经营必需的资金、设备和设施；

（三）有相应数量和从业资格的技术、管理、财务人员；

（四）有相应的经营方案和保证提供持续、稳定、方便、及时、安全、优质、价格合理的产品和服务的能力；

（五）法律、法规规定的其他条件。

第十五条 市政公用事业主管部门根据城市人民政府的授权，可以采取招标、有偿转让、委托的方式选择特许经营者，与特许经营者签订特许经营合同。

新建市政公用事业项目，应当依法采取招标方式选择特许经营者。通过招标方式未能确定特许经营者的，市政公用事业主管部门可以采取直接委托的方式选择特许经营者。

现有市政公用事业项目，市政公用事业主管部门可以采取资产有偿转让或者委托的方式选择特许经营者；有偿转让所得资金应当用于同类市政公用事业项目的建设和改造。

第十六条 市政公用事业主管部门根据城市人民政府的授权，可以将特许经营项目的投资建设权、经营权一并赋予特许经营者，也可以将经营权单独赋予特许经营者。

将特许经营项目的投资建设权、经营权一并赋予特许经营者的，应当结合收回投资所需期限、行业特点、规模、经营方式确定特许经营期限，但最长不得超过30年。

将特许经营项目的经营权单独赋予特许经营者的，特许经营期限最长不得超过8年。

第十七条 市政公用事业主管部门应当将招标投标情况和拟确定的特许经营者向社会公示，公示时间不得少于20日。

公示期满，对拟确定的特许经营者没有异议或者异议不大的，经城市人民政府批准，赋予特许经营权。

第十八条 特许经营合同应当载明下列内容：

（一）特许经营项目名称、特许经营许可主体、特许经营者；

（二）特许经营的方式、区域和有效期限；

（三）产品、服务的质量标准，以及保证持续提供产品、服务的措施；

（四）产品、服务的价格及其调整程序；

（五）技术改造，设施、设备的权属、处置、移交、养护、维修与更新；

（六）特许经营者的收益方式、利润率及政府补贴、补偿的方式和数额；

（七）市政公用设施使用费的收取或者减免；

（八）安全管理和突发事件的应对措施及责任；

（九）履约担保和违约责任；

（十）特许经营权的变更和终止；

（十一）双方约定的其他事项。

第十九条 特许经营合同内容发生变更的，合同双方应当签订补充协议。因公共利益和公共安全需要变更合同的，应当保证特许经营者的合法权益。

第三章 特许经营者的权利和义务

第二十条 特许经营者依法取得的市政公用事业特许经营权受法律保护，有关人民政府及其市政公用事业主管部门不得擅自撤回或者改变。

第二十一条 特许经营者享有下列权利：

（一）依法自主经营；

（二）依法获取收益；

（三）请求政府及其有关部门制止和排除侵害特许经营权的行为；

（四）建议对发展规划和价格等进行调整；

（五）享受有关的优惠政策和补贴、补偿；

（六）拒绝和抵制违反法律、法规规定的收费、集资、摊派行为；

（七）法律、法规规定的和特许经营合同中约定的其他权利。

第二十二条 特许经营者新建、更新、改造、维护市政公用设施，应当遵守下列规定：

（一）符合城市规划和专业规划；

（二）制定相应的实施方案；

（三）符合有关技术标准和规范；

（四）因紧急情况需要抢修时，应当先抢修，并报告市政公用事业主管部门；

（五）新建、更新、改造完成后，按照国家规定验收合格，方可投入使用；

（六）法律、法规的其他有关规定。

前款第二项规定的方案，应当征求社会公众的意见，并经市政公用事业主管部门批准后方可实施。

第二十三条 新增用户连接、使用特许经营的城市供水、供气、供热、污水和垃圾处理等市政公用设施、设备的，应当依法经市政公用事业主管部门批准，并与特许经营者签订连接、使用合同。

第二十四条 有下列情形之一的，城市人民政府应当依法给予特许经营者补贴、补偿：

（一）因政府确定的价格或者收费标准因素造成亏损的；

（二）因公共利益和公共安全需要，依法征用市政公用设施的；

（三）特许经营者承担政府的指令任务增加支出的。

补贴、补偿的具体办法，由城市人民政府根据国家有关规定，并结合当地实际情况制定。

第二十五条 特许经营者应当履行下列义务：

（一）根据特许经营合同，编制中长期发展规划、年度经营计划和应急预案，并报市政公用事业主管部门备案；

（二）按照特许经营合同，根据政府确定的价格，提供数量充足和质量合格的市政公用事业产品、服务，并向社会公示产品、服务的质量和数量标准；

（三）按照城市规划和特许经营合同的约定，建设、更新、改造和维护相关市政公用设施；

（四）接受市政公用事业主管部门及其他有关部门对产品、服务的数量、质量、价格以及安全状况等的监督检查；

（五）经营期满或者解除特许经营合同后，向市政公用事业主管部门或者其指定的单位完整移交市政公用设施、设备、图纸和养护、维修、更新改造记录以及用户档案等资料；

（六）特许经营者提供的产品和服务达不到规定标准或者合同约定标准的，应当减收或者免收相关费用，并承担相应的违约责任；

（七）法律、法规规定的和特许经营合同约定的其他义务。

第二十六条 特许经营者不得有下列行为：

（一）转让或者以承包经营、挂靠等方式变相转让特许经营权；

（二）以特许经营权设定担保或者转让、出租、抵押特许经营的设施、设备；

（三）超出特许经营合同范围，从事特许经营活动；

（四）降低所提供的市政公用产品、服务的质量，减少应当提供的市政公用产品、服务数量，延误提供市政公用产品、服务的时间，擅自提高市政公用产品、服务的价格；

（五）违反价格主管部门批准的收费项目和标准向用户收取费用；

（六）擅自停业、歇业；

（七）法律、法规禁止的其他行为。

第四章 监督管理

第二十七条 市政公用事业主管部门应当履行下列职责：

（一）依法制定行业发展的政策、规划、建设计划和产品、服务质量标准；

（二）建立特许经营检测和评估制度，加强对特许经营者的监督检查，及时向社会公示对产品、服务质量的检测、评估结果和整改情况；

（三）监督特许经营者履行法律、法规规定的和特许经营合同约定的义务；

（四）监督特许经营者制定并执行各项安全保障措施和安全操作规程；

（五）监督特许经营者制定安全生产应急预案、建立安全预警和应急救援工作机制；

（六）受理公众的投诉；

（七）依法查处特许经营者的违法行为；

（八）向城市人民政府和上一级人民政府市政公用事业主管部门提交对特许经营者的年度监督检查报告；

（九）制定应急预案，并在出现危及或者可能危及公共利益、公共安全的紧急情况下，采取强制措施或者临时接管特许经营项目；

（十）每年初向本级人民政府和上一级人民政府市政公用事业主管部门报告上一年度市政公用事业特许经营实施情况；

（十一）向经营出现异常的特许经营者派驻市政公用事业监管员；

（十二）法律、法规规定的其他职责。

第二十八条 市政公用事业产品和服务的价格应当保持相对稳定。

特许经营者提供的产品和服务的价格，由价格主管部门依照法律规定的权限和程序制定。

第二十九条 城市人民政府应当根据行业特点设立利润调节金，专项用于市政公用事业特许经营者利润的调控。

特许经营者净资产利润率超出国家规定或者合同约定的部分，存入其利润调节金专户。

利润调节金的提取、监管、使用的具体办法，由城市人民政府制定。

第三十条 实施市政公用事业特许经营的城市人民政府，应当设立市政公用事业公众监督委员会，代表公众对特许经营活动进行监督。委员会成员中非政府部门的专家和公众代表不得少于三分之二。

公众监督委员会应当定期召开会议，对市政公用事业特许经营中关系公共利益的事项提出意见和建议。

政府及其有关部门应当充分听取公众监督委员会的意见和建议，及时解决公众监督委员会提出的问题。

第三十一条 特许经营者在特许经营期间有下列情形之一的，市政公用事业主管部门报经同级城市人民政府同意后，应当终止特许经营合同，撤销其特许经营权，并实施临时接管和强制措施：

（一）转让、变相转让特许经营权或者以特许经营权设定担保的；

（二）转让、出租、抵押特许经营的设施、设备的；

（三）因转让股权或者财产而出现不符合许可资格条件的；

（四）达不到市政公用事业产品、服务的标准和要求，严重影响公共利益的；

（五）经营管理不善，发生重大质量、生产安全责任事故，影响公共利益的；

（六）财务状况严重恶化，无法继续履行特许经营合同的；

（七）擅自停业、歇业的；

（八）未按照城市规划建设市政公用设施，经市政公用事业主管部门责令限期改正而拒不改正的；

（九）法律、法规规定和特许经营合同约定的其他情形。

第三十二条 撤销特许经营权的决定由市政公用事业主管部门书面通知特许经营者。特许经营者可以自收到书面通知之日起5日内，提出书面申辩或者要求举行听证。

特许经营者要求举行听证的，市政公用事业主管部门应当在收到书面申请之日起20日内组织听证。特许经营者对撤销特许经营权的决定不服的，可以依法申请行政复议或者提起行政诉讼。

第三十三条 按照本条例第三十一条的规定，特许经营权被撤销后，在新的特许经营者接管前，市政公用事业主管部门应当启动应急预案，临时接管特许经营项目或者采取其他有效措施，保证市政公用事业产品和服务的正常提供。

第三十四条 特许经营者因不可抗力无法继续经营的，可以申请终止特许经营合同。市政公用事业主管部门应当临时接管该项目或者采取其他有效措施，保证该市政公共产品或者服务的正常提供，并于接管之日起3个月内，按照本条例的规定确定新的特许经营者。

第三十五条 特许经营期满前6个月，市政公用事业主管部门应当按照本条例的规定制定方案，组织对特许经营项目进行招标，选择新的特许经营者；在同等条件下，优先选择有相应从业经历和业绩良好的企业。

第五章 法律责任

第三十六条 以欺骗、贿赂等不正当手段获得特许经营权的，市政公用事业主管部门应当撤销其特许经营权；构成犯罪的，依法追究刑事责任。

被撤销特许经营权的企业，3年内不得申请从事市政公用事业特许经营。

第三十七条 有下列情形之一的，由市政公用事业主管部门责令限期改正；有违法所得的没收违法所得，并处违法所得1倍以上3倍以下的罚款；没有违法所得的，处以10万元以上30万元以下的罚款；造成损失的，依法赔偿损失；构成犯罪的，依法追究刑事责任：

（一）未取得特许经营权，从事特许经营活动的；

（二）转让、变相转让特许经营权或者以特许经营权设定担保的；

（三）转让、出租、抵押特许经营的设施、设备的；

（四）超出特许经营合同范围，从事特许经营活动的；

（五）未按照城市规划建设市政公用设施，经市政公用事业主管部门责令限期改正而拒不改正的；

（六）经营期满未按照约定移交特许经营的市政公用设施、设备、图纸和养护、维修、更新改造记录以及用户档案等资料的。

第三十八条 特许经营者有下列情形之一的，由市政公用事业主管部门处以5万元以上30万元以下的罚款；给用户造成损失的，依法赔偿损失；构成犯罪的，依法追究刑事责任：

（一）因转让股权或者财产而出现不符合许可资格条件的；

（二）达不到市政公用事业产品、服务的标准和要求，严重影响公众利益的；

（三）经营管理不善，造成重大质量、生产安全责任事故，影响公共利益的；

（四）财务状况严重恶化，无法继续履行特许经营合同的；

（五）擅自停业、歇业的。

第三十九条 市政公用事业主管部门及其工作人员在市政公用事业特许经营监督管理活动中滥用职权、玩忽职守、徇私舞弊的，由其上级行政机关或者同级监察机关责令改正；情节严重的，对直接负责的主管人员和其他直接责任人员，依法给予行政处分；造成损失的，依法承担赔偿责任；构成犯罪的，依法追究刑事责任。

第六章 附 则

第四十条 本条例自2008年3月1日起施行。2006年5月26日山西省人民政府第71次常务会议通过的《山西省市政公用事业特许经营管理办法》同时废止。

甘肃省市政公用事业特许经营管理办法

（2004年9月14日 甘建城〔2004〕325号）

第一条 为了加快推进全省市政公用事业市场化进程，规范市政公用行业特许经营活动，加强市场监管，保障社会公共利益和投资者、特许经营者、消费者的合法权益，依据国家有关法律、法规，制定本办法。

第二条 本办法所称市政公用事业特许经营，是指政府按照有关法律、法规规定，通过市场竞争机制选择市政公用事业投资者或者经营者，明确其在一定期限和范围内经营某项市政公用产品或者提供某项服务，并取得合理收益的制度。

第三条 全省行政区域内的城市供水、供气、供热、公共交通、污水处理、垃圾处理等行业，依法实施特许经营的，适用本办法。

第四条 省建设行政主管部门负责全省行政区域内市政公用事业特许经营活动的指导和监督工作，接受城市市政公用行业特许经营方案的告知性备案。

市、县人民政府市政公用事业主管部门（以下简称主管部门）依据人民政府的授权，负责本行政区域内的市政公用事业特许经营的具体实施。

第五条 实施市政公用事业特许经营，应当遵循公开、公平、公正和公共利益优先的原则。

第六条 国内外已经从事或有能力从事城市市政公用事业经营活动的企业均可依照本办法平等参与竞争，获得对本省市政公用事业投资、建设和运营的特许经营权。

第七条 特许经营项目确定后，城市市政公用事业主管部门应当拟定实施方案，经发展改革、财政、物价、规划、国土资源、环境保护等有关行政主管部门依照各自职责对实施方案审查修改后，报请同级人民政府批准实施，并报上级建设行政主管部门备案。

实施方案应当包括下列内容：

（一）项目名称；

（二）项目基本经济技术指标；

（三）选址和其他规划条件；

（四）特许期限；

（五）投资回报、价格及其测算；

（六）经营者应当具备的条件及选择方式；

（七）政府其他承诺；

（八）保障措施；

（九）特许权使用费及其减免；

（十）负责实施的单位。

第八条 特许经营者可以通过下列方式取得回报：

（一）对提供的公共产品和服务收费；

（二）享有与城市市政公用事业相关的其他开发经营权益；

（三）享有政府给予的相应补贴；

（四）城市人民政府同意的其他方式。

第九条 取得特许经营权的企业，应当支付特许经营权使用费。特许经营权使用费的标准由城市人民政府根据特许项目的行业特点确定，对于微利或者享受财政补贴的特许项目，可以减免特许经营权使用费。

第十条 获得特许经营权的企业承担政府公益性指令任务造成经济损失的，政府应当给予相应的补偿。

第十一条 参与特许经营权竞标者应当具备以下条件：

（一）依法注册的企业法人；

（二）有相应的注册资本金和设施、设备；

（三）有良好的银行资信、财务状况及相应的偿债能力；

（四）有相应的从业经历和良好的业绩；

（五）有相应数量的技术、财务、经营管理等关键岗位人员；

（六）有切实可行的经营方案；

（七）投资经营的，其项目资本金不低于项目总投资 的40%；承包经营的，其注册资本不低于项目年运行总成本的50%；

（八）国外资本的投标人申请特许经营权，除其企业或机构应具备国内企业相同条件外，还应符合国家利用外资的法律、法规的规定；

（九）地方性法规、规章规定的其他条件。

第十二条 甘肃省行政区域外的企业入甘从事市政公用行业投资、建设和经营活动的，须持当地省、市、自治区建设行政主管部门的介绍信及相应的资料，到项目所在地建设行政主管部门按规定程序申请市政公用行业特许经营权。

第十三条 主管部门应当依照下列程序选择投资者或者经营者，授予特许经营权：

（一）提出市政公用事业特许经营项目，报请市、县人民政府批准后，向社会公开发布招标条件，受理投标；

（二）根据招标条件，组织专家对特许经营权的投标人资格及其经营方案进行审查，推荐出符合条件的投标候选人；

（三）组织评审委员会依法进行评审，并经过质询和公开答辩，择优选择特许经营权授予对象；

（四）向社会公示中标结果，公示时间不少于20天；

（五）公示期满，对中标者没有异议的，经当地城市人民政府批准，由主管部门与中标者（以下称“获得特许经营权的企业”）签订特许经营协议，并将协议副本逐级上报省建设行政主管部门备案。

第十四条 特许经营协议应当包括以下内容：

（一）特许经营内容、区域、范围及有效期限；

（二）产品和服务质量标准；

（三）价格和收费的确定方法、标准以及调整程序；

（四）设施的权属与处置；

（五）设施维护和更新改造

（六）投融资期限和方式；

（七）安全管理；

（八）履约担保；

（九）特许期内的风险分担；

（十）特许经营权的终止和变更；

（十一）违约责任；

（十二）争议解决方式；

（十三）双方认为应该约定的其他事项。

第十五条 现有的国有市政公用事业企业，应在完成规范性企业改制的基础上按规定的程序申请特许经营权，在没有其他竞争主体竞争的情况下，主管部门也可采取直接委托的方式授予特许经营权，并与其签订特许经营协议。

第十六条 主管部门应当履行下列责任：

（一）协助相关部门核算和监控企业成本，提出价格调整意见；

（二）监督获得特许经营权的企业履行法定义务和协议书规定的义务；

（三）监督获得特许经营权的企业经营计划实施情况、产品和服务质量以及安全生产情况；

（四）受理，公众对获得特许经营权的企业的投诉；

（五）向当地政府提交年度特许经营监督检查报告；

（六）在危及或者可能危及公共利益、公共安全等紧急情况下，临时接管特许经营项目；

（七）协议约定的其他责任。

第十七条 获得特许经营权的企业应当履行下列责任：

（一）科学合理地制定企业年度生产、供应计划；

（二）按照国家安全生产法规和行业安全生产标准规范，组织企业安全生产；

（三）履行经营协议，为社会提供足量的、符合标准的产品和服务；

（四）接受主管部门对产品和服务质量的监督检查；

（五）按规定的时间将中长期发展规划、年度经营计划、年度报告、董事会决议等报主管部门备案；

（六）加强对生产设施、设备的运行维护和更新改造，确保设施完好；

（七）协议约定的其他责任。

第十八条 特许经营期限应当根据行业特点、规模、经营方式等因素确定，最长不得超过30年。

第十九条 特许经营期限内，因国家政策调整而使获得特许经营权的企业预期经济利益受到严重损害时，获得特许经营权的企业可向主管部门提出补偿申请。主管部门应当在收到补偿申请后6个月内调查核实，经市人民政府批准给予相应的补偿。

第二十条 在协议有效期限内，若协议的内容确需变更的，协议双方应当在共同协商的基础上签订补充协议。

第二十一条 获得特许经营权的企业确需变更名称、地址、法定代表人的，应当提前书面告知主管部门，并经其同意。

第二十二条 主管部门应当在特许经营协议签订后30日内，将协议报上一级市政公用事业主管部门备案。

第二十三条 在项目运营的过程中，主管部门应当组织专家对获得特许经营权的企业经营情况进行中期评估。评估周期一般不得低于两年，特殊情况下可以实施年度评估。

第二十四条 省、市（州）、县人民政府有关部门按照有关法律、法规规定的原则和程序，审定和监管市政公用事业产品和服务价格。

第二十五条 市（州）、县人民政府市政公用事业主管部门应当加强对本行政区域内实施市政公用事业特许经营活动的监督检查，及时纠正实施特许经营中的违法行为，但不得妨碍获得特许经营权的企业正常的生产经营活动。

第二十六条 未经省、市、县人民政府批准，获得特许经营权的企业不得擅自停业、歇业；如擅自停业、歇业的，主管部门应当责令其限期改正，或者依法采取有效措施督促其履行义务。

第二十七条 社会公众对市政公用事业特许经营享有知情权、建议权。

市（州）、县人民政府应当建立社会公众参与机制，保障公众能够对实施特许经营情况进行监督。

第二十八条 特许经营期限届满前6个月，主管部门应当按照本办法规定的程序组织新一轮招标，选择特许经营者。

第二十九条 获得特许经营权的企业在协议有效期内单方提出解除协议的，应当提前提出申请，主管部门应当自收到申请的3个月内作出答复。在主管部门同意解除协议前，获得特许经营权的企业必须保证正常的经营和服务。

第三十条 获得特许经营权的企业在特许经营期间有下列行为之一的，主管部门应当依法终止特许经营协议，取消其特许经营权，并可以实施临时接管：

（一）擅自转让、出租特许经营权的；

（二）擅自将所经营的财产进行处置或者抵押的；

（三）因管理不善，发生重大质量、生产安全事故的；

（四）擅自停业、歇业，严重影响到社会公共利益和安全的；

（五）为社会提供的产品或服务质量达不到协议条款规定的标准，严重影响公众利益的；

（六）法律、法规禁止的其他行为。

第三十一条 特许经营权发生变更或者终止时，主管部门必须采取有效措施保证市政公用产品供应和服务的连续性与稳定性。

第三十二条 主管部门应当建立特许经营权并实施临时接管的应急预案。

对获得特许经营权的企业取消特许经营权并实施临时接管的，必须依照有关法律、法规的规定进行，并召开听证会。

第三十三条 对以欺骗、贿赂等不正当手段获得特许经营权的企业，主管部门一经发现，应当取消其特许经营权，并逐级向建设部报告，由建设部通过媒体等形式向社会公开披露。被取消特许经营权的企业在三年内不得参与市政公用事业特许经营竞标。

第三十四条 获得特许经营权的企业违反本办法规定，给消费者造成损失的。由县级以上人民政府市政公用事业主管部门责令限期改正，给予警告，并令其承担赔偿责任；逾期不改的，由主管部门依法终止特许经营协议，取消其特许经营权。

第三十五条 主管部门作出的具体行政行为违反本办法，给获得特许经营权的企业造成损失的，受损方可以依法申请行政复议，由过错方承担赔偿责任。

第三十六条 主管部门及其工作人员有下列是情形之一的，由对其授权的城市人民政府或者监察机关责令改正，对负主要责任的主管人员和其他直接责任人员给予行政处分；构成犯罪的，依法追究刑事责任：

（一）不依法履行监督职责或者监督不力，造成严重后果的；

（二）对不符合法定条件的竞标者授予特许经营权的；

（三）滥用职权，徇私舞弊的。

第三十七条 本办法自发布之日起施行。

兰州市市政公用事业特许经营管理办法

（2006年11月7日　兰政发〔2006〕99号）

第一条 为了规范市政公用事业特许经营活动，保证社会公众利益和维护特许经营者和消费者合法权益，促进市政公用事业市场化进程，根据国家建设部《市政公用事业特许经营管理办法》和《甘肃省人民政府关于加快推进城市市政公用事业改革的意见》（省政府甘政发〔2005〕59号）之规定，结合本市实际，制定本办法。

第二条 本办法所称市政公用事业特许经营是指市人民政府按照有关法律、法规和规章规定，通过市场竞争机制选择市政公用事业投资者或者经营者，明确其在一定期限和范围经营某项市政公用事业产品或提供某项服务的制度。

第三条 实行特许经营的范围是：

（一）城市供排水、供气、供热；

（二）公共交通；

（三）污水处理、垃圾处理；

（四）市人民政府确定的其他市政项目。

第四条 市人民政府建设行政主管部门，负责市政公用事业特许经营的具体实施工作。

其他相关行政主管部门在各自职责范围内协同做好市政公用事业特许经营管理工作。

第五条 实施市政公用事业特许经营，应当遵循公开、公平、公正和公共利益优先、资源有效配置的原则。

第六条 根据城市建设发展需要和市政公用事业建设规划，确定实行特许经营的市政公用事业项目。

具体项目由建设行政主管部门会同相关行政主管部门提出并拟定具体实施方案，报市人民政府批准后实施。

第七条 特许经营期限，根据行业特点、规模、经营方式等因素确定，但最长不得超过三十年。

第八条 特许经营可以采取下列方式：

（一）在一定期限内，政府将项目授予特许经营者投资建设、运营，届满由特许经营者无偿移交政府；

（二）在一定期限内，政府将城市基础设施移交特许经营者运营，届满由特许经营者交还政府；

（三）在一定期限内，政府将公共服务委托特许经营者提供；

（四）市政府根据实际情况确定的其他经营方式。

第九条 建设行政主管部门应当采取招标或者法律、法规、规章规定的其他方式，公平、公开、公正地选择市政公用事业的特许经营者。

第十条 参与特许经营权竞标者应当具备下列条件：

（一）具有企业法人资格；

（二）有相应注册资本金和设施、设备；

（三）有良好的银行资信、财务状况及相应的偿债能力；

（四）有相应的从业经历和良好的业绩；

（五）有相应数量的技术、财务、经营等关键岗位人员；

（六）有切实可行的经营方案；

（七）相关法规、规章规定的其他条件。

第十一条 建设行政主管部门选择投资者或经营者，按照下列程序进行：

（一）提出市政公用事业特许经营项目，报市人民政府批准后，向社会公开发布招标条件，受理投标；

（二）根据招标条件，对特许经营权的投标人进行资格审查和方案预审，推荐出符合条件的投标候选人；

（三）组织评审委员会依法进行评审，并经过质询和公开答辩，择优选择特许经营权授予对象；

（四）向社会公示招标结果，公示时间为25天；

（五）公示期满，对中标者没有异议的，经市人民政府批准，与中标者（特许经营权获得者）签订特许经营协议。

第十二条 建设行政主管部门在特许经营协议签订后30日内，将协议报上一级市政公用事业行政主管部门备案。

第十三条 特许经营协议应当包括下列内容：

（一）特许经营内容、区域、范围及有效期限；

（二）产品和服务标准；

（三）价格和收费的确定方法、标准以及调整程序；

（四）设施的权属与处置；

（五）设施维护和更新改造；

（六）安全管理；

（七）履约担保；

（八）特许经营权的终止和变更；

（九）违约责任；

（十）争议解决方式；

（十一）双方认为需要约定的其他事项。

第十四条 获得特许经营权的企业应当履行下列职责：

（一）科学合理地制定企业年度生产、供应计划；

（二）按照国家安全生产法规、规章和行业安全生产标准规范，组织企业安全生产；

（三）履行经营协议，为社会提供足量的、符合标准的产品和服务；

（四）接受主管部门对产品和服务质量的监督检查；

（五）按规定的时间将中长期发展规划、年度经营计划、年度报告、董事会决议等报主管部门备案；

（六）加强对生产设施、设备的运行维护和更新改造，确保设施完好；

（七）协议约定的其他职责。

第十五条 建立规范的公共财政补贴机制。

特许经营者因承担政府公益性指令任务造成经济损失的，政府应当给予相应的补偿。

第十六条 特许经营者确需变更名称、地址、法定代表人的，必须以书面形式告知建设行政主管部门，并须取得其同意。

第十七条 特许经营者在协议有效期内单方提出解除协议的，应当提前向建设行政主管部门提出解除协议的书面申请；建设行政主管部门自收到特许经营者申请之日起3个月内作出同意或者不同意的书面答复。

在解除协议前，特许经营者必须按照原协议约定，保证正常的经营与服务。

第十八条 特许经营者有下列行为之一的，建设行政主管部门依照法律、法规、规章和相关文件的有关规定进行处理：

（一）擅自转让、出租特许经营权的；

（二）擅自将所经营的财产进行处置或者抵押的；

（三）因管理不善，发生重大质量、生产安全事故的；

（四）擅自停业、歇业，严重影响到社会公共利益和安全的；

（五）以欺骗、贿赂等不正常手段获得特许经营权的；

（六）法律、法规和规章禁止的其他行为。

第十九条 在项目运营的过程中，建设行政主管部门应当组织相关专家对特许经营者的经营情况进行中期评估。

评估周期一般不得低于两年，特殊情况下可以实施年度评估。

第二十条 市建设行政主管部门和其他有关行政主管部门按照相关法律、法规和规章规定的原则和程序，审定和监管市政公用事业产品和服务价格，并对下列事项进行监督管理：

（一）市场准入与退出；

（二）产品与服务质量；

（三）价格与成本核算；

（四）市场秩序及运行安全。

建设行政主管部门和其他相关行政主管部门实施监督检查，不得妨碍特许经营者正常的生产经营活动。

第二十一条 建设行政主管部门和市政公用事业特许经营者应当建立下列制度并采取相应措施：

（一）特许经营的市政公用事业项目公示制度；

（二）中期评估情况发布制度；

（三）全天候值班制度，特许经营者必须开通对社会开放的24小时服务专线；

（四）及时听取社会公众建议、意见和建议、意见办理情况反馈制度；

（五）存在问题限期整改制度。

前款所列各项制度及相关措施和有关情况，均应通过新闻媒体向社会予以公布。

第二十二条 本办法自公布之日起施行。

新疆维吾尔自治区市政公用事业特许经营条例

（2005年1月7日新疆维吾尔自治区第十届人民代表大会常务委员会第十四次会议通过　2005年1月7日新疆维吾尔自治区第十届人大常委会公告第19号公布）

第一条 为了规范市政公用事业特许经营活动，加快市政公用事业发展，保障社会公共利益和公共安全，保护特许经营者的合法权益，制定本条例。

第二条 在自治区行政区域内从事城市供水、供气、供热、污水处理、垃圾处理、城市公共客运交通等涉及有限公共资源配置和直接关系公共利益的市政公用事业特许经营活动及其管理，适用本条例。

第三条 本条例所称特许经营活动，是指特许人根据城市人民政府确定的特许经营项目，通过招标等方式，允许特许经营者在一定期限和范围内从事市政公用事业投资、建设、运营，向社会提供市政公用产品和服务，并取得合理收益的行为。

本条例所称特许经营者，是指依法取得特许经营权的企业法人、自然人或者其他经济组织。

本条例所称特许人，是指根据城市人民政府授权，依法作出特许经营决定的市政公用事业主管部门。

第四条 特许人确定特许经营项目，应当坚持合理布局，有效配置公共资源的原则，鼓励跨行政区域的市政公用基础设施共享。

特许人赋予特许经营者特许经营权，应当遵循公开、公平、公正和公共利益优先的原则，保障特许经营者对已取得的经营项目拥有的合法权利。

第五条 特许经营者从事特许经营活动，应当公平竞争，诚实守信，向用户提供安全、方便、稳定和价格合理的普遍服务，确保公共利益不受损害。

特许经营者通过合法经营取得合理回报，并承担相应的投资和经营风险。

第六条 鼓励国内外投资者采取独资、合资、合作等多种形式参与市政公用设施投资、建设；鼓励跨地区、跨行业从事特许经营项目的运营。

第七条 自治区建设行政主管部门，负责全区特许经营活动的监督管理。

州、市（地）、县（市）市政公用事业主管部门，依据本级人民政府的授权，负责本行政区域内特许经营项目的实施，对特许经营活动进行监督管理。

发展计划、财政、审计、国有资产、工商、国土资源、环境保护等行政管理部门，按照各自职责负责相关工作。

第八条 社会公众对市政公用事业特许经营及其管理活动享有知情权和提出意见的权利；有权对损害自己合法权益的行为进行举报和投诉。

城市人民政府应当建立社会公众参与机制，重视研究解决公众提出的意见和涉及公众切身利益的问题，保障公众对特许经营活动的有效监督，保护公众的合法权益。

第九条 对城市人民政府决定实行特许经营的市政公用事业项目，特许人应当依据城市规划、行业发展规划和行业运营状况等，制定特许经营权出让实施方案，报城市人民政府批准；跨城市区域的特许经营项目和特许经营权出让实施方案，报其共同的上一级人民政府批准，并向上一级市政公用事业主管部门备案。

使用国家、自治区补助资金建设的特许经营项目，应当同时向自治区建设行政主管部门和发展计划行政主管部门备案。

第十条 特许经营项目确定前和特许经营权出让方案批准前，特许人或者城市人民政府应当通过听证或者其他公开的方式听取公众意见。

特许经营项目确定后，由特许人向社会发布公告，并在城市近期建设规划期内通过招标投标等公平方式选择特许经营者。

第十一条 特许经营项目的招标投标程序，依照招标投标法的规定。

招标文件需明确特许经营项目的内容、区域、期限、投资金额、建设和经营标准、特许经营者应具备的条件、特许人的承诺、特许经营期满项目移交等事项。

评标应当采用能够最大限度地满足招标文件中规定的各项综合评价标准的方式。已经从事市政公用事业经营活动的，参加招标投标时，在同等条件下享有优先中标权。

第十二条 特许人应当将招标投标情况和拟确定的特许经营者向社会公示，公示时间不得少于20日。

公示期满，对拟确定的特许经营者没有异议的，经城市人民政府批准，赋予特许经营权。

第十三条 特许人可以将特许经营项目的投资权、建设权、运营权一并赋予特许经营者，也可以将运营权单独赋予特许经营者。

第十四条 特许人将投资权、建设权、运营权一并赋予特许经营者的，特许经营期应当根据行业特点、规模、经营方式确定，满足收回投资所需期限，但一次赋予的特许经营年限最多不超过30年。特许人将特许项目的运营权单独赋予特许经营者的，一次赋予的特许经营年限最多不超过8年。

第十五条 特许人赋予特许经营权的，应当与特许经营者签订特许经营协议，颁发特许经营权证。未取得特许经营权证的单位和个人，不得从事特许经营活动。

特许经营权证由自治区人民政府建设行政主管部门统一式样。禁止涂改、倒卖、出租、出借特许经营权证。

第十六条 特许经营协议包括以下主要内容：

（一）特许人、特许经营者；

（二）特许经营项目名称、方式、内容、区域、期限；

（三）产品和服务的质量、安全标准以及保证持续提供公共产品或者服务的措施；

（四）价格和收费的确定方法、标准以及调整程序；

（五）特许经营权处分与混业经营的限制；

（六）特许经营状况的评估期限、方式；

（七）设施、设备的权属、处置、移交、养护、维修与更新改造；

（八）补偿约定和履约担保；

（九）特许经营协议的变更与终止；

（十）违约责任；

（十一）争议解决的方式；

（十二）双方认为应当约定的其他事项。

第十七条 特许经营的产品和服务价格，由城市人民政府价格主管部门按照法定权限和程序制定、调整和监管。

制定和调整特许经营产品和服务价格，应当兼顾有限资源的合理配置、公共利益的保护和特许经营者的合理利润。特许人应当协助有关部门核算和监控特许经营成本，确定各行业收益率核定方式，提出价格调整意见。

第十八条 特许经营成本应当按照社会平均成本计算，包括各项应当计入价格的制造成本和期间费用。与特许经营产品、服务无关的费用，不得列入特许经营成本。

第十九条 价格主管部门应当对特许经营产品和服务价格建立定期审价制度，拟定和调整价格方案应当进行听证。

第二十条 特许经营者向公众提供公用事业产品和服务，应当按照规定的价格向用户收取费用。特许经营者提供的产品和服务达不到规定标准或者合同约定的，应当减收或者免收相关费用，并承担相应的违约责任。

第二十一条 特许人出于保护老年人、残疾人和城市特困群体等的需要，可以要求特许经营者承担公益性任务。特许人要求特许经营者承担公益性任务的，应当在特许经营招标文件中明示，并在特许经营协议中约定。

特许经营者承担政府公益性任务造成经

济损失的，特许人应当给予相应的补偿。

第二十二条 特许经营者取得特许经营权，应当依法缴纳特许经营权出让费。特许经营权出让费收取办法和标准，由城市人民政府依法确定，纳入财政性资金统一监管。

第二十三条 特许经营者在特许经营期限内，必须按照国家有关技术标准和规范的要求，对特许经营的设施、设备进行养护、维修、更新改造，确保特许经营项目安全运行。

特许人或者特许经营者认为需要对特许经营的设施、设备进行更新改造的，应当委托具备相应资质的检测机构进行检测、鉴定，制定更新改造计划和方案。更新改造计划和方案应当经特许人同意。

第二十四条 由特许经营者投资建设的项目，按照政府制定的价格和赋予的特许经营年限，按协议正常经营不能收回投资的，可以要求特许人给予补偿。补偿条件、计算依据及方法，应当在特许经营协议中约定。

第二十五条 除城市供水、供气、供热的源头设施、设备和中小运量的公共交通工具外，特许人不得将特许经营项目的所有权出让、转让给特许经营者，由特许经营者投资建设的特许经营项目，运营期满后应当按照特许经营协议的约定向特许人移交。

特许经营者不得以特许经营项目的运营权设定担保，不得擅自转让、出租特许经营项目的运营权，不得擅自处置、抵押特许经营设施、设备。

第二十六条 新增用户连接、使用特许经营的城市供水、供气、供热、污水处理等公用设施、设备的，应当依法经城市有关行政主管部门批准，并与特许经营者签订连接、使用合同。特许经营者不得向用户收取设施、设备投资补偿等费用。

第二十七条 特许人应当对特许经营的土地使用、相关设施提供、避免过度竞争等作出承诺，不得擅自撤销特许经营权、单方面终止特许经营协议。

第二十八条 特许人可以要求特许经营者提供履约担保。特许人要求特许经营者提供履约担保的，应当事先在招标文件中载明。

第二十九条 特许人应当依法监督特许经营者履行特许经营协议，并组织有关部门、专家和公众代表，对特许经营状况进行评估。

监督、评估不得妨碍特许经营者的正常经营活动。

第三十条 城市人民政府应当设立特许经营监督委员会，代表公众对特许经营活动进行监督和质询，委员会成员中非政府部门的专家和公众代表不得少于三分之二。

委员会对特许经营活动中可能影响公众利益的重大决策，有权提出意见和建议。特许人、有关行政主管部门和特许经营者应当充分听取委员会提出的意见和建议，对不予采纳的，要说明理由，并记录在案。

第三十一条 特许人应当制定特许经营项目应急预案；发生突发事件时，应当采取有效措施或者安排组织临时接管，保证公共产品供应、服务的连续和稳定。

第三十二条 在特许经营期限内，特许经营协议需要变更或者解除的，特许人与特许经营者应当协商确定；未达成一致的，任何一方不得变更或者解除原协议。

第三十三条 因特许人原因，致使特许经营者不能获得预期利益的，特许经营者有权向特许人提出补偿请求。特许人应当在收到补偿请求之日起60个工作日内调查核实。特许经营者的补偿请求成立的，特许人应当给予补偿；补偿请求不成立的，特许人应当作出书面答复。

第三十四条 特许经营者有下列情形之一的，特许人应当责令其限期改正，逾期不改的，特许人有权撤销特许经营权，并终止特许经营协议：

（一）违反本条例规定以特许经营项目的运营权设定担保，或者擅自转让、出租特许经营项目的运营权，或者擅自处置、抵押特许经营设施、设备的；

（二）未按照法律、法规及有关标准、规范和特许经营协议约定从事特许经营活动，不履行普遍服务义务，或者不履行养护、维修和更新改造义务，危及公共利益、公共安全的；

（三）因经营管理不善，造成重大质量、生产安全责任事故，不适宜继续从事特许经营活动的；

（四）擅自停业、歇业的；

（五）法律、法规、规章禁止的其他情形。

第三十五条 特许经营者有下列情形之一的，特许人应当依法办理注销特许经营权手续：

（一）特许经营期满，特许经营者未申请延续的；

（二）特许经营者丧失行为能力，或者被依法终止的；

（三）特许经营协议事项发生变化，依法解除或者终止特许经营协议的；

（四）特许经营权依法被撤销的；

（五）法律、法规、规章规定应当注销的其他情形。

第三十六条 特许人撤销特许经营权或者办理注销特许经营权手续前，应当书面通知特许经营者。特许经营者有陈述、申辩和要求听证的权利；特许经营者要求听证的，应当自收到书面通知之日起10个工作日内提出。

特许经营者对特许人作出撤销、注销特许经营权决定不服的，可以依法申请行政复议或者提起行政诉讼。

第三十七条 特许经营协议终止的，终止前特许人应当按照本条例规定的程序重新选择特许经营者。

特许经营者在特许经营期间，经评估能够完全履行特许经营协议的，可以在特许经营期限届满前或者最后一次评估期前60日内申请延长特许经营期；特许人收到延期申请后，应当按照本条例第十二条的规定公示后，20日内作出是否准予延期的决定。

延长特许经营期一次不得超过两年，最多不得超过两次。

第三十八条 特许经营协议终止，特许人应当在协议终止前依法组织对特许经营者进行财务审计，对特许经营设施、设备等进行资产评估。

特许经营者应当按照协议约定向特许人移交特许经营的设施、设备、图纸、资料，养护、维修、更新改造记录，有关用户的档案资料等。

协议终止交接事宜，应当制作书面记录。

第三十九条 特许人违反本条例规定，有下列行为之一的，由其上级行政机关或者同级监察机关责令改正；情节严重的，对直接负责的主管人员和其他直接责任人员依法给予行政处分；造成损失的，依法承担赔偿责任；构成犯罪的，依法追究刑事责任：

（一）对符合法定条件的申请人不予受理特许经营申请，或者不依法办理延长特许经营权申请手续的；

（二）不依法履行公告、公示、备案、核实补偿请求、办理延期申请等法定义务的；

（三）不依法采用招标投标等方式选择特许经营者，或者在招标投标等活动中弄虚作假的；

（四）不依法对特许经营者履行协议情况进行监督，或者不组织对特许经营状况进行评估的；

（五）不接受监督委员会的监督、质询，不听取监督委员会提出的意见、建议，造成重大质量、安全生产责任事故或者重大损失的；

（六）违法撤销特许经营权、办理注销特许经营权手续，终止特许经营协议的；

（七）其他不履行监督管理职责的行为。

第四十条 特许经营者违反本条例规定，有下列情形之一的，由特许人责令停止违法行为，没收违法所得和从事违法经营活动的设施、设备，可以并处违法所得2倍以下的罚款；没有违法所得的，可以并处5000元以上50000元以下的罚款：

（一）未取得特许经营权证，擅自从事特许经营活动的；

（二）超出特许经营许可范围进行经营活动的；

（三）涂改、倒卖、出租、出借特许经营权证的；

（四）未按照协议约定移交特许经营的设施、设备、图纸、资料，养护、维修、更新改造记录以及有关用户的档案资料的。

特许经营者违反本条例规定，应当给予行政处罚的其他行为，依照有关法律、法规和规章的规定予以处罚。

第四十一条 本条例实施前，城市人民政府或者有关部门将市政公用事业项目的所有权出让、转让给经营者，或者经营者以市政公用事业项目的所有权、经营权设定担保的，应当予以纠正。

第四十二条 本条例自2005年3月1日起施行。

银川市市政公用事业特许经营管理条例

（2014年12月23日银川市第十四届人民代表大会常务委员会第十七次会议通过 2015年3月31日宁夏回族自治区第十一届人民代表大会常务委员会第十六次会议批准）

第一章 总　　则

第一条 为规范市政公用事业特许经营活动，确保公众利益和公共安全，促进市政公用事业健康发展，根据有关法律法规规定，结合本市实际，制定本条例。

第二条 本条例所称市政公用事业特许经营是指市、县（市、区）人民政府依法通过市场竞争机制选择市政公用事业投资者、经营者，明确其在一定范围和期限内经营某项市政公用事业投资、建设、运营，向社会提供市政公用事业产品或者某项服务的制度。

第三条 在本市行政区域内从事市政公用事业特许经营活动和监督管理工作适用本条例。

第四条 市政公用事业主管部门依据市、县（市、区）人民政府的授权，负责本行政区域内市政公用事业特许经营的具体实施。

市、县（市、区）人民政府有关部门，按照各自职责做好市政公用事业特许经营的监督管理工作。

第五条 市政公用事业实行特许经营的范围：

（一）城市供水、供气、供热；

（二）城市污水、清扫保洁、垃圾处理；

（三）城市道路、桥涵、地下综合管廊、路灯、广场、园林绿化等市政公用设施的建设或者养护；

（四）法律法规规定的其他行业。

第六条 实施市政公用事业特许经营，应当遵循公开、公平、公正和公共安全优先的原则，有利于提高市政公用产品的质量和改善服务水平，保证公众利益不受损害。

市政公用事业特许经营者应当确保提供安全、合格的产品和优质、持续、及时、高效、公平的服务。市政公用事业特许经营者通过合法经营取得合理回报并承担相应投资和经营风险。

第七条 市政公用事业特许经营项目的确定，应当根据城市总体规划和发展需要，坚持合理布局，有效配置公共资源的原则，防止重复建设和不正当竞争。

第八条 鼓励跨行政区域的市政公用基础设施共享，鼓励国内外投资者采取独资、合资、合作等多种形式参与市政公用设施投资、建设以及运营。

鼓励和支持投资者进入微利或者非营利市政公用事业领域，向社会提供服务。

第二章 特许经营权的授予

第九条 市政公用事业特许经营可以采用下列方式：

（一）在一定期限内，将项目的投资建设和经营权授予特许经营者，期满后按照特许经营协议移交人民政府；

（二）在一定期限内，将建成项目的经营权授予特许经营者，期满后按照特许经营协议移交人民政府；

（三）在一定期限内，委托特许经营者提供公共服务和产品；

（四）法律法规规定的其他方式。

前款规定的经营期限应当根据行业特点、经营规模、经营方式等因素确定，采用前款第一、二项形式的，最长不得超过三十年；采用前款第三项形式的，最长不得超过十年。

第十条 市、县（市、区）人民政府实施市政公用事业特许经营项目时，由市政公用事业主管部门会同发展改革、财政、国有资产管理等部门，根据城市总体规划、市政公用事业各专项规划、经济和社会发展要求等进行论证，并公开征求有关部门和公众意见或经听证后，制定市政公用事业特许经营实施方案，报本级人民政府批准。跨行政区域的市政公用事业特许经营实施方案，由有关县（市、区）人民政府共同组织制定，报市人民政府批准。

第十一条 市政公用事业特许经营实施方案经批准后，由市政公用事业主管部门通过电视、政府网站、公开发行的报纸等向社会公告，并组织实施。

第十二条 符合下列条件的经营者，可以申请从事市政公用事业项目的特许经营：

（一）银行资信和财务状况良好，并有满足该项目经营必需的资金或者可靠的资金来源以及相应偿债能力；

（二）有相应的从业资质和良好的经营业绩且无不良信用记录；

（三）有相应数量和相应从业资格的技术、财务、管理人员和该项目经营必需的设备、设施；

（四）有切实可行的经营方案和保证提供持续、稳定、方便、及时、安全、优质、价格合理的产品和普遍服务的能力；

（五）法律法规规定的其他条件。

第十三条 同一地域范围内的同一行业市政公用事业特许经营权，应当授予两个以上的经营者；但因行业特点和地域条件的限制，无法授予两个以上经营者的除外。

第十四条 市政公用事业特许经营招标，应当遵守招标投标法律法规；应当将保证市政公用事业产品或者公共服务的供应、质量、安全和价格合理作为实质要件，并在招标文件中载明具体要求。

第十五条 市政公用事业主管部门在市政公用事业特许经营者确定之日起三十日内，与特许经营者签订特许经营协议。

市政公用事业特许经营协议，应当约定下列事项：

（一）项目名称、内容、经营地域、特许经营实施方式、经营期限；

（二）市政公用事业产品或者服务的名称、数量、质量标准和安全标准；

（三）收益取得方式；

（四）设备、设施的权属以及保养维护、建设、更新改造责任；

（五）人民政府的保障措施；

（六）制定应急预案；

（七）人民政府向特许经营者移交项目以及期限届满或者解除特许经营协议后特许经营者向人民政府移交项目的内容、数量、质量标准，移交的方式、程序、期限；

（八）履约担保；

（九）违约责任；

（十）特许经营协议的解除以及其补偿办法；

（十一）法律法规规定和双方认为应当约定的其他事项。

市政公用事业特许经营协议的实质内容，不得与招标文件和市政公用事业特许经营实施方案的内容相抵触，不得承诺固定投资回报等法律法规禁止的其他事项。

第十六条 市、县（市、区）人民政府应当按照市政公用事业特许经营协议履行相关职责和义务。市政公用事业主管部门应当按照职责范围履行特许经营协议中的相关承诺。

第十七条 特许经营者根据特许经营协议办理有关审批手续时，县级以上人民政府有关部门应当简化办理手续，优化办理流程。

第三章 特许经营者的权利与义务

第十八条 市政公用事业特许经营者依法享有下列权利：

（一）独立经营管理的权利；

（二）根据特许经营协议的约定，取得合理补偿和收益；

（三）对发展规划和价格等的调整提出建议；

（四）享受有关的优惠政策和财政补贴；

（五）法律法规规定和特许经营协议约定的其他权利。

第十九条 市政公用事业特许经营者应当履行下列义务：

（一）按照规划和社会需要，在特许经营协议约定的服务区域内向消费者普遍地、无歧视地提供安全合格的产品和服务；

（二）按照相关法律法规、规范、标准等要求，对市政公用设施定期检修保养，确保设施完好，做好安全生产和稳定供应工作，接受人民政府有关部门的指导、监督、检查；

（三）将特许经营产品或者服务的质量、技术标准及时准确地向社会公告，涉及公众利益、公共安全的信息应当及时向社会公开，对特许经营的产品或者服务项目向社会提供咨询服务并接受社会监督；

（四）及时将经营者的中长期发展规

划、年度经营计划、年度经营报告、董事会、监事会主要成员以及总经理的变更等重大事项报送市政公用事业主管部门备案；

（五）做好设施以及运营资料的收集、分类、整理、归档工作，建立完善市政公用设施信息化管理系统并与市政公用事业主管部门联网，按照要求及时、准确地将运营情况、设施状况等相关资料报送市政公用事业主管部门以及其他人民政府相关部门；

（六）因紧急情况需要抢修时，应当先实施抢修，并报告市政公用事业主管部门和及时告知用户。在可能危及公众利益和公共安全等情况下，服从人民政府的统一指挥和调度；

（七）项目中止时，在完成接管前应当按照特许经营协议约定履行看守职责，维持正常的经营服务；项目终止时，应当按照接管单位的要求，将维持特许经营项目正常运转所需的设施、设备以及相关档案、资料完好移交；

（八）允许其他经营者按照规划要求连接其投资建设或者经营管理的市政公用设施；

（九）法律法规规定和特许经营协议约定的其他义务。

第二十条 市政公用事业特许经营者不得有下列行为：

（一）转让、出租、抵押或者以其他方式处分特许经营权；

（二）超越特许经营协议中约定的范围从事经营活动；

（三）擅自停业、歇业；

（四）擅自转让、出租、质押、抵押或者以其他方式处分特许经营项目资产，擅自转让特许经营项目股权；

（五）不按照规划要求建设市政公用设施，或者改变其投资建设、运营的市政公用设施项目的土地使用性质；将特许经营项目的设施以及相关土地用于特许经营项目之外，擅自改变市政公用设施的功能和用途；

（六）不履行普遍服务义务，降低、减少所提供产品或者服务的质量、数量，擅自调整所提供产品或者服务的价格、收费；

（七）强制、限定、阻碍用户购买某种产品、服务或者有其他侵害消费者合法权益的行为；

（八）法律法规规定和特许经营协议禁止的其他行为。

第二十一条 市政公用事业特许经营者新建、更新、改造市政公用设施，所投入资金由特许经营者自行筹措和承担，并遵守下列规定：

（一）符合城市总体规划和专项规划；

（二）符合有关技术标准和规范；

（三）制定相应的实施计划和方案；

（四）新建、更新、改造完成后，经依法验收合格后方可投入使用。

市政公用事业特许经营权被取消或者终止后，按照前款规定新建、更新、改造的市政公用设施归人民政府所有；需要补偿的，根据特许经营协议的约定给予特许经营者合理补偿。

第二十二条 有下列情形之一的，市、县（市、区）人民政府应当给予市政公用事业特许经营者合理的补贴、补偿：

（一）因公众利益和公共安全需要，市、县（市、区）人民政府依法征用或者迁移市政公用设施的；

（二）特许经营者按照人民政府指令，承担减免费用等社会福利的。

第二十三条 在经营期限内，市政公用事业特许经营者不得擅自变更特许经营的内容，因公众利益要求确需变更的，应当向市政公用事业主管部门提出书面申请，经市、县（市、区）人民政府批准后，签订补充协议。

第二十四条 市政公用事业特许经营者向社会公众提供的产品和服务达不到规定标准或者合同约定的，应当减收或者免收相关费用，并承担相应的违约责任。

第二十五条 市政公用事业特许经营者在特许经营协议有效期内单方提出解除特许经营协议的，应当提前六个月提出书面申请，市政公用事业主管部门应当自收到申请之日起两个月内做出同意或者不同意的书面答复。

在解除市政公用事业特许经营协议之前，特许经营者应当保证正常的经营与服务。

第四章 监督管理

第二十六条 市政公用事业主管部门应当履行下列职责：

（一）组织制定市政公用事业发展政策、规划、建设计划和产品、服务质量标准，并及时将相关信息向社会公开；

（二）建立特许经营监管、检测和评估制度，监督特许经营者履约行为，及时向社会公示对产品和服务质量的检测、评估结果和整改情况；

（三）监督特许经营者制定和完善各项安全保障措施以及安全操作规程；

（四）监督特许经营者制定安全生产应急预案，建立安全预警和应急救援工作机制；

（五）受理公众对特许经营者的投诉，并进行调查处理；

（六）向本级人民政府提交对特许经营者的年度监督检查报告；

（七）向经营运行出现异常的特许经营者派驻监管人员；

（八）法律法规规定的其他职责。

第二十七条 价格主管部门根据行业平均成本兼顾经营者合理利润的原则，依法核定市政公用事业产品价格和服务收费标准，并建立定期价格审核制度，拟定和调整价格方案应当根据有关规定召开听证会。

第二十八条 市政公用事业特许经营权发生变更或者终止时，市政公用事业主管部门应当采取有效措施，保证市政公用事业产品供应和服务的连续性与稳定性，并制定特许经营项目的临时接管应急预案。

第二十九条 市政公用事业特许经营协议终止时，市政公用事业主管部门应当组织对特许经营者进行财务审计，对特许经营设施、设备等进行资产评估。

第三十条 市政公用事业特许经营期满前六个月，市政公用事业主管部门应当按照本条例的规定制定方案，组织对特许经营项目进行招标。

第三十一条 市政公用事业主管部门和其他相关部门实施监督检查，不得妨碍市政公用事业特许经营者正常的生产经营活动。

第五章 法律责任

第三十二条 市政公用事业特许经营者采取欺骗、贿赂等不正当手段获取特许经营权的，市政公用事业主管部门应当取消其特许经营权；构成犯罪的，依法追究刑事责任。

第三十三条 市政公用事业主管部门或者市政公用事业特许经营者违反协议的，由过错方承担违约责任，造成损失的，依法承担赔偿责任。

第三十四条 市政公用事业特许经营者

在特许经营期间有下列情形之一的，经市、县（市、区）人民政府批准，市政公用事业主管部门可以取消特许经营权，并实施临时接管：

（一）转让、出租、抵押或者以其他方式处分特许经营权的；

（二）擅自停业、歇业，严重影响公众利益和公共安全的；

（三）因生产管理不善，发生重大质量、安全生产事故和环境污染事故，严重危害公众利益的；

（四）因经营管理不善，财务状况恶化，亏损严重，无法正常运行，严重影响公众利益的；

（五）因转让特许经营项目股权而出现不符合特许经营协议约定的授权资格条件的；

（六）在可能危及公众利益和公共安全等情况下，不服从人民政府统一指挥和调度的。

第三十五条 市政公用事业特许经营者被取消特许经营权的，由市政公用事业主管部门向社会公告，并且三年内不得在本市行政区域内申请从事市政公用事业特许经营。

第三十六条 市、县（市、区）市政公用事业主管部门和有关部门及其工作人员在市政公用事业特许经营管理工作中玩忽职守、滥用职权、徇私舞弊的，由其所在单位或者上级主管部门，依法给予处分；构成犯罪的，依法追究刑事责任。

第六章　附　　则

第三十七条 本条例自2015年5月1日起施行。

青海省市政公用事业特许经营管理条例

（2009年7月31日青海省第十一届人民代表大会常务委员会第十次会议通过　2009年7月31日青海省人民代表大会常务委员会公告第10号公布　自2009年10月1日起施行）

第一章　总　　则

第一条 为了规范市政公用事业特许经营活动，保障公共利益和公共安全，维护特许经营者的合法权益，促进市政公用事业发展，根据有关法律、行政法规，结合本省实际，制定本条例。

第二条 本条例所称市政公用事业特许经营，是指政府按照有关法律、法规的规定，通过市场竞争机制选择市政公用事业投资者或者经营者，明确其在一定期限和范围内经营某项市政公用事业产品或者提供某项服务的制度。

第三条 本省行政区域内下列实施特许经营的市政公用事业项目，适用本条例：

（一）供水、供气、集中供热；

（二）污水、垃圾处理；

（三）道路、桥涵、广场、路灯、管线共用通道、园林等公用设施的养护；

（四）其他由省人民政府建设行政部门负责指导和监督的特许经营项目。

第四条 实施市政公用事业特许经营，应当遵循公开、公平、公正和公共利益、公共安全优先的原则。

第五条 实施市政公用事业特许经营，应当合理布局、有效配置资源，鼓励跨行政区域的市政公用基础设施共享。

第六条 省人民政府建设行政部门负责全省市政公用事业特许经营的指导和监督工作。

州（市、地）、县（市、区）人民政府市政公用事业主管部门（以下简称市政公用事业主管部门）负责本行政区域内市政公用事业特许经营的组织管理和实施。

县级以上人民政府其他有关部门应当在各自的职责范围内，负责市政公用事业特许经营的相关工作。

第七条 公众对市政公用事业特许经营享有知情权、建议权和监督权，对损害公共利益或者侵害自身合法权益的行为有权进行举报、投诉。

州（市、地）、县（市、区）人民政府及其市政公用事业主管部门应当建立公众参与机制，保障公众能够对实施特许经营的情况进行监督，维护公众的合法权益。

第二章 特许经营权的授予

第八条 市政公用事业主管部门应当根据城市发展需要，制定特许经营项目实施方案。

州（市、地）人民政府市政公用事业主管部门制定的特许经营项目实施方案，经本级人民政府批准后，在30日内报省人民政府建设行政部门备案。

县（市、区）人民政府市政公用事业主管部门制定的特许经营项目实施方案，经本级人民政府批准后，在30日内报州（市、地）人民政府市政公用事业主管部门备案。

第九条 市政公用事业主管部门制定特许经营项目实施方案时，应当组织有关专家、企业代表和公众代表对实施方案进行可行性论证，其中公众代表的比例不得少于三分之一。

第十条 特许经营项目实施方案应当包括下列内容：

（一）项目的基本情况；

（二）项目基本经济技术指标；

（三）特许经营者应当具备的条件及选择方式；

（四）特许经营的方式、主要内容、范围及期限；

（五）财政补贴、其他优惠条件等政府承诺的事项；

（六）产品、服务的质量、标准；

（七）投资回报及价格的测算；

（八）保障措施；

（九）其他事项。

第十一条 政府承诺的事项可以涉及与特许经营项目有关的基础设施提供、必要的财政补贴及其他优惠条件等，但不得承诺商业风险分担、固定投资回报及法律、法规、规章禁止的其他事项。

第十二条 特许经营期限，应当根据行业特点、规模、经营方式等因素确定。将项目的投资建设和经营权一并授予特许经营者的，特许经营期限最长不得超过30年；单独授予经营权的，特许经营期限最长不得超过8年。

第十三条 市政公用事业主管部门应当按照有关法律、法规的规定，采取招标方式选择特许经营者。通过招标不能确定特许经营者的，可以采取直接委托或者其他方式确定特许经营者。

第十四条 参与特许经营权竞标者应当具备以下条件：

（一）依法注册的企业法人；

（二）有相应的注册资本金和设施、设备；

（三）有良好的银行资信、财务状况及

相应的偿债能力；

（四）有相应的从业经历和良好的业绩；

（五）有相应数量的技术、财务、经营等专业人员；

（六）有可行的经营方案；

（七）法律、法规、规章规定的其他条件。

第十五条 采取招标方式选择特许经营者的，市政公用事业主管部门应当将中标结果向社会公示，公示时间不得少于20日。公示期满，公众对中标结果无异议或者异议不成立的，方可将中标者确定为特许经营者。

第十六条 特许经营者确定后，市政公用事业主管部门应当与特许经营者签订特许经营协议，授予其特许经营权，颁发特许经营权证。

市政公用事业特许经营权证由省人民政府建设行政部门统一印制。

第十七条 特许经营协议主要包括以下内容：

（一）特许经营内容、区域、范围及有效期限；

（二）提供产品、服务的质量和标准；

（三）价格和收费的确定方法、标准以及调整程序；

（四）设施、设备的权属与处置；

（五）设施、设备维护和更新改造；

（六）财政补贴、其他优惠条件等政府承诺的事项；

（七）安全管理和突发事件应急措施；

（八）履约担保；

（九）特许经营权的终止和变更；

（十）违约责任；

（十一）争议解决方式；

（十二）双方认为应当约定的其他事项。

第十八条 特许经营协议签订后，协议双方不得擅自变更。确需变更协议内容的，协议双方应当在共同协商的基础上签订变更协议。

第十九条 在特许经营协议有效期内，特许经营者单方提出解除特许经营协议的，应当向市政公用事业主管部门提出书面申请，市政公用事业主管部门应当自收到申请的3个月内作出答复。在市政公用事业主管部门同意解除协议前，特许经营者必须保证正常的经营与服务。

因不可抗力，特许经营无法正常运营时，特许经营者向市政公用事业主管部门提出解除特许经营协议的，市政公用事业主管部门应当予以批准。

第三章　特许经营者的权利和义务

第二十条 特许经营者依法取得的市政公用事业特许经营权受法律保护，人民政府及其市政公用事业主管部门不得擅自变更或者撤回。

特许经营协议有效期内，特许经营权所依据的法律、法规、规章修改、废止，或者授予特许经营权的客观情况发生重大变化的，为了公共利益和公共安全需要，市政公用事业主管部门可以依法变更或者撤回特许经营权。由此给特许经营者造成财产损失的，应当依法给予补偿。

第二十一条 特许经营者享有下列权利：

（一）依法自主经营；

（二）获取合法收益；

（三）依法请求制止和排除侵害特许经营权的行为；

（四）建议对发展规划和价格等进行调整；

（五）享受政策优惠和有关的补贴、补偿等；

（六）拒绝违反法律、法规、规章规定的收费、集资和摊派；

（七）法律、法规、规章规定和特许经营协议约定的其他权利。

第二十二条 特许经营期限届满，市政公用事业主管部门重新选择特许经营者时，在同等条件下，原特许经营者享有优先权。

第二十三条 特许经营期内，因政策调整导致特许经营预期收入明显减少的，特许经营者可以向市政公用事业主管部门提出补偿申请。市政公用事业主管部门应当在收到特许经营者补偿申请后3个月内进行调查核实，经项目所在地的州（市、地）、县（市、区）人民政府批准给予相应补偿。

第二十四条 特许经营者应当履行下列义务：

（一）在特许经营协议约定的范围内从事特许经营业务；

（二）履行经营协议，向用户提供安全、方便、稳定的产品或者服务；

（三）按照安全生产法律法规和行业安全生产标准规范，组织企业安全生产；

（四）接受相关部门对产品和服务质量的监督检查；

（五）按照规定时间将中长期发展规划、年度经营计划、年度报告等报市政公用事业主管部门备案；

（六）定期对生产设施、设备进行运行维护和更新改造，确保设施、设备完好；

（七）因设备正常检修临时中断提供产品和服务时，应当提前告知用户；

（八）经营期满或者解除特许经营协议后，向市政公用事业主管部门完整移交特许经营的设施、设备、技术资料和养护、维修、更新改造记录以及用户档案等资料；

（九）法律、法规、规章规定和特许经营协议约定的其他义务。

第二十五条 特许经营者在经营期间不得有下列行为：

（一）转让、出租特许经营权；

（二）擅自将所经营的市政公用设施及资产进行处置或者抵押；

（三）超越特许经营协议约定范围从事特许经营；

（四）擅自提高市政公共产品、公共服务价格或者收费标准；

（五）擅自停业、歇业；

（六）其他违反法律、法规、规章规定以及特许经营协议的行为。

第二十六条 用户申请连接、使用特许经营的城市供水、供气、供热、污水处理等公用设施、设备的，特许经营者应当与用户签订连接、使用合同，不得向用户收取设施、设备投资补偿等费用。

第二十七条 为了公共利益的需要，州（市、地）、县（市、区）人民政府可以依法征用特许经营者经营的公用设施或者要求其承担公益性服务，特许经营者应当配合。由此给特许经营者造成损失的，州（市、地）、县（市、区）人民政府应当依法给予补偿。

第四章 监督管理

第二十八条 省人民政府建设行政部门和州（市、地）人民政府市政公用事业主管部门应当加强对下级人民政府市政公用事业主管部门实施特许经营活动的监督检查，及时查处实施特许经营中的违法行为。

第二十九条 市政公用事业主管部门在对市政公用事业特许经营活动进行监督管理时，应当履行下列职责：

（一）监督特许经营者履行法定义务和特许经营协议；

（二）受理对特许经营者的举报和投诉；

（三）组织专家对特许经营者的经营情况进行年度评估或者中期评估，对评估中存在的问题督促其限期整改；

（四）制定市政公用事业特许经营监管应急预案；

（五）对特许经营者提供的市政公共产品或者公共服务的数量、质量、价格以及安全生产、设备设施保养维护等情况进行监督；

（六）向本级人民政府和上一级人民政府市政公用事业主管部门提交年度特许经营实施情况的报告；

（七）协助价格主管部门制定价格方案，必要时提出价格调整建议；

（八）法律、法规、规章规定的其他职责。

第三十条 特许经营权发生变更、终止或者被依法撤销以及出现危及或者可能危及公共利益、公共安全的紧急情况时，市政公用事业主管部门应当采取有效措施保证市政公用产品供应和服务的连续性与稳定性，必要时可以采取临时接管措施。

第三十一条 特许经营协议终止时，市政公用事业主管部门应当组织对特许经营者进行财务审计，对特许经营设施、设备等进行资产评估。

第三十二条 特许经营产品和服务的价格，由州（市、地）、县（市、区）人民政府或者价格主管部门遵循补偿成本、合理收益、节约资源、与社会承受力相适应的原则，按照法定权限和程序制定和调整。

第三十三条 市政公用事业主管部门和其他相关部门实施监督检查，不得妨碍特许经营者正常的生产经营活动。

第五章 法律责任

第三十四条 以欺骗、贿赂等不正当手段取得特许经营权的，由市政公用事业主管部门依法没收违法所得，撤销特许经营权，并向社会公布。被撤销特许经营权的企业法人，3年内不得在本省申请从事市政公用事业特许经营。

第三十五条 特许经营者超越特许经营协议约定范围从事特许经营的，由市政公用事业主管部门依法没收违法所得，责令限期改正；逾期未改正的，处以2万元以上5万元以下罚款；情节严重的，撤销特许经营权。

特许经营者擅自提高市政公共产品、公共服务价格或者收费标准的，由价格主管部门依照国务院《价格违法行为行政处罚规定》的相关规定处罚。

第三十六条 特许经营者在特许经营期间有下列情形之一的，市政公用事业主管部门应当依法撤销特许经营权：

（一）转让、出租特许经营权的；

（二）擅自将所经营的市政公用设施及资产进行处置或者抵押的；

（三）因管理不善，发生重大质量、生产安全事故的；

（四）擅自停业、歇业，严重影响到社会公共利益和安全的；

（五）法律、法规、规章规定和特许经营协议约定的其他情形。

第三十七条 市政公用事业主管部门有下列情形之一，由其上级行政机关或者监察机关责令改正，对直接负责的主管人员和其他直接责任人员依法给予行政处分：

（一）对不符合条件的申请人授予特许经营权或者超越法定职权授予特许经营权的；

（二）应当采取招标方式选择特许经营者而未招标选择特许经营者的；

（三）违法撤销特许经营权的；

（四）未依法履行监督管理职责造成严重后果的。

第六章　附　　则

第三十八条　本条例施行前已实施的特许经营项目，特许经营协议有约定的，从其约定。经协议双方协商一致，也可以按本条例的有关规定，签订补充协议。

第三十九条　本条例应用中的具体问题由省人民政府建设行政部门负责解释。

第四十条　本条例自2009年10月1日起施行。

河南省住房和城乡建设厅关于进一步规范全省城镇管道燃气特许经营管理的通知

（2014年3月13日　豫建城〔2014〕12号）

各省辖市、省直管县（市）燃气行业主管部门：

近年来，全省各市县认真贯彻落实《市政公用事业特许经营管理办法》（建设部令第126号）和《河南省人民政府办公厅转发省建设厅等部门关于加快全省市政公用行业改革意见的通知》（豫政办〔2004〕106号），大力推行管道燃气特许经营制度，加快燃气行业市场化进程，有力促进了全省燃气事业健康发展。但个别市、县存在特许经营权授予行为不规范、特许经营协议文本内容不规范、特许经营制度执行不力、违法违规建设燃气管道、违法经营城镇燃气等问题，影响了燃气行业稳定和有序发展。为进一步规范全省管道燃气经营市场秩序和特许经营管理工作，保障公众利益及燃气经营企业的合法权益，现提出以下意见，请认真贯彻实施。

一、进一步健全特许经营制度

城镇管道燃气经营实行特许经营制度。各市县燃气主管部门要根据《市政公用事业特许经营管理办法》（建设部令第126号）和《河南省城镇燃气管理办法》（省政府令第158号），深入推行管道燃气特许经营制度，规范管道燃气特许经营行为，维护社会公众利益和燃气经营企业的合法权益，促进燃气行业持续稳定健康发展。实施管道燃气特许经营，应突出公共利益优先原则，保障供气安全；坚持公开、公平、公正的原则，鼓励有序竞争；坚持合理布局，集约经营，优化用气结构，有效配置资源；坚持优先选择优质服务、公平和价格合理的燃气供应。

在特许经营协议约定的期限和范围内，燃气主管部门不得再授权其他企业投资建设、经营管道燃气项目。在授予管道燃气经营权时，不得将同一授权经营区域内的居民用户、商业用户、工业用户市场割裂开，分别授予不同的管道燃气企业。

各市县要慎重界定新区、产业集聚区、开发区、工业园区等新发展区域的燃气特许经营权。若新区、产业集聚区、开发区、工业园区等新发展区域在原特许经营协议明确的地域范围内，则该区域的特许经营权仍属于已取得特许经营权的燃气企业，燃气主管部门不得重复授予。上述新发展区域若不在原特许经营协议明确的地域范围内，应尽快通过法定程序选择特许经营者。

二、进一步规范特许经营行为

各市县要按照有关法律、法规规定，健全管道燃气特许经营制度，规范管道燃气特许经营权授予、特许经营协议签订、特许经营权终止、特许经营企业退出等行为，规范管道燃气经营市场秩序。

（一）管道燃气特许经营权的授予

燃气主管部门依据政府的授权，在具体实施管道燃气特许经营项目时，要先制定管道燃气特许经营实施方案。实施方案应包括以下内容：（1）特许经营项目名称；（2）特许经营项目主要内容及基本经济技术指标；（3）特许经营者在规定期限内必须完成的基础设施建设内容及相应的调峰设施；（4）特许经营期限；（5）经营者的选择方式及具体操作程序；（6）经营者应当具备的条件和义务；（7）产品价格及服务收费的确定方法、标准及调整规则；（8）产品和服务的质量要求；（9）实行临时接管的措施；（10）经营期满后资产处置方式；（11）政府各相关职能部门的监管职责；（12）特许经营方案的具体组织实施机构等。

燃气主管部门应依照下列程序选择特许经营企业：（1）制定管道燃气特许经营实施方案，组织专家论证后报同级人民政府批准；（2）依据管道燃气特许经营实施方案，向社会公开发布招标条件，受理投标；（3）根据招标条件，对特许经营权的投标人进行资格审查和方案预审，推荐出符合条件的投标候选人；（4）组织评审委员会依法进行评审，并经过质询和公开答辩，择优选择特许经营权授予对象；（5）向社会公示中标结果，公示时间不少于20天；（6）公示期满，对中标者没有异议的，经市、县人民政府批准，与中标者签订特许经营协议。

（二）特许经营协议的签订

特许经营协议是企业从事管道燃气经营的法定依据。实施特许经营的项目必须签订特许经营协议，协议包括但不限于以下内容：（1）特许经营的内容、区域范围及明确的界线、有效期；（2）产品质量和服务标准；（3）价格和收费的确定方法、标准以及调整程序；（4）设施设备的权属与处置；（5）设施设备的建设、维护和更新改造；（6）安全管理；（7）履约担保；（8）特许经营权的终止和变更；（9）违约责任；（10）争议解决方式；（11）双方认为应约定的其他事项。

签订特许经营协议时要充分考虑到城市发展的动态变化，对特许经营的区域要明确界定，标明四至并附《特许经营区域范围图示》。在协议有效期限内，若协议的内容确需变更的，协议双方应当在共同协商的基础上签订补充协议。未签订协议或协议不完善、不规范的市、县，要及时补签、完善和规范。签订特许经营协议应参照建设部颁布的《管道燃气特许经营协议示范文本》。

（三）特许经营权的终止

获得管道燃气特许经营权的企业在特许经营期间有下列行为之一的，燃气主管部门应依法终止特许经营协议，取消其特许经营权，并可实施临时接管：（1）擅自转让、出租特许经营权；（2）擅自将所经营的财产进行处置或者抵押；（3）因管理不善，发生重大质量及安全事故；（4）擅自停业、歇业，严重影响社会公共利益和安全；（5）取得特许经营权后，未按照约定实施燃气基础设施建设；（6）法律、法规禁止的其他行为。

获得特许经营权的企业在协议有效期内单方提出解除协议的，必须提前3个月报告当地燃气主管部门。燃气主管部门应于收到企业解除协议申请的3个月内作出答复。在燃气主管部门同意解除协议前，获得特许经营权的企业必须保证正常的经营与服务。

（四）特许经营企业的退出

特许经营企业出现下列情况之一，应退出特许经营市场：（1）特许经营期限届满且未重新获得特许经营权；(2) 特许经营协议签定双方决定提前终止特许经营协议；(3) 特许经营企业被依法或依照特许经营协议提前终止特许经营权。

退出市场的特许经营企业应提前向当地燃气主管部门提交下列材料：(1) 资产交接清单；(2) 资产处置方案及依据；(3) 业务、技术、用户资料等档案；(4) 员工征询意见；(5) 业务交接方案；(6) 双方协议的其他事项。

(五) 特许经营权变更

原管道燃气经营企业在特许经营权有效期限内发生兼并、合并等重组情况时，若重组后的企业符合管道燃气特许经营条件并向燃气主管部门提出申请，燃气主管部门原则上应将其特许经营权继续授予重组后的企业。

三、规范经营企业履约行为

特许经营者应根据城市总体规划和燃气专项规划，编制企业中长期发展规划和制定年度经营计划，并报燃气主管部门备案；健全安全管理体系，落实安全主体责任，加强对燃气设施、设备的运行维护和更新改造，排查消除安全隐患，确保设施完好；建立健全地下管网地理信息系统和网络信息平台建设，提升管理和服务水平。

特许经营者应当按照特许经营协议约定的范围从事管道燃气经营活动，不得擅自扩大经营范围。燃气工程建设要符合专项规划和建设法规要求，并依法依规办理规划许可、图纸审核、施工许可、竣工验收备案等建设手续。

特许经营者有为其特许经营范围内用户提供用气服务的义务，不得无故拒绝正常用气申请。除价格主管部门规定之外，不准擅立名目收费，延伸增加的服务项目收费要依据有关定额标准并接受燃气主管部门和社会的监督。

四、强化特许经营监管

实行特许经营协议审核备案制度。市、县燃气主管部门与特许经营企业签订的特许经营协议，应于签订后30日内报上一级燃气主管部门备案。若协议违反国家相关法规政策和本通知有关规定的，由上一级燃气主管部门责令整改。

燃气主管部门应依法对特许经营企业的投资、建设、生产、运行及其相关活动进行监督管理，并对产品质量和服务质量进行检测、检查。燃气经营企业应于每年12月底前将特许经营协议履行情况自查报告和下年度建设项目、市场发展和气量供需平衡计划报当地燃气主管部门备案。

燃气主管部门应当建立健全监督管理制度，对燃气经营企业的经营活动、服务情况、安全管理状况等进行监督检查。每年要组织实施企业安全服务质量考核评价，并督促经营企业对存在问题进行限期整改。

湖南省市政公用事业特许经营条例

(2006年5月31日湖南省第十届人民代表大会常务委员会第二十一次会议通过　根据2008年11月28日《湖南省人民代表大会常务委员会关于修改〈湖南省市政公用事业特许经营条例〉的决定》第一次修正　根据2016年7月30日《湖南省人民代表大会常务委员会关于修改〈湖南省行政事业性收费管理条例〉等五部地方性法规的决定》第二次修正)

第一章　总　　则

第一条　为了规范市政公用事业特许经

营活动，保障公众利益和特许经营者的合法权益，促进市政公用事业健康发展，根据《中华人民共和国行政许可法》和其他有关法律、法规，结合本省实际，制定本条例。

第二条 本条例所称市政公用事业特许经营，是指政府通过招标等公平竞争方式，许可特定经营者在一定期限、一定地域范围内经营某项市政公共产品或者提供某项公共服务。

第三条 本省行政区域内涉及公共资源配置和直接关系公共利益的下列行业可以实行特许经营：

（一）城市自来水供应、管道燃气供应、集中供热；

（二）城市污水处理、垃圾处理；

（三）城市公共客运（城市出租汽车除外）；

（四）法律、法规规定的其他行业。

按照前款规定实行特许经营的，应当遵守本条例。

第四条 省人民政府管理市政公用事业的有关部门负责本省行政区域内市政公用事业特许经营的指导和监督。

设区的市、自治州、县（市、区）人民政府主管市政公用事业的部门（以下称市政公用事业主管部门），依据本级人民政府的授权，负责市政公用事业项目特许经营的实施，并对特许经营活动进行监督管理。

县级以上人民政府发展改革、规划、财政、国土资源、水利、价格、环境保护、工商行政管理、国有资产管理等部门，按照各自的职责，负责市政公用事业特许经营的有关工作。

第五条 县级以上人民政府应当根据经济与社会发展需要增加对市政公用事业的财政投入。

特许经营者因承担法律、法规及政府规定的指令性义务形成的政策性亏损，政府应当给予补贴。

第六条 实施市政公用事业特许经营，应当遵循公众利益优先和公开、公平、公正的原则。

第七条 公众享有对市政公用事业特许经营的知情权和监督权。有关人民政府应当建立社会参与机制，保障公众对特许经营活动的有效监督。

第二章 特许经营权的授予

第八条 市政公用事业特许经营可以采用下列形式：

（一）许可特定经营者投资建设并经营某项目，经营期限届满后移交政府；

（二）许可特定经营者向政府支付某已建项目的建设资金后经营该项目，经营期限届满后移交政府；

（三）许可特定经营者租赁经营某已建项目，经营期限届满，特许经营权终止；

（四）法律、法规规定的其他形式。

人民政府按照前款规定实施特许经营收取的费用，应当专项用于市政公用事业，不得挪作他用，并依法接受审计监督。

第九条 特许经营期限应当根据行业特点、经营规模、经营方式等因素确定，最长不得超过三十年。

第十条 设区的市、自治州、县（市、区）人民政府决定实施特许经营的市政公用事业项目，由市政公用事业主管部门会同发展改革、财政、价格、国有资产管理等部门，根据城市规划、市政公用事业各专业规划、经济和社会发展要求等进行论证，并公开征求有关部门和公众意见或者听证后，制定实施方案，报本级人民政府批准。跨行政区域的市政公用事业项目的特许经营实施方案，由有关人民政府共同组织制定，报共同的上一级人民政府批准。

前款规定的特许经营实施方案，应当报省人民政府管理市政公用事业的有关部门备案。

第十一条 市政公用事业特许经营实施方案，应当明确下列事项：

（一）项目的基本情况；

（二）该项目基本经济、技术分析；

（三）特许经营权的授予方式；

（四）特许经营的形式、主要内容、范围及期限；

（五）拟许可的特许经营者数量、特许经营者的条件；

（六）财政补贴及其他优惠措施；

（七）政府的监督管理措施。

第十二条 市政公用事业特许经营实施方案经批准后，由市政公用事业主管部门通过公开发行的报纸、电视、政府网站等向社会公告，并组织实施。

第十三条 符合下列条件的企业法人，可以申请从事市政公用事业项目的特许经营：

（一）银行资信和财务状况良好，并有满足该项目经营必需的资金或者可靠的资金来源及相应偿债能力；

（二）有良好的经营业绩；

（三）有相应数量和相应从业资格的技术、财务、管理人员和该项目经营必需的设备、设施；

（四）有切实可行的经营方案和保证提供持续、稳定、方便、及时、安全、优质、价格合理的普遍服务的能力；

（五）有关法律、法规、规章规定的其他条件。

第十四条 同一地域范围内的同一行业市政公用事业特许经营权，应当授予两个以上的经营者；但因行业特点和地域条件的限制，无法授予两个以上经营者的除外。

第十五条 市政公用事业特许经营招标，应当遵守招标投标法律、法规；应当将保证市政公共产品或者公共服务的供应、质量、安全和价格合理作为实质要件，并在招标文件中列明具体要求。招标文件由市政公用事业主管部门会同发展改革、财政、价格等部门组织专家编制，报本级人民政府批准。

招标工作由市政公用事业主管部门依法委托招标代理机构进行。

第十六条 市政公用事业主管部门在特许经营者确定之日起三十日内，与特许经营者签订市政公用事业特许经营协议，并颁发市政公用事业特许经营授权书。

市政公用事业特许经营协议应当具体约定下列事项：

（一）项目名称、内容、经营地域、特许经营实施方式、经营期限；

（二）市政公共产品或者公共服务的名称、数量、质量标准和安全标准；

（三）投资回报方式及其确定、调整机制；

（四）设备设施的权属及保养维护、建设、更新改造责任；

（五）政府的保障措施；

（六）政府向特许经营者移交项目及期限届满或者解除特许经营协议后特许经营者向政府移交项目的内容、数量、质量标准，移交的方式、程序、期限；

（七）履约担保；

（八）违约责任；

（九）特许经营协议的解除及其补偿办法；

（十）法律、法规、规章规定和双方认为应当约定的其他事项。

市政公用事业特许经营协议的实质内

容，不得有与招标文件内容相抵触的约定。市政公用事业特许经营协议允许公众查阅。

第十七条 特许经营期限届满后，有关人民政府应当按照本条例的规定，重新进行特许经营权的授予。特许经营权的重新授予应当于特许经营期限届满六个月前完成。

第十八条 特许经营期内，特许经营者因自身原因无法继续经营的，可以申请解除特许经营协议。市政公用事业主管部门应当于收到申请之日起三十日内，查明情况，报请本级人民政府审查决定是否准许。准许解除特许经营协议的，市政公用事业主管部门应当于决定之日起九十日内，依照本条例的规定确定新的特许经营者。

在前款规定的期间内，原特许经营者应当善意履行看守职责，并保证市政公共产品或者公共服务的正常提供。

依照本条规定解除特许经营协议的，原特许经营者应当依照特许经营协议的约定承担违约责任。

第十九条 特许经营期内，特许经营者因不可抗力无法继续经营的，可以申请解除特许经营协议。市政公用事业主管部门应当临时接管该项目，保障该项市政公共产品或者公共服务的正常提供，并于接管之日起九十日内，依照本条例的规定确定新的特许经营者。

第三章 特许经营者的权利和义务

第二十条 特许经营者依法取得的市政公用事业特许经营权受法律保护，有关人民政府及其市政公用事业主管部门不得擅自撤回或者改变。

因有关法律、法规、规章修改、废止，或者授予特许经营权所依据的客观情况发生重大变化，为了公共利益的需要，可以依法变更或者收回已经授予的特许经营权。由此给特许经营者造成财产损失的，有关人民政府应当依法给予补偿。

第二十一条 特许经营者具有下列权利：

（一）依法自主经营；

（二）依法获取收益；

（三）请求政府及其有关部门制止和排除侵害特许经营权的行为；

（四）建议对发展规划和价格等进行调整；

（五）享受有关的优惠政策和财政补贴；

（六）拒绝和抵制各种乱收费、乱摊派等行为；

（七）法律、法规、规章规定的和特许经营协议约定的其他权利。

第二十二条 特许经营者应当遵守下列规定：

（一）根据特许经营协议编制中长期发展规划、年度经营计划和应急预案，并报市政公用事业主管部门备案；

（二）依法经营，保证安全，履行普遍服务、持续服务义务；

（三）按照特许经营协议的约定提供数量充足、质量合格的市政公共产品或者公共服务；

（四）按照政府审定的价格提供市政公共产品或者公共服务；

（五）按照城市规划和特许经营协议的约定投资建设和更新改造相关市政公用设施；

（六）做好设备设施的保养维护工作，确保其状况良好、运转正常；

（七）允许其他经营者按照规划要求连接其投资建设或者经营管理的公用设施，其收费按照价格主管部门的规定执行；

（八）接受市政公用事业主管部门及其

他有关部门对其提供的市政公共产品或者公共服务的数量、质量、价格以及安全状况等的监督检查；

（九）经营期限届满或者解除特许经营协议后，按照法律、法规、规章的规定或者特许经营协议的约定，向市政公用事业主管部门或者其指定的单位完整移交正常经营必需的档案资料、正常运行的设备设施和其他应当移交的资产；

（十）履行法律、法规、规章规定的和特许经营协议约定的其他义务。

第二十三条 特许经营者不得有下列行为：

（一）擅自转让或者以承包经营、挂靠等方式变相转让特许经营权；

（二）质押特许经营权；

（三）降低所提供的市政公共产品或者公共服务的质量，减少应当提供的市政公共产品或者公共服务的数量，迟延或者间断提供市政公共产品或者公共服务，擅自提高市政公共产品或者公共服务的价格；

（四）擅自向消费者收取未经价格主管部门批准的费用；

（五）擅自停业、歇业；

（六）法律、法规、规章和特许经营协议禁止的其他行为。

第四章 监督管理

第二十四条 市政公用事业主管部门，应当履行下列职责：

（一）依法制止和排除或者要求有关部门依法制止和排除侵害特许经营权的行为；

（二）督促特许经营者履行法定的和特许经营协议约定的义务；

（三）对特许经营者提供的市政公共产品或者公共服务的数量、质量、价格以及安全生产、设备设施保养维护等情况进行监督；

（四）组织专家对特许经营者的经营情况进行中期评估或者年度评估，并向公众公布评估结果；

（五）协助有关部门核算和监控企业成本，必要时提出价格调整建议；

（六）受理、处理公众对特许经营活动的投诉；

（七）制定市政公用事业特许经营应急预案，在出现危及或者可能危及公共利益、公共安全的紧急情况时，采取有效措施或者临时接管特许经营项目；

（八）特许经营期限届满或者解除特许经营协议后，依照法律、法规、规章的规定和特许经营协议的约定接收或者监督原特许经营者向新特许经营者移交项目；

（九）每年初向本级人民政府报告上一年度市政公用事业特许经营实施情况；

（十）法律、法规、规章规定的其他职责。

第二十五条 实施市政公用事业特许经营的人民政府应当组织建立市政公用事业特许经营公众监督委员会，代表公众对市政公用事业特许经营活动进行监督。公众监督委员会成员中，非政府部门的专家和公众代表不得少于三分之二。

对市政公用事业特许经营中关系公众利益的事项，公众监督委员会有权提出意见和建议。有关人民政府、政府有关部门和特许经营者应当充分听取公众监督委员会的意见，及时解决公众监督委员会提出的问题；对不予采纳的意见，应当向公众监督委员会书面说明理由。

第二十六条 价格主管部门应当加强对市政公共产品、公共服务价格的管理和监督检查，依法制定或调整市政公共产品、公共服务价格，查处价格违法行为。

制定或者调整市政公共产品、公共服务价格，应当根据社会平均成本、经营者合理收益、社会承受能力以及其他相关因素予以确定。

第二十七条 制定或者调整市政公共产品、公共服务价格，价格主管部门应当对特许经营成本进行监审，确保价格成本的真实、准确。

第二十八条 市政公共产品、公共服务价格的制定、调整，可以由特许经营者、消费者组织、公众监督委员会、行业协会或者市政公用事业主管部门书面向价格主管部门提出制定或者调整市政公共产品、公共服务价格的申请，也可以由有定价权的价格主管部门依法直接提出定价、调价方案。

第二十九条 价格主管部门制定或调整市政公共产品、公共服务价格，应当依法组织听证。

第三十条 价格主管部门在会同市政公用事业主管部门制定市政公共产品、公共服务价格方案时应当充分吸收听证会所提出的意见。价格方案报本级人民政府批准后在公开发行的报纸、电视、政府网站等媒体上公告，并组织实施。

第五章 法律责任

第三十一条 以欺骗、贿赂等不正当手段取得特许经营权的，由市政公用事业主管部门撤销特许经营权，并由有关行政主管部门依法予以处罚；构成犯罪的，依法追究刑事责任。

被撤销特许经营权的企业或者其他经济组织，三年内不得申请从事市政公用事业特许经营。

第三十二条 特许经营者有下列情形之一的，由市政公用事业主管部门责令改正；拒不改正的，经本级人民政府批准，可以解除特许经营协议，收回特许经营权：

（一）擅自转让或者变相转让特许经营权，或者质押特许经营权的；

（二）不履行普遍服务义务，或者不履行设备设施保养维护、建设、更新改造义务，危及公众利益、公共安全的；

（三）所提供的市政公共产品或者公共服务达不到国家规定或者特许经营协议约定的标准，严重影响公众利益的；

（四）造成重大安全责任事故，或者存在重大安全隐患、危及公共安全的；

（五）因经营管理不善、财务状况严重恶化，危及公众利益的；

（六）擅自停业、歇业的；

（七）法律、法规、规章规定或者特许经营协议约定应予收回特许经营权的其他情形。

第三十三条 市政公用事业主管部门依照本条例第三十一条、第三十二条的规定，撤销或者收回特许经营权，应当告知特许经营者有要求举行听证的权利。特许经营者要求举行听证的，市政公用事业主管部门应当组织听证。

第三十四条 违反本条例的其他违法行为，有关法律法规规定了处罚的，依照其规定执行。

第三十五条 市政公用事业主管部门及其他有关部门的工作人员在市政公用事业特许经营监督管理活动中玩忽职守、徇私舞弊、滥用职权的，依法给予行政处分；构成犯罪的，依法追究刑事责任。

第六章 附则

第三十六条 本条例自 2006 年 10 月 1 日起施行。

江苏省城市市政公用事业公益董事或监督员制度

（2007 年 10 月 18 日　苏建城〔2007〕325 号）

第一条　为保障社会公众利益和公共安全，及时掌握城市市政公用事业特许经营协议的执行情况，特制定本制度。

第二条　全省行政区域内已实施市政公用市场化和已实施市政公用事业特许经营管理的城市供水、供气（管道燃气）、公共交通、污水处理、垃圾处理等行业适用本制度。

第三条　省级建设行政主管部门负责全省行政区域内市政公用事业公益董事或监督员制度的指导工作。

市、县人民政府市政公用事业主管部门受本级人民政府授权具体负责本行政区域内城市市政公用事业公益董事或监督员制度的实施。

第四条　特许经营协议中应明确建立公益董事或监督员制度，对公益董事或监督员的权利、责任以及职责行使的方式与范围等应在协议中有明确约定。

第五条　对城市供水、供气（管道燃气）和公共交通等特许经营企业，应委派公益董事进入企业董事会，代表主管部门承担维护社会公共利益的责任。对城市污水厂、垃圾处理厂等特许经营企业，可以委派监督员，对企业的运营状况进行监督。公益董事或监督员的薪酬由委派单位支付。

第六条　公益董事或监督员的任用条件

（一）有大专以上的学历；

（二）熟悉特许经营企业的经营情况和工艺流程；

（三）掌握公用事业管理的政策法规；

（四）能够切实维护社会公共利益，承担运营监管责任。

第七条　公益董事或监督员的权力

（一）公益董事有权参加特许经营企业董事会；

（二）公益董事对企业可能影响社会公共利益或社会公共安全的重大决策及经营活动可以行使一票否决权；

（三）监督员有权随时进入特许经营企业进行监督检查，企业不得以任何理由干涉阻挠。

第八条　公益董事或监督员应正确履行特许经营协议约定的监督职责，主要应包含以下内容：

公益董事负责了解企业的正常生产、经营情况；监督企业的重要经营活动和重大决策；代表委派方对特许经营企业出具年度评价报表；根据委派方要求，定期述职。

监督员负责了解企业的正常生产、经营情况；查阅企业的各类生产运营资料；监督协议规定的经营指标的执行情况；监督委派方所发出的整改意见的落实情况；根据委派方要求，定期述职。

第九条　公益董事或监督员必须忠于职守，认真履行职责，不得接受特许经营企业的宴请、馈赠，不得以公务名义到特许经营企业报销费用。

第十条　委派方对公益董事或监督员履行职责情况进行定期考核，考核合格的可继续聘任，考核不合格的应当立即解聘。公益董事或监督员在聘用期间玩忽职守、滥用职权、徇私舞弊，构成犯罪的，应当移交司法机关追究刑事责任；尚不构成犯罪的，依法给予行政处分。

江苏省城市市政公用事业公众参与监督制度

（2007年10月18日　苏建城〔2007〕325号）

第一条　为了维护社会公众利益和公共安全，有效履行政府行政管理与监督职责，充分吸收社会公众对市政公用行业的意见和建议，尊重公众的知情权，鼓励公众参与监督和接受公众监督，特制定本制度。

第二条　全省行政区域内已实施市政公用市场化和已实施市政公用事业特许经营管理的城市供水、供气（管道燃气）、公共交通、污水处理、垃圾处理等行业适用本制度。

第三条　省建设行政主管部门负责全省行政区域内城市市政公用事业公众参与活动的指导和监督工作。

市、县人民政府市政公用事业主管部门受本级人民政府授权具体负责实施本行政区域内城市市政公用事业的公众参与监督工作。

第四条　各级市政公用事业主管部门负责组织公众参与监督的工作；负责违反法定事项的事件处理工作。

第五条　为便于公众监督，市政公用事业主管部门和市政公用企业应及时公开市政公用事业发展、建设和相关经营管理信息，其内容为：

供水企业：年度生产经营计划、销售与服务网点分布、销售量及构成情况、建设投资情况、水源和管网水质检测数据和分析报告、管网水压情况、水价及构成情况、配合实施专项规划情况、安全生产工作情况等；

供气（管道燃气）企业：年度生产经营计划、销售与服务网点分布、建设投资情况、管网气质情况、气价及构成情况、配合实施专项规划情况、安全生产工作情况等；

公共交通企业：年度生产经营计划、线路和服务班次安排情况、建设投资情况、票价及构成情况、配合实施专项规划情况、安全生产工作情况等；

污水处理企业：进厂出厂水质、进厂出厂水量、污泥处置情况、建设投资情况、水处理服务费及构成情况、配合实施专项规划情况、安全生产工作情况等；

垃圾处理企业：城市垃圾无害化处理情况、建设投资情况、垃圾处理服务费及构成情况、配合实施专项规划情况、安全生产工作情况等。

第六条　社会公众依据相关法律、法规、标准以及政府的规范性文件对市政公用行业进行监督，其监督的主要内容为：

（一）市政公用企业产品质量与服务质量情况；

（二）公众投诉意见和建议的处理情况；

（三）安全生产工作情况、运行事故的调查分析处理情况；

（四）市政公用事业单位产品与服务价格情况、建设投资情况；

（五）执行法律法规规章情况和履行社会服务承诺情况。

第七条　为确保社会公众的知情权，各级市政公用事业主管部门依照相关法律、法规的规定，定期或不定期地向社会公众发布行业监管信息和监管结论（含中期评估结论）。第六条第（一）、（二）项内容的公布周期为1个月，第（三）项内容的公布时间为事故处理结束后的1个月内，第（四）、（五）项内容的公布周期为1年。法律、法规对公布周期另有规定的，从其规定。

第八条　社会公众可以参与监督市政公

用行业、企业的服务与经营行为。其监督的方式可以是来信、来电、来人直接反映，也可以通过人大建议、政协提案、政府信访、政府电子网络等方式间接反映。

各级市政公用事业主管部门应当及时掌握实情，核实其企业披露信息的真实性，对照法律、法规和标准规范，确定性质，给出结论，督导有关企业的整改工作。

第九条 市政公用企业应执行国家、省相关的法律法规、标准规范和社会服务承诺条款。

第十条 各级市政公用事业主管部门应通过多种方式征询收集社会公众的意见和反映；应定期组织社会满意度调查；可以召开新闻发布会、发布告示公报和通知、公布行业（企业）服务承诺等方式发布行业监管信息。

第十一条 各项市政公用事业特许经营管理协议中必须包含市政公用企业及时向市政公用事业主管部门提供的法定披露信息、接受处理社会公众参与监督意见、实现普遍服务义务、提高社会满意度等内容。

各项市政公用事业特许经营管理协议中必须包含各级市政公用事业主管部门依照相关法律法规规定，定期或不定期地向社会公众发布行业监管信息、接受处理社会公众参与监督意见，提高社会满意度等内容。

江苏省城市市政公用事业特许经营权临时接管制度

（2007 年 10 月 18 日　苏建城〔2007〕325 号）

第一条 为了规范城市市政公用事业特许经营权临时接管（以下简称临时接管）行为，保障社会公共利益和公共安全，维护社会稳定，特制定本制度。

第二条 全省行政区域内已实施市政公用市场化和已实施市政公用事业特许经营管理的城市供水、供气（管道燃气）、公共交通、污水处理、垃圾处理等行业适用本制度。

第三条 省建设行政主管部门负责全省行政区域内城市市政公用事业特许经营权临时接管活动的指导和监督工作。

市、县人民政府市政公用事业主管部门受本级人民政府授权具体负责实施本行政区域内城市市政公用事业特许经营权的临时接管。

第四条 特许经营企业有下列行为之一的，市、县市政公用事业主管部门报经本级人民政府批准，实施临时接管：

（一）擅自转让、出租特许经营权的；

（二）存在重大安全隐患且拒不整改，危及或者可能危及公共利益、公共安全的；

（三）因管理不善，发生重大质量、生产安全事故的；

（四）擅自停业、歇业，严重影响社会公共利益和公共安全的；

（五）被依法注销、关停的；

（六）擅自将所经营的财产进行处置或者抵押的；

（七）法律、法规规定可以终止特许经营协议的其他情形。

第五条 市政公用事业主管部门应当制定城市市政公用事业临时接管应急预案报本级人民政府批准，并报上级主管部门备案。

第六条 临时接管应急预案应明确成立政府负责、相关部门参加的临时接管机构，负责被接管企业的临时运行管理，保障城市市政公用产品和服务的供给。

第七条 临时接管应按下列步骤进行：

（一）市政公用事业主管部门向本级人

民政府报告所发生的重大事项，并提出临时接管申请；

（二）人民政府批准同意后，正式启动临时接管应急预案；

（三）临时接管机构向特许经营企业出具政府批准文件，进驻特许经营企业实施接管；

（四）临时接管期间，市政公用事业主管部门负责组织正常生产，其他部门按预案分工协作；

（五）在临时接管的同时，市政公用事业主管部门应与特许经营企业进行谈判，对同意及时整改、接受处罚、承担违约责任，并能挽回影响的，可以继续经营；对拒不整改、无能力恢复正常生产的，应当按法定程序终止特许经营协议，取消其特许经营权，重新招标择优选择后续特许经营者。

第八条 接管机构应在人民政府和上级主管部门指导下，严格按预案组织运作，保障城市供应和员工队伍稳定。

第九条 临时接管所发生的费用由被接管的城市市政公用事业经营企业承担，被接管企业拒不承担的，从特许经营权终止后的资产补偿费用中扣除。

第十条 被临时接管并终止特许经营权的企业，未整改到位的，不得参加本省行政区域内其他公用事业特许经营项目的招投标。

江苏省城市市政公用事业特许经营市场退出制度

（2007年10月18日 苏建城〔2007〕325号）

第一条 为了规范城市市政公用事业特许经营市场退出（以下简称市场退出）活动，保障社会公共利益和特许经营权人的合法权益，维护社会稳定，特制定本制度。

第二条 全省行政区域内已实施市政公用市场化和已实施市政公用事业特许经营管理的城市供水、供气（管道燃气）、公共交通、污水处理、垃圾处理等行业适用本制度。

第三条 省建设行政主管部门负责全省行政区域内城市市政公用事业特许经营市场退出活动的指导和监督工作。

市、县人民政府市政公用事业主管部门受本级人民政府的授权，具体负责实施本行政区域内城市市政公用事业特许经营市场退出活动。

第四条 出现以下情况之一者，应按本制度规定退出：

（一）特许经营期限届满，且未依法或依照特许经营协议提出延期申请；

（二）特许经营协议签定双方就提前终止特许经营权达成协议；

（三）特许经营企业被依法或依照特许经营协议提前终止特许经营权。

第五条 因本制度第四条（一）项之情况需退出的，特许经营企业应于届满前2年向市政公用事业主管部门提出申请，并提交下列材料：

（一）申请理由；

（二）资产交接清单；

（三）资产处置方案及依据；

（四）业务、技术、用户资料等档案；

（五）员工征询意见；

（六）业务交接方案。

市政公用事业主管部门应于2个月内与特许经营企业就是否延长特许经营期限形成共识；对决定不延长特许经营期的，应于6个月内对特许经营企业的申报材料进行审查（包括委托中介机构对移交资产进行评估），并作出答复；答复后1年内应依法重新进行招标择优选择后续特许经营者。

第六条 因本制度第四条（二）项之情况需退出的，特许经营企业应在协定时间内向市政公用事业主管部门提交本制度第五条规定的（二）、（三）、（四）、（五）、（六）项材料。

市政公用事业主管部门应在收到材料后的6个月内完成审查（包括委托中介机构对移交资产进行评估），审查后1年内应依法重新进行招标择优选择后续特许经营者。

第七条 因本制度第四条（三）项之情况需退出的，市政公用事业主管部门应报本级政府批准后书面告知特许经营企业。

特许经营企业应在被告知后的1周内向市政公用事业主管部门提交本制度第五条规定的（二）、（三）、（四）、（五）、（六）项材料。

市政公用事业主管部门应在收到材料后的6个月内完成审查（包括委托中介机构对移交资产进行评估），审查后1年内应依法重新进行招标择优选择后续特许经营者。

第八条 市政公用事业主管部门应及时与特许经营企业签定协议，终止特许经营权，并报上级市政公用事业主管部门备案。

第九条 特许经营权终止后，在市政公用事业主管部门或其指定的单位完成接管前，特许经营企业应按照市政公用事业主管部门的要求，善意履行看守职责，继续维持正常的经营服务。

第十条 按本制度规定终止特许经营权的，市政公用事业主管部门应按照特许经营协议规定对特许经营企业移交的资产进行处置。

江苏省城市市政公用事业履约保证制度

（2007年10月18日　苏建城〔2007〕325号）

第一条 为确保特许经营协议的有效执行，及时制止特许经营企业的违约行为，特制定本制度。

第二条 全省行政区域内已实施市政公用市场化和已实施市政公用事业特许经营管理的城市供水、供气（管道燃气）、公共交通、污水处理、垃圾处理等行业适用本制度。

第三条 省建设行政主管部门负责全省行政区域内城市市政公用事业履约保证的指导和监督工作。

市、县人民政府市政公用事业主管部门受本级人民政府的授权具体负责本行政区域内市政公用事业履约保证制度的实施。

第四条 特许经营协议中应明确履约保证制度。履约保证制度的实现形式可以是特许经营企业向市政公用事业主管部门提供履约保函，也可以是保证金形式。

第五条 履约保函或提供保证金的协议由市政公用事业主管部门和特许经营企业双方法定代表人或委托代理人负责签署，其内容包括：

（一）协议应明确保函或保证金的金额；

（二）协议应明确市政公用事业主管部门的权利；

（三）协议应明确市政公用事业主管部门提取保函或保证金范围内索偿的条件。

第六条 履约保证协议应当明确，当特许经营企业有下列行为发生时，市政公用事业主管部门可以从保证金中扣除违约金：

（一）擅自转让、出租特许经营权的；

（二）存在重大安全隐患且拒不整改的；

（三）因企业管理不善，导致不能正常生产和提供服务的；

（四）擅自停业、歇业，严重影响社会公共利益和安全的；

（五）擅自将所经营的财产进行处置或者抵押的；

（六）未按特许经营协议要求保障正常运行的；

（七）未按特许经营协议要求进行设施的新建和改造的；

（八）未按特许经营协议要求的标准提供服务和产品质量的。

江苏省城市市政公用事业经营成本监管制度

（2007年10月18日　苏建城〔2007〕325号）

第一条　为了维护社会公众利益和公共安全，有效履行政府行政管理与监督职责，合理确定市政公用行业产品和服务成本，为市政公用产品和服务价格调整或费用支付提供依据，特制定本制度。

第二条　全省行政区域内已实施市政公用市场化和已实施市政公用事业特许经营管理的城市供水、供气（管道燃气）、公共交通、污水处理、垃圾处理等行业适用本制度。

第三条　省建设行政主管部门协同相关部门负责全省行政区域内城市市政公用事业经营成本监管的指导和监督工作。

市、县人民政府市政公用事业主管部门受本级人民政府授权，协同相关部门具体负责实施本行政区域内城市市政公用事业的经营成本的监管工作。

第四条　各级市政公用事业主管部门应当履行法定职责，负责监督和审查市政公用企业产品（服务）成本的构成内涵；负责配合处理违反市政公用产品（服务）价格管理的事件。

第五条　各级市政公用事业主管部门应依照国家财政主管部门颁发的《企业财务通则》和《企业会计准则》等有关规定，结合中期评估，组织相关人员，定期或不定期地监测（抽查）和督导市政公用企业的产品（服务）成本，其内容为：

（一）城市供水成本包含供水生产过程中发生的原水费、电费、净化消毒材料费、资产折旧费、修理费、直接工资、水质检测、监测费、输水、配水等环节的合理水损及其他应计入供水成本的直接费用。费用包含组织和管理供水生产经营所发生的销售费用、管理费用和财务费用。

（二）城市供气（管道燃气）成本包含供气生产过程中发生的购气费、电费、原材料费、资产折旧费、修理费、直接工资、气质检测、监测费、输配环节的合理气损及其他应计入供气成本的直接费用。费用包含组织和管理供气生产经营所发生的销售费用、管理费用和财务费用。

（三）公共交通成本包含工资及福利费、燃料、轮胎保养费、设施设备折旧费、维修费、营运业务费、事故处理费、养路费、车队经费、管理费用、财务费用和税金。

（四）污水处理成本包含污水处理厂的运行维护成本，包含污水处理生产过程中电费、净化消毒材料费、资产折旧费、修理费、直接工资、水质检测、监测费、及其他应计入水处理成本的直接费用。费用包含组织和管理污水处理所发生的管理费用和财务费用。

（五）垃圾处理成本包括运输费、工具费、材料费、动力费、维修费、资产折旧费、人工工资及福利费和税金等。

第六条 各级市政公用事业主管部门负责公用产品（服务）成本的日常监管，其程序为：

（一）完善相关作业定额和标准；

（二）加强成本监测工作，监督企业如实申报有关生产经营情况；成本构成、价格变化情况；进行区域同行业成本比较；

（三）进行绩效评价、及时掌握企业经营成本状况，定期公布经营状况和成本信息；

（四）建立服务成本定期监审制度，健全成本约束机制，激励经营者改进技术、开源节流、降低成本。

第七条 市政公用事业主管部门依照国家相关的法律法规、标准规范，监管市政公用行业、企业的产品（服务）成本。

第八条 建立日常监管检查考核制度。监管部门组织定期与不定期的作业成本抽查。内容包括处理量、消耗、投入量、产出量；现场检查是否规范、达标；处理设施设备是否完好、运营正常；生产运营记录台账、环境监测报告是否属实、齐全。定期检查为每半年考核一次以及年终综合考核。

市政公用事业主管部门通过制度审查、企业管理和成本信息审查、监测抽查运行成本、派遣人员驻场监管、公布成本信息等方式监管。

第九条 各级市政公用事业主管部门可以根据特许经营协议，经检查发现市政公用企业谎报实际运行数据以及制造虚假数据，应当责令其限期整改；经检查发现公用企业产品（服务）成本严重失实的，可以从履约保证金中扣除违约金。

江苏省城市市政公用事业产品和服务质量监管制度

（2007年10月18日　苏建城〔2007〕325号）

第一条 为了维护社会公众利益和公共安全，有效履行政府行政管理与监督职责，确保市政公用行业产品和服务质量，特制定本制度。

第二条 全省行政区域内已实施市政公用市场化和已实施市政公用事业特许经营管理的城市供水、供气（管道燃气）、公共交通、污水处理、垃圾处理等行业适用本制度。

第三条 省建设行政主管部门协同相关部门负责全省行政区域内城市市政公用事业产品和服务质量监管的指导和监督工作。

市、县人民政府市政公用事业主管部门受本级人民政府的授权，协同相关部门具体负责实施本行政区域内城市市政公用事业的产品和服务质量的监管工作。

第四条 各级市政公用事业主管部门应负责监测和督查市政公用企业的产品质量，负责督查市政公用企业的服务质量；负责行业监管信息发布工作；负责处理违反市政公用事业产品质量和服务质量的事件。

第五条 各级市政公用事业主管部门依照相关法律法规和国家、省有关市政公用行业服务质量标准的规定，定期或不定期地监测（抽查）和督查市政公用企业的产品质量和服务质量，其内容为：

供水企业：水源和管网水质、管网水压、销售与服务网点分布、销售量及构成情况、执行供水价格及公用事业服务价格情况、安全生产情况、抢修及时率、抄表准确率、管网漏损率、配合实施专项规划、执行《城镇供水厂运行、维护及安全技术规程》等规程情况等；

供气（管道燃气）企业：管网气质、民用户灶前压力、销售与服务网点分布、执行燃气价格及公用事业服务价格情况、安全生产情况、抢修及时率、抄表准确率、管网漏损率、配合实施专项规划、执行《城镇燃气设施运行、维护和抢修安全技术规程》等规程情况等；

公共交通企业：年度生产经营计划、公交线网密度、客运量完成情况、线路和服务班次执行情况（首末车准点率、行车班次执行率等）、安全生产情况（含行车责任事故间隔里程等）、票价执行情况、站牌站亭、回车环等服务设施配套情况、配合实施专项规划、执行相关服务标准规程情况（车厢服务合格率、车辆整洁合格率）、服务满意度情况（车辆及设施新度系数、中高挡车辆比例、投诉次数、市民满意度）等；

污水处理企业：进厂出厂水质、进厂出厂水量、出厂污泥质量数量、污泥处置情况、执行水处理服务费情况、安全生产情况、配合实施专项规划、执行《城镇污水处理厂运行、维护及其安全技术规程》、《城镇排水管渠与泵站维护技术规程》等规程情况等；

垃圾处理企业：进厂垃圾量和特征、焚烧厂出厂灰渣和烟气排放情况、执行垃圾处理收费情况、渗沥液处理排放情况、环境监测情况、安全生产情况、配合实施专项规划、执行《生活垃圾卫生填埋技术规范》、《城市生活垃圾卫生填埋场运行维护技术规程》、《生活垃圾焚烧处理工程技术规范》等规程情况等。

第六条 各级市政公用事业主管部门负责市政公用企业产品质量和服务质量的日常监管，其程序为：

（一）与市政公用企业签订特许经营协议，并按协议进行考核；没有签订特许经营协议的，按有关规定签订责任考核状；

（二）审查市政公用企业拟订的《作业标准》、《现场管理制度》是否符合国家相关的法律法规、标准规范，是否符合项目审批部门的审批意见，并监督其实施；

（三）审查市政公用企业拟订的《安全生产制度》及实施方案是否符合国家相关的法律法规、标准规范，是否结合本企业实际，是否符合项目审批部门的审批意见，并监督其实施；

（四）审查市政公用企业拟订的《质量管理制度》及实施方案是否符合国家相关的法律法规、标准规范，是否结合本地本企业实际，服务与便民措施是否落实，是否符合项目审批部门的审批意见；备案市政公用企业公布的社会服务承诺内容，并监督其实施；

（五）审查市政公用企业拟订的《环保制度》及实施方案是否符合国家相关的法律法规、标准规范，是否结合本企业实际，是否符合项目审批部门的审批意见；是否按有关规定妥善处理直至达标排放，尽量减少对设施、建筑物和居民区的妨害，并监督其实施；

（六）各级市政公用事业主管部门建立日常监管检查考核制度，组织定期与不定期的作业质量检查。内容包括：是否按核定的工作量进行，是否擅自停业；现场管理是否规范、达标，设施设备是否完好、运营正常；生产运营记录台账、环境监测报告是否属实、齐全；应急预案措施是否落实等。定期检查分季度考核和年终综合考核。

第七条 各级市政公用事业主管部门按照国家和省相关的法律、法规、标准、规范，监管市政公用行业、企业的产品和服务质量。

第八条 各级市政公用事业主管部门通过制度审查、企业管理信息审查、产品质量监测、服务质量抽查、驻场运行监管、在线监测等进行实时监测、监管。

各市政公用企业应建立提前告知制度。将本企业当月安排设备检修等减停产计划情况，应一并上报市政公用事业主管部门，不得擅自停业、歇业。

第九条 各级市政公用事业主管部门可以根据特许经营协议或相关责任考核状，经检查发现公用企业产品服务质量不达标、不按规定要求执行的，各级市政公用事业主管部门应向企业发出整改通知书，责令其限期改正，督促其履行义务；造成后果的，可以视程度从履约保证金中扣除违约金。

江苏省城市市政公用事业特许经营中期评估制度

（2007年10月18日　苏建城〔2007〕325号）

第一条 为规范市政公用事业特许经营项目的正常运行，切实加强政府的监管，进一步健全和完善市政公用事业监管体系，按照建设部《市政公用事业特许经营管理办法》，对获得特许经营权的企业经营情况应建立中期评估制度的规定，特制定本制度。

第二条 全省行政区域内已实施市政公用市场化和已实施市政公用事业特许经营管理的城市供水、供气（管道燃气）、公共交通、污水处理、垃圾处理等行业适用本制度。

第三条 省建设行政主管部门负责全省行政区域内城市市政公用事业特许经营中期评估的指导和监督工作。

市、县人民政府市政公用事业主管部门受本级人民政府授权具体负责实施本行政区域内城市市政公用事业特许经营中期评估工作。

第四条 中期评估由市政公用事业主管部门组织实施，评估方式可以聘请中介机构实施，也可以组织相关的专家、人员开展中期评估，并形成中期评估报告。

第五条 中期评估应包括以下主要内容：

（一）市政公用设施的建设与改造是否依据规定的基本建设程序和规划要求执行；

（二）行业发展和投资是否满足城市功能的需求；

（三）提供的产品和服务是否满足各类标准和规范的要求；

（四）行业服务质量和用户投诉处理情况；

（五）应急预案的制定、执行情况；

（六）成本、价格的控制和执行情况；

（七）行业规划和年度计划的制定、执行情况；

（八）重要设备、设施的完好情况；

（九）安全生产和管理情况；

（十）社会公益性义务的执行情况；

（十一）特许经营授权人认为需要评估的其他事项。

第六条 中期评估的周期一般不得低于2年，特殊情况下可以实施年度评估。

第七条 特许经营协议应明确中期评估

方案。开展中期评估应当按照以下程序执行：

（一）负责中期评估的市政公用事业主管部门在每一个中期评估前1个月向特许经营企业发出中期评估通知；

（二）特许经营企业在收到通知后的1个月内负责准备和报送涉及中期评估内容的相关资料，包括中期评估周期内的年度经营计划及执行情况、各类财务报表、生产运行过程中的各类报表、服务及投诉处理的各类报表、建设和投资情况说明、保障正常运行的情况说明、普遍服务和公益性义务的执行情况以及服务对象满意度调查情况等；

（三）市政公用事业主管部门应在发出中期评估通知后的三个月内组织专门人员完成中期评估工作，并向特许经营企业出具中期评估报告；

（四）对中期评估报告中的部分内容，市政公用事业主管部门有权以适当的方式予以公示。

第八条 对中期评估过程中发现属企业经营过程中的问题，市政公用事业主管部门应责令特许经营企业逐一予以整改。

合肥市市政公用事业特许经营实施办法

（2006年4月29日合肥市人民政府令第122号公布　自2006年6月1日起施行）

第一条 为了规范市政公用事业特许经营活动，加快市政公用事业发展，保障社会公众及特许经营者的合法权益，根据国家有关法律、法规，制定本办法。

第二条 在本市市区范围内依法从事城市供水、供气、供热、公共汽车客运、污水处理、垃圾处理等市政公用事业特许经营活动及其管理，适用本办法。

前款所称市政公用事业特许经营，是指市人民政府按照法定程序和方式，确定符合条件的投资者或者经营者，在一定期限和范围内经营某项市政公用事业产品或者提供服务。

第三条 市人民政府授权市建设行政主管部门、市容环境卫生行政主管部门等（以下简称主管部门）负责市政公用事业特许经营项目的具体实施和监督管理。

发展计划、财政、审计、价格、国有资产管理、规划、工商、税务、国土资源、环保等相关部门，按照各自职责对特许经营活动进行监督管理。

第四条 实施市政公用事业特许经营，遵循公开、公平、公正和公共利益优先的原则。

鼓励社会资金、国外资本采取独资、合资、合作等形式建设市政公用设施，从事市政公用事业特许经营活动。

第五条 特许经营者应当确保提供持续、安全、优质、高效、公平和价格合理的普遍服务。特许经营者不得利用特许经营的优势地位，强制、限定、阻碍用户购买某种产品或者接受某种服务，或者有其他侵害消费者合法权益的行为。

特许经营者通过合法经营取得合理回报，并承担相应经营风险。

第六条 实行特许经营的市政公用事业项目，根据本市城市建设发展需要和城市市政公用事业发展的规划确定。具体项目由主管部门会同相关部门研究提出，并拟订具体实施方案经论证后，报市人民政府批准。实施方案应当包括下列内容：

（一）项目名称；

（二）项目基本经济技术指标；

（三）选址和其他规划条件；

（四）特许经营期限；

（五）投资回报、价格测算；

（六）特许经营者应当具备的条件及选择方式；

（七）政府承诺的范围；

（八）特许经营权使用费；

（九）保障措施。

前款第（七）项政府承诺的范围可以涉及与特许经营项目有关的土地使用、提供相关基础设施、给予必要的补贴、防止不必要的重复性竞争项目建设等方面，但不得承诺商业风险分担、固定投资回报率及法律、法规、规章禁止的事项。

第七条　市政公用事业特许经营可以采取下列方式：

（一）在一定期限内，将特许经营项目的投资权、建设权、运营权一并赋予特许经营者；

（二）在一定期限内，将市政公用设施的经营权赋予特许经营者；

（三）在一定期限内，委托特许经营者提供公共服务；

（四）市人民政府同意的其他方式。

特许经营期限应当根据行业特点、规模、经营方式确定，并满足收回投资所需。采用前款第（一）、（二）项方式的，特许经营期限最长不得超过30年；采用前款第（三）项方式的，特许经营期限最长不得超过8年。

第八条　主管部门应当采取招标方式确定特许经营者。

招标按照招标投标法定程序进行，主管部门应当公布招标条件，公开接受申请，并组织专家对投标人资格和特许经营方案进行审查、评议；中标结果和特许经营方案应当在新闻媒体进行公示，接受社会监督，公示时间不少于20天；公示期满无异议的，主管部门按照市人民政府的委托与其签订特许经营协议。

依法通过招标方式不能确定特许经营者的项目，经市人民政府批准，主管部门可以采取公开接受申请并进行协商的方式确定特许经营者。

第九条　特许经营权申请人应当具备以下条件：

（一）依法注册的企业法人或者其他经济组织；

（二）有相应的注册资本金和设施、设备；

（三）有良好的银行资信、财务状况及相应的偿债能力；

（四）技术、经营负责人具有相应从业经历和良好业绩，其他关键岗位人员具有相应的从业能力；

（五）有切实可行的经营方案和突发公共事件、重大安全事件的应急预案；

（六）法律、法规、规章规定的其他条件。

第十条　特许经营协议应当包括以下内容：

（一）授权主体、特许经营者；

（二）特许经营内容、区域、范围及有效期限；

（三）产品和服务质量标准；

（四）价格和收费的确定方法、标准以及调整程序；

（五）设施、设备的权属、处置、移交、养护、维修与更新改造；

（六）安全管理责任；

（七）特许经营权使用费；

（八）履约担保；

（九）特许经营权的变更、终止；

（十）特许经营期限内的风险分担；

（十一）特许经营期限届满项目移交的

方式、程序；

（十二）违约责任；

（十三）争议解决方式；

（十四）双方约定的其他事项。

第十一条 特许经营者应当在特许经营协议规定的范围内从事特许经营业务，按照特许经营协议的约定提供市政公用事业产品或者服务。

未取得市政公用事业特许经营权的，不得从事市政公用事业特许经营活动。

第十二条 取得特许经营权的经营者，应当按照特许经营协议支付特许经营权使用费。经市人民政府同意，微利或者公益性的特许经营项目，可以减免特许经营权使用费。

特许经营权使用费纳入财政性资金统一监管，专项用于市政公用设施建设。涉及国有资产使用或者处置的，按国有资产管理的有关规定办理。

第十三条 主管部门应当履行下列职责：

（一）制定市政公用事业发展规划；

（二）拟定特许经营项目的具体实施方案，并负责确定市政公用事业特许经营者的具体组织工作；

（三）制定产品、服务质量标准；

（四）监督特许经营者履行法定义务和特许经营协议；

（五）受理公众对特许经营者的投诉；

（六）对特许经营者违法行为进行查处；

（七）监督检查特许经营者提供的产品、服务质量和安全生产运行情况；

（八）协助价格行政主管部门核算和监控特许经营成本，提出价格调整意见；

（九）向市人民政府提交对特许经营者的年度监督检查报告；

（十）制定紧急情况时临时接管特许经营者经营管理的措施；

（十一）法律、法规、规章规定的其他职责。

第十四条 特许经营者应当履行下列义务：

（一）遵守有关法律、法规、规章；

（二）履行特许经营协议，为社会提供符合标准的市政公用事业产品或服务；

（三）接受主管部门对产品和服务质量的监督检查；

（四）准确、及时向主管部门报送经营、财务报告以及履行协议的相关资料；

（五）按照国家安全生产法律法规和行业安全生产标准规范，组织安全生产，并接受有关部门的监督检查；

（六）对生产设施、设备及时进行维护和更新改造，确保完好；

（七）保障企业满足相应企业经营资质条件并具备相应资质；

（八）执行价格行政主管部门确定的市政公用事业产品和服务的价格；

（九）协议约定的其他责任。

第十五条 特许经营者不得以转让、出租、质押等方式处置特许经营权，不得擅自处置、抵押特许经营设施、设备。

第十六条 特许经营者确需变更名称、地址、法定代表人时，应当在变更前向主管部门报告并经其同意。

第十七条 特许经营项目产品、服务价格的确定和调整，遵循“企业成本＋税费＋合理利润”并充分考虑社会承受力的原则，按照价格法的规定执行。

为满足社会公共利益的需要，特许经营者的产品和服务价格低于成本或为完成政府公益事业目标而承担政府指令性任务，政府应当给予特许经营者相应补偿。

第十八条 为确保市政公用事业价格相对稳定，市人民政府可以设立价格调节基金，用于市政公用事业价格和利润的调控，具体办法另行制定。

第十九条 主管部门或者特许经营者认为需要对特许经营的设施、设备进行更新改造的，应当委托具备相应资质的检测机构进行检测、鉴定，制定更新改造计划和方案。更新改造计划和方案应当经主管部门同意。

第二十条 特许经营者应当对各项市政公用设施的图纸等资料进行收集、归类、整理和归档，保存相关资料，完善市政公用设施信息化管理系统，并按要求与政府联网。

第二十一条 特许经营者应当允许其他经营者按照规划要求连接其市政公用设施，收费按照有关规定执行。

第二十二条 在特许经营协议有效期限内，若协议的内容确需变更的，协议双方应当在协商的基础上签订补充协议。

第二十三条 特许经营期限内，特许经营者有下列情形之一的，主管部门报经市人民政府同意，可以提前终止特许经营协议，收回特许经营权，并可以实施临时接管：

（一）擅自以转让、出租、质押等方式处分特许经营权，或者超越特许经营权确定的区域、范围从事经营活动的；

（二）擅自处置、抵押特许经营设施、设备的；

（三）因转让企业股权而出现不符合授权资格条件的；

（四）未按照法律、法规及有关标准、规范和特许经营协议约定从事特许经营活动，不履行普遍服务义务，或者不履行养护、维修和更新改造义务，危及公共利益、公共安全的；

（五）因经营管理不善，造成重大质量安全责任事故的；

（六）因经营管理不善，财务状况严重恶化，危及市政公用事业运行的；

（七）不按城市规划投资建设市政公用设施，经主管部门责令限期改正而拒不改正的；

（八）擅自停业、歇业的；

（九）违反所做承诺的；

（十）法律、法规、规章禁止的其他行为。

第二十四条 收回特许经营权的决定由主管部门书面通知特许经营者。特许经营者可以在收到书面通知后30个工作日内提出书面申辩或要求举行听证会。特许经营者要求举行听证的，主管部门应当组织听证。

特许经营者对收回特许经营权的决定不服的，可依法申请行政复议或提起行政诉讼。

第二十五条 特许经营期限内，除本办法第二十三条规定的情形外，不得提前收回特许经营权，不得征用实施特许经营的市政公用设施；但确因公共利益需要，经市人民政府批准收回特许经营权或者征用实施特许经营的市政公用设施的，应当给予相应补偿。

第二十六条 特许经营期限内，因不可抗力致使无法正常经营时，特许经营者可以向主管部门提出提前终止特许经营协议的申请；经批准，可以提前终止特许经营协议。

第二十七条 特许经营协议终止，协议双方应当按照特许经营协议依法进行资产清算并办理相关手续。

第二十八条 特许经营权被收回或者协议终止后，原特许经营者应当在主管部门规定的时间内，将维持特许经营业务正常运作所需的资产和档案，在正常运行情况下移交指定的单位。在指定的单位完成接管前，特许经营者应当按要求履行职责，维持正常的经营业务。

第二十九条 特许经营权发生变更或者终止时，主管部门应当采取有效措施保证市政公用产品供应和服务的连续性与稳定性。

第三十条 在项目运营的过程中，主管部门应当组织专家对获得特许经营权的企业经营情况进行中期评估。

评估周期一般不低于2年，特殊情况下可以实施年度评估。

第三十一条 特许经营者在特许经营期限内应当依法接受审计机关的审计。

特许经营协议终止，主管部门应当在协议终止前依法组织对特许经营者进行财务审计，对特许经营设施、设备等进行资产评估。

第三十二条 特许经营期限届满前（一般为1年，最短不少于6个月），主管部门应当对特许经营项目按照本办法第八条的规定确定新一轮的特许经营者。在同等条件下，原特许经营者优先取得特许经营权。

第三十三条 市人民政府设立市政公用事业特许经营监督管理委员会，代表公众对市政公用事业特许经营活动进行监督和质询，其办公机构设在主管部门。

委员会成员中非政府部门和公众代表不少于2/3，委员会对特许经营活动中可能影响公众利益的重大决策，有权提出意见，相关部门应充分听取，对不予采纳的，应当说明理由并记录在案。

第三十四条 主管部门或者特许经营者违反协议的，应当承担违约责任，给对方造成损失的，应当予以赔偿。

第三十五条 对以欺骗、贿赂等不正当手段获得特许经营权的经营者，主管部门应当取消其特许经营权，并向上级建设行政主管部门报告，由上级建设行政主管部门通过媒体等形式向社会公开披露。被取消特许经营权的经营者在3年内不得参与市政公用事业特许经营投标。

第三十六条 未取得特许经营权擅自从事特许经营活动的，由主管部门责令停止违法行为，并处5000元以上3万元以下的罚款，法律、法规另有规定的，从其规定。

第三十七条 特许经营者违反本办法第二十条、第二十一条、第二十八条规定的，由主管部门责令限期改正，并处2000元以上1万元以下的罚款。

第三十八条 特许经营者违反本办法第十四条第（八）项规定的，由价格行政主管部门依法处罚。

第三十九条 主管部门及其工作人员有下列情形之一的，由市人民政府或者监察机关责令改正，对负主要责任的主管人员和其他直接责任人员依法给予行政处分；构成犯罪的，依法追究刑事责任：

（一）不依法履行监督职责或者监督不力，造成严重后果的；

（二）对不符合法定条件的投标者授予特许经营权的；

（三）滥用职权、徇私舞弊、玩忽职守、索贿受贿的。

第四十条 肥东、肥西、长丰3县可以参照本办法执行。

第四十一条 本办法自2006年6月1日起施行。

上海市城市基础设施特许经营管理办法

（2010年12月6日市政府第92次常务会议通过 2010年12月20日上海市人民政府令第55号公布 自2011年5月1日起施行）

第一章 总 则

第一条 （立法目的）

为了规范本市城市基础设施特许经营活

动，维护特许经营者的合法权益，提高公共产品和公共服务的质量，保障公共利益和公共安全，根据有关法律、法规，制定本办法。

第二条 （定义）

本办法所称城市基础设施特许经营（以下简称特许经营），是指政府依法选择中华人民共和国境内外的法人或者其他经济组织，授权其在一定期限和范围内经营某项城市基础设施，提供公共产品或者公共服务的活动。

第三条 （适用范围）

在本市行政区域内实施特许经营的，适用本办法。

下列城市基础设施项目的建设和运营，可以实施特许经营：

（一）供水、供气、污水处理、垃圾处理、城市道路、公路、城市轨道交通和其他公共交通项目；

（二）市人民政府认为有必要实施特许经营的其他城市基础设施项目。

第四条 （特许经营方式）

特许经营可以采取下列方式：

（一）在一定期限内，政府授权特许经营者投资、建设、运营城市基础设施，期限届满后无偿移交给政府；

（二）在一定期限内，政府授权特许经营者运营已建成的城市基础设施，期限届满后无偿移交给政府；

（三）市人民政府同意的其他方式。

第五条 （实施原则）

实施特许经营，应当遵循公共利益优先和公开、公平、公正的原则。

第六条 （鼓励参与）

鼓励国内外企业、其他组织和个人采取独资、合资、合作等多种形式，依法从事特许经营活动。

第七条 （管理体制）

市发展改革行政管理部门负责本市特许经营的综合协调工作。

市行业主管部门负责本市行政区域内特许经营项目的具体实施和监督管理工作，并依据市人民政府的授权签订特许经营协议。

对服务于特定区、县行政区域内的特许经营项目，可由区、县人民政府负责具体实施和监督管理工作，并签订特许经营协议。

市行业主管部门和区、县人民政府实施特许经营项目的具体分工，由市发展改革行政管理部门会同有关行政管理部门确定。

市建设交通、规划国土、环保、财政、价格、工商、审计、监察等相关行政管理部门在各自职责范围内，依法履行监督管理职责。

第二章 特许经营权的授予

第八条 （项目要求）

特许经营项目应当符合本市国民经济和社会发展规划、城市总体规划、城市基础设施专项规划以及城市建设发展需要。

第九条 （实施方案内容）

市行业主管部门和区、县人民政府（以下统称实施机关）应当拟定特许经营项目的实施方案。

实施方案应当包括下列内容：

（一）项目名称及其基本情况；

（二）项目的实施机关；

（三）项目的基本经济技术指标；

（四）特许经营者应当具备的条件及选择方式；

（五）特许经营协议草案及特许经营期限；

（六）投资总额、投资回报、价格及其测算；

（七）政府承诺和保障；

（八）应当明确的其他事项。

特许经营项目由政府指定单位支付费用或者需要纳入政府定价项目进行成本核算的，实施机关应当将测算依据纳入实施方案一并审定。

采用本办法第四条第（一）项规定的特许经营方式的，实施机关应当将经批准的项目建议书或者项目核准咨询意见，以及规划国土和环保管理部门出具的意见作为实施方案的附件。

第十条　（实施方案审定）

实施机关应当将特许经营项目的实施方案报市发展改革行政管理部门。市发展改革行政管理部门在收到报审的实施方案后，应当根据实际情况，会同市建设交通、规划国土、环保、财政、价格、工商等相关行政管理部门对实施方案进行审查；相关行政管理部门应当分别出具书面审查意见。市发展改革行政管理部门会同实施机关，根据审查意见修改实施方案后，报市人民政府批准。

区、县人民政府实施的特许经营项目，其实施方案应当事先征得市行业主管部门的同意。

属于本办法第三条第二款第（一）项规定的特许经营项目的，实施机关应当在将实施方案报市发展改革行政管理部门之前，征求市建设交通行政管理部门的意见。

属于重大特许经营项目的，市发展改革行政管理部门在审定实施方案过程中，应当组织专家论证。

第十一条　（特许经营者的确定）

实施方案经市人民政府批准后，实施机关应当依法通过招标投标方式选择特许经营者。招标文件应当符合经批准的实施方案。

没有投标者或者投标者不符合招标条件的，可以采用竞争性谈判方式确定特许经营者。

第十二条　（协议签订）

特许经营者确定后，实施机关与特许经营者应当签订特许经营协议。特许经营协议应当符合经批准的实施方案和招标文件。

需要成立项目公司的，特许经营者应当按照规定注册成立项目公司，项目公司的章程应当经实施机关审核认可。

特许经营者将权利和义务转移至项目公司的，应当事先征得实施机关的同意，并签订书面协议。当项目公司未履行或者不能履行相关义务时，其权利和义务由特许经营者继受。

第十三条　（协议内容）

特许经营协议应当包括下列内容：

（一）项目名称、内容；

（二）特许经营方式、区域、范围、期限；

（三）是否成立项目公司以及项目公司的经营范围、注册资本、股东出资方式、出资比例、股权转让等；

（四）所提供的产品或者服务的数量、质量和标准；

（五）设施的维护和更新改造；

（六）绩效监测；

（七）投融资期限和方式；

（八）投资回报方式以及确定、调整机制；

（九）价格和收费的确定方法、标准以及调整程序；

（十）设施的权属；

（十一）特许经营者的权利和义务；

（十二）履约担保；

（十三）特许经营期内的风险分担；

（十四）政府承诺和保障；

（十五）应急预案和临时接管预案；

（十六）特许经营期限届满后，项目移交的方式、程序；

（十七）变更、提前终止及补偿；

（十八）违约责任；

（十九）争议解决方式；

（二十）实施机关对特许经营活动特定的监督和检查职责；

（二十一）需要明确的其他事项。

第十四条　（投资回报取得方式）

在特许经营协议中，协议双方可以约定特许经营者或者项目公司（以下统称项目经营者）通过下列方式取得回报：

（一）按照所提供特许经营的产品或者服务向消费者收费；

（二）政府授予与特许经营项目相关的其他开发经营权益；

（三）政府给予相应补贴；

（四）市人民政府同意的其他方式。

第十五条　（价格确定）

特许经营项目通过销售服务渠道向用户收费取得收入的，其产品或者服务价格一般按照价格主管部门公布的标准确定；属于单独定价范围的，依照价格法律、法规及相关规定，由实施机关报价格主管部门审定。

特许经营期限内，价格主管部门可以按照相关法律、法规规定或者特许经营协议约定调整价格。如果协议发生变更，涉及单独定价标准调整的，须事先经市价格主管部门核准。

第十六条　（经营期限）

特许经营期限应当根据行业特点、经营规模、经营方式等因素确定，最长不超过30年。法律、法规另有规定的，从其规定。

第十七条　（政府承诺）

在特许经营协议中，政府可以承诺与特许经营项目有关的土地使用、相关城市基础设施的提供、防止不必要的竞争性项目建设、必要合理的补贴等内容，但不得承诺商业风险分担、固定投资回报以及法律、法规禁止的其他事项。

第十八条　（相关手续办理）

特许经营协议签订后，项目经营者应当依法到有关行政管理部门办理相关手续。有关行政管理部门对已经出具审查意见的事项，不再作重复审查；对未涉及事项的审查，不得导致特许经营协议内容的实质性变更。

第十九条　（协议备案）

实施机关应当在签订特许经营协议后30日内，将协议报市发展改革行政管理部门备案。其中，属于本办法第三条第二款第（一）项规定特许经营项目的，实施机关还应当报市建设交通行政管理部门备案。

第三章　特许经营权的实施

第二十条　（服务规范）

项目经营者应当按照特许经营协议，提供安全、合格的产品和持续、便利、符合标准的服务，并按照协议约定向消费者普遍、无歧视地提供公共产品或者公共服务。

第二十一条　（设施维护）

项目经营者应当按照技术规范，定期对特许经营项目设施进行检修和保养，保证设施运转正常，并将设施运行情况报告实施机关，但特许经营协议另有约定的除外。

第二十二条　（应急预案）

实施机关和项目经营者应当制定突发事件应急预案，并在突发事件发生后，及时启动应急预案，最大限度地保障公共产品和公共服务的正常提供。

第二十三条　（信息报送）

项目经营者应当将中长期发展规划、年度经营计划、年度经营报告、年度财务报告以及其他重大事项，及时、完整地报送实施机关备案。

第二十四条　（资料管理）

项目经营者应当对特许经营项目建设和运营中的有关资料进行收集、整理和妥善保管。

第二十五条　（特许经营权的限定）

未经实施机关同意，项目经营者不得转让、出租、质押、抵押或者以其他方式擅自处分特许经营权以及与特许经营活动相关的土地使用权、设施和企业股权等资产及其权益。

在特许经营期限内，项目经营者不得将特许经营项目的贷款、设施及相关土地使用权用于该特许经营项目之外的用途。

第二十六条　（协议变更）

在特许经营期限内，协议双方经协商可以变更特许经营协议，但应当按照本办法第十九条规定报有关行政管理部门备案。其中，特许经营协议需要作重大变更的，实施机关应当提前30日报市人民政府批准。属于重大变更的情形，应当在特许经营协议中明确。

因法律、法规、规章修改或者废止，或者城乡规划、技术标准、政策重大调整等需要变更特许经营协议的，实施机关应当与项目经营者协商；经双方协商仍无法达成一致的，实施机关可以报市人民政府批准后提前收回特许经营权，但应当给予项目经营者合理的补偿。

第二十七条　（特定监管职责）

实施机关应当加强对项目经营者特许经营活动的指导、监督和管理，履行下列职责：

（一）制定产品服务质量评价标准，并协助价格主管部门开展对政府制定价格成本的监审工作，提出价格调整意见；

（二）监督项目经营者履行法定义务和协议约定义务；

（三）对项目经营者的经营计划实施情况、产品和服务的质量以及安全生产情况等进行监督检查；

（四）受理公众对项目经营者的投诉；

（五）向政府提交年度特许经营监督检查报告；

（六）在特定情形下，临时接管特许经营项目；

（七）法律、法规、规章规定或者协议约定的其他职责。

第二十八条　（保密义务）

对在实施特许经营活动和监督管理工作中知悉的项目经营者的商业秘密、技术秘密，实施机关和其他行政机关及其工作人员负有保密义务。

第二十九条（特殊情况下的指令）

因特殊情况需要指令项目经营者提供特许经营协议约定之外的公共产品或者公共服务的，实施机关应当报经市人民政府批准后实施，但应当给予项目经营者合理的补偿。

第三十条　（档案管理和评估制度）

实施机关应当建立并保存特许经营项目档案。

实施机关应当监测、分析特许经营项目实施情况，会同有关部门组织专业机构定期对项目实施情况进行综合评估，并将评估报告抄送市发展改革行政管理部门。评估周期一般不得低于2年，特殊情况下可以实施年度评估。评估的内容应当包括产品和服务质量达标情况、设备完好率等内容。

第三十一条　（临时接管的适用情形）

项目经营者在特许经营过程中，有下列情形之一的，应当实施临时接管：

（一）企业内部发生重大突发性事件导致项目经营者无法按照特许经营协议提供公共产品和公共服务的；

（二）发生本办法第四十条规定情形的；

（三）发生其他已经严重危及或者可能

严重危及公共利益、公共安全等意外事件的。

第三十二条　（临时接管决定）

发生本办法第三十一条规定情形的，经报市人民政府批准后，实施机关应当及时启动临时接管预案，并对相关城市基础设施作出临时接管决定。具体临时接管预案，由实施机关负责制定。

临时接管决定应当包括接管理由、接管人员、接管内容、接管期限等内容，并应当予以公告。

第三十三条　（临时接管的实施）

在临时接管期间，实施机关应当按照临时接管决定实施接管。项目经营者应当善意履行职责，配合接管人员做好相关工作，并接受接管人员的监督管理。

第三十四条　（临时接管的终止）

有下列情形之一的，经报市人民政府批准后，终止临时接管，并予以公告：

（一）项目经营者已恢复正常经营能力的；

（二）其他严重危及或者可能严重危及公共利益、公共安全等意外事件的情形已经消失的；

（三）其他应当终止临时接管的情形。

第三十五条　（社会监督）

项目经营者应当将特许经营项目的质量、技术标准以及其他关系公共利益、公共安全的信息及时向社会公告。

社会公众有权对本市特许经营活动进行监督，并向实施机关提出建议和意见。

第四章　特许经营权的终止

第三十六条　（特许经营权保护）

任何单位或者个人不得违反法律、法规、规章以及本办法的规定终止项目经营者的特许经营权。

第三十七条　（期限届满的终止）

特许经营期限届满的，项目经营者取得的特许经营权终止。协议双方应当按照特许经营协议的约定办理有关城市基础设施、资料及档案等的移交、接管手续。

第三十八条　（经营者提出提前终止）

在特许经营期限内，项目经营者不得擅自终止特许经营活动。

因不可抗力确实无法正常经营的，项目经营者可以向实施机关提出提前终止特许经营权的申请，经实施机关报市人民政府审核后，应当允许其提前终止特许经营权。

因不可抗力以外的其他原因需要提前终止特许经营权的，项目经营者应当提前向实施机关提出申请，经实施机关报市人民政府批准后，可以提前解除特许经营协议，终止特许经营权。实施机关应当在收到申请的3个月内给予答复。

在特许经营协议解除前，项目经营者应当按照特许经营协议履行相关职责。

第三十九条　（因公共利益提前收回）

因法律、法规、规章修改或者废止，或者政策重大调整的，为了公共利益需要，经报市人民政府批准后，实施机关可以提前收回特许经营权，但应当按照特许经营协议的约定给予项目经营者合理补偿。特许经营协议对补偿没有约定的，协议双方可以协商确定补偿方案。

协议双方无法就补偿方案达成一致的，实施机关可以拟订补偿方案，对项目经营者为维持特许经营业务正常运作所投资建设的固定资产净值以及其他合理部分给予补偿。

补偿方案由实施机关报市人民政府批准后实施。

第四十条　（因经营者违法违约提前收回）

项目经营者有下列情形之一的，实施机

关应当责令改正，并可以按照规定程序报市人民政府批准后，提前收回其特许经营权；项目经营者同时承担相应的赔偿责任：

（一）项目经营者违反法律、法规、规章的规定或者特许经营协议的约定，情节严重的；

（二）项目经营者不履行检修保养和更新改造义务，危害公共利益和公共安全的；

（三）未经实施机关同意，项目经营者擅自转让、出租、质押、抵押或者以其他方式擅自处分特许经营权以及与特许经营活动相关的土地使用权、设备和企业股权等资产及权益的；

（四）项目经营者擅自停业、歇业，影响到公共利益和公共安全的；

（五）项目经营者提供的公共产品和公共服务达不到规定标准和要求，严重影响公共利益的；

（六）法律、法规、规章规定或者特许经营协议约定的其他情形。

第四十一条　（提前收回的程序要求）

实施机关依法提前收回特许经营权的，应当于6个月前将收回理由、收回日期等书面通知项目经营者，并进行公告。项目经营者可以在收到通知后30日内提出书面申辩或者要求举行听证会。

第四十二条　（资料和档案移交）

提前终止特许经营权的，项目经营者应当在实施机关规定的时间内，按照特许经营协议的约定，将维持特许经营业务正常运作所必需的资料和档案移交给实施机关。

第四十三条　（特许经营者的重新选择）

特许经营期限届满或者提前终止特许经营权，对该城市基础设施继续采用特许经营方式的，实施机关应当按照本办法的规定重新选择特许经营者。

因特许经营期限届满而重新选择特许经营者的，在同等条件下，原项目经营者优先获得特许经营权。

第五章　法律责任

第四十四条　（对以不正当手段获得特许经营权的处理）

以欺骗、贿赂等不正当手段获得特许经营权的，实施机关应当撤销特许经营权，并向社会公开披露。

被撤销特许经营权的法人或者其他经济组织，3年内不得参与竞争本市城市基础设施经营。

第四十五条　（对实施机关违法的处理）

实施机关违反本办法规定，不履行法定职责、干预项目经营者正常经营活动、徇私舞弊、滥用职权的，由其上级行政机关或者监察机关责令改正，对直接负责的主管人员和其他直接责任人员依法给予行政处分；构成犯罪的，依法追究刑事责任。

第六章　附　　则

第四十六条　（涉外特许经营项目规范）

外商投资于特许经营项目的，应当同时适用国家和本市有关外商投资管理的规定。

第四十七条　（社会化经营涉及股权转让）

城市基础设施社会化经营涉及股权转让的，应当在转让前依法取得特许经营权。

第四十八条　（具体管理办法）

市相关行政管理部门和区、县人民政府可以依据本办法制定具体的管理办法。

第四十九条　（施行日期）

本办法自2011年5月1日起施行。

杭州市市政公用事业特许经营条例

（2006年12月26日杭州市第十届人民代表大会常务委员会第三十七次会议通过 2007年3月29日浙江省第十届人民代表大会常务委员会第三十一次会议批准）

第一条 为规范市政公用事业特许经营活动，保障社会公共利益、公共安全和特许经营者的合法权益，促进市政公用事业健康发展，根据《中华人民共和国行政许可法》等有关法律、法规的规定，结合本市实际，制定本条例。

第二条 本市市区范围内市政公用事业特许经营及其监督管理，适用本条例。

第三条 本条例所称市政公用事业特许经营（以下简称特许经营），是指市政府依法通过市场竞争机制选择市政公用事业投资者或者经营者，明确其在一定期限和范围内经营某项市政公用产品或者提供某项服务的制度。

第四条 下列直接关系公共利益、涉及公共资源配置的项目，可实行特许经营：

（一）城市供水、管道燃气、集中供热、公共汽（电）车、城市轨道交通；

（二）城市污水处理、城市地下共同管沟；

（三）生活垃圾处理；

（四）法律、法规规定的其他市政公用项目。

第五条 实施特许经营，应当遵循公共利益优先和公开、公平、公正的原则。

第六条 鼓励跨区域的市政公用设施共享。有关各方应当按照促进社会经济发展、平等互利、协商一致的原则，共同推进跨区域特许经营的实施。

第七条 特许经营权的授权主体是市政府。

第八条 市市政公用事业行政主管部门负责组织实施本条例。

市政公用事业监管机构具体负责对特许经营活动实施日常监管。

规划、土地、建设、环保、工商、城管执法、国资、价格、财政、审计等相关行政部门，在各自的职责范围内依法实施监督管理工作。

第九条 社会公众享有对特许经营的知情权和监督权，对侵害公众合法权益的行为有权进行投诉、举报。

第十条 特许经营可以采用下列方式：

（一）在一定期限内，将市政公用项目授予特许经营者投资建设并运营，期限届满无偿移交给市政府；

（二）在一定期限内，将市政公用项目移交特许经营者运营，期限届满无偿移交给市政府；

（三）在一定期限内，委托特许经营者提供公共服务；

（四）法律、法规规定的其他方式。

第十一条 特许经营权的授予程序：

（一）确立项目：依据全市经济社会发展的要求，由市发展改革行政主管部门会同市市政公用事业行政主管部门对拟实行特许经营的项目组织立项论证，并报市政府批准；

（二）制定实施方案：特许经营项目确定后，市市政公用事业行政主管部门应当会同市发展改革行政主管部门拟订实施方案，并组织规划、土地、建设、环保、财政、价格、国资等有关部门按照各自职责对特许经营项目实施方案进行审查和专家论证，经征求公众意见后将实施方案报市政府批准；

（三）选择经营主体：通过招标等公平竞争方式，按照有关法律、法规的规定，公开、公平、公正地选择特许经营者，并将选择结果向社会公示二十日，接受社会监督；

（四）签订协议：公示期满无异议，由市政府或者市政府授权的部门与获得特许经营权的经营者签订特许经营协议。

对于特别复杂的市政公用特许经营项目，采用招标方式无法确定特许经营者的，可以采用招募方式确定特许经营者。市政府或者其授权的部门应当将拟授权经营的项目进行公告，并向不少于两个申请人发出邀请，通过审慎调查和意向谈判，确定经营者候选人，提交专门设立的评审委员会确定优先谈判对象，通过谈判确定经营者。

根据招标文件、招募公告等需要成立项目公司的，特许经营者应当在规定的期限内注册成立项目公司，并由市政府或者市政府授权的部门与项目公司签订特许经营协议，明确双方的权利和义务。

第十二条 市政府可以根据市政公用项目的不同特点收取特许经营权使用费，法律法规另有规定的除外。

特许经营权使用费应当专项用于市政公用事业，不得挪作他用，并依法接受审计监督。

第十三条 申请特许经营权，应当具备下列条件：

（一）依法成立的企业法人；

（二）良好的银行资信、财务状况及相应的偿债能力；

（三）相应的从业经历、良好的业绩和企业商誉；

（四）相应的注册资本金和设备、设施；

（五）切实可行的经营方案；

（六）符合法律、法规、规章和招标（招募）文件规定的其他条件。

第十四条 特许经营项目实施方案应当包括下列内容：

（一）项目名称；

（二）项目基本经济技术指标及产品或者服务质量标准；

（三）选址和其他规划条件；

（四）特许经营的形式、主要内容、范围及期限；

（五）部门间协同保障机制及谈判组织形式、人员构成、咨询方式；

（六）经营者应当具备的条件及选择方式；

（七）特许经营权使用费及其减免；

（八）投资回报和价格的测算；

（九）财政补贴及其他优惠措施；

（十）政府的监督管理措施；

（十一）其他应当明确的事项。

第十五条 特许经营协议应当包括下列内容：

（一）项目名称、内容；

（二）特许经营方式、区域、范围、期限；

（三）项目公司的经营范围、注册资本、股东出资方式和出资比例、股权转让限制等；

（四）产品或者服务的数量、质量和标准；

（五）投融资期限和方式；

（六）投资回报方式及其确定、调整机制；

（七）特许经营权使用费的收取；

（八）特许经营者的权利和义务；

（九）特许经营设施的权属与处置；

（十）履约保函或者其他担保方式；

（十一）安全管理与应急预案；

（十二）特许经营项目移交及临时接管

的标准、方式、程序；

（十三）政府监管及社会监督的内容；

（十四）违约责任及争议解决方式；

（十五）需要约定的其他事项。

特许经营协议内容应当符合特许经营项目实施方案。

第十六条 特许经营协议中不得承诺商业风险分担、固定投资回报率及法律、法规禁止的其他事项。

第十七条 特许经营期限根据项目的经营规模、经营方式、投资回报周期等因素确定，但最长不得超过三十年。

第十八条 特许经营期限届满，应当按本条例规定重新选择项目的特许经营者。

特许经营者的重新确定应当于特许经营期限届满六个月前完成。

第十九条 特许经营协议签订后，特许经营者应当及时到有关行政主管部门办理相关手续。已经出具审定意见的，有关行政主管部门不再重复审查。

第二十条 特许经营者依法享有下列权利：

（一）独立经营管理的权利，国家机关、社会团体和其他组织不得非法干预其正常经营活动；

（二）根据特许经营协议的约定，通过对提供的公共产品或者服务收费以及市政府合理补偿或者法律、法规规定的其他方式取得合理收益；

（三）请求市政府及其有关部门制止和排除侵害特许经营权的行为；

（四）对发展规划和价格等的调整提出建议；

（五）享受有关的优惠政策和财政补贴；

（六）法律、法规、规章规定和特许经营协议约定的其他权利。

第二十一条 特许经营者应当履行下列义务：

（一）按照规划和社会需要，在特许经营协议约定的服务区域内向消费者普遍地、无歧视地提供安全、合格的产品和优质、持续、高效的服务；

（二）按照特许经营协议的约定缴纳特许经营权使用费；

（三）按照相关法规、规范、标准等要求，对市政公用设施进行定期检修保养，确保设施完好，做好安全生产和稳定供应工作，接受政府有关部门的指导、监督、检查；

（四）将特许经营产品或者服务的质量、技术标准及时准确地向社会公告，关系公共利益、公共安全的信息应当及时向社会公开，对特许经营的产品或者服务项目向社会提供咨询服务并接受社会监督；

（五）及时将企业的中长期发展规划、年度经营计划、年度经营报告、董事会、监事会主要成员及总经理的变更等重大事项报送市市政公用事业行政主管部门备案；

（六）做好设施及运营资料的收集、分类、整理、归档工作，建立完善市政公用设施信息化管理系统并与市政公用事业监管机构联网，按要求及时、准确地将运营情况、设施状况等相关资料报送市政公用事业监管机构及其他政府相关部门；

（七）制定应急预案，保证市政公用设施的安全运行。在可能危及公共利益、公共安全以及为了公共利益需要等情况下，服从政府的统一指挥、调度；

（八）项目中止时，在完成接管前应当按特许经营协议约定履行看守职责，维持正常的经营服务；项目终止时，应当按照接管单位的要求，将维持特许经营项目正常运转所需的设施、设备及相关档案、资料完好移交；

（九）允许其他经营者按照规划要求连接其投资建设或者经营管理的市政公用设施；

（十）履行法律、法规、规章规定和特许经营协议约定的其他义务。

第二十二条 特许经营者不得有下列行为：

（一）转让、出租、抵押或者以其他方式处分特许经营权；

（二）超越特许经营协议中约定的范围从事经营活动；

（三）擅自停业、歇业；

（四）擅自转让、出租、质押、抵押或者以其他方式处分特许经营项目资产，擅自转让股权；

（五）改变其投资建设、运营的市政公用设施项目的土地使用性质，将特许经营项目的设施及相关土地用于特许经营项目之外，擅自改变市政公用设施的功能和用途；

（六）降低、减少所提供产品或者服务的质量、数量，擅自调整所提供产品或者服务的价格、收费；

（七）利用特许经营的强势地位，强制、限定、阻碍用户购买某种产品、服务，或者有其他侵害消费者合法权益的行为；

（八）法律、法规、规章和特许经营协议禁止的其他行为。

第二十三条 经市政府同意，特许经营者可以获得市政府投资建设或者属于市政府所有的市政公用设施的使用权；对其他投资者所有的市政公用设施，特许经营者可以与投资者协商确定市政公用设施的使用方式。

第二十四条 特许经营者应当按照城市规划和特许经营协议的约定，及时建设和更新市政公用设施。特许经营权被收回或者终止后，该市政公用设施归政府所有；需要补偿的，根据特许经营协议的约定给予特许经营者合理补偿。

第二十五条 特许经营者因建设和维护公共设施需要进入某一地段和建筑物时，应当事先与权利人协商，有关权利人应当提供方便。

第二十六条 特许经营期间，因不可抗力的原因无法正常经营的，特许经营者应当及时报告市市政公用事业行政主管部门，并积极采取措施予以补救。

第二十七条 特许经营者应当遵守价格法律、法规规定，执行依法制定的政府定价、指导价。

第二十八条 特许经营产品、服务的价格和收费标准，应当与特许经营者所提供的服务质量相对等。

特许经营产品、服务的价格和收费标准，应当根据社会平均成本、社会承受能力、经营者合理收益以及其他相关因素确定。

市价格主管部门应当建立定期审价制度，设立成本资料数据库，形成有效的成本约束机制。

第二十九条 特许经营产品、服务的价格和收费标准的制定或者调整，可以由特许经营者或者行业协会、行业主管部门向市价格主管部门提出书面申请或者建议，也可以由市价格主管部门依法直接提出价格方案。市价格主管部门应当开展社会平均成本和社会承受能力调查，听取有关方面的意见，并按照国家有关规定举行听证会。

市价格主管部门应当会同市市政公用事业行政主管部门制定价格方案，价格方案按规定程序报批后，由市价格主管部门向社会公布并组织实施。

第三十条 特许经营产品、服务的价格和收费，应当保持相对稳定。

第三十一条 市市政公用事业行政主管部门对特许经营履行下列职责：

（一）组织制定公共产品和服务质量标准；

（二）协助相关部门核算和监控企业成本；

（三）监督特许经营者履行法定义务和特许经营协议约定的义务；

（四）对特许经营者的经营计划提出意见和建议并监督实施；

（五）对特许经营者提供的产品和服务质量以及安全生产情况进行监督；

（六）向市政府提交对特许经营者的年度监督检查报告；

（七）组织特许经营项目的中期评估和终期评估；

（八）紧急情况时组织临时接管特许经营项目；

（九）受理、处理公众对特许经营活动的投诉；

（十）法律、法规规定的其他职责。

第三十二条 特许经营期限内，有关行政主管部门应当按照法律、法规、规章的规定对特许经营者实行监管，并履行特许经营协议中的相关政府承诺。

财政、价格、国资等部门在制定涉及特许经营项目的有关政策时，应当征求市市政公用事业行政主管部门的意见。

第三十三条 有关行政主管部门应当组织制定特许经营监管应急预案，在发生自然灾害、战争灾害、事故灾害以及公共卫生、社会治安等公共突发事件时，最大限度地保证特许经营项目的正常运转。

市市政公用事业行政主管部门应当制定临时接管方案，在特许经营者擅自停业、歇业及市政府撤销、收回特许经营权时，采取有效措施保证公共产品或者服务的连续性、稳定性。

第三十四条 任何单位或者个人不得违反法律、法规的规定收回或者限制特许经营者的特许经营权。

确因公共利益需要，市政府可以依法收回特许经营权、终止特许经营协议、征用实施特许经营的市政公用设施、指令特许经营者提供公共产品或者服务，特许经营者应当予以配合。由此给特许经营者造成直接损失的，应当依法给予合理补偿。

收回或者终止特许经营权的条件及补偿方案应当在特许经营协议中予以明确。

第三十五条 政府有关部门及其工作人员对在实施特许经营监督管理工作中知悉的特许经营者的商业秘密、技术秘密负有保密义务。

第三十六条 市政府应当设立特许经营社会监督委员会，委员会成员中非政府部门的专家和公众代表不得少于三分之二。

特许经营社会监督委员会可以通过听证会、座谈会、问卷调查等方式收集公众意见，提出相关建议，代表公众对特许经营项目进行监督。

特许经营者应当按年度向特许经营社会监督委员会通报经营情况，充分听取特许经营社会监督委员会的意见，及时解决特许经营社会监督委员会提出的问题；对不予采纳的意见，应当向特许经营社会监督委员会书面说明理由。

市政府及其有关部门应当每年听取特许经营社会监督委员会工作报告，及时督促、帮助特许经营者解决特许经营社会监督委员会提出的问题。

第三十七条 特许经营者以欺骗、贿赂等不正当手段取得特许经营权的，经市政府决定，撤销其特许经营权，没收违法所得，并由特许经营者赔偿由此而造成的损失；构成犯罪的，依法追究刑事责任。

第三十八条 特许经营者在经营期间有下列行为之一的，由市市政公用事业行政主管部门责令改正；拒不改正的，经市政府决定，可以收回其特许经营权，终止特许经营协议，并实施临时接管：

（一）转让、出租、抵押或者以其他方式处分特许经营权的；

（二）不履行普遍服务义务，或者产品、服务质量不符合标准，严重影响公众利益的；

（三）擅自停业、歇业，影响公共利益和社会稳定的；

（四）因生产管理不善，发生重大质量、安全生产事故和环境事故，严重危害公众利益的；

（五）因经营管理不善，财务状况恶化，亏损严重，企业无法正常运行，严重影响公众利益的；

（六）因转让企业股权而出现不符合特许经营协议约定的授权资格条件的；

（七）在可能危及公共利益、公共安全以及为了公共利益需要等情况下，不服从政府的统一指挥、调度；

（八）法律、法规、规章规定和特许经营协议约定的其他情形。

第三十九条 在作出撤销或者收回特许经营权的决定之前，市市政公用事业行政主管部门应当告知特许经营者有权要求举行听证。特许经营者要求举行听证的，应当组织听证。

按照本条例第三十七条、第三十八条规定被撤销和收回特许经营权的企业，三年内不得在本市市区范围内申请从事特许经营。

第四十条 对有下列行为之一的，由市市政公用事业行政主管部门责令改正，并可以按特许经营协议约定提取履约保函：

（一）不按特许经营协议约定提供产品或者服务，影响公众利益或者损害消费者合法权益的；

（二）不配合政府有关部门依据相关法律、法规、规章的规定或者特许经营协议约定进行指导、监督、检查的；

（三）不对市政公用设施的状况及性能进行定期检修保养，或者在项目中止时未按约定履行看守职责的；

（四）擅自改变市政公用设施及土地用途，或者擅自将项目土地及设施用于项目之外的；

（五）不允许其他经营者按照规划要求连接其投资建设或者经营管理的市政公用设施的；

（六）不按照城市规划和特许经营协议的约定建设和更新市政公用设施的；

（七）不按照特许经营协议约定将相关信息报送相关部门或者向社会公示的；

（八）不对各项市政公用设施的相关资料进行收集、归类、整理和归档，没有完善信息化管理系统的；

（九）发生重大质量、安全及环保等责任事故，对社会造成恶劣影响的；

（十）超出特许经营协议所约定的经营范围经营的；

（十一）特许经营权被收回或者终止后，未在规定的时间内将维持特许经营业务正常运作所必需的资产及档案在正常运行情况下移交市市政公用事业行政主管部门指定的单位的；

（十二）特许经营协议中约定的其他情形。

第四十一条 特许经营者在经营活动中违反有关法律、法规、规章规定的，由有关部门按照相关法律、法规、规章的规定进行处罚。

第四十二条 从事特许经营监督管理的工作人员在管理工作中滥用职权、徇私舞弊、索贿受贿的，由有关部门依法给予行政处分；构成犯罪的，依法追究刑事责任。

第四十三条 本条例施行前已授权的特许经营项目，特许经营协议有约定的，从其约定；未作约定的，适用本条例。

第四十四条 本条例所称市政公用事业监管机构，是指市政府确定的市政公用行业监管机构。

第四十五条 本条例自 2007 年 7 月 1 日起施行。

深圳市公用事业特许经营条例

（2005 年 9 月 27 日深圳市第四届人民代表大会常务委员会第二次会议通过　2005 年 12 月 2 日广东省第十届人民代表大会常务委员会第二十一次会议批准　2005 年 12 月 29 日深圳市第四届人民代表大会常务委员会公告第十一号公布　自 2006 年 3 月 1 日起施行）

第一章　总　　则

第一条 为了规范深圳市公用事业特许经营活动，保障公众利益和公用事业特许经营者的合法权益，促进公用事业健康发展，根据《中华人民共和国行政许可法》和其他有关法律、法规的规定，结合本市实际，制定本条例。

第二条 本条例所称公用事业特许经营（以下简称特许经营），是指深圳市人民政府（以下简称市政府）通过公平竞争方式确定的公用事业特许经营者（以下简称经营者），在特定范围和期限内从事某项公用事业经营活动。

第三条 本市行政区域内涉及公共资源配置和直接关系公共利益的下列行业可以实行特许经营：

（一）供水、供气、供热；

（二）污水处理、垃圾处理；

（三）公共交通；

（四）法律、法规规定的其他行业。

从事特许经营，应当按照规定取得相应的特许经营权。

第四条 特许经营应当优先保证公共利益不受损害。经营者应当确保提供持续、安全、方便、优质、高效、公平和价格合理的普遍服务，不得利用自身的优势地位妨碍其他经营者的合法经营活动，不得侵害消费者的合法权益。

经营者通过合法经营取得合理收益并承担相应风险。

第五条 公众对特许经营活动享有知情权和提出意见的权利，对侵害自己合法权益的行为有权进行举报和投诉。

市政府和经营者应当建立特许经营公众参与机制，保障公众对特许经营情况进行有效监督。

第六条 市政府公用事业的行业主管部门是特许经营的监管部门，市政府其他职能部门根据各自职责协助履行相应的监管职能。

第二章　特许经营权的授予

第七条 特许经营权的授权主体是市政府。

第八条 市政府应当采取招标、拍卖等公平竞争的方式，按照有关法律、法规的规定，公开、公平、公正地将某项公用事业的特许经营权通过颁发特许经营授权书（以下简称授权书）的形式授予符合条件的申请人。

第九条 通过招标、拍卖等方式不能确定经营者的，市政府也可以采取招募方式确定经营者。

前款所称招募，是指市政府将拟授权经营的公用事业公告后，由市政府或者其委托的机构向申请人发出邀请，通过审慎调查和意向谈判，确定经营者候选人，提交专门设立的评审委员会确定优先谈判对象，通过谈判确定经营者。

第十条 通过招募方式确定经营者的，市政府应当事先制定招募的条件和程序并予以公告。

第十一条 同一行业的特许经营权应当授予两个以上的经营者；但因行业特点和区域条件的限制，无法授予两个以上经营者的除外。

第十二条 特许经营可以采取下列形式：

（一）在一定期限内，将项目授予经营者建设、经营，期限届满后无偿移交给市政府；

（二）在一定期限内，将公用设施移交经营者经营，期限届满后无偿移交给市政府；

（三）在一定期限内，委托经营者提供某项公共服务；

（四）法律、法规规定的其他方式。

第十三条 申请特许经营权应当具备下列条件：

（一）依法成立的企业法人；

（二）有相应的从业经历和良好的企业声誉；

（三）有切实可行的经营方案；

（四）具备招标、拍卖、招募文件规定的相关条件；

（五）法律、法规、规章规定的其他条件。

第十四条 市政府应当根据不同行业的特点制定授权实施方案，并就授权实施方案的有关内容举行公开听证。

授权实施方案应当包括下列内容：

（一）项目的基本情况；

（二）申请人应当具备的基本条件；

（三）特许经营权的授权方式；

（四）特许经营的形式、主要内容、范围及期限；

（五）经营者经营收益及投资回报情况测算；

（六）财政补贴及其他优惠措施；

（七）市政府认为应当明确的其他事项。

第十五条 招标、拍卖等结束后三十日内，市政府应当根据有关招标、拍卖文件与确定的经营者签定特许经营协议，并颁发授权书。

第十六条 特许经营协议应当包括下列内容：

（一）项目名称；

（二）经营方式；

（三）经营者应当履行的义务；

（四）违约责任；

（五）双方认为应当约定的其他事项。

第十七条 授权书是经营者从事相应特许经营业务的证明，应当载明下列事项：

（一）授权人、被授权人；

（二）特许经营权的内容、区域、期限；

（三）经营者的主要义务与责任；

（四）特许经营权的撤销；

（五）其他需要载明的事项。

第十八条 特许经营期限根据经营者的投资回报周期确定，但最长不得超过三十年。

第十九条 特许经营期限届满后，市政府应当按照本条例的规定，重新进行特许经营权的授予。特许经营权的重新授予应当于特许经营期限届满六个月前完成。

第二十条 市政府可以根据公用事业的不同特点征收特许经营权使用费。

第三章 经营者的权利和义务

第二十一条 经营者享有依法独立经营管理的权利，国家机关、社会团体和其他组织不得非法干预其正常经营活动。

第二十二条 经营者可以通过下列方式获取收益：

（一）对提供的公共产品和服务收费；

（二）市政府在授权实施方案中承诺的其他经营权收益和财政补贴；

（三）法律、法规规定的其他方式。

第二十三条 经营者应当按照授权书的规定和特许经营协议的约定依法履行经营义务，并接受监管部门的监管。

第二十四条 经营者不得超越授权书规定的范围从事特许经营活动。未经市政府同意，不得以转让或者出租、质押等方式处分特许经营权。

第二十五条 经营者应当将五年及年度经营计划、年度经营报告以及企业名称、地址和董事会以及经营班子主要成员的变更情况等信息及时报监管部门备案。

第二十六条 经营者应当于每年五月底以前将其经过审计的上年度财务报表向社会公布。

第二十七条 经营者不得利用特许经营的优势地位，强制、限定、阻碍用户购买某种产品，或者有其他侵害消费者合法权益的行为。

第二十八条 市政府投资建设的公用设施，归市政府所有。市政府可以根据本条例第十二条规定的特许经营形式将公用设施移交经营者经营；经营者不得擅自改变公用设施的功能和用途。

第二十九条 经营者应当允许其他经营者按照规划要求连接其投资建设或者经营管理的公用设施。

第三十条 经营者因建设和维护公用设施需进入某些土地和建筑物时，应当事先与权利人协商，有关权利人应当提供方便。

第三十一条 公用设施的建设、改造和维护以及场站设置和管线建设、改造等应当服从市规划部门的总体安排，并遵守相关道路和绿化管理法律、法规。因紧急情况需要抢修时，经营者可以先实施抢修，同时告知有关部门，并补办有关手续。

第三十二条 经营者应当对公用设施进行定期检修保养和更新改造，确保不间断提供约定的公共产品和服务，并按时向监管部门报告设施运行情况。

第三十三条 经营者应当对各项公用设施的图纸等资料进行收集、整理和归档，完善公用设施信息化管理系统，并与监管部门联网。

第三十四条 市政府因公共利益需要可以依法征用公用设施或者指令经营者承担公益服务，经营者应当予以配合，市政府应当给予经营者合理补偿。

第三十五条 特许经营期限届满或者特许经营权被撤销后，原经营者应当在监管部门规定的时间内，将维持特许经营业务正常运作所必需的资产及档案，在正常运行情况下移交监管部门指定的单位。

第三十六条 特许经营期限届满或者特许经营权被撤销后，原经营者应当在监管部门指定的单位完成接管前，继续维持正常的经营服务。

属于本条例第十二条第一款第（二）项规定情形的，市政府应当对原经营者为维持特许经营业务正常运作所投资建设的固定资产净值部分，给予合理补偿。

第三十七条 特许经营期间，因不可抗力的原因无法继续正常经营的，经营者应当及时报告市政府，经市政府同意，可以提前终止特许经营。

第四章 价　　格

第三十八条 经营者应当执行价格监管规定，按照市政府制定的价格标准向用户收取费用。

市政府与经营者对价格有约定的，经营者应当按照约定价格向用户收取费用。

第三十九条 市政府价格主管部门会同监管部门负责制定公用事业价格方案，报市政府批准后执行。

第四十条 公用事业价格应当依据社会平均成本、经营者合理收益、社会承受能力以及其他相关因素予以确定。

经营者的合理收益，应当根据不同行业特点，分别采取净资产或者固定资产净值收益率、投资收益率、成本收益率等方式予以核定。

第四十一条 市政府应当根据社会平均利润水平、银行利率和物价指数等因素确定公用事业各行业的收益率水平。

价格主管部门应当会同监管部门每年对公用事业各行业的收益率水平进行考核，必要时报市政府予以调整。

第四十二条 价格主管部门应当建立定期审价制度，设立成本资料数据库，形成有效的成本约束机制。制定价格方案时，应当委托有资格的审计机构对经营成本进行审计，确保成本的真实性和准确性。

第四十三条 公用事业价格制定或者调整，可以由经营者或者公用事业公众监督组织、消费者组织、行业协会监管部门向价格主管部门提出书面申请；价格主管部门或者其他有关部门根据价格法有关规定也可以直接提出定价、调价方案。

第四十四条 价格主管部门收到申请后，应当对申请材料进行审查、核实，申请材料不齐备的，应当要求申请人限期补正。对申请审核后，认为符合价格制定或者调整条件的，应当予以受理。

第四十五条 价格主管部门在受理制定和调整价格申请后，应当开展社会平均成本和社会承受能力调查，并在作出受理决定之日起三个月内举行听证会。

听证会举行十日前，价格主管部门应当将听证材料送达听证会代表。听证会应当在三分之二以上听证会代表出席时举行。

第四十六条 价格主管部门在会同监管部门制定价格方案时应当充分吸收听证会所提出的意见。上报市政府批准时应当同时提交听证会纪要、听证会笔录和有关材料。

第四十七条 价格方案批准后，由价格主管部门通过新闻媒体向社会公布，并组织实施。

第四十八条 公用事业价格应当保持相对稳定。市政府可以根据公用事业不同行业的特点设立价格调节准备金，专项用于公用事业价格和利润的调控。具体办法由市政府另行规定。

第五章 监　　管

第四十九条 监管部门对经营者进行监督管理，履行下列职责：

（一）组织制定公共产品和服务质量标准；

（二）监督经营者履行授权书和特许经营协议规定的义务；

（三）受理公众对经营者的投诉；

（四）依法查处经营者的违法行为；

（五）对经营者的五年及年度经营计划提出意见和建议，并监督实施；

（六）监督检查经营者提供的公共产品和服务质量；

（七）协助价格主管部门制定价格方案；

（八）审查经营者的年度报告；

（九）向市政府提交对经营者的年度监督检查报告；

（十）紧急情况时组织临时接管公用事业经营；

（十一）法律、法规规定的其他职责。

第五十条 监管部门应当制定特许经营监管应急预案，在经营者擅自停业、歇业或者市政府决定撤销特许经营权时，能有效组织临时接管，或者采取其他有效措施保证公共产品或者服务的连续性、稳定性。

第五十一条 市政府应当分不同行业设立公用事业公众监督委员会，代表公众对特许经营活动进行监督。

委员会成员中非政府部门的专家和公众代表不得少于三分之二。

经营者应当按年度向公众监督委员会通报经营情况。

公众监督委员会可以通过听证会、座谈会、问卷调查等方式收集公众意见，提出立法、监管等建议，代表公众对特许经营进行监督。

第五十二条 监管部门行使监督管理职责，不得妨碍经营者正常的生产经营活动，不得索取或者收受经营者的财物，不得谋取其他不正当利益。

第六章 法律责任

第五十三条 经营者违反本条例规定，依照有关法律、法规和规章的规定予以处罚。

第五十四条 以欺骗、贿赂等不正当手段取得特许经营权的，市政府应当撤销其特许经营权，构成犯罪的，提请司法机关依法追究刑事责任。

第五十五条 经营者有下列情形之一的，市政府应当责令其限期改正，逾期未改正的，撤销其特许经营权：

（一）未经市政府同意，以转让、出租、质押等方式处分特许经营权的；

（二）因转让股权而出现不符合特许经营协议约定的授权资格条件的；

（三）达不到公用事业产品、服务的标准和要求，严重影响公众利益的；

（四）因经营管理不善，造成重大安全责任事故的；

（五）因经营管理不善，财务状况严重恶化，危及公众利益的；

（六）不按城市规划建设、改造和维护公用设施的；

（七）擅自停业、歇业的；

（八）不履行法律、法规和授权书规定义务以及特许经营协议约定义务的；

（九）法律、法规规定的其他情形。

第五十六条 市政府在做出撤销特许经营权的决定之前，由监管部门告知经营者有要求举行听证的权利。经营者要求举行听证的，监管部门应当组织听证。

被撤销特许经营权的经营者，不得再申请特许经营权。

第五十七条 经营者或者其他行政处罚相对人、利害关系人对市政府和监管部门的处罚决定不服的，可以依法申请行政复议或者提起行政诉讼。

第五十八条 市政府有关部门工作人员滥用职权、徇私舞弊、玩忽职守、索贿受贿的，依照有关规定给予行政处分；构成犯罪的，依法追究刑事责任。

第七章　附　　则

第五十九条　区人民政府投资建设或者负责管理的公用事业，实行特许经营的，参照本条例执行。

第六十条　本条例自2006年3月1日起施行。

本条例施行前已授权的特许经营项目，授权书和特许经营协议有规定的，从其规定；未作规定的，适用本条例。

深圳市公用事业特许经营办法

（2003年3月21日深圳市人民政府令第124号发布　自2003年5月1日起施行）

第一章　总　　则

第一条　为提高公用事业的效率和服务质量，保障公众利益及特许经营者的合法权益，促进公用事业发展，制定本办法。

第二条　本办法所称公用事业特许经营是指市政府特别授权许可符合条件的企业或其他组织在一定时间和范围内经营某项公用事业。

第三条　政府鼓励社会资金、境外资本采取独资、合资、合作等形式建设公用设施，从事公用事业特许经营。

第四条　公用事业特许经营应优先保证公众利益不受损害。特许经营者应确保提供持续、安全、优质、高效、公平和价格合理的普遍服务。

特许经营者通过合法经营取得合理回报并承担相应经营风险。

第五条　政府和特许经营者应建立公众参与机制，鼓励公众监督公用事业。

第六条　公用事业监管部门（以下简称监管部门）负责公用事业特许经营的监督管理，其他政府部门根据各自职责履行监督管理职能。

第二章　特许经营权

第七条　公用事业特许经营权的授权主体是市政府或其授权的监管部门。

第八条　授权主体可以采取招标、招募或法律、法规、规章规定的其他方式，公平、公正地将某项公用事业的特许经营权通过颁发《深圳市公用事业特许经营授权书》（以下简称授权书）的形式授予符合条件的申请者。具体条件由招标文件、招募邀请书等规定。

申请者申请公用事业特许经营权，应对公用设施权属及其处分、股权转让及所经营的公用事业与其他经营活动的关联责任等事项做出相应承诺。

第九条　采取招标方式授予特许经营权的，按照国家招标投标法规定的程序进行，具体办法由招标公告、招标文件确定。

第十条　本办法所称招募，是指授权主体将拟授权经营的公用事业公告后，授权主体或其委托的中介机构向申请者发出邀请，通过审慎调查和意向谈判，确定经营者候选人，提交评审委员会确定优先谈判对象，通过谈判确定被授权人。

第十一条　授权书应载明下列主要事项：

（一）授权人、被授权人；

（二）特许经营权的内容、区域、期限；

（三）公用设施的权属与处分；

（四）特许经营权的收回；

（五）特许经营者的义务与责任。

前款所称特许经营者的义务与责任包括：

（一）遵守法律及法规、规章；

（二）公用事业服务标准和要求；

（三）维护和建设公用设施；

（四）接受监管部门监督以及依照法律、法规、规章进行的临时接管和其他管制措施；

（五）接受公众监督；

（六）执行依照法律、法规及规章规定制定或调整的价格；

（七）其他。

第十二条 授权书是特许经营者从事特许经营业务的法定依据，特许经营范围不得超出授权书规定。

未取得授权书的，不得从事公用事业特许经营。

第十三条 政府可视公用事业的不同特点减免特许经营权的使用费用。

第十四条 特许经营者不得以转让、出租、质押等方式处分特许经营权。

第十五条 特许经营权期满时终止。特许经营者申请特许经营权延期的，应在期满前的规定时间内提出延期申请。授权主体经审查认为符合延期条件的，可以予以延期。但延期不得超过两次。

前款所称规定时间由本办法附件等另行确定。

第十六条 特许经营者有下列情形之一的，授权主体收回特许经营权：

（一）以转让、出租、质押等方式处分特许经营权的；

（二）因转让企业股权而出现不符合授权资格条件的；

（三）达不到公用事业产品、服务的标准和要求，严重影响公众利益的；

（四）因经营管理不善，造成重大安全责任事故，严重影响公众利益的；

（五）因经营管理不善，财务状况严重恶化，危及公用事业的；

（六）不按城市规划投资、建设公用设施，经监管部门责令限期改正拒不改正的；

（七）擅自停业、歇业的；

（八）违反申请特许经营权时所做承诺的；

（九）法律、法规、规章规定的其他情形。

第十七条 收回特许经营权的决定由授权主体书面通知特许经营者。特许经营者可以在收到书面通知后30个工作日内提出书面申辩或要求举行听证会。特许经营者要求举行听证的，授权主体应当组织听证。

特许经营者对收回特许经营权的决定不服的，可依法申请行政复议或提起行政诉讼。

第十八条 特许经营期间，发生不可抗力事件，致使无法正常经营时，经特许经营者申请并由授权主体批准，可以提前终止特许经营权。

第十九条 特许经营权被收回或终止后，原特许经营者应在授权主体规定的时间内，将维持特许经营业务正常运作所必须的资产及档案，在正常运行情况下移交授权主体指定的单位。

第二十条 特许经营权被收回或终止后，政府对原特许经营者为维持特许经营业务正常运作所投资建设的固定资产净值部分，给予合理补偿。

特许经营权根据本办法第十六条规定被收回后，原特许经营者对政府重新授予特许经营权及交接所需支出的费用给予补偿。

第二十一条 特许经营权被收回或终止后，在指定的单位完成接管前，特许经营者应按授权主体的要求，善意履行看守职责，继续维持正常的经营服务。

第三章 公用设施

第二十二条 政府投资建设的公用设施，所有权归政府所有，政府可以将公用设施通过租赁等方式交给特许经营者使用。

特许经营者应按照城市规划建设新的公用设施。特许经营权被收回或终止后，该公用设施按其承诺归政府所有。需要补偿的，政府依据本办法或事先约定给予投资者合理补偿。

第二十三条 特许经营者应允许其他经营者按照规划要求连接其公用设施。有关收费执行价格管理的规定。

第二十四条 特许经营者因建设和维护公用设施需进入某些地段和建筑物时，应事先与所有权人协商，所有权人及有关人员应提供方便。

第二十五条 公用设施的维护要遵守相关的道路和绿化管理规定，场站设置和管线改造应服从市规划部门的总体安排。因紧急情况需要抢修时，特许经营者可以先实施抢修，同时通知有关部门，并补办有关手续。

第二十六条 特许经营者应对公用设施的状况及性能进行定期检修保养，并将设施运行情况按时报告监管部门。

第二十七条 特许经营者应对各项公用设施的图纸等资料进行收集、归类、整理和归档，完善公用设施信息化管理系统，并与政府联网。

第二十八条 政府出于公共利益需要可依法征用公用设施，特许经营者应给予配合，政府应给予投资者合理补偿。

第四章 价 格

第二十九条 市政府价格部门会同监管部门负责公用事业价格制定或调整。

第三十条 制定公用事业价格应遵循的原则是：补偿成本、依法纳税、合理收益、节约资源、促进发展及社会承受力。

第三十一条 公用事业价格由成本、税款和利润构成。

成本指社会平均成本，包括各项应计入价格的制造成本和期间费用。

利润指特许经营者的合理收益。根据不同行业特点，分别采取净资产或固定资产净值收益率方式核定。

第三十二条 成本的核定按以下方法进行：

（一）原辅材料和固定资产的购入价格，属政府制定价格的，按规定价格核定；属市场调节价的，按购入时市场平均价格核定，实际购入价格低于市场平均价格的，按实际购入价格核定。

（二）工资费用、销售费用和管理费用实行总额比例控制，按本市同行业或相近企业近3年上述三项费用总额占成本费用总额比例并参考本市社会平均水平核定。

（三）计提折旧的固定资产必须是与提供公用事业产品或服务有关的资产，但上述资产属于政府所有的公用设施除外；固定资产闲置超过9个月的不列入记提折旧范围。闲置资产恢复使用必须连续投入使用3个月以上的方可记提折旧。资产折旧年限由财政部门、价格部门、有关监管部门和特许经营者按合理原则确定。

第三十三条 价格部门应建立定期审价制度，设立成本资料数据库，形成有效的成本约束机制。必要时，制定或调整价格的成本应经有资格的审计组织审计，确保价格成本的真实性和准确性。

第三十四条 价格部门会同监管部门具体确定各行业收益率核定方式，在本办法附件中一并载明。收益率水平由价格部门会同监管部门依据社会平均利润水平、银行利率和物价指数等因素提出方案，报市政府确定。

价格部门会同监管部门每年对收益率水平进行考核，必要时予以调整。

第三十五条 公用事业价格制定或调整，按以下程序进行：

（一）由特许经营者、公用事业监督委员会、消费者组织、行业协会或监管部门向价格主管部门提出书面申请，也可以由有定价权的价格部门或其他有关部门根据有关价格法规定直接提出定价、调价方案，并由价格部门组织听证。

（二）价格部门收到书面申请后，应对申请材料是否齐备进行初步审查、核实，申请材料不齐备的，应要求申请人限期补正。对书面申请审核后，认为符合听证条件的，应在受理申请之日起15日内做出组织听证的决定，并与相关部门协调听证会的有关准备工作。

（三）价格部门应在做出组织听证决定的3个月内举行听证会，并至少在举行听证会10日前将聘请书和听证材料送达听证会代表，听证会应当在三分之二以上听证会代表出席时举行。

（四）价格部门会同监管部门拟定价格方案时应当充分考虑听证会提出的意见，方案形成后按定价权限和范围上报审批。上报时应同时提交听证纪要、听证会笔录和有关材料。

（五）价格方案批准后，由价格部门向公众、经营者公布，在政府网站及其他媒体上公告，并组织实施。

第三十六条 为确保公用事业价格相对稳定，可根据不同公用事业行业的特点设立价格调节准备金，专项用于公用事业价格和利润的调控等。具体办法另行规定。

第三十七条 特许经营者应执行价格监管规定及政府制定的价格标准。

第五章 监　　管

第三十八条 监管部门对特许经营者进行监督管理，履行下列职责：

（一）负责公用事业特许经营权的招标、招募等具体组织工作；

（二）制定产品、服务质量评价标准；

（三）监督特许经营者履行法定义务；

（四）受理公众对特许经营者的投诉；

（五）对特许经营者违法行为进行查处；

（六）对特许经营者的5年经营计划和年度经营计划提出意见和建议，并监督实施；

（七）监督检查特许经营者提供的产品和服务质量；

（八）协助价格部门制定和调整价格，核算和监控成本及费用；

（九）审查特许经营者的年度报告；

（十）向市政府提交对特许经营者的年度监督检查报告；

（十一）紧急情况时临时接管公用事业经营；

（十二）法律、法规、规章规定的其他职责。

特许经营者应将5年及年度经营计划、年度报告、董事会和经营班子主要成员的变更、董事会决议等按本办法附件或其他约定确定的时间报监管部门备案或审查。

第三十九条 监管部门对特许经营者的日常监管包括：

（一）产品或服务的质量是否符合要求；

（二）行业协会规定的服务满意度是否达到；

（三）特许经营者的年度和5年期的经营方针、投资计划是否按规定备案、执行；

（四）业务经营和财务情况是否良好；

（五）是否履行承诺；

（六）是否执行价格规定；

（七）董事会和经营班子主要成员的变更、董事会的决议是否按规定备案；

（八）法律、法规、规章规定的其他事项。

第四十条 设立公用事业监督委员会，委员会负责收集公众、特许经营者的意见，提出立法、监管等建议，代表公众对公用事业特许经营进行监督。

第六章 法律责任

第四十一条 特许经营者违反本办法第二十三条、第二十六条及第二十七条规定的，由监管部门责令限期改正，并处5万元以上50万元以下罚款。

特许经营者违反本办法第十二条、第十四条、第十九条、第二十一条及第二十二条第二款规定的，由监管部门责令限期改正，并处50万元以上100万元以下罚款。

特许经营者违反本办法第三十七条规定的，由价格主管部门依法处罚。

第四十二条 特许经营者对监管部门的处罚决定不服的，可依法提起行政复议或行政诉讼。

第四十三条 监管部门工作人员滥用职权、徇私舞弊、玩忽职守、索贿受贿的，依法给予行政处分；构成犯罪的，依法追究刑事责任。

第七章 附 则

第四十四条 已取得某项公用事业经营权的企业或其他组织，授权主体可将授权书直接授予该企业或其他组织。但本办法第八条第二款规定的承诺，不能免除。

第四十五条 本办法附件包括有关公用事业行业特许经营具体规定。附件可与本办法同时发布，也可另行发布。

监管部门可依据本办法、本办法附件制定具体管理措施或约定其他事项。

第四十六条 本办法自2003年5月1日起施行。

东莞市市政公用事业特许经营办法

（2005年1月7日 东府〔2005〕3号）

第一条 为推进市政公用事业市场化进程，扩大融资渠道，确保向广大群众提供优质的公共产品和服务，维护投资者、经营者和消费者的合法权益，根据国家有关法律、法规和规章的规定，结合我市实际，制定本办法。

第二条 本办法所称市政公用事业特许经营，是指市人民政府按照有关法律、法规规定，通过市场竞争机制选择市政公用事业投资者或者经营者，明确其在一定期限和范围内经营某项市政公用事业产品或者提供某项服务的制度。

下列市政公用事业项目可以实行特许经营：

（一）供水、供气；

（二）污水和固体废物处理；

（三）公共交通；

（四）城市绿化、环境卫生；

（五）市政府确定的其他市政项目。

第三条 市政公用事业特许经营可以采

取下列方式：

（一）在一定期限内，将新建、扩建和改造的项目授予特许经营者投资、建设、运营，期限届满无偿移交；

（二）在一定期限内，将市政公用设施移交特许经营者运营，期限届满无偿移交；

（三）在一定期限内，将公共服务委托特许经营者负责提供。

除以上方式外，根据市政公用事业项目自身特点，经市人民政府同意，也可以采取其他方式实施特许经营。

特许经营期限应根据行业特点、规模、经营方式等因素确定，最长不得超过30年。

第四条 中华人民共和国境内外符合条件的企业和其他组织，均可平等参与竞争获得本市市政公用事业的特许经营权（以下简称特许权）。

第五条 授予特许权应当遵循公平、公正、公开和公共利益优先、合理布局、有效配置资源的原则。

第六条 实施特许经营的市政公用事业项目（以下简称特许项目）根据城市建设发展需要和市政公用事业建设规划确定。具体项目由该项目的行业主管部门会同其他有关部门提出，报市人民政府批准。

第七条 特许项目确定后，由行业主管部门拟定实施方案，并组织财政、物价、规划、国土等有关部门依照各自职责对实施方案审查修改后，报请市人民政府批准实施。

实施方案应当包括下列内容：

（一）项目名称；

（二）项目基本经济技术指标；

（三）选址和其他规划条件；

（四）特许期限；

（五）投资回报、物价及其测算；

（六）经营者应当具备的条件及选择方式；

（七）政府承诺；

（八）保障措施；

（九）特许权使用费及其减免；

（十）负责实施的单位。

第八条 特许经营者可以通过下列方式取得回报：

（一）对提供的公共产品和服务收费；

（二）享有与市政公用事业相关的其他开发经营权益；

（三）享有政府给予的相应补贴；

（四）市人民政府同意的其他方式。

第九条 政府承诺可以涉及与特许项目相关的土地使用、防止不必要的重复性竞争项目建设、必要的补贴，但不承诺商业风险分担、固定投资回报率及法律、法规禁止的其他事项。

第十条 特许权使用费的标准由市人民政府根据特许项目的行业特点确定，对于微利或者享受财政补贴的特许项目，可以减免特许权使用费，公益性服务由政府提供补助。

第十一条 特许项目及其实施方案经市人民政府批准后，由行业主管部门发布推介项目的公告。

第十二条 特许权通过招投标的方式授予。参与特许权竞标者应当具备以下条件：

（一）依法注册的企业法人和其他组织；

（二）有相应的注册资本金和设施、设备；

（三）有良好的银行资信、财务状况及相应的偿债能力；

（四）有相应的从业经历和良好的业绩；

（五）有相应数量的技术、财务、经营等关键岗位的人员；

（六）有切实可行的经营方案；

（七）法律、法规、规章等规定的其他条件。

第十三条 特许项目由项目的行业主管部门或者市人民政府确定的其他部门（以下统称实施单位），依据市人民政府的授权负责具体实施。实施单位负责拟订招标文件，依法组织招标投标。

第十四条 依法确定中标者后，实施单位依照《中华人民共和国招标投标法》的相关规定与中标者（以下称特许经营者）签订特许经营协议，特许协议须报经市人民政府批准同意。

特许经营协议应包括下列内容：

（一）特许经营内容、区域、范围、方式及有效期限；

（二）产品或者服务数量、质量和标准；

（三）价格、收费或者补贴的确定方法、标准及调整程序；

（四）投融资的期限和方式；

（五）设施的权属与处置；

（六）设施维护和更新改造；

（七）安全管理；

（八）履约担保；

（九）特许权的终止和变更；

（十）违约责任；

（十一）争议解决方式；

（十二）其他事项。

第十五条 公用事业产品价格和服务收费标准的确定应遵循补偿成本、依法纳税、合理收益、节约资源、促进发展及社会承受力的原则。

公用事业产品价格和服务收费标准的核定由市物价部门按照有关法律、法规规定的原则和程序制定。

第十六条 在特许经营期间，实施单位应当履行下列职责：

（一）协助相关部门核算和监控企业成本，提出价格调整意见；

（二）监督特许经营者履行法定义务和协议书规定的义务；

（三）对特许经营者的经营计划实施情况、产品和服务的质量以及安全生产情况进行监督；

（四）受理公众对特许经营者的投诉；

（五）向市政府提交年度特许经营监督检查报告；

（六）在危及或者可能危及公共利益、公共安全等紧急情况下，临时接管特许经营项目；

（七）其他责任。

第十七条 签订特许协议后，特许经营者应当在规定的期限内注册成立项目公司，负责实施该特许项目。

第十八条 特许经营者应当遵守以下规定：

（一）科学合理地制定企业年度生产、供应计划；

（二）按照国家安全生产法规和行业安全生产标准规范，组织企业安全生产；

（三）履行经营协议，为社会提供足量的、符合标准的产品和服务；

（四）接受实施单位对产品和服务质量的监督检查；

（五）在规定的时间内，将中长期发展规划、年度经营计划、年度报告、董事会决议等报实施单位备案；

（六）加强对生产设施、设备的运行维护和更新改造，确保设施完好；

（七）协议约定的其他责任。

第十九条 在协议有效期限内，若协议内容确需变更的，协议双方应当在共同协商的基础上签订补充协议，并报市人民政府批准。

第二十条 特许期限内，实施单位和有关行政主管部门有权依法对特许项目进行检查、评估、审计，但不得妨碍特许经营者正常的生产经营活动。对特许经营者违反法律、法规、规章规定和特许协议约定的行为应当予以纠正并依法处罚，直至依法收回特许权。

评估应当由实施单位组织专家进行，评估周期一般不得低于两年，特殊情况下可以实施年度评估。

第二十一条 社会公众对市政公用事业特许经营享有知情权、建议权。

实施单位和特许经营者应当建立公众参与机制，保障公众能够对特许经营情况进行监督。

第二十二条 特许经营者有下列情形之一的，实施单位应当依法终止特许经营协议，取消特许权，并可以实施临时接管：

（一）不按照特许协议的约定提供公共产品或者服务，严重影响公众利益的；

（二）擅自转让、出租特许权的；

（三）擅自停业、歇业，严重影响公共利益和公共安全的；

（四）擅自将所经营的财产进行处置或者抵押的；

（五）因管理不善，发生重大质量、安全生产事故的；

（六）因经营管理不善等原因，造成财务状况严重恶化，危及公用事业的；

（七）法律、法规、规章等禁止的其他行为。

第二十三条 实施单位应当建立特许经营项目的临时接管应急预案。

特许权发生变更或者终止时，实施单位应当采取有效措施保证市政公用产品供应和服务的连续性和稳定性。

取消特许权并实施临时接管的，实施单位应当按照有关法律、法规的规定进行，书面通知特许经营者，并召开听证会。

第二十四条 特许期限内，除本办法第二十二条规定的情形外，特许权不得收回，特许项目不得被征用；确因公共利益需要，经市政府批准收回特许权或者征用特许项目的，应当依法给予一定补偿。

第二十五条 特许期限届满，特许经营者可以申请延长特许期限。延长特许期限的申请应当在特许期满前一年向实施单位提出，经实施单位组织评审同意并报市人民政府批准后，可以延长。

第二十六条 特许权被收回的，特许经营者应当按照特许协议约定或者市人民政府的规定，移交特许经营的设施、设备、图纸、资料，养护、维修、更新改造记录，有关用户的档案、资料等，实施单位应当组织对设施及相关资产进行评估，对需要补偿的，依据特许协议的约定给予补偿。

第二十七条 各镇人民政府（区办事处）参照本办法的规定执行。

第二十八条 本办法自颁布之日起施行。

贵州省市政公用事业特许经营管理条例

（2007年11月23日贵州省第十届人民代表大会常务委员会第三十次会议通过）

第一章　总　　则

第一条 为规范市政公用事业特许经营活动，保障公共利益及特许经营者的合法权益，促进市政公用事业发展，根据有关法律、法规的规定，结合本省实际，制定本条例。

第二条 本省行政区域内的下列市政公

用事业，实施特许经营的，适用本条例：

（一）城市供水、供气、集中供热；

（二）城市污水处理、垃圾处理；

（三）城市道路、桥梁隧道、路灯、园林绿化、广场的养护；

（四）城市生活垃圾清扫、清运和道路保洁；

（五）县级以上人民政府确定的其他市政公用事业项目。

第三条 本条例所称市政公用事业特许经营，是指有权授予特许经营权的政府按照有关法律、法规规定，通过市场竞争机制选择市政公用事业投资者或者经营者，授权其在一定期限和范围内经营某项市政公用事业产品或者提供某项服务的制度。

第四条 省人民政府建设行政主管部门负责本省行政区域内市政公用事业特许经营活动的指导和监督工作。

市、州人民政府和地区行政公署、县级人民政府主管市政公用事业的部门（以下简称市政公用事业主管部门）负责本行政区域内市政公用事业项目特许经营活动的指导和监督管理工作。

县级以上人民政府其他部门应当按照各自的职责，做好市政公用事业特许经营的有关工作。

第五条 各级人民政府应当根据经济与社会发展需要，增加对市政公用事业的财政投入。鼓励利用各种社会资金，采取多种形式建设市政公用设施及从事特许经营。

第六条 实施市政公用事业特许经营，应当遵循公开、公平、公正、公共利益优先和有偿使用的原则。

第七条 公众享有对市政公用事业特许经营的知情权和监督权。各级人民政府应当建立社会参与机制，保障公众对特许经营活动的有效监督。

第二章 特许经营权

第八条 特许经营权的授权主体是有市政公用事业事权的县级以上人民政府或者其授权的市政公用事业主管部门。

跨行政区域的市政公用事业特许经营，应当本着有关各方平等协商的原则，共同加强监管。其共同的上级人民政府或者上级人民政府所属的市政公用事业主管部门应当加强指导监督。

第九条 特许经营者按照城市规划投资建设的市政公用设施，在特许经营期满或者特许经营权终止后，无偿移交政府。

第十条 特许经营可以采取下列形式：

（一）在一定期限内，将项目的投资建设和经营权授予法人或者其他组织，期满后按照特许经营协议无偿移交政府；

（二）在一定期限内，将建成项目的经营权授予法人或者其他组织，由特许经营者向政府支付项目建设费用，期满后按照特许经营协议无偿移交政府；

（三）在一定期限内，委托法人或者其他组织提供公共产品和服务。

前款第一、二项的特许经营期限最长不超过 30 年；第三项的特许经营期限最长不超过 8 年。

第十一条 县级人民政府市政公用事业主管部门根据城市建设发展需要，制订特许经营项目的实施方案，经本级人民政府批准，报市、州人民政府和地区行政公署市政公用事业主管部门审核后，报省建设行政主管部门备案。

设区的市人民政府市政公用事业主管部门根据城市建设发展需要，制订特许经营项目的实施方案，经市人民政府批准后，报省建设行政主管部门备案。

实施方案应当包括下列主要内容：

（一）项目名称；

（二）项目基本经济技术指标；

（三）选址和其他规划条件；

（四）特许经营形式及期限；

（五）投资回报率、价格测算；

（六）特许经营者应当具备的条件；

（七）国家规定和特许经营协议约定享受的财政补贴及其他优惠措施；

（八）特许经营权使用费的收取或者减免；

（九）保障措施。

第十二条 特许经营者通过依法经营取得合理回报，并承担相应的投资风险和经营风险。

第十三条 各级人民政府及其相关部门承诺的范围可以涉及与特许经营项目有关的土地使用、提供相关基础设施、给予必要的补贴以及控制不必要的重复性竞争项目建设。

各级人民政府及其部门不得向特许经营者承诺固定回报、商业风险分担，不得为特许经营者提供融资、贷款担保及法律、法规、规章禁止的事项。

各级人民政府及其部门不得向特许经营者指令非公益性任务，特许经营者为完成公益性目标而承担人民政府指令性任务的，人民政府及其部门应当给予补偿。

第十四条 申请特许经营的法人或者其他组织，应当具备下列条件：

（一）依法注册并具有相应的从业能力；

（二）良好的银行资信和财务状况及相应的偿债能力；

（三）相应的注册资本、经营资金、设备、设施；

（四）技术、经营负责人具有相应从业经历和业绩，关键岗位人员具有相应的从业能力；

（五）可行的经营方案；

（六）法律、法规规定的其他条件。

第十五条 特许经营权授权主体应当依法通过招标方式，按照下列程序选择投资者或者经营者：

（一）按照特许经营项目的实施方案制定招标方案，经本级人民政府批准后，在国家或者省指定的两种以上媒体公布特许经营项目招标条件；

（二）根据招标条件，对特许经营的投标人进行资格审查和方案预审，推荐出符合条件的投标候选人；

（三）组织评审委员会依法进行评审，并经过质询和公开答辩，择优选择特许经营者；

（四）向社会公示中标结果，公示时间不少于20个工作日；

（五）公示期满，对中标者没有异议的，与中标者签订特许经营协议。

第十六条 特许经营权授权主体依照相关法律、法规的规定不能确定特许经营者的，可以采取符合国家规定的其他方式确定特许经营者，但是特许经营项目所涉及的土建工程及重要设备应当按照招标投标的法律、法规执行。特许经营权授权主体应当向社会公示特许经营项目和特许经营者的基本情况，公示20个工作日后，与特许经营者签订特许经营协议。所签订的特许经营协议应当在30个工作日内报上级主管部门和省建设行政主管部门备案。

第十七条 特许经营协议应当包括以下内容：

（一）特许经营内容、区域、范围和期限；

（二）产品和服务标准；

（三）产品和服务价格或者收费；

（四）公用设施的权属与处置；

（五）设施维护和更新改造；

（六）安全管理责任；

（七）履约担保；

（八）经营权的终止和变更；

（九）违约责任；

（十）特许经营权的收回；

（十一）争议解决方式；

（十二）双方认为应当约定的其他事项。

第十八条 取得特许经营权的经营者，应当支付市政公用事业特许经营权使用费。垃圾清扫、清运和道路保洁等微利的特许经营项目，根据特许经营项目的实施方案，经同级人民政府批准，减免特许经营权使用费。

特许经营权使用费纳入地方财政预算，实行收支两条线管理，专项用于市政公用设施建设。

第十九条 市政公用事业主管部门在特许经营期届满之前半年内，应当组织专家对项目运行情况进行评估。运行设备设施状况应当符合特许经营协议的要求。特许经营者对应当更新和维修的设备设施，应当立即更换和维修，不予更换和维修的，承担违约责任。

第二十条 特许经营者经营期满或者提前终止特许经营权的，在移交市政公用设施时，市政公用事业主管部门应当按照特许经营协议做好原特许经营者与新特许经营者的交接工作，以保证市政公用产品供应或者服务的连续性与稳定性。在新的经营者未确定之前，市政公用事业主管部门代表政府接管。

第三章 特许经营者的权利义务

第二十一条 特许经营者依法取得的市政公用事业特许经营权受法律保护，人民政府及其市政公用事业主管部门不得擅自撤销或者改变。

授予特许经营权所依据的客观情况发生重大变化时，为了公共利益的需要，授权主体可以依法变更或者撤回已经授予的特许经营权。由此给特许经营者造成损失的，应当依法给予补偿。

第二十二条 特许经营者具有下列权利：

（一）依照法律、法规、规章的规定和特许经营协议的约定自主经营；

（二）依照法律、法规、规章的规定和特许经营协议的约定收取费用、获取合法收益；

（三）依法请求制止和排除侵害特许经营权的行为；

（四）申请对发展规划和价格等进行调整；

（五）享受有关的优惠政策和财政补贴；

（六）拒绝各种乱收费、乱摊派等非法增加企业负担的行为；

（七）法律、法规、规章规定的和特许经营协议约定的其他权利。

第二十三条 特许经营协议期限届满时，特许经营权授权主体应当按照本条例第十五条、第十六条的规定重新选择特许经营者。在同等条件下，原特许经营者依法享有优先权。

第二十四条 特许经营者在经营期间，因不可抗力原因无法正常经营时，可以向特许经营权授权主体提出提前终止特许经营权的申请，特许经营权授权主体应当批准提前终止特许经营权。

特许经营者因不可抗力以外的其他原因需要提前终止特许经营权的，按照特许经营协议的退出条件，应当提前半年向特许经营权授权主体提出申请，特许经营权授权主体可以组织专家对企业运行经营情况、设备、管理等进行评估，在满足交接条件后，经特许经营权授权主体批准，终止其特许经营权；未经特许经营权授权主体批准的，承担违约责任。

第二十五条 特许经营者应当履行下列义务：

（一）制定企业年度生产、供应计划；

（二）在特许经营协议规定的范围内从事特许经营业务；

（三）按照国家和省颁布的产品和服务标准，向用户提供安全、方便、稳定和价格合理的产品或者服务；

（四）接受有关部门对产品和服务质量的监督检查；

（五）按时将中长期发展规划、年度经营计划、年度报告、董事会决议、董事会成员和主要管理人员的变更等报授权主体备案；

（六）定期对生产设施、设备进行运行维护和更新改造，保证生产设施、设备运转良好；

（七）对提供不合格产品和不履行服务协议给用户造成损失的予以赔偿；

（八）因设备管道检修停水、停气的，应当提前24小时告知用户；

（九）法律、法规规定应当履行的其他义务。

第二十六条 特许经营者在经营期间不得有下列行为：

（一）转借、出租、涂改、伪造特许经营许可证；

（二）转让、出租特许经营权或者以承包经营、挂靠等方式变相转让特许经营权；

（三）擅自将所经营的市政公用设施进行处置或者抵押；

（四）未经授权或者超越特许经营协议约定范围，从事特许经营；

（五）擅自调整市政公共产品、公共服务价格或者收费标准；

（六）擅自停业、歇业；

（七）不按照有关标准、规范从事特许经营活动；

（八）不履行普遍服务义务或者不履行养护、维修和更新义务，危及公共利益或者公共安全；

（九）其他违法或者违反特许经营协议的经营活动。

第二十七条 特许经营者被实施临时接管或者特许经营权提前终止后，原特许经营者应当在特许经营权授权主体规定的时间内，将维持特许经营业务正常运作所需的资产和档案，在正常运行情况下移交特许经营权授权主体指定的单位。在指定的单位完成接管前，特许经营者应当按照特许经营权授权主体的要求履行职责，维持正常的经营业务。

第四章　监督管理

第二十八条 市政公用事业主管部门应当履行下列职责：

（一）组织编制特许经营项目的实施方案；

（二）公布特许经营者基本情况，特许经营的内容及期限，收费标准及支付方式，质量标准及保证措施，对消费者的保护和赔偿责任等；

（三）监督特许经营者履行法定义务和特许经营协议；

（四）受理、处理和公布对特许经营者的投诉；

（五）组织专家对特许经营者的经营情况进行中期评估或者年度评估，对评估中存在的问题督促其限期整改；

（六）制定市政公用事业特许经营应急预案，在出现危及或者可能危及公共利益、公共安全的紧急情况时，采取有效措施或者临时接管特许经营项目；

（七）制定安全标准和保障制度，对有关设备、设施、作业场所、操作规程等进行监督检查；

（八）向本级人民政府和上一级市政公用事业主管部门提交年度特许经营实施情况报告；

（九）协助价格主管部门核算和监控企业成本，必要时提出价格调整建议；

（十）特许经营期满或者提前终止特许经营权后，依照法律、法规、规章的规定和特许经营协议的约定接收或者监督原特许经营者向新特许经营者移交特许经营项目和有关资料；

（十一）依法应当履行的其他职责。

第二十九条 有市政公用事业事权的人民政府应当对市政公用事业特许经营活动实施监督，可以组织专家和公众代表对特许经营者进行评议，接受单位、个人的投诉、举报。

有市政公用事业事权的人民政府及其市政公用事业主管部门在收到单位、个人的投诉、举报后，应当在10个工作日内处理完毕，并书面答复实名投诉者、举报者，情况复杂的，可以延长至30个工作日。

第三十条 特许经营者因经营管理不善，财务状况严重恶化，危及市政公用事业运行的，特许经营权授权主体可以依法采取临时接管等措施督促其履行义务。

第三十一条 市政公用事业主管部门和其他相关部门依据有关法律、法规、规范、标准和特许经营协议，采取定期检查、随机抽查等方式，每年对特许经营企业的产品和服务质量、机构运行管理情况进行综合考核，并将考核结果及处理意见向社会公布，接受社会公众监督。

第三十二条 各级价格主管部门应当依据价格管理权限，加强对市政公共产品、公共服务价格的管理和监督检查，依照有关法律、法规，制定或者调整市政公共产品、公共服务价格，查处价格违法行为。

第三十三条 市政公用事业特许经营许可证由省人民政府建设行政主管部门统一印制。

第五章 法律责任

第三十四条 违反本条例规定的，由县级以上市政公用事业主管部门或者其他负有特许经营监督管理职责的部门依法予以处罚。

第三十五条 以欺骗、贿赂等不正当手段取得特许经营权的，由市政公用事业主管部门撤销特许经营权，并由有关行政主管部门依法予以处罚。被撤销特许经营权的法人或者其他组织，3年内不得申请从事市政公用事业特许经营。

第三十六条 特许经营者有本条例第二十六条第一项行为的，处以1万元以上3万元以下罚款；情节严重的，撤销特许经营权。

特许经营者有本条例第二十六条第二项、第三项、第四项或者第五项行为的，依法没收其非法所得，责令限期改正；拒不改正的，并处以3万元以上5万元以下罚款；情节严重的，撤销特许经营权。

特许经营者有本条例第二十六条第六项、第七项、第八项行为的，处以5万元以上10万元以下罚款，并责令立即改正；拒不改正的，撤销特许经营权。造成他人损失的，依法承担赔偿责任。

第三十七条 特许经营权授权主体有下列情形之一的，由其上级行政机关或者监察机关责令改正；尚不构成犯罪的，对直接负责的主管人员和其他直接责任人员依法给予行政处分：

（一）对不符合法定条件的申请人授予特许经营权或者超越法定职权授予特许经营权的；

（二）未经公开招标或者其他公平竞争方式选择特许经营者的；

（三）未依法履行监督管理职责的。

第三十八条 行政机关工作人员在特许经营监督管理工作中滥用职权、玩忽职守、徇私舞弊，尚不构成犯罪的，由其上级机关或者监察机关责令改正，对直接负责的主管人员和其他直接责任人员依法给予行政处分。

第六章 附 则

第三十九条 本条例施行前已授权的特许经营项目，授权书和特许经营协议有规定或者约定的，从其规定或者约定。未作规定或者约定的，适用本条例。

第四十条 本条例自2008年1月1日起施行。

云南省城市建设管理条例

（1994年11月30日云南省第八届人民代表大会常务委员会第十次会议通过 根据2004年6月29日云南省第十届人民代表大会常务委员会第十次会议《云南省人民代表大会常务委员会关于修改和废止16件涉及行政许可的地方性法规的决定》第一次修正 2006年11月30日云南省第十届人民代表大会常务委员会第二十六次会议修订 根据2018年11月29日云南省第十三届人民代表大会常务委员会第七次会议《云南省人民代表大会常务委员会关于废止和修改部分地方性法规的决定》第二次修正）

第一章 总 则

第一条 为了加强城市建设管理，增强和完善城市功能，促进城市经济和社会协调发展，根据《中华人民共和国城乡规划法》和国务院《城市道路管理条例》、《城市绿化条例》、《城市供水条例》等有关法律、法规，结合本省实际，制定本条例。

第二条 在本省城市规划区内进行城市建设管理活动的单位和个人，应当遵守本条例。

第三条 本条例所称城市建设管理，包括城市建设专业规划、市政公用事业、城市园林绿化、市容和环境卫生、市政设施运营安全、市政公用事业特许经营以及城市建设监察等方面的管理和监督。

第四条 城市建设管理遵循以人为本、科学规划、节约资源、因地制宜、公众参与、建管并重和持续发展的原则。

公众对城市建设管理依法享有知情、参

与、建议、批评和监督的权利。

第五条 城市人民政府应当加强对城市建设管理的领导，将城市建设管理纳入国民经济和社会发展规划，保证城市建设管理经费，提高城市建设管理水平。

第六条 省建设行政主管部门负责全省城市建设管理工作。

州（市）、县（市、区）城市管理、城市规划、市政公用、园林绿化等主管部门（以下统称城建主管部门）按照职责分工，负责本行政区域内城市建设管理工作。

发展和改革、财政、国土资源、环境保护、安全监管、交通、水利、林业、公安、工商、卫生、旅游、邮政、通信、电力等主管部门按照职责分工，做好城市建设的相关管理工作。

第二章　城市建设专业规划管理

第七条 城市人民政府城建及有关主管部门应当根据城市总体规划，组织编制城市道路、供水、供气、供热、供电、节水、排水及污水处理、公共客运、消防、邮政、通信、园林绿化、环境卫生、垃圾处理和关系公共安全的各类专业规划。

编制城市建设专业规划，应当从城市风格、风貌，道路、建筑、景观、公共设施建设等方面，突出当地传统文化和民族特色，体现人与自然的和谐统一。

编制城市建设专业规划应当向社会和有关部门征求意见，经城建和有关主管部门组织评审后，由城建和有关主管部门报有审批权的人民政府批准。州（市）所在地的城市建设专业规划自批准之日起15日内，由负责报批的部门报省建设行政主管部门及省有关主管部门备案。

第八条 城市建设专业规划经批准后应当在30日内在本行政区域内公布。

经批准的城市建设专业规划，任何单位和个人不得擅自变更。确需变更的，应当依法按审批程序报原审批机关批准。

第九条 城市人民政府应当严格执行经批准的专业规划，按照城市建设专业规划的要求建设城市道路、桥梁、广场、供水、供气、供电、供热、绿地、停车场、公共客运、应急场所、节水、排水及污水处理、环境卫生及垃圾处理等市政公用设施。

城建主管部门和其他有关部门、建设单位应当加强社区的教育卫生、文化体育、商业金融、市政公用、办公场所等服务设施的规划、建设和管理。

第十条 新建、扩建、改建工程，需依附或者穿越城市道路等市政公用设施的，建设单位应当根据批准的城市建设专业规划，经项目所在地的县（市、区）城建主管部门或者其他有关行政主管部门批准后，统一建设。

第十一条 单位和个人自行建设的专用道路、管线等，与城市市政公用设施连接时，应当符合城市建设专业规划并经项目所在地的县（市、区）城建主管部门批准。

第三章　市政公用事业

第十二条 市政工程建设项目的初步设计由城建主管部门按照权限组织有关部门审批，其中使用国家级、省级财政资金建设的工程项目的初步设计由省建设、水利等行政主管部门会同有关部门审批。

第十三条 城建主管部门和公安交通管理部门应当加强对城市道路的管理，严格控制城市道路的挖掘和占用，保证城市道路设施完好和交通畅通、安全。

新建、扩建、改建的城市道路交付使用

后5年内、大修的城市道路竣工后3年内不得挖掘；因特殊情况确需挖掘的，应当经项目所在地城建主管部门和公安交通管理部门批准，限期完工，恢复原状。

确需临时占用或者挖掘城市道路的，应当经项目所在地州（市）城建主管部门和公安交通管理部门批准。

经批准占用或者挖掘城市道路的，建设单位应当在占用或者挖掘前10日向社会公告。

有条件的地方应当建设地下公共管沟等设施，尚不具备条件的地方应当统筹规划、逐步实施。已建成公共管沟等设施的，相应管线应当进入公共管沟。

第十四条 城市实行统一供水，计划用水，厉行节约用水。城建主管部门应当会同有关部门编制城市用水、节水计划和相关行业综合用水定额、单项用水定额。

城市供水应当安装分户计量水表。非居民用水实行超计划累进加价制度，居民生活用水实行阶梯水价。

城市规划区范围内严格控制取用地下水。城市公共供水管网覆盖区域内因供水不能满足需要，确需取用地下水补给的，应当听取城建主管部门的意见。

第十五条 在城市规划区范围内新建、改建、扩建下列工程项目，建设单位应当同期配套建设再生水利用设施：

（一）建筑面积在2万平方米以上的宾馆、饭店、商场、综合性服务楼、高层住宅；

（二）建筑面积在3万平方米以上的机关、科研单位、大专院校和大型综合性文化体育设施；

（三）建筑面积在5万平方米以上的居住区和集中建筑区；

（四）可回收水量在150立方米/日以上的建设项目；

（五）其他应当配套建设再生水利用设施的项目。

再生水利用设施应当与主体工程同时设计、同时施工、同时交付使用，所需资金应当纳入主体工程投资总概算；未纳入同期建设的，有关部门不得办理相关审批手续。

符合本条第一款第（一）至（五）项规定条件已投入使用但未建设再生水利用设施的建设工程，城建主管部门应当督促业主单位建设配套再生水利用设施。

第十六条 业主或者管理单位应当加强再生水利用设施的管理和维护，确保水质达到再生水回用规定的标准。

第十七条 市政工程质量的监督由省建设行政主管部门和州（市）、县（市、区）城建主管部门依法委托的市政工程质量监督机构具体实施；无市政工程质量监督机构的，可以委托建设工程质量监督机构具体实施。

市政工程质量的检测应当由省建设行政主管部门考核审定的市政工程质量检测机构承担。

第十八条 向城市排水管网及其他设施排水的，应当按照有关规定向县级城建主管部门领取城市排水许可证。

第十九条 城市燃气设施不得擅自改动。确需改动的，建设单位应当报经县级以上城建主管部门批准。

第二十条 新建、扩建、改建的工程项目，应当采用国家推广的节水、节能等工艺、设备、器具。

进入市场营销的城市燃气燃烧器具，应当经具有资质的检测机构检验合格并加贴合格标志后，方可销售。

省建设行政等主管部门应当会同其他有关部门定期向社会公布符合国家标准的燃

气、节水、节能设备、产品的目录和本省限期淘汰的耗气、耗水、耗能高的设备、产品目录。

第二十一条 城建主管部门应当配套完善公共客运设施，加强对城市公共客运的管理。城市公共客运的运营时间、线路、站点的确定和变更应当公示，征求市民意见，由州（市）、县（市、区）城建主管部门会同公安交通管理部门确定。

第二十二条 城市规划区内禁止下列危害市政公用设施的行为：

（一）擅自连接、改装、拆除供水、供气、排水等公用管线、公共管沟、亮化照明电源；

（二）擅自在城市公共供水管道上安装抽水水泵；

（三）擅自将自建的供水、供气、排水、再生水利用等设施与城市相应的设施连接；

（四）擅自停止运行再生水利用设施；

（五）向城市排水设施排放或者倾倒有毒、易燃、易爆和未达到排放标准的污水以及废弃物；

（六）擅自在已实施雨水、污水分流的区域将雨水、污水系统混接；

（七）损坏城市道路、桥梁、供水、供气、排水、公共管沟、城市公共客运等市政公用设施、设备；

（八）损坏、偷盗窨井盖；

（九）擅自占用城市道路、桥梁、广场、绿地、应急场所和压占地下管线。

第二十三条 鼓励社会投资市政公用设施建设。

社会投资建设的市政公用设施，可以实行有偿服务；收费项目和标准由财政、价格行政主管部门审批。

第二十四条 建设行政主管部门应当加强对城市建设资金的监督和管理。

市政工程符合法律、法规规定的招标要求的，应当依法实行招标。

第四章 城市园林绿化

第二十五条 城市人民政府应当组织创建生态园林城市。

城建主管部门应当定期对本行政区域内城市绿化实施情况进行监督检查。

单位和个人应当爱护城市的绿化，保护城市园林绿化设施。

第二十六条 城市绿化工程符合法律、法规规定的招标要求的，应当依法实行招标。

第二十七条 从事城市园林绿化工程规划、设计、监理的企业，应当取得建设行政主管部门核发的城市园林绿化企业资质证书，并接受年度复审。

在本省行政区域内承担城市园林绿化工程规划、设计、监理的省外企业，应当到省建设行政主管部门备案。

第二十八条 县级城建主管部门应当指导实施园林绿化的企业和单位选用《云南省城市绿化树种名录》中具有地方特色、适应当地自然条件的树种，并按规定的乡土树种用苗比例进行城市绿化。

城市古树名木应当统一挂牌，依法保护。

鼓励公民、法人和其他组织认养绿地、树木。

第二十九条 禁止侵占城市公园、风景林地、水体、公共绿地或者改变其使用性质。

禁止毁损城市树木、花草和绿化设施。

禁止擅自砍伐或者更换城市树木。确需砍伐或者更换的，应当经县级城建主管部门批准，并依法办理有关手续。

第五章　市容和环境卫生

第三十条　城市建成区内实行市容环境卫生责任制，具体责任区和责任人由县级城建主管部门和镇人民政府、街道办事处共同确定。

第三十一条　鼓励社会减少垃圾产生量，对垃圾进行综合利用。城市生活垃圾应当日产日清，逐步做到分类收集，在规定的时间内封闭运输到垃圾处理场，由环卫机构或者经营单位进行无害化处理。

城市主要街道、广场、公共水域和公共卫生间等公共场所的垃圾、粪便，由环卫机构或者经营单位负责收集、清运、处理；其他场所的垃圾、粪便等，由业主单位或者个人负责清运，也可以委托环卫机构或者经营单位清运、处理，实行有偿服务。

有毒、有害的废弃物，应当按照国家有关规定进行无害化处理，不得任意堆放、倾倒、处置。

第三十二条　运载砂石、渣土和粉尘物等的车辆应当严密封闭，防止运输物品沿途抛撒，并按城建主管部门、公安交通管理部门规定的时间、路线和地点进行运输和处置。

第三十三条　在城市规划区内禁止下列行为：

（一）擅自在公共区域或者空间设置户外广告牌、标语牌、宣传栏、招牌、指示牌、实物造型等；

（二）擅自在建筑物外侧、绿化树木和市政公用设施等上面钉、挂、贴、刻、写、画等；

（三）擅自在公共场所散发、张贴广告；

（四）在公共区域乱倒垃圾、污水，任意堆放杂物，随地大小便，放任宠物便溺；

（五）在城市干道两侧和景观区域内以及临街建筑物的阳台外、门窗外、屋顶外或者其他公共场所、公共设施上吊挂、晾晒和堆放影响市容的物品；

（六）运输车辆沿途泼洒渣土、粉尘、垃圾等；

（七）擅自拆除、移动、封闭、挪用或者损坏环境卫生设施；

（八）擅自占道经营。

第六章　市政公用设施运营安全

第三十四条　新建、扩建、改建的市政公用、园林绿化、市容环境卫生等工程应当同时配备符合国家有关标准的安全设施，经建设单位组织验收合格后方可投入使用。

第三十五条　城市供水、供气、排水及污水处理等单位的水质、燃气质量、管网压力等应当符合有关标准，并由城建主管部门核准的具有资质的检测单位定期检测，确保安全。

城建主管部门应当对检测结果进行审核后予以公布。

第三十六条　市政公用运营单位应当建立健全安全生产责任制度，配备专职管理人员，制定运营设施管理和维护计划，保证资金投入，及时对运营设施、设备进行安全维护、检修。

市政公用运营等城市建设行业经营单位从业人员经安全生产业务培训考核合格，由城建主管部门颁发合格证件，持证上岗。

第三十七条　市政公用运营单位应当保证生产设施的持续、稳定、安全运行，因施工、设备维修等确需停止生产设施运行的，应当经城建主管部门同意，并于24小时前通知用户。因不可抗力或者意外事故不能提前通知的，应当在抢修的同时通知用户，并报告城建主管部门。

城市公共客运、公园因市政工程建设、大型公益活动需要临时变更客运线路、站点、开放时间的，运营单位应当于10日前通过媒体向社会公告。

第三十八条 从事供气的经营企业，应当取得所在地州（市）城建行政主管部门核发的经营许可证后方可开展经营。

第三十九条 在市政公用设施安全保护范围内施工作业的单位，施工前应当制定安全防护方案，征得运营单位同意，报县级城建主管部门批准后，方可施工作业。

运营单位对城市供水、供气、垃圾处理设施进行扩建、改建和改造的，应当将安全防护方案报县级城建主管部门备案。

第四十条 城建主管部门应当编制市政公用事业重大安全事故应急预案，报同级人民政府批准，并送上一级城建主管部门和安全生产监督管理部门备案。

市政公用事业企业应当制定专项应急预案，报当地城建主管部门备案。

第七章　市政公用事业特许经营

第四十一条 市政公用事业实行特许经营制度。

特许经营制度是指人民政府对市政公用领域的公共资源和直接关系公共利益的特定行业，通过市场竞争机制，许可投资经营者在一定范围和期限内建设、经营市政公用事业产品或者提供服务的制度。

第四十二条 特许经营的范围：

（一）城市供气、供热；

（二）城市排水及污水处理；

（三）城市公共客运；

（四）城市生活垃圾处置、清运项目；

（五）利用城市公共区域或者空间设置户外广告及实物造型；

（六）城市道路、桥梁、隧道、公共管沟、广场、公共停车场、洗车场；

（七）州（市）人民政府确定实行并报省建设行政主管部门备案的其他特许经营项目。

特许经营期限根据行业特点、规模、经营方式等因素确定，一般不超过10年，最长不得超过30年。

法律、行政法规对特许经营的范围和期限另有规定的，从其规定。

第四十三条 特许经营权出让方案由城建主管部门组织编制，报同级人民政府批准。跨行政区域的特许经营权出让方案，由相关的城建主管部门联合编制，报其共同的上一级人民政府批准。

经批准的出让方案，城建主管部门应当在批准之日起15日内向省建设行政主管部门备案。

第四十四条 特许经营权出让方案上报前，城建主管部门应当公开听取公众意见。

特许经营权出让方案批准后，城建主管部门应当向社会公布具体的特许经营项目。

第四十五条 特许经营权出让通过招标投标、公开拍卖的方式确定。不具备招标投标、公开拍卖条件的，经县级以上人民政府同意，通过公众媒体和场所公示15日后，在指定场所采用协商、挂牌等方式确定。

第四十六条 县级以上城建主管部门应当将拟确定的特许经营者向社会公示，公示不得少于20日。无异议的，应当在公示期届满后20日内向特许经营者颁发特许经营许可证。领取特许经营许可证的特许经营者，应当自收到许可证之日起20日内与当地人民政府授权的管理部门签定特许经营协议。

未取得特许经营许可证的单位和个人不

得从事特许经营活动。

特许经营许可证由省建设行政主管部门统一样式，由项目所在地州（市）人民政府统一印制；特许经营协议的示范文本由项目所在地州（市）人民政府制定并公布。

第四十七条 在特许经营期限内，协议双方认为特许经营协议需要变更或者解除的，应当协商确定，未达成一致的，任何一方不得变更或者解除原协议，法律、法规另有规定的除外。

特许经营者认为确需提前终止特许经营协议的，应当提出书面申请，城建主管部门自收到申请之日起3个月内提出意见，并报同级人民政府批准后10日内作出答复。终止特许经营协议的，应当明确终止协议的时间，并签订解除特许经营的协议。解除特许经营的协议生效前，原特许经营协议继续有效，特许经营者应当保证正常的经营与服务。

特许经营协议终止的，终止前城建主管部门应当按照本条例规定的程序重新选择特许经营者。

第四十八条 特许经营权出让收入，应当全额上缴财政。

获得特许经营权的经营者应当依法履行普遍服务义务，并享有通过合法经营取得合理回报的权利。

特许经营者承担政府公益性指令任务造成经济损失的，由该人民政府给予相应的补偿。

第四十九条 特许经营者不得有下列行为：

（一）将特许经营权设定担保或者擅自转让、出租、处置、抵押属国有资产的特许经营设施、生产设备；

（二）未按特许经营协议约定从事特许经营活动，不履行普遍服务义务，产品和服务质量不符合标准，不履行养护、维修和更新改造义务，危及公共安全、公共利益；

（三）擅自停业、歇业；

（四）法律、法规禁止的其他行为。

第五十条 县级以上人民政府应当建立社会公众参与机制，保障公众对特许经营的实施情况进行监督。

县级以上城建主管部门应当制定特许经营项目的临时接管预案，采取有效措施保证市政公用产品供应与服务的连续性和稳定性。

第八章 城市建设监察

第五十一条 依法成立的城市建设监察机构受城建主管部门的委托，履行下列职责：

（一）宣传、贯彻、执行有关法律、法规、规章；

（二）对城市建设专业规划管理、市政公用事业、城市园林绿化、市容和环境卫生、市政设施运营安全、市政公用事业特许经营活动进行监察；

（三）受委托的其他职责。

第五十二条 城市建设监察执法人员执行公务时，应当统一着装，佩戴执法标志，出示执法证件；未佩戴执法标志、出示执法证件的，公民、法人和其他组织有权拒绝。

城市建设监察执法人员应当公正、文明执法，不得越权执法、滥用职权、截留和私分罚没物品、故意刁难行政管理相对人或者服务对象。

县级以上城建主管部门应当对城建监察人员进行法律和业务培训，制定文明执法的行为规范，建立健全行政执法责任制，开展行政执法评议考核。

第五十三条 城建监察执法人员依法履

行职务时，有权进行现场检查，公民、法人和其他组织应当给予支持和协助，不得妨碍和阻挠。

公民、法人和其他组织协助城市建设监察人员依法履行职务的行为受法律保护；成绩显著的，城市人民政府应当给予表彰和奖励。

第九章 法律责任

第五十四条 违反本条例第十五条第一款规定，建设单位未按规定建设再生水利用设施的，由县级以上城建主管部门责令限期整改；逾期不改的，处5万元以上10万元以下罚款。

第五十五条 违反本条例第十九条规定，建设单位擅自改动燃气设施的，由县级以上城建主管部门责令限期改正；逾期不改的，处2000元以上1万元以下罚款。

第五十六条 违反本条例第二十条规定销售本省公布淘汰的燃气、节水、节能等设备、产品或者销售未加贴检验合格标志的燃气燃烧器具的，由县级以上城建主管部门对销售者给予警告，责令停止销售，没收违法所得，可以并处3000元以上3万元以下的罚款。

第五十七条 违反本条例第二十二条、第三十二条、第三十三条规定的，由县级以上城建主管部门责令改正，可以并处300元以上3000元以下罚款；情节严重的处3000元以上3万元以下罚款；造成设施、设备损坏的，依法承担赔偿责任；构成犯罪的，依法追究刑事责任。

第五十八条 违反本条例第十七条第二款、第二十七条第一款规定，未经考核审定从事市政工程质量检测或者未取得城市园林绿化企业资质证书从事城市园林绿化工程规划、设计、监理的，由县级以上城建主管部门责令停止违法行为，没收违法所得，可以并处5000元以上5万元以下的罚款。

第五十九条 违反本条例第二十九条规定的，由县级以上城建主管部门责令改正，可以并处100元以上1000元以下罚款；造成损失的，依法承担赔偿责任。

第六十条 违反本条例第三十四条规定，安全设施未验收或者验收不合格擅自投入使用的，由县级以上城建主管部门责令停止使用，可以并处1万元以上3万元以下罚款。

第六十一条 违反本条例第三十五条规定，城市供水、排水及污水处理、供气等单位的进出水质、燃气质量，供水、供气管网压力等不符合有关标准的，由县级以上城建主管部门责令限期改正；逾期不改的，处5000元以上2万以下罚款。

第六十二条 违反本条例第三十七条规定的，由县级以上城建主管部门处1000元以上5000元以下罚款；造成损失的，依法承担赔偿责任。

第六十三条 违反本条例第十条、第三十九条第一款规定，未经城建主管部门批准进行施工作业的，由县级以上城建主管部门责令限期改正，给予警告；逾期未改的，处1万元以上3万元以下罚款。

第六十四条 违反本条例第三十八条、第四十六条第二款规定的，由县级以上城建主管部门责令停止违法行为，没收违法所得和从事违法经营活动的设施、产品，可以并处违法所得2倍以下罚款；没有违法所得的，可以并处5000元以上5万元以下罚款。

第六十五条 违反本条例第四十九条规定的，由城建主管部门责令限期改正，并处5000元以上5万元以下的罚款，造成损失的，依法承担赔偿责任，构成犯罪的，依法追究刑事责任；逾期不改的，撤销特许经营权，终止特许经营协议，实行临时接管。

第六十六条 城市建设执法人员有下列情形之一的，由其所在单位或者发证机关暂扣或者收回其行政执法证件，并依法给予行政处分；造成损失的，依法承担赔偿责任；构成犯罪的，依法追究刑事责任：

（一）不履行法定职责或者滥用职权、滥施处罚的；

（二）侵犯当事人合法权益的；

（三）对控告、检举、申请行政复议及提起行政诉讼的公民、法人或者其他组织打击报复的；

（四）在行政执法活动中徇私舞弊、索贿受贿的。

第十章 附 则

第六十七条 本条例所称城市供水，是指城市公共供水和自建设施供水。

第六十八条 城市规划区外的市政公用设施建设管理活动参照本条例执行。

第六十九条 本条例自 2007 年 1 月 1 日起施行。

成都市人民政府特许经营权管理办法

（2009 年 10 月 22 日市政府第 51 次常务会议讨论通过 2009 年 11 月 3 日成都市人民政府令第 164 号公布 自 2010 年 1 月 1 日起施行）

第一条 （目的依据）

为充分运用市场竞争机制配置公共资源，营造公开、公平、公正的市场环境，保障社会公共利益、公共安全和特许经营者的合法权益，根据《中华人民共和国行政许可法》等法律法规，结合成都市实际，制定本办法。

第二条 （术语定义）

本办法所称政府特许经营权（以下简称特许经营权），是指经特定程序而获得的对有限自然资源开发利用、公共资源配置以及直接关系公共利益的特定行业的市场准入权。

本办法所称特许经营权出让，是指政府将特许经营权在一定期限内授予经营者的行为。

本办法所称特许经营权转让，是指经营者在特许经营期内将特许经营权转让给其他经营者或投资者的行为。

第三条 （适用范围）

本市行政区域内特许经营权的出让、经营和管理，适用本办法。

下列直接关系公共利益、涉及公共资源配置和有限自然资源开发利用的项目，可以实施特许经营：

（一）城市供水、供气、供热；

（二）污水处理、垃圾处理；

（三）城市轨道交通和其他公共交通；

（四）法律、法规、规章规定的其他项目。

第四条 （事权划分）

本市行政区域内特许经营权实行全市统筹和市与区（市）县两级人民政府分级管理的原则。特许经营权的授予主体是市或区（市）县人民政府。

市人民政府统一管理本市行政区域内公共汽车线路运营权，天然气管网及管道燃气经营权，以及锦江、青羊、金牛、武侯、成华等五城区（含成都高新区）和市人民政府指定的其他区域的特许经营权。

五城区以外的其他区（市）县人民政府应当确定一个政府部门，按照本办法负责事权范围内的特许经营权管理工作。

第五条　（决策管理机构）

市人民政府设立特许经营权管理委员会（以下简称市特许委），负责特许经营权出让的决策和管理，代表市人民政府审批行业主管部门上报的特许经营权出让方案（以下简称出让方案）和《特许经营权出让合同》（以下简称《特许经营合同》）。

市特许委办公室（以下简称市特许办）设在市发展改革部门，主要职责是：

（一）拟订全市特许经营权的政策，编制全市特许经营权年度出让计划；

（二）组织对涉及全市经济社会发展全局和重大民生事项的特许经营权出让项目进行听证；

（三）组织相关部门和专家对行业主管部门提交的出让方案进行评审；

（四）指导和协调全市特许经营权出让的实施工作，依法监督出让程序、检查《特许经营合同》签订和履行情况；

（五）处理市特许委的日常工作，向市人民政府提交年度特许经营监督检查报告。

第六条　（执行机构）

市建设、交通、能源、水务、环保、城管、旅游、民政、公安、林业和园林等有关行业主管部门（以下简称行业主管部门）依据市人民政府的授权，负责事权范围内特许经营权的具体管理工作，主要职责是：

（一）编制事权范围内特许经营项目的年度出让计划；

（二）依照程序组织实施事权范围内的特许经营权出让工作，并保存特许经营项目档案；

（三）建立特许经营项目评估制度，制定公共产品和服务质量评价标准；

（四）监督特许经营者履行法定义务和《特许经营合同》约定的义务；

（五）监督特许经营者的经营计划实施情况、公共产品和服务的质量以及安全生产情况；

（六）建立公众参与机制，受理公众对特许经营者的投诉，依法及时查处违法行为；

（七）制定临时接管应急预案，在危及或者可能危及公共利益、公共安全等紧急状态下，临时接管特许经营项目；

（八）协助相关部门核算特许经营者的成本，提出价格调整意见；

（九）保守特许经营权管理工作中知悉的商业秘密和技术秘密。

市国资、财政、价格、工商、审计、监察等有关行政主管部门按照各自职责，对特许经营活动进行监督管理。

第七条　（经营形式和期限）

特许经营可以采取下列形式：

（一）在一定期限内，将项目的投资建设和经营权授予法人或者其他组织，期满后无偿移交给授予其特许经营权的人民政府；

（二）在一定期限内，将已建成项目的经营权授予法人或者其他组织，期满后无偿移交给授予其特许经营权的人民政府；

（三）在一定期限内，委托公民、法人或者其他组织提供公共产品和服务。

前款第（一）、（二）项的经营期限最长不超过30年；第（三）项的经营期限最长不超过8年；法律、法规、规章另有规定的，从其规定。

第八条　（期满后的处理）

特许经营期限届满，除法律、法规、规章另有规定外，行业主管部门应当按照本办法规定的程序组织招标、拍卖或网络竞价，重新确定特许经营者。特许经营者的重新确定应当于特许经营期限届满6个月前完成。

原特许经营者在特许经营期内提供了符合《特许经营合同》约定或者法律法规、国家标准、行业标准规定的公共产品和服务的，在同等条件下享有优先受让权。

第九条　（出让程序）

特许经营权按照下列程序出让：

（一）编制年度出让计划：行业主管部门根据市委、市政府有关发展战略和行业发展规划，提出本行业年度特许经营权出让建议计划，经市发展和改革部门汇总平衡后编制全市年度特许经营权出让计划，纳入全市年度经济和社会发展计划。

（二）编制和报审出让方案：行业主管部门按照年度特许经营权出让计划编制出让方案和说明，并将出让方案正式上报市特许办，由市特许办组织相关部门和专家对方案进行论证，经行业主管部门修改完善后报市特许委审批。

（三）组织听证：对依法需要进行听证的特许经营权出让项目，关系全市经济社会发展全局和重大民生的事项，涉及申请人或者他人重大利益、申请人或者利害关系人申请听证的事项以及市特许办认为应当进行听证的特许经营权出让项目，由市特许办组织听证，同时将听证结果报市特许委，作为审定方案的参考。

（四）审定和实施出让方案：市特许委通过召开会议、征求意见、会签等方式审定出让方案；行业主管部门根据批准的出让方案和授权，按照本办法组织出让工作。

（五）选择经营主体：行业主管部门依法通过招标、拍卖、网络竞价等方式，公平、公开、公正地选择特许经营权授予对象，并将选择结果向社会公示，接受社会监督。

（六）签订合同和备案：公示期满无异议，由行业主管部门与特许经营权授予对象签订《特许经营合同》；行业主管部门应当在《特许经营合同》签订后30日内，将合同文本报市特许办备案。

第十条　（出让方式）

特许经营权出让应当遵守法律、法规、规章的相关规定，通过招标、拍卖、网络竞价等公开竞价方式进行。对市场化条件尚不成熟或者因客观条件限制难以通过招标、拍卖、网络竞价方式进行出让的特许经营项目，行业主管部门应当在出让方案中充分说明理由，经市特许委批准后，可以采用挂牌、邀请发价、直接磋商等竞争性谈判方式出让。行业主管部门应当组织相关部门和专家组成评审委员会，负责资格审查并提出评审意见。

招标项目的标底、拍卖项目的保留价、网络竞价项目的底价以及其他出让方式的底价，由行业主管部门会同价格主管部门确定。

第十一条　（编制出让方案）

行业主管部门应当根据本办法编制下列特许经权出让方案，报市特许委批准后组织实施：

（一）城市道路（桥梁）建设与经营权，由建设部门编制出让方案；

（二）内河航运经营权、客运出租汽车运营权、公共汽车线路运营权、市域内公路客运线路运营权、公路（桥梁）建设与经营权、城市轨道交通运营权，由交通部门编制出让方案；

（三）管道燃气供应、加气站的经营权，由能源部门编制出让方案；

（四）生活垃圾、餐厨垃圾、粪便（渣）、建筑垃圾和特种垃圾经营权，户外广告载体使用权，由城市管理部门编制出让方案；

（五）旅游资源经营权，由旅游管理部门会同市政府有关行政管理部门编制出让方案；

（六）城市公园等公共设施的建设与经营权，由林业和园林管理部门编制出让方案；

（七）城市道路、桥梁、隧道、休闲广场等公共设施冠名权，由民政部门会同建设部门编制出让方案；

（八）货运汽车城市道路使用权，由公安交通管理部门编制出让方案；

（九）城市自来水生产和供应、污水处理的经营权，由水务部门编制出让方案；

（十）依法需要实行政府特许经营的其他项目，由有关行业主管部门编制出让方案。

第十二条　（出让方案内容）

特许经营权出让方案应当包括但不限于下列内容：

（一）特许经营项目的名称、具体内容、期限和范围；

（二）特许经营权出让方案的具体组织实施机构；

（三）特许经营权的经营形式、出让方式以及投标人或者竞买人的资格要求和选择方式；

（四）特许经营项目的基本经济技术指标以及公共产品和服务的数量、质量和标准；

（五）特许经营合同（需要通过招标、拍卖等方式在出让过程中才能确定的内容除外）；

（六）特许经营权是否允许转让以及特许经营期限的延长或者终止；

（七）特许经营价格的控制、调整和享受的优惠政策；

（八）政府的监督职责；

（九）临时接管应急预案；

（十）其他应当明确的事项。

第十三条　（信息发布）

行业主管部门应当自出让方案被批准之日起20日内，将特许经营权出让信息向社会公开发布。

第十四条　（申请程序）

经营本办法第三条规定的项目，应当依法取得特许经营权。符合特许经营权出让方案规定条件的公民、法人或者其他组织，均可按出让方案规定的程序申请特许经营权。

现有国有企业或者国有控股企业经营的项目，属于特许经营权管理范围的，由国有资产监督管理部门组织具备资质的评估机构，依法进行国有资产评估和登记后，按照本办法规定的程序申请特许经营权。

本办法施行前已合法取得特许经营权而未完善相关手续的项目，由行业主管部门报市特许委批准后完善相关手续。

第十五条　（结果公示）

行业主管部门应当将招标、拍卖、网络竞价等公开竞价的情况和特许经营权授予对象向社会公示，公示期不得少于20日。

公示期满，对特许经营权授予对象没有异议的，经市特许委批准，由行业主管部门向特许经营权授予对象颁发行政许可证件。

第十六条　（合同签订）

行业主管部门应当自公示期满之日起30日内与特许经营权授予对象签订《特许经营合同》。

根据招标文件、拍卖公告等需要成立项目公司的，中标人或者买受人应当在规定的期限内注册成立项目公司，并由行业主管部门与项目公司签订《特许经营合同》。

第十七条　（合同内容）

《特许经营合同》应当与出让方案的主要内容一致，包括但不限于下列具体内容：

（一）特许经营项目的名称和内容；

（二）特许经营权的经营形式、区域、范围和期限；

（三）出让金数额、解缴方式和解缴时限；

（四）是否成立项目公司以及项目公司的经营范围、注册资本、股东出资方式、出资比例、股权转让及其限制条件等；

（五）公共产品和服务的数量、质量和标准；

（六）投融资期限、方式，投资回报方式及其确定、调价机制；

（七）特许经营者的权利义务和履约担保；

（八）特许经营设施的维护与更新改造；

（九）中止或者终止特许经营的条件及补偿方案；

（十）特许经营项目的安全管理、应急预案以及移交或者临时接管的标准、方式和程序；

（十一）违约责任和争议解决方式；

（十二）政府监管和社会监督的内容；

（十三）未尽事宜的处理以及合同约定的其他事项。

《特许经营合同》内容中不得承诺商业风险分担、固定投资回报率以及法律、法规、规章禁止的其他事项。

第十八条　（合同生效）

通过招标、拍卖、网络竞价方式出让特许经营权的，《特许经营合同》由行业主管部门与特许经营权授予对象签订后即生效。通过其他方式出让特许经营权的，《特许经营合同》经市特许委批准后生效。

第十九条　（出让金管理）

特许经营者应当按照《特许经营合同》的约定按时足额支付特许经营权出让金。特许经营权出让金属于政府非税收入，纳入同级财政预算，实行收支两条线管理，并接受审计监督。

第二十条　（特许经营者权利）

特许经营者在特许经营期内享有下列权利：

（一）独立经营管理特许经营权，国家机关、社会团体和其他组织不得非法干预其正常经营活动；

（二）根据《特许经营合同》的约定，通过提供公共产品和服务而获得合理收益，并承担相应风险；

（三）请求市或区（市）县人民政府及其有关部门制止和排除侵害其特许经营权的行为；

（四）对发展规划和价格等的调整提出合理建议；

（五）平等享受有关优惠政策；

（六）法律、法规、规章规定或《特许经营合同》约定的其他权利。

第二十一条　（特许经营者义务）

特许经营者在特许经营期内应当履行下列义务：

（一）全面履行《特许经营合同》，为社会提供足量的、符合法律法规、国家标准、行业标准规定的公共产品和服务；

（二）不得擅自以出租、转让、承包、挂靠等方式处置特许经营权；

（三）不得利用自身优势地位妨碍其他特许经营者的合法经营活动，不得强制、限定、阻碍用户购买某种产品或者有其他侵害消费者合法权益的行为；

（四）按照国家安全生产法规和行业安全生产标准，对特许经营项目进行安全管理；

（五）加强对设施、设备的运行维护和更新改造，确保设施完好，不得擅自改变设施、设备的功能和用途；

（六）接受行业主管部门对公共产品和服务质量的监督检查，提供咨询服务，向公众公示公共产品和服务的标准、价格等；

（七）在规定时间内将中长期发展规划、年度经营计划、年度报告、董事会决议等报行业主管部门备案；

（八）完善信息化管理系统，对特许经营项目的相关资料进行收集、归类、整理和归档；

（九）法律、法规、规章规定或《特许经营合同》约定的其他义务。

第二十二条　（市政公用设施特许经营者的特别义务）

特许经营者经营市政公用设施的，在保证公共安全和保障特许经营者合法权益的情况下，应当允许其他经营者和用户按照规划要求连接其市政公用设施，收费标准按照四川省政府价格主管部门的规定执行。

特许经营者因建设和维护市政公用设施需要进入某一区域或者建（构）筑物的，应当事先与权利人协商，征得其同意后方可进入。

第二十三条　（行政补偿）

有下列情形之一的，特许经营者应当配合，由此造成的直接损失和必要费用支出，有权获得相应补偿：

（一）已获特许经营权的市政公用设施因公共利益需要而依法被征用；

（二）承担政府公益性指令任务；

（三）法律、法规、规章规定的其他情形。

特许经营者对行政补偿有争议的，可依法申请行政复议或提起行政诉讼。

第二十四条　（合同解除）

在《特许经营合同》有效期内，因法律、法规、规章发生变化或者所依据的客观情况发生重大变化，为了公共利益的需要，行业主管部门应当与特许经营者协商解除合同。因解除合同导致特许经营者财产损失的，应当依法予以补偿。

特许经营者在《特许经营合同》有效期内单方提出解除合同的，应当提前4个月提出书面申请，行业主管部门应当自收到申请之日起3个月内作出答复。在行业主管部门同意解除合同前，特许经营者必须保证正常的经营与服务。

第二十五条　（合同终止）

特许经营者在特许经营期内有下列情形之一的，除法律、法规、规章另有规定外，行业主管部门应当在报请市特许委批准后终止《特许经营合同》，撤销其特许经营权，按照《特许经营合同》的约定提取履约担保，并实施临时接管：

（一）以欺诈、贿赂等不正当手段获得特许经营权的；

（二）擅自出租、转让特许经营权或者采取承包、挂靠等方式变相转让特许经营权的；

（三）擅自将市政公用设施和所经营的公共财产进行抵押、质押、出租、转让、挪用的；

（四）因转让企业股权或者财产使企业不再符合特许经营条件的；

（五）提供的公共产品和服务不符合《特许经营合同》约定或者法律法规、国家标准、行业标准规定的要求，严重影响公众利益的；

（六）因经营管理不善，造成重大质量安全责任事故或者环境污染事故，严重影响公众利益的；

（七）因经营管理原因，财务状况严重恶化，无法继续履行《特许经营合同》，严重影响公众利益的；

（八）擅自停业、歇业，未履行《特许

经营合同》规定的义务和责任，严重影响公众利益和公共安全的；

（九）法律、法规、规章规定或《特许经营合同》约定的其他情形。

被撤销特许经营权的公民、法人或者其他组织，3 年内不得参与竞争本市特许经营项目。

第二十六条　（权利救济）

在作出撤销特许经营权决定之前，行业主管部门应当书面通知特许经营者。特许经营者可以自收到书面通知之日起 5 日内，提出书面申辩或者要求举行听证会。特许经营者要求举行听证的，行业主管部门应当自收到书面申请之日起 20 日内组织听证。

在作出撤销特许经营权决定之后，特许经营者对决定不服的，可以依法申请行政复议或者提起行政诉讼。

第二十七条　（临时接管）

有下列情形之一的，行业主管部门应当成立临时接管委员会，依法对被接管的特许经营项目实施临时接管，并对特许经营者的资产状况进行审查监督，责令其限期移交全部特许经营资产和档案：

（一）按照本办法第二十四条第二款之规定，行业主管部门同意特许经营者单方解除合同后，新的特许经营者尚未产生的；

（二）按照本办法第二十五条之规定，特许经营权被撤销后，新的特许经营者尚未产生的；

（三）需要实施临时接管的其他情形。

实施临时接管后，临时接管委员会应当采取有效措施保证被接管的特许经营项目的连续性和稳定性，并自临时接管之日起 3 个月内，按照本办法规定的出让程序重新确定新的特许经营者。

第二十八条　（公众监督）

特许经营权的出让和管理应当保证国家和公众利益不受侵害，公众对出让的特许经营权享有知情权，对侵害公众利益的行为有权进行投诉、举报。

行业主管部门和特许经营者应当建立公众参与机制，提供咨询服务，保障公众能对特许经营情况进行监督。

第二十九条　（价格机制）

实行特许经营的公共产品和服务的价格应当保持相对稳定。价格主管部门应当在合理配置资源和保证社会公共利益的前提下，根据国家政策规定、行业平均成本，兼顾特许经营者合理利益，依法组织听证，确定或者调整特许经营项目的价格，并进行监管。

第三十条　（提取履约担保的情形）

经营市政公用设施的特许经营者有下列情形之一的，由行业主管部门责令改正，并按照《特许经营合同》的约定提取履约担保：

（一）超出《特许经营合同》约定的经营范围经营的；

（二）擅自改变市政公用设施及土地用途，或者擅自将项目土地及设施用于项目之外的；

（三）不对市政公用设施的状况及性能进行定期检修保养，或者在项目中止时未按约定履行看守职责的；

（四）不对各项市政公用设施的相关资料进行收集、归类、整理和归档，没有完善信息化管理系统的；

（五）不按照规划要求或者《特许经营合同》的约定建设和更新市政公用设施的；

（六）不按照《特许经营合同》的约定将相关信息报送行业主管部门备案或者不向社会公示相关信息的；

（七）不允许其他特许经营者和用户按照规划要求连接其特许经营的市政公用设施的；

（八）不配合行业主管部门依据相关法律、法规、规章的规定或者《特许经营合同》的约定进行指导、监管的；

（九）特许经营权被临时接管时，未在规定时间内将全部特许经营资产和档案移交临时接管委员会指定的单位的；

（十）《特许经营合同》约定的其他情形。

第三十一条　（赔偿责任）

行业主管部门或者特许经营者违反《特许经营合同》，给对方造成损失的，由违约方承担赔偿责任；双方均违约的，各自承担赔偿责任。

第三十二条　（管理人员法律责任）

从事特许经营权出让和监督管理的行政机关及其工作人员有下列情形之一的，由其上级行政机关或者监察机关责令改正，对负有主要责任的主管人员和其他直接责任人员依法给予行政处分；构成犯罪的，依法追究刑事责任：

（一）弄虚作假、徇私舞弊、滥用职权、玩忽职守的；

（二）对不符合法定条件的竞标者、竞拍者等授予特许经营权或者不按程序实施特许经营权出让的；

（三）不依法履行监督职责或者监督不力，造成严重后果的。

第三十三条　（解释机关）

本办法具体应用中的问题由成都市人民政府法制办公室负责解释。

第三十四条　（施行日期）

本办法自2010年1月1日起施行，2003年10月17日颁布的《成都市人民政府特许经营权管理规定》（成都市人民政府令第101号）同时废止。

图书在版编目（CIP）数据

燃气行业政策法规适用指南 / 中燃投资有限公司编
．—北京：中国法制出版社，2020.3
ISBN 978－7－5216－0956－1

Ⅰ.①燃… Ⅱ.①中… Ⅲ.①城市燃气－供应－行政法－法律适用－中国－指南 Ⅳ.①D922.181.5－62

中国版本图书馆 CIP 数据核字（2020）第044680号

策划编辑/责任编辑　朱丹颖（ss－nuannuan@hotmail.com）　　封面设计　杨泽江

燃气行业政策法规适用指南

RANQI HANGYE ZHENGCE FAGUI SHIYONG ZHINAN

编者/中燃投资有限公司
经销/新华书店
印刷/北京京华虎彩印刷有限公司
开本/710毫米×1000毫米　16开　　印张/35.5　字数/678千
版次/2020年3月第1版　　2020年3月第1次印刷

中国法制出版社出版
书号 ISBN 978－7－5216－0956－1　　定价：120.00元

北京西单横二条2号
邮政编码 100031　　传真：010－66031119
网址：http：//www.zgfzs.com　　编辑部电话：010－66067369
市场营销部电话：010－66033393　　邮购部电话：010－66033288

（如有印装质量问题，请与本社印务部联系调换。电话：010－66032926）